経済理論と認知科学

Economic Theory
and Cognitive Science

認知科学

ミクロ的説明
Microexplanation

ドン・ロス 著

長尾 史郎 監訳

三上 真寛 訳

学文社

ECONOMIC THEORY AND COGNITIVE SCIENCE :
Microexplanation by Don Ross
Copyright©2005 by Massachusetts Institute of Technology

Japanese translation published by
arrangement with The MIT Press
through The English Agency (Japan) Ltd.

妻ネレケ（Nelleke）のために

目次

日本語版への序文　vii

　期待効用理論とその「競争相手」たち　　ゲーム決定と条件付きゲーム

　ミクロ経済学，マクロ経済学，還元　　ピコ経済学と神経経済学

謝辞　xix

1　導入：経済学の未来と統一科学　1

　哲学的なものと歴史的なもの　1

　科学と人間世界　18

　解説の戦略　35

2　哲学的入門：志向姿勢の機能主義と実在的パターン　40

　志向性　40

　メレオロジー　60

　実在的パターンと志向姿勢　72

3　分離した新古典派ミクロ経済学　83

　経済学という分離した科学　83

　経済学以前　85

　ベンサムと感覚主義　88

　初期の新古典派経済学者と「半アリストテレス主義」　93

　実証主義的基礎づけ：ライオネル・ロビンズ　103

　サミュエルソンと行動主義　118

　何についての分離した科学か　137

4 顕示選好と効用分析における哲学的諸問題 143

古い精神に替わる新しい時代精神 143

RPT は見込みがないか？　効用関数の心理学についてのセン 148

同語反復に万歳二唱 165

成熟した新古典主義：ゲーリー・ベッカーのプログラム 176

5 実験経済学，進化ゲーム理論，消去主義的選択肢 198

経済実験室の中の人々 198

判断の発見法（仕事部類 1；問題部類 1） 202

自然な統計的能力（仕事部類 1；問題部類 2） 204

競争相手に対する EUT のテスト（仕事部類 2；問題部類 1） 206

選好逆転と時間的不整合性（仕事部類 2；問題部類 2） 209

集計された市場における合理性（仕事部類 3） 224

行動経済学から消去主義への道 226

6 個人主義，意識，エージェンシー 251

適切な教授法から不適切な形而上学へ 251

個人主義，ロック的内観，心の現代的諸モデル 259

意識の多元的草稿モデル 274

エージェンシーと個人性：全く別個の概念 280

ここを出て世界の中へ：制御の場所を移す 305

7 諸セルフとそのゲーム 313

残骸を概観する 313

マキャベリ的知性と直截的エージェンシーの崩壊 318

セルフとは何者か 328

ゲーム決定 342

ゲーム決定の一例：情動的シグナリング 350

目 次　v

8 合理的エージェンシーと合理的セルフ性　373

整理　373

セルフとエージェント1：神経経済学からの教訓　377

セルフとエージェント2：ピコ経済学からの教訓　393

合理性と説明的適応主義　416

経済的適応主義　434

9 ロビンズ-サミュエルソン的な論議パターンと
その引き立て役　442

ロビンズ-サミュエルソン的な論議パターン　442

帝国主義とレジスタンス——デュプレ　447

ミロウスキーの鏡の中の経済理論と認知科学　453

参考文献　463

監訳者あとがき　482

訳者解題　484

索引　492

日本語版への序文

ドン・ロス

『経済理論と認知科学』の出版から10年ぶりにいくらか不安を抱えながら本書を再び紐解いた。この間，経済理論，認知科学，経済哲学には，2005年には詳細に予期し得なかった重要な展開があった。それならば，当然，本書を読み直しているとき，そのうちのどのくらいが，その後に塞がれた道に沿って出発していたのか，あるいは，今振り返れば目に見える糸口に気づき損なっていたと自分が判断するのかを考えた。しかしながら，喜び混じりに驚いたのだが，別な仕方で表現すればよかったと今思うものはほとんどなく，まったくの誤りだと思うものは皆無だと気づいたのだった。それでもやはり，幾つかの主題と特定の諸論点は，再論，強調点のシフト，より最近の展開との明示的な結びつけを許す。最も明白なことだが，本書は認知科学とマクロ経済学に関する続巻を約束したものの，未だ出版されておらず，その未完の約束については説明する必要がある。

期待効用理論とその「競争相手」たち

　決定的に拡張を必要とする1つの道筋は最適化モデルに関わる。本書第7章では，期待効用理論（EUT: Expected Utility Theory）が人々の一般的選択行動を正確に記述するという考えを，実験的証拠が「反証する（refute）」と述べた。この主張は，次のような文脈によって強力に制限されていた——私はまた私見では，経済的選択のいかなる代替的モデル（プロスペクト理論を含む）も，実験その他による選択データの全範囲をEUTよりもうまく説明することはないということも明確にしたのだ。さらに，私の決定的な標的は経済的エージェンシーのモデルとしてのEUTではなく，むしろ人間心理のモデルとしてのEUTであり，この区別は次のような私の見解の文脈で生じた——ある制度的環境の中の（特に相対的に透明な市場の中の）人々は経済的エージェンシーに近似するのではあるが，昆虫のような単純な志向的システムのみが実際に経済的エージェンシーを達成するという見解である（第2の場合，その「達成」は個々の虫のものではなく，本当に自然選択のものである）。

vii

本書で枠組みを示された主張は，依然として成立する。しかしながら，選択の代替的な形式的諸モデルの議論全体は，今では，ある重要な点において荒削りであるように思われる。暗黙的に想定されたことは，実験的データをモデル化する者は，いずれの分析的事例においても，その道具一式からいずれかの一理論を取り出さなければならないだろうということだった。かくて，各々のデータセットは，EUTとその代替肢の1つとの「一騎打ち（horse race）」のための潜在的な機会となろう。主として私のいつもの協力者であるグレン・ハリソン（Glenn Harrison）と彼の度々の共著者ら（Steffen Andersen, Morten Lau, Elisabet Rutström）の影響のおかげで，私は今や，少なくともリスクまたは不確実性を伴う選択の状況においては，単一の効用モデルを経験的データに課すこと，あるいは，モデル間で一騎打ちすることが，決して最善の方法論ではないことを理解している。経済学者は，むしろ，一連の動機づけられた諸理論を展開すべきである——そのような諸理論は常に階数依存的期待効用（RDEU: Rank Dependent Expected Utility）理論とともにEUTを含むだろうし，おそらく，その選択集合が妥当な損失の枠を含むならば，累積的プロスペクト理論（CPT: Cumulative Prospect Theory）を含むだろう。それからこれらの諸理論を「混合モデル（mixture model）」へと統合し，選んだ混合内の各理論によって最もうまくモデル化されるデータの相対的割合を確定するために，最尤推定を用いるべきである（Harrison & Rutström 2008）。

　今記述した方法論が使われていたと知っているどの事例においても，EUTはどの代替肢よりも多くのデータの最良の推定を与えていたが，しかし，任意のそのようなデータセットのすべての最良モデルではなかった。同様に興味深い事実は，RDEUとCPTが混合に含まれていた少数の事例においては，別の方法ではEUTよりもCPTによってより良く推定されるほぼすべてのデータをRDEUが「吸収する（soak up）」ということである（Harrison & Rutström 2009）。これには自然な——ただし，未だきちんと検証されていない——解釈が与えられている。1つのCPT選択関数は，5つを下らない仮説的な潜勢的過程から構築されている[1]。しか

1［原注1］* これらは次のものである。(1) 利得フレームの中での変動性の回避，(2) 損失フレームの中での変動性の回避，(3) 利得として捉えられた結果に対する確率の重み付け，(4) 損失として捉えられた結果に対する確率の重み付け，(5) 損失として捉えられたすべての結果に対する直接的な効用の回避。
［*脚注番号は通巻一貫の通し番号，次いで，訳注以外には原本各章毎の脚注番号を付記する。］

し，高レベルの注釈として，CPT は階数依存的効用をある形の仮説的な損失回避と結びつけていると言うことができる。かくて，混合モデルを使って分析された実験に基づくデータは，CPT が典型的には 2 理論間の一騎打ちにおいて EUT をしのぐ（なぜならば，CPT が階数依存性を包含しているので）という可能性と整合的である。しかし，そうすると，そのような一騎打ちの勝利は損失回避の証拠を全く提供しないということになる。本書において，私は，プロスペクト理論には，きちんと検証されるには可動部分があまりにも多く有り過ぎると苦情を述べ，この理由のためにそれを「トレミー〔プトレマイオス〕的（Ptolemaic）」科学と呼んだ。しかしながら，EUT はトレミー的なラベルに値することを免れると示唆したときの私の言葉遣いは，現在，混合モデルを使って利用可能な証拠に照らして見た場合の言葉遣いよりも慎重だった。今やもっと率直に次のように主張する——EUT は依然として，ベストプラクティス〔best-practice; 最良の実践〕の計量経済学の文脈では，Savage（1954）が意図した高精度の科学的用具である，と。

　留意すべきことだが，上で記述した種類の混合モデルは，個々のデータよりもプールされたデータに最も頻繁に適用されてきた。そのような場合，混合モデルのパフォーマンスが単一モデルに優越することから，（例えば）次のようなことが分かるだろう——一部の人々は EUT を作動させ，他の人々は RDEU を作動させるということ，あるいは，たいていの人々は，一定の選択的状況下では EUT を作動させ，他の状況下では RDEU を作動させるということである。これらの開かれた可能性は，本書の 1 つの中心的なメッセージ，すなわち，標準的な経済理論は，個々の人々とその行動についてではなく，まず第一に市場——つまり，制度化された文脈内のインセンティヴを与えられた選択の集合——についてのものであるという考えを強化する。

　それにもかかわらず，この論点，すなわち混合モデルという装置は，経済理論と認知科学を，前者を後者へと分解せずに相前後して適用するための興味深く潜在的に強力な方法論を提供する，ということ——それはほとんどの支配的な行動経済学に対して私が本書で唱えた異議の基礎である。例えば，Andersen et al.（2013）は，ある心理学者の「希求（aspiration）」（A）モデル（Lopes 1995）を RDEU モデルと結びつける混合モデルを評価している（Lopes は事実上これを示唆していたが，混合評価手順を示唆していなかった）。Andersen et al. はまた，EUT と（RDEU ＋ A）を最上階で混合し，それから RDEU ／ A の混合を第 2 のレベルで入れ子にす

るモデルも考えている。これは，多くの心理学的モデルと同様に（また当初の，前累積的なバージョンのプロスペクト理論とも同様に）二重基準の意思決定モデルであるが，それは顕示選好理論（RPT: revealed preference theory）から逸脱しない――なぜなら，諸選好は依然として諸選択の総合体として理解されているからである。心理学的モデルは，どちらの混合においても，経済学的モデルよりも多くのデータを説明する。しかし，混合モデルはパフォーマンスにおいて心理学的モデル単体よりも優る。本書で私は，RPT は潜勢的な諸過程の存在および科学的重要性を認めることと両立可能であると述べたが，本書中で，私が顕著な事例を提供しなかったと反論されるかもしれない。この Andersen et al. のモデルはその仕事を見事に行ってくれたのであろう。

ゲーム決定と条件付きゲーム

　第7章でゲーム決定の私見の概略を述べたとき，既存の数理的理論に訴えることができたのはその過程の諸部分についてだけだった。進化ゲーム理論は，それ以前のプレイの諸ラウンドにおける先達たちの戦略上のパフォーマンスに基づき，新たな諸エージェントのゲームへの導入をモデル化するための道具を提供する。これを世代重複モデル化――これは経済学者にとって従来から馴染みがある――と結合することにより，諸エージェントが新たに導入されたプレイヤー――彼らの1ゲーム内の頻度は，それに先んじたプレイのラウンドにおける均衡によって駆動されている――と諸エージェントが相互作用する状況を直截的に示すことができる。しかし，2005年〔本書刊行時〕には，標準的な解概念（ナッシュ均衡，部分ゲーム完全均衡，逐次的均衡，または質的応答均衡）の1つを使いながら諸ゲームを解決でき，かつ，他のプレイヤーの選好の発見に基づいて，プレイヤーの戦略選択だけでなく選好を更新するものとしてプレイヤーを表すこともできるような形式的理論が全くなかった。モデル化技術におけるこのギャップは，ウィン・スターリング（Stirling 2012）の条件付きゲーム（*conditional games*）理論の導入によって，埋められてきた。本書で予想されたようなゲーム決定の理論は，青少年の社会化と文化的アイデンティティの形成に関わる経験的現象をモデル化するために使えるような数理的理論だろう（2005年には，経済学者は後者の話題に対する関心を表明していなかったが，それ以降はそうしてきた。Akerlof & Kranton 2010; Davis 2010 を見よ）。

　条件付きゲーム理論は，その仕事のための重要な形式的プラットフォームを構築

する。特に，それによりモデル作成者は，故マイケル・バカラック（Bacharach 2006）の経験的主張を非協力ゲーム理論の厳密な概念空間の中で定式化することができる——その主張とは，人々は戦略的状況の中で定期的にゲシュタルト変換（その中で彼らはエージェンシーの諸尺度を切り替える）を経るということである。例えば，戦闘中の兵士は，ある時には，彼のエージェンシーを個人主義的にフレーム化し，彼自身の生存の見込みを極大化する行為（例えば，武器を発射せずに撤退すること）を選び，別の時には，全中隊が戦闘を無傷に切り抜けるだろう見込みを極大化する行為を選ぶ（それは，一歩も退かない，ないしは前進して攻撃的に発砲することを伴うかもしれない）。後者の時には，その兵士は，バカラックの言葉によれば，単一のエージェントとして認識されるチーム（team）の効用を極大化するのだ。人間の社会化の枢要な一側面は，エージェンシーに関するそのようなゲシュタルトにとっての適切さの状況にまつわる期待を支配する局所的な文化的規範を学習することである——すると今度は，そのことが，諸制度の進化と意図的な構築のための心理学的および社会学的な基礎を提供することになる。

ミクロ経済学，マクロ経済学，還元

これらすべてが含意するのは，諸科学の統一された連続体の部分としての経済学の実際的および理念的な役割を理解しながら，経済学と心理学の境界を理解することを越えて，社会学と人類学を視野に入れなければならないということである。これらのテーマは，本書の中に確かに在ったのだが，しかし完全には明示的でなかった。より最近の本（Ross 2014）の中では，一度，経済学と心理学が系統的に異なるということを理解したならば，さらに進んで経済学と社会学の間の融合を提唱し予告することができると論じている。そのような融合は——私が主張するところでは——標準的な経済学的モデルおよび説明の，心理学を含む他の行動科学や社会科学から生じるモデルおよび説明との相補性を，最も上手くモデル化できるプラットフォームを提供する。この手順と対照的なのは，より伝統的な還元主義的アプローチであって，それは人間個人の統一されたモデルを構築し——かくて，心理学とミクロ経済学をつなぎ合わせる試みから始まり——それからこれらの諸個人を社会学，人類学，マクロ経済学の諸要素を混合する1つの社会的存在論へと集計することを目指すのである。

本書は，真っ向から反還元主義的であり，方法論的個人主義の教義を拒絶してい

ることは明らかであった。しかしながら，それは行動科学および社会科学を言わばトップダウンで統一するための完全なる代替的なプログラムを具体化することを目指してはいなかった。本書以来，冊子体で出版されてきた私の仕事は，その方向へとかなり前進している。Ladyman & Ross（2007）は，基礎物理学の実用的な普遍性と優先性を，次のような主張の拒絶と調和させる諸科学の形而上学的統一化のためのプログラムを提供する——その主張とは，経済学，心理学，社会学のようないわゆる個別科学は，物理学に還元されるか，あるいは，潜在的には互いに還元的な関係にあるという主張である。この形而上学と，それに関連する科学哲学とが，マクロ経済学は「ミクロ的基礎づけ（microfoundations）」を持つはずだという一般的哲学的想定を掘り崩すのである。しかしながら，この想定はマクロ経済学の内部から生じるミクロ的基礎づけの追求の動機づけを述べはしない（Begg 1982）。マクロ経済学のミクロ経済学への還元に反対する私の（経済学的）方法論的議論はRoss（2014）の中で示されており，また，社会学を心理学に還元することに反対し，経済学と心理学の漸進的な収斂を予期することに賛成する私の主張——これもその本の中で提示されている——を補完する。

　Ross（2014）は，かくて，マクロ経済学に関する本書の続巻のために約束された仕事の一部を行ってはいる。しかし，それは今までのところ未完のその努力のための哲学的枠組みを提供するだけである。マクロ経済学に関するその本とその認知科学への関連性が未だに現れていない理由は，2005 年以降の年々がマクロ経済学におけるダイナミックな激動の時代だったからである——それは 2008 年に始まったグローバル金融危機によって引き起こされた。私は，その危機が何らかの方法で主流派マクロ経済学を「反証した（refuted）」という趣旨の共通の修辞法を広める人々の仲間ではない。ニュー・ケインジアン理論と動学的確率論的一般均衡を多くの諸目的のために道具箱から取り出す動機づけは，相変わらず強力であるように思える。そして，経験的に妥当なマクロ経済モデルは貨幣的変数を組み込む必要があるだろうということを危機以前には認識しなかったマクロ経済学者，あるいは，大きな市場に影響を与え得るすべての投資家が実際にすべての利用可能な情報を収集し評価すると信じていたマクロ経済学者は，現実を無視することを既に選んでいたのである。しかしながら，疑いも無く，その危機の衝撃的な影響と，それがマクロ経済政策の代替肢のより完全な集合を表すことに対して与えた新たな緊急性とが，科学の基礎に関する討論に新しくもっと創造的なパースペクティヴを引き込んだのだ。明

白な諸理由のために，私は，新たなパースペクティヴと反パースペクティヴが十分に安定的なパターンへと落ち着いて，私自身の知的な均衡を探し出せると確信できるまで，これらの基礎的提案に関して意見を述べることに慎重だった。

　本書を書いた時点では，私のマクロ経済学に関する見解は，世に言うニュー・ケインジアン的だとしてうまく描写されただろう。それ以降に私の関心を占めてきた新たなアプローチは，フライドマンとゴールドバーグの「不完全知識の経済学」である——それは Frydman & Goldberg（2007）で専門的に展開され，Frydman & Goldberg（2011）で非経済学者のために平凡に注解された。彼らの説明は大方においてケインジアンであり，市場参加者の期待についての諸仮定を取り入れている——それらの諸仮定によると，市場参加者はミクロ経済学者の意味で合理的だが，すべてのエージェントがすべての利用可能な情報を使い，かくて，等しく情報を与えられるとみなされるという意味で合理的ではない。その理論は種々の投資家の間の非対称性に依存する——リスク回避的投資家は，資産価値の不完全な知識のもとで，リスク選好的投資家とリスク中立的投資家よりも緊密に調整された戦略を持つ傾向があり，するとこのことは，比較的通常の上向きの期間よりも下向きの期間に市場をより不安定にする。このアプローチに含意される重要な方法論的新規性は，異質なリスク選好のモデル化に根本的な関心を向けているということである。これはすると，本書においては予期されていなかったマクロ経済学と認知科学の間のチャネルを開く。リスク選好の異質性は，個人と母集団の両方の尺度で経済学的にモデル化された行動的要素に関わるが（Gollier 2001 参照），心理学者にとって関心のある潜在的構造にも関わる。その学問上の交差点は——前に論じたように——実験経済学の方法論的かつ実質的な最前線に対するますます活発な関心を見いだす（例えば，Cox & Harrison 2008 における諸論文）。

　これらの展開と熟慮の結果として私は，本書の完成時に計画していたマクロ経済的諸問題へと直接移る代わりに，過去 10 年間の大半をリスク選好の異質性に関連する諸問題に没頭した。私は経済学と認知科学の学際的な境界線上でこれに取り組むための一戦略として，ギャンブル行動に格別の関心を捧げてきた。*Midbrain Mutiny: The Picoeconomics and Neuroeconomics of Disordered Gambling*（Ross et al. 2008）は，出版社により——私の示唆で——『経済理論と認知科学』の第 2 巻として売り出され，かくて，元来意図されていた 2 巻からなるプロジェクトはその着想の中で 3 巻へと増えた。第 3 巻は，私が社会的ゲーム決定の最終的な形式的

日本語版への序文　xiii

理論——それを私はスターリングによって部分的に提供された技術的なプラットフォームに基づいて発展させ続けるが——をフライドマンとゴールドバーグのマクロ経済学と統合して初めて完了するだろう[2]。

ピコ経済学と神経経済学

Midbrain Mutiny〔中脳の反乱〕の副題は，本書で導入された筋がその巻の中でさらに展開したことを反映している——それはジョージ・エインズリー（George Ainslie）のピコ経済学の中でモデル化される個人未満の関心は神経機能的な価値処理モジュールと同一視されるはずだという考えに対する私の方法論上の抵抗——エインズリーと共有の——である。本書を書いたとき，私はこの否定的な命題を推進する中で，それが完全に明示的で対照的な肯定的引き立て役を全く持たなかったという事実によって，弁証法的に妨げられていた。この状況は，ポール・グリムチャー（Glimcher 2011）の経験的に大胆な神経経済学的還元主義の出版により解決された。グリムチャーは，彼が「主観的効用（subjective utility）」と呼ぶ数量——腹側線条体の細胞の発火率で直接コード化される——が選択と共変化するという証拠を収集する。私の最も最近の本（Ross 2014。Ross 2012 も見よ）では，この仮説を疑う諸理由を提示して，本書で示した選好の神経的還元に反対する考察を敷衍してより具体化した。グリムチャーが，還元主義的な神経経済学の経験的に検証可能なバージョンを構築したことでの科学への貢献は，すべての方法論者によって評価されるべきである。

本書は，神経経済学が個々のニューロン，あるいは，諸ニューロンの機能的に統一された諸グループ（すなわち諸モジュール）をモデル化することが完全に理に適っていると論じた。しかしながら，私が述べたように（本訳書 p. 425），「脳，あるいはモジュール，あるいはニューロンに対して志向姿勢をとることができるが……，同定される信念は，一般的に，人々が信念を持ついかなる対象についてのものにもならないだろう」。この理由のために，私の議論によれば，グリムチャーのスタイルの還元主義は成立しない。人間の信念の内容は心の哲学者たちが「幅広い

2［原注 2］この繋がりで，フライドマンとゴールドバーグが，プロスペクト理論を彼らの枠組みの礎石の一部とみなすことは注目すべきである。私が現在追求している未解決の問題は，彼らが実際にプロスペクト理論——損失回避を組み入れた——を必要とするのか，あるいは，いくつかの選択パターンにおける効用の階数依存性にすぎないのかということである。

（wide）」と呼ぶものであり，それは外的な文脈に敏感であるのに対し，最も分散
しているものを除きすべての神経的な信念の内容は「狭い（narrow）」のであり，
他の諸ニューロンの活性化に影響を及ぼして果たし得る機能的役割によって制約さ
れている。対照的に，ピコ経済学的関心である志向状態は，必然的に人々の志向状
態の典型的な対象についてのものである——なぜなら，ピコ経済学的関心は，そも
そも人々の意思決定問題の戦略的分析によって個別化されているからである。

　本書（本訳書 p. 393）で，私は，グリムチャーと他の神経経済学者らに，機能的
神経モジュールは諸エージェントであるという見解を帰した。これは実は多くの神
経経済学者ら（例えば，McClure et al. 2004）の見解であるように思われるが，そ
れがグリムチャーの仮説ではないことはいまや明らかである。グリムチャーによれ
ば，評価——すなわち，主観的な効用の計算——は，報酬システム全体の確率論的だ
が非ランダムな統計的ダイナミクスの諸関数である。グリムチャーの意思決定
の 基 質 のモデルは，かくて本書の中で擁護された説明に対する全面的に欠点の
ない引き立て役である。かくて，本書の神経経済学との関わりを更新する中で，さ
まざまな神経経済学者の見解が区別されなければならない。読者は，彼らを方法論
上の諸学派に分けるための最も一般的な基礎については Ross（2008）を参照する
ことができる。個人の志向状態および過程を神経モジュールの状態と過程へと還元
することを提唱し，それから後者を神経解剖のある特定部位に位置づける神経経済
学者は，本質的に行動経済学のプログラムを機械論的基礎づけをもって追求してい
るのだ。対照的に，グリムチャーと彼の仲間は，同時に，経済理論を機能的神経科
学のモデル化言語にするとともに，ミクロ経済学的一般化を神経科学的一般化に据
え付けることを狙っているのだ。後者ははるかに野心的で興味深いプロジェクトで
ある——とは言え，前に述べたように，失敗すると私は思ってはいるが。

　本書の中で示唆されたのだが，人々は一般的に将来の報酬を双曲的に割り引くも
のだ——その例外は，制度的な 足 場 があって，エインズリーが「個人的ル
ール（personal rules）」と呼ぶもの（将来の報酬の流れを「束ね合わせる（bundle）」
ように彼らに命じる諸原理のような）の維持を助ける場合である。これも本書が示
唆したことだが，たいていの通常に社会化した人々は，因習的に経済的な選択——
とりわけ，貨幣的報酬と市場内で価格がつけられる報酬に関する選択——の大多数
を，制度的（すなわち社会的に規範的な）文脈の中で行うのだ。かくて，本書にお
ける議論は Andersen et al.（2015）の以下の所見と緊張関係にはない——その所

日本語版への序文　xv

見とは，現金くじを引くデンマーク人成人の大きなコミュニティ標本の中では，ダイナミックな選好逆転を予測させる双曲的割引その他の割引構造の普及率は非常に低く，示されているような時間的整合性のない割引は，標準的な経済理論が予測する緩やかな割引からの経済学的に有意な逸脱を含意しないということだ。ここでもまたグリムチャーとの対照がある。Glimcher, Kable & Louie（2007）は，集めたfMRI〔functional Magnetic Resonance Imaging; 機能的磁気共鳴映像法〕の証拠が次のことを示唆していると解釈している——神経的報酬システムは双曲的に割り引くということ，それから，グリムチャーが定義するような主観的効用が神経経済学的に選択行動を決定するというグリムチャーの仮説が所与なら，Andersen et al.（2015）によって得られた結果と反対のことが予測されるということである。

　本書の中では確かに予期されてはいなかったが，それ以降に確証された，ピコ経済学者にとって重要な点は，選択データにおける異時点間の割引の推定は，もしそれらがリスク選好と主観的な確率の重み付けと同時に推定されなければ，大きさが系統的に誇張されるだろうということである（Andersen et al. 2008）。なぜなら，たいていの人々は，彼らの選択において，通常，リスク中立的ではなくほどほどにリスク回避的であり，また，異時点間割引のモデルは，データに適用された構造モデル内にリスク回避が組み入れられていなければ，割引率を有意に過大評価するからである。これにより読者は，報酬の束ね合わせ〔バンドリング〕——それは本書の議論の中で非常に重要な部分となる——が，結局，選択逆転を回避するために典型的に必要か否かを疑問に思うよう仕向けられるかもしれない。その問題は，直截的に経験的な問題である。したがって，最近の米国の大学生を使ったくじ引き実験——それは分析済みだが公表されていない，George Ainslie, Glenn Harrison, Morten Lau, Don Ross, Alex Schuhr and Todd Swarthout によって行われたものだ——が初めて人々における報酬の束ね合わせ〔バンドリング〕の明確な証拠を観察したことを報告するのは，私にとって喜ばしいことである。

　2005 年以降さまざまな研究者が貢献した仕事に照らして，これらの解明は，本書における諸理念を私のパースペクティヴから最新にする。他の読者は，もちろん，再解釈または新たな陰影付けを招くさまざまな主題を同定するだろう。最後に，日本語版を準備した長尾史郎と三上真寛両氏が，本書における私の仕事の価値を確信してくれたことに感謝したい。10 年前の私の考えに対して，翻訳という骨が折れ時間のかかる仕事を正当化するほど十分な関心が——彼らの判断では——日本で存

在するということを当然ながら嬉しく光栄に思っている。

2014 年 12 月　ケープタウンにて

参考文献

Akerlof, G., & Kranton, R. (2010). *Identity Economics*. Princeton: Princeton University Press.

Andersen, S., Harrison, G., Lau, M., & Rutström, E. (2008). Eliciting risk and time preferences. *Econometrica* 76: 583-618.

Andersen, S., Harrison, G., Lau, M., & Rutström, E. (2014). Dual criteria decisions. *Journal of Economic Psychology* 41: 101-113.

Andersen, S., Harrison, G., Lau, M., & Rutström, E. (2015). Discounting behavior: A reconsideration. *European Economic Review*.

Bacharach, M. (2006). *Beyond Individual Choice*. Princeton: Princeton University Press.

Begg, D. (1982). *The Rational Expectations Revolution in Macroeconomics*. Oxford: Philip Allan.

Cox, J. & Harrison, G., eds. (2008). *Risk Aversion in Experiments*. Bingley: Emerald.

Davis, J. (2010). *Individuals and Identity in Economics*. Cambridge: Cambridge University Press.

Frydman, R., & Goldberg, M. (2007). *Imperfect Knowledge Economics: Exchange Rates and Risk*. Princeton: Princeton University Press.

Frydman, R., & Goldberg, M. (2011). *Beyond Mechanical Markets*. Princeton: Princeton University Press.

Glimcher, P. (2011). *Foundations of Neuroeconomic Analysis*. Oxford: Oxford University Press.

Glimcher, P., Kable, J., & Louie, K. (2007). Neuroeconomic studies of impulsivity: Now or just as soon as possible? *American Economic Review* 97: 142-147.

Gollier, C. (2001). *The Economics of Risk and Time*. Cambridge MA: MIT Press.

Harrison, G., & Rutström, E. (2008). Risk aversion in the laboratory. In J. Cox & G. Harrison, eds., *Risk Aversion in Experiments*, pp. 41-196. Bingley, UK: Emerald.

Harrison, G., & Rutström, E. (2009). Expected utility theory and prospect theory: One wedding and a decent funeral. *Experimental Economics* 12: 133-158.

Ladyman, J., & Ross, D. (2007). *Every Thing Must Go*. Oxford: Oxford University Press.

Lopes, L. (1995). Algebra and process in the modeling of risky choice. In J. Busemeyer, R. Hastie & D. Medin, eds., *Decision Making from a Cognitive Perspective*, pp. 177-220. San Diego: Academic Press.

McClure, S., Laibson, D., Loewenstein, G., & Cohen, J. (2004). Separate neural systems value immediate and delayed monetary rewards. *Science* 306: 503-507.

Ross, D. (2008). Two styles of neuroeconomics. *Economics and Philosophy* 24: 473-483.

Ross, D. (2012). Cognitive variables and parameters in economic models. In R. Sun, ed., *Grounding Social Sciences in Cognitive Science*, pp. 287–314. Cambridge MA: MIT Press.

Ross, D. (2014). *Philosophy of Economics*. Houndmills, UK: Palgrave Macmillan.

Ross, D., Sharp, C., Vuchinich, R., & Spurrett, D. (2008). *Midbrain Mutiny: The Picoeconomics and Neuroeconomics of Disordered Gambling*. Cambridge, MA: MIT Press.

Savage, L. (1954). *The Foundations of Statistics*. New York: Wiley.

Stirling, W. (2012). *Theory of Conditional Games*. Cambridge: Cambridge University Press.

謝　辞

　本書のような学際的な本は，もし著者があまりにも頻繁に愚かな旅行者のように見えることを避けたければ，特別な品質保証の手段を必要とする。そのようなメカニズムで唯一可能なものは，提示された学問分野すべての内部からの注意深い批判である。不幸にも，そのような批判がいかほどあろうと，いかほど注意深かろうと，そのようなぎこちなさのすべてを取り除くことはなかろう。かくて，哲学者，経済学者，認知科学者らから受けた並外れて寛大な支援にもかかわらず，私はいまにも赤面しそうである。私の批判者たちは義務を上回るレベルで最善を尽くしてくれた。

　Harold Kincaid と David Spurrett は，原稿全体を読み，広範囲にコメントをしてくれた。本書は短くも簡単でもない本なので，彼らが多大な時間を投じてくれたことに，私は深く感謝している。

　草稿の1つまたは複数の章は，以下の人々（アルファベット順）が読み，コメントしてくれた——George Ainslie, John Collier, Dan Dennett, Paul Dumouchel, Dan Hausman, Yannis Ionides, Brian Kantor, Philip Mirowski, Alex Rosenberg。これらの非常に多忙な人々全員に深く感謝したい。Andy Clark と Robert Frank は，本書に収められることになった以前の諸論文の議論について私信を送ったり，応答を出版したりし，彼らの介在によってこれらの議論は改善された。

　本書の少なからぬ部分は，2001年，2002年，2003年のケープタウン大学経済学部における大学院セミナーで，通読され，議論され，批判された。彼らがもたらした影響は大きく，すべて改善のために役立った。

　本書の題材は，アメリカ哲学学会東部支部，カナダ哲学学会，南アフリカ哲学学会，論理・方法論・科学哲学に関する国際学会や，ドゥブロブニク科学哲学年次ワークショップ，ブリティッシュ・コロンビア大学，カールトン大学，デューク大学，クワズール・ナタール大学，ケベック州モントリオール大学，ローズ大学における招待講演の中で聴衆に提示された。

　第5章の諸部分は，『スタンフォード哲学百科事典』（http://plato.stanford.edu/）のドン・ロスによる「ゲーム理論」の項目の中で以前出版された。親切にも，私の「なぜ人々は非典型的なエージェントか」の一部を再版する許可を与えてくれた *Philosophical Papers*（vol. 31, no.2, March 2002）の編集者らに感謝したい。私

xix

の「誠実さは一貫性にすぎない——ロバート・フランクへの返答」の諸部分を再版する許可は，*Rationality and Society*（vol. 16, 2004, pp. 307-318）の編集者らによって与えられた。私の「社会的エージェント間のコーディネーションのためのメタ言語学的シグナリング」の諸部分を再版する許可は，*Language Sciences*（vol. 26, 2004, pp. 621-642）の編集者らによって与えられた。

　このプロジェクトの存在そのものを奨励したくれた The MIT Press の Dan Dennett と Tom Stone に感謝する。

　The MIT Press の Judy Feldman による注意深く効率的な編集作業と，Jessica Lawrence-Hurt による工程管理にも深く感謝している。

　最後に，私は妻のネレケ・バク（Nelleke Bak）教授〔本書刊行時，米国アラバマ大学バーミンガム校教授〕に対して群を抜いて多くを負っている——（とりわけ）原稿全体の校正と書式設定，私が長期間世界を飛び回っている間の編集関係の連絡，私が長期間世界を飛び回っていることへの忍耐，我々の生活の基盤全体をほとんど助けを借りずに（しかし，私が効用最大化について考える研究で座っている間もあれこれの改善の必要があるにもかかわらず）維持してくれたこと，に対してである。本書のほとんどのアイディアは，ネレケとの会話の中で最初に提起され，いくつかの言語道断に粗悪なアイディアは，この明敏なフィルターによってさらに進むことを妨げられた。素通りしてしまったものへの非難は，彼女のだまされやすさよりも私の頑固さに帰すべきものである。

1 | 導入：
経済学の未来と統一科学

哲学的なものと歴史的なもの

　本書は，行動に関して研究する他の諸分科と関連する経済科学の，2冊からなる研究の1冊目であって，最初から，そのような何らかの科学が存在する，あるいは，存在しうるとは想定しない独特のパースペクティヴをとる。

　明らかに，「経済学（economics）」と呼ばれている数多くの活動が存在して，相当人時を消費している。この活動の大部分は，実践的な政策分析や討論からなる。残りの部分の多くは，社会と個人の厚生を表す特定の種類の変数を測定し，それらの変数間の関係を測定する試みに関わっている。変数それ自体は，互いに区別されて，観察可能なデータに関連づけられ，一事例から別の事例への参照のために理論体系によって安定化される（予測を生み出すための他のどんな意識的装置でもそうであるように）。その理論体系が，経済学という知的学問である。本書で取り組む主要な問題の1つは，もしあるとすれば，いかなる解釈の下で，この学問は理に適った経験科学となるのかということである。

　この問題を提起する私の態度について，可能な限りはっきりさせておこう。私は，実践されているたいていの経済学が大いにやりがいのあるものだということを疑うのではない。Dasgupta（2002）が雄弁に表現した諸理由に基づいて思うのだが，経済学という学問全体に対する，ありがちでよく知られた哲学的，社会学的，イデオロギー的な攻撃は，知的欺瞞である——それは良い科学（良い経済学を含む）が，課題領域での経験的に訓練された判断に基づいているのであって，実践者が背景の理論的枠組みの哲学的に厳密で異議に耐えうる定式化を持つことに基づいているのではない，その程度について無知のまま行われている。したがって，経済学者に彼らがやっているのとは根本的に異なる方法で仕事すべきだと伝えることは，本書の狙いではない。これは経済学の文献における通常の意味での「方法論（methodology）」ではない。これは経済理論（*theory*）についての本である。本書は，仮にその理論が実践を決定するためのレシピとして反事実的に使われるとすれば，

1

それがどのような種類の理に適った経験的研究を生み出すかを問うことによって，その理論を問いただす。たとえ実践の解釈の骨組みを作るために使われる，言葉に表された理論が——まさに文字通りにとられると——誤り導かれた推論を決定づけるとしても，実践が（しばしば，あるいはたいてい）うまく続いていけるだろうと考えることは，まったく首尾一貫している。

　この立場は，たいていの注意深い科学哲学において一般的なものである。しかしながら，ここでの研究も，純粋な科学哲学——つまり，さらなる，より実践的な動機のない合理的な再構築の仕事——にはならないだろう。私は，単に経済理論の基礎についてのもう1つの論考を書こうと思っているのではない。実践している（practicing）経済学者のますます多くが日々の仕事に実践的に（practically）関係すると同意する関連諸学問——つまり，認知および行動の諸科学——の理論的基礎と経済理論との関係も探求するつもりである。たとえ私が——そんなことがあってはならないのだが——さらにもう1つの「パラダイム・シフト（paradigm shift）」を推進して自分自身を宣伝したいと思わなくても，この関係について述べるべき解明的な事柄を見いだせる限りでは，確かに私の研究は，経済学者が引き受けるべきだと考える種々の経験的研究にとって含意をもつのである。

　大まかに言って，人が1つの学問全体の首尾一貫した叙述を構築できる方法は2つある。すなわち，哲学的な戦略と歴史的-社会学的な戦略である。第一の戦略の極限的な理想においては，学問が諸命題の連結されたシステムとしてその周囲に組織される理論体系を示そうとする。命題の一部は経験的な世界についての（あるいは，少なくともそれについてのものであると意図された）ものになり，他は，他の諸命題の間の論理的および証拠上の関係についてのものになるだろう。この種の仕事の決定的な側面は，どの命題がその学問の構造にとって不可欠であり，どれが任意かについて，また，その学問が経験的な事例に応用される場合に，同定された論理的および証拠上の関係がどのくらいの権威ある重みを持つかについての問題への答えをテストすることにある。第二の戦略の極限的な理想においては，その実践者らの通時的活動を説明する学問の発展について，何らかの特定の物語を好むことの理由を構築し示そうとする。この種の仕事の決定的な側面は，誰を実践者と見なし誰を見なさないかについて，また，模範となる実践者とその活動がどのようにしてなぜ1つの時代からもう1つの時代へと変化するのかについての判断を正当化することにある。

これら2つの戦略を特徴づけるにあたって，極限的な理想を描いた。相対的に包括的な仕方で学問を理解しようとするいかなる試みも，双方の側面を組み合わせなければならないと思う。もちろん，このことは，それらの間の強調のバランスに関して，幅広い許容範囲を残している。

この研究は，哲学的な戦略に説明上の優先性を与える。これは，諸学問の歴史は心理学や社会ダイナミクスよりも論理によって動かされているという私の想定を反映しているわけではない（その逆を想定しているわけでもないが）。それはただ主題の選択を反映しているだけである。つまり，これは経済学が，仮に何らかのはっきりしたことに関するものならば，何に関するものかについての研究であり，経済学の領域が，経済学と明らかに密接に関連している他の学問とどのように異なるかについての研究である。経済学の発展が論理的考察によって影響を受けてきた範囲を別にすれば，この研究は経済学という学問がどのようにしてなぜそのように発展したかという歴史ではない。

それにもかかわらず，本書の前半は，抜粋された年代順の物語である。私の狙いが歴史的-社会学的というよりもむしろ哲学的だとすると，なぜこのような方法で説明を構築するのか。その答えは次のとおりだ。最近の知性史においては，「ホイッグ的（whiggish）」な物語と「ポストモダン的（postmodern）」な物語とでも呼ばれるべきものの間に深刻な緊張がある。前者は，進歩の話である（もちろん，典型的に，袋小路や庭園の小道や浪費した時間についての挿話を許すものである）。科学哲学者（私のような）は，ホイッグ的な話をする傾向がある。なぜなら，我々は論理構造を発掘しようと試み，論理構造が構造であるには幅広く首尾一貫していなければならないので，それについての話は構築（construction）の話になるに違いない。目的因が正に伴うのがこの種の哲学を遂行することだ。そして，これが必然的に素朴だと想定する歴史家または社会学者は，学問上の尊大さを満足させているか，あるいは，論理的な考察が決して少しも理論家を動機づけないという信じがたい経験的想定に頼っているかのいずれかである。

しかしながら，ある物事に関して目的因を想定することは，すべてのことに関してそれを許すことにはならない。経済学の場合，数学的および分析的な技法の発展についてのホイッグ的な話をするのが最も自然である。重大な論争がほとんど存在し得ないのは，これが時間とともにより洗練されたものになったという主張だ。さらに，十分に理解された諸命題の間の関係が明白なはずだと想定されていることは

1. 導入：経済学の未来と統一科学　3

数学の要点の一部なので，以前の分析技術とその後の分析技術の関係は，典型的に憶測や解釈学的な解釈の問題ではない——その詳述がどんなに多くの分析上の努力を必要としようとも——。本巻における私の研究の年代順の部分は，ミクロ経済学的な分析道具の洗練の主要な諸段階をめぐって編成されるだろう。

　しかしながら，私は，この洗練が必然的にますます良い，あるいは重要な，あるいは深遠な経験科学を結果するだろうとのホイッグ的な想定をしない。そうでなくて，私が決定的な疑問として問うていくだろうことは，技法のますますの洗練によって改善的接近が可能となってきた何らかの深遠な経験的規則性が存在しているか否かということだ。「改善的（improving）」と言うのは差し当たり単に大まかな意味においてだ——つまり，より細かいレベルの詳細においては，より記述的に正確であり，より強力な説明を促進するということだ。最終章において，物語を語り終えた後，この哲学的問題により厳密に立ち戻るつもりである。

　哲学的なものにしても歴史的-社会学的なものにしても，経済思想の批評においてはよくある話だが，その学問におけるパラダイム決定者の役割を獲得してきた者は，経験的現象への応答の明快さよりも数学的洗練の明快さの方に，より首尾一貫して明白に報いてきた。これはすべての学問に当てはまることではない。それが経済学には確かに当てはまるということに誘われて，私の研究は編成されている。今述べたよくある話に同意する者なら誰でも，分析装置のホイッグ的な歴史が話されても驚くに当たらないと思うはずだし，極端なポストモダニズムを伴わない限りは，技術的な洗練が何か別の意味で改善を示すか否かという疑問が，哲学的研究を始めるうえで自然な方法だということに同意するはずだ。

　私が「極端な（extreme）」ポストモダニズムと言うのは，哲学的探求がいずれ十分に正当化された活動でありうることを否定する態度のことである（実際のポストモダニストでこの極端にある人はほとんどいない。ここでは極限的な場合を提示しているに過ぎない）。ポストモダンの物語は，短期の社会的権力闘争の反映を除けば，我々がいかなる目的因の要素も発見しないし予期もしないという点で，ホイッグ的な物語とは対照的である。そのような物語においては，我々が正直であろうとすれば，哲学的態度は気まぐれになるに違いない——なぜなら，その観点から見つかるものはすべて権力のダイナミクスによって許された諸空間を横切るランダムウォークになるだろうし，論理（logic）の面から見れば，知性史はガラクタの連続になるだろうからだ。来るべき研究が行うに値するという私の想定は，この極端なポスト

モダニズムが度を超すということを前提にするが，それに賛成の論を張ることはない。私は，真実と説明についての推理，議論，誠実な好奇心が，他者に勝ち抜くためのいくらかの考えと知的投資をもたらすうえで役割（実に，重要な役割）を果たすということを当然視する。

しかしながら，これは，あまり激しくないポストモダンの洞察の価値を私が退けるということではない。私の当面の活動分野で疑問を問うた，近年の2人の経済学解説者との対話として提示するという装置によって，私の研究を方向づけるつもりである（これは，読者が私の仕事を理解しようとする前に，彼らの仕事を勉強しておく必要があるということではない）。そのうちの1人は，経済学の発展が何らかの非技術的または非政治的な目的因（テロス）をコード化するという考えに非常に懐疑的な哲学者〔ジョン・デュプレ（John Dupré）〕であり，本章の次節では彼に会うことになる。もう1人は，ポストモダンの感性を持つ経済学史家のフィリップ・ミロウスキー（Philip Mirowski）である。ここで，彼とこの対話の中での彼の役割とを紹介しよう。

たいていの主流の経済学者は，たいていの主流の哲学者同様，ポストモダンの立場をあまり心地よく思わないし，それゆえに，ミロウスキーのような歴史家の仕事を，ひっきりなしに髪を逆立たせながら読みがちである。これは，ポストモダニストは，ある物語にとって何であれ1つの支配的メタファーが疑いの余地無く真理であって，他の可能性を排除することになり得るとは信じず，1つか2つのメタファーを思うままに選び，そして，物語って何が起きるかを見るという仕事をどんどん進めるからである[3]。その結果は，もっと伝統的な考え方をする人々にとっては，まるで『タイムズ』紙や『エコノミスト』誌と比べたタブロイド新聞のように，真剣な歴史と比べた無責任な憶測のように見えるのである（例えば，*Journal of Economic Methodology* のビンモアによるミロウスキーの概説を見よ[4]）。ミロウスキーの *Machine Dreams*（2002）〔*MD*〕——本書で対話するつもりの彼の主要なテキス

3〔原注1〕これは優秀なポストモダニスト学者が純粋な気まぐれで働くという意味ではない。隠喩的な言葉の綾には，持ちこたえて解明的な物語を生み出すものもあれば，そうでないものもあるだろう。言葉の綾を選ぶことに対してポストモダニストが要求する正当化のレベルは，典型的に，より伝統的な学識のそれに比べて分析的に浅いだろうというだけの意味である。

4〔原注2〕私がこれから話そうとしている，ミロウスキーによるナッシュの扱いの例に対して，ビンモアは軽蔑をもって反応している。私の来るべき所見が示すように，私は，すべてを穏やかで外交的にしておきたいけれども，この件についてはビンモアと一致している。しかしながら，ミロウスキーが，そのジャーナルの同じ号における回答の中で正しくも述べているように，ミロウスキーの主張についてのビンモアの一般的説明は不正確である。

ト——から，一例を挙げよう．*MD* の第 6 章——第二次世界大戦以来の経済思想と計算理論およびコンピューター技術との関係についての社会学的および知的歴史——の中で，ミロウスキーは，1950 年代以降，フォン・ノイマンとモルゲンシュテルンによるゲーム理論への元来のアプローチがナッシュ均衡によって置き換えられたことを論じている．後者は，Keller（1985）によって導入された言葉の綾（トロウプ）に従い，偏執病（パラノイア）の表出として示される——その場合，戦略的な問題を「解決すること（solving）」とは，予見可能な未来全体にわたってすべてのエージェントの動機を含む社会的世界全体を分析者の頭の中に内部化することに存する．この構築の詳細については，気にしないで欲しい——それが本書の中で再び話題になることはないから．それを引き合いに出すのは，多くの経済学者が，ミロウスキーを——そして，一般にポストモダンの態度を——学識に対する真剣な貢献とみなすことが難しい理由の説明としてだけである．ミロウスキーは，ひどい心理的疾病によって人生をむしばまれたある人（もちろん，ナッシュのこと）が奨励した技術的概念における偏執病（パラノイア）を診断する際，細やかな感性で事を運ぶように気をつけている（Mirowski 2002, pp. 338-339）．それでもやはり，ナッシュ均衡は，近年の経済学史において，途方もなく強力な数学的概念である．したがって，それを矮小化しながら品悪く，人格障害および／または疾病の現れとして特徴づけるのは，馬鹿げていないだろうか．

　この疑問によって提起されている主題は，我々が哲学者，経済学者，歴史学者，行動科学者のいずれであっても，分析者として行うことに対する我々の態度（*attitude*）である．ポストモダンの感性は，物語の可能性と戯れるのを厭わず，論理への敬意を気取りの一形式とみなす．私は，この態度を賞賛する．一部のポストモダンのテキスト，とりわけ英米のものは，醜悪で自己壊滅的である．それらは，それら自身がメタファーを自由に選択していることの気まぐれさを忘れておきながら，他の選択をする者を政治的および道徳的にいじめるための論拠としてそれを利用する．しかしながら，物語のメタファーは，新たな洞察の探索において，我々の考えの展望を編成および再編成するための基本的な装置である．一部の聡明な思想史の研究者——ミロウスキーは確かにそうであるが——は，可能性から標本を抽出する自由を行使する．より伝統的な種類の解説者は，これについて少し緩和することを学べば，もっと良い状態になると思う．

　しかしながら，もし聴衆である我々が，ポストモダニストが示唆した複数のメタファーからよく似た表面的正当化（カジュアル）を使って同じように自由に選りすぐることができ

ると感じるならば，ポストモダニストの指導的役割を果たす認識論は，ポストモダニストが異議を唱えることを許さない。実際のところ，私はミロウスキーとは違って，ケラーがナッシュ均衡を偏執病（パラノイア）と結びつけていることを，強力あるいは啓蒙的であるとは思わない。そういうわけで，本書でそれが再び持ち上がることはない。本書を通して，ミロウスキーとの他の議論，私がもっと真剣に受け止める彼の考えについての議論をするつもりである。差し当たっての要点は，彼とは議論する価値が十分あるということだ。経済理論が過去半世紀にわたって（大体の場合，せいぜい半ば意図的に）成し遂げようと試みてきたことについての，彼の包括的な像が興味深く説得力があると思うので，研究のまさに手始めに彼を持ち出すのだ。次節で登場することになる，私の他の引き立て役の観点とともに，ミロウスキーの仕事は私の仕事のための対話の文脈を組み立ててくれることになる。

　それゆえ，ここにミロウスキーの「大きな考え（big idea）」がある。それは私が彼に従って受け容れるつもりのものである。経済学とは，何らかの意味で，何かによる何かの最適化についての事柄なのである——その意味は，何らかの説明の候補によって正確にされるべきものなのだが。最適化は，この学問の歴史においてさまざまな時に，物質的な富，あるいは，心理的な満足，あるいは効用（いくつかのその解釈のうちの1つに基づく）についてであると見なされてきた。それは，人々，あるいは家計や企業のような共同体によって，あるいは特殊な状況下における人々または企業によって，あるいは特殊な解釈に基づく人々または企業の部分または側面によって，なされるか試みられるかもしれない。しかし，経済思想を研究する際には，最適化の理論の一部分を研究しているのだ。今や，最適化に関して20世紀に行われた研究にとって，最適化とは何かの定義上の計算（computation）であるということがますます中心となってきた。前の数世紀の理論家らは，いやしくも計算について関心を示すときにも，それが何であるかについて不正確な理解しか持っていなかったのだ。しかしながら，何であれ現代理論——単に最適化それ自体だけではなく進化，発展，あるいは一般にダイナミクスの——の決定的な特徴は，どんなシステムがどんな情報をどのように計算しているのかについて，どこかで，また何らかの意味で，明示的でなければならないということである。

　経済理論の基礎づけ，方法論，範囲，または正当化についての最近のたいていの討論は，隣接する研究領域との関係に強く関わっている——ミクロ経済学が関わる場合には，それは主として心理学と進化理論である。そしてこれらは今，「認知科

1. 導入：経済学の未来と統一科学　　7

学（cognitive science）」というラベルの下に一緒に組織されるようになっている（したがって，私の2巻からなるこの研究の題名となっているのだ）。認知科学が出現したのは，まさに，第二次世界大戦以降，環境条件に対する心や学習や行動的反応について考えることが，情報処理についての拡大しつつある形式的かつ技術的な理解に頼ることなしには不可能になったからである。

　この幅の広がった過程における経済学者の役割についてのミロウスキーの通史は，彼が「サイボーグ科学（the cyborg sciences）」と呼ぶものの前進するアーチ状の覆いの陰に沿って——たいていは，少なくとも片足が泥の中に埋められた状態で——経済学者が引きずられていると記述する。彼の論調が個人攻撃的でひどく皮肉っぽいので——しばしば全くの漫画だ——，彼の物語は，超きまじめ人間にはこの学問を冒涜するものとして読まれやすい。そのような反応は，伝達媒体と伝達内容を混同している。何かが学問であるということの意味は，クーンとラカトシュが強調したように，常にできるだけ多くの新たな現象を，その実践者ができるだけ少ない理論的道具で処理しようと試みるということである。そういうわけならば，経済学者は，新たな思考の世界が彼らの周りに開く一方で，連続性を保とうと試み，他のどんな科学者でもそうするだろうしそうすべきであるような方法で振る舞うだろうから，彼らを保守主義だと「糾弾すること（accusing）」は，必ずしも彼らをあざ笑うことにはならない。これをより特定された正当化の理由として，私は，経済学の現状と未来についての私の決定的疑問をある構造に引っかける手順をとる——その構造は，少なくとも1つの次元（数学的分析の洗練）で続いている発展の概要を述べることから始まる。

　ミロウスキーの大まかな命題の概要を述べることでこの始めの節を締めくくるが，本書の終わりに向けて，より詳細にそれに立ち戻るつもりである。その際には，私の説明をそれと対比させることが，もはや時期尚早ではなくなっているだろう。差し当たって，ただ来るべきものへの出発点を提供するために，その概要を述べるのである。

　ミロウスキーの物語の英雄は，ジョン・フォン・ノイマン（John von Neumann）である。この並外れた博学者，現代の科学と技術の環境における孤高の最高の技師は，経済学を進展させる諸原理を発見したと特徴づけられるが，それと言うのも，まさに経済学の制度の外側から来た者であり，なおかつ，巨大で独立した権力基盤（なかんずく，冷戦期の軍事的なそれ）によって支援され，経済学の歴史を崇敬する

義務がなかったからこそなのである。ミロウスキーのフォン・ノイマンにとって，経済学を行う仕様とは，働く機械によってダイナミックな計算理論を実行することであり，それによって，どんな相対的な最適条件が，どんな状況下のシステム組織のどんな原理によって計算されうるかを見いだすことであった。そこで，経済学者の仕事は，あらゆる可能な方法でそうしないように試みているのに，曲がりなりにも，フォン・ノイマンのこの道に従っているものとして描かれている（これが上で言及した漫画的論調の源である）。

　特に，ミロウスキーの話に基づけば，経済学者は，計算理論の中心的な結果，すなわち，ゲーデルの不完全性定理を無視しようと努め，そのために計算の可能性の考慮を無視し，構造的な証明ではなく——ブルバキに倣って——可能性の証明を追求したのだ。この点において，彼らは新古典派の均衡分析——関数論とトポロジー理論の強力な新たな前進によって豊かにされている——を維持するためにとことん全力を尽くしているものとして示されている。したがって，戦後の経済学の合い言葉の双璧は，一般均衡とナッシュ均衡であると描かれている。ミロウスキーの理解によれば，それらはどちらも，実時間における資源が有限の大きな経験的システムについては計算できないし，あるいは，該当する完全に一般的な場合において，構造的で効果的な技法を用いて一意的に同定できもしない静的な静止点である。

　後に私は，これら双方の概念の理論的な中心性を擁護するつもりであり，理に適った21世紀の経済学の針路についての最初の教訓はゲーデルの結果であるべきだというミロウスキーに説得されるつもりはない。しかしながら，それはこれから先の問題である。ここでは，私自身の研究のための目標空間を設けるにあたって，今述べた彼の分析に照らして，ミロウスキーの経済理論の「5つのあり得る未来（five possible futures）」に焦点を合わせたい。それらの未来は，現在の討論によって示されている分野を，それらに至るミロウスキーの独特の論争的な道とは比較的無関係に編成する，想像的で情報通の方法を構成する。私が発展させることになる道を突き止めるために，私は，それらが設ける空間をありがたく利用するつもりである。

　ミロウスキーの第一のあり得る未来は，計量経済学者のケネス・ジャッド（Kenneth Judd）にちなんで，冗談半分で「ジャッドの復讐（Judd's revenge）」と呼ばれるものである。この未来では，基本的に，経済学は認知科学に全く注意を払わない。それは，計算技術を利用して，増大する複雑さを伴いながら，もし合理的なエージェントが，我々の最新の機械がアクセスし処理できるすべての情報に，少なくとも

能力目いっぱいに速く（あるいは，一部の応用については瞬時に）アクセスし処理できるとすれば，合理的なエージェントがどうなるかということを研究する。ミロウスキーが述べているように（Mirowski 2002, p. 451），この未来は，合理性を計量経済学的推量と融合するという考えを実行する。現在の経済学における人時の配分を考えると，この活動が少なくとも経済学の未来の一部となることは疑いの余地がない。その活動がその未来を支配する限り示す体制では，経済学は隣接していると——他の理解に基づけば——考えられる諸学問から，最も誇らしげに分離したままである。ミロウスキーは，上で概要を述べた彼の独特の批評を前提として，これを，経済学がそれ自体の外側のどんなもの——実際の人間の経済を含む——とのいかなる関連性からも完全に反れる道だと見なしている。

　本書では，隣接するものから特定の相対的な意味で分離したものとしての経済学という観念を擁護するつもりである。したがって，私がさまざまな点で触れるつもりの1つの設問は，一種の唯我論（これに対してはミロウスキーが警告している）の中へと霧散することなく，私が示唆する仕方で，経済学が分離されうる程度についてであり，彼がジャッドの復讐を無意味への道とみなすのは正しいと考える理由を示すつもりである——その理由は，ゲーデルの定理とは特定の関係が全くないものだ。

　ミロウスキーは，彼の第二のあり得る未来を，経済理論家のアラン・ルイス（Alain Lewis）にちなんで，「ルイスの再来（Lewis redux）」と名づけている。ミロウスキー自身が，経済学に対する形式的不完全性の決定的な重要性を強調しているのは，ルイスの仕事に由来する。この未来では，経済学者は，認知科学の他の——生物学的に関連した——部分を大体に無視しながら，計算理論を大いに利用する。（これは次のように注釈してよいかもしれない——彼らは，計算理論を，あたかもそれが有意に認知科学に統合されていないかのように扱う，と。）彼らは，関数関係論とトポロジー理論における結果を利用してゲーデルの証明の含意を回避しようと試みる。ミロウスキーは，ケネス・アローの今日のパースペクティヴを，この見解の主要な代表として描いている。それは，特殊な制限された条件下で，一般均衡へのコンピューターによる近似をするための，Scarf（1973）の手順のような結果によって，活気づいている[5]。

---

5 ［原注3］ミロウスキー（私信）が指摘しているように，彼の歴史についての私の極端な要約の中で，アローがルイスと結びつけられていることは，誤解を招く危険を冒している。ミロウスキー

本書では，この種のプログラムが経済学における進歩に実際に非常に有益に貢献しうる理由についての議論を示すつもりである。もっとも，私の議論は，ミロウスキーが次のように考えるのが正しいということも示唆することになるが。すなわち，経済学が認知科学から——経済学の「純粋な（pure）」例証化がそうさせるのと同じくらいに——切り離されているならば，役に立たないというのである。私のこの議論は，認知科学それ自体の特定の哲学的解釈——ミロウスキーが決して考慮しないもの——に依存するだろう。

　三番目の未来は，「サイモンのシミュレーション（Simulatin' Simon）」と呼ばれる。ここでいう「サイモン」は，もちろん，故ハーバート・A・サイモン（Herbert A. Simon）である。このシナリオでは，経済学は人工知能研究に大幅に統合され，そのプログラムの著名な鼓吹者の経歴をまねる。ミロウスキーが正しくも述べているように，この未来は既にかなりの程度まで我々とともにある。彼は，Epstein and Axtell（1996）の『人工社会』という本を，近年の代表的な仕事として挙げている。このアプローチへの動機は，直截的である。すなわち，生物学的な脳が経済行動の基本的な因果的原動力であると想定し，さまざまな抽象のレベルでそれをシミュレートすることにより，具体的な制約の下でそれに何ができるかを見ようというものである。この方法論を人工知能（AI）との関係する統合として示すにあたって，コネクショニストモデルや人工生命モデル（Langton 1995; Levy 1992 を見よ）とは違う，狭い，記号処理的な意味の AI だけを考慮する必要はない。シミュレーションとしての経済学にとって，適切で生産的なものになるために，シミュレーションがどのくらい抽象的でなければならないかは，未解決の問題である。おそらく，それはすべての自然な実行の詳細を——伝統的な AI においてそうであるように——無視することができる。あるいは，おそらく，神経網を備えている人工のエージェントを誘導して，シミュレートされた社会の中での規則性を学ばせ，それが何に出くわすかを観察することによってのみ，経済行動について興味深いことを発見できる。

　ミロウスキーは，経済学と認知科学のこの種の統合が，経済学が行動の理解に進

の話に基づくと，アローは，ルイスのアプローチの斬新さを埋もれさせた仕事をした人々の1人であった。しかし，同様にミロウスキーによれば，アローと他の人々は，新古典派との互換性のために，それを馴らす（*taming*），すなわち，その急進性を飼い馴らすことによって，これを行ったのである。ミロウスキーが経済学のあり得る未来の1つと考えているのは，ルイスの戦略の飼い馴らされたバージョンである。

1. 導入：経済学の未来と統一科学　　11

歩的に貢献するいかなる未来においても，その不可欠な部分になるということを疑わない。行動科学は，実際問題として，生物学的システムの観察＋トップダウンの理論という厳しい食餌では成長することはできない。しかしながらミロウスキーは，経済学はそのような仕事だけに存するものではないと主張する。なぜなら，シミュレーション活動はそれ自体，特殊な場合のための特殊なモデルと実践的設計原理を過剰に生み出し，一般的な理解の点ではあまり進展させることが無いという傾向があるからだ。科学哲学者は，こういう主旨の一般的な認識論的原理を作り上げようとするかもしれないが，これはミロウスキーの異議の彼が意図する解釈ではない。むしろ，彼の要点は，強い目的因――それは，工学においては，具体的な機能仕様に従って機能する製品に対する市場または軍事の需要から生じ得るし，（私がここで付け足すと）科学においては，説明の一般化の探索から派生し得る――が無ければ，シミュレーションの仕事は，それ相応の収穫逓減を生じる傾向があるということだ。すなわち，シミュレーションは物事を起こしはするが，何が起きているか，あるいは，なぜ起きているかを特徴づける方法は，はっきりしなくなるのだ。

　私はここで，ミロウスキーの診断を是認する。付け加えて言うが，シミュレーション単独のさらなる問題は――少なくともそれが AI において，また一部の人工生命のモデル化においてもしばしば設計された際には――行動パターンの基礎を，シミュレートされるシステムのモジュール式部品の内部のダイナミクスから「創発する（emerging）」か，あるいはそれに分解可能なものとしてすら，見いだそうとするということである。これはどんな工学的アプローチにとっても自然なことである，というのも我々は，仮にそれを作ることができるとしても，純粋なブラックボックスであり分析可能でない全体をシミュレートしようとすることからは，ほとんど何も学ばないだろうからだ[6]。しかしながら，第6章では，経済現象の個人主義的モデルの根本的な批判――行動科学の哲学に立脚している――を示すつもりである。そして，この批評に基づいて疑う理由を提示するつもりであるのは，興味深い経済

---

6 ［原注4］近似的には，我々にはそれができる――精神についての一部のコネクショニストモデルは，生物学的システムの行動の入力-出力関数の特徴をシミュレートする。ただしそれが何をしているかを理解できないままなのだが（関係のある機能の分解は明確に表現されえないので）。そのようなモデルは，どんな一般的な種類の学習システムが何をすることができるかについての直観を確認するのに役立ち得るが，異なる種類のさらなる仕事によって補足されないと，それ自身の狭い領域においてさえ，現象の確固たる説明を構成することができない。いくつかの詳細な例については，Kennedy and Eberhart（2001）を見よ。

的一般化を個々のエージェントが内面的に支配されている仕方から直截的に得られるということである。もちろん，シミュレーションは，直接的に社会システムについてのもので，諸個体がそのシステム内の比較的構造化されていない諸連結点としてモデル化されているかもしれない（Kennedy and Eberhart 2001 を見よ）。しかしながら，経済研究がこの種のシミュレーションの周りに築かれる程度に応じて，以下で論じられるミロウスキーの新区画の「第5の未来」へと移ることになる。

　ミロウスキーの第四の未来は，（彼のラベルの付け方を再び引用すると）「デネットの危険な考え（Dennett's dangerous idea）」に着想を得ている——心と生物学の哲学者であるダニエル・デネット（Daniel Dennett）にちなむ。これは，経済理論を進化認知科学における現在の主要な研究の前線と真に完全に統合しているプログラムに名づけたものである。それは，単に生物学的なエージェントをシミュレートするために人工的な計算装置を使うのではなく，そのエージェントを，文字通り，計算装置の具体的な 実 例 であるものとして，モデル化することを含む。

　それは，

> こう宣言する，すなわち，人工知能から何らかのアルゴリズムに接近し，それを進化論の特に偏向した理解と結合し，壮大な万物の理論に達する——これらはすべて，すべての人間の努力は「端から端まで（all the way down）」制約された最大化であると主張するという究極の目的に合う——ことが可能である，と。……合理的選択理論（事によったら単純な最適化，事によったらゲーム理論）は，自己を意識せずに，生物学的な有機体と機械のためにぴったりの情報処理のパラダイムとして扱われる。結果として，コンピューターも人間も，単にあるミームがもう1つのミームを作る方法でしかない。……ひとたび人が命知らずの跳躍をし，進化はどこにでもあって常にアルゴリズム的であること，そして，ミームは肉体の御しがたい限界を超えて自由に急増しうるということを規定すれば容易に推定できることだが，そのバンジージャンプにおける経済学者の指定された仕事が，合理的経済人という新古典派の例示が，毎日の経済的経験の中で直面するさまざまな最適化問題のすべてをいかにして「解決する（solves）」かを探求することである。新古典派経済学は，ウィーンの論理実証主義者を心から喜ばせる統一科学へと心地よく再吸収される。（Mirowski 2002, pp. 533-534）

　もし，第三の未来が既に我々の近くにあるとしても，それは関心を得ようとして第四の未来と間違いなく競り合わねばならない[7]。ミロウスキーによってデネットの危険な考えと同一視される現在の研究の流れは，以下の通りである。Kalai（1990）

7［原注5］もちろん，これらの未来は，第三の未来が断片的なシミュレーションの他には誰も何もしない体制として解釈された場合に限り，両立不可能である。ミロウスキーは，明らかに，彼の

や Binmore（1987-1988）の仕事のように，有限個のオートマトンの間の競争によってゲームをモデル化すること。進化ゲーム理論。いわゆる「行動の（behavioral）」経済学への実験的および形式的進出。遺伝的アルゴリズムあるいはニューラル・ネットワークを使う経済動学のモデル化。それが厳密にどの箱に分類されるかに関係なく，サンタフェ研究所で進行しているものの大部分。これらすべては，崇高なアバンギャルドの活動とは，ほとんど見なされ得ない。それらは，過去 10 年から 15 年の間のミクロ経済学における理論的革新の大部分を記述する。それを「あり得る（possible）」未来と呼ぶ際，ミロウスキーは，それが長いイニングのための足を持たないと思っている事実をほのめかしている。それは主に（彼が言うには），経済学者として訓練された人々が，本当に貢献するのに十分なほど認知科学をよく理解できるとは判明しないと彼が思っているからである（Mirowski 2002, p. 535）。

ミロウスキーが自著のあちこちで強調しているように，この未来の論理に対して本当に態度を決めかねているのは，それが，主権を持つ新古典派的個人の卓越性を脱構築することによって始まるが——それは適度に健全なことだと彼は考えている——，引き続いて歴史的誇張の単なる訂正を超えて帆走し，セルフの十把一からげの 解 消 を促進しようとするからである。ケン・ビンモア（Binmore 1994, 1998）が，ゲーム理論を応用するための彼のモデルを，エージェンシーの哲学に結びつける諸段階は，これがいかにしてなぜ起こるかについての最も明示的な証拠として引用されている（Mirowski 2002, pp. 515-516）。ビンモアのモデルでは，個々のエージェントの意思決定は，長期のシステム・ダイナミクスには無関係である。すなわち，エージェントは，ダイナミクスを所与として，均衡戦略をとるように自らを形作るシステムレベルのダイナミクスによって動かされているのであって，ダイナミクスがエージェントの選択する戦略の偶 発 的関数なのではない。

これに照らすと，極めて興味深いのは，ミロウスキーが，デネットにちなんでこの未来を名づけたということだ。ミロウスキーが本の中で全くほのめかしていない事実は，セルフの概念の修正ということが，デネットの志向性，意識，進化，自由意志についての，その他の点では明らかにゆるく結びつけられた仕事において不変の底流となってきたということだ。第 7 章で詳細に論じるように，ひとたびこれが理解されると，これらの他の話題に関するデネットの特定のプロジェクトのすべて

言う未来がそのように排他的であるとは意図していない。彼はただ，解説の目的のための極限的な場合を記述しているにすぎない。

は，批評家に見えていたよりも，妥当なものになる。さらに，これもまた立証するつもりだが，セルフについてのデネットの理論は，少なくとも短期においては，強く説得力のあるものであった。すなわち，セルフについて現在，物を書くたいていの認知科学者は，デネットのパースペクティヴを受け容れ詳述してきた──これを完全に評価したか否かに関わらず。

しかしながら，以下で見るように，セルフを解消あるいは消滅させるものとしてデネットを読むのは，深刻な誤解である。それどころか，以下で論じるように，彼の見解の成功──哲学における諸命題の通例の運命に比べて非常に明白であった成功──を最もよく説明するのは，それがセルフについて考えるこれまでで本当に最初の系統的な方法であり，その概念と関連する経験的現象の範囲の豊かさと微妙さを正しく判断するものだということである。ミロウスキーの本におけるテキストの証拠は，多くの話題に関する彼の明らかに驚異的な読み方（さらに，私が付け足すべきなのは，近年の経済理論の歴史を取り巻く未刊の手紙の宝庫やその他の傍資料を通じての，彼のすばらしい解明作業）が，今日，「道徳心理学（moral psychology）」と呼ばれるものに関する急成長中の哲学的文献には及んでいないことを示唆している。これは，私が思うに，第4の未来についての評価に関連して彼が提示するもう1つの所見によって確認される。彼は，評価（バリュエーション）の根源的な源泉は，「代表的な経済的エージェントの両耳の間にある理想化されたコンピューターの奥の内部で……経済科学の諸目的のために凝固する」（ibid., p. 564）ことにはならないと思うと述べている。私は，エージェンシーと志向性の（したがって，評価の）場所についてのデネットの理論が，1970年代の哲学的討論に源を発するその文脈を前提として，この批判と一致する仕方で，いかに誤読されうるかを理解している。しかしながら，第2章で見始めるように，また，第6，7章で非常に詳しく展開するように，その読み方はそれ以上に完全に後進的になることはないような代物だ。

もしデネットの概念が，それがセルフを否定する恐れがあるという理由で危険だと思われているならば[8]，ミロウスキーが意図する意味での危険の診断[9]は，以下の諸ページで決定的に論駁されることになる。すると第8章では，ビンモアとその仲

---

8 ［原注6］デネットは，彼の考えを違う意味で──彼がダーウィンの考えを「危険（dangerous）」と呼ぶ意味で──「危険」と見なされて喜ぶだろう。すなわち，人々とその存在状況の限界についての，確立されているが単純化されておりうんざりするようなイデオロギーにとって危険という意味である。その種の危険のうち持ち得るすべてを持とうではないか。

9 ［原注7］ミロウスキー（私信）はこの点で以下のように付け加えている。「『危険な』デネット

間が行う種類の経済学の見通しにとってこれが何を含意するかを問えるようになる。

　ミロウスキーの言説のスタイルで私が賞賛することの1つは，それが客観的な理性の声の公平無私な伝導者であるという退屈な見せかけの背後に，決して著者のコミットメントを隠さないとうことである。彼が何をしようとしているかを読者に伝える仕方は，ある部屋の中にいる現実の一個人がそうするのと同じなのだ。これは，一部の学問的な感性にとっては未熟に見えるだろう――だがそれが実際に未熟でありうるのはうぬぼれの表現である時であって，ミロウスキーの場合のように，〔ド・マン的な〕悪いイェール学派の意味ではなく〔デリダ的な〕良いフランスの意味で，ポストモダニストである時ではない。しかし，それが招く討論の明解さは賞賛に値すると思う。したがって，私は，実際には貫くことができないスタイルに完全に満足しているふりをせずに，私自身の切り札を堂々と見せることによって，敬意を示したい。この研究（両方の巻）は，ミロウスキーの第四の未来を奨励するが，だからといって，それによって第二，第三，または彼自身が気に入っている第五の未来（以下参照）を全体像から除こうとはしない。そして――ここが，私が修辞上の大博打を打ってリスクを冒しているところで，私が非好意的にミロウスキーのスタイルと対比してきた学問スタイルの規範を持つ人々には耳障りだろうが――その研究では2人の知的英雄が登場する。それはデネットとビンモアである。来るべき物語には劇的な構想があり（ミロウスキーのダシール・ハメット調に比するとヘンリー・ジェームズのペースだが），最後には，デネットとビンモアは山の頂上にまで達し，いかにして経済理論をより広い認知および行動の諸科学と統合するかを垂訓することになる。

　2人の会話の引き立て役の1人としてミロウスキーを紹介することによって本書を始めた理由は，もはや明白なはずだ。この仕事を締めくくるために，彼自身が賛

というのは，もちろん彼自身の表題についての言葉遊びだが，それは単に『セルフ』に関する諸問題に由来するのではない。それは，わずかなAIと歪曲されたわずかな（想定上の）進化論が，新古典派理論の科学的真理性を強化するという印象――それは誤っていると私は主張するのだが――を彼が助長することに由来している。実際には，それら〔AIと歪曲された（想定上の）進化論〕は，互いの投影に過ぎないのであり，1950年代にOR［オペレーションズ・リサーチ］から分離し，コンピューターに抱かれて育てられ，しばらくの間，別々の研究コミュニティとして設けられたが，これまでに再び遭遇し互いに対する認識の衝撃を経験している。その危険は，家族的類似（歴史的説明を持つ）を妥当性確認（歴史的説明を持たない）と間違えている点にある」。結局，本書は，この家族的類似の背後には深い論理があるという長い議論になるだろう。したがって，私が望むのは，ミロウスキーが本書も危険とみなすことだ。

16

成する経済学の未来を簡潔に見ておかなければならない。彼の第5の未来は，彼の
自ら認めた英雄にちなんで，「行商するフォン・ノイマン（vending von Neu-
mann）」と名づけている。それは，市場全体の型——ワルラス的模索過程，シャー
プレイ-シュービック，さまざまな型の一方向的な統一された準オークション，双
方向的な手形交換所あるいは二重オークションなど——が，種々の形式的な型
（types）の計算装置を提供するという考えを十分真剣に受けとめることを伴う。計
算の数学理論によって，種々の型の装置が論理力に関するヒエラルキーに分類され
るように，あるいは，形式言語学の基礎についてのチョムスキーの著作において，
さまざまな型の文法が生成力のヒエラルキーに分類されるように，どの市場が他の
どれをシミュレートあるいは生じさせることができるかを見分ける一般化理論を発
展させ，また，特定の配分問題を所与として情報処理能力と微分的効率性の双方に
関しそれらの市場を比較しようとすることができる。すなわち，経済理論は，市場
の計算理論へと発展させることができる。ミロウスキーは，この未来像が，20世
紀初頭の論理学と数学における革命から起こる学問に対するフォン・ノイマンの野
望を忠実に再現すると説得力をもって論じている——もちろんフォン・ノイマンは，
市場の型の動物学（その大部分は彼の死後に発展した）の観点でそれを表現するこ
とができなかったけれども（これのサーベイについては O'Hara 1995 を見よ）。

　本書の最後の諸章で，私は，ミロウスキーによって素描されたフォン・ノイマン
の未来像は，彼が想像するようにデネットの危険な考えと競合するものではなく，
それと完全に両立しうることを論じるつもりである。それどころか，根底にある形
而上学——それは志向的行動についてのデネットの理論を社会科学および自然科学
と完全に整合的にするために必要だ——に関する私自身と私の協力者たちの著作
（Ross 2000 ; Ross and Spurrett 2004a ; Ross et al. forthcoming ［2007］）を生かす
ことにより，私は次のことを示すつもりだ——もし我々が，セルフと志向的行動の
デネットの理論，また，市場が生起するところの幅広い社会ダイナミクスのビンモ
アのゲーム理論的モデルに納得するならば，うまく行商するフォン・ノイマンとい
う見通しはずっと良くなるということだ。その際，私は，ミロウスキーの第四と第
五の未来を結合して，統一科学の一部としての経済理論の包括的モデルにする。そ
れに私は，もちろん，ウィーンの論理実証主義者を心から喜ばせたい。経験的知識
を「センス・データ（sense data）」へと還元することを目指さない限り，なぜそ
れが悪いことなのか。世界全体の首尾一貫した全体像は，科学が求めている最大の

1. 導入：経済学の未来と統一科学　17

ものである——あるいは，そうであると後ほど本章で論じるつもりだ。

　このすべてを成し遂げるには 2 巻が必要となるだろう。この第 1 巻では，私は，ミクロ経済学と志向的行動の理論の関係に集中している。したがって，それは 2 人目の英雄ビンモアよりも，1 人目の英雄デネットをはるかに大々的に取り上げることになろう。次巻は，マクロ経済学と社会ダイナミクスの他の諸科学との関係についてであり，そこでは，ビンモアの仕事が，エンジンの最も強力な要素となるだろう。

　ここまでの議論で，私が自己意識的に認めてきたのは，私の研究を部分的にミロウスキーとの会話の中で方向づけることは，即座にそれを主流派経済学者に勧めることにはならないということである——主流派経済学者が引き金にかけた指を制御するよう彼らに促しはするが。しかしながら，これもまた既に示してきたように，私は，学問の歴史を理解するためのホイッグ的な原理に対して，ミロウスキーよりも忠実である。したがって私は，ジェヴォンズから現代のゲーム理論までのミクロ経済理論の歴史を再び語ることに 2 つの長い章を費やすつもりである。それは，私の最終的な包括的モデルが中核的な新古典派の洞察に取って代わるのではなく，それを回復するものとしていかに理解されうるかを示すような方法でなされる。したがって，私はそのスタイルの諸要素を評価するにもかかわらず，これは断固としてポストモダンの仕事になるわけではない。それは古風な科学哲学になるだろう。なるほど，本書の背景には，他にもあまり最近の者ではない英雄たちがおり，その何人かはウィーンで働いた。

科学と人間世界

　ミロウスキーの物語は，重大ないくつかの規範的前提に依拠している。その 1 つは，研究の「科学主義的（scientistic）」なイメージと「人間主義的（humanistic）」なイメージの間の対立において，後者が自明に善の勢力だというものである。2 つの補助的で，かつ標準的な前提は，この命題を強化するうえで重要であり，どちらも，私が数ページ前で引用した一節でミロウスキーがデネットの危険な考えを記述した際の皮肉を補強するものだ。1 つの想定は，統一科学への「論理実証主義的（logical positivist）」なあこがれのすべてが，どういうわけか，分別のある人々の間では断固として信用を失ってきたという想定である。これは，次の前提の理由の一部分をなすと考えられている。その前提とは，明らかに我々が我々自身を道徳的な劇や喜劇における心の温かい志向的な行為者——少なくともホメロスの時代以来，

18

我々がおおよそ我々自身をそうであるとみなしてきたところの古き善き人々——と見ていることが，科学が取って代わることのできない我々の世界観の首尾一貫性のために，ある程度のレベルで役立つということである。

　私は，これらの前提のすべてを否定する——断固としてにべも無く。本書の評者の何人かは，たぶん私を「科学主義（scientism）」だと非難したいだろうから，彼らのために物事を簡単にしてあげよう。ここで擁護されるパースペクティヴは，科学主義的なのである。場所によっては，これを言うことは，アラバマ州——私が住んでいる——のタウンホール・ミーティングで立ち上がり，自分自身を自由主義者〔リ　ベ　ラ　ル〕と呼ぶのに等しい。けれども，私は後者のことを赤面せずにするし，前者についても全く同じように感じる。私は，自由主義を社会の退廃への道とみなす理に適った理由を誰かが示してきたとは思わないし，科学主義が『1984年（*1984*）』〔ジョージ・オーウェル〕や『すばらしい新世界（*Brave New World*）』〔オルダス・ハクスリー〕へと向かう必然的に虚無主義の道であるとする議論が何らかの現実の基準に達するとも思わない。この節は科学主義の魅力についてである。

　科学は，絶えず我々に，実在の本質について驚嘆すべき観念を与える。物理学が教えるのは，無数の宇宙——我々の宇宙はその1つにすぎない——が存在するかもしれないこと，そして，おそらく，互いに物理的に接触していない2つの粒子がどうにかして互いの特性に影響を与えるということだ。進化生物学から学ぶのは，鳥類が恐竜の唯一の生きた子孫だということだ。地質学者が明らかにするのは，地球の地殻構造プレートの現在の軌道の結果として，オーストラリアが最終的にアラスカと衝突するということだ。現代の教育を受けた人々が慣らされている考えとは，少なくとも人間のエージェンシーによって影響を受けていない世界の因果構造が関係するところでは，我々の「常識的な（commonsense）」想定と原理の蓄積は，事実へのガイドとして系統的に信頼できないということだ。我々の日々の知覚の尺度——時間的および空間的な次元の双方に沿って——は，少なくとも物理学，地質学，天文学，微生物学などについては，幅広い真実への直接的な窓として信頼されるには，単にあまりにも縮こまっていて代表的でない。

　この過程——それによって物理世界に関する認識論的な満足についての我々の感覚が，定期的にあざけり掘り崩される——は，現在まで少なくとも4世紀の間続いてきており，これは多くの人々がそれに慣れるには十分な長さであったと思われる。我々は特定の科学的発見によって驚かされ続けるが，17世紀の先駆者に比べて，我々

が驚かされ続けるという事実に驚かされにくい。しかしながら，1つの広い領域において は，多くの大衆的意見と学術的意見が，日々の知恵についての洗練された懐疑主義への招請に抵抗し続ける。科学者が，我々自身の外見上の経験と我々自身の行為の基礎について，注目に値し非常に反直観的な物事を教える時には，多くの人は躊躇するか反発する。空間がその幾何学においてユークリッド的にのみ見えるのは，我々がもっぱら空間のごく小さな弧の中で生きているがゆえだと教えられることもその1つである——それは内陸の砂漠で一生を生きた人が，世界の大部分は実は水で覆われていると教えられるようなものだ。しかし，もし誰かが，心がどのように機能するかについて，または，行動がどのように引き起こされるかについて，我々——内省的な選択の経験の周りにそのアイデンティティが構築される生物——が根本的に混乱しているということを我々に納得させたければ，これは完全に異なる種類のこと——原理的に認識論的に不適切——のように思われる。結局，我々は，我々自身の行為の基礎をなしている因果的手順を直接的に経験するように思われる。距離を置いた第三者の観点は，いったいどのようにして，そのような過程について，他ならぬそれらの当の主体^{サブジェクト}よりも良く知り得るのだろうか。

　たとえ主観的な経験の権威を頑固に信じる者であっても，この滑りやすい坂道の上の方へともち上げることがひどく難しいわけではない。多くの人は，自分の脳が——何らかの意味で，そして少なくともある程度——自分の思考の物理的基礎に違いないということに同意する。そして，彼らはさらに，自分の直接的な経験が，自分の脳の構造または機能についての多くの情報を全くコード化していないということを認めるだろう。脳について学ぶには，銀河について学ぶためにそうせねばならないのと同じように，第三者の観点を想定しなければならない。そして，もしある超然たる科学者が，あなたが「内側から（from inside）」知り得なかった脳について何かを教えるならば，それは即座に，あなたが内観によって発見できなかった自身の行為の因果的基礎についてこの科学者が何か教えたということになる。

　しかしながら，この滑りやすい坂道は，しがみつくことのできる岩の露頭に覆われている。すなわち，洗練された者の主張について懐疑的であり続ける洗練された方法があるのだ。最も強力な——かつ決定的に他のすべてのアプローチを強化する——方法は，以下のように進む。問題の世界の諸側面が，我々自身の思考や経験とは独立に特徴や構造を持っている時，三人称の科学はいつも常識に勝つ。宇宙は，これまでに誰かが思いつくことができたにせよできなかったにせよ，それが持って

いる特性を持っていることだろう。したがって，知覚の範囲が限られている生物
——推論においていかに分別があるにせよ——が，彼らについての結論で間違って
いる——大間違いでさえある——と判明するかもしれない仕方に関して，認識論的
な深い謎はない。同じことが物理的な脳についても当てはまる。すなわち，我々自
身の脳の存在は，我々の先駆者が行ったいくつかの偶発的な選択に依存しているか
もしれないにもかかわらず，それらの先駆者が我々の脳の重さや色や基本的な神経
化学的構成を選んだわけではないということを，我々は皆知っている。しかし，人
間の経験や行為の領域の多くの側面が関わるところでは，問題は（一見したところ）
根本的に異なるように見える。人間の心とセルフは，思考や反省やそれらの因果的
帰結によって部分的にかつ決定的に構成された（*constituted*），個人的で社会的な
構築物である。人間の諸々の経済や政治構造についても同じことが言える。民主主
義やジャズ愛好家や内向的な人であるのがどういうことであるかは，構造や人々の
種類についてのこれらの概念が，我々自身の経験の組織化においてどのように特徴
となっているかということの関数である。したがって，少なくともある程度まで，
それらの深い本質は唯一，そして原理的に，それらの内側からのみ，また，部分的
には我々自身についての日々の経験の観点（ゲーム）で理解される。あるいは，少なくとも，
そのように多くの解説者が論じてきた。

　この見解は，決して洗練されていない者に限られるわけではない。それは，近頃，
影響力のある哲学者であるジョン・サール（John Searle）により，我々の思考の
内容（Searle 1992）と我々の社会構造を作り上げる要素の意味（Searle 1997）の
両方について，明示的に擁護されてきた。トーマス・ネーゲル（Thomas Nagel）も，
「どこからでもない眺め（view from nowhere）」，すなわち，いかなる特殊で制限
された観点からも独立で神のように公平な想像上の領域の可能性を批判する中で，
雄弁に書いている。Nagel（1986）は，この領域を客観的科学の認識論的理想とみ
なし，物理学の場合でさえも，しかし特に心とその産物が関わるところでは，それ
が首尾一貫しないことを論じている（Nagal 1974）。サールとネーゲルは，人文科
学と社会科学の学者の間で，多くの同調者を持っている。心的内容と多くの社会構
造が関わるところでは「であるように（我々に）見える（seeming［to us］to be）」
と「である（being）」がつまるところ結局，同じことになるという考えにコミット
している限りで，私はこの「陣営（camp）」の見解を「人間中心主義的（anthropo-
centric）」と呼ぶ。

1．導入：経済学の未来と統一科学　　21

しかしながら，この人間主義の帝国の内部には，意見を異にする注目すべき諸集団がいて，いくつかの学問分野全体の大多数を構成するに至っている。進化心理学者と，多くの経済学者，さまざまな「構造主義の（structuralist）」党派の社会科学者——実際に，ミロウスキーが見るところ，デネットの危険な考えの推進者の大部分——は，主として主観的な（間主観的も含む）洞察の追求が社会的な過程や行動を理解するための実り多い道であることを広く疑っているのだ。

本書とこれに続く巻で，私は，包括的な反人間中心主義的見解を展開し，擁護し，新古典派経済学の中核的洞察を進化論的な認知および行動の科学と統一することになるだろう。この全体像の基礎的な含意は，志向的，行動的，社会的な現実を分類するための我々の慣習的な「民間的（folk）」スキーマは，十分な科学的記述への諸転換を経る間に一般に保持されないだろうということである[10]。

前節で，私は，初めに2人の対抗的なパースペクティヴとの対話としてこの研究を方向づけるつもりであることを示した。そのうちの1人であるミロウスキーに我々は会った。もう1人はより純粋な引き立て役である，という訳は，彼との不一致がより直截的で全面的だということだ。私がここでそうするのと同じくらい壮大なレベルで分野を分割するとき役立つのは，根本的な分割が同じ場所にあると見る明確に表現されたパースペクティヴと対比させ，そして，反対の評価ができるようになることだ。これは，いくら少なく見積もろうとも，批評の対象が案山子（かかし）ではないという安心をもたらす（ミロウスキーはもちろん，類似しているがもっとニュアンスを含むこの種の貢献をしている）。哲学者のジョン・デュプレ（Dupré 2001）は，最近ある本を出版し，その中でまさに私と同じことを見ることから始めている。すなわち，進化行動科学と主流派経済学は深く相補的な学問分野であり，非人間中心主義的な説明のモデルへの忠実さ——案の定，デュプレはこれを「科学主義（scientizm）」と呼ぶ——によって統一されており，各々が互いの学問分野の資源がまさに尽きるところで理解を提供しようと試みる，ということである。デュプレの本の要点は，この同盟を，混乱した形而上学に突き動かされた悪い科学として，そのうえ，倫理的に危険なものとして非難することである。デュプレは，少なくとも，その同盟が

10［原注8］哲学に通じた読者は，これを「消去主義（eliminativism）」の方針を示すものと見なしそうだ。本書の後半の諸章で明らかにされる理由により，これはそうではない。私は，科学が基本的な民間的な志向的および社会的な存在論の諸側面を大幅に改訂し，時には消去することを期待するが，それらの十把一からげの消去を期待するのではない。

自然であり重要でもあるということについて，私と一致している。本書の狙いは，なぜ，そして，厳密に・い・か・に・それが自然であり重要なのかを示し，そして——デュプレとは正反対だが——その科学的で（より少ない程度に）形而上学的な長所を正当化し称賛することである（その規範的な長所は，次巻の『マクロ的説明』まで先送りされるだろう）。

　私は，本書が主としてデュプレ（あるいはミロウスキー）に対する応答であると言うつもりはない。物事の過程で，私の結論と直接的に密接な関係がある結論を持つ特定の諸議論に応答するつもりなのだ。それは私が多くの他の人々の議論に対してそうしようと思っているのと同様だ。進化認知科学と経済学の相補的な拡張に対するデュプレの中核的な反対論は，究極的に，世界が統一された因果構造を持つ程度についての形而上学的命題に基づいている。そして，私は，本書を通じて，形而上学的問題を論じるつもりだが，形而上学の爆心地^{グラウンド・ゼロ}から始めるつもりはない[11]。私は早い段階で私の引き立て役を持ち出す。というのも，デュプレと私は，科学と人間の現象的経験の世界との間の適切な関係をめぐって，絶対的に根本的な分水嶺の反対側に立っているからだ。特に経済理論に焦点を合わせた後の諸章で我々を夢中にさせる諸議論は，この問題への事前の明示的な注意に依拠するだろう。

　哲学における長い伝統が見るところでは，科学的研究の奥深い課題は，構造や過程の・本・質・に対する洞察を得ることだ。ところで，「本質（essence）」という用語は，異なる文脈で多くの異なる物事を意味する。生物科学におけるこの概念〔本質〕の重要な使用に関して，私は本質主義^{エッセンシャリズム}に批判的である。しかしながら，私の研究全体が依拠する，その最も幅広い意味における本質主義の1つの側面がある。それは次のような見解だ——それによれば，科学的理論の仕事は，実在^{リアル}する因果的および構造的関係——それらの関係は，特定の人間の関心事や目的に比べて極めて一般的であるため，表面的^{カジュアル}な観察に対しては見えなくなりがちである——を孤立化させることにより，一般的な実在性^{リアリティ}に関する我々のパースペクティヴを組織するのである。生物分類学——デュプレが好きな主題の1つ——を一例に挙げよう。タマネギとニンニクがユリの一種ではないか（実際にそうだが）ということは，たいていの非科学者には決して思い浮かばないだろう。デュプレが長々と指摘しているように（Dupré 1993, pp. 17-36），これは，人間の特定の実践的な目標で，この事実に敏感

11　[原注9] デュプレの形而上学的命題に反対している最善の事例はSpurrett（2000）である。

である必要があるものがほとんどないからである。それは，農業経営者やシェフや庭師には無関係である。したがって，日常言語の諸範疇は，この事実を尊重しない。ユリを要望する顧客に応えて1袋のタマネギの種を取り出した種屋の所有者は，間違いなく英語の（そして，より一般的に言えばコミュニケーション慣行の）鈍感で非社交的な使い手であると思われるだろう。しかしながら，ユリの中にタマネギを含めることは，その群の植物に携わっている生物分類学者にとってはすべてである。科学者の間のこの種の態度のために，一般的な固定観念は，科学者を不可解な「疑似事実（factoids）」の真実の狂信者であるとみなすのである。しかし，庭師の分類を真実ではないものとする何らかの仕方で生物学者の分類を真実にするのは何であるのか。結局，庭師の用法は，日常の英語の意味論についての完全に尊重すべき事実をコード化する。この問題への答えは，以下の通りである。タマネギとニンニクをユリの中に分類することは，進化の過程について何かを我々に教え，そして進化論的なパースペクティヴの方は，生物学における構造上の規則性のほとんどすべてを系統的に組織する。これらの規則性は庭師の目的には関係ないので，庭師の分類はそれらを完全に無視するのだ。

「系統的に（systematically）」という言葉が，ここでは重要な役割を果たしている。ある意味では，庭師の分類はあるシステムに従っている。庭師は，似た外見の花をつけ，似た土壌の状態で育ち，成長するために似た量の灌漑を必要とし，おそらく価格も似ている植物を一緒に分類するよう動機づけられる。しかし，それは私がここで用いている意味では「系統的（systematic）」でない。これが意味することは，これらの類似性のさまざまな次元のすべてが，根底をなし情報的に圧縮可能な植物自体についての構造的パターンの産物なのではないということである。それらは，園芸の社会学と心理学についての情報的に圧縮可能なパターンの産物である。だが，このことは，それらを生物学者のシステムよりも，社会科学者のシステムに関連させる。前者が植物に関心があるのに対して，後者は庭師の行動に関心がある。したがって，その組織化の対象——すなわち，植物——を参照することにより定義される庭師のシステムは，科学のいかなる部分によっても共有されない。

私は，本書を通じて，「システム（system）」を専門用語として用いることにより，この区別を強調するつもりである。すなわち，上で示唆された構造上の規則性を組織するための諸原理に「システム」という専門用語が適用される場合，「システム」という用語の使用は，実際の人間の歴史と連続的な人間の心理的および社会的目的

のいかなる変形の下でも——当該の変形がすべての事実の間の客観的な因果的および構造的関係について知ることについての関心を根絶しない限りではどんなに根源的であっても——残存する候補になることが意図された諸原理の集合のために取っておくつもりである。この定式化の条件により，あるシステムとは，それが人間中心主義的であり単に実践的だという批判に対し脆弱な何かである。一方，庭師の分類枠組みは，対照的に，そのような批判に全く直面しない。

　系統性が，完全に現実離れした野望になることを逃れられる唯一の場合は，いかなる特定の人間の諸目的からも独立の客観的諸事実が在るということが受け容れられた場合に限られる。これは私が本書で賛成の論を張るつもりのないことである。哲学におけるあらゆる遂行は，あらゆる哲学的問題の遂行にはなり得ないし，基本的な（basic）実在論は，私が単に当然のこととみなすものである。私が前提にするこの基本的な実在論の擁護や表現に興味がある読者は，Hacking（1983）とMiller（1987）を参照されたい。Hacking（1999）は，基本的な実在論の肯定が多くの種類の物事の社会的構築についての明白な事実の独断的かつ愚かな否定へと転ずるのを，いかにして阻止するかについて，分別のあることを述べている。私は，この種の事実を否定するつもりはない。

　私が「系統的」な思考に付している特殊な意味を明確にするために，1つの例が役に立つだろう。アインシュタインの空間と時間の再定義は，大部分，それらの概念を非人間中心主義的にする必要によって推進された——つまり，空間的に中心づけられたエージェントが，他の物体との相対的な位置を変化させ，その変化を経過時間単位で帳簿に記録するという経験における民間的な概念の基礎から，その概念を引き離す必要によって推進された。相対性理論において，空間と時間は，それらの適用が特定の参照点の影響を受けないようにする公理的公準によって定義される。アインシュタインの分析は，物理学が発展するにつれて，いつか修正あるいは放棄されるかもしれない。しかしながら，単に心理的または社会的な（我々の現在の立脚点と発展的に連続的な）変化で，それ自体，物理理論の科学的に動機づけられた調整により引き起こされたのではない変化は，そのような改訂に全く影響しないと考えられる。我々はこの統制的理想像に反するかもしれない，あるいは，それに反することが不可避でさえあるかもしれない——改めがたいほど社会的関係に固執しているがゆえに——ということは，科学の社会理論家によって強調される馴染みの論点である。この命題は，客観性はそれでもなお適切な統制的理想像——それを科

学は制度的に不完全な仕方で重んじようとする——であるという主張と完全に両立する。アインシュタインの分析が物理学者の間で正統であり続ける限り，「空間（space）」や「時間（time）」と呼ばれる概念でアインシュタインの概念と両立しないものを誰かが使う限りでは，彼らはその概念を系統的に使うことに失敗しているのだ[12]。

　なぜこれほど遠回りな方法でシステムという概念を定義したいのか。なぜ単に，システムは，仮に我々が特殊に人間らしい目的を全く持っていない場合に同定できるような構造であると言わないのか。その答えは，いかなる特別な目的も持たない知能という観念は不可能だということである。0.5光年に広がる知的な粒子の集合体は，我々が気づくパターンの多くに気がつかないだろうし，気がつくことができないだろう。なぜなら，それらの持つ目的——それらが進化したところの選択条件によって形成された顕著な特徴——が我々のものとは非常に異なっているだろうからだ。この（厳密に限られた）程度まで，私はネーゲルの見解を是認する。その見解とは，我々は文字通りにパースペクティヴ不在性——時折，神について想像される種類の——を述べたいと切望することはできないということだ。本書では経済の諸パターンに深く関わることになるが，それらのパターンは，消費したい資源に関する重大な希少性をほとんど経験したことのない生物には不可視であるかもしれぬ（もっとも，そのような希少性がない場合にいかに知能が進化するか私は想像できないが——なぜなら少なくともその原始の実例が選択圧の下で進化しない限りは，知能は生じないように思われるので）。「いかなる特定の人間の立場からでもない眺め（view from no particular human place）」は，必ずしも「どこからでもない眺め（view from nowhere）」ではないかもしれない。いずれにせよ，前者は，私が本書で訴える必要があることのすべてである。これは，単に次のような理念に過ぎない。すなわち，すべての探究は実践的な関心に根ざした歴史を持つとはいえ，そのような関心からの真の超脱は，我々が制度を設計して賞賛できる統制的理想だということである（規範的に科学やその影響を嫌う人は，我々がそのような制度を設計すべきではないと考えるかもしれない。だが，それはまた別の主張である）。この理想像を追求

12［原注10］哲学的に注意深く自己意識的な技師——あるいは歴史家——でも，もちろん，ニュートン理論のような以前の理論によってかつて系統化された空間や時間の概念を使うかもしれない。しかし，そのような場合には，我々はその概念が暗黙的にアインシュタインの概念を指し示すことを期待するだろう。アインシュタインの系統——ニュートンの系統ではなく——は，我々が現在分る限りでは世界を正確に記述しているからである。

して我々が築いてきた基本的な制度的メカニズムは，理論的正当化についての新たな証拠や主張を科学的文献の記録に加える試みを阻止する匿名の専門家審査（ピア・レヴュー）による保護のシステムである。

　この基本的な制度的メカニズムに結びつけられている，二次的だが非常に重要な追加的メカニズムがある。科学者は，よく知られているように，少なくとも多くの学問分野（認知科学と経済学の双方を含む）で，多くの数学を使う。この多くは，単に統計学であり，厳密な測定の重要性に由来する。しかし，それが事柄のすべてではない。自然言語とそれがなす諸区別は，文化的選択と遺伝的選択の相互作用によって形成される進化的産物である。したがって，自然言語は，深く埋め込まれ相互に強化するレベルにおいて，民間的理論（*folk theories*）——特殊な人間の諸目的にとって重要な諸関係を組織する非科学的で社会認知的な諸構造——にとって重要な諸区別をコード化する。数学的言語は全く異なっており，これは数学的推論と実践的推論の性質の違いを反映している。数学的推論は，厳密に定着した手続き的概念の幾組かから出発し，それらの固定点は，その言語で何を述べることができ，何を述べることができないかに対して——応用における特殊な目的に関連して——絶対的な権威を持っている。もし我々が，何らかの特定の構造的事実が存在するかもしれないと思うが，それを数学的にどのように表現するかわからないとしても，そのような事実が存在しないということを意味しない。しかし，次のことを含意する。すなわち，我々が主張しようとしている推定上の構造的事実がまさに何であるかを完全に確信していると言えるようになるには，さらにいくらかの——論理的または経験的またはその両方の——仕事をしなければならないということだ。

　科学のこの特徴は，何がここで意図する意味でのシステムと見なされ得る／得ないかに対して，いくつかの現実的制約を含意する。ある物がこの意味でシステムであるためには，それがコード化する内的および外的な因果関係が，原則として，何らかの明示的に把握され，物理的に可能な（したがって有限の）計量装置によって測定可能でなければならない。その場合，「明示的な把握（explicit conception）」とは，数学的言語に堪能ないかなる人にとっても，その装置を（相対的に）忠実に築くための青写真としてその記述を使えるほど十分に，自然言語から抽象化された数学的言語で記述可能であることを意味する。注意してほしいが，これは次のことを言おうとしているのではない——すなわち，文字通り，純粋に形式的な（*formal*）言語で記述可能だと言うのではない。私は，ここで論理実証主義を率直に認めよう

1.　導入：経済学の未来と統一科学　　27

としているのではない。考えは，それよりも控えめだ。それは単に，情報を伝達するいかなる試みの明解さも，そのような情報の受け手がそれなしには為しえなかった何かを為し始められる程度によって我々は最善に検証できるということである。科学において，主要な情報伝達外（エクストラコミュニカティヴ）の活動は，ある測定の場合から他の測定の場合への呼応を生み出す，因果的諸能力[13] を測定するための手続規定の展開である。その結果，異なる文化に埋め込まれた人々がそのような能力を測定するためのレシピを交換し合い，そして，周囲の世界を少しだけ動かす共有された能力を獲得することにより，そのような情報の転送の有効性を立証する限りにおいて，彼らは，少なくともノイズのないいくらかの情報を伝達しているという証拠を得て満足できる。

　仮に，我々が——実証主義者のように——意味について主観主義者だとしたら，この見解は，実証主義から区別し難いだろう。しかしながら，近頃，心の哲学者の間でほぼ普遍的な教義になっており，次の章で説明する意味論的外在主義 (semantic externalism) に従いながら，私は次のように主張する——人々が相対的にノイズのない情報を自分自身に伝達していると知る能力は，他者に対して相対的にノイズなしに伝達していると知る能力に片利的に依存している，と[14]。もし今，間主観的な合意が，存在する客観性の最善の——おそらく，究極的には唯一のものですらある——検証手段だと付け加えるならば，系統的（システマティック）な記述を達成する際の数学的な表現可能性の重要性の根拠が明確であるべきだ。

　何がシステムと見なされうるかに対するこの制約は，認識論的注意の操作的原理であって，「世界は数学的であること (the world being mathematical)」という，ある形而上学的な考えの言明ではない（私には，そもそも，その種の言われている事実が本当に何を意味すると考えられているかわからない。おそらく，プラトン学者はわかるのだろう）。しかしながら，それは，何が科学的な考えと見なされ／見な

---

13 ［原注 11］「因果的諸能力 (causal capabilities)」という用語は，ここでは Cartwright (1989) に従って使われている。ここではそれを概念上の代替物として使う。なぜなら，Ross and Spurett (2004a, b) や Ross et al. (forthcoming [2007]) において詳細に探究された諸理由で，いかなる系統的で一般的な因果関係の観念に対する信念も，科学の誤った全体像に基づいていると思うからである。今引き合いに出した出典において，私と共著者たちは，因果的能力という考えを他のより系統的（システマティック）な観点から分析しようとしている。しかしながら，目下の仕事の中でそれらの詳細に立ち入ることは，経済学についての私の主題の解明において，読者に要求される労力の投資に報いない非常に長い脱線を必要とする。

14 ［原注 12］この見解は，ウィトゲンシュタインの有名な「私的言語の議論 (private language argument)」に最も重要な哲学的起源を持っている。私は，その議論について Petit (1993) の第 2 章においてなされた論じ方を奨励し是認する。

されないかに対する実践的に重要な制約を課す。例えば，多くの社会科学者は，権力関係のシステムについて非常に多くのことを話す。私は，社会的権力についての話が有用かつ重要だということを疑わない。我々は，スターリンが権力を切望したことや，南アフリカの白人は南アフリカの黒人に比して人口統計学的に不釣り合いな経済権力を持っていること等々を言える必要がある。重要な人間の諸目的に関連した言説（*discourse*）の諸システム（現実の測定可能な諸システム）の文脈において，これらの主張は真実である。しかし，私はコミュニケーションの諸システムが，情報の科学がますます良く把握している，現実の諸システムであると確信している一方で，権力関係の諸システムが現実の諸システムであるかどうかについては全くわからない。なぜなら，それらとそれらの因果的諸帰結を測定するための，包括的で明示的に把握された装置を，これまで誰も提供してこなかったからである（ゲーム理論家によってモデル化されたような交渉力は，社会学者の「権力（power）」の概念よりも制限された考えである）。これはいつか起こるかもしれない。しかし，言いたいのは，今のところ，権力関係を根本的な構造とみなす社会科学は系統的ではないということだ。

「系統的」であることとそうでないことに関してつべこべ言うことの要点は，何であると考えられるか。私は，非系統的なものはすべて役に立たない，あるいは，私が系統的と呼ぶものよりも役に立たないということ，あるいは，還元不可能な権力関係について話す社会科学者は必然的に物理学者よりも少ない名声やより少ないお金を与えられるべきだと言おうとしているのではない。私は（ここでは）単に1つの区別を示そうとしているだけであり，その区別は本書の諸目的にとって中心的なものである。私の引き立て役であるデュプレに再び頼ることによって，その意味を最も良く示すことができる。

デュプレが，進化認知科学や経済学——特に両者が連結した場合——に敵対的であるのは，人間行動の系統的な（上述の私の意味で）説明を提供しようとする一般的なプロジェクトに敵対的だからだ。この点は，その見かけよりは微妙である。デュプレは，人間行動の諸側面の系統的な説明には（彼が述べることを考慮に入れると）反対しないだろう——そのような説明が，特殊な人間の目的によって推進されるその行動についての我々の一般的で民間的な理解に包括的に反論する仕方で意図的に統一されない限り。ここでの「統一された（unified）」や「包括的に（comprehensively）」の使用は枢要である。単に行動の諸側面を断片的に系統化する限り，自

1. 導入：経済学の未来と統一科学　　29

己理解の民間的教義に対する優先性を主張することはできないだろう——その自己理解の要点は一般的で経験に基づく有用な諸概念の下での論理的統一性（ユニティ）である。断片的な（ピースミール）系統化（システマティゼイション）は，そのような自己理解を，本来的に予測不可能な仕方で，漸進的に変化させるかもしれないが，デュプレは，これが受け容れがたいとは言わない（しかしながら，彼のパースペクティヴの種類を魅力的だと思う多くの人は，そのような変化を現に恐れて嫌うのではとは思う）。デュプレが反対するのは，修正主義的統一化（ユニフィケーション）のために行動の全体にわたる系統化（システマティゼイション）を構築する，意図的で，哲学的に動機づけられた試みである。彼はこれを「帝国主義（imperialism）」と呼び，そのような帝国主義は，誤り導かれた形而上学，危険な科学，そして倫理的に卑劣な政治学を一度にすべて示すと論じる。人間主義者の間で多くの時間を過ごせば誰でも，この主張の集合が多くの同調者を得るということを知るだろう。

　上述のように，デュプレによって帝国主義の（現在のところ）最も危険な乗り物だと非難される科学的活動の２つの本体は，進化認知科学と新古典派経済学である。彼が考えるに，それらが最も危険になるのはそれらが力を結合した時である——と言うのは，どちらももっぱら独力では真に普遍的な帝国の基礎であると妥当に主張することができないからである。だが一緒になるとそれらは真の覇権といううぬぼれを抱きうる。あるいは，そのようにデュプレは恐れている。これは，ミロウスキーがデネットの考えと呼ぶものをデュプレが「危険」とみなす大まかな理由である（ミロウスキーの主な理由は，これに関連しているけれども，我々が見たようにもっと具体的に，人間のセルフの概念の冒涜についての心配に集中している）。

　認知科学と経済学の結合した力があるとするデュプレ自身の主張は，比較的簡潔で印象主義的である。それが主に基づいている事実は，こうだ——社会的動機や道徳的意志力の価値を記述する際に，進化認知科学と新古典派経済学が人間主義的な自己イメージを貶める態度を共有しており，またこの態度を表現する際に制限された最適化計算という専門的言語で似たように表現するが，そこでは道徳的評価を示す述語が本来的または直接的な役割を何ら果たさないのだという。経済学者は古典的に，エージェントを諸選好の見出された束（バンドル）として扱う——これらの束は，自身の情報処理や活力の制約によって課される限界や，環境（他のエージェントの最適化努力を含む）によって課される外的制約の条件下で，できる限り容赦なく最適化する。しかしながら，この構図の細部を埋める企ては，完全な帝国主義者の域には達しない——なぜならば，経済学者は伝統的に，それらの見いだされた選好の束がそもそ

もいかにして生じるかという問題に関しては，職業上の沈黙を自らに強いてきたからだ。さらに，経済学者は典型的に，ブラックボックス（ミロウスキーによれば，信じ難い内的メカニズムをもつブラックボックス）の内部に所蔵されている選好や最適化の枠組みから行動の方針を導出する機械装置を扱う。したがって，ここに彼らの帝国主義の際限のなさに対するもう1つの抑制がある。しかし，もし経済学者が独りでは行動に関する説明の世界を支配できないことを認めるならば，進化認知科学は経済学者が複占の半分として君臨するために必要なパートナーを提供するかもしれない。というのは，進化認知科学者は，経済学者が征服できないまさにその領域を扱うための一群の説明のスキーマを発見したと主張するからである。すなわち，進化認知科学者は選好の諸パターンがどのように生じるか，また，「心がいかに機能するか（how the mind works）」（Pinker 1997）を我々に教えるだろう。そして，進化認知科学者がそうすることを目指すのは，経済学者が明け暮れている他ならぬ最適化の論理――ここでは進化の進行中の適応トーナメントの文脈においてだが――を使ってなのだ。

　前述のことは，その覇権についての説得力のある第一印象ではある。本書では，それが大体において正しいということを論じるつもりだ。しかしながら，その戦術の詳細を正しく理解するまで，そして，そうしない限り，その見込みまたは脅威――認識論的または道徳的――を正確に評価できないという前提から私は始めよう。上で略述した大まかな観念は，過剰な内部の意見の相違や緊張の余地を残すが，多くの解決や和解はそれと論理的に両立可能である。我々がこの可能な諸システムの迷宮を経て選択する道は，一般的で帝国主義的な連携のもっともらしさや望ましさにとって重要なだけではない――それはすべてである。一部の論理的に可能な道は認識的に失敗し，他の道は人間の状態を改善するための実際には閉ざされていない可能性に対して我々を盲目にするかもしれないし，さらに他の道は両方の点で失望させるかもしれない。こういう理由で，デュプレには，帝国の軍団が近づいているのが私と同様に見えているかもしれないが，しかしそこで，デュプレは彼らと戦うのが一番良いと考えているのに対して，私は彼らの到来を祝いたい気に傾いているということが可能なのだ（ミロウスキーは，彼らを嘲笑する方が好みのようだ――彼らが自滅すると予期しているので）。

　本書の研究で，私は，経済学と進化認知科学の連携の包括的な評価を，どのようにすれば最もうまくいくかについての説明が進むまで，延期するつもりである。た

1．導入：経済学の未来と統一科学　　31

めに，完全で明確な評価は第2巻の終わりでようやく得られることになる——もっとも，その初めの概略は本巻の終わり近くで見られることになるが。したがって，デュプレとミロウスキーへの完全な答えが用意されるまでには，長いこと待つことになる。しかしながら，本書が結びつける2つの事業にとって内的な哲学的問題に投じられる光の観点(ターム)で，その途中には興味を持続させるものが多くあることを願いたい。

　私の引き立て役を，しばらくの間，舞台裏へと下げる前に，比喩的な言葉の綾の好みについて一言言わせて欲しい。最後の数段落にわたってデュプレの帝国主義のメタファーを受け入れる際に，私は，わざと少し冗談めいて皮肉をこめて話をしていた。同じ現象を見る反対のゲシュタルトは，世界主義（*cosmopolitanism*）の概念に基づいている。多くの人々にとって，これは，その逆のイメージ，すなわち帝国主義が恐れられ抵抗されるべきものであるのと同じくらい，理想的なものである。諸システムの主な効果と維持される動機が，実行可能で生産的であったはずの代替肢を排除することである場合，それらのシステムは悪い——それらは帝国主義である。しかし，諸システムはまた解放的でもあり得るのであって，それは，我々の諸集団が別個に陥った相互に排他的な混乱の落とし穴から引き上げてくれる場合，すなわち，1つずつ取り上げられると何の明白な解決策も持たない問題が，より根本的で共通の課題の表現として見られると，生産的な手段を見いだす仕方を我々に示してくれる場合である。本書の究極的な目的は，行動についての我々の理解における進歩のための，そのような世界主義的な基礎を促進することである。

　私は，認知科学に照らして新古典主義を更新し擁護することになる説明を長々と紡ぎ出してきた。多くの経済学者はこれを際だって風変わりだと思いそうである，というのは，本巻の終わりまでに明らかになる全体像が，新古典主義と通例結びつけられるものとは著しく異なって見えるだろうし，新古典主義者がコミットしていると広く認められている多くの命題を放棄するだろうということだ。私は，個々の人々が（一般に）合理的な期待効用の最大化者であるという考えを却下するつもりである。それどころか，個人主義——方法論的なものと存在論的なものの双方——を完全に却下するつもりである。人々は，一般的に利己的なものとしては描かれないだろう。経済行動の因果的な決定要因として，経済的エージェントの頭の中で進行中の計画の熟慮的で合理的な計算よりも，進化的ダイナミクスに，はるかに大きな重きが置かれるだろう。このすべては，反新古典主義の本質として「行動主義的

(behavioral)」および「進化論的（evolutionary）」経済学を唱道する者（例えば Bowles 2003）によって示された類のプログラムのように聞こえるだろう。したがって，確かに私は，私の議論を新古典主義の弁護として売り込んでいる点で，ひねくれている。あるいは，ひょっとすると，さらに悪いことに，実際には，より正直な反逆者らの主張を取り込んでいるのに，大きな銃——もしくは大きな助成金——を持つ人々の側についている振りをしたいだけなのかもしれない。

　この節で私が説明してきた哲学的態度は，私の明らかに奇妙な修辞上の好みを理解する鍵となる。本書を通じて詳細に説明するように，経済学における実験，行動，進化アプローチに対する現在正当化されている熱狂——経済理論を認知科学との自然な同盟に至らせるまさにその熱狂——は，2つの理由で革命的であるように思われる。第一に，それは，歴史的な風刺画である新古典主義の像に比較しながら言及することによって売り込まれる傾向がある。第二に，その風刺画が思慮深い経済学者にとって説得力を持たない限りで，現在の「パラダイム・シフト（paradigm shift)」はしばしば系統性（システマティシティ）の重要性を否定する修辞法と関連している。すなわち，新たな行動経済学者は，超経験主義的（ハイパーエンピリシスト）な方法論的諸原理を，意図的にまたは哲学上の無知によって，示唆する傾向がある。この原理によれば，最善の新たな仕事は，経済的状況の中で人々が何をするかについての新たな諸事実を単に積み上げるだけである。これが論争上成功する限り，究極的に一学問分野としての経済学を掘り崩し，応用社会心理学の一分科へと転化させるに違いない。そうした結果は，新古典主義において重要なすべての物の却下を本当に意味するだろうが，それは，私が抵抗するよう主張するつもりの結果である。

　それゆえに，来るべきものは，2つの意味での新古典主義の擁護である。第一に，心理学に関連する限りにおいての新古典主義の歴史——この歴史がほとんどもっぱら新古典派の消費理論についてのみなのはそのためである——の哲学的解釈を提示し，これが風刺に対抗する。私は，新古典主義（私が「成熟した（mature)」と呼ぼうとするバージョンの）がいかに個人主義と関連するようになったかを説明しようと試みるつもりだが，しかし，これを，認知科学が多かれ少なかれ自然に訂正する単一の哲学的誤謬に基づいているとみなす諸根拠を示すつもりである——その誤謬とは，人々を原型的（プロトティピカル）なエージェントとみなすことだ。第二に，明示的に論じるつもりのことだが，希少性の下での最大化の系統的（システマティック）な科学としての経済学に対する中核的な新古典派のコミットメントは，非系統的（アンシステマティック）な超経験主義（ハイパーエンピリシズム）の強調よりも，

1. 導入：経済学の未来と統一科学　　33

認知科学の最も洗練された哲学とよりうまく適合するのである。

　第3章における，新古典派についての私の歴史的扱いにおいて，新古典派の創始者の中で最も系統的であったレオン・ワルラス（Leon Walras）は，彼と同時代でもっと支離滅裂なジェヴォンズ（W.S. Jevons）に比べるとほとんど言及されない。これはまさに，本書は経済学と認知科学についての本であるし，経済理論家の心理学に対する長年の態度に関して，ジェヴォンズはワルラスよりもはるかに責任があるからである。しかし，この節で概要を示した出発点となる哲学的諸原理が，ワルラスによってはっきり述べられたものといかに密接に同調するかを簡潔に指摘することは，私がチームのシャツに新古典派の色を選ぶことを立証するのに役立つ。

　ワルラスは，『純粋経済学要論』（1874/1954）の最初の4章（“lessons”〔=“Leçons”「課」〕）を，科学哲学の主題に充てている。そこで彼が行うことは以下の通りである。第一に，スミスとセイによって与えられた経済学の範囲の観念を，実践的および規範的な企てにとっては適切だが，系統的な科学にとっては適切でないものとして批判する。私は第3章で，この点について同調し敷衍する。それから，彼は，「科学（sciences）」，「芸術（arts）」，「倫理的研究（ethical inquiries）」を区別するが，これは私がより現代的な専門語を使って，本節で基本的に擁護した枠組みである。科学と倫理的研究の間の区画線を引く際に，それに先行する——さらに根本的なものと見なされる——合理的エージェントと諸事物の間の諸関係（現代的用語では，パラメトリックな関係）の研究と，合理的エージェントと他の合理的エージェントの間の諸関係（ノンパラメトリックな関係）の研究との区別を主張している。この区別とその哲学的用法はまた，本書で最新の表現や強調を得るだろうが，それは私が第8章で，脳の経済的モデル化と人間のセルフの経済的モデル化の差違を論じ，この区別が，断固として自然主義的な世界観の内部でさえ，合理性の概念にとって本質的な役割を維持する仕方を論じる際にだ。最後に，ワルラスは，経済学を人々や社会についての民間的な術語や制度の内に束縛することを避け，その諸概念を数学的分析に基づかせる，経済学のための「純粋な（pure）」理論的類型論の有効性を擁護する。これらの諸選好も，本書で強力な擁護を得るだろう。

　今，経済学への行動，実験，進化アプローチの主張者の間では，彼らの知的志向を「ポスト・ワルラシアン（post-Walrasian）」と呼ぶことが流行している。今や明らかになるだろう諸理由のために——私は，経済理論にとっての行動に関する証拠と進化論的推論の重要性を彼らと同じくらい心から奨励しはするのだが——彼ら

のラベル付けの好み，あるいはそれが助長する経済理論の歴史への態度には共感しない。

解説の戦略

　斬新で，論争的な命題を提出する（架橋的なサーベイではない）学際的な本を書く者は誰でも，聴衆の位置づけという繊細な諸問題に直面する。科学は，諸学問分野へと組織されるが，それは部分的には効率性を理由にする。経済学者は，認知科学者でもあることが期待されるならば，我々が望むほど多くの経済学の成果を上げることはできないし，逆もまた同様である。もし私が認知科学の応用による経済学の改革を目指しているとしたならば，明らかなことだが，まず経済学者にとって関連のある認知科学を要約し，それから，経済学者の概念的枠組みと語彙を使って仕事に取りかかるべきである。もしも私の目的が，そうではなく，経済理論のパースペクティヴから認知科学者に話をすることならば，逆の手順が適切だろう。しかしながら，私は，それらの仕事のどちらよりも野心的なことを試みている。つまり，それらの境界領域を検討することにより，双方の領域で諸理論を解明しようと試みているのだ。この目標はあたかもこう見えるかもしれない——まず経済学者のための認知科学の入門書を書くこと，それから，認知科学者のための経済理論の入門書を書くこと，そして，その双方を終えた後でようやく主要な仕事に本腰を入れて取り掛かることを必要とする，と。しかしながら，これは，私が一定水準の先行投資を双方のグループに求めることを必要とするだろうし，そのことにより最終的な利得に対する誇大妄想になるほど大きな確信を私の側に必要とするだろう。

　幸いにも，利用可能な第三の学問分野のパースペクティヴがあって，そこから2つの聴衆に話しかけてみることができる。その学問分野とは，科学哲学である。現在，多くの経済学者と認知科学者たちは，いずれの主題についても哲学者が自分たちに有益に話しかける権限を全く得ていないと思うだろう。私は，科学者の間に広く行き渡った次の見解を共有している——哲学者はしばしば，実際には現実の科学的実践についての尊大，無知と想像力不足の混合であるような，想像上の形而上学的かつ／または認識論的な独特の洞察に基づいて，科学を改革しようとするいかがわしい傾向を持つということである（この［些細な］社会問題の議論については，Ross and Spurrett 2004b を見よ）。しかしながら，これは，主に，科学哲学における仕事が，あまり良くない時には，あまり良くなる傾向がないという特定のあり方

1．導入：経済学の未来と統一科学　　35

について，私たちに何かを教えるだけである。良い科学哲学の要点が，潜在的に統一的な主題を求めて，分離した学問分野のサイロ群からなるより広い景色を吟味することであるのは依然として事実である。

　もし我々が科学に求めるものが，我々の実践的な環境を予測し統御する能力の向上ということに尽きるならば，科学の統一は問題にならないかもしれない。確かに，容赦なく実用主義的な人々にとって，しばしば，哲学的統一の追求は，懸念を引き起こし，経験的調査を自由に行うことを妨げる制約を提案する，迷惑な活動のように思える。しかしながら，思うに，たいていの人々は，一般的な——暫定的で絶え間なく改訂されるとはいえ——世界観（*world view*）を与えてくれる見込みのない科学に，正当にも落胆するだろう。ここで，徹底した純粋な実用主義者（プラグマティスト）に反対し，別の意見を持つべきだという議論をしようとするつもりはない。したがって，さまざまな科学によって与えられる分離した知識の諸システムが，それらの部分よりも大きな合計を生むかどうか，あるいは，それがいかにしてかについて本当に関心がない読者は，おそらく本書を読むのをやめるべきだろう。そのような読者にとっては，これから先の仕事の機会費用は正当化され得ないと思う。しかしながら，他の読者——科学が実在一般の性質について本当に啓発的なことを教えうると願う人々——に対しては，彼らの希望が見放されないのは，科学哲学が責任を持って行われることが実際に可能な時かつその時に限るのだということを述べておこう。何人かの模範的な歴史上のおよび現代の実践者——アリストテレス，ヒューム，ライヘンバッハ，カルナップ，マイケル・フリードマン（Michael Friedman），ウェズリー・サルモン（Wesley Salmon），フィリップ・キッチャー（Philip Kitcher）——のリストを示しつつ，私はそれを主張する。

　責任ある哲学を迷惑な哲学から区別する重要な要件は，哲学者は，科学的知識それ自体の成長を促進することに主たる関心を持たねばならず，何かしらのこぎれいで予め考えられていた哲学上の「主義（ism）」を奨励することではないということである。この優先順位へのコミットメントは，私が今しがた列挙した哲学者と，私が恣意的にかつ特異にリストに含めないことで侮辱する危険を冒している他の多くの哲学者に共通の重要な属性である（彼らは，哲学者の名前の長いリストが本を開く際に苦痛を感じさせる装置であることを理解してくれるだろう——と願いたい）。

　したがって，私は，経済学者と認知科学者たちの双方に対して哲学者として話をするつもりである。これは説明の一般的な順序を示唆しよう。次章では，議論の出

発点となる具体的な哲学的背景を確立し，その後，進むにつれて，認知科学者にとって必要な経済学の概略を述べ，そして，逆のことをする。しかし，たとえ前もって確立された学問分野を超えた立場（スーパーディシプリナリー）が手元にあったとしても，これは依然として巧妙で繊細な仕事であろう。もし，新たな経済学的概念が議論の中に加えられねばならない度に，認知科学者のために，すべての潜在的に不透明な経済学的概念を説明——ないしその逆を——しようとすれば，本書は，誰にとっても長すぎて反復的に退屈すぎるものになるだろう。他方，もし経済学者たちと認知科学者たちの各々が，彼らの専門の概念を私が使うのを見ている時，私が漫画的単純化に訴えることによって，それらの概念の微妙さを取り除いているということに気づくならば，私の議論を説得力のあるものとは思わないだろう。この緊張に直面して，続く諸章で私がすることは，一連の実行された個人的判断（ジャッジメント・コールズ）ということになる。時々，私は主に経済学者たちに対して話し，認知科学者たちには拾い読みすることを勧め，もし経済学の何らかの厄介な技術的区別が彼らにとっていささか不透明なままにされるとしても，それによって議論の主要な論理が隠されることはないという私の保証を信頼するように求めるつもりだ。他の点では，私は経済学者たちに気楽な旅行者になるように求め，他方，認知科学者たちは私が重要な内部の問題をごまかしていないと安心させられるだろう。とは言え，私は，しばしば正当化されると知っている確信を持って，経済学者も認知科学者も文脈上の手がかりから多くを正しく推察できる賢い人々だということを，初めから終わりまで想定するつもりである。

続く諸章は，読者群の違いによって，理解のしやすさのレベルが異なるだろう。すべての人に，彼ら自身にとって難解な——また，おそらくは退屈でもある——領域がどこだと予期されるかをいくらか警告するために，また，骨の折れる箇所を読み通す根気強さに報いるかもしれない気楽な時が来ることを約束するためにも，以下に章ごとの構成を図式化する。

第2章では，後続の議論が依拠する純粋に哲学的な理論と用語法のすべてを提示する。プロの心の哲学者や科学哲学者たちは，それをきびきびと拾い読みできるだろうが，他のすべての人々には，それはいくぶん狼狽させる専門用語の猛吹雪と思われがちである。残念ながら，人々，心，行為についての民間的な概念は，系統的な（システマティック）研究の諸目的のために展開されたのではないという事実が，そのような用語法の必要性を不可避にする。したがって，私はそれについて弁解せず，本書の後ろの方で本質的に使われることになる用語が出てくるたびに太字にすることによ

1. 導入：経済学の未来と統一科学　37

って，哲学に通じていない読者を助けようと試みた。おそらく，この工夫によって，醜く見えるページが生じるが，しかし，曖昧な用語の正確な意味を覚えられない読者が，その用語が後で引き合いに出された際に，容易に前のページに戻って枠組みの中でのその役割を見つけられるようになっているだろう。用語を明示的な箇条書きで定義しようとはしなかった。なぜなら，それはどちらかというと意味の歪みを引き起こすと思うからである。意味とは，ウィトゲンシュタインが強調したように，使用法のことである。だから，私は，枢要な哲学用語の最初の使用例だけでなく，すべての使用例を太字にした（第2章においてのみ）。しかし，この章は，語彙をその純粋で哲学的な故郷に基礎づけることで自己充足している——これはその語彙が経済学や認知科学への応用のために打って出る際の適切な参照点である。

　第3章は，経済理論とその学説史についてである。これは，第5章とともに，非経済学者にとって，本書で最も難解な部分になるだろう。いかなる認知科学者または哲学者も，この章の全体を完全に容易には扱えないだろうと思う。しかしながら，私はここで，学際的な透明性という善と，無理な長さで絶え間のない解説的な脱線という悪との間で，実用主義的なトレード・オフを設けなければならなかったことを，彼らが理解してくれると願いたい。もちろん，このバランスが完璧に達成されているとは主張しない。経済学者は，たぶん，私が許してしまった脱線のいくつかを，退屈で不必要だと思うだろう。認知科学者と哲学者は，時々，私が彼らにお願いしている労力の多さに困るだろう。もし，結果として，誰もこの章の教授法を理想的だと思わないならば，私は，世界主義に付随する妥協について弁解することしかできない。

　第4章は，哲学的な議論へと戻る。経済学者も認知科学者も，時折，やや退屈だと思うかもしれないし，どちらのグループも，その議論を完全に説得力のあるものだとは思いそうにない。しかしながら，その議論は，現にそうなるはずのものでもない。私は，哲学がそれ自体で常に何か経験的に重要なものを確立できるとは思わないし，これは科学の話題についての本である。それにもかかわらず，この章は不可欠であり，読み飛ばす読者は，後に続くすべてを誤解することになるだろう。哲学の目的であるのは，明確な概念的枠組みを確立することである。本書は，経済理論とそれと同起源の学問分野の関係についての，非常に異例で偏った見解を提出する。その際にその見解は相互につながった一式の斬新な概念的区別に依拠する。それらが注意深く，第3章で組み立てられた歴史的文脈を参照して作られなければ，

私の主な諸命題は，私が実際にそうだと思っているよりも乱暴なものに思われるだろう。したがって，第4章は，多くの読者をいらいらしたままにしておくかもしれないが，それなしには後の収益が得られないような先行投資を意味するのだ。

第5章は，経済学に，だが特に，行動，実験，進化の経済学に戻る。ここでは，理論における現在の主要な討論に精通している読者ならば，その学問分野上の信条が何であれ，少なくともよく知っている主題が結びつけられているのを見つけるだろう。経済学の一定量の専門的語彙がここで現れるので，実験経済学者やゲーム理論家ではない読者は，セイラーの『勝者の呪い』（Thaler 1992）と，ディキシットとスキースの『戦略のゲーム』（Dixit and Skeath 1999）を参照のために1冊手元に持っておくと役に立つかもしれない。

第6，7，8章は，認知科学の哲学から得られた諸命題を，第5章の終わりまでに集められた，経済理論にとっての一連の根本的問題へと適用する。第6章の冒頭から終わりまでは，もはや読者群の違いによって差別的な負担を強いる純粋に概念的な題材ではない。これらの章は，本書の論議の中心である。ここは，前の諸章に対するすべての人の投資が，報われると思われるところである。それは，経済学者が，彼らの主題の把握にとっての進化認知科学の含意について，真に新たな思考法に直面して欲しいと私が願うところであり，また，認知科学者と哲学者が，たいていの者が前もってよく知っている認知科学的説明に対するパースペクティヴのための新たな実験場——経済行動の分析——を見いだすところである。

簡潔な第9章が狙っているのは対称性で，そのために，本章の私の2人の引き立て役へと明示的に回帰し，彼らの見解と比べて，本書の一般的な結論を示す。それは，この研究の第2巻を展望する仕方でなされる。第2巻では，マクロ経済学を社会的なものについての認知および行動の諸科学へと関連づけることによって，説明が完成される。

この先にあるのは，かくて，たいていの読者にとって初めから困難な歩みを伴う長い道のりである。私は，我々が行こうとしている場所の重要性と，それについて我々がとることになる異例の総合的見解とによって，これが正当化されていると彼らがわかるようになることを願う者である。

1. 導入：経済学の未来と統一科学　　39

2 | 哲学的入門：
志向姿勢の機能主義と実在的パターン

志向性

　前章で示されたように，ミロウスキーは，諸帰結を進化およびセルフ——それ〔進化〕が持っているということを私が否定するところのセルフだ——に関するデネットの見解と結びつける。我々の意見の相違を診断するために，**志向性**（intentionality）——ミロウスキーは議論しないが，哲学者にとって主要な関心事である一主題——についてのデネットの理論の実際の含意に言及していこう。デュプレは，彼自身，志向性に関して書いてきた（Dupré 1993）哲学者だが，しかしミロウスキーの見解を共有している。これは彼が哲学者たちの第二の主題，すなわち**メレオロジー**（mereology）について誤った理論を持っているからだと思う。（特に，彼は誤って統一化と還元とを合成していると思う。）これらの話題の各々について順次論じるつもりだ。それらは互いに緊密に関連しているので，各々にちなんで名付けた節は設けるものの，それらの議論の間の縫い目ははっきりしたこぎれいなものにはならないだろう。

　デネットは，**志向性**と意識についての分離可能だがもつれあった理論を作り出した。それらの理論は，各々，部分的にはそれらの概念の哲学的分析であり，部分的にはそのような現象が自然界の中でどのように生じ得るかについての経験的，ダーウィン的な説明である。**志向性**と意識についての理論は，**志向的**（intentional）行動，あるいは，より直接的に経済学と結びついている専門語で言えば，エージェンシー（agency）についての理論を生み出すために用いられる。すると，このすべてがどのような種類のエージェント（agents）がセルフ（selves）を持つかについての一連の経験的仮説の論理的背景を形成する。デネットの一般哲学的な見解に独特の側面は，エージェンシーが自然界に非常に広く行き渡った現象であり，人間行為の領域よりもはるかに広範に及んでいるにもかかわらず，〈セルフを持つエージェント〉は，独特で，数の上では少なく，異例の下位部類だということである。おおよそ，その下位部類は，認知的に典型的で，幼児ではないホモサピエンス種の諸個体で構

成されている。さらに、〈セルフを持つエージェント〉は、気づいているかもしれないし気づいていないかもしれない、セルフのないエージェンシー^{セルフレス・エージェンシー}のより大きなパターンへの参加者になり得るし、また、自身、たいていは気づいていない、さらに他のセルフのないエージェント^{セルフレス・エージェント}間の相互作用のパターンでもある。**メレオロジー**という話題の重要性がここのすべてに関係してくるのだが、その訳はこれらの異なる諸層のエージェンシーの間の諸関係は、予期されるように、レベル間の還元や分解の諸関係ではないという点にあるのだ。

　上の段落は、本巻とその続編で用いられることになる背景的な概念パッケージのコンパクトな概要である。それはすべてがデネットだけに起因するのではない。さらに、いかなる特定の主張も、デネットがどこかで述べたというだけの理由で、私の議論の一部として是認されると推測されるべきではない。私が、特にデネットからある主張または議論を借用するときには、他の誰かからそうする場合と同じく、そのように述べるつもりだ。そうは言うものの、このパッケージを概して「デネット的（Dennettian）」と呼ぶのは適切である。なぜなら、近年の論集（Brook and Ross 2002）が裏付けているように、そのパッケージは、単に哲学における討論に対するデネットの影響を通じて哲学内部で表れてきただけでなく、認知に関する諸科学にわたって——特にAI、動物行動学、意識の研究、発達心理学および人格心理学において——作用してきたからであり、それは、デネットが、これらの分野における方法論に、他のいかなる哲学者よりも直接的に影響を及ぼしてきたという事実の結果なのである。私は、議論が進むにつれて、その影響の経路に関して追加的でより具体的な論評を、挿話としてするつもりである。

　私が「デネット的パッケージ（the Dennettian package）」と呼んでいるものは、述べてきたように、概念的および経験的な諸命題の目の詰んだ織物である。1950年代および1960年代にW. V. O. クワインによって最も直接的に推進され、デネットと私によって仮定されている哲学的自然主義に従えば、概念的要素と経験的要素を厳密に分離しようという試みはどんなものでも恣意的だろう。経験科学の重要な一側面は、概念上の明確化であるし、自然主義者にとって関心のあるいかなる哲学的命題も、いくらかの具体的な経験的諸帰結を持つ方がよい。それにもかかわらず、本章に含めるために選ばれたものは、より純粋に哲学的な素材の、実質的に認知科学に位置する素材からの即席の分離に基づいている。したがって、本章は、意識、セルフ性^{セルフフッド}、またはエージェンシーについてのデネット的見解を論じない。それらの

いずれも狭義に哲学的なアプローチによっては十分に扱われ得ないのだ。読者が本章に期待すべきなのは，哲学的論議の作業場の中で作り出されたいくつかの概念的道具への導入である。

専門的な哲学の域外では，一片の行動が**志向的**であると言うことは，あるエージェントがある理由のためにそれに従事したのであり，その当の理由はその人の理由であったと言うことである。我々は，ここで**志向性**という概念をこのように大ざっぱに用いることはできないだろう。というのは，エージェンシー，諸理由，〈諸主体に対する・および諸主体の・諸理由〉についての日常の観念におけるさまざまな曖昧性，具象化，多義性の解消は，すべて本書の後の段階で必要になるからである。哲学者たちは，**志向性**を専門的で非日常的な観念として分析するが，そのために初めはその診断的な一特徴に焦点を合わせるのだ，すなわち，**志向的なもの**の領域は，説明と予測が，信念，願望，その他のいわゆる**命題態度**（propositional attitudes）に訴えるところの領域と同一の外延を持つ [15]。この用語法が表現しているのは，ある主体に「xである」（ある特定の命題）という信念または願望を帰することは，その主体がある事態xを表現し，xに対する特定の態度関係，すなわち，そのxを信じるまたは願望する態度に立つと主張することだという点である。

例えば，ある配達員がドアストップの上ではなく表門の外に荷物を置いていくことを説明または予測するのに，「配達員は犬が凶暴だと信じていて，噛まれることを望んで（願望して）いない」と言うかもしれない。あるいは，デネット由来の論争上重要な例を使えば，チェスをするコンピューターの手を説明するために，「それはクイーンを早く外へ出したいと望んでおり，もし今このポーンを前に出せば，クイーンを動かすことができると信じている」と言うかもしれない。機械の行動を予測するには，その機械が，チェスで勝ちたいという永続的な願望に加えて，チェスのルール，良い戦略，対戦相手が取りそうな反応についての追加的な信念を持っ

---

[15] ［原注1］哲学者の間で論争となっている問題は，諸々の「恐れ（fears）」，「不安（worries）」，「疑念（doubts）」などの他の命題態度の標識が，信念や願望の亜種であるのか，それとも，別個だがより中心的でない種であるのかに関することだ。私はここではこの問題を回避するつもりだが，それは本書の中に現れるいかなることにとっても重要でないからだ。他に私が避けるつもりのものは，「知識（knows）」を取り巻く特殊な諸問題で，それは文法上，またしばしば語用論上も，一態度のように作用するが，しかしそれは正当化，真実，そしておそらくは確実性に対する使用者たちの側のコミットメントを意味すると想定されているという特殊で奇妙な特性を持つ。この主題に関する哲学的文献は膨大だが，私はそれを回避する。なぜなら，知識という概念は，自然主義的な哲学または科学にとっては無関係だと思うからである。

ていると見なさねばならない。システムの行動および／または状態を説明・予測する実践が，信念と願望との相互作用するネットワークを引き合いに出すことにより行われるとき，これはしばしば，哲学者によって「民間心理学 (folk psychology)」と呼ばれる——それは典型的に理論または理論の類比物 (アナローグ) としてモデル化されている。つまり，我々は民間心理学を，次のような種類の理論的一般化を暗黙的に展開するものとして要約を試みることができる。その一般化とは，もし，ある個人が，結果 x を願望し，y をすることが x をもたらす良い方法であると信じ，y をすることによる他の結果で x の望ましさを上回ると恐れるものがなく，y をすることができると信じているならば，y をするだろうということだ。

しばしば，哲学者と経済学者の双方によって示唆されてきたのは，ミクロ経済学の公理は，必然的に，この種の民間心理学的一般化の精緻化されたバージョンだということだ。新古典派経済学者の「選好 (preferences)」は，「願望 (desires)」の技術的組織化であるように見えるし，その「期待 (expectations)」は，明示的な確率値を付与された信念 (ビリーフス) であるように思われる (Rosenberg 1992)。心理学が認知科学の中核的な学問分野の1つである限り，信念と願望に関する一般化の科学的地位が認知科学における重要な背景的問題に違いないということは実に明らかであるはずだ。したがって，読者が驚くべきではないが，志向性についての議論は，経済学と認知科学についての本の中で重要な役割を果たすのだ。

では，**志向性**に関する明示的なデネット的立場の話に移ろう。多くの人々——多くの哲学者を含む——は，上述のチェスをするコンピューターの場合，その機械が信念と願望を持っているという想定は単なる実用的な見せかけで，ちょうど，映画の中の役者が周りを取り囲むエイリアンに食べられることを本当に怖がっていると想定するようなものだと考える。そうした見せかけは，どちらの場合でも必要かもしれない——その役者が全く危険にさらされていないことを意識し続ければ，映画を楽しむことができないし，コンピューターを本当のチェス・プレイヤーのように扱わなければ，コンピューターが何をするかを予測することはできない。しかし，いずれの見せかけにしても，それをあまりに文字通りに受け取ることは，現実と乖離することになると思うかもしれない。コンピューターの場合，この見解は，その機械には内省的な意識が欠けており，「本当の (real)」**志向性**はそのような意識と離れがたく結びついているという確信に密接に関連している。特に，あるエージェントによる信念または願望の明示的な意識が，それが**志向的**であることと決定的に

2. 哲学的入門：志向姿勢の機能主義と実在的パターン　43

関連していると想定することは，**志向的**な理由はそのエージェント「自身の（own）」理由でなければならないとする民間的な考えを展開し始める，非常に伝統的で一般的な方法の1つである。しかしながら，デネットはこのアプローチ全体を却下し，もしそのチェスをするコンピューターが十分に複雑ならば，我々は，真実として，非隠喩的に，そのコンピューターに**志向性**を帰することができるし，そうするべきだと論じている（彼の言葉で言えば，我々は，それに対して「志向姿勢をとる（take the intentional stance）」べきなのである）。彼は，この主張は信じがたく思われるだろうということを認識している——意識の概念および**志向性**それ自体についての驚くべき，しかし，説得力のある何らかの分析が無い限りは。したがって，彼は，これら2つの概念の補完的な諸理論を展開することを生涯のプロジェクトとしてきた。

経済学者たちはたぶん，聞いてびっくりするだろうが，彼らの学問分野の基礎づけにおける主な論争を理解するには，意識の本質についての暗黙の諸仮定に注意を払うことが必要なのだ。もし彼らが，何らかの主題は彼らにとって本来の仕事ではないと想定することがあるとすれば，これは間違いなくその1つである。しかしながら，後の諸章で詳細に見るように，未だ吟味されていない意識についての諸仮定と，それらが個人性とエージェンシーの観念に与える影響を発掘することは，経済学における理論的および方法論的論争の歴史における多数の難問への扉を開く鍵であることが判明する。おそらく，これがあまり意外に思われなくなるのは私が一対の修辞的な問いをここで付け加えた時だろう。未だ吟味されていない諸仮定以外で，どこでそのような鍵を探すことを思いつくだろうか。また，経済学者たちがしばしば彼らの仕事であると見なした主題に関して，諸仮定が吟味されないままであることは，ますますありそうだろうか。

哲学者たちは，志向性のように高度に抽象的な諸概念に関する専門家であると主張できるとはいえ，彼らが意識についてこれを言うことは理にかなっていないだろう。ここでは間違いなく同意されるだろうが，注意深く理論化された経験科学が，究極的には諸事実の大部分を提供しなければならないのだ。したがって，意識についてのいかなる潜在的に満足のいく理論を発展させる際にも，我々は，徐々に哲学の領域から認知科学の領域へと移らねばならない。上で述べたように，これが，私が意識についての諸問題の考察を第6章まで保留する理由なのである。

差しあたり，焦点は引き続き**志向性**とそれについてのデネットの理論の背景とにある。この背景の主な文脈は，自然における心の位置を理解しようという試みの歴

史である。20世紀以前のたいていの哲学者たちは，心は，何らかの種類の非物理的な実体であると信じていた。この見解に基づくと，信念と願望は，「心的精神（mental spirit）」の実在の状態であると見なされ得た。しかしながら，心身二元論は，哲学者と心理学者たちによって却下され始めるとともに，二元論者の精神的状態を物理的状態によって置き換える必要があるように思われた。ここで，1つの明らかな，あり得る考えは，各々の特定の**志向的状態**——つまり，各々の**命題態度（propositional-attitude）**の状態または「心的状態（mental state）」——は，神経科学の言葉で直接的に同定可能で記述可能な特定の脳の状態と同一かもしれないというものである。この考えのより強力な外挿——民間心理学の科学理論との統一をより直接的に促進するもの——は，**志向的**状態の各々の型（*type*）を神経科学的状態の1つの型に写像するという野望だろう。この希望は，常に，何らかの先行する論理的および概念的諸困難に直面してきた。一種類の脳の状態は，いかにして，諸対象の不確定な部類——例えば，「オレンジ色のもの（orange things）」——，あるいは，おそらくもっと悪いことに，抽象的諸対象の不確定な部類——例えば，「民主主義国家（democratic countries）」——「について（about）」のものになり得るのか。結局のところ，脳の中の何物もオレンジ色ではない。それに，一見すると不条理であるように思われるのは，脳の潜在的なコード化媒体の利用可能な配列——諸々のシナプス電位，神経受容体，化学物質——が，「民主主義（democracy）」——その意味は社会的に統制されており，明確な境界条件を欠いている——という概念の構成要素である諸側面と内的構造的諸関係を直接的に象徴的に表し得ると想定することだ（この懸念の要点を見るならば——「民主主義」が何を意味するかを見いだそうとして人々の脳を研究することは，いったい理にかなうのだろうか）。さらに，数千年の間，**志向的**観点で，互いを非常にうまく説明し理解してきた人間は，脳の状態——彼ら自身のそれも含む——を（一般に）直接的には観察しない。

1949年に，哲学者ギルバート・ライル（Gilbert Ryle）はこの袋小路を解消しようとして，心の概念とそれを肉付けする心に関する下位概念——志向的概念を含む——は，行動における観察可能なパターンから生じた構築物だと論じた。我々自身の場合に我々が内的状態として直接的に知覚するものだと考えている心的状態は，ライルによれば，実際は，我々の行動の気質についての判断（*judgements*）なのである。それらの判断において，我々はとても有能であるし，それらの判断はとても自然なので，内的な知覚のように感じられるのである。このいわゆる論理行動主義は，

2. 哲学的入門：志向姿勢の機能主義と実在的パターン　　45

1950 年代には，当然ながら，当時，心理学において支配的であった操作的行動主義
──次章で議論するように，当時，サミュエルソンによって経済学において奨励さ
れていた──にとって適切な哲学的パートナーとして解釈された。ライルの一番弟
子の一人はデネットだった。デネットの生涯を理解する１つの方法は，論理行動主
義の中核的洞察を，心が一種の情報処理装置であるという考えといかに調和させる
かを示すこととして理解することである。ここでミロウスキーは微笑んでいるはず
だ，というのは，我々はミロウスキーの主題の完璧な例証をしているかのように見
えるからで，つまり，サイボーグ科学からの圧力の下にある新古典派経済学の諸直
観にとって重要な原理を維持しようという別の試みだからだ──今回は分析哲学の
中核地域においてだが。しかしながら，後に見るように，私はこの試みが成功して
きたと信じることによって，ミロウスキーとは袂を分かつ。

　物語の筋を組み立てるためにミロウスキーの原理に付き合うが，哲学におけるサ
イボーグたちのキャンペーンは，**機能主義**（functionalism）として知られる教義
によって表現された。デネットが彼の最初の本を出版した頃（Dennett 1969），**機
能主義は**，志向的状態の型が脳の状態の型と同一であるという見解を激しく攻撃し
ていた。**機能主義者**（functionalist）たちはこう論じた──もし〈心-脳同一性理
論〉が真であるならば，著しく異なった脳をもつ２つの生物は，定義により，決し
て同一の信念──例えば，２足す２が４であるということ──を共有し得ないだろう，
と。この異議は，神経の諸要素を直接的な象徴的媒体とみなすことに関する我々
の想像上の問題についての上述の伝統的な懸念よりも漠然としていないし，より直
接的である。間違いなく，イルカ，あるいはいかなるあり得るエイリアン──ある
いはサイボーグ──も，それらが人間と全く同じ型の神経状態を持っていない限り，
「2＋2＝4」という命題を理解できないということは，概念的真実になり得ない。（な
ぜ脳が原形質ではなくシリコンで作られていることはあり得ないのだろうか。）**機能主
義者**たちはこう論じる──所与の信念の**命題内容**（propositional content）は，志
向的状態の一般的ネットワークにおけるその信念の役割の関数に違いない，と。諸々
の言葉についても同様である。「民主主義」の意味は，概念システム全体（それは
もちろん使用者たちの異なる共同体の間でいくぶん変化する）におけるその使用の関
数である。この点を理解する際には，もう１つの修辞的な問いをするのが役立つだ
ろう──独裁政治や寡頭政治について何の理解も持っていない者は，「民主主義」
概念に精通していると言えるだろうか [16]。

機能主義者たちにとっての哲学的な大問題^{イシュー}は，**表象**（representation）の問題^{プロブレム}であった。**命題態度**（propositional attitudes）の，さらに言えば心的状態一般の異例の特性は，それらが何らかの仕方で世界の諸事態「について（about）」のものだということである。適切な心の哲学の主な課題は，一般に想定されてきたように，この「〈について〉性（aboutness）」——それを哲学者はまさに「**志向性**」という言葉それ自体によって呼ぶ——が何を意味するかを説明することである。そのような分析は——満足のいくものであるためには——それが自然界においていかにして生じるかについての妥当で経験的な話に適合しなければならない。初期の**機能主義的**説明においては，いわゆる**内在主義**（internalism）の背景的想定に照らして，表象の問題が扱われる必要があるということがたいてい当然視されていた。相互作用する諸実体——あり得るどんな種類のものでも——のネットワークは，いかにして志向的な意味の担い手となり得るだろうか——もしも，それらを構成する諸実体がある基本的なレベルにおけるそれらの文脈とは独立に，自身，象徴的な内容を賦与されているのでないならば，もし，心的状態が，行動において，因果的に有意な役割を果たすならば，すなわち，もし身体が，自身にとって意味のある何らかの記述の下で，心がそう望むという理由で時折，物事を行うならば，これはどのように作用し得るのだろうか——内的状態の何らかの基本的な表象的（意味論的，意味付与的）諸特性が，それらの物理的状態の一部に内在的なものでないならば。任意の状態は，それらの志向的諸特性が結局のところ何らかの物理的諸特性と同一でないなら，どのようにして，それらの志向的諸特性のゆえに因果的な力を持ちうるのだろうか（Kim 1998）。二元論の否定は，まさに，超物理的な諸原因が存在しない，つまり，物理学は因果的に完備しているという命題^{コウザリー・コンプリート}である。**内在主義**の命題は次のような観点である——すなわち，**志向的**諸特性は，因果的働きをすべきならば，（あれこれの特定の関係によって）何らかの物理的諸特性に合法則的に付与されなければならず，そして，物理的諸特性は，文脈非依存的な同一性諸条件を持たなければならないので，少なくとも何らかの中核的な**表象的**諸状態は，思考するエージェントの心理的ダイナミクスに対して厳密に**内的な**諸条件——外部の環境的（社会的を

---

16 ［原注2］留意されたいが，ここで問題となるものは，ある人がこれらの諸概念を持っているかどうかであり，少なくとも直接的には，彼らがこれらの言葉をその諸概念のために使うかどうかではない。「政治家，投資家，CEO，官僚たち」というのは，多くの現代の欧米人の「寡頭政治（oligarchy）」についての考え方または述べ方であるかもしれない。

含む）状況の変化の下で不変だ——によって，現に持っている意味を持たなければ
ならないということだ。先に進む前に，**内在主義**についての2つの事実に注意深く
留意されたい。(i) その根底にある論拠は，物理的因果関係についての形而上学的
原子論に依拠しており，(ii) それは直截的に論理行動主義と両立しない。

　AIにおける仕事と認知科学との統合は，1970年代においてより一般的にその問
題に対して刺激的な焦点を与えた。（ミロウスキーの話は続く。つまり，サイボーグ
たちが救助に来るのだ。）我々がコンピューター（在来型の，記号処理的な種類の）
を作るときには，それらの原子的な電子的状態間の関係によって，課題の実行とし
て意味がある，規則的な物理的行動を生み出すように見える機械を作る。これがど
のように作用するかは不可解ではない。つまり，コンピューターを制御するのは，
システムレベルで入出力の遷移を記述する全般的な**機能的**関係において捉えられる
同型性のおかげで，個別的にしか象徴的でなかった電子的統語論的（*syntactic*）諸
状態のネットワークにおける，内的および外的諸条件の間の関係をモデル化するよ
うに作られたプログラムである。一連の古典的な論文（大部分は，Putnam 1975 の
中に集められている）において，ヒラリー・パットナム（Hilary Putnam）は論じた
——我々は心をプログラムとして理解することによって**志向性**の問題を解決できる，
と。パットナムは，この提言によって合格した枢要なテストは，それが上述の**志向
的状態の多重実現可能性**（*multiple realizability*）という具体的な問題を扱うこと
だと論じた。すなわち，異なる種類の物理的構成をもつ2つのシステム——例えば，
人間の脳と1単位のサイボーグ的実行ハードウェア——が，同一の機能的同型性の
ネットワークを実行する，つまり，同一の統語論的プログラムを実行するというこ
とを認識するならば，それらがいかにして共通の**志向的**状態を共有しうるかを我々
は理解できる。

　「チューリングマシン機能主義（Turing-machine functionalism）」として知られ
るパットナムに特有のバージョンの計算的**機能主義**は，すぐに，AIと神経科学の
双方における経験的仕事に基づく一式の批判にさらされた。生物学的脳は電子的コ
ンピューターとは似ず，階層的に積み重ねられた，条件-作動の仕様の直列的実行
者群ではなく，大規模並列処理装置である。その状態の遷移は，統語論的諸原子の
デジタルな，記号と記号の逐次的な置き換えではなく，多次元のコード化空間を横
切るベクトル変換として，より良くモデル化される（論争のサーベイについては
Churchland 1995 を見よ）。心はプログラムであるというパットナムの命題に対する，

48

1970 年代以降のこれらの経験的に導かれた修正は，単に技術的な些事ではない，なぜならそれらは現実の生物学的システムが実現できるエージェントの種類に直接的に関係しているからだ（ミロウスキーはさらにもう一度微笑む）。しかしながら，それらの修正は，**志向性**を説明するために，脳の状態の諸パターンと環境における物理的-因果的な規則性の諸ネットワークの間の機能的同型性——つまり，「プログラム」の適切に普遍的な解釈の下で，心をプログラムとして理解すること——に言及するという中核的考えを必ずしも論駁しない。この中核的考えは，哲学者の間で**機能主義**が意味するようになってきたものであり，そのように解釈された**機能主義**は，心の哲学において支配的な作業仮説であり続ける。

　私は先に，**志向性**に関する満足のいく分析は，意味の自然的諸起源についての妥当な経験的仮説に裏付けられねばならないということを述べた。表象の問題へのパットナムの答えを示す際に，私は，多くの読者——その諸問題への初心者を含む——が気づいただろう設問を回避した。私はこう述べた——我々の設計された計算装置の大域的な状態遷移，それと一部の局所的な状態遷移[17]に志向的意味を帰することには，実践上の困難は全くない——いや，むしろ実践上の有用性が見いだされる，と。しかしながら，機能主義の伝統の早い時期から——しかし，Searle (1980) によって最も直接的かつ有名に——異議が唱えられてきたことだが，我々が志向的意味を人工物の状態に帰することは我々が既に志向的な解釈者であるという事実に依存しているので，この事実は**志向性**を説明できない。我々の機械たち自体は，そのような解釈について何も知らないし，この決定的な点において，それらの機械は我々のモデルではない。それらの**志向性**は——その異議によれば——我々自身の志向性から派生したものである。しかし，**志向性**の説明は，そもそも志向性がいかにして生じるかを我々に示さねばならないのであって，一度我々が志向性を世界の中で持った場合にいかにして志向性がモデル化されうるかを示さねばならないということではない。したがって，その異議が結論づけて言うのは，我々は，心とは何かということを，心をプログラムとみなすことによって説明するのではないということなのである。

　私の考えでは，この異議に答える不可欠な第一歩は，デネット（Dennett 1987, 第8章）によるものである。自然選択は——人間の技師のように——設計者である。

17［原注3］コネクショニストのシステムにおいては，局所的な状態遷移の種々の意味をどのように解釈するかは，しばしば，不明確である。

もっとも，それは先見の明を全く持たないという点において，技師とは異なるが。ダーウィンの仕事はすべての生物学的諸過程についての我々の理解を転換したが，それはまさに，心のない諸過程が機能的機械を——眼も，肺も，志向的なシステムも同様に——どのように作り得るのかを我々に示したからこそである。自然的なプログラム——心——は，選択圧の下で進化した。なぜなら，複雑な生命システムの維持にとって重要な諸パラメータにおける予測不可能な変化に左右される環境では，志向的表象によって可能とされる戦略的な柔軟性と学習はしばしば有効な適応だからである。もちろん，代替的な適応戦略の幅広く存在する実例がある。二枚貝は，たいていの侵入的な彷徨変異（フラクチュエーション）に対して有効な要塞を建てる。昆虫と魚たちはその環境を相次ぐ複製で絶え間なく溢れさせるので，たとえ大多数が滅びたとしても，十分な数が運良く繁殖し遺伝子型を存続させる等である。しかしながら，自然選択は——十分に広い世界と時間があれば——高度に複雑で統合された適応的な機械を作れるということが受け容れられるならば，それがカメラや酸素ポンプとともにコンピューターを作れないとする原理に裏付けられた（*principled*）理由は全くない。

多くの哲学者たち（例えば Fodor 1996）は，この応答は，問題の核心を見損なっていると考えている。彼らはこう異議を唱える——もし我々が自然のコンピューターであり，言われるべきことがそれだけならば，我々が自身の諸状態に見いだすと思われる志向的意味は，単なる一種の錯覚にすぎない，と。我々は，自身のある諸状態が「道路に象がいる」ということを意味すると想像するが，しかしデネットの話に基づけば，我々のいかなる状態も，この型の諸状態が進化して意味するようになったものよりも具体的な何かを，本当に意味し得るものではない。さらに，諸状態の意味は，もはや内在的なものとは考えられ得ない。それらは，そうではなくて，まさに解釈者たちによって帰されねばならない。自然選択それ自体は全く志向を持たないので，当の状態の意味が「道路に象がいる」であるのか，「道路に大きな動物がいる」であるのか，「道路に私が動かせない大きくて危険な障害物がある」であるのかに関しては，もし，これらの解釈がすべて，期待される生物学的適応度の最適化のための行動の制御に等しく関係するならば，自然な事実というものは全く無いのだ（読者は，「道路」について可能な似たような情報的統語解析の仕事をすることにより，これらのバリエーションが上っ面をなでただけであることがわかるだろう）。我々が志向性の理論になすことを求めるのは——と異議は続く——，我々の実際的で，意味論的にニュアンスを含む思考が可能にするのと同じ詳細さで，1

つの状態を他の状態から区別できるようになることである。それに満たないいかなる物も，我々の哲学的問題の要点を見損なってきたのだ。概して，大きくて危険な物体をいかにして何とか回避するかを我々に教える話は，ある思考がいかにして，まさに象，あるいは，象である個体についてのものであり得るかに関しては何も教えてくれない。さらに，それは，**志向性**を随伴現象的な（つまり，物理的世界において因果的働きができない）ものにするように思われる——なぜなら意味がシステムのある物理的で文脈非依存的な状態に内在的に付随することを否定するので，**内在主義**に悖ることになるからである。

　もちろん，デネットの理論は，内在主義に悖るものと想定されている。私が指摘したように，もしそれが論理行動主義と両立可能な**志向性**の理解を基礎づけるべきものならば，それは内在主義に悖らなければならない。デネットのいわゆる**志向姿勢の機能主義**（intentional-stance functionalism）はサールの異議に答えるために，その出発点となる前提を逆にする。すなわち，いかにしてサイボーグが人間のように志向的状態を持ち得るかということを，彼らの志向が彼らの内的状態にとって内在的になり得る何らかの方法を見つけ出すことによって説明するのではない。そうではなく，いかにして我々の志向的状態が——ちょうどサイボーグのそれのように——単に解釈者たちによって帰されるに過ぎないものになり得るかを説明することを目指すのである。今や，ミロウスキーは，とても喜んでいる。案の定，デネットの危険な考えは，人間は文字通りサイボーグであるという想定に依拠しているように思われる。セルフの消滅は，既にそれとなく生じているのでないとしたら，確実に，遥かに背後にとどまり得るものではなかろう——そうではないだろうか。

　ここで，少しの間，話を中断して，ミロウスキーの戦後経済学の「サイボーグ的歴史（cyborg history）」が正気でないと考える経済学者たちに対して再び呼びかけることにしたい。私は，本書の中で彼よりもはるかに伝統的で，きわどくない方法で，彼の中核的な洞察がある意味では正しいということを論じていくつもりである。すなわち，人々は（洗練された，複雑な）機械であるのかどうかという問題は，現代の経済理論を理解しようとし，正当化しようとするいかなる試みにとっても中心をなす。私は，懐疑的な経済学者——ここでの仮定によれば，ミロウスキーによって説得されていない経済学者——に，私の宣言に基づいてこれを受け容れるように求めはしない。この主張が真であると私が考える仕方と理由は，必然的に，徐々にしか現れてこないものである。しかしながら手始めに，それを以下のような哲学

的文脈に置かせてもらいたい。伝統的な**機能主義**に対する**内在主義者**の異議は，論理的に正しい。すなわち，もし**機能主義**が，原子的な物理的諸状態に，内在的で文脈非依存的な**志向的**意味を見いだすことに依存するならば，**機能主義は失敗せざる**を得ない，というのは，内在的に意味のある物理的状態という考えは全く不可解だからだ。確かに，デネットの決定的な主張（Dennett 1987，第8章を再び見よ）は，内在的に意味のある状態という考えは一般的に，必然的かつ絶望的に不可解なものだということである。彼の**志向姿勢の機能主義**が直面してきた大いなる課題は，意識とセルフを内在的意味に訴えることなく説明すること——ミロウスキー〔の理解〕とは逆で，解消することではなく——であった。後に明らかになる諸理由のために，私は，デネットが（彼がかつて述べたように，彼の味方からの少しの助力を得て）双方の課題に立ち向かってきたと信じている。

　第5章で見るように，何人かの主要な経済学者たちの間での活発な理論的議論の現代的諸潮流は，実は，デネットが直面してきたのと同じ課題に取り組んでいる——もっとも，彼らは，異なる道筋によってそれにたどり着き，論理的つながりをあいまいにする用語でそれを述べているのだが。このことは，ミロウスキーのパースペクティヴの妥当性のためのさらなる証拠を構成しよう。経済学者たちは——後に見るように——最近，**内在主義**を前提とする伝統的で人間主義的なエージェントの理解と，哲学者によって述べられてきた**内在主義**の失敗に対する他のあり得る反応（つまり，**志向姿勢の機能主義**以外の）の間の内的な一論争に陥ってきた。これは，**消去主義的物質主義**（eliminative materialism），あるいは略して単に**消去主義**（eliminativism）として知られる立場である。この命題は——できるだけ簡潔に言えば——結局のところ，命題態度というようなものは全く存在しないという見解である。第4章と第5章で示すつもりだが，**志向性**についての哲学におけるこれらの包括的な選択肢（ジェネリック）が，経済学が何についてのものであるかを理解するための，経済学者間の現在の競合的な諸プログラムの中にまさに現れているのだ。**消去主義**は，ミロウスキーが心配する仕方でセルフを台無しにする形而上学であるので，彼が言う意味で「危険」な経済学にとってのあり得る未来は，本当に起こり得るかもしれない。ミロウスキーが**消去主義**と**志向姿勢の機能主義**の間の差異を全く認めないからこそ，誤ってデネット（とビンモアと進化ゲーム理論）を彼の「危険」な未来に結びつけるのである。ミロウスキーとは違って，私は，人間主義に対して何の規範的コミットメントも持っていない。ここで「危険」と，注意喚起の引用符を付けてき

たのはそのためである。しかしながら，私は究極的にはこう論じるつもりである
——実際のところ，**消去主義**は経済科学を正当化するために役立たないだろうが，
デネットの理論は役立つだろう，と。それにより，ミロウスキーと他の人間主義者
たちは，呼吸が楽になる諸理由を与えられるだろう。

　このように，私のアプローチの論理は，経済理論家に，基礎をなす**志向姿勢の機**
能主義と**消去主義**の哲学の間の選択を提示し，そして，各々の選択肢の経済分析に
とっての諸帰結の輪郭を描くことになるだろう。この選択が強いられるのは，ただ
志向性の**内在主義的**説明はうまくいかないという想定にのみ基づいている。なぜ**内**
在主義が失敗するかを説明することは，さらなる理由のために重要である——経済
学における人間主義の現在の擁護は，第4章で詳細に見るように，**内在主義**に依拠
しているのだ。最後に，**内在主義**の批判が必要な背景的役割を果たすのは，私が第
6章で，なぜデネットの危険な考えが——ミロウスキーの理解に反して——個人主
義と両立しないかを示すことに対してである。かくて，我々にはここで前もって片
付ける必要がある哲学的説明の一仕事がある。

　それでは，**志向的**内容についての**内在主義**は，何が間違っているのだろうか。上
述のように，現代の科学的形而上学における原子論的伝統が奨励してきた考えは，
文章やより長い内容の媒体の意味は，基本的な構成要素の意味とそれらの間の諸
関係——例えば，文章の場合，単語——から構成されねばならないというものだ。
認知科学についての現代哲学の文脈において，この考えは新たな展開を与えられた。
もし個々の諸思考が，それらの意味によって因果的に有効になり得るならば——と
論じられてきたのだが——，個々の脳の事象は，それが持つある内在的属性——そ
れに基づいてある系統的な意味論的特性が合法則的に「付随する（supervene）[18]」
——によって統語論的なトークンとして機能するところの，計算的プログラムに貢
献せねばならない。基本的な議論を繰り返すと，それは，原因となる（*causal*）能
力は，原因となる実体に内在的でなければならないという前提に根本的に依存して

---

18 ［原注4］哲学者たちは言う——もし，いかなる実例 x_i についても，次のような y_i ——すなわ
　ち y_i の状態の変化なしには x_i の状態が変化し得ないような y_i ——が存在するならば，1つの物事の型，
　または特性，または関係である X が別の型 Y に「付随する（supervene）」と言う。この考えは，
　心と脳の間に存在すると思われる依存の関係を，心は単に脳であるという還元主義的命題に全面的
　にコミットすることなく記述する方法としてよく知られている。現在の議論の目的のためには，こ
　の考えに触れないでおくことができるけれども，実際，それはいかなる有用な形而上学的仕事もし
　ないと思う。Ross and Spurrett（2004b）が，その理由を説明している。

いる。ここから帰結することだが，もし志向が行動の原因となり得るならば，次のことが真実でなければならない——少なくとも一部の意味論的諸特性は，内的，心理学的諸事実だけによって——外的な，環境的な文脈に（特に社会的事実に）全く依存せずに——現にそうであるもの〔意味論的諸特性〕だということだ。さもなければ，いかなる志向的状態も何事に対しても原因となり得ないだろう。Kim（1998）は，この議論についての最も明快で持続した擁護を行っている。

　このように擁護される**内在主義**は，基本的な志向的特性のための個別化的条件に対する形而上学的制約である。それは，行動科学に最も直接的に関係のあるものとなる——もしそれがFodor（1980）が「**方法論的唯我論（methodological solipsism）**[19]」と呼んだ認知科学における説明のプログラムを許可すると見なされるならば。これは，**内在主義**の操作的（オペレーショナル）な表現である。もしある脳の諸状態が，それらの意味論的諸特性のおかげで，行動にとって因果的に重要になり得るならば，我々は，原則として，脳をその環境から分離して研究することにより，それらの特性を同定できるようになるべきである。フォドーが好むバージョンでは，脳は計算的な——つまり，ソフトウェアの——記述のレベルで研究され，そのレベルで我々は，基本的な意味論的諸特性を確定するために十分な統語論的（形式的）諸特性を探すだろう。代替的で，より直接的に還元主義的なバージョンの**方法論的唯我論**は，神経的諸特性——おそらく，結合したシナプス領域におけるベクトル変換的諸特性——に基づいて，意味論的諸特性を確定し得ると仮定するだろう。

　1970年代の半ばから，**内在主義者**たち一般は，すべての意味論的諸特性が内的であるべきだとは論じようとしなくなった。Putnam（1975）によって，また，それとは別にKripke（1972）によって与えられた議論の結果として，言語哲学者たちの間では，言語的な意味の一側面——指示（レファレンス）——は，個々の話者の「頭の中で（in the head）」完全には決定され得ることはないということが一般に認められるようになった。少なくとも，これは，固有名詞に関しては，また——我々の諸目的にとってより重要なのだが——科学にとって重要だと想定されるいわゆる「自然種（natural kind）」の諸語に関しては，一般に認められていた。「楡の木（ニレ）（elm tree）」という語は，一定の遺伝的構造を持つ木々のすべて，かつ，それらのみを

19［原注5］認知科学における方法論的唯我論と，経済学における方法論的個人主義という由緒ある教義の間には，何らかの関係があることが判明するのではないかと思う読者が正しいことは，だいぶ後で見る通りだ。

54

指示し，英語を話す人のほとんどがこれを信じている。しかし，たいていの話者は，この遺伝的構造が何であるのか全くわからないし，彼らが区別できる楡の他の諸特性からそれを推論することさえできない——つまり，人は，自然種楡を，例えば，山毛欅と区別することができなくても，「楡」という語を堪能に使うことができる。その場合，「楡」という語の指示的意味を決定するものの一部は，むしろ社会的に——植物学者の権威において（我々がある目的のために楡の事柄を取り出す際にいつでもそれを当てにする）——蓄えられているのであって，心理的にというわけではない。したがって，個々の人々は，たとえ楡が厳密に何であるかを知らないとしても，いわば，彼らの共同体全体が，楡が何であるかを知っていさえすれば，かつ，まさにそういう理由で，楡についての信念を持ち得るのである。この議論に説得力があると思う者は決して完全な**内在主義者**にはなり得ないし，1980年かその頃までに，たいていの哲学者たちは，この議論の何らかのバージョンを受け容れるようになっていた。

　Fodor（1987）は**内在主義**にしがみつこうと試み，指示的意味を他の意味論的諸特性から分離し，それから，それらの他の諸特性が個人の行動の**志向的因果性**に関連するものであると考えた。しかしながら，この立場は，不安定であることが判明した。タイラー・バージ（Tyler Burge）は，影響力の大きい一連の論文（特にBurge 1986）において，元来 Wittgenstein（1953）に由来し，意味論的**内在主義**一般に反対するいくらかの諸議論を敷衍した。ウィトゲンシュタインは，語の正しい使用というまさにその考えが，社会的ルールの存在に依存するということを論じていた。なぜなら，そのようなルールがなければ，個々の話者は——一般に，また，いかなる特定の時にも，話者が例外 $E_1, \ldots, E_n$ を伴う1つのルール R を適用しているのか，それとも，例外 $E_1, \ldots, E_{n+1}$ を伴う別のルール R' を適用しているのか，判断することができないだろうからである。正しさについての話者の個人的な諸標準にとって何か外的なものだけが，話者の判断を安定化させることができる [20]。そこで，バージの貢献は，これが意味論的**外在主義**（**内在主義**の否定）の言語諸要素一般への拡張を含意し，単に自然種を指示する名詞や語へ拡張するだけではないということに気づいたことであった。そこで，公共の言語の意味論が，**志向的諸状態**の内容を決定することに関連がある限り——それらは確かに関連があるが，とい

---

20 ［原注6］この議論を，完全に説得力のある形にすることは，細心の注意を要する仕事である。懐疑的な読者のために，Pettit（1993, pp. 76-106）における詳述を薦める。

うのはまず初めに我々は**志向的諸状態**（我々自身のものも含む）を個別化し，公共の言語を使ってそれらの内容を取り出すから——，**方法論的唯我論**は，少なくとも，意味論的に区別される諸志向が行動の説明に関連する限りでは，行動科学一般において実行不可能だろう[21]。実際に哲学者たちの間でほぼ意見の一致を生じさせるような議論というものは稀だが，これは，そのような稀な諸事例の１つであることが判明した。Fodor（1994）でさえ，最終的には，**方法論的唯我論**を放棄しており，McClamrock（1995）は，それを実質的に死んだ命題であるとみなす一般的な諸根拠を与えている（さらに Ross 1997 を見よ）。

　留意されたいが，**方法論的唯我論**の拒絶それ自体は形而上学的**内在主義**の虚偽性を含意しない。個々の科学者は，環境的（特に社会的）諸変数に注意を払うことなく，**志向的状態**を個別化することはできないかもしれないにもかかわらず，上で議論された因果的有効性についての懸念のために，ある**志向的諸特性**は合法則的に，ある内在的，内的な諸特性の系統的な集合と同一の外延を持つ（それに付随するまたは還元される）に違いないということも真かもしれない。これは，Kim（1998）の立場である。しかしながら，理解するのが難しいのは，この種の**内在主義**がいかにして任意の科学に関連のあるものになり得るかだ。論議の余地があり得るのは，それが**消去主義を示唆する**という点だ——もし社会科学その他の行動諸科学が，**志向的諸特性**に言及することにより諸状態を個別化しなければならないが，**方法論的唯我論**が失敗するとしたら，社会科学の諸説明において仮定される諸状態の諸型が，実際に因果的に有効な諸状態に写像されるということは，ありそうもない，と。Kim（1998）は，この議論が一般に成立するということを否定するが，Marras（2002）は，彼の否定に断固として反論する。しかしながら，科学者で純粋に形而上学的な議論に基づいて，**消去主義**の見通しを真剣に受け取ろうとする者はいない——彼らが説得されるには，それが説明的かつ／または予測的成功の観点で，あるいは，少なくとも，彼らの諸科学内部での局所的な概念統一の観点で，実際の諸改善がもたらさ

---

[21]［原注7］この留保条件は，現在の議論に直接的に関連しない，言語学において使われる「内在主義」の１つの意味を考慮に入れるためにここに必要である。Chomsky（2000）は，「外在主義の」哲学者たちに明示的に反対して，「内在主義」を唱道する。しかしながら，彼は，哲学者たちが理解するところの意味論のすべては，研究の別個の分科としては不可能だと考える文脈の中でそうするのである。私は，ここで，この立場を考慮しないでおく。なぜならその立場は，言語学自体以外のいかなる社会科学の見込みも排除してしまうように思われるからである——チョムスキーが彼の議論のために必要とする制限的な科学の概念を前提とし，たいていの社会科学が確かに意味論的に個別化された諸型をやりとりしなければならないことを前提とすれば。

れる必要があるだろう[22]。ともかく，Ross and Spurrett（2004a）が示すのは，**内在主義**に賛成するキムの形而上学的議論は，因果性の本性についての民間的諸仮定に依存しているのだが，これはいかなる科学——もしそれらの民間的諸仮定が何らかの理にかなった根拠を持つならば，それらの民間的諸仮定を正当化すべきである科学，すなわち基礎物理学を含む——においても支持されないということだ。

　したがって私はここで，純粋な形而上学的**内在主義**の攻撃にさらなる時間を費やさない。本章の後の部分でそれを，さらなる脱線をすることなく，さらに掘り崩す機会があろう。それは，独立して議題に予定されている**メレオロジー**を取り巻く諸問題を議論する時だ。さしあたって私は**志向性**についての議論を続けるつもりだが，それは**内在主義**が——行動科学と認知科学に関連する命題として——**方法論的唯我論**の崩壊とともに，真剣な見込みにはならなくなるという推論に基づいている。

　志向的諸状態の内容に関する**内在主義**の否定は，行動の因果性についての神秘的諸理論を全面的に激励するには至ってはならない。つまり，あるエージェントの行動は，いかなる意味においても——自身が，物理的に——持っていない情報に対しては敏感になり得ない。第7章，第8章で経済的エージェンシーの理論を作る際に，この必要条件に注意を払う必要があるだろう。むしろ，**外在主義**の要点は，志向的諸状態の内容は，**命題態度**によって索引付けられている限り，神経的（または純粋に統語論的に個別化された）諸状態の特性から直接的には読み取られ得ない——原則としてさえ——ということである。**命題態度**の帰属化（アトリビューション），もしそれが何らかの科学的重要性を目指すならば，ある主体（サブジェクト），その環境の諸特徴，その解釈者たちにおける期待の諸パターンの間で三角測量（トライアンギュレート）された規則性を取り出そうとすることでなければならない。例えば，私があなたに「ビルは，雨が降っていると思っている。」と伝えれば，私がしていることとは，私があなたと共有する公共の指示装置〔言語〕を使って，ビルが出かける前に傘を手に取るということをあなたが予測することを（また，おそらく説明することも）可能にすることだ。私は，あなたが，目下我々の興味を引いているビルの行動の諸側面を統制する彼の環境の側に，彼を位置づける（*situate*）のを助けている。このコミュニケーションにとって決定的であるのは，我々

---

22 ［原注8］第5章において見るように，一部の重要な経済学者たちにとって，消去主義が説得力のあるものと判明している。Rosenberg（1992）は，消去主義に賛成するKim型の形而上学的議論を経済学に適用するが，彼は，まず経済学の実際の科学的業績についての議論に基づいて到達する消去主義的結論の哲学的説明の一部として，そうするのである。

2. 哲学的入門：志向姿勢の機能主義と実在的パターン　　57

のいずれもが統制できない外的に発達した意味論をあなたと私が共有するということである（ビル自身は，この言語の使用者である必要は無いということに留意せよ）。

デネットの**志向姿勢の機能主義**は，**命題態度**の内容についての**外在主義**と最も首尾一貫して適合する心の概念的説明である。したがって，我々はここで，ミロウスキーが，デネットとこの哲学的問題に関する彼の追随者たちを次のような見解と結びつけるのが——私が先に主張したように——後進的である理由を理解し始める。その見解とは，評価の根源的な源泉は「代表的な経済的エージェントの両耳の間にある理想化されたコンピューターの奥の内部で……経済科学の諸目的のために凝固する」(Mirowski 2002, p. 564) ことが判明するだろうというものだ。ミロウスキーが記述するものは，**内在主義**の見解である。しかし，デネットは，認知科学の哲学における，**外在主義**の元来の，そして，最も影響力のある擁護者なのである。このことは，心，エージェンシー，セルフ性についての彼の諸理論の，経済学への正しい適用にとって，非常に重要であることが判明するだろう。

デネットは，行動に関する予測と説明の諸目的のために，三角測量された_{トライアンギュレート}**志向的諸関係**を帰属化するという実践を，主体_{サブジェクト}の役割におけるシステムに対し「**志向姿勢をとること**」と呼ぶ。ところで，真剣に疑う者は誰もいないが，人々に対して，また一部の動物に対して，**志向姿勢**をとることは，しばしば予測的に有用である——少なくともある点までは。これは，極めて明らかなことに，人々が，日々，自らの諸計画と諸期待を調整する主な方途なのである。しかしながら，Churchland (1981) と他の**外在主義者**たちは，以下のように指摘する。(1)この予測力は，動物の特定の種——ホモ・サピエンス——の間での，特定の時間と場所における，諸課題と諸目的の厳密に境界を定められた部分集合に関する，厳しく偏狭なもの_{パロウキアル}であるかもしれない。なぜなら，(2)それは，任意の一般的な因果の接合点において，自然を切り分け損ない，その結果として，(3)真の科学的説明に全く貢献しないからである。**志向姿勢**の展開に基づく民間心理学は，**外在主義者**たちによれば，民間的（またはアリストテレス派の）物理学と同じ身分にある。すなわちそれは，共通の人間の諸目標に由来する制限された諸領域の中で，厳密な諸限界に達するまでは有用だが，この領域を越えて一般化することに失敗すると，それは世界の構造の説明としては虚偽だ（真の理論の課題の１つは，なぜ民間的説明がその領域で成功しているかを説明することだろう。だが，この説明は，不可避的に，神経科学や進化史に頼らねばならないだろう）。**消去主義者**たちが好むアナロジーは，民間心理学と「悪魔

憑依論（demonic possession theory）」との間のものだ。後者は一部の近代科学以前のヨーロッパの共同体において，社会的に周縁に追いやられる未婚の女性の行動を記述するための装置である。その理論は，どんな特別な理論よりも優れた予測力を提供するが，その存在論^{オントロジー}は誤っている。つまり，魔女は存在しない。同様に，**消去主義者**たちによれば，信念または願望は現実には存在しないということになる。

　消去主義は，たいていの人々がそれを初めて見知った際に，途方もない見方という印象を与える。一部の哲学者たちは，先験的な論理的諸基礎に基づいて反駁しようと試みてきた。（例えば，**消去主義者**たちは，信念など全く存在しないと信じようと努めているように見える。そのような揚げ足取りに対する完全に説得力のあるChurchland 1979 の回答を見よ。）そのような戦略は，本書で前提され，本章の上述の第2節において議論された立場とは両立しない。経験的な設問であるのは，**志向姿勢**の理論よりも良い予測や首尾よい説明をもたらし得る，あるいは，ほぼ同様に，自余の科学とより良く統一される限り，同じくらいうまくいくような，現実の^{リアリティ}系統化^{システマタイゼーション}の仕方が存在するかどうかだ。そのような理論が持たれ得るものとして存在するならば**消去主義者**たちは正しい――人々が，彼らの社会心理学と歴史を前提として，**志向姿勢**の使用を実際に止めるかどうか，あるいは，止め得るかどうかに関わらず（まさしく同じように，第1章で議論したような庭師たちの正当化可能な意味論上の頑固さは，タマネギがユリかどうかという問題とは無関係である）。**消去主義**に反対してなされる説得力のある主張が存在するとするならば，それは経験的なものであるに違いない。（**消去主義**に反対の規範的諸前提――例えば，ミロウスキーが当然視するように思われる――は，先験的な論理的諸前提と同じで，役に立たないだろう。信念，心，個人，セルフの民間的概念の代替品によって――もしそれが可能としてだが――我々が良くならないかどうかについて誰が知っていようか。）

　経済学者たちは，選好，信念，情報をやりとりする諸理論に慣れていて，**消去主義**は彼らの企てにとって悲惨な理論だろうと思うかもしれない。しかしながら，第5章において見るように，最近，**消去主義**は，一部の重要な経済学者たちによって，魅力的な命題と見なされてきた。彼らは，合理的エージェンシーの民間的理解を生物学的人間へと受け入れ難い仕方で写像^{マッピング}することへのコミットメントを，彼らの学問から取り除きたいと切望しているのだ。上述のように，このことは，諸セルフの無い経済学は真剣な可能性であるというミロウスキーの主張を裏付ける――これは，たとえ，後に見るように，彼がデネット，ビンモア，または進化ゲーム理論をそれ

2. 哲学的入門：志向姿勢の機能主義と実在的パターン　59

と結びつける点で誤っているとしてもそうなのである。私は究極的には**消去主義**に訴えることに反対はするだろうが，道を逸れる前に，それへの道に沿ってかなりの距離を旅するつもりだ。経験的基礎に基づいて論じるつもりだが，民間心理学は一部の重要な規則性を突きとめるが，しかしそれは人々の直接的モデルとしては確かに誤っている。経済理論の一部の適用が，合理的な経済エージェンシーを個人性の諸側面の理想化とみなす限り，私は，これらの適用が現実を突きとめる力について懐疑論に諸根拠を与えるつもりだ。

　しかしながら，デネットとともに，私は**消去主義者**ではない。**消去主義**を拒絶する基本的根拠は，上述のように，経験的なものでなければならないが，デネットを**消去主義**から引き離す強調の差異についてのいくらかの概念的診断は，非哲学者たちに対して彼の立場を完全に提示するための有効な方途である。デネットの見解では，**消去主義者たちは**，命題内容について，**内在主義者たち**と１つの間違いを共有している。すなわち，任意の現象についての真の理論は，すべての測定の尺度において，すべての枢要な変数の確定的な（determinate）測定値を生じさせねばならないという考えに対する過度のコミットメントである。この点について説明するには，まず，本章で概観すると私が約束した，もう一方の主な哲学的背景の話題，すなわち，メレオロジー（mereology）を概観することが必要となる。

メレオロジー

　この話題に至るための方途は，フォドーの反対論に関するさらに追加的な省察を経由することだ。フォドーはこう論じる——ダーウィン主義的な諸手段によって**志向性**を説明しようという試みは，**志向的諸状態**の意味論的諸内容を特定不足のままにする，と。道路に象がいると信じていると言われる個人の事例に戻ろう。デネットが異なる哲学的諸前提を暴露するための「直観ポンプ（intuition pump）」と呼ぶものの例として，この事例を使うために，我々はいくらかの想像上の詳細をさらに加えよう。あなたと私が，道路を見下ろす〔南アフリカの草原から隆起する〕小山〔kopje〕の上に立ち，両方が，その道路に沿って走っているランド・ローバーを見ることができると仮定しよう。私の位置からは，その運転手よりも早く，その車の前方の道路にいる象を見ることができるが，その動物は，そばにある低木の雑木林によって，あなたの視野からは遮られている。今，我々の両方が，運転手がその道路の角を曲がって，突然ブレーキをかけるのを見る。「どうしたの。なぜ運

転手は止まったの。」とあなたは尋ねる。「運転手は今，象が道路の真ん中に立っているのを見たのだよ。」と私は答える。あなたはこの答えに十分に満足し，（少なくとも，その運転手の動機については）さらなる質問はしない——と仮定しよう。

　ここであなたの満足にとって決定的であるのは，その運転手が個人だということをあなたが知っており，あなたが人々について何か知っているということだ。もし，その車が道路から外れないようにするためのカメラを取り付けた自動操縦装置によって運転されていたならば，象が知覚的に銘記されたというだけの私の報告は，あなたのさらなる質問を引き起こすはずだ。その質問とは，興味深い AI プログラムについての質問で，ただ道をたどることよりも複雑な諸目標に対するロボットの知覚に関連しているに違いない。あなたが人々について知っていることで，私の報告をあなたにとって満足のいく説明とするものは何であるのかに関して，哲学者があなたを困らせるとすれば，その哲学者は次のような低レベルの一般化をあなたから探り出すだろう——人々が十分明るくしらふの時の彼らの感覚の証拠を，たいてい信じていることについての，また，人々が象にぶつかるまで運転すれば怪我や破壊を招くと信じていることについての，また，人々がそれらのことを避けたいとたいてい強く願っていることについての一般化である。すなわち，あなたは，典型的な人々とある種の状況の間のいくらかの民間心理学的関連を明示的にするだろうし，そのために典型的な人々一般に対して，また，典型的な個人の想定実例としてのこの運転手に対して，さまざまな**命題態度**を帰することだろう。

　これらの帰属化の１つだけに焦点を合わせよう。あなたは「運転手は道路に象がいると信じた」と，ある点で，哲学者に言った。あなたがこれを言ったのは，それが本当に事実を記述すると考えるからだ。それが記述するのは，どんな事実だろうか。また，何についての事実だろうか。あなたは，真の事実が運転手が声を出して英語で「道路に象がいる」と独り言を言ったことに依存するとか，その英語の文章が（厳密に何を意味するとみなされるにせよ）「運転手の内観的な意識の中にひらめいた」ことに依存するとは，確かに考えない。結局，たとえ，その運転手がズールー語しか話さない人だということをあなたが知っているとしても，あなたは**命題態度**を帰属化させる真実に完全に満足するだろう。こういうわけで，もしあなたが**志向的**内容について**内在主義者**ならば，あなたは，Fodor (1975) や他の多くに従って，運転手の脳内で生じるものは，「There's an elephant in the road」と「Kukho indlovu emgwaqini」〔ズールー語〕の両方と同一の命題を表現する非公的な「思考

言語（language of thought）」で書かれた文章から成る運転手の神経プログラム内の象徴化であると仮定する必要があるだろう。

しかしながら，あなたが1980年代および1990年代以降の認知科学の哲学における文献に精通していると仮定しよう。すると，我々が概観してきた諸理由のために，あなたは**内在主義者**ではない。あなたが運転手に対して行った帰属化が真実であるとあなたが考えるのは，言語についての社会的諸事実，および人々や象たちに関わる行動の規則性の永続的な集合のネットワークが存在し，かつ，あなたの帰属化がこのネットワークにおける繰り返し生じる結節点〈ノード〉――状況の全体が圧倒的に例示しそうであるところの――を選び出し，かつ，あなたを悩ませている哲学者が，あなたが彼の注意をそれに引きつける際に，その同じ結節点〈ノード〉を選び出すのに十分なほど，その関連するネットワークについて知っているが故である。

もしその哲学者が**消去主義者**ならば，あなたの「真の（true）」という語の使用を除いて，上の話のすべての部分を承認するだろう。デネットと正反対に，その哲学者は，あなたがそれを形而上学的にあまり大げさでない何か――「コミュニケーションに役立つ（useful for communication）」のような――に置き換えるべきだと主張するだろう。結局，あなたは――優秀な**外在主義者**として――厳密に莫大な数の神経的ミクロ状態のどれにその運転手がいるかということが，あなたの**態度**の帰属化の有用性〈ユーティリティ〉にとって重要でないことを認めるだろう。いずれにせよ，あなたは，孤立した運転手の脳については言うまでもなく，環境から孤立した運転手についても直接的に話していない。しかし，そこで――消去主義者は，こう続けるのだ――特定の帰属化，すなわち，「運転手は道路に象がいると信じている」は，あなたの証拠を上回るほどの正確さのレベルを狙っている，と。なぜ「象」を「大きな動物」と置き換えないのか，なぜ「道路に」を「前方に」と置き換えないのか。いかにも，もし運転手が，仮定により，ズールー語しか話さない者ならば，あなたは，あなたの帰属化が，象や道路のような対象についての，ある特別で，文化的に特殊なズールー〔語〕の存在論的観念を誤って読み取るということを理解するはずだ――それらの観念について，あたなは，優秀な**外在主義者**として，重要な**志向的**関係の意味論（*semantics*）に関連しないものとして除外する根拠を全く持たない[23]。あなた

---

23 ［原注9］これを，そのような物事の議論においてしばしばそうであるように，非西洋文化は彼らが言うことのすべてに異国風の考えを組み入れるに違いないという西洋人による想定と思わないでほしい。「道路に象がいる」のズールー語訳である「Kukho indlovu emgwaqini」は，「Kunenkinga

の帰属化は，あなたの証拠を前提とすると，正確すぎるとともに，意味，思考，行動の一般的なダイナミクスについてあなたが知っていることを前提とすると，十分に正確でもない。それは，自然をその諸接合点（ジョイント）において切り分けることに失敗する。それは，いくつかの粗雑な実用的目的にとっては十分に役立つが，真ではない。

　この回答は，**志向性**の元来の源泉についてのデネットの進化論的説明に対するフォドーの異議の要点を繰り返す。フォドーは，もちろん，**消去主義**を含意するために異議を唱えるのではない。しかし，このことは，**統制主義的内在主義者** [24] と**消去主義者**が，デネットが持たない重要な直感を共有していることを示唆する。その直感とは，すべての真の諸事実が確定的であるところの，現実についての究極的で実在的でミクロの記述レベルが存在するということだ。おそらく我々は，実際の記述においては決してこのレベルに到達しないが，しかしこれは，単に我々の測定が無限に微細なものにはなり得ないからである。しかしながら，しばしば仮定されるのはそれが次第により微細なものになり得るということで，確かに，これは，科学的進歩が部分的に存するところのことである。もし，我々がまず初っ端（しょっぱな）に正しい存在論的諸範疇を使うならば——想像されることだが——，我々の測定能力の精緻化は，我々の記述的諸範疇の集合の精緻化——しかし，決して諸範疇の再編成ではない——の中で進められるだろう。**内在主義者**たちが考えるには，我々が脳について学習すればするほど，信念と願望がこの精緻化テストに合格するというのだ。**消去主義者**たちは——デネットとともに——それらがテストに合格しないと確信している。しかし，**消去主義者**たちは——デネットと違って——精緻化テストが妥当な形而上学的原理に基づいていると考えるので，**命題態度**がそれに合格するのに失敗すれば，彼らは**命題態度**の帰属化の真実を否定することになる。

---

enkulu ekubhekile」——こちらは今度は「大きな問題」に言及する——から派生するものとして，その表面上，平明である。これは——後に見られることだが——議論中の哲学的問題に特殊的に関連する。ズールー語の文章の意味論は，実際の人間の諸問題を直接的に詰め込むが，英語の訳文はそこから抽象化する。ズールー語を使って関連する信念を帰属化することは，自動的に，運転手に共感することになるが，一方，英語を使う帰属者は，単に自分の認知的状態に共感する必要があるだけである。しかしながら，この差異が，英語を話す人とズールー語を話す人の間の有意な差異を際立たせるに違いないと考えることは，誤り——内在主義者の誤り——だろう。ズールーの運転手は，（必ずしも）「異国風（exotic）」ではない。その文化は，状況を捉える際に異なる強調——言語学的翻訳を行う中で（試みれば）誰でも容易に理解できる——を招くだけである。

24 ［原注10］私は，因果的に有効な内的「諸概念（concepts）」に未だに——フォドーのように——固執する，以前の意味論的内在主義者たちに対してラベルを付ける，これより良い方法を知らない。

2. 哲学的入門：志向姿勢の機能主義と実在的パターン　63

西洋哲学は，ソクラテス以前の思想家たちから始まった。彼らの主要な考えは，外見にかかわらず，現実〔リアリティ〕は，根底では，それがすべて１つの根本的な種類の実体〔スタッフ〕でできているという事実のおかげで統一されているということだった。水，空気，火が，初期の候補であった。近代科学は，もう少し抽象的なものを好んだ——物質，そして，最終的には，物質−エネルギー。１つの根底にある種類の実体〔スタッフ〕の中における根本的な統一性——その特殊な顕現が「様相（modes）」である——への凝縮としての現実の研究が，**メレオロジー**である。それは，上述のように，西洋の形而上学の核である。それゆえ，**消去主義者**たちは，その観点〔ターム〕で実在論を解釈する際に，彼らだけではない。より多くのミクロ的諸事実〔マイクロファクツ〕——たとえ，脳および言語の歴史および行動の気質についてのミクロ的諸事実〔マイクロファクツ〕の幅広い堅実に**外在主義的**な諸配列でさえ——が集められても，もし，すべての命題的に同定された信念と願望の内容が，より緊密な確定につながらないならば，**命題態度**は，哲学者が「メレオロジー的宙づり（mereological danglers）」と呼ぶもののように見える。我々がさらに学習するにつれて，それがより明確に測定可能なものへと還元することに失敗すれば，それは統一された科学への包含のはるかに外側で立ち往生したままになるのだ。

　私の見解では，**メレオロジー的**要請と関係がある諸問題は，哲学がそうであるのとほぼ同じくらいに深いものである。したがって，経済学と認知科学について学べることを願って本書を取り上げた読者諸賢は，心配しそうである。あたかも，多くの論争的で最大限に深い形而上学が，**志向姿勢**の理論と**消去主義**のどちらかを選ぶいかなる試みにも先行しなければならないかのようだ。それに，私がもはや何度も述べてきたように，この選択が，経済学の基礎づけと，その認知科学との関係とにとって，枢要であると判明するだろう。あゝ。

　懸念するところだが，**メレオロジー的**および**間理論的な還元主義**（intertheoretic reductionism）に関する諸問題に対する賢明な見解が無ければ，経済学と認知科学のような２つの特殊な科学の一般的関係について，明確で有用なことを言える見込みは全くない。何とかしてこれは，１章分またはもっと多くの形而上学的議論に頼ることなく行われねばならない。したがって，私がここで行うつもりなのは，非哲学者たちのための概念的要約と，私自身の立場の言明（デネットの立場を取り入れるが，それを超えて拡張する）の両方を提示することである。私は，この立場に賛成の諸議論を提示するというよりは，むしろ単にそれを特徴づけるつもりである。その諸議論を見たい読者諸賢は，別の所，つまり，私がそれらを公表した他の文献

を参照されたい。

　まず，**還元**（reduction）の2つの関連した意味を区別しなければならない。**メレオロジー的還元**は，1つの存在論的領域〔オントロジカル・ドメイン〕，すなわち，さまざまな種類の対象，事象，関係のネットワークが，いかにして，実際には他のそれ——典型的には，「より低いレベル（lower level）」にあるもの——によって構成されているかを示す。例えば，人は，化学において研究されるさまざまな型の対象，事象，関係を，ミクロ物理学〔マイクロフィジックス〕において研究される対象，事象，関係へと還元しようとするかもしれない。この企ての一側面は，いかなる特定の場合においても，**間理論的な還元**を含むかもしれない——例えば，化学の十分に確証された諸理論のいくつかが，ミクロ物理学の言葉で言い換えられ得る，または，十分に確証されたミクロ物理学の諸理論の論理的に導出可能な諸帰結であると示され得る（**メレオロジー的還元主義**は直接的に形而上学的な命題であるが，他方，**間理論的還元主義**は論理–言語学的プログラムであることに留意されたい）。もし所与の領域〔ドメイン〕における対象，事象，関係についての十分に確証されたすべての諸理論が，別の領域〔ドメイン〕の諸理論へと**間理論的に還元**されたならば，これは，それ自体，対応する**メレオロジー的還元主義**の支持論を構成するかもしれない。**論理経験主義者**（logical empiricist）——経験の理論的要約が，我々の真理への系統的〔システマティック〕な接近の唯一の手段を提供すると信じている——にとって，**メレオロジー的**なひねり〔スピン〕を**間理論的還元**に加えることは余計である。対照的に，**科学的実在論者**（scientific realist）——最善の説明への推論に基づいて，対象，事象，関係の諸ネットワークの独立した存在を正当に信じ得るということを認める——は次のような可能性を認めるだろう，すなわち，我々が，対応する**間理論的還元**を達成できるということがなくても，**メレオロジー的還元**を支持する十分な形而上学的議論を持つかもしれない。これは，我々が**消去**に至る場合である。つまり，我々の十分に根拠のある形而上学的確信に従って**間理論的に還元**しないであろう理論の対象，事象，関係は，**メレオロジー的**宙づり〔ダングラー〕になり，したがって，我々の存在論〔オントロジー〕から追放される。

　消去主義の文献からのよく知られた一例を使って，これらの区別を詳説できる。再び，ある諸型の人間行動についての悪魔憑依論を考えてみよう。**論理経験主義者**は，その理論，そして，「魔女（witch）」というその理論的用語の使用を棄却できようが，それは次の2つの理由のうちの1つまたは両方によってである。すなわち，その理論は，救いがたいほど内的に整合的でないか，あるいは，「魔女」は観察に

2. 哲学的入門：志向姿勢の機能主義と実在的パターン　　65

基づく観点から操作化され得ないかだ。**実在論者**は，第一の理由のために——第二の理由のためにではなく——実在的な種類の指示子としての「魔女」を消去するかもしれないが，追加的な，かつ，より典型的な諸論拠を持っている。その**実在論者**が指摘できるのは，一般にいかなる超自然的実体も，容認された科学の既存の，相対的に統一された本体とは両立可能でなく，それゆえ，もし「魔女」が必然的に超自然的実体を示すならば，魔女たちは，信念の諸対象であるところの適当な諸種類（kinds）ではないということだ。一部の哲学者たちはこう論じるだろう，すなわち，もし，魔女たちについての理論的主張の本体が超自然的とされる諸実体に全く言及しない理論の観点で（**間理論的還元**によって）回復され得るならば，結局，魔女は超自然的ではないと示されることにより，一種類として回復されていたと言える，と。しかしながら，実際の事実は，種類「魔女」は，いかなる十分に確証された理論にも，そのようには還元されないということである。ひとたび，悪魔によって憑依されているという特質を取り除くならば判明することは，すべての魔女たちかつ魔女たちのみに当てはまると思うと述べることができるどのような一般化も全く残らないということだ。したがって，我々は，その種類を**消去する**。すなわち，「魔女」は，どのような実在的な接合点においても自然を切り分けず，魔女たちは存在しない。これは，**命題態度**の諸状態に関してチャーチランドが唱道する種類の話である。

　前に述べたように，本書で前提するつもりの１つの哲学的立場は，**実在論**である。したがって，ここから先は，**メレオロジー**の議論を単純化するために，**論理経験主義的**な見方についてこれ以上述べないつもりだ。しかしながら，第３章での経済理論についての議論に関連があるのだが，**論理経験主義者**は上述の意味において**消去主義者**になり得る。したがって，私が，サミュエルソン——ゆるく**論理経験主義的**な哲学的態度をとっていた——は，最大の内的整合性のために**命題態度**について**消去主義者**であったはずだと論じる場合，これは，彼は諸信念を操作化不可能なものとして棄却したはずだという意味で読まれるべきである。しかしながら，ここでは，主として，デネットの心の理論とチャーチランドのバージョンの**消去主義**との関係に関心がある。どちらの見解も**実在論**に依存する。それゆえ，この枠組みの前提は，物事をより単純にしておくために役立つだろう。

　私は，**間理論的還元**についての詳細な議論も回避するつもりだ。哲学者たちは，これが——論理的に——到達するところのものについてのさまざまな理論を考えた

（Marras 2002 を見よ）。部分的にはこれらの複雑さのせいで，哲学者の間で議論の余地があるのは，科学の歴史と実践が，任意の，一部の，または多くの**間理論的還元**の特徴を現すかどうかに関してである。その概念の厳格な定式化はさまざまであるので，**還元**とされているものが適合に部分的に失敗することについて，さまざまな許容度が可能である。例えば，古典力学が相対性理論に**還元される**か，**還元されないか**は，古典物理学が実質的なエーテルを必要とすると考えるかどうかに左右され，そして，もしそうならば，相対性理論がその観念を放棄することが決定的に問題となるかどうかに左右される。

　このすべてをここで回避できる理由は，**消去主義者**たちも**志向姿勢の機能主義者**たちも，概して，**間理論的還元**の頻度についてのいかなる見解にも全く依存しないからである。ひょっとしたら，それはよく起こるかもしれないし，ひょっとしたら，希かもしれないが，それは重要ではない。彼らの見解の相違にとって重要であるのは，科学的統一が一般的な**メレオロジー的還元**に向かう前進に存するべきだと考えるかどうかである。これは形而上学的問題であって，**間理論的還元**を取り巻く第一義的に認識論的および論理的諸問題とは違うのである。

　上述のように，西洋哲学の多くを支配しているのは，統一された世界観の獲得は，前進的な**メレオロジー的**単純化に存するのでなければならないという前提である。戦後の科学哲学における，この見解の古典的な言明は，ポール・オッペンハイム（Paul Oppenheim）とヒラリー・パットナム（Hilary Putnam）による 1958 年の論文である。彼らは，正しくも，世界が自然的な諸レベルの中に構築されているという直感を，科学進歩の歴史によって与えられた経験的証拠に訴えることによって立証しようと試みた。彼らの時代に優勢であった**論理経験主義**に影響されて，彼らは**間理論的還元**の観点でこの証拠を解釈するが，現在の目的にとっては，彼らの主張のこの側面は付随的である。決定的な点は，次のことだ。すなわち，1958 年の時点で彼らには経験的に正しいように思われたことだが，科学が約束し，果たしていくように思われたのは**諸還元**の縦繋ぎで，そこでは，社会集団の諸特性が多細胞生物の諸特性へと解体し，多細胞生物の諸特性が細胞の諸特性へと解体し，細胞の諸特性が分子の諸特性へと解体し，分子の諸特性が原子の諸特性へと解体し，原子の諸特性が亜原子粒子の諸特性へと解体するのである。この確信を直接的に本書の話題を参照することにより例解するのは有用である。マクロ経済学——社会集団についてのものである——は，オッペンハイム–パットナム仮説に基づいて，心理学

――多細胞生物の科学――へと**メレオロジー的に還元される**べきである。基本的な
諸レベル内部の**諸還元**も，もちろん，あちこちで期待されるかもしれない。それゆ
えに，もしミクロ経済学という別個の科学が存在するならば，これも上から２番目
のレベルにその領域を見出すべきであり，その場合，マクロ経済学は，ミクロ経済
学への中間的な**還元**を経由して，心理学へと**還元**するだろう。

　私は，この像は，ほとんどすべての読者諸賢にとって馴染みあるものだと思う。
それは，依然として，科学の統一性の基礎についての支配的で一般的な見解である
（今や，おそらく，複雑性と「創発（emergence）」に関する気まぐれなジャーナリズ
ムの波に取って代わられつつあるが）。それはまた，**消去主義者**たち（および**内在主
義者**たち）が依拠するところの像でもある。第３章において我々が遭遇するのは，
経済学における顕著な**消去主義者**たちのグループの議論だ――彼らが暗に想定する
のは，ミクロ経済学と**命題態度**の心理学の双方が**消去**に直面すべきである（なぜな
ら，マクロ経済学的一般化が生物学的諸概念の観点で直接的に得られるだろうから）
ということだ。これらの議論は，オッペンハイム–パットナムの諸レベルを経由す
る**メレオロジー的縦繋ぎ**への信念を，**間理論的還元**――ミクロ経済学と**命題態度の
心理学**の双方における確立した諸理論と，より低いレベルにおける任意の理論との
間の――が失敗するという見解と結び付けることに依拠している。前に述べたよう
に，これは，**実在論的消去主義者**の標準的な論理である。

　しかしながら，デネットとともに，私は，オッペンハイム–パットナム的縦繋ぎ
について懐疑的である。この懐疑論の基礎は，直截的に経験的なものである。私に
も，そしてデネットにもそう思われるのだが，オッペンハイムとパットナムが書い
て以来のさまざまな諸科学の進歩は，それらのレベルのうちのいずれのレベルの間
の**メレオロジー的**（または**間理論的**）**還元**を立証することにも失敗してきたようだ。
個体群生物学（進化的マクロ生物学を含む）の細胞生物学への還元の見通しは，絶
望的に思われ（Keller 2001; Kitcher 1984），したがって，それが多細胞生物の領域
の細胞の領域への**メレオロジー的還元**を妨げている。次のレベルにおいて，Kin-
caid（1997）はこう論じる――細胞生物学における枢要な諸現象――例えばシグナ
ル配列――は，アミノ酸の異なる配列において多様に実現され，これらの配列は異
なる文脈において異なる役割を果たす，と。したがって，細胞生物学のレベルにお
ける諸特性と諸関係のネットワークは，分子生物学のレベルにおける諸特性と諸関
係を参照することによって，完全に説明可能ではない，と。**メレオロジー的還元主**

義者の仮説にとって非常に破壊的であるのは——なぜなら，それはその文献で前提されるお気に入りの場合を掘り崩すので——，化学の物理学への（分子レベルの原子レベルへの）**還元**の見通しが崩壊することである。**メレオロジー的還元主義者**たちが我々に保証することを好むのは，水分子であるという特性が，ある種の結合関係にある 2 つの水素原子と 1 つの酸素原子を持っているという特性と同一だということだ（例えば Kim 1998, p. 84 を参照）。しかし明らかになるのは，液体の水の標本は，急速な相互変換を含む統計的平衡の状態において，H_2O モノマー分子だけでなく，常に，$(H_2O)_2$ や $(H_2O)_3$ のようなさまざまなポリマー分子からも構成されているということだ（van Brakel 2000 ; Millero 2001 ; Ponce 2003）。もし H_2O のポリマー的諸形態が水のうちに入ることを許すならば，水は多様に実現される。**還元主義者**にとってさらに悪いことに，化学者が物質の同質性または異質性を決定する，あるいは，あるものが純粋な元素または化合物かどうかを確立するための手続きとして容認するのは，さまざまなテストであって，その最も決定的なものは，標本を異なる構成要素へと分離し，それが相変化の下で 共 融（ハイロトロピック）であるかどうかを決める試みを含む（Needham 2002 ; Ponce 2003）。これらの手続きが突きとめるのは，関係的または傾向的諸特性——標本が，厳密に何から成るかではなく，標本が為すものは何か——ということである。これらの手続きの説明を追って，Ponce（2003, p. 145）は結論づけた——「化学的諸種類（カインド）は，化学熱力学の内部では，それらのミクロ構造やミクロ組成を参照することによっては個別化されず，むしろ，巨視的な物理的諸特性——それらの行動的または傾向的諸特性を含む——を参照することによって個別化される」，と。

　本書での議論にとって，いかなる背景的想定よりも根本的なのは，もし経験科学と形而上学的直感が対立するならば，放棄されねばならないのは後者であるという確信である。したがって，私はこう主張する——上の諸事実——およびそれらに似た一連の他の諸事実——が**メレオロジー的還元主義**を反証する，と。その標本が意図的に全く含まないようにしているのは，オッペンハイムとパットナムの最上位の 2 つのレベル（社会集団と多細胞生物）における領域間の関係に触れる実例である——なぜなら，本書は，全体として，それの拡張された事例研究になるだろうからだ。しかし，今や読者は，その点に関して，その議論がどこに連れて行くかを推測できよう。

　メレオロジー的還元主義に反対の経験的事例は，私の第二の引き立て役であるデ

2．哲学的入門：志向姿勢の機能主義と実在的パターン　　69

ュプレの水車に穀物を供給するものであった。仮に，科学を統一する唯一の方法が**メレオロジー的還元主義**によるもので，そしてそれが失敗するならば，我々は必然的に形而上学的に統一性を損なった世界観を押しつけられはしないだろうか。そして，その場合，生物学者が庭師に，タマネギがユリだということを否定するのは植物について間違ったことを述べているのだと伝える時，生物学者は，単に正当化されない**還元主義的な**諸想定に基づく権威を仮定しているだけではないだろうか。庭師の幅広い使用文脈——生物学者のものとは異なる——においては，ユリは，色鮮やかな花々の種類（カインド）だが，タマネギはそうではないので，タマネギはユリではない。このように**メレオロジー的還元主義**の失敗を解釈する仕方は，科学ジャーナリズムにおいて最近よく知られつつある 19 世紀の「創発主義（emergentism）」の教義と共鳴する（例えば Johnson 2001 を見よ）。この見解に基づくと，「より高次の諸レベル（higher levels）」における組織と増大した複雑性が，諸特性と諸関係——因果諸関係を含む——の新たなネットワークを世界（それらのより高次の諸レベルで関連のある諸文脈の外側では確定的な基礎を全く持たない世界）にもたらす。19 世紀のバージョンと現在よく知られているバージョンの双方で，創発主義は，しばしば，物理学の因果的閉包（クロージャー）——つまり，物理的な変化や活動を含まない変化や行為のようなものは全くないという原理——に反するとみなされる。なぜなら，この原理は，しばしば，一般的な**還元主義**の一帰結以上の何物でもないとみなされるからである（この見解のサーベイ——反論に至る——については Spurrett 2000 を見よ）。

　Dupré（1993）の論議戦略の重要な一部分であるのは，科学の根本的な不統一と，すべてのより高次のレベルの諸現象についての消去主義との間の選択を強いようとすることである。後者は，圧倒的に根本的な形態の消去主義——亜原子物理学（サブアトミック）の外側でなされるすべての経験的主張は虚偽であると主張する——だろうから，すると，不統一性の仮説が，最も妥当な形而上学的仮説として創発する（エマージ）（〔創発主義との〕意図的な語呂合わせ（エマージェンティズム））。しかしながら，この戦略は，これらの立場の双方に対する代替肢——Dennett（1991a）によって推進され，そしてその後，私と多くの他の者による一連の著作（以下で述べられ引用される）において拡張された——をあっさり無視する。しかしながら，この弁証法がまさに示すのは，**志向性についての**デネットの理論が，**メレオロジー**についての形而上学的命題とともに浮き沈みするということである。もし，科学の統一性に対する関心が，心理学的諸状態の**メレオロジー的還元**を追求するように我々に強いるならば，**志向性**についてのデネットの

理論に対するフォドーの異議は決定的だろう——たとえそれが，フォドーの意図に反して，部分的**内在主義**でなく**消去主義**に至るとしても。もし，他方で，**メレオロジー的**要請がそれほど強迫的でないならば，象についての信念の我々の帰属化が真であるためには，その正確な内容が脳の内部に反映されていなければならない，と考える理由はない。自然選択は，なぜ我々の主体〔サブジェクト〕が何についてでも信念を持つのかを説明し得るだろうし，次いで，社会的諸事実は，なぜこれらの信念の一部が，単なる大きな動物ではなく（真に）象についてのものであるのかの説明をすべてやってのけるだろう。主体〔サブジェクト〕の信念は，特に，象についての一信念である。なぜなら，その信念——大きな動物についての一信念ではないし，主体〔サブジェクト〕が設けない生物学的諸区別が一杯詰まった信念でもない——を帰属化させることは，主体〔サブジェクト〕の行動パターンを最大の効果性で予測するからである。これがそうであるのは，「道路にいる象」が，その周囲に説明者たちと予測者たちの共同体が歴史的に収斂してきたところの意味論的な肌理（きめ）の大きさに行き着くから，そして，それが**志向姿勢**の特徴付けのための（関連のある）事実の全体だからである。主体〔サブジェクト〕の脳についてのどの諸事実が「象」を「大きな動物」よりも良い記述にするかを訊くなかれ——どれ１つとしてそうではないから。**志向的な**帰属化を精緻化するには，掘り下げることによってではなく，幅広くすることによってせよ——すなわち，社会的環境へ，生物学的および文化的歴史へと。**志向姿勢の機能主義**が，**命題態度**を実在的だと考えるのは，脳内の諸パターンの記述としてではなく，社会的コミュニケーションの諸パターンによる記述としてである。この事実が曖昧にされているのは，デネットによれば，次の事実による——人々が普通は自身に対して**志向姿勢**を取り，これを内面知覚，つまり，内観であると誤解するという事実だ。したがって彼らは，社会的諸関係の背景的ネットワークを参照することによって，自身を構築している，という事実を見損なうのだ。我々が**メレオロジー的還元**にコミットしていない限り，原則として，そのような諸関係が論理的かつ因果的に諸個人の諸特性に先行し得ないとする理由はない。

　しかし，我々が，**メレオロジー的還元**への固執を振り払いながら，**科学的統一性**に対する関心を放棄するとしたら，フォドーのフライパンから逃れてデュプレの火の中へ飛び込むことになる。哲学的準備の次の——最後の——節では，産湯が捨てられる際に赤ん坊をいかにして救うかを説明するつもりである。

2．哲学的入門：志向姿勢の機能主義と実在的パターン　　71

実在的パターンと志向姿勢

あなたが心を構築しようと試みていると仮定しよう。これを行うことの要点は，おそらく，それを行うよう自然選択を導いた構造的圧力に似ているだろう。すなわち，あなたが欲するのは，あなたが前もって予測できない環境的な偶発諸事象を通じて，複雑なシステム——1ロボット——を柔軟に導くことができる制御メカニズムである。もし，あなたが**内在主義者**ならば，ロボットが首尾よく対処するために必要だろうとあなたが考える多くの信念と願望を，1つずつ意図的に組み入れる必要があると思うかもしれない。あるいは，もしあなたが，そのシステムがいくつかの一般的公理と学習プログラムを使って自力で，究極的に信念と願望を構築し得ると考えるならば，そうする際に，そのシステムが物理的に別個の象徴的な諸トークンの大きな配列——各々の原始的な<ruby>志向的<rt>プリミティヴ</rt></ruby>状態について1つずつ（そこから他のものが構成されることになる）——を有することになるのでなければならず，それから，そのシステムが内的に操作できるようになると考えるだろう[25]。**反内在主義者**——**志向姿勢の機能主義者**と**消去主義者**の双方——は，どちらのアプローチも人間の知能の妥当なモデルではないと論じる。なぜなら，いずれも，あり得る環境的な偶発諸事象について，人間の<ruby>可塑性<rt>プラスティシティ</rt></ruby>が示唆するよりも緻密な予測を必要とするからである。**外在主義者**が強調するには，外的世界はたくさんの情報を蓄えている。さまざまな入力パターンを所与とすると，ちょうど適切に反応する傾向を持ち得るシステムが，あまり厳格でない表象原理を使って複雑な行動能力を達成し得る（Clark 1998）。そして，もし，あるシステムの反応パターンが，その環境によって時間とともに形成され得て——それにより学習するにつれて新たな諸傾向を獲得するようになる——，次いで，もし，それが言語のような象徴的な簿記システムを持つならば，自身のダイナミクスにおける，これらの推移する<ruby>諸傾向<rt>ディスポジション</rt></ruby>の諸システム（の一部）にラベルを付けることによって，それらの経過をたどろうと試みることを望むかもしれない。諸ラベル自体は，世界の中に——テキストの中に，そして，他の諸システムの<ruby>諸傾向<rt>ディスポジション</rt></ruby>のネットワークの中に——蓄えられ得る（これは，まさに外在主義者の命題が実施されたものである）。そこで，諸ラベル自体が，さらなる<ruby>諸傾向<rt>ディスポジション</rt></ruby>の引き金になり得る。したがって，例えば，私が「ウィンストン・チャーチルはブラ

---

25 ［原注 11］これらは，各々が古典的な AI に提案者を持つ，表象の主な代替的モデルである。Hayes（1979）は1つ目のアプローチを唱道し，Newell and Simon（1976）は2つ目のアプローチを唱道する。

ンデーが好きだった」と言えば，あなたがウィンストン・チャーチルはブランデーが好きだったと信じているか否かを，あなたに——明示的に英語で——判断させることができる。実際，そこにいる読者よ，私はまさにその事を行ったのだ。もし，あなたが以前は厳密にその考えを持っていなかったならば，その文によって内容が正確に捉えられたところの信念をあなたが持っていたか否かについての事実は前もって存在しなかったかもしれない。しかし，今やあなたはその信念を持っているし，我々はそれを知ることができる。

　多くの人工知能の諸産物——特に，いわゆるコネクショニストの諸アーキテクチャーの上で作動するもの——は，我々がそれらの諸傾向を別々に確実に説明し予測し得るところの信念の各々を，それらの内部回路における別個の物理的アドレスに格納してはいない。そうではなくて，これらの諸傾向は，システム全体に分布した（distributed）情報活動の諸パターンの相互作用の結果である。急速に増えつつある神経科学からの証拠が示唆するのは，少なくとも我々がそれらの一般的認知的機能と見なしているものにおいては，脳もこの方法で働くということだ。もしこれがそうならば，あなたの脳の特定の状態——神経科学者が特定し指し示せるような——が存在して，チャーチルとブランデーについての一信念をコード化するようなことは無い。**消去主義者**は——我々が見たように——このことから，あなたが信念を持っていないと結論づける。デネットは，対照的にこう論じる——まさにあなたの信念が存するのは，あなたの諸傾向のシステム全体において，あなたの行動がその信念と調和し，かつ，その否定と矛盾しているという事実にだ，と。あなたがその信念を持っているか否かをあなたが訝る場合，自身に対して**志向姿勢**を取り，非常に単純な少しの行動の一片——英語で自分自身に問いかけること——に基づいて，そうであるか〔その信念を持っているか〕を正しく判断する。これは，コンピューターがチェスについて適切な諸事物を信じていると我々が判断するところの手続きと同一の種類の手続きである。すなわち，我々はそれをゲーム状況の中におき，その行動における正しい諸種類のパターンを探す。既存のチェスをする機械と人間のチェス・プレイヤーの間の主な（現在の問題に関する）差異は，後者は自分自身に対して**志向姿勢**をとるが，前者はとらないということである。これは，デネットによれば，チェスマシーンに**意識がある**かどうか——この問題は第6章まで延期する——について諸含意を持っているが，それはその機械が本物の**志向的諸状態**を持っていないということを含意しない。**志向的諸状態**——任意の志向的諸状態に付随す

2. 哲学的入門：志向姿勢の機能主義と実在的パターン　　73

る「本物の（real）」という唯一の意味において，本物のもの——を持つということは，当の**志向的諸状態**によって索引付けられた諸パターンの認識なしには予測または説明できない行動パターンを示すということである。

　最後の文は，直接的に**志向姿勢の機能主義**の中核的命題を述べている。それを前節で議論された**メレオロジー**についての問題に結び付けるために強調しなければならないが，文中の「できない」という言葉が，形而上学的な力とともに読まれねばならないのだ。もし我々が複雑な諸システムに対して**志向姿勢**をとる唯一の理由が，環境に対するそれらの行動的反応とそれらの内的演算処理との間の因果諸関係のネットワークが，我々にとって解決するには複雑すぎるということならば，我々は**消去主義**と**不統一**の間のデュプレの離接命題（ディスジャンクション）を回避していないのである。これを理解するために，**志向姿勢**を使うことを余儀なくされたのは我々の認識的諸限界によったのだと仮定しよう。すると，客観性——パースペクティヴの独立性——という科学的理念に対する関心によって，我々は，非常に動機づけられた任意の物事を，いかにそれが実践的な諸目的にとって不可欠であっても，真の科学的記述から分離したものとみなすよう導かれるかもしれない。これは**消去主義**だろう。あるいは我々はデュプレに追随して，「純正の（genuine）」科学に対するこの種の制約を，社会制度という馬たちの前に哲学という馬車を装着することであると見なし得る。もし人々が**志向的現象**に対する科学的制度的態度を有用に採用し得るならば——そうできるのだが——，我々は**志向的心理学**を一科学とみなすべきである。しかしながら，我々はそれを他の諸科学に還元できないので，**不統一**を得るし，存在論的多元論（オントロジカル・プルーラリズム）を受け入れるべきであり，喜びさえすべきである（デュプレは，それを「混乱状態（promiscuity）」と呼ぶことにより，より面白おかしく聞こえるようにしている）。

　すると，どのようにして，また，どのような諸根拠に基づいて，**志向姿勢**の不可欠さを認識的-実践的な意味よりも強い仕方で把握し得るのだろうか。この問題は，長年にわたり，デネットにとって困難な冒険の源泉であった。彼の立場は，通常は，**道具主義（instrumentalism）**に関連している——これは，ミルトン・フリードマン（Friedman 1953）の方法論に関する有名な論文を学んだ経済学者たちにはよく知られているだろう見解だ[26]。**道具主義**というのは，諸理論の評価にとって，そ

26［原注12］第4章で見るように，フリードマンは——注意深い哲学的分析の下では——結局，実際に整合的な道具主義者であるとは判明しない。しかし，彼の修辞法の下からこれを掘り出すためには，いくらかの仕事が必要である。

れらが妥当な存在論（オントロジー）に基づいているかどうか——例えば，たとえ信念と願望が**メレオロジー的**宙づりだとしても，諸理論がそれらに関して一般化するかどうか——は問題でないという見解である。諸理論は，そうではなくて，単に，正しい諸予測を生み出すための信頼できる道具だと考えられている。**道具主義**は，全くデュプレの離接命題（ディスジャンクション）に対する反応の基礎ではない。それは，形而上学とのすべての関係をまとめて振り払うことによって，それ〔デュプレの離接命題（ディスジャンクション）〕に対して論点をはぐらかす（ベッグ・ザ・クエスチョン）だけである。デネットは，いずれにしても，**道具主義**を否定する[27]。なぜなら，**道具主義者**たちは諸理論の評価に対する説明の意義を否定しなければならないし，また，**志向姿勢**を不可欠にするはずのものの一部は——デネットによれば——その説明力だからである。

　別のところ（Ross 2000）で論じたが，デネットは明らかにデュプレの離接命題（ディスジャンクション）を回避したいし，その必要があるが，そうするための彼自身の努力は決して完全には成功しなかった。しかしながら，彼は，論文「実在的（リアル）パターン」（Dennett 1991a）においては，ほとんど成功しかけている——決定的な洞察を見いだしている——が，しかしそれを完全に系統的に利用することには失敗している。Ross（2000），Ross and Spurrett（2004a），Ross et al.（forthcoming［2007］）において，私と何人かの共著者は，デュプレの離接命題（ディスジャンクション）の構成要素の完全な代替物とするために，デネットの洞察を具体化した。ここで，私は，デネット自身の見解から私の見解への推移を示す，細かい内々の議論の詳細を無視するつもりである。私は，単に，その立場について直接的に説明し，その具体的な諸動機を要約するつもりである。

　私が上で「デネットの決定的な洞察」と呼んだものは，つぎのような彼の認識だ——**消去主義**は因果的諸概念を形而上学的に根本的なものとみなすことに依拠するが，他方で，情報的諸概念はもっとそうである——そして，**統一化**のための見込みを提供するかもしれない——と。連邦準備制度理事会議長が，（故意に）株式相場を下落させようとして，数日間，あちこちで，利子率を引き上げるつもりだということをほのめかしたと想定しよう。相場の下落の原因は，確かに，不可解ではない。それが基づいているのは，議長の示唆についての情報がさまざまなトレーダーたちによって得られているという事実である。この情報は，その内容が，議長の特定の発言のいずれかによって具体的に伝達されたものよりも抽象的である。さらに，議

27　［原注13］道具主義をめぐる弁証に関する明示的な諸考察については Dennett 1993 を見よ。

長が，代わりに，さまざまな人々に少しずつ異なる事々を言ったとしても，何の違いももたらさなかっただろう。我々が相場の下落という現象について最善の予測的・および説明的な力を得るのは，議長が一般的な意図についての示唆——1つの経路または別の経路によって，十分な数の重要なトレーダーに到達し，彼が望んだ影響をもたらすだろうと彼が知っていたところの示唆——を広めたという情報を得ることによってだ。彼が誰に何を言ったかについての，より具体的な情報とより具体的・・・でない情報の双方が，我々が観察するものから幾分異なる因果的諸帰結を説明および予測するだろう。ここで，枢要な点は以下の通りである。すなわち，この最後の事実は，説明者たちおよび予測者たちの側の任意の認識的諸界界には関係がない。我々のものよりも優れた物理学または神経科学を持っている火星人でさえ——**メレオロジー的還元主義**は誤っているので——，最善の利用可能な予測と説明のために必要な**実在的（リアル）パターン**を見落とすことだろう——もし，火星人が，議長の**志向的**行動について（そして，利子率を投資行動に関係づけるマクロ経済的パターンについて）の情報を内容の正しい肌理（きめ）の大きさで獲得しなかったならば。1つの肌理の大きさを「正しい（right）」ものにし，別の肌理の大きさを「誤った（wrong）」ものにするのは，世界の構造についての諸事実であり，火星人の認識的能力についての諸事実ではない。

　Shannon（1948）の仕事のおかげで，情報という概念を物理的に測定可能な観点（ターム）で理解することができる（シャノンの基本的な考えの修正として派生したさまざまな代替的で詳細な解釈があるが，ここではそれらについて余計な心配をしない。以下の主張の中で仮定される厳密な解釈については，Barwise and Seligman 1977，そして，Ross et al. forthcoming［2007］を見よ）。議長が1月6日に利子率を1パーセント引き上げるだろうということは，彼が今月の何日かに何らかの不確定な幅で利子率を引き上げるだろうというニュースよりも多くのビット数の情報を持っている。なぜなら，前者は，例えば，1月3日の世界の完全なる状態と首尾一貫している，より多くの事態を除外するからである（すなわち，前者の事前的条件付き確率がより低い）。情報は——源泉から受信者へ伝わるために——ある実在的（リアル）なチャネルを通り，時空間の中の実在的（リアル）な過程を伴わねばならない。1つのチャネルが何ビットの情報を運搬できるかは，そのチャネル上のノイズの関数であり，ノイズは同様にビットで測定可能である。所与の源泉についてのどのような情報が，チャネルの受信端において利用可能——客観的に，つまり，それが受信者によってさらなる仕事をする

ために引き出されるかどうかに関わらず利用可能——かに関する事実が存在する。

　情報チャネルのネットワークについてのさまざまな客観的事実が決定されるのは，時空間の全体的な構造によってである。したがって，例えば，時空間の非時間的な接続された諸領域を結びつける可能な情報チャネルはない[28]——私は，私の光円錐の外側からどんな情報も受け取ることができない。また，何物も，または何者も，ブラックホールの内側やビッグバンの向こう側から情報を受け取ることができない——もしそれらが物理学者が「特異点（singularities）」と呼ぶものならば[29]。一部の情報は，回復できないほどに消散しており，特定の時空間の領域の外側で受け取ることができない。したがって，おそらく，21世紀には，ナポレオンがワーテルローに居たときにその髪の毛が1,200本以上であったか以下であったかについて，何らかの情報を得られる者はいないだろう。抽出のために必要な計算が宇宙の寿命よりも多くの時間を必要とするならば，情報チャネルは情報源と受信者を決して接続できなかろう。などなど。情報の利用可能性についての諸事実——ある受信者の効用関数を所与とした場合の，抽出の実践的な費用・便益に比較しての利用可能性ばかりでなく，利用可能性の期間（*period*）——は，したがって，物理的諸事実であり，それらが物理的諸事実であるという事実は，それ自体，形而上学的事実である。エントロピー（*entropy*）は，情報の消散の尺度の名前である。負のエントロピー（*negative entropy*），あるいはネゲントロピー（*negentropy*）は，一部の諸システム（例えば生きている諸システム）がそれらの局所的環境内のエントロピーを削減するために行う仕事を指す。

　情報は物理的に有意味であるので，我々は，物理学から不統一化されていないそれについての理論を持ち得る（そして，持っている）。この理論が我々に教えられることの中には，所与のビット列のアルゴリズム的圧縮可能性（*algorithmic compressibility*）に対する諸制約がある。したがって，例えば，私の現在の物理的位置についての英語でのとりとめのない説明は，相対性理論的測定に基づいて4つの時空間座標値の列へと圧縮され得る。しかし，それは2つまたは3つの座標値のみによる表現には圧縮され得ない。これは一事実であって，パースペクティヴ依存的な

---

28 ［原注14］量子現象には明らかに非局所的な諸結合があるとはいえ，それらを使って古典的な情報の諸ビットを送信することは不可能である。

29 ［原注15］新しい紐理論によるブラックホールの提示は，結局，それらはそうではない〔特異点ではない〕かもしれないと示唆する。

2. 哲学的入門：志向姿勢の機能主義と実在的パターン　　77

解釈ではない。計算の理論は，特に，さまざまな種類の情報のパターンの圧縮可能性の一般的諸特性および諸制約を考察する（ミロウスキーが好んだ経済学の未来の下で考えられるものとしての経済学は，したがって，客観的探究の一分科だろう。なぜなら，それはこれらの一般的諸特性および諸制約がさまざまな種類の諸市場——情報処理装置の一種として理解されている——に適用される様を研究するからだ）。

　非常に示唆的な哲学的延長がこれらの概念的諸関係に与えられ得るのは，因果性がしばしば情報の伝達の観点で分析されてきたことに留意することによってだ。一定の諸過程が，それらに先立つ諸段階についての情報を伝達する一方で，他のものはそうしない。Salmon（1984）が論じるには，前者のみが因果的諸過程の真の候補である。Reichenbach（1957）に従って，これを記号の伝達の観点で表現することができる。特定の構造維持的な（そして，究極的には，構造構成的な）活動がない場合，エントロピーが，諸対象の歴史についての情報を運ぶ諸対象上の記号を排除するだろう。構造は，定義により，いかに短い間だとしても，エントロピーに抵抗する何かである。したがって，記号が維持されているところならどこでも，我々は構造を持っていることになる。科学の目標は，自然の中に構造を発見することである。我々がそのような構造を発見できるのは，かなり洗練された情報変換および情報処理のシステムである我々が，記号伝達諸過程を探知し，記録し，系統的に測定することができるからである。これは，サルモンによって，因果性の分析（analysis）——つまり，より一般的な何かの観点で，因果性とは何であるかについての理論——として意図されているものだ。

　この哲学的延長は，客観的な情報という概念を使い，**メレオロジー的還元**なしで**統一化**という概念を明確に表現することを可能にする。試しに，物理的宇宙全体を，異なる尺度で点検され得る1つのトポロジー上の情報チャネルの1ネットワークとして想像してみよう。先の例では，多様な情報チャネルが，連邦準備制度理事会議長のほのめかしを下落する株式相場へと結び付ける。そのほのめかしの因果的帰結を確証できるのは，彼の特定の発言の根底にあるミクロ諸過程を考察することによってではなく，実際の世界における諸チャネルと可能な一世界における諸チャネル——そこでは，彼は，代わりに，例えば，具体的な利子率の変更を記者会見で公表するだろう——とを比較することによってである。そのような活動は，諸事象の異なる集合に対して諸チャネルを開くだろう。

　この種の理解から**統一化**を得ることを可能にするのは，我々が1つのトポロジー

上のすべての経験的に可能な情報チャネルを見つけなければならないという事実である。そこで物理学は，我々のために宇宙の一般的，偶発的なトポロジーを記述しながら，不可能な諸チャネルの無限の集合を同定し排除することによって他のすべての諸科学を制約する。この種の制約関係は，科学についての制度的および歴史的な諸事実と一致する。つまり，どの特殊科学も，（時点 t において）物理学者たちの間でおおよそ意見が一致した事柄となっているものに（t において）矛盾することを許されていない。しかし，特殊諸科学における説明は，実際には，**メレオロジー的還元**を促進するようには要求されてこなかった。なぜ単一の整合的なトポロジーという要求は，**メレオロジー的還元**を含意しないのか？その答えはこうだ——1つの尺度における情報チャネルは，概して，より小さい尺度におけるチャネルから構成されていないのだ。1つの尺度でノイズであるものは，別の尺度では情報かもしれないし，逆もまた同様である。連邦準備制度理事会議長が，ほのめかしの1つを述べる間に咳をしたと仮定しよう。彼の言葉と彼の咳は，1つの尺度では，同じミクロ過程の一部であり，両方が彼の声帯の緊張についてのいくらかの情報を提供する。すると，それは，彼が1月6日にインフルエンザの症状があるかどうかについてのいくらかの予言を可能にするかもしれない。しかし，相場について彼の意図の結果を予言する者たちにとって，その同じ咳はノイズである。すべての尺度で単一の整合的な情報トポロジーを要求することは，そのトポロジーの所与の領域を横断する諸チャネルに対する境界条件がすべての尺度で揃わなければならないという想定さえも課さない。したがって，異なる諸科学は，互いとの衝突に陥ることなく，物理的諸過程を交差分類することができる。しかし，交差分類は，**メレオロジー的還元**を阻害する。

　留意されたいが，ここで述べたことは，いかにして**命題内容**の伝達のような抽象的な諸過程が，ボタンを押すような「具体的な（concrete）」事象の諸原因になり得るかについての哲学的問題を解決しはしない。この問題を解決することは，まずさまざまな因果的諸概念によって意図されるものについての非常に長い分析を要求する。これについて，読者は Ross and Spurrett（2004a）と Ross et al. forthcoming［2007］を参照されたい。留意されたいが，これらの分析においては，重要な洞察を提供するために，上で言及された因果性についてのサルモンの理論をとりはするが，それを完全な話として受け入れるわけではない。私は，いくらかの概念的諸関係を説明する途上でサルモンの分析に言及したのであって，その真実が本書の

議論が依拠するところの前提であるとは主張しなかった。ここで，単に，本書の**還元主義**に対する私の作業態度がどのようなもので，概して，どのような根拠に基づいて，この態度をとるのかを示すことに関心がある。したがって，現在の諸目的のためには，因果性についてこのくらいのことを述べておけば十分である——単一トポロジーの要求が除外するのは，超自然的な（*supernatural*）因果性——それは，そのトポロジーの表面から離れる（その上を飛ぶかその下を掘り進む）情報チャネルを含意するだろう——である，と。可能な因果諸関係は，可能な情報諸関係の集合の部分集合であり，実際の因果諸関係は，実際の情報諸関係の集合の部分集合である。これらの部分集合の境界を定めるための諸原理を述べ動機づけることをしていないので，私は，因果性についての分析（私が共著者らと別の所で行ったような）を提供していない。私が行ったことのすべてはこう述べられる——ミクロ物理学的諸関係へと分解する必要がない因果諸関係を——来る議論において——可能にする免許状であると私がみなすものだ，と。これは，もちろん，特殊科学者——経済学者たちと非内在主義認知科学者たちの双方を含む——が因果性について話す方法と完全に一致しており，それが重要な点である。

　我々は今やテーブルの上に，Ross（2000）において導入され擁護された存在についての「デネット的（Dennettian）」理論を述べるために十分な諸概念を持っている。この理論は，以下のことを述べる——

存在するということは実在的（リアル）パターンであるということであり，パターンが実在的（リアル）なのは，以下の場合，しかもその時に限る——

(i) それが少なくとも1つの物理的に可能なパースペクティヴの下で投影可能（projectible）であり，

かつ，

(ii) それが，諸事象または諸実体（エンティティー）の少なくとも1つの構造 S についての情報をコード化し，その S においては，そのコード化が S のビットマップコード化よりも——情報理論的観点（ターム）で——もっと効率的であり，かつ，その S においては，そのパターンを投影可能である少なくとも1つの物理的に可能なパースペクティヴについて，そのコード化が当該のパースペクティヴから回復されない限り突きとめられ得ない S の一側面が存在する。

この理論は，我々がある点で**実在的**であると信じる任意の**パターン**が別のパターンに**還元可能**かどうかを偶発的で経験的な問題にし，決定的なことには，任意のパターンの実在性の問題は人間中心主義的な諸根拠に基づいて決定されないと主張する。これは，**パターン**が，物理的に可能な（*physically possible*）パースペクティヴ——人間の知覚的または認知的諸能力の人工物であるパースペクティヴではなく——の下で投影可能であることを求められるからそうなのである。したがって，我々の現在の作業上の存在論によって認識される何らかの現象が，代替的な存在論の下でより効率的に表され得るところの，物理的に可能なパースペクティヴが存在するならば，我々の現在の存在論は誤りである——当該の代替的な可能なパースペクティヴの存在に気づいているか否か（あるいはいつか気づくべきか）に関係なく。

　これは，デュプレの**不統一仮説**を却下する基礎であり，人間中心主義的に動機づけられており有用な——しかし，統一され得ない——**パターン**が**実在的**と見なされることを可能にすることに基づいている。私の見解は，**消去主義**を経験的な仮説とするが，それはそうあるべきものだからである。我々の現在の志向的心理学——あるいは，我々の現在の経済学——が**消去され**得るし，そうされるべきなのは，そこに我々が発見する他の**実在的パターン**が存在し，その存在論の観点で述べられた諸理論を冗長なものにする時かつその時に限る。存在についての理論は**統一化**を要求するので，それは，経済理論と認知科学が相互に関係し，相互に制約する方法についての我々の拘りを正当化する。しかしながら，それは**メレオロジー的還元**による**統一化**を必要としないので，領域間諸関係を説明するため，一方の領域の存在論を他方のそれへと直接写像するようには促さない。また，それは，所与のミクロ経済理論を，単にそれがそのような写像を維持できないという理由で**消去する**ように求めはしないだろう。最後に，私がその理論を私の根底にある哲学的コミットメントとして述べることで，読者は，私が**志向的諸状態**——信念と願望——が科学的調査のための実在的対象である（それらが個々の人間の**内的諸状態**を取り出すことを仮定する必要も無く）と語る仕方を，理解できるようになるだろう。

　この概念的準備を締めくくるに当たり，来る仕事のための哲学的な舞台設定の要点について要約しよう。第一に，私は，ミロウスキーに大まかに賛同していて，この21世紀初頭の今における経済理論にとっての決定的な諸設問は，それが認知科学と論理的に接続する方途に関係すると考えている。ミロウスキーと同様に，私は，情報と計算についての形式的諸理論によって与えられる概念空間の中にその接続を

探すつもりである。ミロウスキーとは違って，私は，彼がデネット，ビンモア，進化ゲーム理論と関連づける経済学のためのプログラムを推進するつもりである（彼が考える他の諸プログラムの有用な補助的役割を同定しながら）。私は彼の考えに賛同して，このプログラムが，新古典派の中核的な哲学的諸想定を置き換えるのではなく，むしろ維持するのだと思う——もっとも，これは，その核についての論争中の内容を特定する相当量の仕事に先だっては，大部分，中身のない主張だが（この仕事が第3章と第4章を占めるだろう）。私の説明は，このように連続性を強調するので，ポストモダン的というよりはむしろホイッグ的になるだろう。ポストモダニズムも，第二の意味においては反抗されるだろう。すなわち，デュプレのように，行動的その他の科学的な探究と説明の領域を断片化する代わりに，私は，もし経済学が科学として正当性を立証されるべきならば，それはその同祖先の諸事業と統一されなければならないと主張する。しかしながら，私は，還元または付随という諸関係を追求することによってそのような統一性を求めるつもりはない。そうではなくて，経済理論の諸対象として可能で実在的なパターンを探すつもりである。そこでは，そのような諸パターンに対する制約は，それらが認知科学および行動科学における現在の諸傾向と自然に適合するということである。最後に，私は，ミロウスキーとデュプレの両方と意見を異にして，人間主義に賛成する規範的な前提を全く設けないとはいえ，浮かび上がって来るのは，認知科学と経済学を非還元主義的に統一する枠組みにおいては，セルフの概念が，犠牲にされるのではなく，説明され具体化されるということだろう。

3 | 分離した新古典派ミクロ経済学

経済学という分離した科学

哲学者ダニエル・ハウスマン（Hausman 1992）が，ジョン・スチュアート・ミル（John Stuart Mill）に従って強調したのは，経済学の実践者たちは経済学を人間行動（および行動一般）を研究する他の学問分野から分離した（*separate from*）別個の科学と見なしているということだった。経済学者のこの態度が我々にとって奇妙に思われないかもしれないのは，我々のパースペクティヴが現代産業社会の実践的世界に没頭しているからだ。誰もが知るように，そのような社会における生産・消費活動の因果的な流れ（コウザル・フラックス）は恐ろしく複雑で，ほぼすべての人々の活動の大部分がそれによって実質的に支配されている。しかしながら，このパースペクティヴからすると，正確に言えば，経済学は科学というよりはむしろ工学の一分科のように思われる。我々——そして我々の祖先たち——は，設計または偶然によって複雑な機械を作り，我々の生活と社会構造がそれによって規制されることを選択または許容してきた。当然，この状況では，我々は，その作動を監視し，予言し，——我々に可能な限り——統制しようとすることに深い関心がある。この種の関心は，根底では，根本的に科学的というよりは，実践的（*practical*）であるように思われる。それが我々に期待させるかもしれないのは，工学が物理学と化学に固執するように，経済学は基本的な（*basic*）行動諸科学——心理学，社会学，動物行動学（エソロジー）——に関連して立脚すべきだということだ。つまり，基本的な諸科学と平仄（ひょうそく）の合う，応用された伝承知識（ロー・アー）の一体系であるが，ただ，我々の狭い諸目的を参照することにより個別化された領域において，統御を成し遂げるためだけに分離されたものなのである。

経済学を社会工学として解釈することは，大衆的な文献においては広く行きわたっている。経済学の政治に対する影響に不完全に抗議し，その不平が向けられ得る先の「システム（the system）」を統制している誰かをわびしく探し求める者は，非常に明白に工学的イメージに釘付けにされている。彼らの代弁者らは，しばしば，自分の確信を明示的にする——経済は人間が構築する機械なので，十分な意志力と

83

政治的結束を維持しさえすれば，皆でそれを根本的に再設計するか，その諸要求から逃げ切ることさえできる，と。対立する見解で，「経済的実在（economic reality）」は物理的本性の諸構造に類似の独立した統御力を発揮するとの論説は，「経済的決定論（economic determinism）」としてそのような人々に冷笑される——それは彼らの見るところでは一種の道徳的破綻なのである。

　もちろん，経済的過程が純然たる意志力によって統御可能であるという主張を否定しても，経済的決定論が含意されないのは，技師が物理的宇宙が別様に作動するように命令することは全くできないことを認めても，物理的決定論（形而上学的な意味での）が含意されないのと同じだ。この単純な論理的要点はあまりにも明々白々で，議論を要しないし，あるいは，純粋に政治的な意味以外であまり興味深いものではない。しかし，たいていの経済学者たちのパースペクティヴは，いま概略を述べた一般的なものとはもっと深い様態で異なる。経済学者たちにとっては，客観的事実の問題として，画然たる経済変数間の諸関係を支配する，同じく画然たる因果的諸規則性が存在する。ここで，「支配する（govern）」とは，科学的な——あるいは，第1章で定義された用語法を使えば，系統的（systematic）な——意味においてである。これは，必ずしも次のような主張を伴うものではない——これらの規則性によって記述される諸過程が，どの可能な世界のトポロジー上にも実際の情報的（因果的）諸帰結を持つという意味において，「普遍的（universal）」であるという主張だ。なぜなら，関連のある諸変数が全く例示されない，可能な諸世界が存在するかもしれないからである。しかし，それらの規則性は次のような意味では普遍的と見なされる——「もし x ならば y（if x then y）」という形式の一般化が真である任意のシステムにとって，そのシステムの中で x が獲得する情報が y の確率に有意に関連する情報を伝達する——誰がそうでないことを望もうとも——という意味である[30]。

　前章で概略を述べた形而上学的枠組みの観点で言うと，この客観性の主張は，そ

────────────────

30［原注1］この陳述は，ナンシー・カートライト（Cartwright 1989）の命題の否定を含意するように思われるかもしれない。その命題とは，一般化が諸部類の経験的諸事象の間の関係に適用されるところでは，一般化が真になるためには常に〈他の事情が同じならば〉という条件節によって防護されねばならないというものだ。しかしながら，これはそのような含意を全く持たない。ここで x と y は，カートライトが「因果的諸能力（causal capacities）」と呼ぶものに関係し得る。もし，x によって表示される因果的諸能力の集合の例示が，y という諸能力が存在している環境の変化を引き起こすならば，これはある実例について——たとえ，その実例において，y のすべての典型的かつ測定可能な諸効果が対抗する諸影響の存在によって阻害されているとしても——当てはまり得る。

う主張するすべての人を2つの構成要素の擁護にコミットさせねばならない。すなわち、一部の経済学的一般化は真実（*true*）かつ形而上学的に非冗長（*metaphysically nonredundant*）でなければならない[31]。差し当たり、第二の要件に焦点を合わせよう。決して明白ではないのだが、分離した（*separate*）一般化が、世界の形而上学的組織化という根本的なレベルにおいて、画然たる経済的領域を支配（ガヴァーン）するのだ。諸資源が経済変数の測定に浪費されているということは、これの証拠ではない。多くの人々が、明白かつ妥当な実践的諸理由のために、車のエンジンの作動を支配（ガヴァーン）する規則性についての知識を学び応用することに従事して世を暮らしているが、しかし誰も、自動車科学という画然たる形而上学が存在するとは想定しない。経済的機械が関わるところでも、問題がそれといくらかでも異なることがあろうか。なぜ経済学は単に応用心理学と応用社会学の寄せ集めにはならないのか。

　私は、この設問を哲学的なもの、つまり、規範的（論理的かつ経験的）な正当化の諸要求に答えられるものとして意図してはいるが、前章で論じた諸理由のために、哲学的評価は、経済学者が長い間彼ら自身に対して与えてきた諸解答に対して感受性の高いものである必要がある。したがって、分離性命題の手短な知性史を提供し、途中で哲学的に関係のある挿話をいくつか追加するが、外的な評価はたいてい後まで延期しながら進めるつもりである。さらに、私はここで、経済学と心理学の関係に適用される限りで、分離性命題——つまり、ミクロ経済学は、個人行動についての何らかのより一般的な理論の単なる特別な分科ではないという見解——に関心をもつつもりである（経済学と社会学の関係の評価は、この研究の第2巻の関心になるだろう）。こういうわけで、私の哲学的歴史は、経済理論の全体を、歴史のどの時点でも、ありのままに記述しようとは試みない。特に私は、消費者たちと消費をモデル化してきた限りでの経済理論に集中するつもりである。経済的諸過程のもう一方の側面、つまり、生産は、付随的にのみ登場するだろう。

経済学以前

　科学の歴史に関する帰納が示唆するのは、固有の形而上学的領域の1つの対照的な特徴的形質は、その非自明性であるということだ。実践的領域の場合、新しい技術が人間の諸目的にとって明らかに重要になるや否や、それを制御することに関連

---

31 ［原注2］本巻とその続編において伝えられる、はるかにより完全な話と整合的な非常に予備的で直接的な擁護論については、Ross and Bennett（2001）を見よ。

3. 分離した新古典派ミクロ経済学　　85

のある工学の専門的知識を分離し改善することに関する仕事が始まるだろう。対照的に，現実の科学的領域は，探求者たちには見えないものであり得るし，どの場合においても，しばらくの間，現にそうであった。もし，過去のある時点において，すべての因果性に生命が賦与されていると人々が考えていたならば，その期間中には，物理学の形而上学的領域も生物学の形而上学的領域も識別されていなかったと言うことができる。別の例をとると，よく知られているように，ジュリアン・ジェーンズ（Jaynes 1976）はこう論じている——ホメロスの時代には古典的な西洋世界の心理学的因果性の領域を誰一人としてまだ理解していなかった，と。彼の主張は，歴史的に真理でないということも十分あり得るだろうが——私はこれに関して何の立場も取らないが——，少なくとも討論に値するほど十分に首尾一貫している。まさに固有の科学的領域は一般的だからこそ——ある解釈の下で必ずしも論理的に「普遍的」ではないにせよ——，民間的な概念組織化の実践的で，状況づけられた諸パースペクティヴからは見えない傾向にある。我々は，抽象的になりパターンの相同性をたどり始める時にのみ，それらを発見するのだ。

　この点は，人間の知性史についての一事実として，現代の経済学者らが理解するような経済的領域に妥当する。古代の西洋諸社会は，明らかに抽象的領域に目をやらなかった。例えば，私が別の所（Ross 1994b）で論じたように，ディオクレティアヌス帝〔245-313〕の時代の古代ローマ人たちは物価インフレーションで困惑していたが，それを反抗的な兵士たちに支払うための新貨鋳造から生じるマネーサプライ拡大に結び付けることは決してなかった。彼らは，布告された価格統制とその後の市場における財の欠乏との間の因果関係を正しく理解することもなかった。もちろん，これが示唆するのはマクロ経済的パターンに関する古代の諸理解，あるいはそれらの欠如である。ミクロ経済的諸関係に関しても同様の点が正当化され得るだろうか。

　アリストテレスは，「経済学（economics）」と翻訳され語源的にそれに関連しているある概念を使い，それについて多くを述べている [32]。しかしながら，この概念の意味は，現代の経済学者によって意図されるものとは実質的に異なっている。アリストテレスが，デジタル化された思考の誕生以来の他の（おそらく）すべての

---

32 ［原注 3］経済学についてのアリストテレスの主な敷衍された議論については，『ニコマコス倫理学』5.5〔邦訳：第 5 巻第 5 章「応報としての正しさについて」pp.159-162〕と『政治学』1 の pp. 8-10〔邦訳：第 1 巻第 4 章「家政術等々」pp.10ff.〕を見よ。

者と同様に，十分にはっきりと理解していたことは，人々が諸物を欲するということと，普通の状況下ではそれらを得るために一部の資源——時間を含む——を費やすということだ[33]。彼の社会は，財産（プロパティー）についてのよく発達した準法律的（クウェイサイ・リーガル）な観念を持っており，彼は，財産（プロパティー）の維持が重要な実践的活動であると認識していた——さまざまな諸力（少なからず，他の人々の獲得欲（アクウィジティヴネス）も）がどの特定の場合においてもそれを掘り崩そうとするからだ。しかしながら，アリストテレスの議論に示唆するものが何も無いのは，彼が経済的領域をそれ自体の明確な論理を含むものとして考えているということについてだ。それについての彼の諸見解は，厳密に実践的である。特に，彼は，いかにして分別のある市民が，財産（プロパティー）についての不安によって生活を過度に支配されることなく，最もうまく彼の財産（プロパティー）の維持に慎重な注意を向けるか，を確定することに関心がある。仮に，経済学に関するアリストテレスの思想が今日出版されたとしたならば，経済科学に充てられた書棚よりも，ビジネスまたは「自己啓発（self-help）」の書棚に属する方がふさわしいことだろう。

スコット・ミクル（Meikle 1995, 2001）——アリストテレスの経済学的著述に関する第一人者[34]——は，妥当にも，アリストテレスが経済的領域を概念化する方法と現代の経済学者のそれとの間の中心的な形而上学的差異を孤立化（アイソレート）してきた。ミクルの論じるところ，アリストテレスにとっては，人間の諸活動の特殊化された部分集合のみが経済的諸目的の追求へと方向づけられており，そして，それらの諸目的は，物質的快適さおよび財産（プロパティー）の維持との関連によって区別される。この文脈において，もし我々が「貨幣（money）」概念を，（現在の貨幣経済学において使われるさまざまなより狭義の貨幣概念とは対照的に）所与の社会の中で慣習的に富を蓄える媒体（ヴィークルズ）の集合を幅広く示すものと考えるならば，アリストテレスにとって経済学とは「貨幣の科学（the science of money）」であると言うことは適切である。アリストテレスも同意しただろうが，この言い回しはメタファーである。つまり，この広い意味において固有な貨幣の「科学（science）」というものは全く存在しないし，存在し得ないのであり，実践的技芸（プラクティカル・アート）があるだけである。

経済学という概念の現代の一般的な用法は——物理学，生物学，心理学を含む他

---

33 ［原注4］Mirowski（1989）が強調するように，経済学の歴史において枢要な瞬間がやってきたのは，古典物理学における発展の結果として，費やされる諸資源についての我々の観念が「エネルギー」として均質化された時だ。

34 ［原注5］Meikle（1995, 2001）を見よ。

の多くの諸領域においても同様だが——依然としてここでのアリストテレスの用法と実質的に合致している。経済学者の声は一般的なメディアに遍在しており，彼らの意見と忠言の圧倒的な主題は，私的および公的な物質的富の最大化である。たいていのプロの経済学者たちは，そのような忠言を与えることによって生計を立てているので，少なくとも彼らがあまり思慮深くない時には，典型的にこのアリストテレス的理解を共有してさえいるかもしれない。しかしながら，Meikle（2001）が言及するように，現代経済理論は，その主題の範囲と領域についての大いに異なる見解——普通の社会生活の日常の存在論的前提とははっきりと異なるもの——を含意する（またミクルは，この差異を嘆いているのだが，その理由はデュプレのものに概して似ている）。その基礎の理解が最もうまく達成されるのは，知性史の中でのその進化を手短にたどることによってだ。当の歴史は，複雑で非常に論争中の仕事であるので，ここでは注意が必要とされる。しかし，本書は歴史的論考ではないので，同時にきびきびと熟すように試みなければならない。読者は注意されたいが，ここでの私の諸目的が哲学的なので，記録上の正確さへの純粋な関心が正当化する以上に論理的かつ直線的な順序での展開を強いることになるだろう。本章と後続の諸章では，ミクロ経済学の範囲と固有の諸対象について特定の命題を擁護するつもりである。この命題が真に明らかになるためには——特に経済学者たち自身に対して——，歴史的な諸参照点の基礎の上に構築されねばならない。そこで，やってくるものは，ひとひねりのある歴史である（ミロウスキーは——舞台の両袖に退いているが——いずれにせよ他の種類のものは全くないということを我々に思い出させるかもしれない）。

ベンサムと感覚主義

　ミクルが強調するように，アリストテレスにとっては数多くの価値の源泉があり，それらの多く——そしてそれらのうち最も重要なもの——は独特である。さらに，人々が諸行為と諸対象の双方に結び付ける価値は，それが供される意図された使用法によって確定される。対照的に，現代の経済学者にとって，価値は同質の一変数で，「効用（utility）」と表示され，特定の諸議論において，エージェントが最大化しようとするもの——それが何であれ——によって例示される。基本的な概念上のシフトが生じたのは（もっとも，後に見るように不完全にだが），新古典派経済学を生み出した19世紀後半のいわゆる限界革命においてであった。これが，その古典主義に「新（neo）」を付加させるものである。

いわゆる古典派経済学者たち——重要人物の名前を挙げれば，スミス，ヒューム，リカード，セイ，マルサス，ミル，マルクス——は，価値の源泉に関する明確かつ共通の見解を共有していなかった。したがって，古典派的立場「自体（the）」というようなものがあって，何が経済活動を他の種類の行動から区別するかに関して，アリストテレスや新古典派の見解とこぎれいに対照されるというようなことは全くない。古典主義者たちが皆信じるには，政治活動の最重要事項は，一般的な安定性と秩序に必要な社会的物質的富の何らかの最小限のレベルを維持することであったし，そうでなければならなかった。また，彼らの仕事を主に動機づけていた確信は，近代国家において，この目的は，古代の都市国家または封建時代の領国の文脈においてそうであったよりも，質的により複雑だということであったのだ。彼らは，個々の世帯ではなく社会全体の組織を強調したので，彼らの分析は，アリストテレスの分析ほど，応用民間心理学の仕事には似ていない[35]。さらに，Mirowski (1989) が強調するように，彼らは，現代的な意味で，経済学を科学的にする過程を始め，経済的諸過程の中に保存される量があるかどうかに注意を集中した。彼らにとって，当のその可能な量とは，交換価値であった。しかしながら，物質的な富とその維持の特殊な諸特徴に没頭していたので，経済学の経験的な範囲（*scope*）に関してはアリストテレス派であった。現代経済理論は，このパースペクティヴから離れる 2 つの主な哲学上のシフトの産物である。第一のものは，1870 年代に続く 30 年間に，大きく傾いたり後戻りしたりしながら現れ根づいた。第二のものは，1930 年代および 1940 年代に主要な経済学者たちによって述べられた。

　話は，典型的に，ジェレミー・ベンサムで始まる——彼の仕事は，新古典主義の哲学の基本的なおおよその源泉である[36]。価値の源泉に関するベンサムの急進的な主観主義は，もちろん，彼をアリストテレスと大部分の古典派経済学者たちの双方から区別するのに十分である（もっとも，特に，価値についてのスミスの哲学に対するその関係は複雑だが）。新古典派経済学が，その包括的な哲学的コミットメント

35　[原注6] スミスとヒュームは，経済学の心理学的基礎に深い関心があったが，リカードとマルクスは，はるかにそうではなかった。

36　[原注7] Mirowski（1989, pp. 205-207）は，この一般的見解に同意しない。これは部分的には，ベンサムが，新古典主義の創始者の 1 人であるジェヴォンズにとって，その別の 1 人であるワルラス，または，エッジワース，パレート（p. 221），フィッシャー（p. 235）にとってよりもはるかに重要だったからである。しかしながら，私が行うつもりの方法で歴史を説き話すことの妥当性によって明確になる諸理由のために，私は，価値についての心理学的主観主義は中核的な新古典派のコミットメントと見なされるべきだと思う。このことは自動的にベンサムを一般的に重要にする——たとえ，

として，価値についての主観主義に依拠するということはあまりにも明白で，議論
——哲学的であれ歴史的であれ——を必要としない。主観主義は，次のいずれかと
して表現され得る——形而上学的命題つまり実際，客観的な価値は全く存在しない
という命題として，かつ／または，心理学的命題，つまり人間行動は，客観的に与
えられる評価の源泉ではなく，主観的に導出され抱かれる評価の源泉によって主に
動機づけられるという命題として。ベンサムは，これらの意味の双方において，確
かに主観主義者だったが，たいていの新古典派経済学者たちは，形而上学的命題に
関して職業上は不可知論者である一方で，（すぐ後で見るように）心理学的命題に
ついての解釈では異なっていた[37]。哲学的に，その2つの命題は，もちろん，重
要かつ深い関係を持っている。差し当たり，我々の関心は心理学からの経済学の分
離にあるので，注意は動機づけに関する記述的仮説としての主観主義に制限される。

　よく知られているように，ベンサムと仲間の功利主義者たちが論じるには，すべ
ての目的ある人間活動は，快楽を最大化し苦痛を最小化しようとする努力によって
基本的に動機づけられている。この主張にも，2つの解釈の余地がある。それは，
人間心理学についての経験的仮説として，または，合目的的な行為の意味に関する
論理的提案として見なされ得る。つまり，ベンサム的見解は，快楽主義者の主張
——人間はさまざまな諸感覚（*sensations*）を求める衝動とそれらに対する忌避に
よって駆り立てられる——の是認として，あるいは，主に動機づけに関する主観主
義を明言する単なる特殊な方法として解釈することができる。その際，「快楽（plea-
sure）」と「苦痛（pain）」は，何であれ所与の個人の価値ある諸対象をその人を憤
慨させる諸対象から区別するもののためのラベルまたは代用語にすぎない。心理

彼の影響の経路の大部分が標準的な歴史がしばしば仮定するよりも回り道——例えば，ジェヴォン
ズを通じてまっすぐな道を経るのではなく，ミルと次いでエイヤーとを通じて戦後の新古典主義者
へと戻る——であったとしてもそうである。

37 ［原注8］Mirowski (1989) は，古典派経済学者たちからのベンサムの隔たりを縮め，新古典主
義者からのベンサムの隔たりを広げながら，こう指摘する——ベンサムによれば「貨幣は快楽また
は苦痛の最善の尺度であった」(p. 206)，と。これは，その主題に関するベンサムの論評を誇張し
て利用するように思われる，というのは多くの新古典主義者たちは，貨幣を——多くの状況におい
て——効用の最も実践的な代用品であると見なしてきた一方で，確かに貨幣価格を——形而上学的
に——主観的な価値係数と同一化しないからである。ミロウスキーがまた大いに重んじる事実は，
ベンサムが——新古典主義者たちとは違って——現代物理学の像に則って経済学を作り直すことに
ついてあまり気にかけなかったという点だ。これは真実だが，不明確なのは，これが彼の価値主観
主義が経済学者に対する重要な哲学的影響ではなかったことを示す，とどのようにして考えられる
かである。

90

学理論としての感覚論的快楽主義は，動機づけに関する主観主義よりも具体的であり，規範的というよりはむしろ記述的なので，規範的な主観主義から論理的に独立である。何よりもまず民主主義の扇動者として，ベンサムの最も深い関心は後者に対してであった，というのは，彼は，規範的な主観主義に対する政治的尊重を，民主主義を部分的に構成するものと見なしたからである。彼が支持した心理学的主観主義の特殊性に関して，ベンサムはもっと用心深い。

　個人的な見解という点では，ベンサムは確かに感覚論者だった——ヒューム的タイプの経験主義者であったという意味だ。そのような経験主義者たちにとって，心は，感覚へと究極的に還元可能でないどんなものにも全く反応することができない。強調することが重要なのは，どのくらい文字通りにヒュームが因果的感覚主義を採ったかということだ。心のヒューム的モデルは，ニュートン力学が着想の元だ。彼が，すべての考え——それは彼の場合，すべての心的内容を意味する——は，感覚表面に対する衝撃によって究極的に引き起こされるという場合，これは隠喩的に解釈されるべきではない。本当の意味でのヒューム的な心は，一種の共鳴室であると考えられていて，その中では感覚的衝撃から伝達された諸力が衝突し，かつ，これらの衝突の総計の効果における規則性が原則としてすべての思考を説明し予測するために十分なのだ[38]。ベンサムは，この心のモデルを，彼が支持した一般的な経験主義的哲学パッケージの一部として引き継いだ（もっとも，Mirowski 1989が強調するように，彼は，古典物理学におけるその意図された基礎の諸含意を本当には理解していなかったかもしれないが）。

　ヒュームは自分の仕事を，心についての究極の一科学のための枠組みと見なした——それは科学的だろうが，その意味は，またもやニュートンの特殊な意味においてである。すなわち，それは，諸力の定量化のための何らかの標準的な測定基準を用いて，一連の感覚の衝撃の観念的な（つまり，現代的用語で言えば，意味論的な）結果の導出を可能にする方程式の体系を伴うだろう。仮に，そのようなシステムが達成されるとすれば，さまざまな人々の心的内容（彼らの動機づけを含む）の相対的な諸力（あるいは，ヒューム自身の言葉を使えば，「活発さの程度（degrees of vivacity）」）を比較して測定することができるだろう。完全なヒューム的心理学だったら，したがって，定量的に厳密な個人間の効用の比較，つまり，知覚可能な諸結

---

38 ［原注9］Ross（1991）を見よ。

3. 分離した新古典派ミクロ経済学　　91

果への人々の願望と忌避の相対的な強度の正確な測定を可能にしただろう。

　ベンサムが，どの程度まで，未来の科学的心理学についてのヒュームの思弁的確信を共有していたかは，議論の余地がある。しかしながら，現在の文脈において最も強調を要することだが，ベンサムは，ヒュームのものによく似た心のモデルを当然視したものの，経済学に関連する心理学の議論において，未だ現れていなかった科学の諸資源を自身のために利用するのを注意深く回避した。彼の死後に出版された効用の構成要素についての分析（1859/1954）では，ベンサムはそれを5つの「価値の諸要素（elements of value）」または「諸次元（dimensions）」，つまり，強度，持続性，類似性，確実性，範囲へと分解する。行動を導く役割に関して，強度がそれらのうちで最も重要だと主張しているにもかかわらず，彼はこう述べる——「当然，これら5つのうちで，最初のものは確かに精確な表現が可能ではなく——これは真実だが——，測定が可能ではない。しかし，他の4つは〔表現および測定が〕可能である」（p.443），と。それから，彼は，この主張の第二の部分の長い正当化を始め，第一の部分によって提起された暗含的な問題には決して立ち戻らない[39]。我々は，これに基づいて，ベンサムはその真実性を明白であると見なしたのだと推定してよかろう——少なくとも，その時存在していた科学的知識と技術についての事実としては。

　ベンサムは，このように，一方ではこう信じていた——個人の目的ある行動は，基数的に（*cardinally*）経験された効用に対する反応によって導かれる——すなわち，効用レベルは強度に関して弁別可能なものとして主観的に経験される——，と。だが同時に，他方では，こう信じていた——これらの基数的差分は，選択行動の内観または観察を通じて比較によって測定され得ない，と。上で引用された彼の諸見解の最も自然な解釈は，彼は，効用レベルがそもそも客観的に測定され得るかどう

---

39 ［原注10］私が思うに，これは，ベンサムが，効用は政策立案者たちによる「計算（calculation）」のための事柄であるという彼のおなじみの主張が文字通りに取られすぎることを意図していなかった証拠である。彼を批判した1930年代の経済学者たち（以下を見よ）は，この点にほとんど注意を払わず，しかし次いで，文字通りの計算が可能な諸原理を発見しようと努めていた。これは，いかにしてMirowski（1989）と私が，同一の出典を読んで，ベンサムの新古典主義への関係に関してそれほど正反対の見解を持ち得るのかを説明する主要な部分である。確かに，ミロウスキーが書いているように（p. 235），パレートやフィッシャーらは，彼ら自身を感覚主義から遠ざける途中でベンサム的基礎づけを名指しで拒否した。しかし，私の要点は，彼らは——後のロビンズやヒックス（以下を見よ）のように——ベンサムを重大に誤読していたということである。彼〔ベンサム〕もまた，心理学についてあまり気にかけていなかったのだ。

かという問題に関して，意図的に科学的不可知論的であったということである——彼が個人的に抱いていたかもしれないそのような（不十分に理解された）ヒューム的な方向に沿った思弁的諸期待に関係なく。

初期の新古典派経済学者と「半アリストテレス主義」

Mandler（1999, pp. 112-117）は，ベンサムのこの態度こそが，まさに，1870年以降，新古典派経済学の創設者たちによって採られた態度であったということを強調して，通例の見方を示している[40]。驚くべきことではない。Robbins（1998）が言及しているように，その新しい経済学のイギリスでの立役者であるウィリアム・スタンレー・ジェヴォンズは，研究の心理学的基礎に関する章を書いた際，明らかに，バウリング〔John Bowring〕編『ジェレミー・ベンサム著作集』——「経済人の心理学」を含む——を一冊手元に置いていた（ジェヴォンズは，ベンサムのその評論に見られるベンサムの提題の順序に厳密に従っている）。選好の強度の動機づけ上の重要性という主題に関して，彼は，ベンサムとほとんど厳密に同調して，以下のように述べる——「確かに私は決して，我々がいつか人間の心の感覚を直接的に測定する手段を持つだろうとは言わない。快楽または苦痛の単位は，考えることさえ難しいが，これらの感覚の量こそが，不断に，我々に売り買い，貸し借り，労働と休息，生産と消費を行うよう不断に促すものなのである」（Jevons 1871, p. 13）と。

ジェヴォンズのプロジェクト——経済学をそれ以来知られてきたようなものとして開始したプロジェクト——は，所与の単一のエージェントの場合の需要レベル，希少性条件，生産可能性の間の〔三者の〕定量的関係をモデル化するために微積分を適用する方法を見いだすことであった。これは，いまだに主流派の，中核的なミクロ経済学が——その心理学への関係に関する限り——関わっているもののすべてである[41]。この文脈において，ジェヴォンズの問題は——彼が前提したベンサム

---

40 ［原注11］上の原注10で説明されたように，Mirowski（1989）も事実上これを受け入れている。しかし，彼は，パレートとフィッシャーに従って，これがベンサムの態度であったとは考えていない。
41 ［原注12］ここでの留保条件は重要である。私は，新古典派のプログラムが，経済的な場の理論を19世紀中頃の物理学の様式にならって仕上げることについてのものでもあるというMirowski（1989）の命題に反対はしない。これは，私が述べてきたことと完全に両立する。おそらく，初期の新古典主義者たちが信じていたところでは，もし心理学がそもそも歴とした科学になり得るとしたら，それは1つの場の理論も生み出さねばならないだろうし，それらの場の中の諸点の測定は，個々の諸エージェントの経済的諸特性と通約的な諸特性を測定するだろうということだった。

---

3. 分離した新古典派ミクロ経済学　　93

的心理学を所与とすれば——人々が基数的効用（異なる諸結果に関連した快楽と苦痛の変化する強度レベル）に反応するが，しかし，彼らの行動のみからでは，序数的効用の測度——つまり，諸結果に関する彼らの選好の単なる序列づけ——しか推論することができないという事実をどうにかして回避することであった。この問題を解決する鍵は，ジェヴォンズにとって，次のような限界原理であった。すなわち，合理的なエージェントは，予算制約を所与として，効用の任意の一つの源泉の限界的増分を諦めて別の一源泉の限界的増分を得たとしても，それ以上に自身〔の効用〕を良くできないような〔最適な〕仕方で諸資源の支出を配分するだろうという考えであった。ジェヴォンズの体系が，特に依拠するのは，これとは独立に擁護される限界効用逓減の原理である。ジェヴォンズの定式化の大部分においては，これは内観的推論に依存する——これはジェヴォンズが当時の科学的心理学によって確立されていたと考えたものだ。経済学の基礎づけにおける仕事のその後の歴史の大部分は，諸エージェントの行動のどのくらいが限界原理の前提——限界効用の逓減が有っても無くても——と諸選択の観察とに基づいて予測および説明され得るかという問題に支配されていた。

　当時のかなり原始的な経験的心理学に対するジェヴォンズの表面的な信頼は，分離性問題に関する見解の発展にとって極めて重要であった。見てきたように，アリストテレスと古典派経済学者たちにとって，経済学は物質的快適さと富の獲得と維持に関連した行動の諸側面に関わる——そこでは，そのような獲得は，客観的に価値がある人間の諸目標の集合の1つの（劣った）構成要素に過ぎないと考えられている。このように，アリストテレスにとって，一部の活動は経済的であるか，あるいは経済的側面を持っている一方で，他の活動は経済的でないか，あるいは経済的側面を持っていない。対照的に，すべての諸目的を効用最大化——その場合，誰でも自分が主観的に評価する任意のものを消費することは，定義によりその人の効用を高める——という普遍的目標に同質的に還元可能なものとして概念化する際に，ジェヴォンズと初期の限界主義者たちは，合目的的活動の全体を包含するように経済学の範囲を暗黙的に拡張した。ベンサムが明示的に注目していたのは，すべての可能な動機を包含するものとして，彼が意図した効用の「広範かつ拡張的な（wide and expansive）」意味に対してであった。ジェヴォンズがこのテーマを拡張するのは，経済活動の諸目標——それを彼は「諸商品（commodities）」と呼ぶ——の定義に取りかかる際だ。彼は述べる——「商品として我々が理解するのは，快楽を提

供し得るか苦痛を防ぎ得るかする，任意の対象，実質，行為，サービスである」
(ibid., p. 41) と。この商品の観念は，もちろん，物質的な諸財を含むが，それに制
限されてはいない。経済学の範囲はすべての商品交換および分配の研究であるので，
それはしたがって，ジェヴォンズによれば，狭義の物質的取引に制限されていない。
ジェヴォンズは，価値を主観的効用と同一視する際にベンサムに従うので，彼の見
解に基づく価値は，任意の単一の種類の物質的入力——土地または労働のような（こ
れらはスミス，リカード，マルクスのような古典派的扱いにおいて典型的に特権化さ
れた価値の源泉だ）——のみに存することはできない。

　Mandler (1999) が記録するように，初期の新古典派的伝統がこれの完全な含意
を把握するのにはいくらか時間がかかった。ジェヴォンズが，不可避的に気がつい
ているのは——ベンサムはその点に関して平明なので——，人は「我々を特定の行
為に引きつける任意の動機を快楽と呼び，忌避させるものを苦痛と呼」(Jevons
1871, p. 31) び得るということだ。しかし，そこで彼がすぐさま自ら提起するのは，
新古典派的に導出されたミクロ経済学の心理学的適切さについての懐疑論者らのお
気に入りの関心事であり続ける問題（例えば，Sen 1987）だ——すなわち，
同語反復反対論である。もし，ここであまりにも文字通りにベンサムに従うならば，
——とジェヴォンズは懸念するのだが——「すべての諸行為が快楽または苦痛によ
って駆り立てられるということを否定するのは不可能にな」(Jevons 1871, p. 32) り，
その場合，効用を最大化しようとする誰かの意志を彼らの諸行為の説明として引き
合いに出すことは空虚だろう。したがって，半アリストテレス的な立場へと後退し，
快楽を「高次 (higher)」と「低次 (lower)」の範疇に分割する——その場合，前
者は道徳化された，あるいは，利他的な動機に関わるものを含み，一方，後者は「物
質的 (material)」な感覚の満足へと制限される。そして，そのような物質的な幸
福に関わる行動の側面は，経済学者の固有の領域であると見なされる。ジェヴォン
ズの偉大な後継者であるマーシャルは，この点において彼に従い，そして，マーシ
ャルの『経済学原理』(1890) が数十年の間，その学問分野の標準的な基礎的テキ
ストになったので，経済心理学の半アリストテレス的見解を1930年代までの新古
典派的正統とみなすことには多くの正当化の根拠がある。留意されたいが，この見
解が示唆するのは形而上学的主観主義の却下であり，それとともに，少なくとも，
心理学的主観主義がベンサムが想定していた仕方ですべての行動へと普遍化するか
どうかという問題に関する不可知論を示唆する。

3. 分離した新古典派ミクロ経済学　　95

しかしながら，この半アリストテレス的立場は，正統派であったかもしれないが，初期の新古典派の時代に反対者がいなかったわけではない。一部の哲学的に用心深い解説者たちは，半アリストテレス的見解は——それは「高貴（noble）」または「より高次（higher）」の切望はいくらか形而上学的に特殊であるという曖昧な考えに従うので——ヒュームによって奨励され，ベンサムによって取り上げられた動機づけについての徹底的自然主義と両立しないということに気づいた。主要な新古典派理論家の一人ウィックスティード（Wicksteed 1910）が明示的に認識していたのは，その立場は不安定だ，なぜなら経験主義者にとって，より高次の快楽とより低次の快楽の間の区別は完全に場当たり的なものだから，ということだった。とはいえ，ジェヴォンズとは違って，ウィックスティードは言葉を濁さないで，こう述べる——限界効用最大化の原理によって包含される動機の範囲は，「物質的だろうと精神的だろうと，個人的だろうと共同的だろうと，現在のものだろうと未来のものだろうと，現実的だろうと理念的だろうと，任意の個人に訴えるすべての異質な願望または忌避の衝動」（Wicksteed 1910, p. 32）を含む，と。ここで，我々は，ついに，経済学の範囲についてのアリストテレス的理解——まさにミクルによって強調されたその理解——からの完全で決定的なシフトを見る。

このシフトは分離性命題の歴史的解釈の理解にとって枢要である。確立した非常に広い哲学的伝統——カント，多くの脱実証主義の分析的仕事[42]と，後に論じるように，行動と認知の現代的形而上学を含む——によれば，「行為（action）」一般についての領域は，特定の目的——物質的富のような——の追求についての研究がなり得ないような仕方で，画然たる分析科学の適切な対象である。つまり，より広範なその領域は，系統的な論理的関係の体系を適用する適切な候補であるのに対して，物質的諸欲求の満足を意図した，より狭い活動の領域は，実践的な人間の諸目的への参照によって結合された，形而上学的に恣意的な連結である。多くの経済学者たちが固守する考えは，エージェンシー一般は画然たる論理的分析に適した主題であるということで，この事実が分離性の深遠な正当化を提供するものと見なしてきた。しかしながら，彼らは今や，しばしば，明示的にそう述べることをためらうが，それはこの確信についての丸々一世紀にわたる容赦のない批判の後だからだ。後の諸章では彼らの頑固さを擁護し，志向的行為についての可能な系統的科学が

---

42 ［原注 13］例えば，Castañeda（1975）と Aune（1977）を見よ。

存在し，経済学がその科学であるという考えの公然たる承認を奨励するつもりである。

　しかし，我々は先走り過ぎている。合目的的行動が同質的で独特な過程（パーバシヴ）（スイ・ゲネリス）として解釈され得るという見解は，何がそのような過程を因果的に生成するかもしれないかに関する特定の諸見解から区別される必要がある。ウィックスティードと彼の見解を共有していた同時代の人々は，その心理学において依然としてヒューム的であった。すなわち，彼らが理解したのは，選好と願望の相対的な強度（インテンシティ）は，合目的的（パーバシヴ）活動の因果性を支配する実在的（リアル）な心的（サイキック）な力であるということだった——たとえこの力が実際上測定され得ないとしても。この見解は 20 世紀初頭においては，実証主義と心理学的行動主義の集結する諸力に非常に攻撃されやすかった。それらは測定不可能な因果的諸原理に目もくれなかった——あるいは，最も純粋な実証主義の場合には，いかなる因果的諸原理にも目もくれなかった。さらに，限界分析の論理的道具を鋭くするという点での経済学者たちによるこの時代の進歩は，経済理論における基数的効用の認識論的役割を着実に孤立化し，それに消去の用意をさせるのに役立った。

　ここでこの発展の詳細のすべてを辿ってみることはできないが，その道に沿った 1 つの道標は留意されるべきである[43]。早くも 1881 年に，エッジワースは，無差別曲線という装置を使って，ジェヴォンズ的な限界分析を提示する方法を示していた。その使用の背後にある考えはこうだ——もしエージェントが一貫して自分の選好を順序づけることができ，特定の諸結果に関して無差別であるときそれを告げることができるならば，効用を満足させる 1 つの希少な商品に対する需要レベルを y 軸上にとり，別のそのような商品——それに対してトレードオフされる——に対する需要レベルを x 軸上にとることによって，その効用関数の一部を図示できる。その手法は，経済学の初年次コースを受けた者ならば，誰にとってもなじみのものだろう。そのグラフの空間内の各々の点は，2 つの商品の間の消費量の比率を示す。

---

43 [原注 14] ここで，Mandler（1999）に再び従う。この歴史についての彼の分析は，私の意見では，現在，権威あるものである。もっとも，私はこうも思うのだが，それは Mirowski（1989）への留意によって補足されるべきである。彼らの話は両立不可能と思われるかもしれないが——実際，新古典派の知性史に無関係な心理学についてのミロウスキーの主張の一部が和らげられない限り，両立不可能であるが——，しかし私は，実際，彼らの非常に異なる強調点は，各々では不十分なままの点を他方が説明することを可能にすると思う。しかしながら，これを示すのは，別の機会のプロジェクトとせざるを得ない。

3. 分離した新古典派ミクロ経済学　　97

これらの点の一部の部分集合の中で，無差別の関係が成立するだろう。すなわち，そのエージェントは，部分集合内の1つの点から別の点へと達しようとする際に，エネルギーその他の費用を全く費やそうとしないだろう。もし限界効用の逓減，すなわち，任意の商品について，それの追加的な増分を消費することによるあるエージェントの効用が限界において減少すると仮定するならば，これらの点の無差別部分集合の任意の1つを通る各々の曲線は，原点に対して凸になるだろう。エージェントが——任意の2つの商品の間にある——どの無差別曲線に沿って消費を位置づけるかということは，消費し得る他の商品のストック全体とその所得とに対して相対的な，それらの価値に影響されるだろう。何かある1つの商品を見いだし得て，その商品に対する我々のエージェントの限界における需要が，所得全体についての諸期待と，効用を満足させる諸商品の集合全体に及ぶ商品一対ごとの無差別曲線すべての双方を織り込んでいると仮定しよう。ここでは，利用可能なエネルギーまたは時間が妥当な理想化かもしれないが[44]，測定の実践的な諸目的のためには，貨幣がこの理想化された「価値尺度財（numeraire）」として典型的に使われる。そこで，もし我々が貨幣でグラフ上の2つの商品のうちの1つを置き換えるならば，その結果得られる無差別曲線の集合は，我々の理想化の限界まで（つまり，エージェントのすべての欲求についてのすべての情報が貨幣価格で表現可能であるという考えの限界まで），他方の商品に対するそのエージェントの需要を，持ち得る所得レベルの各々——異なる無差別曲線に対応する異なる所得レベル——について捉えるだろう（留意されたいが，経済学者たちが，時にどのように自分の考えを述べようとも，無差別曲線を構築する際に貨幣を価値尺度財として使用することについて，本質的なことは何もなく，使用しているからといって必ずしも半アリストテレス的想定の是認を示さないのだ——もっとも，確かにしばしばそのことを念頭に意図されてきたのだが。Mirowski 1989が強調するには，多くの経済学者たちは彼ら自身の歴史を忘れない限り，決してこれを念頭に置きはしなかっただろう——かくてエッジワースは確かに念頭に置かなかった）。

　現在の諸目的にとってエッジワースの無差別曲線の手法——Fisher（1892）の仕

---

44 ［原注15］Mirowski（1989）の主な命題の1つは，こうだ——新古典主義の中核的なコミットメントは，それが文字通りエネルギーであると——19世紀後半に物理学が放棄したその考えの一理解に基づいて——考えられているということである，と。私見では，これは実り多く興味深い可能性だが，無差別曲線というまさにその考えが論理的に依存する可能性ではない。

事において初めて系統的に利用された——についての決定的な点は，その使用が無差別の判断それ自体（原始的(プリミティヴ)であると見なされる）を越えては基数的効用についての何の諸仮定にも立脚しないということである。すなわち，その構築が想定するのは，我々が限界効用の符号(signs〔プラス・マイナス〕)を比較できるということだが，これらの効用のいかなる定量的な和または合計の測定も仮定しないのだ[45]。フィッシャーが示したのは，諸均衡——エージェントが消費をシフトすることによっては満足を改善し得ないところの諸点——における相対的な価格水準は，無差別曲線の勾配によって厳密に決定され得るということだ。したがって，もし我々がすべての消費者とすべての消費の束について無差別曲線の群を導出できるならば，基数的数値について全く何も知らなくても，経済分析を行うことができる。Pareto（1909/1971）はこの分析をさらに一歩進めて，こう論じた——無差別曲線は一連の観察されたエージェントたちによる諸選択に基づいて構築され得るので，ミクロ経済分析を効用についてのいかなる独立の測定からも出発させる必要はない——もし，効用がある種の心理学的な側面または係数として解釈されるならば——，と。

　Mandler（1999）が示しているように，フィッシャーもパレートも，心理学的な力としての効用に対する態度において，一貫して反実在論者ではなかった。フィッシャーの特有の分析が前提したのは，特定の1商品からエージェントが導出する効用は，他の商品から導出する効用からしばしば有意に分離可能であり，そしてもし諸効用が分離され得るならば，それらは実在的(リアル)な諸力を表さねばならないということだ[46]。パレートは同じことをし，少なくとも1つの点では，実際，無差別指数の意味の基数主義的解釈を主張する（Mandler 1999, p. 121）。Mirowski（1989, pp. 222-241）は，妥当にも，ここでの根深い問題を指摘しているが，それはフィッシャーについて次のように指摘するときだ——フィッシャーは，一方では，実質的な心理学的実体(エンティティ)としての諸個人を完全に解消する圧力の下にあった，と。なぜなら，物理学の場(フィールド)のメタファーの流用によって，選好プロフィールは単に商品空間にわたる均一の効用の場(フィールド)内の振動になり，諸個人間に境界線を引くための内生的基礎は存在しないからだ。他方では，初期の新古典派たちは，一般的な厚生の改善（時

---

45 ［原注16］専門的に言うならば，相対的効用の測定が単調変換について一意的であるということのみを想定する。
46 ［原注17］これについての異なる心理学的諸解釈が可能である——Mandler（1999）, pp. 117-120 を見よ。

3. 分離した新古典派ミクロ経済学　99

代錯誤的に言えば）の余地を求めていたので，労働に対する心理学的憤慨に言及することによって不効用を解釈した（ミロウスキーは論じる――これは，効用とエネルギーの間のアナロジーの正確さを台無しにしたと，なぜなら，借用された物理学的モデルにおけるエネルギーの枢要な特性は，それが保存されるということだったのだから。フィッシャーはかくて，ミロウスキーが説明するように，一物一価の法則――それはシステム内の動きを禁止することに等しい――を強いることにより，数学的閉包を獲得した）。このようにして，それらの革新が主に推進されたのは，たとえあったとしても，心理学とエージェンシーについての直観によってでも，観察不可能な動機づけ状態に関する哲学的な疑念によってでもなく，表象上の節倹に対する関心（しばしば，数学的な優雅さへの審美的な注目として表現される）によってであったように思われる。しかしながら，20世紀初頭の実証主義的な雰囲気の中では，表象上の単純さへの道に沿ったいかなる一歩も，存在論的単純さの方向に沿った業績として理解される運命にあった。なぜなら，「形而上学（metaphysics）」の実証主義的拒絶は詰まるところ，表象上の慣習を超えて外側に及ぶ存在論的解釈の試みは全く正当化され得ないという見解を部分的には意味したからである。この諸事を理解する仕方は，1930年代に巨大な力で経済理論を貫いた。

多くの他の諸科学においてそうであるように，経済学におけるその10年間は，方法論的な諸宣言の10年間であった。ほぼすべての主要な経済理論家が，経済学は「功利主義（utilitarianism）」と決定的に袂を分かつことができるし，そうすべきだと想定する諸理由の論評を少なくとも一度は公刊した[47]。論点を表現するこの仕方は，相当の混乱を生み出してきた。「功利主義」によって，1930年代の経済学者たちは，普通は，（おおよそ）感覚論的な快楽主義を意味した。しかしながら，彼らのキャンペーンの本当の主眼は，心理学的基数主義に反対すること，つまり，エージェントがさまざまなレベルの経験された基数的効用を比較することにより必然的に彼らの消費行動を導くという考えの経済理論へのいかなる編入にも反対することであった。私が今言及した混乱は，少なくとも2つの戦線で生じる。第一に，上で論じたように，ベンサムは，応用経済学で感覚主義が果たし得る，あるいは果たすべきであった役割について，科学的に慎重になろうと最善を尽くしていた。したがって，私は，彼の感覚論的諸仮定が，彼の主な関心にとってはいくぶん付随的

---

47 ［原注18］Bergson（1938），Samuelson（1938），Hicks（1939），Kaldor（1939），Robbins（1938）を見よ。

であったとみなす。功利主義の本質は，価値についての根本的な主観主義を民主主義の一理解——社会的利益を計算する際に道徳的な反家父長主義を要求し，諸選好に同等の重み付けをすること——と結び付けることである。これらの規範的命題は，1930年代の理論的発酵から直接的に生じた新しい厚生経済学にとって，明らかに依然として中心的であったので，感覚主義および／または心理学的基数主義に反対する方法論的反乱を功利主義の拒絶を意味するものとして記述することは誤解を招き易い[48]。第二に，ウィックスティードの場合に見たように，感覚論的快楽主義者にならずに効用について基数主義者になることが可能である。しかし，1930年代（とその後）の多くの著述家たちは，前者に反対する考えは自動的に後者に反対することになると仮定するように思われる。誰かが感覚論的快楽主義を実行可能な一般的心理学として真剣に擁護してからずいぶん経つので，それに反対する議論を立て維持するのは容易である。しかし，これは，1930年代の論争の本当の標的——心理学的基数主義——に反対する主張を曖昧にし，したがって，1930年代以降のさまざまな理論家たちの実際の積極的なコミットメントをも曖昧にしてきた。

　1930年代の枢要な技術的業績は，Hicks and Allen（1934）に帰せられるものだ。彼らの開始点はパレートの発見——上で言及した——，すなわち，消費の予測のために十分な選好マップは，効用関数から導出される必要がない無差別曲線に基づいたものになり得る，ということだ。前に説明したように，無差別曲線は，原始的な無差別の判断を上回る基数的比較可能性の前提を全く組み込まないので，無差別曲線の構築にとって必要十分な要素のみから作られた効用関数の任意の分析的使用は，反基数主義的な観点からは無害なものとして解釈され得る。さらに，ヒックスとアレンが示したのは，需要関数の凸性が，限界効用の逓減という実質的な心理学的仮説を必要としないということだった。それは，限界代替率の逓減という代替的な特性が当てはまる限り，つまり，あるエージェントが，yのストックの限界的増分と交換するだろう商品xの量が，xのストックの増加に伴って減少する限り，成立するだろう。凸性についてのこの基礎の2つの側面は，後で重要になるだろう。第一に，それは原則として，行動に関する諸原理のみに基づいて検証可能である，というのは，それは内的な満足の諸レベルを全く参照しないからだ。第二に，それが時折，正当化されるのは，心理学的な議論ではなく，論理的な議論によってである。

---

48 ［原注19］Robbins（1938）は，この点において明確であり，規範的功利主義（それを彼は短絡的に是認する）は，心理学的基数主義（それを彼は拒絶する）から独立であると論じている。

3. 分離した新古典派ミクロ経済学　　101

その〔論理の〕違反は，あるエージェントが合理的に1商品のみを消費することを決定し得るという可能性と一致しており，これはその違反に関する背理法であると考えられている。後に明らかになる諸理由のために，これは究極的に役立つ議論ではない——もし，それが仮定の重荷を，心理学的に実質的な効用の概念から，同じく心理学的に実質的な合理性の概念へとシフトさせるように解釈されるならば。しかしながら，差し当たって，その重要性は，単にそれが典型的に経済学者たちの次の確信の印であるということにある——理論的進歩は，大体，感覚主義に基づかない彼らのお気に入りの諸公理の正当化を見いだすことに存するという確信だ。

　この最後の点は次のことを示すのに役立つ——「反功利主義（antiutilitarianism）」は1930年代の理論家の哲学的志望を不十分に記述するものではあるが，これらの哲学的志望はそれにもかかわらず表象上の節倹に対する単なる関心よりも深かった，ということだ。既に見たように，相対的強度の測定についての懐疑論は，ベンサムやジェヴォンズによってさえも表明されていたので，無差別曲線手法の採用は，それだけでは重要な哲学的シフトを表すと見なされる必要がなかった。1930年代のいわゆる反功利主義的反乱——1940年代と1950年代を通じて続いた——の実行者たちは，程度に差はあるものの論理実証主義者であった。これはなじみの主張である——特に現在の新古典主義の批判者たちにとっては。しかしながら，この主張がしばしばなされるのは，実証主義が哲学的コミットメントの複雑な集合であり，その歴史の間に系統的な内的発展を経たので，さまざまな程度の洗練と学術的責任において現れるということの程度を知らずになのだ[49]。さらに，実証主義に一般に関連したさまざまな命題は，すべてが共通の哲学的動機づけを持っているとは限らず，したがって，それらはすべて盛衰を共にするとは限らない。1930年代と1940年代に実証主義による影響を受けた経済学者たちは，自身，これらの複雑さをさまざまな程度で把握するので，彼らの学問分野を改革する合同プロジェクトの認識論

---

49 〔原注20〕例えば，Addleson（1997）を見よ。そこで彼は，「均衡的説明（equilibrium explanation）」と呼ぶ主流派経済学に関連した1プロジェクト全体を拒絶するが，それは単にそれが実証主義に依拠する（と彼は述べる）という理由からなのだ。しかしながら，私が，Addlesonの本の書評（Ross 1998）において論じているように，彼は，認識論と形而上学における歴史的契機として実証主義が実際には何であったかについての理解をほとんど示さない。また彼は，いくつかのバージョンの実証主義に関連した1つ2つの命題を拒絶することによって，実証主義に関連させ得る他の任意の哲学的考えを捨て，ひいては，これらの考えの任意のものによって動機づけられた任意の可能な主張を捨てると想像するように思われる。これは，あきれるほど駄目な歴史であり，同様に嘆かわしい論理だが，現在の反新古典派の文献の典型をいかにも示すものである。

的基礎づけについての自身の把握もまた多様であった。再び強調するが，私はここで経済思想史に対して独自の貢献をしようとしているのではなく，単に新しい哲学的命題の集合を経済理論家や彼らの批評家たちになじみのある背景と接続するだろうプラットホームを構築しているのだ。したがって私は，歴史家の疑念を縷々持っているふりをするのをやめ，反功利主義——以後，より正確に「序数主義（ordinal-ism）」と呼ぶ——の実証主義的根源の吟味を単純化し，その最も有名で影響力の大きい 2 人の方法論的支持者たち——ライオネル・ロビンズ（Lionel Robbins）とポール・サミュエルソン（Paul Samuelson）——の思想にもっぱら集中するつもりである。歴史的理由と論理的理由の双方のために，ロビンズから始めよう。

実証主義的基礎づけ：ライオネル・ロビンズ

多くの経済学者たちにとって，依然として，経済の一般的な存在論と認識論の「公式の（official）」言説は，ロビンズが『経済学の本質と意義』(1935) において表現したものである[50]。ロビンズの『経済学の本質と意義』は，「諸目的と代替的用途をもつ希少な諸手段との間の関係としての人間行動を研究する科学」(p. 16)[51] という，経済学についての彼の定義の擁護を囲むように編成されている。来るべき議論を通じて読者を方向付けるのに役立つように前もって述べるが，私は本書の中で，この定義から単に「人間（human）」という言葉を除くという修正をするだけで，それを結局正しいものとして擁護するつもりだ。しかしこれもやはり，本書全体のプロジェクトである。差し当たって，焦点は，その定義の基礎と諸含意についてのロビンズ自身の特定の解釈に合わせられる。

ロビンズが主に依拠する第一の哲学的原理は，非常に明快である。すなわち，彼はこう想定する——純正（ジェニュイン）の科学は，検証可能な諸予測を導くための基礎としてそれを用いる可能性と両立可能な，最も幅広い論理的範囲を持たねばならない，と。まさにこの根拠に基づいてこそ，彼はジェヴォンズとマーシャルの「半アリストテレス的（semi-Aristotelian）」立場と私が呼んだものを激しく拒絶する——この立

---

50 [原注 21] 1935 年版のロビンズの『経済学の本質と意義』は，実は，1932 年の第 1 版に続く第 2 版であった。ロビンズが第 2 版に向けて行った改訂は，哲学的に重要である。しかしながら，現在の一般的な取り扱いは，これらの問題を無視しなければならない。したがって，現在の目的にとって，私は 1935 年版——たいていの経済学者が読んでいるもの——を標準的なものとみなす。

51 [訳注] ライオネル・ロビンズ著，中山伊知郎監修・辻六兵衛訳 (1957)『経済学の本質と意義』東洋経済新報社，p. 25。

場によれば，経済的一般化は，内容に関して制限されたある部類の選好にのみ当てはまるのだ。ロビンズは，かくてウィックスティードに従って次の教義を是認する——諸行為はそれらの経済的論理の観点(ターム)での記述可能性に関して同質(ホモジニアス)である，と。後続の——現代も含む——討論の明快さにとって不幸なことだが，ロビンズによるこの是認の基礎は，科学認識論についての実証主義的諸命題の集合なのである。

　ロビンズを実証主義者と呼ぶことには議論の余地がある。例えば，Caldwell (1982) は，彼がテレンス・ハチソン（Terence Hutchison）と結び付ける「実証主義的（positivist）」説明のための対照的な引き立て役(foil)としてロビンズを引き合いに出し，20世紀の経済学方法論についての歴史的評論を組み立てる。しかしながら，これが例証するのは，実証主義の動的な複雑性を真剣に受け取ることについての私の論点である。私は，マイケル・フリードマン（Friedman 1999）に追随して，初期の実証主義のカント的起源を強調し，純粋な現象の公理的組織化を科学の論理的基礎として強調する。コールドウェルは，ロビンズを実証主義の引き立て役とするにあたり，代わりにその経験主義的コミットメントを強調する[52]——私の見解では，それはあまりにも排他的にだが。経済学者たちによって表現された類の実証主義が展開したのは——哲学者たちの間の実証主義一般がそうであったように——時が経つにつれてより経験主義的で，かつ，よりカント的ではない方向であった。これは，後に本章におけるサミュエルソンについての議論で再考されることになり，それから，その問題は，私が第4章で擁護するつもりの認識論的かつ形而上学的命題にとって重要な序章となる。

　半(セミ)アリストテレス的見解についてのロビンズの批判の実証主義的基礎が最も明らかにされているのは，ある特定の反対者たちの集合——すなわち，経済学を物語的社会学(ナラティヴ・ソシオロジー)に同化させようとする経済学の歴史主義的解釈の支持者たち——に対する彼の攻撃においてである。ロビンズの初期の経歴が対決したのは，経済学における歴史主義と制度主義のためのキャンペーン——主にドイツに由来する——であった。彼によるこのキャンペーンの拒絶の基礎は，実証主義の本質（すなわち，実証主義の歴史において決して放棄されなかった唯一の中核的命題）である。すなわち，

52［原注22］この歴史についてのコールドウェルの組織化の内的な首尾一貫性がさらに強められるのは，オーストリア学派の経済学方法論者たちとロビンズとのつながりを強調することによってだった——彼らはその見解において深くカント的であった。しかし，一度，カント哲学者たちと実証主義者たちの間の隔たりが——フリードマンによってそうされているように——ぬぐい去られると，これはすべて筋が通る。

主張の一体系が科学的であるのは——と彼は力説する——それが広範な諸仮定と特定の検証可能な諸予測の間にある論理的に透明な諸関係の発見を反映する範囲内に限るのだ（制度主義は，範囲の広さという判定基準を満たすことに失敗しているとして，ロビンズにより批判された）。この考えは第1章からなじみのあるもので，まさに科学が系統性を目指すものだという主張である。実証主義者たちは典型的に，これを次の要請として解釈した，つまり，理論は——科学的になるためには——公式に公理化された一般化のシステムとして表現できなければならない，と。『経済学の本質と意義』のどこにおいても，ロビンズは明示的にここまで述べてはいない。しかしながら，彼がしばしば示唆するところでは，一般化の完全な公理化と普遍性は，適切な極限的理想なのである [53]。

　人々によって求められる多くの希少な諸事物は物質的なものではなく，彼らの物質的富への利己的な諸関心を満足させないので——とロビンズは大いに縷説する——，狭いアリストテレス的範囲の経済学が，正確な予測の生成において現れる含意において，十分に同時に広範かつ画然たる，いかなる一般化にも依拠できなかった。したがって，経済学は，物質的厚生の諸原因についての研究にはなり得ない——付随的な場合を除けばだが。疑いの余地のないことだが，ロビンズにとって，これが古典主義を拒絶する必要性の圧倒的な基礎であり，彼にとって，科学的経済学を政治経済学におけるその原型の諸研究から区別するものである。

　このことは，経済学と心理学の関係に関して，ロビンズをどこに残すのだろうか。またもや，断固として，初期の（カント的）実証主義の中核地域にである。経済学の可能性が依存する2つの枢要な事実は，(i) 人々は彼らの選好を順序づけ，その順序を連々の行動的選択に比して少なからぬ時間に亘り維持することが可能で，現にそうするという事実と，(ii) 希少性，つまり，順序づけられた選好のすべてが一

---

53 ［原注23］これについての最も強力な示唆の1つは，pp. 102-103の長い脚注において見出される——そこでロビンズは，マーシャル的部分均衡分析を，厳格な公理的証明の可能性をあいまいにしているとして注意深く批判する。これは，ロビンズの最も魅力的な点である。なぜなら，ロビンズはマーシャルを道徳的に（*morally*）称賛する——マーシャルは，彼が容易に証明し得た（とロビンズが認める）あるレベルの厳密さを避けることによって，実践志向の読者を船上にとどめたという——が，しかし，ロビンズは，科学的基礎づけへの関心というパースペクティヴからこのアプローチを残念に思うからだ。特徴的な真の科学の基礎としての系統的なものと実践的なものとの間の含意された対照性は，真の科学の特徴としての公理化への敬意と同様に，マーシャルに対する非礼——それをロビンズは自身に許さないだろう——の危険を冒すことなしには，より透明なものにはされ得なかった。

3. 分離した新古典派ミクロ経済学　　105

般に満足され得るわけではないという事実，として同定される。ロビンズの経済学理解における心理学の役割に関しては，第一の事実が重要なものである。それのおかげでもって諸エージェントについての無差別曲線を描くことができ，これは無差別曲線が効用関数から導出されるか，あるいはそれにより解釈されるかどうかに関わらず真なのである。ロビンズが一貫して口が重いのは，エージェント自身が——あるいは，そのエージェントを分析する経済学者のみが——，そのエージェントが動態的に安定的な選好の順序づけを持っているという事実に気づいている必要があるかどうかという問題についてだ。しかしながら，彼は次の主張をする際には明示的である——その事実を知るための我々の基礎は厳密には行動主義的ではなく，主として内観に由来する，と。行動主義は，「奇妙な流行（a queer cult）」（Robbins 1935, p. 87〔前掲訳書, p. 132〕）と呼ばれていて，その諸制限は，仮に固執するならば，本質的な諸事実に対する認識論的接近を不自由にする。これは——ロビンズが論じるには——経済学の主題を包含する選好と希少性の関係は，選択という内観的に明白な諸過程の中に体現されているからだ（ibid., pp. 85-90）。我々は皆，選好の希少な諸対象間の意図的な選択という内的な心的経験に普段から気づいているがゆえに，経済分析が経験的現象の現実（リアル）の集合に当てはまるということを知ることができるのである。この同一の基礎に基づいて，快楽主義は記述的に誤りであるということを我々は知っていると言われるのだ（ibid., pp. 84-86）。

　ロビンズの考えでは，これが含意するのは，経済分析は選択の因果的機構の記述——それは，心理学の固有の領域であると考えられている——を目指すということではない。経済学が研究するのは，そうでなく，選択の抽象的論理であり，形式的演繹によって，選好の希少な諸対象間の選択が続くという単なる事実から帰結するはずの行動に対する諸制約を同定する。快楽主義は，仮にそれが真実ならば，むしろ選択の因果的基礎についての命題で，選択の論理についての命題という訳ではなかろう。ゆえに，ロビンズによれば，経済学を快楽主義的基礎づけに依拠するものとして解釈することは，事実的な誤りと概念的な誤りの両方を含む。彼は論じる——経済分析の諸帰結は，選択の機構についてのいかなる特定の理論にも束縛されておらず，ここにこそ，その科学としての分離性の適切な基礎がある（ibid., pp. 83-84），と。

　この理解は——述べてきたように——適切に基礎づけられた科学という実証主義的な考えと正確に一致する。科学を構成するのは——その見解によれば——観察上

明白な諸事実から論理的に導かれた一連の諸帰結であるべきである。さらに，観察上の諸事実の諸事実としての究極的に実証主義的な正当化は，内観的であるべきである。なぜなら，我々が直接的かつ非媒介的にアクセスできると考えられている唯一の観察上の内容は，内的な経験だからである。実証主義の哲学者シュリック（Schlick 1933/1979）がこの見解の古典的な説明において論じていたことだが，内的経験の内容を外的で自立的な（セルフ・サブシステント）諸特性および諸過程の存在あるいは非存在についての主張へと投影することは，いかなる場合も，経験は外的な諸対象および諸過程によって引き起こされるという趣旨の論証不可能な形而上学的仮説に基づく推論上の飛躍を含んでおり，それゆえ，科学の適切な一部分になり得ない。まさにここに実証主義のカント的中核がある。その見解の最も純粋な表現においては，それは任意の因果的主張の科学的重要性についての疑念——ヒュームへと遡り，現代の洗練された諸形態の新実証主義（例えば，因果的諸仮説を「空想の飛躍（flights of fancy）」として記述する van Fraassen 1980）へと続く命題——に合致する。

　ロビンズがウィーン学団の実証主義者たちから直接的に影響を受けていたと信じる理由は全くない。しかしながら，ここで扱っているのは，知性史ではなく哲学である[54]。ロビンズは，初期の実証主義者の科学に対する理念にちょうど適うような経済学の理解を表明している。すなわち，ロビンズのレシピに従って料理された経済学は自足的な（セルフ・コンテインド）演繹的構造で，最大限に認識論的に控えめであると見なされる内観的な基礎に基づくものである。留意されたいが，心理学はロビンズによって因果的な諸メカニズムと諸関係に関するものだと考えられているので，厳密な実証主義者はそのような心理学を経済学と比べて疑わしい科学的身分にあるとみなすかもしれない。この観点から見ると，ロビンズによって正当化されるような分離性命題は，方法論的方針としてのみならず，哲学的必要性としても現れるのだ。

　ここで現代の諸問題に関わっているものを見るために，少しの間，ロビンズに対する厳格な集中を緩めよう。人は思うだろう——もし経済学が選択の抽象的論理の

---

54 ［原注 24］仮に私が知性史を扱っているならば，影響についての以下の一般的な話に肉付けをするだろう。ロビンズは，オーストリア学派の方法論者たちから直接的に影響を受けていた——Caldwell（1982）が強調するように。そして，オーストリア学派の方は，ウィーン学団が現れたのと同一の社会的環境の一部であった。つまり，彼らは，技術的能力有る科学的に知識欲旺盛な人々であり，カント的な認識論および形而上学に没入し，オーストリアに早く到来しその後世界を飲み込んだ政治的非合理主義という悪夢の中で，科学を非科学から区別したいと切望していた。ロビンズの見解と「公式の（official）」実証主義の関係は，このように，共通の大義についての物語である。

科学と見なされるならば，それを精緻化し深める自然な仕方は，形式的な合理的選択理論を作り上げることによってだ，と。これは次の事実に基づく観察と自然に合致する——すなわち，経済学者たちは——哲学者たちとともに——この精緻化に対する主要な貢献者であり，それは1940年代以後，ロビンズが間違いなく予見しなかった水準の精巧さへと進歩してきた，と。経済学者たちと哲学者たちは，合理的選択の研究への各々の関与を異なる動機に基づかせる傾向があった。非常に大ざっぱに一般化すると，哲学者たちにとって，合理的選択理論は規範的研究の一分科，つまり，理想的に合理的なエージェントが何をするべきかについての諸設問への答えの一部分である。対照的に，経済学者たちにとって，合理的選択理論は，しばしば，記述的科学への貢献，つまり，経済的エージェントたちが合理的であるという想定の下で彼らが実際に何をするかについての分析を提供することであると見なされる。それゆえに，経済学者たちの合理的選択理論の用法は，哲学者が一蹴し得るような種類の諸批判，つまり，人々は実のところ彼らが想定する仕方で合理的ではないという証拠に基づく攻撃にさらされる。他方で，合理的選択の哲学者たち——経済学者ではない——は，妥当な意味で理想的に合理的であることの規範的適切さについての懸念にそもそも答えねばならない（これら2種類の批判は，もしFrank et al. 1993のような研究によって説得されるならば，収斂し得る——それによれば，合理的選択理論を記述的道具として人々に教えると，人々はそれに従って行動したいと規範的に思うように促される）。

　これらの問題は，第5章の主題になるだろう。差し当たって我々の関心は，ロビンズの経済学領域の理解に対するそれらの問題の関係にある。これは重要である，というのは，形式的な合理的選択理論を行動経済学の記述的内容の一部分と現にみなす経済学者は，容易に自身をロビンズの理解の内部で働いているものと見なせるからだ——その理解についてこれまで述べられてきたことを前提とすれば。しかしながら，これは性急だろう。ロビンズが正当化するような分離性命題の含意は，心理学的過程である選択はブラックボックスで，それは——経済学に関する限り——意図的に閉ざされたままだと考えられているということである。ロビンズの経済学者が勧告されるのは，自身の意図的過程の連続した内観によって進むのではなく，どの行動が所与のエージェントの選好の満足を——選好順序，環境，諸資源の予算に相対的に——最大化するかを論理的に決定することによって進むようにということだ。ロビンズにとって，経済学に関連する唯一の心理学的事実（内観によっても

たらされる）は，人々が現に意図的に選択をするということである。ロビンズは自分の主張に賛成の論を張るというよりは，単に（とはいえ，相当詳しく）力説する——もし経済学が経験的な何かについてのものであるべきならば，現実の意図的選択の存在は必要である，と。『経済学の本質と意義』その他の所で彼が述べているすべてのことと一貫するのだが，ロビンズは，意図的選択が順序づけられた選好を行動に結びつける過程に違いないということを単に自明だと見なした——なぜなら，他にその仕事をするものを何も思いつかなかったので——と想定できるのである。

　後の諸章で大々的に論じられるように，現代の認知科学が共感したがらない考えというのは，形式的合理的選択の深遠な諸原理——それらは経済分析一般の精緻化された諸発見に他ならない——が連続した注意深い内観によって決定されるべきであるというものだ。したがって，人は以下の議論によって合理的選択理論の経済的用法をロビンズの実証主義的基礎に基づかせようとするかもしれない。経済学が——経験的に妥当であるべきなら——依拠する想定は，人々が彼らの選好の順序づけを最大化する者たちである——少なくとも近似的には——ということだ。エージェントがその選好の満足を最大化することを期待し得るのは，その行動が利用可能な最善の規範的合理的選択理論の諸公理に合致する範囲でのみである。したがって，（実証主義的な）経済学者が想定し得るし，そうすべきであるのは，人々はこの理論を学ぶように動機づけられ，彼らの計算的限界が実践または公的教育によって克服され得る限りその目的を果たすだろうし，それからこの理論のうち彼らが理解し得る限りのものに彼らの行動を合致させるだろうということである。彼らが自分の成功を監視するかもしれないのは，部分的には，自身の選択過程を内観することによってだが，しかし次のようにして同様にうまく監視するかもしれない——すなわち，自身に対して行動主義的態度をとり，自己観察された行動を規範的合理選択理論の推奨〔する行動〕とただ比較し，不整合を発見する時にはいつでも自身の選択のパターンに対して疑似乱数的調整をすることによってであり，それによって彼らは漸進的に行動と理想的の合理性とを互いにより緊密に合致させていく。

　この議論は，ロビンズのバージョンの分離性命題を掘り崩すだろう，というのは，その結論は，経験的心理学者たちに，人々が何らかの手段によって合理性の理想に合致しようとするという予測を検証するよう薦めるからだ。実際に，ロビンズは時折，まさにこの方法で彼の分離性命題を潜在的に掘り崩していると解釈されている。すなわち，彼は次のように主張していると解釈されてきた——人々が選好最大化の

3. 分離した新古典派ミクロ経済学　　109

追求において純正に合理的になろうとするということを日常の観察が定期的に再保証する，と。仮にこれがロビンズの見解で・あ・っ・た・ならば，それが科学的または新奇な心理学を経済学から離しておこうとするのは，その心理学が日常の観察の諸結論を掘り崩さない限りにおいてのことだろう。心理学者たちまたは哲学者たちは，彼らの一部が民間心理学の基本的な概念的装置にいかに親しんでいようとも，今日，科学的心理学が一般に民間的一般化の正当性を立証すると信じている者はほとんどいない。ゆえに，ロビンズについてのこの解釈に基づけば，彼は自分の分離性命題を掘り崩してしまうのだが，その仕方は，心理学についての彼の信念を前提とすれば，自分で認識することができないようなものだ。

　しかしながら，その解釈は，ロビンズの立場の綿密な調査を乗り切ることができない。彼は明示的に主張しているが（Robbins 1935, pp. 92-94），経済学は，人々が有能で合理的な効用最大化者だということに依存しないし，そのように仮定すべきでもない，と。すなわち——

> たとえ目的に矛盾があるとしても手段はその目的に関して希少であるかもしれない。交換・生産・変動——すべては，人々が自己のなしつつあることの意味内容を完全には知っていない世界におこるのである。消費者の需要を最も完全に充足することと，関税あるいはこの種の障害によって外国商品の輸入を阻止することを同時に望むことはしばしば矛盾する（すなわちこの意味において不合理である）。しかもそれはよくなされることである。この場合経済学はその結果生ずる事態を説明する資格がない，とだれがいうであろうか（ibid., pp. 92-93〔前掲訳書，pp. 140-141〕）。

ロビンズの例は彼の要点を証明しないと異議が唱えられるかもしれない——なぜなら，関税に賛成する人々は，「消費者の需要を最も完全に充足すること」以外のそれと競合する物事を尊重するかもしれないからだ。しかしながら，差し当たり問題となるのはロビンズの信念それ自体で，その内容は，経済分析は，主体たちが，何であれ現に欲するものを合理的に最大化する能力を仮定しない，というものである。

　ロビンズは，経済分析に組み込まれていると考えられるかもしれない他の２つの——より要求の厳しくない——合理性の理解を考えている。彼は述べる——

> 合理的という言葉がたんに「矛盾がない」ということを意味するものと解釈されるかぎり，この種の仮定がまさしくある種の分析的構造にはいってくるということは正しい。均衡状態においては分割可能な諸財の相対的重要さはそれらの価格〔の比〕に等しい，という有名な

一般法則は，もしわたくしがＡをＢより選好しかつＢをＣより選好するならば，わたくし
はまたＡをＣより選好する，という意味においておのおのの最終の選択の間に相互に矛盾
がないという仮定，要するに完全な均衡においては，さらにそれ以上の「内部的裁定操作」
（internal arbitrage operations）によって利益を受ける可能性が全く排除される，という仮
定をまさしく含んでいるのである（ibid., p. 92〔前掲訳書，p. 139〕）。

　これが表明しているのは，もちろん，次の有名な考えだ——最小限の経済的合理性
の中核的側面は選好の推移性である，と。ロビンズは誤解を招くほど控えめに，こ
れらのコミットメントは「ある種の分析的構造にはいってくる」とだけ述べる。結
局，選好の推移性は必要な特性である——そもそも選好が順序づけられるべきなら
ば。そして，ロビンズは，選好が——少なくともしばしば——順序づけられるとい
う事実を，経済学の可能性と経験的重要性についての２つの基礎的仮定の１つとし
て聖堂に祀ってきた。しかしながら，差し当たっては，ロビンズはできる限り懸命
に——実際には，おそらく彼が可能なよりも懸命に——経済学者の合理性に対する
コミットメントを最小化しようと試みているとだけ述べよう。
　このように，整合性の諸仮定が必要である正確な範囲をごまかした後に，ロビン
ズはようやく彼が真に最低限必要な条件と認めるものを定める——

　もちろん，人間の行動が経済的側面をもつ前に少なくともなにかの合理性が仮定される，と
正当に論じうる意味——すなわち合理的ということが「目的のある」ということと同義であ
る意味——があり，われわれは合理性という言葉をこの意味に用いることができる。……も
し行動が目的あるものと考えられないならば，経済学の研究する手段-目的の関係という概
念は全然意味をもたなくなる，と〔ほぼ間違いなく〕論ずることができる。したがって，も
し目的のある行動が全然存在しないならば，経済現象は全然存在しない，と論ずることがで
きるであろう。けれどもこのようにいうことは，すべての目的のある行動に全く矛盾がない
というのでは決してない（ibid., p. 93〔前掲訳書，p. 141〕）。

　この一節には，哲学的意義が詰まっている。第一に，それは認識的にというよりも，
むしろ存在論的に紡がれていることに留意されたい。つまり，もし合目的的活動が
存在しないならば，いかなる経済現象も（「ほぼ間違いなく」）無いだろう。おそらく，
合目的性がない場合でも，心理学的現象が（少なくとも，心理学的なものについて
のロビンズの内観主義的な理解に基づけば）存在し得るだろうから，分離性命題は，
このようにして，存在論的な——単に方法論的というのと対立する意味での——
ひねりを与えられる。しかし，もしこの一節全体に，上で引用された以前のものと

3. 分離した新古典派ミクロ経済学　　111

の整合性をもたせようとするならば，問う必要があるのは，いかにして経済現象の存在が，選好の推移性によって示される最低限の行動の整合性に依拠することなく，合目的的行動の存在に依拠し得るかである。この問題を提起することは，ロビンズの最後の文についてのいかなる言い逃れも必要としない，というのは，合目的的活動は「完全な（complete）」整合性（それについては，次節でもっと述べられよう）が無くても明らかに起こるからだ。しかし，行動が単に推移的な選好構造を表しさえしない（少なくとも分析される一連の行動の進行を通じて）ならば，いかにして活動における合目的性を識別することができようか。結局，例えば，石たちを目的を持たないシステムの見本とみなすならば，このことについての行動的な証拠はまさに次の事実に存する——仮に，例えばどこに座るかについての願望を石に帰する（その一連の位置に基づいて）ならば，結果として生じるシステムは，いったん重力の影響が除外されたら，推移性を全く示さないだろう（一時的にかつ時折，偶然に示される場合を除いて）という事実だ。つまり，重力の影響が，石の行動におけるすべての見せかけの推移性を説明し，その事実を前提とすれば，石たちを諸エージェントとして扱おうとさせる誘惑は全く存在しない。

　しかし，見てきたように，ロビンズは行動主義を否認する。そして，今や，この否認を，彼の経済学の定義についての彼自身の理解にとって，本質的である——付随的ではない——と見なし得る。再検討してきた彼の主張の集合が互いに整合的になり得るのは，ロビンズが次の最低限の論理的可能性を少なくとも仮定しているとみなす場合のみである。その可能性とは，個人は諸目的を持つこと——さらに言えば，順序づけられた選好を持つこと——に内観的に気づき得るが，これを自身の行動の合理化に関する任意の推移性の中に表出し損なうということだ。ロビンズにとっては，意識に根ざし，かつ，行動から独立な諸目的についての諸事実が存在しているので，無目的な行動は，順序づけられた選好で表現された諸目的の存在と概念的に両立可能と見なされる。それゆえ，我々が石たちは目的を欠くと信じる根拠は，本質的に行動に関するものではなく，石たちは意識を欠くという趣旨の事実的な信念に基づくものだろう。

　この解釈は，最後に引用した節の直後にロビンズが述べることと，見事に首尾一貫する。すなわち，「実際…，この目的のある行動が自覚的になればなるほど，それは必然的にますます矛盾のないものとなる，と主張してさしつかえない」[55]（ibid., p. 93〔前掲訳書，p. 141〕）ということだ。これ以上カント的な所感を書き表すこと

はできまい——我々が実証主義者から期待する際に，歴史的論理実証主義が，カント的な形而上学および認識論と，因果性についてのヒューム的懐疑主義との調和であることを考えれば（Friedman 1999）。その所感は，同様に深く，現代の認知および行動の科学と反りが合わない——動物行動学的な諸事実は言うまでもなく。「意識（consciousness）」をどのように定義しようとも，我々は，人間が実質的にスズメバチよりも多くそれを持っていると考えそうである。しかしながら，行動に関する予測へのアプローチが，それを単なる選好の整合性についての諸仮定の帰結から導出することであるならば，その成績は，人間についてよりもスズメバチについてのほうが遥かに良いだろう（Ross 2002c）。実際，昆虫たちは新古典派ミクロ経済分析にとってほぼ理想的な実験材料になる。1昆虫の諸目標とその行動的諸反応の間の諸関係は，組み込まれた（ハード・ワイヤード）ものであり，有限に特定可能で堅固に型（ステレオタイプ）にはめられた諸次元に沿ってのみ環境の変化に敏感（センシティヴ）である。したがって，経験的な諸手段によるそれらの諸次元の位置特定は，経済学者が研究する論理的諸関係のその後の応用のための，安定的な諸変数の精密な集合を抽出する。昆虫学者によって発見された制御的規則性は，その昆虫の予算制約と条件-活動のレパートリーを構成する——そこからの効用最大化関数の導出は，直截的な技術的問題である。我々は，このようにして，生物学的な個々の昆虫と行儀（ウェル・ビヘイヴド）の良い経済的エージェントの間の1対1の写像（マッピング）を持っており，そして，その〔経済的エージェントの〕効用最大化の進路上の失望の数々を，選好逆転から帰結するものとして説明するように誘惑されることは決してないだろう。

　もちろん，想定したいという誘惑にかられることがほとんど無いのは，昆虫たちが何であれ熟慮的選択と結びついた現象のようなものを経験するということだ——そして，これが正に要点である。経済学のためのロビンズの内観主義的な認識論的基礎づけは，ミクロ経済学——行動における整合性の諸仮定の論理的分析の単なる応用としての——が最も良く機能する諸条件を選び出すことに関して，ほとんど厳密に間違っている。私は第6章でこの主題に詳細に立ち戻るつもりである。差し当たり，2つの点を強調したい。第一に，ロビンズのカント的直観の逆転は，経済学

---

55 ［原注 25］今や読者が，ロビンズがここで経済学の整合性へのコミットメントの否認を取り消すのではないかと懸念するといけないので，この文の後に続く文が以下の通りであることに留意されたい——「けれどもこのことは，それはつねに矛盾がないということ，あるいは経済学的一般法則は，行動のうち，すべての矛盾が解決されてしまった，おそらくはちっぽけな部分に限られるということ，を最初から仮定する必要があるというのではない」（ibid., p. 93〔前掲訳書，p. 141〕）。

の範囲についての彼の定義のただ1つの側面のみを掘り崩す。すなわち，それは経済学を人間行動の分析に制限する彼の諸根拠を取り除く。第二に，それは先に引用したようなロビンズの明示的な異議を越えて，我々を行動主義の方向へと導く。このことが注意を引きつけるのは，序数主義的反乱を部分的に促した，包括的な実証主義的態度の内部におけるいくらかの重要な緊張へ向けてだ。既述のように，古典的実証主義は，その形而上学に対する態度とその哲学的心理学の双方において深くカント的であった。しかしながら，同時に，古典的実証主義の認識的検証主義へのコミットメントは，古典的実証主義に心理学的行動主義との自然な親近性を加えた——心理学的行動主義は，1940年代および1950年代の認識論に対する最も重要な脱 実証主義の貢献，つまり，Ryle（1949），Wittgenstein（1953），Quine（1953）らの貢献の中で栄えた。実証主義の内部のこの競合的な流れは，ロビンズの『経済学の本質と意義』にも存在しており，同書のその後の影響としては，少なくとも，より「古典的な（classical）」実証主義との彼の親近性と同じくらい大きな側面だった。

　先に述べたことだが，新古典派経済学の表面的な方法論的伝承知識においては，快楽主義的感覚主義の棄却と，効用関数の解釈における序数主義擁護のキャンペーンとが，同じ見解の2つの側面として典型的には結合される。見てきたのは，ロビンズの古典的実証主義がいかにして彼の反快楽主義を正当化するかだ。後者は，特定の心理学的因果性（causation）についての命題であり，それは実証主義的な経済学者の仕事では全くないと考えられている。しかしながら，効用の基数的解釈に妥当に反駁するものは，ロビンズの『経済学の本質と意義』の最初の4章——我々の注意はこれまでそこに制限されてきた——には何もない。結局，もし，経済分析の経験的意義が，人々が熟慮的選択現象の諸過程を内観的に自覚することに依拠するならば，なぜ経済学者は民間心理学の内観主義という緊密に関連した教義を無視しなければならないのだろうか。民間心理学的内観主義によれば，そのような選択は——因果性よりはむしろ論理的編入（logical incorporation）によって——目標志向の願望の相対的な「感じられた強度（felt intensities）」の評価に依拠する。人々が彼らの選好を順序づけられたものとして現象的に経験するということが一度想像されると，彼らがそれを単に順序づけられただけのものとして経験すると想定することは奇妙である。ヒュームは，対照的な例によって，明確にこう考えた——我々が自分の選好順序を推論するのは，結果を求める我々の情熱における異なる諸レベ

ルの「快活さ（vivacity）」に対する我々の現象的自覚からである，と。この教義を維持する中で，ヒュームは民間心理学的な常識を擁護している。ロビンズは，この問題を決して扱っておらず，したがって，彼が決定的に訴えるところの「日常の（everyday）」心理学的知識は，もしそれが厳格な序数主義と両立可能なものとして読まれたならば——概念的にも歴史的にも——非常に奇妙であるということに明らかに気がついていない。それにもかかわらず，ロビンズは序数主義を是認する——時には，彼が概して好む修辞的論調と比べると非常に熱烈に[56]。以下で論じるつもりだが，この態度は哲学的分裂症（スキゾフレニア）に近い。

　厳密には，序数主義とは，効用関数は単調増加変換の下で維持される諸特性に言及することにより定義されるべきだ，という命題である。限界効用の逓減は，そのような特性ではない——これは，まさに 1930 年代の主流派経済学者らが Hicks and Allen（1934）によるその明白な消去を見て喜んだ理由である。彼らの替わりの特性，すなわち，限界代替性の逓減は需要曲線の凸性を保証するが，それは次のように想定するからだ——諸エージェントが，任意の商品 x のストックが増加するにつれて，より少ない x をもう 1 つの商品 y〔の 1 単位〕と交換する[57]，と。しかしそれは，この事実についての，いかなる感覚論的または他の因果的心理学的基礎にも言及しない——つまり，それは行動的である。さてここで，Mandler（1999, pp. 85-96）が論じているように，序数主義に対する可能な動機づけの強さを評価する中で，我々は，ジェヴォンズが理解していたような限界効用逓減の原理と，マンドラーが「心理学的凹性（psychological concavity）」と呼ぶ，より弱い特性とを区別する必要がある。前者は，エージェントが特定の商品の限界効用が限界において逓減する率に内観的に気づいているという命題であるのに対して，心理学的凹性は，限界効用が逓減するという事実に気づいているというだけの特性を意味する。マンドラーは，以下のように，心理学的凹性を操作化（オペレーショナライズ）する。「任意の点 x において，x を通る任意の曲線上の選好の心理学的に正確な効用表示の集合は，非空であり，その曲線上のエージェントの選好の凹の効用表示のすべてから成る。言い換えると，

56［原注 26］例えば，Robbins（1935），p. 56, 注 2〔前掲訳書，p. 86, 注 15〕を見よ。

57［原注 27］ヒックスとアレンは，述べられたようなその原理が完全に一般的にはなり得ないということに気づいていた。それは，補完財の場合に典型的に失敗する——マティーニを飲む人にとってのジンとベルモットのような場合だ。しかし，彼らがそうしたように，この原理の基礎が論理的というよりはむしろ経験的なものだと想定するならば，これを単に極端な場合の付随的な集合として扱うことに対する決定的な異議は存在し得ない。

3. 分離した新古典派ミクロ経済学　　115

エージェントは，すべての方向で限界効用の逓減を経験するが，さらなる非序数的な心理学的反応を全く経験しない。つまり，任意の曲線上で，エージェントの選好を示す任意の凹関数は心理学的に正確なのである」(ibid., p. 87)。その特性〔心理学的凹性〕についてのこの外延的な詳述は，伝統的な限界効用逓減に対するそれの形式的関係の評価を許す。マンドラーは，ジェヴォンズ的な限界効用逓減に関する効用関数変換の集合は，心理学的凹性に関する効用関数変換の集合の真部分集合であり，ゆえに，後者はより弱い仮定であるということを示している。しかしながら，心理学的凹性は，依然として厳密には序数的ではない。

　ロビンズの古典的実証主義的認識論は，より強い非序数的特性を棄却するための正当な基礎さえも与えないとはいえ，実際には，心理学的凹性を是認するよう強いるはずである。結局，彼は次の主張にコミットしているのだ——内観は単なる感覚的クオリアよりも多くのことを我々に教える，すなわち，我々は，自身の選好の順序づけという事実に気づいているのだ，と。そこで，我々が純粋に質的な限界効用逓減にも気づいているという示唆を排除——ロビンズがそうするように——しようとすることは，完全にアドホックである。したがって，ロビンズは，心理学的凹性を，一原理として，限界代替性逓減よりも好むべきだ——後者は，一見したところでは，その〔限界効用逓減に対する〕相対的な好みの中に，行動主義的な諸仮定——すなわち，「奇妙な流行」の現れ——しか持っていないように見える。

　歴史的には，ここには何の難問もない。ロビンズは，マンドラーの区別に気づいていたことを全く示しておらず，間違いなく，それについて全く考えていなかった。しかしこれは単に「なぜそうしないのか？」という設問を招くだけである——なぜなら，その区別は，選好における順序の単なる自覚と，順序づけの基数的特性についての自覚との間の，ロビンズの主要な区別にほぼ厳密に対応するからである。テキストは何の手がかりも与えない。また，いずれにしても，我々がここで関心があるのは，実際の論理的関係であって，ロビンズの知的伝記それ自体ではない。いくらかの哲学をしてもよい時だ。

　以下のようにして，その設問に接近しよう。厳格な序数主義者にとって，ヒックスとアレンが好んだ限界代替性逓減という特性を支持して，どのような議論が示され得るのだろうか。たいていのミクロ経済学の教科書は，未だにそれを支持しており，多くの教科書が含意しているのはその基礎は経験的だということである。それは，したがって，経済学についてのポパー的またはラカトシュ的な反証主義に修辞

的に奉仕する方法論者らが好む対象になる。しかしながら、するとこのことによって、それは Hausmann（1992）や Rosenberg（1992）のような経済学の哲学的批評家の製粉所のための穀物になる。彼らが述べるには、補完財[58]によって提起される限界代替性逓減に対する反例は、常に、反証するものというよりはむしろ極端な実例として理由なく扱われるという。しかしながら、1930 年代に実際に標準的であった限界代替性逓減擁護の議論は、ポパー的主題が経済学者の間で普及した以前には、経験的というよりはむしろ論理的な根拠に基づいてそれを擁護した。議論は、以下のように続く——もし、ある財に関する限界効用が（際限なく）増大することが許されるならば、合理的エージェントのモデル内のいかなるものも単一狂的消費（*monomaniac consumption*）、つまり、その財のみの消費による効用最大化を排除しない、と。しかし、これは背理法（レドゥクティオ・アド・アブスルドゥム）であると見なされる。これが良い議論であるかどうかは、ここでは気にしなくて良い。要点は、これが凹性を擁護する仕方は、まさに選好の非循環性が典型的に擁護される仕方、すなわち、経済的合理性の定義の一側面としてだということである。上で見たように、ロビンズは、非循環性に対する論理的な（経験的に対する意味での）コミットメントを回避し得ない——彼は、その点をごまかす試みをしてはいるけれども。そして、『経済学の本質と意義』の中の一節（そこでは未だ合理性または序数主義に関連した話題に直接的には集中していない——それゆえに、彼の哲学的防御はおそらく緩められている）において、ロビンズは、限界代替性逓減を支持する論理的議論を明示的に引き合いに出している。

　ロビンズに対して寛大な方法でこのすべてを構築することは難しくない。もし、凹性が——まさに非循環性のように——経済的合理性の必要な側面であるならば、限界代替性逓減は、それを保証するうえで、ジェヴォンズ的な限界効用逓減よりも良い仮定である——それは、単に、前者はより一般的で認識論的に控えめだからにすぎない。しかしながら、限界代替性逓減は、ロビンズ自身の心理学的カント主義に関して、心理学的凹性に対し、この優位性を持っていない。すなわち、心理学的凹性は、ロビンズが他の理由で既に是認していた諸仮定以上に追加的な、あるいはそれよりも具体的な経験的諸仮定を全く必要としないのだ。心理学的凹性は、明らかに、仮にロビンズがそれを思いつき、哲学的整合性が彼の切り札的考察であった

---

[58]［原注 28］前注を見よ。

としたならば，ロビンズが好んだに違いない特性である。しかしながら彼はそれを思いつかなかった，というのは，結局のところ，適切な科学理論の一般性と公理的構造——系統性（システマティシティ）——に対する彼のコミットメントが，彼が古典的実証主義と共有する特殊な（心理学的）カント主義を負かすからだ。

これは，実証主義一般に生じたことを映し出す。系統性に哲学的心理学を上回る優先性を与えることは，経済学についてのロビンズの認識論を，行動主義へと続く滑りやすい坂道へと追いやる。これは，一般的認識論におけるカント的実証主義からクワインへの30年間の進歩と平行するものだ——もし経済学のための行動主義的基礎が，系統的な一般性を保持または増大させ得るならばの話だが。私は，続く諸章を通じて，それが可能であるということを論じていくつもりである（このように，私にとって，その滑りやすい坂道は，どこか涼しい所へと続く，歓迎すべきウォータースライドなのである）。極めて簡単に言えば，こういう理由で，経済学の範囲についてのロビンズの定義——〔ただし，〕「人間（human）」という語を除く——と分離性命題に対する彼の基礎が，来る議論におけるひねり（ツイスト）と回転（ターン）のすべてを通じて存続するだろう。

しかしながら，まず，正統な経済学方法論の実際の発展をさらにもう一歩，1940年代における公認の行動主義への歴史的推移を通じて，たどらなければならない。これは，以降，私が「ロビンズ－サミュエルソン的論議パターン（RSAP: Robbins-Samuelson argument pattern）」と呼ぶことになるハイブリッドの見解の基礎になるだろう。それを詳説し擁護するために，本書の残りの部分を費やして現代の認知科学に訴えるつもりである。

サミュエルソンと行動主義

私がサミュエルソンの顕示選好理論（RPT）を歴史的入口として扱うことは，正統派の論評からの何の逸脱も伴わないだろうが，しかし付言すべきいくつかの哲学的論点がある。Wong（1978）によって注意深く論証されたように，サミュエルソンは，哲学的に素朴（ナイーヴ）であった——経済理論家たちの中で通常の標準と比べても。彼は経歴の全体にわたって，少なくとも3つの「基本的（fundamental）」だが相互に矛盾した理由を提供して，RPTを消費者理論のための好ましい系統的な基礎づけとみなした。これらの冒険の詳細は，ここでは注目に値しない。サミュエルソンが明示的に試用した哲学的立場に対する哲学的ラベルである「操作主義（operation-

alism)」と「記述主義（descriptivism）」は，いかなる一般的な科学認識論におけ
る真剣な論争の担い手としても再構築され得ない。彼は，正当化に役立つ壮大な諸
原理を優雅で少々権威的な文飾で述べることを好んだ。それは修辞上の好みの問題
で，一部の者の感情を害し，他の者を魅了したが，しかし，いずれにせよ，解釈的
な衒学（げんがく）に対する長い取り組みを請うものである——それは苛立った者からすると辛
辣かつ破壊的で，感心した者からすると熱心かつ英雄的である。私自身のここでの
作業原理は，サミュエルソンが宣言した（declared）哲学的忠誠の分析に関して，
哲学的装備の兵器全体を持ち出すことは，技術使用の適合性についての見識のなさ
を示すだろうということである。

　これは，一定の形而上学的な審美眼のある読者——すべての「増殖物（vestigial
growth）」（クワインの言い回し）が取り除かれた流暢で簡素な存在論的解釈の熟慮
を楽しむ者——のために言うのだが，サミュエルソンの『経済分析の基礎』（1947
年に出版されたが，1930年代後半に大部分構成された）には多くの美しい章節がある。
この判断の根底にある審美眼は，必ずしも因習的な数学者のものではない。サミュ
エルソンの形式的証明は，優雅と考えられるかもしれないし，そうでないかもしれ
ないが，これらは本文から外され付録に集められており，また私はいずれにしても，
数学的な優雅さについての細かい等級づけの有能な審査員ではない。ここで関連の
ある審美眼は，そうではなくて，技師のものである。すなわち，サミュエルソンが
作るものは1つの機械（machine）である。しかしながら，この機械が行動科学の
ためにまさしく生産するものは，明らかというにはほど遠い[59]。我々がそれを言
えるようになるためには，前途に多くの仕事がある。

　しかしながら，審美的な熟慮は，枝葉の問題ではなく，ヒックスとロビンズの後
の諸世代においては，経済学の本質と完全に結び付いている。ジェヴォンズとワル
ラスからヒックスを経て，すべての新古典派の理論家の主要な著作には，哲学的緊
張がある。一方では，ますます厳格な分析を通じて系統性の増大を追求する。他方
では，誰も自身の探究の世俗的な対象を絶対に見失なわず，したがって，進行しな

59［原注29］ミロウスキーに敬意を表して，こう付け加えられるべきである——サミュエルソン
の機械を好む技師は，装置が実際に何をするのか，または，それどころか，装置が明確に価値のあ
る何かをするのか，ということとも無関係に，装置を評価し得る技師に違いない，と。確かに，さ
まざまな感傷的種類の技師がいる。サミュエルソンを評価するだろう類の人は，概して，大規模で
意図的に役に立たない仕掛けで，ストックホルムの国立宮殿〔ノーベル賞受賞晩餐会場〕のそばを
唯我論的に旋回および転回する機械を喜ぶ者である。

3. 分離した新古典派ミクロ経済学　　119

がら，スミス，リカード，マルクスに見出される経済的諸関係——すなわち，価値と富，生産者と消費者，利潤と損失，労働と余暇——と連続的な，経済的諸関係の民間的存在論（フォーク・オントロジー）を参照することにより，絶えず彼らの分析の対象を解釈する（Mirowski 1989 によって擁護されている中核的な命題を注釈する1つの方法は，この緊張が科学志望の経済学において根本的かつ解決不可能であり，新古典主義は大部分それを避けるためのむなしい試みだということである）。サミュエルソンの著作——そこでも哲学的緊張が生じる——の美しさは，何が何に勝利するかに関する明確な立場にある。というのは，完全に抽象的でほぼ純粋に形式的な「経済（economy）」の諸特徴が，日常的関心の存在論に対する完全な勝利を最終的に許されるからである [60]（この同一の審美眼は，デュプレの感情を害するものであり，理論家の心理学的動機についてのミロウスキーのポストモダン主義的な疑念を呼び起こすものである。しかしながら，私は以下の趣旨のいかなる主張も拒絶するつもりである——俗世の関心事を捨て去る諸理解を評価することは，必然的に厭世的（ミスアンスロピック）である，という主張だ。経済活動は人々を養う方が良いが，このことは，経済理論の論理的特徴について，厳密には何も含意しない）。

　この点は後で重要になるので，一例を挙げさせて欲しい。生産関数に関する第4章の結論によって，サミュエルソンは，単一企業の生産の均衡を，限界費用に対する物理的限界生産力の比率が最大化される点——その時，最後の単位の支出の限界生産力は，どの使用においても等しくなっている——として定義している。これは，もちろん，利潤最大化の分析であると考えられ，それが提供するのは，数学的構造と経済行動の因習的な諸理解との間の用語上のつながりである。しかし，このつながりは，厳密に制約されるべきである。すなわち，その分析の解釈の中に，利潤の概念との民間的な連想に関連したいかなるものを密輸入することも妨げられるべきだ。その連想は，なぜ経験的な経済の中に，利潤を得る企業もあればそうでない企業もあるのかということに関する好奇心によって作られる。この，すべての古典派経済学者たちを駆り立てる関心事は，今や，邪魔物として払いのけられる。構築のこの段階では，我々は，エージェントたちや諸市場を全く持っておらず，ゆえに，

---

[60]［原注30］これは確かに『基礎』を通じて一様に当てはまるわけではない。その多くの章節は，ヒックスと他の同時代の人々によって卓越性を与えられた経済的話題——例えば，貨幣の価格や配給制の諸問題——に関する文献の批判的論評である。これらは確かに，世俗的な諸問題によって着想を与えられている。しかしながら，サミュエルソンの目的は，しばしば，それらにあるとされている特殊な意義を——数学的な観点から——解消することである。

参入障壁による完全競争からの逸脱についての何らかのトップダウンの分析によって，「利潤（profits）」を理解するための基礎が全くない。その代わり，サミュエルソンは，一企業の観点から「純粋競争（pure competition）」を定義して，「任意の生産者に対する需要曲線が無限に弾力的であり，彼の販売量が価格に影響を及ぼすことができない」(Samuelson 1947, p. 82)[61] ということを意味するものとしている。この条件下では，自然の極端な場合が1つあり，そこでは，均衡において，需要曲線がゼロ収入へとシフトし，限界費用の最小化が平均費用の最小化に等しい。サミュエルソンが言うには，これは，この段階で「自由参入（free entry）」が意味するかもしれないことである。それから，我々は次のように教わる——「現実世界においては，純収入はすべての企業にとってゼロでもなければ，ゼロに向かう傾向をも有していないことは明らかである。これは不完全競争のもとでも純粋競争のもとでも同じことである。この余剰が，何者かに「帰因」しなければならないことはいうまでもないが，どんな名称（制度的利点に対する地代等）を付けても差し支えないであろう」(ibid., p. 87〔前掲訳書，p. 91〕)。最後の文に強調点を付したのは，この例での私の論点のためだ。それは容易に文脈を無視して，極端な新制度主義を示唆するために，あるいは，マルクス主義者を喜ばせるためにさえ，解釈され得るだろう。第一の方法で取られると，それは，現在人気のある会話に言及することにより，サミュエルソンを非常に流行りのもののように見せるだろう。しかし，サミュエルソンの実際の文脈では，これらのひねり（スピン）は，言語道断なまでに根拠がないだろう。起こっていることは，単に，利潤——民間的（フォーク）な意味での——が，制度的レントと一緒に，純粋な分析に対する「増殖物」のバスケットの中へと一掃されているだけである。それらは，作動中の根源的な経済的機械——ある選択された最大化プロフィールの純粋な生成者——の明確な見方に対する歪曲である[62]。

　私がミロウスキーに思弁を委ねるつもりであるのは——そして，これに否定的な

61〔訳注〕ポール・サミュエルソン著，佐藤隆三訳（1986）『経済分析の基礎〔増補版〕』勁草書房，p. 86。
62〔原注31〕ミロウスキー（Mirowski 1989, 第6章）は論じて言う——古典物理学から場の理論を首尾一貫して借用すること，または，物理学者がその理論を根本的に修正するのについていくことにおける新古典主義の失敗は，生産の主題に関する首尾一貫性のなさとして，最も有害に現れる，と。私はそれについてここでは別の主張をしているが，引用したサミュエルソンの文章は，新古典主義における資本と生産の扱い方をめぐる繰り返しの論争に照らして，解釈されるべきである。これらの話題は，本巻の中で人々と諸エージェントの関係の新たなモデルが完成された後，この研究の次巻まで先送りされるだろう。

意図はないが――，心理学的，社会的，歴史的文脈についてで，実際には何もする
ことが出来ないかもしれぬ完全に抽象的な諸機械に感心するように誰かを促すこと
ができる文脈についてである。ここで直接私に関係するものは，そのような知的活
動の論理的な諸源泉である。したがって，ただ次のように言うことから始めよう
――サミュエルソンは確かに実証主義者だったが，ロビンズよりも広く，より歴史
的に特殊でない意味において，そうであったのだ，と。20世紀の実証主義は1920
年代以降に発展したので，その基礎的なコミットメントの集合は，着実に，強調と
目的の諸変化に対して，より拡散し開かれたものになっていった。サミュエルソン
の実証主義は，この緩やかな――そして，ますます緩やかになっていく――型のも
のである。しかしながら，もし実証主義の歴史の中にただ1つの深い連続的な傾向
があるとすれば，それは元来のカント的基礎の着実な放棄であり，終に我々が，
1950年代後半までに，ほんのいくつかのクワイン的標語を採用することにより，
後期カルナップの見解からクワインの実用主義的行動主義へと翻るに至る[63]。サ
ミュエルソンの中に，カントの痕跡は全くない。彼の包括的な実証主義は，もっぱ
ら2つのものの結合に存する。すなわち，理論構築における最高の目的である公理
的な系統性への絶対的なコミットメントと，諸公理から測定可能な経験的諸結果を
導出することで理論を検証のために準備することは，科学的理論を構築することの
本質であるという信念との結合である。脱実証主義的な科学哲学は，これらのコミ
ットメントをさまざまな方法で大いに弱めてきたが，その主流がそれらを完全に放
棄しているわけではない[64]。サミュエルソンの実証主義は，このようにロビンズ
のバージョンよりも興味深くない。なぜなら，それは，（初期の）実証主義を画然
たる哲学的立場にしたものをほとんど含んでいないからである。いかにも，サミュ
エルソンを実証主義者と呼ぶことが啓発的であるのは，ただ1つの理由，つまり，
彼の混乱した哲学的言説をそれらの時代の代表として特徴づけるという理由のため
だけである。すなわち，彼は，科学的実在論者たちを動機づける類の存在論的設問
に対して，わずかばかりの関心も決して表さなかった。包括的な実証主義は，その
態度の死とともに滅んだ。これは，サミュエルソンが実証主義者であり，我々の大
部分がそうではない，主要な諸側面の1つである。

　サミュエルソンは，『基礎』の開巻一番，こう書き始めている――「いろいろな

63［原注32］Romanos（1983）を見よ。
64［原注33］そして，それらを完全に放棄すべきではない――前章で強く主張した通りだ。

理論の中核をなしているものの間に類似点が認められるという事実は，そこに個々の理論の底を貫いて流れ，しかもそれぞれの中核を互いに結びつけている一般理論が存在することを示唆している」(Samuelson 1947, p. 3〔前掲訳書，p. 3〕)。そして，著作の目的であるのは——と彼は宣言して言う——「理論経済学や応用経済学」のためのこの「基本原理」の「示唆を展開する」ことである。彼は，経済学者たちは，生産，消費者行動，国際貿易，財政，景気循環，所得分析を記述するために用いた方程式の中にある「いちじるしい形式上の類似性」に「最初から」気づいてきたのだと述べるが，しかしそれから，彼自身の新奇な洞察は「これらの各分野には，本質的に類似した方法から導かれ同一の形を有する意味ある諸定理が存在する」(ibid.〔前掲訳書，p. 3〕) という主張にあると同定する。ここで「意味ある」は「操作化可能かつ経験的に検証可能である」ことを意味する。『基礎』の狙いは，この方法を解明し，論理的にこれらの諸公理を統一することである。

　彼の冒頭の哲学的批評から欠けているものに基づけば，サミュエルソンが，出発点において特定しておく必要性を明らかに全く感じていなかったのは，消費者理論に応用されたような彼の野望の達成が，経済理論からの内観主義的諸仮定の完全な消去を要するということだ。おそらく，1947 年の読者がこれを承認すると考えられたのは，当時，行動主義が心理学における確立された真実だということを知っていたというまさにその理由によるのだった。しかし，理論経済学者であった読者は，いずれにせよ，その学問分野内の形式的分析における数十年の蓄積された詳細を知っている結果として，コミットメントを共有すると期待され得た。本章の前の方で議論したように，エッジワース，フィッシャー，パレート，ヒックスの仕事を通じた無差別曲線分析の発展は，実質的効用が，経済的エージェンシー（消費者）理論の基礎づけから消去されることを可能としていたが，それは需要の凸性の正当化の必要性を不器用に露わにする仕方でなされた。しかしながら，無差別性自体，それが経験的仕事に役立つようになるには，心理学的解釈を必要とするように思われる [65]。価格または所得のいかなる変化もないとき，最初は b よりも a を選び，その後 a よりも b を選ぶエージェントは，それらの間で無差別であるか，あるいは，任意の非心理学的証拠が確定し得るすべてに照らして不合理的であるかもしれない。したがって，無差別性は，原始的概念として，効用自体に劣らず満足なものでは

---

65 [原注 34] ここでは，Blaug (1980), pp. 164-168 と Blaug (1985), pp. 348-350 に従う。

ないように思われる。そして，そのような原始的概念――それは強い心理学的諸仮定に暗黙的に頼ることなく使われ得る――がなければ，分離性命題は維持し難い。

分離性命題への関心を超えており，かつ，それよりも具体的な考察もまた（おそらく主として），基礎的なものとしてのヒックス的な無差別曲線分析に対する不満を動機づけた。Blaug（1980）が強調するように，そのような分析は，需要に対する所得効果および代替効果の独立的測定を全く可能にしない，とは言え，それはHicks and Allen（1934）の分析にとって決定的であった区別である。原始的なものとして取り扱われる無差別性は，このように系統性と 操 作 化 の双方のパースペクティヴから不十分である――なぜなら，それは限界代替率の逓減を公理として（本来，定理であるべき時に）扱うので非系統的であり，また，それはその主要な関係諸変数――所得と嗜好――を経験的に区別するために使われ得ないので非操作的だからである[66]。

まっすぐ獲物に飛びつくとすれば，サミュエルソンのRPTは，選好――単に選択として解釈される――をその原始的概念とすることによって，系統性と 操 作 化 を達成すると考えられる。この標準的な定式化でさえも，誤解を招く恐れがある，というのは「選好（preference）」と「選択（choice）」は共に民間心理学的な用語だからだ。経済的に整合的なエージェントが b よりも a を選好すると言われるのは，一定の所得と限界価格の集合の下で，限界単位の b よりも限界単位の a を消費する時である。「選択」が意味するものの理解において，熟慮または計算に対するロビンズ的依拠は全くお呼びでない。その代わり，「選択」は，数学的関数の特定の集合への参照により構造化され得るような行動の分類に役立つ純粋に技術的な概念へと転換される。

RPTの簡潔な記述に関して，教育的実践はさまざまである。後で参照し易いように，明示的に，そのような記述を1つ，ざっと説明しておくつもりだ――その記述は，我々が後で必要とする諸概念のすべてを与えるだろう。これから定義について論うことは，概念的参照先を定めることのみを意図しているので，ここでは，代替的な定式化を選好する読者に対するいかなる異議申し立ても意図されていない。

66［原注35］ここで，因果的変数と言うことを避けるのは，前述のように，ヒックスやサミュエルソンの類の実証主義の経済学者たちは，因果性について公式には不可知論者だったからである。しかしながら，ついでに次のように述べることができる。因果性についての直観が欠如していると，我々が，所得効果と代替効果の区別は重要なのはもちろん有意義でさえあるということを確信できると考えられる理由を見てとるのは難しい，と。

しかし，経済学者と数学者のために1つの技術的注釈をつけるのが望ましい——彼らを混乱させる危険を冒したくないので。「RPT」と言うときは，サミュエルソンの理論的コミットメントのパッケージ全体に言及したい——単に「顕示的選好としての選択（choice as revealed preference)」の公理化のために形式的に必要なものだけではなく。後者のために必要なのは，(i)「選好」を定義する理論と (ii)「選好」を「選択」に関連させる諸公理のみか，あるいは，(ii) に加えて (iii)「選択」を行動の「顕示 (revelation)」の観点で定義する諸公理である。サミュエルソンは，(ii) に加えて (iii) に言及するために「RPT」を使い，それから，当然の帰結として，この装置により，心理学的に理解される「選好」への言及を避けられるということを付け加えている。対照的に，私が以下で与える定式化は，(i), (ii), (iii)の和集合であり，それは，「選好」と「選択」とを形式的に同定するものだ[67]。私は，まだ，その同定を擁護するつもりはなく，先にそれを明確に述べておきたいだけだ。

　つまり，こうだ——選好は，まず，公理的な役割に適したものにするために，論理的に2項関係へと還元される。すなわち，その概念を使って言えるようになりたいすべてのことが再帰的に得られるように，関係 $a \gtrsim b$ を原始的とみなす。つまり，$a \gtrsim b$ であり，かつ $b \gtrsim a$ でないとき，a は b よりも「厳密に選好される (strictly preferred)」，すなわち，$a > b$ である。$a \gtrsim b$ かつ $b \gtrsim a$ のとき，a と b は「無差別 (indifference)」として関係している，すなわち，$a \sim b$ である。この関係の観点でのみ定義される任意の諸特性は，（たかだか）序数的であることが保証される (Sen 1969; Mandler 1999, p. 81)。次に，2つの特性を持つ集合 $X \in \{X\}$ に注意を集中することによって，その関係にいくらかの制約を課す（ここから先は Kreps 1990b, pp. 19ff. による)。第一に，非対称性 (*asymmetry*) ——すなわち，$x > y$ かつ $y > x$ であるような組 $x, y \in X$ は存在しない。第二に，否定的推移性 (*negative transitivity*) ——すなわち，任意の $x, y, z \in X$ について，$x > y$ ならば，$x > z$ または $z > y$ またはその両方である。これらの特性の結合は，さらに4つを含意する。(i) 非反射性 (*irreflexivity*)：どの x についても $x > x$ ではない，(ii) 推移性 (*transitivity*)：$x > y$ かつ $y > z$ ならば $x > z$，(iii) 非循環性 (*acyclicity*)：ある有限整数 n について，$x_1 > x_2, \ldots, x_{n-1} > x_n$ ならば，$x_n \neq x_1$，(iv) 弱い選好の完備性 (*completeness of weak preference*)：どの x, y の組についても，$x > y$ でないか，あるいは，y

---

67 ［原注 36］この明瞭化の注釈とその必要性の認識とをダン・ハウスマン (Dan Hausman) に負っている。

$>x$ でないか，あるいは，その両方である。ここで，このように制約された選好関係の観点（ターム）で「選択」を定義する。諸対象の1集合 X と，X の有限かつ非空の部分集合 A に関する選好関係 $>$ を所与とすれば，$>$ に従って A からの受容可能な代替肢の集合は，$c(A;>)=\{x\in A:y>x$ であるような $y\in A$ は存在しない$\}$ と定義される。すなわち，何物も，利用可能な代替肢の集合内にそれよりも選好されるものが他に何も存在しないのでない限り，選ばれたとは見なされない。すると，再び，これは制約（restriction）の観点で厳密に定義された選択である。それは，1つよりも多い要素を持つ受容可能な代替肢の諸集合の存在と両立可能である。その制約が形式的に含意するのは，2つの集合 A, B が所与で，もし $x, y\in A, B$ かつ $x\in c(A;>)$ かつ $y\in c(B;>)$ ならば，$x\in c(B;>)$ かつ $y\in c(A;>)$ であるということである。

　この段階で Kreps（1990b, p. 26）が多くの評者に従って懸念しているのは，もし選択が選好関係の観点（ターム）でこのように定義されると，経験的記述のパースペクティヴから物事を前後逆にしてしまうという点だ。もちろん，確かに，内観主義者でもない限り，選好関係を検証可能な形で観察し，それから，それに基づいて行動の整合性を推察することなどは想像できないのである。したがって，Kreps（ibid.）は，次のように原始的な（プリミティヴ）選択関数（choice function）を定義するに至る――

　　X に関する選択関数は，その定義域が X のすべての非空の部分諸集合の集合である関数 c
　　であり――その値域は X のすべての部分諸集合の集合である――，それはすべての $A\subseteq X$
　　について $cA\subseteq A$ を満たす。

ここで，選択関数 c に2つの制約が課されるとしよう，すなわち，(i) 非空の評価（nonempty valuation）：すべての A について，$c(A)\neq\emptyset$，かつ，(ii) ハウタッカーの顕示選好の公理（Houthakker's axiom）：もし $x, y\in A, B$ かつ $x\in c(A)$ および $y\in c(B)$ ならば，$x\in c(B)$ かつ $y\in c(A)$ である。こう仮定するならば，分析的枠組みは形式的に閉じていることになる。すなわち，選択と選好は，相互の観点（ターム）で双方向で整合的に定義される。つまり，$\gtrsim$――非対称性と否定的推移性を満たす――を原始的な（プリミティヴ）ものとみなすことは，非空の評価とハウタッカーの顕示選好の公理を満たす c を原始的（プリミティヴ）とみなすことに等しい。

　今しがた述べたのだが，クレプスはこの分析的閉包に動機を与えようとして，経験的な操作化可能性（オペレーショナライザビリティ）を参照する。これはその文脈においては適切である。サミュ

エルソンの手続きとその後のすべての精緻化の要点は，結局，観察可能かつ非心理学的な何かを参照することによって，経済学で求められたすべての概念——暗含的にエージェンシーを含む——を 操 作 化することである。したがって，選択は，同時に〔二様に〕解釈される——独立した参照条件を伴う行動の1型として，かつ，制約された選好関係 ≿ の観点で相互定義可能性によって制約されるものとして。これは，すると，以下のような設問の余地を生み出す。すなわち，無限の諸集合からの「選択」について話すことは意味をなすだろうか。もしそれが意味をなすべきだと考えるならば，その公理的な枠組みは，これまでのところでは不完全である。そうでなく，そのような「行動（behavior）」は存在し得るが，それは「選択」には当たらないと述べることを選ぶならば，この制約を正当化するのは何だろうか——方法論的実用主義か，あるいは，経験的現実のある側面についての諸事実だろうか。そして，もしその答えが経験的現実に言及するならば，当該の側面は，心理学的側面（分離性命題を脅かす）だろうか，それとも特有に経済的な文脈によって区別されたエージェンシーの何か特別な特徴なのだろうか。もっと注目を受けてきた関連する哲学的設問（Kreps 1990b, pp. 26–27 によって気づかれ，Broome, e.g., 1990, 1991 によって広範に議論された）は，我々が時間的変化と代替肢の枠組みに影響を受ける選択実例を許容できるかどうか，または，許容すべきかどうかということである。これは，集合 X 内の許容可能な諸対象の個別化についての設問である。つまり，時間を通じて1本の傘はそのような1対象なのか，または，降雨時と降雨でない時の傘は2つのそのような対象なのか，または，「降雨時で，かつ自分が車を持っている時の傘」は「降雨時で，かつ自分が車を持っていない時の傘」とは異なるのか，といった設問である。合理的意思決定理論の基礎づけに関する文献においては，この問題の議論が多くあったが，しかしここで私がそれに触れる理由は異なる。すなわち，私が述べたいのは，単に，サミュエルソンによって動機づけられたような RPT は，その設問がそもそも経験的なものか論理的なものかということに関して曖昧だということだけである。もし，それ（と前の哲学的難問）を経験的なものとみなすならば，分離性命題を脅かさない仕方でそれに答えることは難題だろう。なぜなら，我々が試みたいと思うであろう方法は，人々があたかも〈車がある時の傘〉が〈車がない時の傘〉とは異なる種類の対象であるかのように振る舞うかどうかを決定することを目的とした実験だからである。もし，他方で，その設問を，我々の公理的枠組み自体についての厳密に論理的なものとみなすならば，RPT

3. 分離した新古典派ミクロ経済学　127

が任意の現実的経験的諸エージェントについて，何を——もしあるとすれば——記述的に行わなければならないかということを，依然として述べなければならない。

　これは，本書全体の主な設問の１つである。代替肢の集合が上述の諸制約に従うところでは，一意的に特定可能な厳密に序数的な１関数によって，それを変換することができる。顕示選好と厳密な序数性との経済的解釈の下での論理的等価性は，Houthakker（1950）によって成し遂げられた。彼は，効用関数は積分可能でなければならないと認識していた（Mirowski 1989, p. 364）。したがって，選択がなされる元の集合 $A \subseteq X$ が凸かつコンパクトならば，選択集合の数的表現のうち最大の数字のふられた要素を，最大化の過程によって選択できる。このことは，消費者理論を，サミュエルソンの統一的戦略の領域内にもたらした——その戦略とは，上述のように，最大化関数の小さな集合のコンピューターとしての完全な「経済（economy）」をモデル化することであった。我々が最大化を最適化として解釈する権利を与えられるのは，ただ，これらの数学の特殊に経済的な解釈を正当化できる場合にのみである。もちろん，経済的解釈はその仕事全体の究極点であったが，しかし Mirowski（1989, pp. 369-372）が論ずるように，それはサミュエルソンやその後 RPT の解釈に従事した人々からやってくるのではない。ミロウスキーが指摘するように，効用関数が積分可能という条件を課すことは数学的には本質的だが，詰まるところこう主張することになる——商品の配分状態と結びついた効用水準が非経路依存的である，と。ミロウスキーは，これについての彼の解釈を以下のように要約する——「積分可能性条件が主張するのは，あなたの選好はあなたの周りで起こることに全く左右されない，ないし影響を受けない，そして特に，あなたがあなたの諸商品を獲得する過程によっては影響を受けないということだ。それが主張するのは，あなたの選好が純粋に時間対称的であるということだ。それは，あなたの選好における任意の変化があなたのアイデンティティを容赦なく変更するということを要求する。仮に，新古典派の経済学者らが，絶対必要な積分可能性条件の意味を公然と認めるとするならば，それは巡り巡って次のことの承認に等しくなる，すなわち，効用は日常的経験の中で一定に保たれていないという圧倒的な証拠の受容を彼らが拒むということだ」（ibid., p. 371）。

　積分可能性の形式的含意についてのミロウスキーのリストは，確かに正しい。しかしながら，上に示した彼の最後の文におけるこの意義の読解は，私が論争するつもり（ゆっくりと，本書全体の行程に亘って）の何かを前提している。すなわちそ

れは，RPT が説得力のある経験的解釈を持つためには，「効用（utility）」が民間心理学的な諸範疇および諸概念から構築可能な何かと直接に対応しなければならないということだ。しかし，ミロウスキーは，また，次の断定でも正しい——すなわち，サミュエルソン自身の仕事において，その問題は中心的であり，かつ不十分にしか認識されていない，と [68]。サミュエルソンにとって，選択集合の数的表現の諸要素の選別を最適化のモデルとして——生産側および消費側の双方で——解釈することは，経済的解釈の原始的(プリミティヴ)な段階であって，残りのすべてのそのような解釈がそこから構築され得るし構築されるべきだと考えられた。したがって，彼は，最初は，消費側の数的表現を「効用関数（utility function）」として言及する習慣に抵抗した。仮に，この〔サミュエルソンの〕選好が行き詰まっていたならば，多くの評者たちが指摘してきたように，初期の新古典派消費理論と RPT の間の諸関係についてのその後の混乱は，おそらく多分に軽減されていたことだろう。しかしながら，学問分野的(ディシプリナリー)文化の慣性圧力が，サミュエルソンの言語的法制定(レジスレーション)の試みを圧倒した。行動が良く順序づけられた選好関係（我々を手間取らせる必要がないさまざまな追加的な補足条件に左右される；Kreps 1990b, pp. 30-37 を見よ）によって記述され得るエージェントは，過去も現在も「効用を最大化する（maximizing utility）」ものとして記述されていたし，今も記述されている。しかしながら，この種の効用関数に到達した仕方を所与とすると，効用関数が人々の中の内的心理的な諸状態または諸過程を測定すると考えたいという誘惑は，全く残っていないはずである。効用関数は単に，モデルとして RPT が意図されている部類の諸システムの諸活動を索引付けするだけである。どの現実の諸システム——もしあるとすれば——が RPT によって正確にモデル化されるかという説問は，この時点では経験的に未解決である。

---

68 ［原注 37］Mirowski（1989, p. 369）はテキスト上の証拠とともに示唆している——サミュエルソンがこれらの含意をでっち上げたのは，ハウタッカーの仕事がそれらを明確にした後になって漸くのことである。しかしながら，そのでっち上げは，まさに『経済分析の基礎』の中で既に予兆されていた。第5章で「すべての消費者理論」は詰まるところ，以下の原理に要約される，すなわち，需要の正しい関数化の下では，1商品に対する1消費者の需要は，その所得と常に同じ方向に変化する，ということを示した後，サミュエルソンは次のように述べる——「多くの著者たちは，効用分析が，経済理論の統一された重要な部分であると主張してきた。あるものは，その応用性を経済学を他の社会科学から区別する試験規準としようとしたほどである。それにもかかわらず，上の二つの条件のどちらかが実践的に真でないことがわかった場合に，経済理論がどの程度変化するかは疑問だと思う。恐らく，ごくわずかであろう。」（Samuelson 1947, p. 117〔前掲訳書 p. 121〕）。仮に，この所見が受け入れられるならば，それは，効用分析の経験的諸含意についてのあらゆる生じ得る懸念を回避するための白地小切手(ブランク・チェック)となるだろう。

3. 分離した新古典派ミクロ経済学　　129

歴史上のサミュエルソンは純粋に抽象的な経済システムを構築するにもかかわらず，RPT を通じて定義される経済的エージェンシーのモデルと現実の諸システムとの関係に関して形式的に中立のこの立場へと彼を一貫して押し込めることはできない。疑いもなく，彼は，RPT は，少なくともある系統的に重要な諸状況の下で，認知的に能力がある個々の人々をモデル化すると考えていた。これは，彼の包括的な検証主義にとって決定的であった。もし，実際の行動に関する「諸選択（choices）」を（行動に関する選択が何であるかについてのあれこれの説明に基づいて）モデル化するために，純粋に数学的な意味の RPT が用いられるならば，——サミュエルソンは考えた——所与のエージェントの行動が RPT に一致するかどうかという設問は，そのエージェントの一連の行動（需要関数内でモデル化される；Samuelson 1947, pp. 107-116）の結果の観察によって，直接経験的に検証され得る，と。この確信は素朴で，それは実際に報われるものではなかった。Wallis and Friedman（1942）は，なぜそれが報われそうにないかに関する基本的な診断を既に与えていた。経済的エージェンシーは，整合性を参照することによって定められるが，しかし人々——生物学的・心理学的・文化的存在としての——は，それらのいかなる実在論的モデルに従っても，系統的かつ実質的に間違いなく変化する。しかしながら，特定の一場合における RPT モデルの検証は，統計的有意性のために十分な長い時間に亘る観察の実行を要するだろう。これを前提とすれば，観察期間中の選好のシフト〔の影響〕を排除するため，観察された選択から独立な「選好（preference）」のいくらかの操作化を必要とするだろう。しかし，これはまさに RPT モデル——積分可能性条件によってロック・インされた——の反心理主義的な動機づけが禁止する当のものである。この懐疑論の根拠は，後の経験によって良く正当化された。Houthakker（1961）自身は，個々の人々の RPT モデルを経験的に正当化する試み——Luce（1959）がそうしたような——に失望を表明した。事態は次の事実によっても，より容易になることはまずなかった。サミュエルソンは哲学的に忍耐強くなかったので，前に論じたように，RPT の現実の人々への適用可能性の境界条件が何であると考えられているかを彼の仕事から確定することが困難になるという事実だ。人々は RPT によって，一般に，妥当にモデル化されるのだろうか。それとも，単に，価格シグナルが曖昧でないところの市場においてだけだろうか。後者であるならば，曖昧な価格シグナルから曖昧でない価格シグナルを区別できるのだろうか——曖昧さと顕著さを構成するものへの何らかの言及もせず

に，人間の生物学と心理学を所与として。結局，選択集合内の諸対象のタイミング，フレーミング，個別化に関する，上で議論した論理的な曖昧さは，特定の事例へのモデルの適用可能性の満足な経験的テストを設計し得る前にさえ，何らかの恣意的でない方法で解決されねばならない。

　先に述べたように，公式な哲学的自己記述をしようというサミュエルソンの試みは，実際の科学哲学の文献に精通していないことにより頓挫する。しかし，消費者理論に関する『基礎』の諸章における彼の作業仮説（Samuelson 1947; 特に pp. 97-98 を見よ [69]）を正確に捉えるラベルはクワイン的行動主義である。この見解をQuine（1991）は——人生の最後に当たり——ポール・チャーチランド（Paul Churchland）のより広い消去主義的見解へと明示的に同化させていったが，それに基づけば，「選択」や「選好」のような心理主義的な諸概念は，実在的（リアル）な心理学的指示対象を全く持たないのだ。諸対象は，物理的一世界の中で動き回る。ある諸部類の諸対象が動き回るのは，選択（セレクション）の歴史的過程によって生成されるパターンの中でであって，諸対象は環境の特定の諸次元内のエントロピーに対抗する恒常的（ホメオスタティック）な諸反応を（一時的に）生み出すよう導かれる。これを我々は「行動（behavior）」と呼ぶ [70]。科学の仕事は——クワインによれば——動きの投影可能なパターンが，実際の観察者たちによって帰納的に投影されることを可能にするような，（一意でない）関数を同定することである。この仮定を所与とすると，続けてこう述べることができる——もし，行動に関する動きまたはそのある部分集合が，RPT によって区別される部類の諸関数によって（拡張について）制約されているならば——そして，より弱い諸制約によって生み出された何らかの他の部類の諸関数によってもっと効率的に記述されないならば——RPT は科学的に有意な経験的諸モデルをもつ（またもや，動学が加えられない限り，拡張についてのみ），と。これらのモデルは，新古典派経済学者たちが一般化をしようと意図していた部類の現実の動きにほぼ一致するかもしれないし，しないかもしれないが，これは経験的な事柄だろう。その

---

69 [原注 38]「効用分析は，一定の価格と一定の総支出とが個人に与えられたとき，個人は彼の選好尺度が最高になるような財の組み合わせを選択するという基本的な仮定にもとづいている。これは，(a) 個人が他の意味で合理的に行動すること，(b) 彼が購買に当たり，慎重かつ自己を意識していること，(c) 彼が感じ，一慮重に入れる任意の強度を示す大きさが存在することを要求するものではない。」〔前掲訳書，p. 102〕

70 [原注 39] この解釈に基づくと，それが緊密に関連しているのは，動的諸過程の科学において非常に流行している概念，つまり「自己組織化（self-organization）」である。

3. 分離した新古典派ミクロ経済学　　131

ようなクワイン派の立ち位置は，それ自体ではいかにして関連する部類の動きを孤
立化させるかについての認識論的問題に答えを与えないだろう。しかし，理論と観
察の間の諸関係における決定不全性問題への実用主義的な解決策を擁護することは，
クワインの偉大な認識論的プロジェクトであった。したがって，RPT のクワイン
派の一擁護者は，少なくとも，RPT の経験的検証に対する懐疑的挑戦を避けるよ
うに見えるというよりは，むしろそれに真っ正面から対処する見込みがあるだろう。

　サミュエルソンが『基礎』の中で RPT の経験的な意味と重要性を論じる時はい
つでも，このクワイン的行動主義—兼—消去主義と整合的な仕方でそうする。消費者
が熟慮する仕方，あるいはそもそも熟慮するかどうかということは関係がない。彼
らが埋め込まれているところの諸システムの均衡化圧力に駆り立てられて，彼らは
RPT の最大化条件によって制約された部類の需要関数による記述と整合的な仕方
で動き回るかもしれない。したがって，諸エージェントに選好または選択を帰する
ことの経験的重要性はすべて，まさにクワインの「行動（behavior）」の意味にお
いて，厳密に行動に関するものである。サミュエルソンは，私の知る限り，決して
クワインの著作を引用していない。実際，驚くべきことではないが，サミュエルソ
ンはクワイン的な様式の RPT の擁護法を思いつかなかったのだ。私は，先に，彼
を包括的な脱実証主義者と呼ぶことを正当化した。分析哲学の歴史において典型
的であるのは，クワインが（先導的な）脱実証主義者と見なされることである——
彼の見解は，強調点を別にすれば，後期カルナップの見解からほとんど異ならない
という事実にもかかわらず。これについての正当化は，クワインは存在論的設問を
真剣に受け取り，認識論的問題を存在論的（論理的に加えて）諸仮定の観点で部分
的に構成するということである。しかし，先に述べたように，サミュエルソンを実
証主義者と呼ぶことの最も妥当な理由は，彼の哲学的内省——現にそうであるよう
な——は，決して純粋に認識論的なものの閉じた輪の外に出ないということである。
サミュエルソンはまさにこう主張する——消費者の行動をモデル化し，予測するた
めに，彼らの心理または動機に関する諸状態に言及する必要はない，と。重大なシ
フトであるのは，クワインに賛成して，次のように述べることである——科学にお
いて信念や願望への言及を避けること（劇的な語法としてのものを除く）は，信念
や願望のようなものが全くないと我々が——一般的存在論的諸根拠に基づいて——
結論づけてきたことによって正当化される，と。

　ジョン・デイヴィス（Davis 2003）は，最近，異なる分析的パースペクティヴから，

緊密に関連する一主張をした。デイヴィスはこう述べる——いったん経済理論が——サミュエルソンに賛成して——諸エージェントの通時的な個別化と再同定のための内観主義的基礎を放棄するならば，そもそも諸個人を一貫して区別するための任意の基礎をいかに——価値についての主観主義を所与として——維持するかが明らかでなくなる，と。分析単位として残されるすべては，効用関数のみであり，「通時的な諸エージェント（agents over time）」のような民間的な諸実体から切り離されている。サミュエルソンは，存在論的問題に全く手も出さず，単にこの問題を扱わない。しかしながら，私は後の諸章において，必ずや詳細に扱うつもりである。上述第1章で——経済理論の行方についてのミロウスキーの思弁に直面した際に——約束した主要な一結果は次のことだ。すなわち，いかにして経済理論本体から個人主義を完全に消去するか——ただし，諸エージェントまたは個々の諸セルフさえも我々のより広い存在論から消去することなく（ミロウスキーはデネットとビンモアがそうしなければならないと誤って考えているが）——を目の当たりにするだろうということである。

　かくて私は，結局，クワインがそうしたかもしれない仕方でRPTの消去主義的擁護に訴えるつもりはない。しかしながら，より広義のクワイン的立場は，私が擁護するつもりの命題を決定的に知らせるだろう。デイヴィスが述べるように，もし主流派経済学の存在論が擁護されるべきならば，誰かが，経済的エージェントとは何かについての新たな概念を提供しなければならない[71]。私はまさにそれをするつもりで，そして，認知および行動に関する説明のデネットの哲学が，いかにして——セルフについての関連理論とともに——我々にRPTの真剣な修正の必要を回避させるかということを示すつもりである。これがやって来ることを前提として，私が目下のところ望むのは，RPTに任意の特定の経験的解釈を課すことを避け，それを厳密に一片の閉じた分析——事前に規定された経験的解釈が全くない同語反復の一系統——として扱うことだ。RPTが，原則として，一部類の行動上の諸反応を制約するということは——人々または他の何かが実際にそのように振る舞うか否かに関わらず——，結局，疑われるべきでない。すなわち，誰かがサミュエルソ

---

71 ［原注40］Davis（2003, pp. 53-61）は，Stigler and Becker（1977）の「時間配分（time-allocation）」モデルをそのような可能な新しい概念のための基礎とみなすが，その上で，それを彼が決定的な批判と考えるものにさらす。私は，第4章で，そのモデルを，デイヴィスその他の者の批判とともに，考察するつもりである。

3. 分離した新古典派ミクロ経済学　133

ンの制約された行動に関する記述を，実際の経済について語る意図された方法として，「需要関数（demand function）」の名に値すると考えるかどうかとは関係なく，RPT が現にそれらを制約すると結論づけるにあたって彼の数学（*math*）は全く間違っていない。（現時点では，この態度は完全に私に固有のものでもなければ，経済分析のいくつかの重要な現代的応用から欠けているものでもないということだけ述べさせて欲しい。例えば，Binmore 1994, 1998 は，正義の規範と個人間の厚生比較との関係についての膨大な探求の中でそれを採用している）。疑問を呈されているのは——最も直接的には Hausman（2000）によって——，その諸制約が，経済科学のための妥当な領域を構成する経験的現象の有益な同定を可能にするのに十分なほど手堅いかどうかということである。

　先に述べたように，「RPT」は時折，狭義にサミュエルソンの特殊な公理化（あるいはサミュエルソンおよびハウタッカーの公理化）に言及するために使われる。私はこの先，その用語をこの狭い意味に制限しないつもりである——たとえ，それを「サミュエルソン的（Samuelsonian）」とみなされる立場と同一視し続けるとしても。なぜなら，これは現代の経済学者たちが典型的に RPT に遭遇する仕方ではないからである。一般性と優雅さの完全性は，Debreu（1959）によって成し遂げられた。そして，この公理化においてこそ RPT が経済的エージェントの標準的な教科書モデルになったのだ——その経験的重要性に対する懐疑的な異議にもかかわらず[72]。これは主として，アローとドブリューの一般均衡のシステムの内部における RPT の文脈付けを踏まえると，RPT は計量経済学的テストの手続きを経て間接的な経験的重要性を受け継ぐと考えられ得るからである。Mandler（1999, p. 82）を敷衍すれば，ドブリューの著作以降，エージェントを「効用最大化者（utility maximizer）」と呼ぶことは，公式には，任意の内的な動機に関する諸特性を帰することではなく，単に，ある（できれば，規定された）範囲のその行動が，非対称性と否定的推移性に関する 2 項関係上で定義される 1 関数によって記述可能かつ予測可能であるということを言う短縮された方法にすぎない。

　ドブリュー以降のミクロ経済学の消費理論の体系は，現在の諸目的のためには，

72［原注 41］Hausman（2000）が述べるように，最近，「RPT」は選択に加えて，諸エージェントの認知的状態に対する諸制約から選好を推論する方法を示す理論に言及するためにも使われてきた（Green and Osbard 1991; Border 1992）。本書の中で，「RPT」がそれに言及することは決して無いだろう。

2つのまとまりへと分割され得る。第一に，多くの仕事が序数的な効用関数によって定義される数学的空間についての純粋に形式的な研究にあった——その空間内では，2項関係に追加的な諸制約が付加され，特殊な応用における柔軟性のためのより鋭い一式の道具が作られる（技術的なサーベイについては，Chung 1994を見よ）。第二に，そして来る議論のためにはもっと重要なことに，RPTの誕生から半世紀の間に，経済学者たちは経済的エージェントが情報が不完全または不完備な諸環境の中で——特に，そのような最大化が戦略的相互作用を必要とするノンパラメトリックな状況下で——どのように行動するかにますます興味を持ってきた。このことは，経済学的に関心のある選択関数の部類を，単に精緻化するというよりは，むしろ幅広くすることを必要とする。なぜなら，もし諸エージェントが，単に「確かな諸事物（sure things）」ではなく，籤引きの上での選択を提示され得るならば，彼らの行動は，厳密に序数的な効用関数によって捉えられるものを越える情報を顕示し得るからである。1944年以降，フォン・ノイマンとモルゲンシュテルンは，期待効用（*expected utility*）——それによってエージェントは彼らが獲得し得るものについて（言わば，単にそこの卓上にあるものについてではなく）最適化する——という公理化された概念を利用可能にしていたが，その結果得られた「フォン・ノイマン－モルゲンシュテルン（VNM）効用」は，最近，経済学者が直接的に個々の人々（競争的均衡における，またはその近傍の，標準的諸市場から取り出された代表的消費者たちとは対立するものとしての）をモデル化する際に「効用」が通常意味するものになった。

　元来のVNM効用関数は，客観的に測定された籤引きの上での選択にのみ適用されたが，1970年代以降のゲーム理論的応用の急増は，主観的確率理論（Savage 1954）のVNMフレームワークへの編入にもっと頻繁に依拠している。このことは，諸エージェントが籤の期待価値を特筆的に表示する諸方法への言及を必要とし，因果的重要性をこれらの諸表示の間の差異へと暗合的に帰するので，公理システムの内部に主観的確率を引き込むことは，哲学的にゆゆしき一歩である。VNM効用関数は，主観的確率が欠如していても，依然として，信念に言及せずに顕示的選好から構築され得る。したがって，それら〔VNM効用関数〕の存在が——哲学的に——示すことは，厳格な序数主義への固執は心理学的基数主義に対する不必要に強力な武器であった——言い換えると，必ずしも心理学的ではないある種の基数主義が存在し，フォン・ノイマンとモルゲンシュテルンはそれを発見した——というこ

とである[73]。VNM 効用関数を構築する可能性は，ヒックスとロビンズが却下した類の個人間比較を含意しない。ゲームの中で交渉している諸エージェントは，各エージェントの行動から，各エージェントに特異的な諸尺度に基づいて相対的な選好の強度を推論できるが，しかし彼らはこの推論をいかなる内観的情報に基づかせる必要もなく，それらの諸尺度は相互比較可能ではない。しかしながら，主観的確率の導入は，信念の概念を直接的に効用表示へと引き込むので，その点において，上で示唆された選好と選択についての RPT 解釈のクワイン的擁護は，利用可能ではなくなる。

　彼の傑出した（そして哲学的に用心深い）1972 年の経済学の教科書の中で，ウィリアム・ボーモル（William Baumol）は，VNM 効用の標準的な公理化を説明し，それから，結果として，心理学的基数主義への後退が全く含意されないことを研究者に確信させるため，1930 年代の論争を手短に再訪する必要を感じている（pp. 547-548）。1972 年の経済学の研究者たちはおそらく，この議論が彼らを何から，またはなぜ，防御するものと考えられていたかについて見当もつかなかったが，少なくとも，その教科書を取り上げたクワイン派の哲学者は満足していただろう。しかしながら，まさにその時に，心の哲学において，その根底が決定的に地滑りしつつあった。機能主義の興隆とともに，「信念」はその学問分野の舞台中央に舞い戻りつつあった。たった今見たように，信念について再び語ることについて，経済学者たちが自身の諸理由を持っていたことを前提とすると，ボーモルのような発言は，ほんの数年後の教科書の中でも依然として適切に見え得ただろうか。我々は，今や，現代の問題空間へと追いついた。主観的確率は，規範的意思決定理論の中核的概念であるので，哲学的認識論者たちとミクロ経済学者たちは，自分たちが同じ言葉を話していることに再び気づいた。そして，今，再び信念を信じた（ただし，信念を脳の諸状態へと還元しようとすることなく）心理の哲学者たちも，その会話に参加できた。

　来る諸章において論じるつもりなのは，この会話の大部分が混乱していたということで，それは（なかんずく）以下の理由による。主観的確率推定のいかなる特殊

---

[73]［原注 42］経済学者たちは，その点を次のように表現することに最も慣れることだろう——ヒックスとロビンズの時代の理論家たちは，基数性と測定可能性（線形変換までの一意決定性）を同一視した，と。フォン・ノイマンとモルゲンシュテルンは，これらの諸概念が実際には等価でないということを示した（Lewin 1996, p. 1308）。

な理論も，ミクロ経済理論の基礎づけに属さない。規範的意思決定理論と実証的経済学の関係は，同様に誤解されてきた。そして，信念と願望は——そのようなものが存在するにもかかわらず——その会話のたいていの当事者がそうであると見なしてきたものではない。

何についての分離した科学か

　分離性命題についての前述の歴史的議論において，いくらかの労力を傾けたのは，ロビンズとサミュエルソンが実証主義者であったかどうか——そして，それはどのような意味においてであったか——という設問に対してであった。なぜだろうか。思想家を構築された箱々の中へと分類整理することに司書的情熱を持つ思想史家を別とすれば，誰が気にするだろうか。本章のこの最後の節において，もう1ラウンドのつらい仕事の前に，その脈絡の糸をまとめて一息つくことを目的として，なぜこの「主義」-主義に拘ってきたかを説明するつもりである。

　私は上のさまざまな点において，次のことを示唆した。1つのパースペクティヴ——ここで問題となるもの——からすると，20世紀の実証主義者たちを脱実証主義の科学哲学——その中で私の議論が構成されることになる——から最も有意義に分け隔てるものは，認識論と存在論の関係に対する異なる態度である，と。私が強調してきたように，実証主義は，その進化の途上で劇的に変化した。それは，本質的に，カント的認識論，マイナス，必然性への超自然的に基礎づけられた信仰の説得力に対するカントの信念，として始まったが，しかしその代わりに，必然性の形而上学的に無害と思われる説明を（因習的な枠組みの中での分析性として）与えるために，手近な現代的論理の諸資源を使った。その発展の終わりまでには，それはもっとヒューム的認識論のように見えたが，依然として形而上学にとても用心していたので，ヒューム自身の根本的自然主義をあまりにも大胆であると見た。クワインが自然主義を受容したことは，この点において，ただ単に，実証主義者たちがカントからヒュームへと形を変えたことに伴う次の論理的段階に過ぎなかった。しかしながら，その動きとともに，クワインの仕事は，以下のことを認めることにより，決定的な断絶をなした。すなわち，「何があるのか（what there is）」という設問が，科学哲学によって取り組まれるべきであり，それと並ぶのは我々が何を述べ，どのような実験を行うかを正当化する方法についての設問だということである。全く気にしなくてよいのは，クワイン自身の存在論的傾向は，実在論的というよりは唯名

3. 分離した新古典派ミクロ経済学　　137

論的であり，それによって依然として後期実証主義に堅く束縛されていたということだ。クワイン以降，そして，特にヒラリー・パットナム（Putnam 1975）が，クワインの出発点について扱ったことのお陰で，科学哲学者たちが再び最も重要な野心の1つとしたのは，単に探求の諸方法に言及することによってではなく，世界がどのような種類の諸原因と諸システムと諸事物から成っているかに言及することにより，科学的世界観を統一することだった。

　驚くべきことではないが，この設問——特に経済学に適用されるそれ——が実証主義の経済学者たちによる見解から抜け落ちることを許されていたのだ。Davis（2003, p. 14）は，経済学における個人の概念に関する近著を次のように述べて始める——「望むらくは……経済学においてあまりにもしばしば無視される重要な設問，すなわち，経済学は何についてのものかということに再び注意を向けることだ」。ここでの私自身の努力についても，まさに同じことを言えるだろう。哲学に無知な科学研究者にとっては少々驚くべきことのように思われるかもしれないが，ある学問分野全体が，それが研究していると考えられるものへの注意を維持し忘れることがあり得る。しかし，これはまさに存在論の排除にまで至るような認識論の実証主義的な強調が全面的に奨励したことなのである。かくて我々は今や，完全に真剣な設問として，次のことを問うことができる——経済理論の最近の発展軌道の少なくとも1つに沿う，その本当の適用領域というものは存在するのだろうか，と。

　本章で，ロビンズについて非常に緊密に原典にあたる時間を費やしている私なりの理由は，彼が，経済学の領域の設問を系統的に取り調べる最後の主要な人物であったということである——それもまさに，時あたかもその問題は，数十年間の深い凍結の時代に入ろうとしていた，その頃だった。（カント主義的な）実証主義者として，ロビンズが彼の設問を問い，かつ答えたのは，諸仮定の固有の枠組みの内部で，そこでは，その学問分野の領域は，本体的（*noumenal*）なもの（つまり外のアクチュアル現実的——客観的——な世界にあるもの）というよりは，むしろ現象的（*phenomenal*）なもの（つまり精神的に概念化されるものの領域の内部にあるもの）の中に基礎づけられねばならなかった。内観主義的な基礎づけに訴えることなく，ロビンズの定義の修正されたバージョンを擁護するという課題は，依然として，ここで私の前にある。

　しかしながら，私は，実証主義的な現象主義（および還元主義）を却下しはするが，これとは独立な実証主義的科学哲学の諸側面があり，それらは保持しようと試みる

に値するものだ。その1つは，科学の統一性に対する明示的な関心である。もう1つは，検証主義の（非狂信的な）基準である——つまり，もし仮説とされているものが，諸結果を探究するために世界の中で誰かが為し得る物理的介入に全く左右されないようであれば，当該の仮説が真剣に受け取られるべき理由を見てとるのは難しい。これらの主題——それらは実証主義初期のカント主義的コミットメントに比べると実証主義の特色でない——は，実証主義がヒュームへの揺り戻しの中でぼやけて分裂し始めたのとちょうど同じ頃，科学哲学において前面に出てきた。本章で，ロビンズが，分離された非心理学的な科学としての経済学の定義を提示し，カント的実証主義の認識論に訴えることで彼の定義を擁護した仕方を見てきた。その認識論は——基本的に——科学は現象的データから進発し，そのデータへの直接的（推論的ではなく）なアクセスは内観的であるという考えを含んでいた。しかし，ロビンズが『経済学の本質と意義』を書いた時までに，実証主義的哲学者たちは，既に彼らのカント的出発点から離れて，ロビンズよりもはるか前方にいた。サミュエルソンのRPT——ロビンズの『経済学の本質と意義』の第2版のほんの3年後に初めて述べられた——は，検証主義と行動主義は妥当な認識論の2本柱であるという想定に依拠している。しかしながら，経済学についてのロビンズの定義が，それに対する彼の内観主義的基礎から切り離され得るならば，それがサミュエルソンの経済システムの形式化を受容しないかもしれない先験的な理由は全くない [74]——ただし，上で論じられたように，ロビンズの人間行動への限定は放棄されねばならない，ということは，他の諸動物が合理化可能な（最小限に局所的に整合的な）行動を示すことに概して失敗する——動物行動学的諸事実とは正反対であるように思わ

---

74 [原注43] このように述べるのは，サミュエルソン自身からの明示的な異議申し立てにもかかわらずだ。彼は，『基礎』の脚注の中で述べる——ロビンズの定義は「ある見地からは広すぎるし，他の見地からすると狭すぎるということになろう」(1947, p. 22, n. 3〔前掲訳書，p. 23〕)。しかし，これを述べるサミュエルソンの根拠は，極端に不可解である。それは次の事実からどうにかして導かれるものだと考えられている，すなわち，我々が，最大化特性に加えて安定性特性を研究することにより，経済システムについての諸事物を学習できるということだ。後で明らかになるように，私は，経済学に対する安定性条件の重要性については大賛成だが，白状すると，これがロビンズの定義を掘り崩すと考えるという点で，サミュエルソンがどのくらい厳密にロビンズを解釈しているかに関して，困惑している。そして，読者は，ここでの私の困惑が「進化的均衡における満足化行動」などを参照すれば容易に軽減できるという考えに飛びつく前に，上の脚注の文章のすぐ後でサミュエルソンが述べることを知るべきである——「しかしながらこれらの安定条件の多くは暗黙的に極大行動に依存しているのである」〔前掲訳書，p. 23〕。これもまた，確かにそうである。ロビンズは，これらの所見に関して，心穏やかに居られると思う。

3. 分離した新古典派ミクロ経済学　139

れるが——ということがない限りそうである。

　このように，仮に人が，よく知られた種類の包括的後期実証主義者——サミュエルソンのような——だったとすると，RPTをロビンズの定義に融合させる分離性命題の1バージョンは，しっくりくるように思われるかもしれない。我々は，目標の諸状態によって動機づけられる諸システム，つまり，行動システムから始める。それらは，希少性に直面する——すなわち，それらに利用可能なエネルギー資源，それらの予算制約を所与として，それらの諸目標のすべてを同時に満たすことができない。すると——それらの志向の視点からすると——どの目標がどの程度で満たされるかは，常に外生的に決定される偶発的出来事（accident）であるのか，あるいは，それらは，ある系統的な一過程または諸過程によって，トレード・オフ（trade-offs）を発動するのだろうか。最善の（best; 最も効率的な）トレードオフを探して，利用可能な（available）トレードオフの比較を通じて，その行動が非冗長的に予測および説明され得る諸システムが自然の中にあるならば，あるサミュエルソン的諸システムが，実在的パターンを記述し，これらの諸システムについての科学が，近似的にロビンズによって定義されたような「経済学（economics）」を構成する。

　あるいは，そのように私は主張する。

　このような緩やかな「ロビンズ–サミュエルソン的」理解は，妥当にも，多くの現代の経済学者たちによって，正しいと考えられている——彼らが，最近の行動的-実験的証拠を真剣に受け取ろうと試みる際に，どのような混乱したノイズを作り出すとしても。その理解は，結局，彼らが未だに学部の教科書で，学生のために物事を単純化しようと試みて一般的に述べることを捉えている。人々が最適化者ではなく満足化者であり，系統的に非整合的な選好——それはパラメトリックかつ戦略的な選択の出来事の間に考慮される，心理学的に現実の諸状態であるように思われる——を持っていると認めることは，たいていの経済学者たちによって，「ロビンズ–サミュエルソン的」な核である学問上の支点に対する複雑化要因と見なされるように思われる。私は，これを支持できないと考える点で，最も急進的な正統派経済理論の批判者たちに加わる。すなわち，もし経済学の固有の領域が個々の人々の行動であり，彼らが確率論についての混乱した無知の中で，非整合的な選好を考慮に入れることにより，主観的な幸福を評価するとすれば——これは最近の批判者らによって奨励される像だが——，分離性のロビンズ–サミュエルソン的理解は，完全に

反駁される。すなわち，経済学は，心理学，社会学，生物学が合意し得るものなら何であれ，それへと瓦壊する。しかし私は，正統派経済学の批判者たちと袂を分かち，経済学の固有の領域は個々の人間の選択行動ではないと主張する。すると，その領域についての（適切に解釈された）ロビンズ–サミュエルソン的理解とその（慎重に条件付けされた）分離性は，まさに私が擁護するつもりのものである。

　Davis（2003）に加えて，ミロウスキーとデュプレも皆，異口同音にこう言う——経済学は，人々について，または，個々の諸エージェントについてさえでもなく，システムについてのものになる方向へと着実に動いてきた，と。彼らは，また，以下のことにも気づいている。すなわち，もしこの動きが，単なる成り行きに委ねられて漂うよりも，ある自己意識的な理論によって明示的に導かれるべきならば，我々が当然に原動力を発見すべきなのは，行動，認知，情報処理についての，より幅広い諸科学の中でこそなのである。しかしながら，皆が，さまざまな程度で心配しているのは，そのような原動力がうまく発見されるならば，我々は，古き善き人間の諸セルフを，知的な科学主義的暗黒郷において見失うだろうということだ。デュプレの反応は——3人のうち群を抜いて最も洗練されていないが——，経済学と他の行動を系統化する可能性を軽蔑すること，と同時に，〔人さし〕指を振って，そのような試みは邪道だと我々に伝えることだ。デイヴィスが，Lawson（1997）その他多くの者とともに期待することは，批判的社会理論——今まで見られてきたよりも系統的な諸方向に発展させられた——が，経済理論をもっと人間主義的な方向にもたらすだろうということだ。ミロウスキーの反応は，最も興味深い。彼は，情報処理システムについての真に強力かつ優雅な経済学のあり得る構築を歓迎する（そこでは，個々の諸エージェントが原子的諸要素とは見なされない）。しかし彼が次に望むことは，まさにこの理由で，経済学者たちが，セルフを理論化するという繊細な仕事から彼らの不器用な手を取り払い，これを実証主義的科学主義によって堕落させられていない他の者たち——歴史家たちだろうか，人類学者たちだろうか，詩人たちだろうか——のもっと信頼できる世話に委ねるということだ。

　デュプレとミロウスキーが，デイヴィス，ローソン，その他多くの者と共通に持っている知的盲点は次のような無批判な想定である——すなわち，もしある見方が実証主義と関連づけられ得るならば，それには何か自動的に誤っているものがあるという想定である——それは，おそらく，せいぜいのところ素朴なものにすぎず，最悪の場合，自然に対する誇大妄想と支配へのいくらかの酷い衝動に耳を傾けるこ

とになるはずである。ここで私は，反対の態度から仕事をする。あらゆる仕方で，偉大な実証主義者ら——カルナップ，ライヘンバッハ，シュリック——は，哲学の最善かつ最も価値ある野望を例証した。理性の軽蔑の自殺的かつ大量殺人的な放縦を奨励する社会・政治的環境の中で，彼らは，世界の全体を理解することの厳格だが甘美な可能性を強調し明確な見通しを与えようと働いた。これは，熟慮的な感情を抑制したパースペクティヴから試みられるべきであったが，そこでは，何か——諸国民，諸階級，諸民族共同体，または，まさに，貴重だが不可解に把握された諸セルフ——を，科学から保護されるべき至聖所とみなすことは，人間本性におけるすべての先祖返り的かつ危険なもののための隠れ蓑を提供すると認識される。彼らの哲学的な仕事は——その微妙さと，教条主義の厳格に自己批判的な回避において——完全に，彼らの倫理的態度の真剣さと重要性に沿っていた。

　ちょうど今，極端に広まっている最近の知性史の１イメージがある。数十年前，実証主義は，有り難いことに，社会科学者たち，歴史家たち，人間主義的哲学者たちの虐げられた共同体によって，一掃された。不幸なことに，実証主義者たちの自然な仲間たち（彼らとともに降伏すべきだった）の一団——新古典派経済学者たち——は，度し難い鈍感さによって長年維持した砦にしがみついた。しかし，徐々に，不可避的に，その孤立化した要塞は崩れ落ちた。今や皆が見て取れるが，新古典主義が実証主義に続いて歴史のゴミ箱に入っており，勝ち誇った人間主義の勢力が，敗残兵の隊列を閲兵し，我々がそもそも任意の系統的な経済学に我慢すべきかどうか——そして，そうであれば，どのような条件下でか——を熟考している。

　このイメージは論争に値する。実証主義と新古典主義は，確かに，重大な誤りを含んでいた。言葉のあやを続けると，彼らは，無分別に求めたつぎはぎの領土を保持しようと試みた。しかし，その旗々は，依然として，科学主義に反対する運動に制度的に抵抗したいくらかの陣地からはためいている。あるものは，進化的行動科学においてはためき，別のものは，ゲーム理論家たちによって振られる。我々は仕事に戻って，それらの間に頑丈な橋頭堡を築けるかどうかを見てみよう。

4 | 顕示選好と効用分析における哲学的諸問題

古い精神に替わる新しい時代精神(ツァイトガイスト)

　さまざまな点において，サミュエルソンは，抽象的な経済機械の諸作動(オペレーション)における極値点の計算として経済分析を展開する一方で，この機械の性急な経験的解釈を戒めて，次のように警告する――「不当に目的論的なまた規範的な厚生の意味が，このようにして定義された均衡の位置に付与される恐れがある。誤解を避けるため，次のことを強調しておこう。すなわちその経済的な内容がいかなる人間的，合目的的極大行動も示唆しないような問題を極大問題に転換することは，その均衡位置の性質を早急に展開するためにとられた単なる技術的な工夫とみなされるべきである」(Samuelson 1947, p. 53〔前掲訳書. p. 55〕)。これは，前章の最後で，私がRPTに対して採ると表明した態度を支持する。もちろん我々は，なぜ経済現象への関心が，そもそも最大化問題〔極大化問題〕への解答に関係すべきなのだろうかという思いを抱いたままにされる。本書の終わりまで，この問いに対する完全に満足できる答えを手にすることはないだろう。目下の所，指摘するだけに留めるのは，サミュエルソンが，分析技法としての最大化と経験的現象としての最適化行動の間のつながりについての当初の方法論的不可知論をどこまで推し進めるかということだ――つまり彼が「極大行動の理論」(強調引用者)と名付ける〔第3〕章を始める前に忠告するのは，それ〔極大化行動〕が，消費者が「規範的な意味で合理的に行動する」ということを含意するとは想定しないように，ということだ (ibid., p. 22〔前掲訳書. p. 23〕)。今日の読者は，この点に注目すべきものと思うだろう――とりわけ，サミュエルソンの機械と実際の行動の関係についての，後の時折の所見のいずれもが，彼がこの関係を見た仕方にあまり整合的な光を投じなかったからである。

　前章の課題であったのは，サミュエルソンの1947年の読者がこれによって当惑させられない時点まで，経済学がどのように進化していたかを説明する（ミロウスキーの歴史的な観点(ターム)に対する，論理的な観点(ターム)で[75]）ことであった。しかしながら，我々はその読者の一部ではない。

143

思うに，多くの現代の経済学者たちは，サミュエルソンの仕事の後に続く仕事
——前章の最後から2番目の節で手早く概観した——は，現実の人々をミクロ経済
学に取り戻すという点で，しぶしぶの——不完全だが——進歩をなしてきたと考え
ている。意思決定理論，確率についての可変の信念，リスクへの態度が1950年代
以降にその基礎づけに含まれてからずっと，その諸エージェントは，少なくとも，
計算し（時折，リアルタイムで），何らかの主観的諸特性を持つことが可能とされて
きた——たとえ，これらがあまり典型的に人間的には見えなくても。現在において
支配的な感じでは，実験行動経済学がますます成熟しつつあるおかげで，この方向
での進歩の新たな波はもはや我々次第であるということである——つまり，実験的
な証拠が積み上がり集中するとともに，我々は少なくとも，経済的諸状況における
現実の人々の行動についての真の真剣さを終に達成するだろう（Camerer 2003b は，
この立場を強調する人々のための新たなバイブルである。Kagel and Roth 1995 は，
より広範だが，あまり最新でないサーベイである）。

　この確信とは対照的に，Davis（2003）の次の論議が見られる——個人的エージ
ェンシーについての新古典主義の不十分な概念を認めることは，その概念の放棄（強
化ではなく）を主に奨励してきた，と。ミロウスキーは，もちろん同じ診断を下す。
次章で私は，彼らがこれについて正しいと信じるための追加的な諸理由——最近の
ゲーム理論の技術的詳細の中にもっと緊密に位置づけられた——を提供するつもり
である。だが始めに指摘したいのは，行動的-実験的な運動が——そのしばしば
素朴な経験主義の中で——歴史的かつ哲学的な無知を奨励するという別の趣旨だ。
全く明白ではないのだが，新たな実験的経験主義者らが，彼らの諸主体_{サブジェクト}を，ロビ
ンズの意味またはサミュエルソンの意味のいずれかで「経済的（economic）」とす
るところの状況を記述するために利用可能な，一体どのような理論的資源を持って
いるというのだろうか。諸主体_{サブジェクト}はもはや，何らかのものを必然的に最大化する，
あるいは，必然的に互いに競争する，あるいは，何らかの特定の意味で必然的に合
理的であるとは，全く前提されていない。諸主体_{サブジェクト}のために実験的設計者によって
選ばれたシナリオは，かくて，民間的な意味においてのみ経済的になり得る——つ
まり，我々が，伝統的に交換，物質的消費，金儲けと関連づける種類のシナリオで
あり，諸主体は制度的にルールに支配された諸状況において選択をすることにより，

75［原注1］ここでの私の定式化は，私の説明がミロウスキーのものと衝突する（*conflicts*）とい
うことを示唆するよう意図してはいない。私見では，両説明は補完的だ。

賞金を獲得しようとする。アリストテレスは，かくて墓の中でほくそ笑んでいるか
もしれない。さらに，この思考の軌道が完全に進歩的なものだと無批判に見なされ
る限り，再検討したばかりのサミュエルソンの態度は，ますます正気でないように
思われてくるだろう。それは，本当に妥当なものであり得るのだろうか。そう想定
することは，前章で批判した，広く持たれている実証主義一般の見方と並行する。
役にも立たないのは，実証主義か新古典主義かを，人種差別のように，知的妄想の
類として扱うことだろう。例えばロビンズは，現代の実験的方法論者たちの大部分
よりも哲学的により洗練されていた——より洗練されていなかったのではなく——，
ただしさまざまな決定的な諸仮定において誤ってはいたのだが。彼とその同時代の
人々から何を学べるかを見てみよう——彼らがやらなかったことで我々が今やって
いることを知りながら——彼らの実証主義が単にひどく有害な障害であったと想像
するのではなく。

　本章の目下の課題は，たいていの経済学の哲学者たちと経済的メタ理論に関する
批評者たちが，サミュエルソン的理解を時代遅れのものとみなすに至った諸理由を
提示することである。これらの理由は，2つの広範な部類へと整理されてよかろ
う[76]。第一に，いくつかの論理的諸議論——アマルティア・センによって最も顕
著に擁護された——は，RPTが先験的な諸根拠に基づいて不適切であると多くの人々
を説得してきた。第二に，人間主体（サブジェクト）についての実験的研究の蓄積しつつある体系
が示してきたのは，たいていの人々が合理的であることに系統的に失敗していると
いうことだった——ここで合理的とは，彼らを経済的諸エージェントとみなすこと
により前提される意味において，つまり，新古典主義によって想定される，ある
包括的（ジェネリック）な意味か，RPTと期待効用理論の統合によって要求されると見なされる，
より特殊な意味のいずれかにおいてである。もちろん，仮に，先験的な諸議論に決

---

76 ［原注2］注意深く留意されたいが，私は，諸理由に，そして，経済学者たちによって広範に抱
かれている諸理由に注意を制限している。かくて，1970年代初期の超過需要に関する文献（Sonnen-
schein 1972, 1973; Mantel 1974, 1976; Debreu 1974）の結果，一般均衡理論の力への以前の確信が減
じたことは，おそらく，戦後期からのすべてのものの光を押し返し曇らせてきた。しかし，RPTは
一般均衡理論から全く独立しているので，これは理由というよりはむしろあり得る因果的要因である。
仮に，ミロウスキーが，RPTは構成的手続きというよりはむしろ存在証明に基づいて構築されてい
るという理由で欠陥があるという点で正しいならば，これは1理由として数えられるだろう。しかし，
それはサミュエルソンに対する経済学者たちの幻滅の1理由にはならないだろう——ミロウスキー
が正確にも不平を述べているように，構成主義的な異議を真剣に受け取ってきた経済学者たちはほ
とんどいないのだから。

定的に説得力があるとしたら，経験的研究から導出された諸議論は，論理的に冗長でなければならないだろう。しかしながら，科学者たちが純粋に哲学的な諸考察によって決定的には説得されたがらないことは，十分根拠のあることである。Quine (1953) が，分析的記述と総合的記述の区別に対する彼の有名な攻撃の中で想起させることだが，数学理論の諸公理でさえも，その科学への関連性の基礎が，諸々の経験的驚き——我々の概念的スキームの根本的改訂を引き起こす——によって掘り崩され得るのだ。デネットがしばしば要点を指摘してきたように，哲学史は，必然性の諸洞察とされているもの（「空間内の2点間の最短距離は，ユークリッド的な直線でなければならない。」，「諸大陸は，動いて通るところが無いので，到底動くことはできない。」，「脊椎動物の目ほど複雑なものは，到底自然選択による漸増を通じて進化することはできない。」）が単に想像力の失敗だと判明してきたところの一連の屈辱的事例を提供する。

　これが，哲学的諸議論と経験的に動機づけられた諸議論との関係に関して，ここで想定するつもりのパースペクティヴである。主として概念的な諸議論は，経験的諸事実への当てにならない案内である。そのような諸議論は，力を求めて直観に頼らなければならないが，しかし，直観は人々が特定の環境の中で，それらの環境の中の顕著かつ重要な対象および事象——実践的な諸目的のために分類された——に関して，期待を形成するのを手助けするために（生物学的かつ／または文化的に）進化した装置である。かくて全く驚きでないのだが，直観は，もし我々がそれに頼るならば，非偏狭的に選ばれた現実のサンプルに関して成立する一般的真実を探求している時には，系統的に我々を誤り導くのだ。しかしながら，概念的諸議論は，我々が収集する経験的測定の体系を診断（*diagnose*）し，使用のために馴致する（*domesticate for use*）のを手助けする際に，決定的な役割を果たす。諸事実が馴致される必要がある使用法の1つは，何らかの概念的枠組みの内部での系統化である。これらの枠組みは，常に，改訂のための用意ができてはいるが，単に「本当の（real）」科学と並行してかつその上に重なる心理学的または報道記者的な随伴現象なのではない。それらは，そこから出発して諸仮説が定式化され実験が設計されるところの基盤なのである。

　この一般的な認識論的立場に照らして，新古典主義と RPT の厄介な地位の基礎を概観する際の，私の手続き順序は以下のようになるだろう。本章では，サミュエルソン的アプローチに反対する，比較的抽象的な哲学的諸議論に集中するつもりで

ある——なぜなら，これらの議論の諸結論が広く是認されていることは，実験的証拠が解釈されてきた仕方に貢献してきたからである。私はまず，RPT に対するセンの純粋に論理的な攻撃は，認知科学のパースペクティヴからの真剣な精査に耐えられない人間思考の性質についての直観に頼っており，簡単に失敗するということを示す。しかしながら，それから論じられるのは，RPT の有用性についての現在最もよく知られた擁護——すなわち，ゲーリー・ベッカー（Gary Becker）のそれ——は，センの批判を推進するまさにその直観の重要な諸側面を共有しているということだ。かくて，ベッカーの戦略の適切さは，疑われるだろう。この批判は，次章で行動的証拠に関する文献が概観され評価される際の哲学的背景を定めるだろう。しかしながら，私が，経験的な異議の前に哲学的な異議を考えるという事実は，後者をより重要だと考えていることを含意すると受け取られるべきではない。全く逆である。すなわち，もし，哲学的熟慮と経験的熟慮とが競合する方向を指し示したならば，我々の最初の合理的仮説は，哲学的諸議論に何か誤りがあったということだろう。

　次のように述べても，過度な一般化または誤った信仰を不当に帰するという危険の淵に乗り出しているとは思わない——すなわち，自らを人間主義者と呼ぶ多くの人々は，部分的には新古典主義（特に行動主義的解釈の下の）を適切なものにしたくないという理由で，それが不適切であると信じている，と。特に彼らは，人間を機械の中の歯車とみなすよう求めるように思われる仕方を好まない。我々は，もちろん，既に，これを想定するミロウスキーとそれを大声で言うデュプレに遭遇しているが，多くの人々が機械論的経済学について考えを述べる際の軽蔑を捉えるために，哲学者たちや経済学者の中の恐るべき子供たちからの引用に訴える必要はない。その代わりに，経済学の体制自体の 2 人の主要な中心人物の言葉を引用するつもりである。最初は，ロナルド・コースである。

経済学者がこのようにもっぱら選択の論理の問題にばかりとらわれているということは……経済学それ自身には，深刻なマイナスの影響を及ぼしてきた。これが私の見方である。このように理論がその研究対象と切り離されていることの一帰結として，経済学者がその意思決定を分析しているところの主体が研究の対象とはなってこず，そうしてそのために，実態を欠いたものとなってしまったという結果をもたらした。消費者は人間としてでなく，整合的な選好の集合として取り扱われる。また経済学者にとっての企業とは……「実質的には一つの費用曲線と一つの需要曲線であ〔る〕……」。交換は，その制度的な状況をなんら特定す

ることなく行なわれる。われわれに与えられるのは，人間性のない消費者，組織をもたない企業，そうしてさらに，市場すらもたない交換である。(Coase 1988, p. 3[77])

　私はもちろん，ここで規範的なひねり（スピン）に異議を唱えるつもりだが，見てきたように，サミュエルソンの枠組みについてのコースの説明は正確である。ブキャナンは，現代の新古典主義のドブリュー的な強化を，さらに間接的でない仕方で批判する。

　　その欠点は，それが個人の選択行動を，社会制度的文脈から物理的-計算的な文脈へと変換することにある。……しかし，確かに，これは無意味な社会科学であり，制度主義者の批評家たちは，彼らの攻撃のいくつかの諸点で，概して的確であった。(Buchanan 1979, p. 29)

　2つの予期的所見がこれらの引用によって動機づけられる。第一に，それらは，行動主義経済学の人間主義的な批評家たちと新しい経験的かつ制度的な経済学者たちとの双方によって共有されている心情を表現する。懐疑論者たちの両方のグループが，今引用したような所見を是認するがゆえに，彼らの立場は，たいてい相補的であると見なされる。さらに，私が論じていくように，この包括的な合意の区域（ジェネリック）は，私が疑問とするつもりの共有された存在論的想定——人々は原型的な諸エージェント（プロトティピカル）であるという想定——に基づいている。しかしながら——これは予期の第二の点だが——，実験主義的-制度主義的な運動が究極的に向かっている実証的な方向は，人間主義者たちによって想像された目的地とは正反対である。ミロウスキーは，Davis（2003）とともに，これを認識している——たいていの支配的な説明とは違って。次章で私は，ミロウスキーの主張——人間主義者たちと新しい実験主義者たちは，共有された敵，つまり，新古典主義の風刺画，の他には何も共通点を持たないという——に同意するさらに詳細な諸理由を述べるつもりである。

RPT は見込みがないか？　効用関数の心理学についてのセン

　しかしながら，このすべてに辿り着く前には，長い行程がある。最初の諸段階は，RPT に対する人間主義者たちの論理的攻撃の詳細を経て進む。彼らの主張を始める最善の資格を群を抜いて持ってきた批評家は，アマルティア・セン（Amartya Sen）であった。いくつかの古典的な論文——特に，Sen（1971）——に基づけば，

77［訳注］ロナルド・H・コース著，宮沢健一・後藤晃・藤垣芳文訳（1992）『企業・市場・法』東洋経済新報社，p. 5。

彼は，RPT 自体の有力な組織者たちの 1 人であると見なされるに違いなく，した
がって，その技術的構造についての彼の権威ある理解には，議論の余地がない。し
かも，彼は，貧困とその軽減に関する世界の主要な権威者たちの 1 人であるので，
彼が新古典主義全般——そして，特に RPT——が多くの社会厚生政策——特に，
第三世界における——の無効性を助長してきたと主張する場合，我々は，彼の諸批
判に注意を払う倫理的義務がある（しかしながら，読者に忠告しておくと，私は，こ
の研究の次の巻まで応用的諸問題または政策的諸問題について何も述べるつもりはない）。

　センは，新古典主義の非人間化的諸側面についての最も一般的なサーベイを，あ
る所見で始めるが，それは，前章の議論によって開かれた問題空間に，ほとんどそ
れ以上ないほど直接的に有意に関連するものだろう。すなわち，「人間行動の動機
をこれほど狭くとらえて経済学が発展してきたという事実には，やはり極めて異常
なものがある。異常であるというひとつの理由は，経済学は現実の人間を取り扱う
学問のはずだからである」[78]（Sen 1987, p. 1）。ここでの作業上の枠組みを構成す
る存在論的な無知の文脈では，どの権威が「経済学（economics）」に，それが
取り扱う「はずである（supposed to be）」ものは何かを伝えたのかを問わなけれ
ばならない。それから，問わなければならないのは，ここで「取り扱う（concerned
with）」が厳密に何を最もうまく意味するかである。これらの設問の第二のものは
前章の主題であった。アリストテレスが想定したのは，上で見たように，経済学は
（彼の意味するところでは），直接的に人間の物質的満足と安全保障についてのもの
であり，これらのことが現実の人間にとって重要であるというまさにその理由によ
り——そしてその範囲まで——我々の関心を引くのだ，ということだ。スミス，リ
カード，マルクス，そしてまたジェヴォンズとマーシャルも同じように考えた。し
かし，新古典主義の哲学がロビンズの『経済学の本質と意義』の中に成熟した表現
を見いだす時までに，その態度は決定的に変化した。ロビンズが経済学の定義の中
に「人間行動（*human* behavior）」という言い回しを含める諸根拠は，いかなる点
でも厚生への言及によって動機づけられてはいない。上で見たように，それはロビ
ンズが実証的科学としての経済学の認識論の中ではっきり表明された内観的意識に
割り当てる役割によって推進される。それから，その役割が——サミュエルソンの
仕事においてそうであるように——後退する時には，人々が視界からあまりにも遠

---

78 ［訳注］アマルティア・セン著，徳永澄憲・松本保美・青山治城訳（2002）『経済学の再生：道
徳哲学への回帰』麗澤大学出版会，pp. 16-17。

く退くので，彼らを全体像の中にとり戻す方法と場所を理解するという長いプロジェクトに直面する。サミュエルソンと（より少ない程度にだが）ロビンズは，哲学的かつ／または道徳的な過ちで有罪なのだろうか——その過ちは，経済学が何についてのものである「はず」かに関する，ある第一命令（アリストテレスによって出された？）を無視することにあるのだが。

　この修辞的設問を問う中で，ここで私は，自分以外の誰かが論議の重荷を負うと想定しているのではない。アリストテレス，スミスらが正しいという見解は，ダン・ハウスマン（私信）が私に思い起こさせてきたように，反対の見解よりも確かに自然である。差し当たって，読者に求めたいのは，ただ，その設問を開かれたものにする——哲学的探究の精神で——ことだ。本書最終の第9章において，もっと自然でない立場をとる諸理由に明示的に立ち返るつもりである。

　経験は，次のことを示唆する。RPTと新古典派効用理論についてのセンの否定的な見解を是認する多くの人々は，彼の諸論議の概念的基礎についてあまり注意深く考えてこず，彼には同意しなければならない——なぜなら，まさに彼が主張する通りに，新古典派理論に基づく政策的助言はしばしば狭く，非人間的で，正統な人間の諸関心から切り離されているように思われるので——と考える，と。それから，非人間的な政策的助言は，根底にある理論の非人間性を反映するか，そこから生じているに違いないと想定される。ある意味では，この推論は妥当である。最も大規模な人間の苦悩が，経済科学に関連した経済学の意味において，単に経済現象に過ぎぬということは非常に疑わしい。したがって，もし誰かが経済分析にすぎないものに基づく政策的助言に辿り着くならば，その助言は重要な熟慮を無視しがちである。その重要な熟慮は，今のところ（しかし，今だけ）「心理学（psychology）」と「文化（culture）」のブラックボックスの中に詰め込むつもりのものである。控えめに言っても，経済諸機械の諸作動に対する単なる科学的関心は，それ自体では貧困の軽減が他の政策目標よりも優先されるべきかどうか（私はそうされるべきだと思うのだが）に対する関心を含意しない。しかしながら，単純な論理的誤りになるのは，社会的道徳性が経済分析に単独で基礎づけられないと信じ，かつ，もし経済分析が単独で鈍感な社会的道徳性を生み出すならば，分析方法が何か誤っているに違いないと同時に信じることである。私が信じるには，センの概念的諸論議は，しばしば，この誤りに基づいて特別な免罪符を与えられているのだ。

　戦後の新古典主義についてのセンの規範的諸批判と技術的諸批判とが結び付けら

れているのは，それが「効用（utility）」と「福祉（well-being）」の概念を不当に物象化するという彼の主張を通じてである。彼は主張する，これらは——しばしば経験的に相互関係にあるものの——典型的には，同一の諸政策によって両方とも最大化されるわけではない異なった概念である，と（Sen 1999）。この結論が依存するのは——私はそれも妥当でないとみなすが——RPT の論理についてのセンの批判から独立な，エージェンシーの形而上学についての諸見解にである。私は，この問題——私の一般的計画にとって中心的な——を延期し，RPT を通じて解釈された新古典主義は，それ自体で独力で欠陥のある分析的装置であるというセンの主張にまず集中するつもりである。

　センは，長年にわたって，RPT に反対する一連の論議——その一部は技術的で，一部はより直観的なもの——を展開してきた。しかしながら，それらのすべてが 1 つの主たる主張の下に集まる——すなわち，典型的な人間行動の大部分が選好「に対して外的な（external to）」諸要因によって，引き起こされるか，導かれるか，条件づけられると認識しない限り，それを理解できない，と（Dowding 2002）。センの事例を少し記述することが，意図された点を説明する最善の方法である。Sen (1973) で教わるのは，囚人のジレンマ（PD: prisoner's dilemma）の 1 回限りの<ruby>プレイ<rt>ワン・ショット</rt></ruby>における協力的行動から他者非配慮的な<ruby>諸選好<rt>ノンテュイスティック</rt></ruby>を推論したら，誤り導かれるかもしれないということだ——なぜなら，その協力的反応は，その人物が文化的に受け継がれた道徳的規範——それは個人的な効用関数の外部にある——に従うことの 1 関数かもしれないからである。同様に，次のように想定せよ——社交的な食卓についている 1 人物が，2 つのリンゴと 1 つのオレンジが入っているバスケットからはリンゴを 1 つ選ぶが，その他の点では同一のある機会に，2 つのオレンジと 1 つのリンゴが入っているバスケットからはオレンジを選ぶ，と（Sen 1977）。ここで，RPT の厳格な適用は，この人物に不合理性（否定的推移性の公理に反する）の有罪判決を下すよう我々に強いると思われるかもしれないが，それは，次の直観と矛盾する，つまり，他者たちの選択肢を利己的に制限して，共同体の大皿の上にある最後のものを取るべきではないということを求める社会規範に影響されることは，全く不合理ではないという直観だ。またもや，社会規範は，その人物の効用関数にとって外的な動機づけの力の一例であると考えられている。最後に，1 人物がいて，その人はある場合には，断食への宗教的献身のために，何も食べないことを選び，別の（他の点では同一の）場合には，貧困にもかかわらず，いくらかの食べ物を得

ようと勇敢に闘うとする。またしても，宗教的規範は，RPT によってモデル化された選択関数の外部にあると考えられている。

これら一連の場合における例は，2つの仕方で RPT の適切さに異議を唱えると考えられている。第一に，RPT から独立で，RPT によって捉えられない人間活動のための規則的な経験的動機づけがあるならば，RPT は実際の人間行動のパターンを予測かつ説明するための装置として，記述的に不完全だろう。第二に，RPT が，合理的エージェンシーについての規範的理論の基礎と見なされるならば，それは利他主義的な PD プレイヤー，優雅な社交的軽食堂，敬虔な断食者を不合理とみなすよう我々に強いるだろう。しかし，これはセンによって，より広範かつより人間的な合理性の理解についての直観と矛盾すると考えられていて，それと比較すれば，RPT は「歪んだ（pinched）」かつ非人間的な評価基準を与える。不適切さについてのこれらの2つの意図された観念は，もちろん，関連している。つまり，我々の規範的基準は，部分的には，日常経験と一般常識が記述的に人々に特徴的であると示すものの1関数である。

センのこれらの例の使用法が依存している想定は，選択関数と効用関数が，社会的その他の文脈から独立に成立する狭義に個人的な選好のみを捉えるというものだ。この想定は——センが認識するように——第3章において私が「感覚論的快楽主義（sensationalistic hedonism）」と呼んだものを伴う必要はない。諸個人は，個人的感覚の諸特性以外の何かを参照することにより，彼らの自己利益を最大化するかもしれない。しかしながら，これを述べることで，我々がまっすぐに引き戻されて着地させられる問題空間は，ジェヴォンズが，快楽主義者でなく心理主義的功利主義者になろうと試み，高次と低次の諸欲求の間の完全にアドホックな区別に訴えた時に直面したものである。道徳的および社会的な諸コミットメントは，常に——自明_{トリビアル}にも——自己参照的に解釈され得る。つまり——こうも言えよう——，ネルソン・マンデラは，アパルトヘイトが持続し，自分が数十年間刑務所に下ったような一世界の中での方が，アパルトヘイトが持続し，自分が黒人居住区の弁護士としてそれを黙認する世界の中でよりも，彼の観点からすると個人的により幸せな状態にあっただろう，と。これは，もちろん，マンデラが刑務所を好んだということを含意するのではなく，単に彼が投獄を嫌がった程度が，アパルトヘイトの黙認を嫌悪したほどではなかったということを含意するに過ぎない。もちろん，この選好構造は，他者の厚生への彼の関心を参照することによって説明される必要がある。しかし，

効用を快楽主義的に解釈しているのでない限り，正義の増大に由来する満足が人の食べ物の品質向上に由来する満足から区別されるのは，なぜ，そして，どのような系統的諸特性を参照することによるべきなのだろうか。言い換えると，なぜ効用は，ベンサムの「幅広く拡張的な（wide and expansive）」意味で解釈されるべきではないのだろうか。標準的な答え——前に述べられた——は，そうすると，人々は彼らの効用を最大化するように振る舞うという主張が同語反復になるということである。私は，本章の後半で，直接的にこの懸念と向かい合うつもりだ。

同語反復反対論に喚起されて，Sen (1987) は，「エージェンシー（agency）」の一概念を奨励するが，それを彼は，ある人物の「目標，コミットメントなどを形成する能力」（p. 40）として，つまり，効用最大化から独立に——時には，それに反対して——人間行動を典型的に動機づける何かとして定義する。すると，もし人が，同語反復問題によって悩まされるならば，人がコミットしているのは，論理的に，心理学的レベルにおける効用最大化と対照される，2 番目（または 3 番目，または n 番目）の動機づけ要因を信じる経験的諸根拠を見つけることである。そして，これはセンの「エージェンシー」がそうであると考えられているものである。しかしながら，ここで進歩したことにならないのは，提案されている非功利主義的な動機づけ要因についての独立的な証拠が全く無く，それが単に同語反復反対論についての懸念を受けて仮定されている場合だ。センは，とりわけエージェンシーが効用の一側面でない——効用の快楽的解釈を前提しない限り——理由を理解する手助けとなることを，驚くほど少ししか述べていない。彼は，エージェンシーの増進が「個人の幸福（individual well-being）」の増進に貢献するかも知れないということを認めるが，しかし，こう言う——「問題となっている点は，それらの独立性の妥当性ではなく，それらの区別の持続可能性と妥当性である」（ibid., p. 43）と。賛成である。それでは，その区別を根拠付けると考えられているのは，何であるか。センが即座に提供した実例は，本質的に，上の私のネルソン・マンデラの場合である。つまり，「例えば，もし人が自国の独立のために懸命に戦い，その独立が達成された時に期せずしてもっと幸福を感じるならば，主な達成は独立のそれであって，達成時の幸福は 1 つの帰結に過ぎない」（ibid., pp. 43-44）。明白なことだが，この例が何らかの直観的な魅力を持つためには，ここでの「幸福（happiness）」の解釈は快楽主義的でなければならない。もちろん，幸福の民間的概念が快楽主義的であり，そして，効用はそれを参照することによって解釈されるがゆえに，センの直観ポン

4. 顕示選好と効用分析における哲学的諸問題　153

プは幅広く説得力があるのである。

ロビンズのような選好の内観主義的説明は，おそらく，非快楽主義的な観点でセンの区別を回復する諸資源を持っている——心理学的諸事実が協力する限りでだが。おそらく，例えば，マンデラが順序付けた選好を持つことに気づいているのは，小羊肉カレーとステーキの間のことであって，社会的正義と個人的自由の快適さの間——あるいは，社会的正義と小羊肉カレーの間——のことではない。しかしながら，第6章で議論するように，認知科学は，この種の主張にいかなる系統的経験的な意味を与えるという見込みをも掘り崩す。しかし，いずれにせよ，センの区別と彼のその決定的な使用法は，RPT の最善の利用可能な現代的擁護に対して論点をはぐらかすものである。あるいは，そのように，私はこの節の残りの部分を費やして論じるつもりである。

まず，センの囚人のジレンマ〔PD〕の例を考えよ[79]。もし，2者による PD（1回限りまたは繰り返しの）が，1組のエージェントの実際の行動的および戦略的な状況をモデル化するために行われるならば，主張されているのは次のことだ。すなわち，彼ら2人に関係するすべてのことを所与とすると，各エージェントは (i)自分が離反し，他方が協力する結果を，(ii)双方が協力する結果よりも選好し，相互協力を(iii)相互離反よりも選好し，相互離反を(iv)自分が協力し他方が離反する結果よりも選好する。もし，何らかの理由——支配的な社会的規範または道徳的コミットメントに関連しているか，狭く利己的な熟考——のために，1人のエージェントの行動が，諸結果に対するこの選好順序から逸脱するならば，彼らの状況を PD としてモデル化するのは全くの経験的誤りである。彼らは何か他のゲームをプレイしているのである。この推論は，RPT の最も直截的な可能な諸適用の1つである。プレイヤーたちの行動に関する記録——そこから彼らの諸結果の順位付けが推測される——こそが，彼らのゲームの構造を（展開形ゲームの場合には，彼らの情報とともに）決定するのである。この例は，その問題が具体的な選好の諸内容やそれらが他者配慮的である程度には関係ないということを説明するのにも役立つ。こう仮定しよう——設計のひどい援助配分計画に奨励されて，マザー・テレサはすべてのお金をカルカッタ〔Culcutta；現コルカタ（Kolkata）〕の子供に与えるよう要求し，

---

79 ［原注3］PD は，非常に多くの学問分野の文献において，非常に至るところで論じられているので，ここではよく知られているものと想定する。その最も徹底的かつ正確な議論——センが試みる種類の用法への直接的な応用における——は，Binmore（1994），pp. 95-256 である。

154

マザー・ジュアニータ〔1925-2012〕はそのすべてをサンパウロの子供に与えるよう要求するが，双方が半々の分け前を要求すれば，もっと多くの子供が食糧を得られる状況下にある。あるいは，まさに，その代わりにこう仮定しよう——部分的に，超カント的コミットメントが2人の後援者に互いの局所的な義務に対称的に従うように促すので，彼女らがこの苦境の鏡像へと導かれる（つまり，マザー・テレサは，配給のためにすべての食糧をマザー・ジュアニータに送る方を選び，他方マザー・ジュアニータが反対のことをする），と。その場合，経験的状況はPDのそれである——おそらく，誰もいずれかの聖女のことをも狭く利己的であると非難したくないにもかかわらず[80]。

　ゲーム理論では，RPTを使う他の諸技術の適用においてもそうだが，その仕組み（マシーナリー）の目的は，行動の諸パターンが，ある特定の戦略的ベクトル，利得行列，情報の分布（例えば，1つのPD）——標的とする状況の正しいモデルとみなすように経験的に動機づけられるもの——を例示する時に何が起きるかを教えることである。所与の場合にこのベクトルを生み出した動機的履歴は，どのゲームが例示されるかということ，あるいは，その1均衡または諸均衡の位置には無関係である。Binmore（1994, pp. 95-256）が詳細に強調しているように，もし，何らかのPDと見なされている場合に，いずれかのプレイヤーによる協力を合理化するだろう何らかの利用可能な話があるならば，論理の問題として，以下のような過ちを犯したのだということになる。すなわち，モデル構築者が少なくとも彼らのうちの1人に誤った効用関数を割り当てていた（あるいは，誤って完全情報を想定していたか，あるいは，コミットメント行為を感知することに失敗していた）のであり，したがって，彼らのゲームを（1回限りの）PDの実例とみなす過ちを犯していたのだ。おそらく，モデル構築者は，彼らが例示する諸エージェントの正確なモデルを推論するために十分なほどには，彼らの行動を観察していなかったのである。ゲーム理論家の解法アルゴリズムは——それ自体では——何ものについての経験的仮説でもない。それらの適用は——規範的戦略的忠告または経験的説明の目的にとっては——志向姿勢から構築された諸プレイヤーの経験的モデルが正確であるのと同じ程度に優秀であ

---

80 ［原注4］完全な（perfect）——そして，完全に一般的な——カント的道徳性が完全な狭い利己性が生成するものと等価の社会的に劣った均衡を生み出し得る——論理的対称性を通じて——という考えは古いものである。それは，19世紀のカナダの著述家ジェームズ・デ・ミル（James De Mille）〔1833-1880〕（1888/1969）による古典的な風刺小説の中で生き生きと探究されている。

4. 顕示選好と効用分析における哲学的諸問題　　155

るに過ぎないだろう。実験経済学の文献から多く引用されている事実であるが，人々が実験室に連れて行かれ，PDを誘発するように企てられた状況に置かれた場合，多数の人々が協力し合う。このことから——RPTを信用しないのではなく，それを適切に使うことによって——言えることは，その実験設定は，結局，PDの誘発に失敗したということである。それらのプレイヤーたちの行動が示すのは，彼らの選好が彼らのゲームがPDとして詳述される中で誤って示されていた[81]ということである。1つのゲームとはある1状況の数学的表現であり，1ゲームを解く操作は演繹的推論の実行である。どのような演繹的議論もそうであるように，それは既に諸前提に含まれていない新しい経験的情報を追加することは全くない。しかしながら，それは，我々がさもなければ気づかなかったかもしれない諸事実の間の構造的諸関係を明らかにする点において，説明上価値あるものとなり得る。

　もちろん，諸前提は，（なかんずく）諸エージェントについての経験的諸事実をモデル化しなければならない。センのRPTの批判は，正しい主張——動機づけは我々のエージェントのモデルの内部に内生化されるべきである（諸エージェントの行動に関連する限りで）という——を，RPTはこれを行うための諸資源を本質的に欠いているという主張に結び付ける。第二の主張は，2つの解釈を許す。もし，それが意図しているのが，RPTは動機づけ一般を内生化できないという意味ならば，後で見るように，それは全く誤っている。もしそうではなく，その考えが，人々の動機づけをRPTに基づく経済モデル内に内生化するのは——経験的諸理由のために——特に難しいということならば，それは多くの興味深く実質的な諸問題を提起する。実際それは，私が本章を開いた際のまさにその設問を指している。つまり，効用関数——および戦略におけるその因果的に関連した現れ——と実際の人々との関係は——もしあるとすれば——何であるかという問題である。センの批判は，経済的諸エージェント——希少性の下でのある種の目標達成への参照によって同定される——は，心理学的に特徴づけられる実際の人々と同一視されるべきだということを当然視している。そしてそれから，センの批判は，RPTはこの想定された同等性を組み込み（*build in*）損なうという安易な主張をする。これは結局，あらゆ

---

[81]［原注5］実験において，これは問題となるに違いない。なぜなら，誤りの他方のあり得る諸源泉——情報の誤記，気付かれていない戦略的コミットメント，またはプレイヤーが期待効用か他の何かを最大化しているかどうかに関する不確実性——は，明白にPDを誘発するように意図された任意の適当な実験設定においては，確実に統御されるだろうからである。

る種類の分離性命題の最も強い可能な否定に賛成の論を張るというよりも，むしろそれを想定することになる。すなわち，ここでセンに従うことは，経済学が（社会）心理学の一部門であるということを暗含的に想定することである。かくて，それは詰まるところ単純に，サミュエルソンの分析的出発点を粗暴に否定することになる。したがって，論点をはぐらかしているとして私がセンを告発することになるのだ。

　第6，7，8章で論じるつもりなのは，経済的諸エージェントを実際の人々と同一だと想定すべきでないということだけでなく，経済分析の有効性が特定の想定——経済的エージェンシーは，決して，直截的にさえ，個人性と同一の外延を持ってはいないという想定——を必要とするということである。（率直に述べさせて欲しい。これが本書の中心的命題である。批判家諸氏は注意されたい。）このように，ミクロ経済学のための私の重要な基本的想定は，センのものとは正反対であることが判明するだろう。しかしながら，この命題を支持する積極的な主張を構築する長々しい過程を始める前に，RPT に関するセンの懐疑論の基礎と，彼が好む代替的アプローチに伴う厳密に内的な諸問題について，さらに記述する必要がある。経済的エージェンシーについての私自身の来る説明は，その説明を提示するところの対照的な諸見解の背景を理解することにより，部分的に動機づけられるはずである。

　センの基本的な戦略は，信念その他の命題態度についての内在主義を——これがまさに当の問題である時に——想定することに依存する。彼の推論を詳細に検討する価値がある。なぜなら，関係する誤りの診断は，内在主義的諸想定のいくつかの具体的な特徴を，それらが経済学の中で展開するままに暴くからである。ここでの私の議論は，Dowding（2002）にいくらか負っているが，彼は，センの一般的議論をうまく要約するとともに，それに不利な急所をその内在主義的諸前提の中に突き止めている。私の知る限り，ダウディングの論文は，心の哲学における内在主義と，センの著作によって動機づけられた経済学の基礎についての諸討論との間のつながりを認識する点において，文献においてこれまで唯一のものである[82]。

　上で述べたようなセンが好む例の1つを示すと，出発点として次のように想定す

82　［原注6］Davis（2003）は，内在主義と経済的エージェンシーのモデルとの間のつながりを見つける——むしろ，その主要な点として強調する——ためにも引用されなければならない。しかしながら，デイヴィスは，内在主義的諸想定についての彼自身の批判が，新古典主義に対するセンの攻撃の基礎を脅かすということをそもそも理解し損なう。センは，それどころか，デイヴィスの本の主な英雄である。これは，おそらく，デイヴィスがセンの初期の——技術的な——仕事に対してではなく，自由と繁栄の概念に関するもっと最近の意見にのみ注意を払うからである。

4. 顕示選好と効用分析における哲学的諸問題　　157

る。すなわち，＞関係が成立する集合 X があり，X の部分集合 $x, y \in A \subseteq X$ で，エージェント i について $x >_i y$ を観察し，もう1つの X の部分集合 $y, z \subseteq A' \subseteq X$ で $y >_i z$ を観察した。すると，RPT によって結論づけることができるのは，i が $A \cup A'$ から選ぶという観察されない（unobserved）場合において，$x >_i z$ が成立し，x が選ばれるだろうということだ。しかし，今，A が果物のバスケットであり，そこでは y が最も大きい一個だとしよう。A' は z が最も大きい一個である別のバスケットだとしよう。最後に，i は「共同体のバスケットから決して最大の一個を取るな」と命令する社会的ルールに従って振る舞い，i は他人とともにいるものとしよう。選択関数 $c(A \cup A' ; >_i)$「に対して外的な」このルールと，これまた $c(A \cup A' ; >_i)$「に対して外的な」社会的状況を所与とすると，RPT の適用は，誤った予測をもたらすだろう——すなわち，〔できるだけ大きな果物を選ぶ〕i は A 内では x を，A' 内では y を選ぶだろうが，$A \cup A'$ 内で自由に選ぶのは y だろう。しかし，これは非対称性に反する。「外的な」ルールは多くの実際の人々の行動の気質を記述するので，かつ，これらの人々を不合理的と呼ぶことは全く愚かなので，RPT は一般的に記述的に実際の人々には当てはまらないし，合理性条件の規範的に適切な集合を選び出しもしない。これがセンの包括的（ジェネリック）な議論である。

既に述べたように，RPT が実際の人々の「選択ダイナミクス（choice dynamics）」を直接記述するということを主張するつもりはない。しかしながら，私が主張するつもりであるのは，RPT は記述的に行動科学に有意に関連しており，それが「経済的合理性（economic rationality）」という科学的に重要な概念を捉えるということだ。さらに，第6章で探究される諸理由により，私は，この主張をいかなる仕方でも規範的個人主義または記述的個人主義のいずれにも依存させたくない。このように，センの議論は阻まれる必要があるが，その仕方は，経済的諸エージェントは，社会的礼儀正しさの諸規範を遵守しない，または遵守すべきではない（などなど）という風変わりな主張を必要としない方法でである。

ダウディングが例証するように，ここでのセンの主張全体は，それに関して効用関数と選択関数が構築されるところの参照部類の性質についての混乱に依存している。センの議論が必要とするのは，$x \in A = x \in A'$ かつ $y \in A = y \in A'$ ということである。なぜなら，x と y は各々の場合に，果物の同一の個物を——例えば，x はリンゴ，y はオレンジを——示すからである。しかし，それから，その議論はこう想定する——i は果物の「リンゴらしさ」と「オレンジらしさ」の諸特性を参照す

ることによってのみ，果物の個物に関する確定した選好を持つのではない，と。i
はまた，各々が持っているか，あるいは，欠いている可能性のある関係的諸特性の
少なくとも１つについて，すなわち，果物の１つが特定の社会的文脈の特定のバス
ケットの中で，最大の個物であるかどうかについても気にする。これは，もちろん，
完全に妥当で理解できる心理学的プロファイルであり，これが，ここで想定される
諸状況下で，我々がiを不合理的とみなすことができない理由の一部である。しか
し，すると，もしRPTがiの諸選択の系列は不合理性を暗含するものだと言明す
るならば，これは，RPTが選好の諸対象を個別化するにあたって，ある種の関係
的諸特性の利用を禁じるからであるに違いない。しかしながら，RPTは——まさ
に前章で略述したような公理系として——その値域内の諸変数によってどの値が取
られ得るかについて完全に寡黙である。かくて，センの以下の想定について，RPT
にとって内在的な（*internal*）正当化は全くないことになる。センの想定とは，選
好の諸対象はセンが外的と呼ぶ考慮——社会的規範のような——からは独立に個別
化されなければならないというものだ。反対に，ダウディングが指摘するように
（Dowding 2002, p. 271），iは両方の仮説上の選択状況にわたって同一の経済的エー
ジェントであるという趣旨の想定——すなわち，iの行動は関数$c(A \cup A' ; >_i)$
によって記述されるという想定——は，$x \in A \neq x \in A'$または$y \in A \neq y \in A'$また
はその両方であることを含意する。RPTによって含意される何かが，彼の想像上
の事例の心理学的記述に当てはまらないと単純に想定することによって，センはか
くてRPTがそれを記述できないことを自明に保証する。この場合もまた，ここで
問題となっているのは——差し当たってに過ぎないが——RPTがiの心理におけ
る何らかの因果的ダイナミクスを正確に記述するかどうかという設問ではない。セ
ンの議論によって提起される問題は，もっと一般的である。すなわち，RPTによ
って公理化された一連の諸関係は，果たして，経済的行動に記述的または評価的に，
直接的または間接的に有意に関連させられ得る合理的選択の諸観念と何か関係があ
るのかどうかという問題である。

　$x \in A = x \in A'$かつ$y \in A = y \in A'$であるというセンの想定は，RPTの形式的論
理では含意されないので，それは結局は選好と選択の行動主義的同一視——サミュ
エルソンが意図したRPTの解釈に関わる——を哲学的に拒絶することになるに違
いない。したがって，人は，センがこの場合や他の場合に当然とみなす哲学的心理
学のいくつかの非規範的正当化——あるいは，いくつかの記述的説明さえも——を

4. 顕示選好と効用分析における哲学的諸問題　　159

提供してくれたらと望むのである。残念なことに，私が知る限り，膨大な諸著作の中で，彼がそのいずれかを行うところはどこにもない。センの読者たちの多くによって——必ずしもセン自身によってではなくとも——前提されそうなことは，おおよそ，民間心理学から受け継がれた表象的意味の内在主義的な像である。すなわち，エージェントは，諸対象の心理学的に現実的な——因果的に活動的な——諸表象を持っていて，それを参照の諸目的のために同値類へと個人的に分類する。そしてとりわけ個人的な（しかし，もちろん，しばしば報告可能な）選好関係を定式化する際に，これらの参照上の同値類を使う。経済学者がRPTの特定の適用の中で構築する選択関数は，これらの表象された同等性諸部類に関して定義されるはずである。言い換えると，効用関数が記述するのは諸個人の心理学的に現実的な動機的諸構造であり，確定的な意味論的文脈を伴う選好の因果的に活動的な諸表象であって，それは外的文脈にちょうど伴っては変化し得ない。したがって，表象された同値類の形成の中に突きとめられる諸特性から独立にエージェントの行動に影響を与えるいかなるものも，〈選択としての選好〉「に対して外的」である。あるいは，少なくとも，少しの間，議論の明確化のためにそのように想像して，センが実際に心に抱いていたかもしれないことを探り出す途を辿るつもりである。

　前章で見たように，サミュエルソンは粗野な前機能主義的な変種の行動主義者であったので，仮に彼がクワインに従って——選好と選択の同一視ではなく——経済理論からの選好（民間心理学的意味における）の排除を力説したとすれば，もっと整合的であったことだろう。しかしながら，私はもちろん，RPTの首元に粗野な（crude）行動主義という碾臼の重荷を括り付けながら〔マタイ伝18：6〕RPTを擁護していくつもりはない。心の哲学における初期中立性のパースペクティヴからすると，未解決の設問であるのは，RPTの諸公理によって定義される一連の諸関係の経験的相関物が主体たち「の心の中に（in the minds of）」あると判明する——内在主義的解釈——のか，あるいは，彼らの行動の中の規則性を記述するという目的のために主体たちに帰されるだけ——志向姿勢の機能主義的解釈——なのかということである。第二の道を進むことは，明らかにセンの想定を妨害することになる，なぜなら，そうすると分析者は，自分が感知できる任意の諸特性を参照することにより，選好の諸対象を個別化してよいからである——これらの諸特性がそのエージェントによって「心的に表象されて（mentally represented）」いようがいまいが（「心的表象（mental representation）」について伝えられる話が何であれ，それに関

して），個別化スキームの中にコード化された情報的区別とそのエージェントの行動との間に，何らかの不可解でない因果的関係が存在する限り，そうなのである。これらの諸特性は，すると，センが「外的」と呼ぶ諸種類の関係的諸特性を含み得る。もちろん，これは，純粋に外的に帰された諸表現が，行動の因果と説明にいかに関連し得るかについての非神秘的な説明を，我々に必要とさせるままだろうが，これは，すべての哲学的外在主義者たちが，何らかの方法で一般的にコミットさせられてきたプロジェクトであり，第6章から第8章までの主要な主題の1つになるだろう。

ダニエル・ハウスマン（私信）は，上の推論を直接的に関連させる仕方でセンの議論を解釈する。ハウスマンが言うには，「行動主義的経済学者たち——センではなく——は，実際には，選択の諸対象を単純に「1つのリンゴ」または「1つのオレンジ」とみなすだろう。主観的選好から始めたがる者たちは，次のことを区別する諸資源を持つ——〔一方は〕1つのリンゴを取ると他者に選べる1つが残る時に1つのリンゴを取る場合，〔他方は〕1つのリンゴを取ると他者に選べる1つが残らない時に1つのリンゴを取る場合だ。これは一般化された意味におけるRPTの……諸公理のいずれに対する異議でもない。それは，選択と，選択の諸対象の粗野な行動主義的個別化とから始めることへの異議である」。しかしながら，志向姿勢の機能主義は，この異議を直截的に逃れる。もし，あるエージェントが第一の種類の場合にリンゴを選び，第二の場合にリンゴを選ばないならば，すべての利用可能な行動的証拠が，志向姿勢の機能主義者を導いて，三角測量された命題態度の帰属化を適用させるが，その帰属化は，選好の諸対象を，とりわけ，「選ぶと他者に選択肢が残るリンゴ」と「選ぶと他者の選択肢を奪うリンゴ」として個別化する。第2章から思い出して欲しいが，内在主義者にならない方法は2つあり，粗野な行動主義——それが真剣に受け取られるべきならば，ワトソン以来の40年間の哲学的心理学に従って，消去主義として再定式化されたほうが良い——は，それらの一方に過ぎない。

人は，ここでDavis（2003）に従い，エージェントたちによる選好の諸表象についての内在主義に依存しない，センのための1議論を構築しようと試みるかもしれない。これは，実際，センに対してもっと公平だろう。なぜなら彼は，ほぼ確かなことだが，あらゆる関係的，非現象的諸特性への注目が，選好に対する「外的な」諸影響を含意するものと我々に見なさせるつもりはないからである。選好順序付け表象メカニズムは，おそらく，その諸対象の領域内に「バスケット内の一番古い果

4. 顕示選好と効用分析における哲学的諸問題　　161

物」を持ち得る。そうすると，有意に関連する差異は何であると考えられているのだろうか。デイヴィスの説明に基づくと，それは選好形成のための同値類に対する制御に関する主権（ソヴランティー）に関係している。行動的因果性の何らかの諸側面についての内在主義的命題を主張するある人はこう考えるかもしれない——エージェントはすべて自分自身で，〈バスケット内の一番古いリンゴ〉が選好にとって有意に関連のある種類の対象であるかどうかを決定し始める，と。しかしそれから，こう主張するかもしれない——社会が（少なくとも部分的には）社会化されたエージェントがどの諸特性への注意を維持し参照することによって行動を導かねばならないかを決定する，と。おそらく——デイヴィスは論じる——，この区別は，行動の心理学的説明に有意に関連するあるレベルにおいて，現実的な相関物を持つ。志向姿勢の機能主義は，この区別を否定する（デイヴィスが認識するように）。それによると，我々は，我々自身に対する志向姿勢をとることによって，諸対象一般を個別化して，行動制御の諸目的のための参照部類へと振り分けるが，これを行うに当たって，他者により我々に対して取られるものとして志向姿勢をモデル化する。志向的選好部類は，このように一般に（部分的に）社会的制御の下にある。したがって，たとえ，選好部類が，ある仕方で「心的に表象された」選好部類に依存するとしても，センが外的諸要因と見なすものから独立であるとは判明しないだろう。効用とエージェンシーの間の彼の基本的区別の一側面は——少なくとも，その区別が RPT についての彼の諸批判（彼のメタ倫理的な諸省察ではなく）から生じると考えられている限り——，かくして空虚である。

　この結論は，RPT の批判者にとってあり得る最善の知らせのように見えるかもしれない。なぜなら，我々が追求した議論の道筋によって空虚にされたセンの区別のその側面とは，「効用」の側面だからである。非消去主義的外在主義を前提とすると，「エージェンシー」は，あらゆる選好部類個別化に影響を及ぼす。しかしながら，今や思い出して欲しいが，そもそも，センの区別への動機づけは，同語反復（トートロジー）の懸念であった。この懸念（もし，それが本当に懸念すべき何かならば）がうまく対処されるとすれば，それは，センの区別の両側面が，いくらかの経験的に（かつ行動的に）有意に関連する内容を持つ場合にのみである。上述の議論が示すことは，センは——せいぜい良くても——同語反復（トートロジー）問題に関する貝殻入れ替えの欺瞞行為（シェル・ゲーム）をしているにすぎないということだ。もし彼とそのプレイを行うなら，我々は，誰も決して自分らの効用——もはや経験的に有意な意味を全く持たない一目標——を最

大化するようには振る舞わないと述べるよう導かれるが，しかし我々には，彼らが彼らのエージェンシーにとって最適な諸条件であるとみなす何かを最大化しようとすると述べない基盤がない。今や，志向姿勢の機能主義——それは関係的諸特性を見出せない粗野な行動主義ではないが——は，行動主義の一形態である。すなわち，それは諸エージェントの志向を彼らの行動——志向によって特徴づけられるものとしての——と同一視する。志向姿勢の機能主義者は，かくて，志向的行動がエージェンシー言語または効用言語において特徴づけられるかどうかに関係なく，同語反復反対論に直面しなければならないだろう。同人にとって，センの「外的諸要因」の論議は，実質を何も変えなかったのだ。

　もし，「エージェントがその幸福であるとみなすものは何でも」という概念が，志向姿勢の機能主義者たちのアプローチに従って理解されないが，しかし次いでロビンズの現象主義的流儀——それをセンは確かに意図していない——においても解釈されないならば，残されるように思われるすべては，古いアリストテレス的理解である。かくて，驚くことはないが，経済学の政治に対する規範的関連性に関するセンの立場は，はるかアリストテレスの時代まで知らず知らず遡る。アリストテレスのように，彼は，第3章で「形而上学的主観主義」と呼ばれたものを否定する。なぜなら，人がその幸福であるとみなすものは実際にはその幸福であるわけではないかもしれないと考えるからである。また，アリストテレスとともに，彼は，真の幸福のためには，物質的幸福のある最小限の閾値が必要であると信じている。センによれば経済学者の仕事は，このように，この最小限の閾値を普遍的な（あるいは，少なくとも，より幅広い）到達範囲へともたらすための最善の技法を明らかにすることである。他方，倫理学者たち，社会学者たち，人類学者たちは，集合的に真の幸福についての規範的および記述的な専門的知識を体現するが，その用心深い目は，経済学者の枠組みが偶然に（あるいは，故意に）その非経済的諸側面を掘り崩さないということを確実にしようとする。しかし，経済学者が人々の選択と行動を記述しようとする限り，センは，心理学的主観主義（これが同語反復についての彼の懸念の根幹にある）を放棄する理由を，全く我々に与えなかった。結局，行動における諸表象の役割の民間的モデル——それをセンによるRPTのより狭い批判は妥当だと想定しなければならない——に基づくと，もし，1エージェントが自身の幸福が存するとみなすものについて誤っているならば，我々は，その幸福を促進するだろう実際の諸条件——仮説により，エージェントはそれに無知だ——を参照するこ

4. 顕示選好と効用分析における哲学的諸問題　　163

とによって，その行動――その選好報告を含む――を説明することはできない。我々は，前章で，心理学的主観主義と形而上学的客観主義の組み合わせに直面した。経済学と心理学との関係性が関わるところでは，センは，まさにジェヴォンズとマーシャルの半アリストテレス主義へと我々を引き戻させる――そういう風に思われる。

　私は，形而上学的主観主義は正しいとは思うが，それを擁護することは，本書の課題ではない[83]。ここで問題となるのは，センは形而上学的主観主義に反対する新しい論議を全くしていないので――彼は単にその否定を主張するだけだ――，また，サミュエルソン的経済学に反対する彼の論議は，消去主義者と志向姿勢の機能主義者の両方に対して論点をはぐらかしているので，彼は，アリストテレス主義または半アリストテレス主義へと回帰する新鮮な理由を誰にも与えなかった，ということだ。彼が，新しい実験主義者と制度主義者の新アリストテレス主義のために風潮を暖めたところの意味は，かくて純粋に論争的であり，かつ，哲学的に正当化できない。

　この結論は，実験主義的，制度主義的な新アリストテレス主義者を失望させるかもしれないが，それはどうみても彼らにとって世界の終わりではない。結局，彼らは，一般的に，彼らのアプローチが根拠付けられているのは哲学――道徳哲学または論理哲学――にではなく，主に認知科学と進化科学にだと考えている。哲学的諸議論と経験的研究の関係に対する認識論的態度――私が前に支持した――を所与とすると，実験主義者たちによるそのような立場は，完全に正当化されるだろう。しかしおそらく，もしセンが実際に彼らのための根拠を準備してこなかったとしても，彼らが代わりに彼の救助にやって来られる[84]。我々は，これを疑う諸理由――つまり，実験的に動機づけられた半アリストテレス主義は結局，人間主義者たちの視点から見てあり得る最悪の世界に陥るということをミロウスキーが信じているのは正しいと実際に考える諸理由――を後で見ることになろう。しかしながら，差し当たっては，私は，次のことぐらいを確立しただけである。すなわち，私は以下のような主旨の主張なら何であれ挫いたのだ――すなわち，センがRPTを論駁しているので，我々が――先験的に――必要とするのは，それを置き換えるための心理学

83　［原注7］私が推奨する擁護論は，Joyce（2001）である。
84　［原注8］少なくとも，部分的には。センは，価値について形而上学的主観主義に反対するメタ倫理学的諸論議の助けがなければ，明らかに，彼の政策提言の一般的な集合を正当化することはできない（Davis 2003, pp. 174-177 が認識しているように）。私は，ここで，選好と個人の関係性に関する共有された諸見解に言及しているだけである。

および／または哲学からの新しい枠組みだという主張だ。センは，論理的に RPT を論駁しなかったので，それは依然として——探求のこの段階においては——経験的行動科学が我々に伝えていると判明するものが何であれ，その形式的な表象の一候補にとどまるのだ。

　しかし，本当にそうだろうか。私がたった今結論づけたのは，センが提案した RPT の代替肢——彼の「エージェンシー」の観念——は，RPT についての彼自身の最も基本的な懸念，すなわち，同語反復問題（トートロジー）に対処し損なっているということだった。しかし，これは明らかに，RPT が関係する同語反復反対論（トートロジー）を，我々が，単に無視または却下することを許さない。センがそれに関して何の進歩もしていないという事実は，他の皆が試みなければならないということを免除するわけではないからである。前章で見たように，同語反復問題（トートロジー）は，まさに新古典主義の夜明けから，経済メタ理論において主要な役割を果たしてきた。それは，ジェヴォンズを鼓吹して，彼自身の主観主義的，ベンサム的遺産に反する半（セミ）アリストテレス主義へと後退させ，するとこのことは，消費者理論の完全な技術的成熟を 60 年間遅らせた。センは，たった今見たように，本質的にまさにジェヴォンズの道を引き返す。サミュエルソン（Samuelson 1972, p. 255）でさえ，彼がそれに気をつけなければならなかったということを当然視した。最後に，私は続く論議の中のいくつかの点で述べたが，志向姿勢の機能主義者——その者は選好を選択におけるパターンと同一視しなければならない——が，同語反復反対論（トートロジー）に特別の緊急性をもって直面する。さて，同語反復問題（トートロジー）は，経験的に生み出されたものではない。それは，先験的で哲学的に動機づけられた問題——もし何かであるとすれば——の一実例である。したがって，最終的に認知および行動の科学の領域——そこでは，いわば現実の行為が発見されるべきである——へと落ち着く前に，同語反復問題（トートロジー）という尊敬すべき悩みの種（バグ・ベア）を探り出し，我々がそれを探り出す仕方が，経験的探究に対してどのような真の制約——もしあるとすれば——を課すかを見てみよう。

同語反復に万歳二唱（ツー・チーアズ）

　第 3 章で見たように，サミュエルソン経済学の中では，効用関数は，序数的だろうが VNM だろうが，単に諸変数の格付けである。RPT の諸公理中の何物も，これらの変数の値を制約しない。RPT が行動の何らかの諸側面を記述すべきならば，選好の諸対象の個別化は，前に述べたように，情報に関する有効性の制約を尊重し

4. 顕示選好と効用分析における哲学的諸問題　　165

なければならないだろう。すなわち，諸選好は，命題態度の帰属化（その内容において内的にアクセス可能な諸説明に対応する）によって個別化される必要はないものの，これは，行動に因果的に全く影響を与え得ない情報を参照することによって諸選好を個別化して良いという許可にまで奨励することはできない。しかし，これは，行動に関する諸事実についての解釈を，ロビンズの内観主義的な種類の拘束よりもはるかに緩く制約する。結局，人間の神経系統は，情報的に高密度な環境の中に埋め込まれた高度に複雑な処理装置であり，ゆえに，その単なる潜在的情報感度だけでも膨大である。かくて，いかなる行動パターンについても，それを何のアノマリーも無しに記述する効用関数を構築することがほとんど常に可能だろう。効用最大化がどのような種類の因果的または動態的過程であるかについていかなる制約も無いということが所与とすれば，1エージェントについて，そのエージェントが効用を最大化すると述べることは，かくて，全くいかなる経験的情報も伝えないということである。

　最後の文の厳密な定式化は重要である。経済学者——そして第6章で見るように，一部の哲学者——は，しばしば，目標指向的な行動の観点でエージェンシーを定義し，するとそれは少なくとも合理性の何らかの最低限の理解へのコミットメントを含意する。もし目標指向的な行動が，RPT の適用によって一般的にモデル化されるならば，1エージェントが効用を最大化すると述べることは明らかに同語反復的であるに違いない。「エージェント（agent）」は，ここで，RPT への参照によって定義される技術的用語として使われているので，定義に関する慣習の枠組みの内部で話すことに同意するアリストテレス主義者または半アリストテレス主義者は，この同語反復を哲学的に無害だと見なさなければならないだろう。しかしながら，「個人（person）」を同様に技術的用語として定義しようと試みることは奇怪だろう。人々は，ある種の経験的な諸種である——彼らが諸生物，あるいは抽象的な諸セルフ，あるいは，〈道徳的に重要なアイデンティティを持つ諸生物〉，あるいは何であれ。したがって，ある個人が効用を最大化すると述べることは，純粋な同語反復，文字通りの〈定義による真実〉にはなり得ない。その主張に関連した情報収穫が少ないのは，むしろ，「効用最大化」の「効用」の部分が非常に経験的に控えめであるという事実に由来する。なぜなら，RPT を経て解釈される「効用」は，単に，何であれ最大化されるものを示すからである。「人々は効用を最大化する」と言うことは，「人々は何かを最大化する」と述べることに等しいのだ。

再び言うが，これは文字通りには同語反復ではない。おそらく，人々についての何らかの妥当な理解を所与とすれば，人々は，何も最大化するものでない。しかしながら，我々が「何か」を例示する無制限の自由を享受しようとも，依然として，実際上の情報の空虚を生み出す。我々は先験的に知っていることだが，常に次のような〈何か〉を見出せるのだ——それは，それを最大化することと，ある個人の行動が常に首尾一貫するような，そういう何かだ——たとえ，「最大化」なるものが因果的に実在的または経験的に情報提供的ないかなる過程も示さないとしても。これを劇的に表現するために，誰かが，岩石を諸エージェントとして（技術的な意味で）モデル化したいと思うものと想定しよう。岩石の「行動」を正確に記述すると，岩石は〈地球の中心への近接度〉を最大化するという主張になり，その際，諸制約は，岩石が地表を貫通するためにどのくらいのエネルギーを結集できるかである（経済学の業界語で言えば，我々は，それによって岩石の「予算制約」を示すことになる）。しかし，もし，岩石をエージェントとしてモデル化するのが容易ならば，このことが示すのは，人々について情報提供的な何かを教えるという理由で，人々を諸エージェントとしてモデル化することは容易に過ぎるということだ。

　この込み入っていない推論が背景をなすのは，同語反復反対論が，メタ経済学の歴史の中で破壊的なものと見なされてきた論理的速度である。ジェヴォンズは，前章で見たように，同語反復の懸念から半アリストテレス主義まで一文で達する。Sen（1987）は，ある脚注の中で〈諸エージェントとしての人々〉の純粋に技術的な解釈を退けるために，同語反復反対論を使う[85]。行動経済学者リチャード・セイラー（Thaler 1992, p. 2）は，足早にそれを是認して，あっさりと述べる——「理論は，可能なデータ集合がそれを論駁できないならば，全く検証可能ではない（実際に，それは本当は理論ではなく，むしろ定義みたいなものだ）」。同語反復反対論に直面して即時に降伏することは，全く常識のように見える。

　明らかに正しいのは，もし RPT を身につけている一経済学者が我々に教え得るだろうことのすべてが，人々は効用を最大化するものだということならば，この経済学者は，科学的に役立たずだろうということである（彼は，何か他の意味で役に

---

85 ［原注9］「効用は，当然，多くの異なる仕方で定義され得る……功利主義的観点の豊かさは，この多用途性に関連する。しかしながら，効用に基づく計算の擁護者たちの一部は，我々が評価したいすべてのものを含むように「効用」という用語を再定義するよう誘惑されてきたように思われる。効用に基づく倫理的計算の擁護として，これは同語反復的であり，議論にほとんど何も加えない。」（Sen 1987, p. 40, n. 13）

立ち得るのだろうか。おそらく，その主張を素敵に歌い流すくらいはできるだろうか）。

しかしながら，前掲の引用の文中での「理論」という語のセイラーの用法は，1つの曖昧さを隠す。諸科学の広範な帝国の内部で，「理論」は多くの異なる意味合いで使われている。理論は，時には，「論理的に結び付けられた経験的諸仮説の集合」を意味する。これはセイラーによって意図された意味であり，この意味において，人々は効用を最大化するものだというむきだしの主張は，実際に情報提供的な一理論ではない。しかしながら，数学者たちと論理学者たちが「理論」によって意味することは，諸定義と諸関係を定める諸公理の集合である。この理解に基づくと，RPT は，それ自体が一理論である——何らかの種類の行動についての一理論ではないとしても。数学者の理論の理解の方は，数学の諸応用に非常に依存する諸科学——例えば，物理学や経済学——の中での用法に影響を与えた。その結果は，「理論」のさらに3番目の意味である。つまり，物理学では，理論が示すのは，典型的に，1システムまたは諸システムの集合の測定可能な可変諸係数のある事前指定された部類の，ある他の部類の諸係数に対する反応を媒介変数化する，場の方程式の特定の集合である。この意味の「理論」の概念において，RPT は，ある現象についての理論の一部になり得る——当該の測定が認識論的に価値ある目的（典型的には，予測または説明またはその両方）に役立つような仕方で，RPT がある測定可能な諸係数および諸関係の同一性を定めるならば。

「理論」概念についてのこの図式的な組織化の観点からすると，RPT の可能な科学的身分について明確にするのは容易である。それは，明らかに，意味1における理論ではない。それは，同じく明らかに，意味2における理論であるが，しかし何か経験的なものではなく，むしろ単なる数学の理論である。さらに，それは数学の関心を引く理論ではない。なぜなら，それは，数学的実在の実り多い組織化にとって内的な関心事によって主として動機づけられているのではないからである。数学者たちは，関数の集合 $c(X ; >_i)$ が，関心を引く対象——諸定義のもっと一般的な集合からもっと節倹的に捉えることができない対象——を示すような仕方では調査領域を切り分けないからだ。

哲学者アレックス・ローゼンバーグ（Rosenberg 1992）が論じたのは，新古典派経済理論（一般）は，意味2において尊重できるものなので，理論として尊重できる，ということだ。しかしながら，前段落内の最後の考察が示唆するのは，この動きが，非常にわずかな賞賛とともに，新古典派理論の重要性を台無しにするという

ことだ。もし，経済学者たちが実際には数学者ならば——ローゼンバーグが提案するように——，彼らは独特な部類の諸関数にとりつかれた風変わりな数学者であり，彼らの分離した1学問分野への組織化は，妥当な正当化の理由を全く持たない。しかしながら，明らかに，経済理論家たちが好きな諸関数を研究するように動機づけられるのは，数学的関心自体によってではなく，これらの諸関数の使用が，系統的に実りある経験的重要性を持つ諸係数および諸関係の孤立化および測定を可能にするという確信によってこそなのである（本章の始めで含意されたように，これはサミュエルソンが彼の装置について想定する——その想定が実際的な観点で意味することに関する十分にはほど遠い哲学的配慮も持たずに——ことであり，Mirowski 1989, pp. 358-386 によって力強く強調された点。それが，我々がここで非常に懸命に仕事をしなければならない理由である）。RPT は，かくて上述の「理論」の第三の意味における理論の一部分であると考えられる。

　これは，第3章の最終節でロビンズとサミュエルソンの融合から離れた点へと我々を直接連れ戻す。RPT が有用であることを示すために，ある実在的諸構造を見いださなければならないのだが，それらは RPT の諸公理によって定義された諸係数および諸関係を用いて，有用に測定されたものでなければならない——ここで，「有用に（usefully）」とは，説明および予測に非冗長的に関連しているということを意味する。RPT は——もし意味1における理論として解釈されたならば——同語反復的ではあるのだが，それにもかかわらず我々の経験的情報に貢献し得る——しかも，まさに偶然的な経験的事実の問題として，全くそのような実在的構造が存在しないと判明し得る場合にもだ。

　経験的有意性のためのこの判断基準は満足されるだろうか。この設問に答える中で，第2章で論じられた非冗長性の要件への注目は決定的である。再び，「岩石の行動」を考えよう。我々は，岩石が何をするかについての真実を，ニュートン物理学を使って有用に近似することができる（そして，それらが何をするかを，相対論的物理学を使って最も良く説明および予測できる）。多くの論評者たち（例えば，Mirowski 1989, Rosenberg 1983）が指摘してきたように，新古典派経済学の認識論的および存在論的な背景は，古典物理学の形而上学と多くの共通点を持っている。古典物理学は諸理論（意味3における）を用いるが，それは RPT と同じで，我々が微分方程式の連立諸体系における諸極値を求められるようにすることで機能するという点においてである。RPT は，それを用いた解釈のための，ある特定の諸現

4. 顕示選好と効用分析における哲学的諸問題　　169

象との，独立に動機づけられた同一視に先立って，最大化の公理化として比較的に一般的であるがゆえに，我々は岩石たちについてある真実の諸事実を言うためにRPT を用いることができるのである。しかしながら，岩石の行動をモデル化する1つの仕方として，RPT は非冗長性の要件を満たさない。RPT の諸公理——選択関数に対する2つの諸制約はもちろん——のいずれも，力学のまともな理論を所与とすれば，岩石の動きを説明するために必要ではない。しかし，人は，物理学によって経済諸システムのダイナミクスを説明または予測することはできないし，それは心理学，動物行動学，社会学の連合を適用することによってさえも不可能である（あるいは，私はゆくゆくはこの研究の第2巻でそのように強く主張するつもりだ）。

　非冗長性要件は，第2章で与えられた存在の情報理論的説明の観点で理解されるだろう。想起されたいが，その説明のための動機づけの1つは，それによって我々が，物理的パターンへと還元されないパターン——志向性とエージェンシーを含む——を実在論的な仕方で理解できるようになるということである。すなわち，それにより我々は，道具主義へと滑り陥ることなく志向姿勢の機能主義を是認できるようになる。このすべては，議論のための文脈を定めるにすぎない。我々が依然として必要とすることは，事実上，志向性とエージェンシーは実在的なパターンであると確信する諸理由を見ることである。この議論は，第8章において与えられる。かくて我々はその時まで，RPT は——志向姿勢の機能主義に結び付けられた場合——第三の意味の有用な理論であるとして満足できないだろう。しかしながら，今や，同語反復反対論に直接答えて，RPT は非冗長的な第三の意味の理論の公理的構成要素として擁護され得るという単なる約束以上のことを言わなければならない。

　Binmore（1994, pp. 95, 99, 104-110）は，このうえなく率直にこう述べる。ミクロ経済理論——特に，RPT とゲーム理論の結合として彼が提示したもの——のすべては有用な，いやそれどころか「素晴らしい（wonderful）」同語反復の体系である，と。彼が明示的にするのは，自分がその体系を数学者の意味2における理論と見なしており，主張を技術的に隙のないものにしているということだ。しかしながら，彼はそこからさらに進んでその理論を最良の集団に入れようと試みて，ダーウィンの「最適者生存の原理（principle of the survival of the fittest）」は同じ種類の素晴らしい同語反復だと主張する。これは，等しく素早い同語反復反対論の普及に対するすがすがしく性急な反応だが，あまりにも不注意である。科学哲学者フィリップ・キッチャー（Kitcher 1982, pp. 55-60）は，ダーウィンに反対して提起さ

れた同語反復反対論——この場合，創造説支持者たちによる——を，比較的丁寧に
考察しており，彼の論じ方はここで注目に値する。なぜなら，それは，ミクロ経済
理論にも等しく良く当てはまる一般的な哲学的諸考察を喚起するからである。

　ダーウィンに対する同語反復反対論の始まりは，彼に自然選択なる1「原理
（principle）」を帰属させることだ——それによると，最も適している遺伝子が継続
する生存のために選択される。それから，相対的な適応度が，生存の相対的な期待
確率として定義されると主張される。ほぼ等価の言い回しの誘惑的だがずさんな少々
の置き換えによって，その原理を次のように示すことができる——最も生存しそう
な遺伝子が，生存のために選択される，と。これは文字通りの同語反復のようにほ
ぼ見える（「ほぼ」と言わなければならないのは，期待される生存と実際の生存は同
じことではないからだ）。キッチャーが容易に示すように，この推論には——創造
説支持者たちが言うような——いくつかの側面があって，それは，単にダーウィン
の著作の内容についての特別（かつ意図的）な誤解に依拠するものだ。しかしながら，
ビンモア——ダーウィンを徹底的に理解している——が彼の「同語反復」を賞賛す
るという事実が示唆するのは，経験的に非情報提供的な「自然選択の原理（principle
of natural selection）」なるものを構築できる——しかも創造説支持者たちの科学
的かつ論理的な混乱の泥沼に耽る必要も無しに——ということだ。彼は，これにつ
いては正しい。自然選択は，それ自体にとって外的な何かによって操作される過程
ではない。したがって，母なる自然——当然，自然選択の別名に過ぎない——は，
実際に選択されたものから独立な選好のいかなる諸標準をも受け入れられない。分
析者はそのような諸標準を受け入れることができて，すぐ近くの可能な諸世界にお
いて選択されたかもしれないことを考える（かくて，期待された適応度と実際の適
応度の間の区別を導き出す）。しかし，Fodor（1996）がいくらか楽しんで議論して
いるように，これに暗黙的に伴うことだが，可能な世界へと進む中でシフトされる
環境諸変数は，あたかも実際の世界の中のそれらの値が，我々が自然選択によって
計算される関数とみなすものへの入力から独立であるかのように扱われる。すなわ
ち，我々は，実際の進化の偶発的な歴史から独立なその関数の一般的詳述をあたか
も既に持っているかのように振る舞う。しかし，これはまさに，可能な諸世界への
動きが正当化すると考えられているその種の関数である。かくて，可能な諸世界の
動きは——選択圧力に反応しての実際の変異の観察に基づいていないにせよ——自
然選択によって行われる計算こそがまさに生命の歴史であるということを忘れて，

4. 顕示選好と効用分析における哲学的諸問題　　171

その実際の偶発性のすべてを取り入れる誤りを繰り返し得る——なぜなら，規則性から偶発的出来事を区別するための計算の操作者がいないからだ。言い換えると，自然選択によって計算され，地球上の歴史的過程が偶々受け取ってきた入力の実際の集合〔の範囲〕を越えて一般化するアルゴリズムを定式化するには，多くの配慮が必要だということである [86]。生物学の歴史における多くの自然選択の諸記述は，このテストに合格しないだろうし，ゆえに実のところ，誰が絶滅して誰が絶滅しなかったかということの説明において，自然選択を——自ずから——同語反復的にしてしまう。

　しかしながら，キッチャーが論じるように，創造説支持者たちとビンモアがともにダーウィンに帰属させる自然選択の「原理」は，一体の案山子である。それが暗含的に喚起するのは，科学的研究プログラム——上の意味1における理論——は，諸命題のシステムであるという考えだ。もしダーウィン理論が諸命題の1システムであるならば，そのような各々の命題について，それが経験的に情報提供的か否かを問うことができる。自然選択の「原理」は——進化論についての教科書的説明に対する過度の違反無しに——私が上で行ったように，経験的に情報提供的でない命題として解釈され得て，すると，同語反復反対論が持ち出され得る。愚かな創造説支持者たちには思いつかないことだが，〈諸命題の集合としての理論〉は諸公理を含み得る——つまり，意味1における理論は意味3における理論に依拠し得るのである——それゆえに，ビンモアは公理として解釈されたダーウィンの「原理」の有用性を賞賛することによって，それらを取り上げることができるのだ。

　しかしながら，1つ誤りなのは——これは科学哲学者たちがしばしば冒すもので，彼らは，科学理論の教科書的説明，つまり彼らが研究することと実際の科学の主題とを混同するのだが——研究プログラムを諸命題のシステムと同一視することである。どんなポストモダン主義者も同意するだろうし，そして，Hacking (1983) が強調したように，科学が進歩をなすのは，主として諸論議の達成によってではない（その方法でのその「合理的再構築（rational reconstruction）」が，哲学的諸目的のためにいかに有用かもしれないとしても）。むしろ，科学が説得するのは，因果的結びつきへの成功した介入を行うことによってで，それは制度的に蓄積されたノウハ

---

86 ［原注10］私はここで，フォドーがこの議論を用いるところのもっと幅広い用途を是認しているのではない。Ross (2002b) を見よ。フォドーが想定するのは，可能な諸世界を有用に動かすことは全く不可能だということだ。この想定は，誤りである。

ウを示すことになるのである。成功した物理学者たちを信じるのは，彼らが粒子加速器（などなど）で何をするかを知っているということを理解するからである。我々が成功した経済学者たちを——もしいるとすれば——信じるのは，彼らが，ゲーム理論的メカニズムを構築し，そのモデルが諸結果を確定するにあたって有効と同定するインセンティヴ構造を実装する方法を知っているということを理解するからである（例えば，彼らは，政府の収入をx倍に増大させるよう意図された公的な電気通信オークションを設計し，それからそのオークションを設けて，その追加的な収入が実際にやがて手に入る）。「自然選択」の原理のような完全に抽象的な「諸原理」は，かくて，科学とその歴史の記述にとっては重要だが，ダーウィン主義の研究プログラムのような所与の研究プログラムが独立的な実在を捉えるようになってきたという確信の正当化にとっては，それよりはるかに重要でない。

　同語反復反対論はダーウィンに反対して引き合いに出されたものだが，これに対するキッチャーの反応は，研究プログラムとその命題的記述の関係性についての，より明確なこの理解に基づいている。ダーウィンは——すべての偉大な科学者たちのように——問題解決戦略（*problem-solving strategy*）の発見者であった[87]。彼の戦略は，（非常に大まかには）次のように働く。1個体群内の広範囲に及ぶ特質を説明するのに，なぜ当該の特質が，生じ得た他のあり得る諸特質に対して競争優位性を持っていたのだろうかと問う。ここで，「あり得る（possible）」は，実際の歴史的（環境的，遺伝的，形態学的）諸制約を参照することにより定義される。この問題解決戦略は，科学の歴史全体の中で最も実り多い——おそらく最も曖昧さ無しに実り多い——ものの1つであった。その戦略は，科学者たちが行う何かを記述する。それは，公理的命題でも仮説的命題でもなく，同語反復的かもしれないしそうでないかもしれない種類のものである。ダーウィンの諸著作の中のどこにも——また，キッチャーが書くように，その後の進化論の教科書の中でさえも——「自然選択の原理」と明示的に呼ばれるものは見つからないので，そのような原理の下に収めるべきいかなる特定の命題的内容を探すことも求められない。もし，先験的に，科学的理論は諸命題の集合であると確信するならば，ビンモアが擁護するような「原理」は，ダーウィンと教科書の両方が実際に述べることの妥当な再構築である。しかし，これは，実証主義者らの誤りの1つに従うもので，行動の馬の前に論理の荷車を装

---

[87] ［原注11］問題解決戦略の概念の厳格な展開については，Kitcher（1976），（1981），（1989）を見よ。

着するようなものだ。

　明らかにしておきたいが，キッチャーの回答は単に修辞的な話題の切換の問題ではないのであって，そうした切換によって，科学者たちが信じるものに対する焦点は舞台から引きずり下ろされ，彼らが行うことへの注目のほうが選ばれるが，そこでは，彼らはそれにもかかわらず何かを信じなければならず，その一部は同語反復かもしれない。論理的には，同語反復屋たちによってダーウィンに帰属される原理は，理論に関連して，導出を認可する命題としてではなく，キッチャーが「論議パターン（argument pattern）」と呼ぶもののための一名称として，機能する。論議パターンは，経験的真実を直接言明しようと試みる声明の集合ではない。むしろそれは，科学者が実験的介入を動機づける中で用いる手続き的道具である。論議パターンについてのキッチャーの説明は，十分な厳密さをもって展開されているので（彼の Kitcher 1989, pp. 432-448 を見よ），それはコンピュータープログラムの中で操作化され，実施され得る。Thagard（1992）は，実際に，キッチャーの論議パターンに構造的に同種の何かをそのように実施してきた。これが保証することだが，当然，その実施のいくつかの要素が公理でなければならない――なぜなら，それらなしにはプログラム可能な 1 アルゴリズムを持ち得ないからである。したがって，理論が問題解決戦略として概念化される程度まで，それは意味 3 における理論でなければならない（これにも留意しよう――キッチャーのシステムとサガードのシステムの両方が，第一の意図された規範的結果として，現象の説明を持ち，派生的規範として予測的効用を伴う。これは，ミルトン・フリードマンの経済学方法論についての私の後の議論にとって重要になるだろう）。キッチャーは，論議パターン概念の応用を例示して，3 つの大規模な科学的理論――古典的遺伝学，ダーウィンの選択理論，ドルトンの化学結合の理論――のための論議パターンを構築する。サガードは，多くのもっと明示的な例を提供する[88]。

　ここで，キッチャーのアプローチをその図式的なレベルで，同語反復反対論――新古典派効用理論一般に反対して（または特に RPT に反対して）提起される――に直接に適用しよう。「人々は彼らの効用を最大化するように振る舞う」と述べる，

88［原注 12］ここでは，好奇心が強い読者にキッチャーとサガードを参照させなければならないだけであって，もっと有用にそれらの諸例の 1 つを提供するつもりは無い――なぜなら，諸例の要点は，それらの完全な細部に宿るからである。結果として，すべての興味深い諸例を配置するには，多くのページが必要である。

ミクロ経済学の経験的に空虚な「原理」は全く存在する必要がない。もちろん，教科書は，時にはまさにこれを述べる。しかし，経済学者たちが彼らの実証主義的遺産の問題含みの諸側面を振り落としたいと望むことに真剣である限り，これを述べるのをやめるか，少なくとも，その主張にその身分についての適した但し書きを添えるべきである。RPT は，以下のように始まる，ロビンズ–サミュエルソン的問題解決戦略の以下の定式化において参照される諸公理の集合である――

> 1 つまたは複数の目標指向的システムのある 1 グループ――そのグループが 1 よりも大きい時には常に因果的相互作用の中にある――のメンバーが，代替的な諸用途を持つ利用可能な共通の諸資源が所与の下で，すべては満足され得ない諸目的を追求する時，何が起きるかを説明および／または予測したいとしよう。その場合，各システムによって追求される諸目的の一覧表を（その解の意図された応用と目的に応じて，序数的または VNM の）効用関数――所与の資源配分制約について各効用関数を同時に最大化することによる解を許す諸公理により定義される――として提示するために，彼らの行動について集めるべき証拠を（実用主義的に支配されているが科学的に厳格な諸標準に従って）できる限り多く使いなさい。

明らかにこれは問題解決戦略における第一歩に過ぎない。それは今までのところ，実際に成功した最大化者たちの存在，非存在，またはアイデンティティについての存在論的主張を全くしていない（かくてそれは，経済学を行う方法として，ジャッドの復讐に有利な推定を全く取り入れない）。そのような主張を表明し擁護することは，依然として，我々を待ち受ける課題である。しかしながら，我々がこれまでに手にしていることは，志向的諸システムによる希少性への諸反応の研究として――おおよそロビンズに従って――理解された経済科学の中での RPT の役割を述べる。それは，RPT をあるがままのものとして扱う。すなわち，意味3における理論の公理的構成要素，または，より抽象的でなく，問題解決戦略の適用において使われる道具として扱う。第一の種類の事柄は，単に，第二の種類の事柄の教科書スタイルの命題的表現に過ぎない。それに反対していかなる種類の先験的な「同語反復反対論」――性急なものだろうが注意深いものだろうが――を引き合いに出す根拠もない。RPT が経験的科学にとって役立たないと判明し得るのは，RPT によって我々が孤立化および測定がし易くなる実在的構造が全く存在しないときだ。そうでないならば，その逆が真であると判明し得る。探究を続けていくと，どちらであるか分かるだろう。

4. 顕示選好と効用分析における哲学的諸問題　　175

成熟した新古典主義：ゲーリー・ベッカーのプログラム

　最後の主張と，以上の1章半にわたって蓄積してきた多くの示唆とを所与とすれば，読者は，私が今，次のことを述べても驚いてはいけない。すなわち，アリストテレス主義および半アリストテレス主義の新古典主義批判の根源にある誤りは，経済理論が直接的に孤立化して測定する現実の諸システムが人々および／または人々の諸集合でない限り，それは失敗するに違いないという無批判な想定であったということである。本書の残りの中心的課題は，この想定の足下から支えの敷物を引き抜くことである。

　これでは敷物1枚動かすのが大変な仕事であるように聞こえるだろう。そのような労働投資の必要は，それ自体，その敷物が現に属する場所にあることを示唆しないだろうか。メタファーを死ぬまでこき使う危険を冒すと，代替的な可能性は——私はこちらが好みだが——，移されねばならない敷物の上に，たくさんの重い家具があるということである。当該の家具は，根拠のない形而上学からなり，それは部分的には無批判な上記の想定を直接的に推進し，部分的には根拠のない哲学的心理学を奨励することにより間接的にそれを推進する。本章の残りと次章で，私は両方を追求するつもりである。

　私のセン批判が明確にすべきであるのは，アリストテレス主義と半アリストテレス主義の説得力にとって，上記の無批判な想定がいかに重要であり，かつ，重要であったかということである。新古典主義の人間主義的棄却の中核は次のような信念である。経済的諸エージェントのように——かつ，専らそのようにのみ——振る舞う人々は，そうした種の道徳的にかつ実用主義的に疑わしい諸標本——「合理的な愚か者たち（rational fools）」（Sen 1977）——だ，と。その判断は，もちろん，著しく規範的だが，しかしそれは事実的な熟慮に基づいている。仮にRPTの有用性が，人々が「内的」効用を最大化しているということに依拠しており，かくて彼らが社会的インセンティヴに反応しない，または，すべきではないということを含意するならば，この有用性が依拠しているのは，誤った経験的な（意味1の）理論にか，あるいは，狭い利己性は規範的に（倫理的にまたは実用主義的にまたは両方の意味で）良いという趣旨の規範的な理論にである。もちろん，第二の問題に関しては，膨大な文献があるが，それは本書の関心事ではない[89]。したがって，ここ

---

89 ［原注13］もしその文献に不案内だがそこに飛び付くための最新の場所を探している本書の読者がいれば，Paul, Miller, and Paul（1997）を推薦する。

ではそれについて次のことくらいを言わせて欲しい。すなわち，Binmore（1994,
1998）によって最も良く探究された諸理由のために，(i)たいていの人々は，効用
関数がセンの合理的な愚か者たちのそれであるような人々を活発に袋たたきにする
ことを合理的に正当化される。(ii)合理的な愚か者たちは，他者から彼らのアイデ
ンティティを長い間隠すことが滅多にできないだろう。ゆえに，(iii)合理的な愚か
者たちは，一般に，彼らの効用を最大化するに際して劣悪な仕事をする。合理的な
愚か者たちは，かくて気の毒に思われるべきである――一方で罰せられながらも。
そしてこれは，少なくとも，「愚か者」の概念の操作化として，いかなるものにも
劣らず良いものである。新古典派経済学者には，主張 (i) ～ (iii) のいずれをも
棄却するいかなる理由もない――いかに多くの者が，他の動機からそうしてきたか
に関わらずそうなのである。したがって，一部の経済学のジャーナリストたちと普
及者たちが時折言うかもしれないことに関わらず，新古典派理論は利己性を推奨し
ない。

　そう言ったうえで，ここではセンのような諸見解が依拠する経験的な――規範的
でなく――主張に関心を限ろう。RPT についてのセンの懐疑論に反対しようと試
みる絶望的な方法は，たいていの人々は――見かけとは反対に――合理的な愚か者
たちであるということを示す試みにある。しかしながら，非常に広く――少なくと
も世間一般では――信じられていることは，これが当てはまらない限り，新古典派
経済学は困難に陥るというものだ。多くの経済学者たちがかつてはこの見解を共有
していたということかもしれない。逆説的に，その主題に関する経済学者たちによ
る多くの最近の批評はこう述べることで始まる。たいていの経済学者たちによって
持たれている見解――つまり，人々は合理的な愚か者たちだということ――を論駁
し始めるつもりだ，と！ これは，経済学についての何か特異なことを本当に指し
示している――なぜなら私は，別の学問分野で匹敵するほど広範囲にわたる並行的
現象を思い浮かべることが全くできないからである。もっとも，それは説明可能で
はある。たいていの経済学者たち（大学を基盤とした経済学者たちを含む）が生計
を立てるのは，実践的なコンサルタントとして――理論家としてではなく――であ
る。実践的な費用便益分析に対する，科学としての経済学の哲学における諸問題の
諸帰結は――次巻において議論される諸理由のために――ごくわずかで黙視可能で
あり，また費用便益分析の主要な消費者たちがこのことを知っているのは実践者た
ちと同様である。したがって，たいていの経済学者たちは，通俗的な見解を単に是

4. 顕示選好と効用分析における哲学的諸問題　　177

認することに対して，いかなる特筆すべき専門的費用も支払わない。しかし，彼らがまたも低い費用を支払うだけなのは，彼ら自身の理論通たちによる，がらくた同然の通俗的な見解に口先だけで同意する場合である。このことが，彼らを心理学的に分別のある人々のように見せ，彼らは単に実践的であるために明白な単純化でやって行くのである。それは，まさにあなたがコンサルタントにしたい類の人物であるのと違うだろうか？　かくて，次のような社会学的状況にある。たいていの経済学者たちは専門家風に，あたかも人々は合理的な愚か者たちであると想定しているかのように振る舞う。同時に，彼らは取り調べられるならば同意するだろう——人々は合理的な愚か者たちではない，あるいは，そのように専門家たちは述べる，と，そして，喜んでこのことを学生たちや顧客たちに伝える，と——それも，誰かが，人々とはそうしたものではなく実は何であるかについての説明に思いつくや否や直ちにである——ただし，その説明が余り複雑に過ぎたり，信じがたい利他主義に傾倒し過ぎたり，理解のために哲学の公式的教育を要したりしないならば，だが。それが本巻の主な目標である（もっとも，それを複雑でなくするという点においてうまく成功し得るかどうか私は確信していないが）。

　差し当たり，私はもちろん，メタ経済理論に関する現代の専門家たちの大多数に加わって，RPT の有用性は人々が狭く利己的な効用を最大化するという命題に依拠しないということに同意する。しかしながら，ここで，これが真実であると考えられる 2 つの非常に異なる根拠を区別しなければならない。比較的保守的な経済学方法論者たちの間では，非常に人気のある 1 アプローチがあり，それは私がたった今結論づけた同語反復反対論の棄却を踏まえると自然であるように思われる。しかしながら，それは私がとるつもりのアプローチではない。私が登っているはしごの重要な横木の 1 つは，そのアプローチと私がそのアプローチに訴えることを拒絶する諸理由との両方を述べる点にある。

　新古典派理論を合理的な愚か者たちという経験的な異議から救う一般的な戦略は，効用関数によってとられ得る独立諸変数の無制約性を直接的に利用することにある。その戦略のもっとも有名かつ有力な——詳細に亘り作業し，単なる哲学的な援用ではないものとしての——利用者は，ゲーリー・ベッカーである。ベッカー自身の著作は相当な研究を鼓舞してきたが——それらは Tommasi and Ierulli（1995）において有用にサーベイされている——，以下のような種類の諸産物を作り上げる。まず第一に，一見したところでは，希少資源の投資に対する定量化可能な収穫を最大

化することに関わるようには見えない，広く行きわたった人間行動の活動領域をとる。文献からの諸例に含まれるのは，人種的または民族的な差別，子育て，ロマンチックな求愛，中毒，音楽傾聴，宗教的崇拝である。当該の行動に関する説得力を持つほど十分大きい——かつ，理想としては，反直観的ではない——当該の行動に関するデータの集合を集める。それから，次のような可能な選好の対象の1つを見つける。すなわち，もし，この選好が，仮定された一般的な効用関数の内部で最適化されているならば，当該の行動が，その効用関数所与の下で合理化されるだろうというような対象だ。その仮定された選好の対象の妥当で，定量化可能で，測定可能な代用物を見つける。最後に，理想としては，当該の代理変数が幅広く最大化されているという独立の証拠を検証する。それよりも理想的でないが，しかしもっと頻繁には，その代用物が幅広く最大化されていると推測することによって結論づけ，社会心理学者たちが関連のある経験的諸研究を試みるように促す。

　私は，そのような（非常に良く知られている）1つの例を記述するつもりである——それは，現代人の繁殖力と子育て行動に関するベッカー（Becker 1981）の古典的著作に基づく文献である[90]。まず，人々は（典型的には）子供を欲しがるものと仮定されている。時には，彼らは，人生の後半に養ってもらうためにそうすると仮定されているが，他方，他の諸適用では，彼らは単に，生物学的かつ／または文化的な進化によって効用関数へと組み込まれ，外生的に決定された子孫に対する諸選好を持っていると考えられている（留意されたいが，これはその理論が，「内的に」かそれとも「外的に」かのいずれかで参照される選好対象を持っていることに対して——センとは反対に——開かれているということの例証である。このような理由で，ベッカーの諸エージェントは合理的な愚か者たちであると推定される必要はないのである）。子供を求める選好は，（普通は）単に彼らを生むことに対する選好ではなく，ある数の経済的に成功した大人を生み出すことに対する選好である。子供たちを育てることには，除去できない諸費用と諸リスクが伴う。一般に，所与の子供1人が大人になる前に死ぬか，大人として成功しないというリスクを低めるには，食料，健康管理，教育，その他の諸事物に対する親の支出の増大が必要とされる。もし，親の目標が，ある子育ての投資が利益を生むだろう確率を最大化することならば，親には利用可能な2つの一般的な戦略がある。多くの子供を産み，各々の子供に相

90［原注14］私は，ここで，この文献全体に共通であるモデル「自体（the）」の諸側面を記述するつもりである。ゆえに，その記述は，ベッカーの要約それ自体として読まれるべきではない。

対的に少なく投資する，つまり，子供の数量を最大化することによって，自身のポートフォリオを広げるか，あるいは，より少ない子供——おそらく，限界ではただ1人——を産んで，その子供により優れた環境を買い与えることができる。これらの各々の戦略の機会費用は，典型的には，単に現金で支払われるわけではないだろう。数量最大化戦略を選ぶ母親は，職業上の出世を放棄しなければならないかもしれない。この機会費用は，女性の就職を阻む社会においては無関係だろう。かくて，所与の社会の中の社会的諸規範が女性に職業上の出世の機会を可能にするよう進化する程度まで，経済的推論はこの社会の中のより多くの女性たちが質最大化戦略を選ぶだろうということを予測する。したがって，女性たちが家族計画戦略に対するいくらかの支配力——それは，もし先だって存在していない場合には，就職の機会を所与として，発達することになっている——を持つ限り，平均的な家族規模が縮小し，子育て費用に対する子供ごとの平均的な支出が平均的な家計所得よりも速く増大するのを見ることになる——それは，女性たちが一個人としての自主性を得るからで，その程度は，たいていの人々が，リスクに対する自身の特有の——可変の——態度にとって最適な質-数量ミックスを見いだした，ある閾値にまで至る。

　Dupré（2001, pp. 132-136）は，この特定の推論の行使に対する嫌悪を，やや粗暴な趣で表明している。私は，彼の態度を決して是認しない[91]。子育てに関する2つの一般的な戦略の間の区別をうまく具体化しているのは，動物行動学と個体群生態学においてである——ベッカーの著作とは全く無関係に。生物学者たちは，〈子孫数最大化〉を「r戦略」と呼び，〈子孫の質最大化〉を「K戦略」と呼ぶ。その区別が実在的な差異を示すということは，最も優れた種類の経験的な繁殖度テストによって検証可能である。すなわち，それは若い生物の増加率には2つの測定可能なほど明確な両極があるという予測を支持する（r戦略の子孫は，多数の仲間がいることだけが彼らを捕食者から保護するような期間（ウィンドウ）を最小化しながら，非常に速く成長する。K戦略の子孫は，ゆっくりと成長する——なぜなら，もしその資本を活用する

91［原注15］デュプレは，実際にはその仮説自体には決して異議を唱えていない。それが導出されるところの様式を批判しているのだが，その根拠は，それがあまりにも数学的すぎ，かくて，家庭生活の心理学的および心理社会的な動態の多くまたは大部分の諸側面から離れて抽象化するに違いないということである。彼はまた，ベッカーが一般的モデルの特殊な場合の1つから導出する，平等といくつかの可能な所得税体系の関係に関する，より些細な——非常に特異な——側面的一帰結を嘲笑している。私は自明と考えるが，これらの批判のどちらもその一般モデルの意義を一寸たりとも脅かさない。この種の論議は，残念ながら，デュプレが好ましくない諸見解を批判する際の公平さと論理的厳密さの水準の典型である。Dennett（forthcoming［2004］）を見よ。

何らかの余地があるならば，質への投資は開かれた発達諸過程を利用する必要がある
からである）。進化的諸過程をこれらの戦略の発見へと何度も導く経済的圧力の遍
在的本性を所与とすると，仮に，人間行動に対して作用する文化進化的諸過程もま
たそれらの戦略に行き当たらなかったとすれば，驚くべきことだろう。多くの社会
で，女性たちが単純でない職業にますます就けるようになっていること，縮小する
世帯規模，子供の福祉に対する子供１人当たり支出の増加，これらの間の相関関係
は，極めて頑健であり，現代のすべての諸大陸において良く立証されている。最後
に，ベッカーの理論によって述べられた観点で自身の家族計画の諸選択を概念化す
る人々がほとんどいないという事実は，選択行動について内観主義者でない限り，
それ自体，我々を悩ませるはずではない。人々は，確かに，典型的に，生活様式の
選択肢や，ベッカーのモデルが要求するだろうおおよその機会費用についての
包括的な情報のすべてを利用することができ，ゆえに，それは情報有効性の制約を
尊重する。これらの諸考察は，もちろん，そのモデルが正しいということを示さな
い。しかし，デュプレが敢行する類の純粋に机上の懐疑論をはねのけるには十分で
ある。新古典主義の一般的な擁護としてのベッカーのアプローチに対して私が提起
する諸懸念は，先験的なものではないし，特別な適用例の経験的妥当性に向けられ
たものでもない。むしろ，次のような経験的に駆り立てられる諸懸念によって動機
づけられるだろう——人々は，特別な事例固有的な状況下を除けば，中期の時間的
枠組みにわたって非常に複雑な何かを最大化することが——孤立して（*in isola-*
tion）——できる種の諸システムではないということだ。（r戦略とK戦略は安定的
になり得る——と私は主張する——，なぜなら，それらが短期の枠組みにおいて指示
する行動が自己強化するからである。すなわち，もしあなたがr戦略を追求して始め
たら，その結果として多くの子孫が死ぬのを見るという経験は，後続の子孫を妥当な
投資場所であると知覚する任意の気質が増大するのを妨げるだろう。このことは，私
の見解によると，成功し得るベッカー流の諸仮説の一般的な特性を例証する。すなわち，
各々が，当該の仮説によって予測される諸戦略の中期から長期にかけての安定化装置
の特別な説明を必要とするのである。）

　しかしながら，これらの諸懸念に移る前に，ベッカーのアプローチが前章で議論
したように新古典主義の重要な諸主題の１つを例証するという事実に注意を引きた
い。ベッカーとその追随者たちの仕事が可能な限り鮮明に強調するのは，新古典主
義がアリストテレス派の物質的消費と貨幣価格の付けられた機会費用とに対する排

4. 顕示選好と効用分析における哲学的諸問題　　181

他的な集中から断絶することである。家族計画行動をモデル化する経済学者たちが，貨幣市場において価格を持つ代用物（プロクシー）を探す場合，これは，純粋に実用主義的な諸根拠に基づいて正当化され得る。親になる見込みの者が機会費用に直面するところの基本的な通貨は，非常にもっともらしく，時間であり，その主要な被最大化項（マクシマンド）は，倫理的に支持できる仕方で自身の生活史を語ることができるような方法での時間の使用かもしれない。しかし，現役の経済学者は，賢明にも，これらの物事の定量的推定を回避したいと思うだろう——必然的にアドホックになるだろうから。これは，まさに1つの代用物（プロクシー）の要点を指さし当てている。ある特定の代用物は，動機づけが良いかもしれないし悪いかもしれないし，妥当な代用物としては，潜在的な批判に常にさらされている。しかし，説明されるべき主体（サブジェクト）たちが，おおよそ明確かつ判読可能なシグナルをもつ貨幣で時間を価格づける諸社会の中で生きている限りでは，経済学者が代用物（プロクシー）として貨幣価格を用いることは，社会的相互作用の「深い（deep）」市場構造が「本質的に（essentially）」物質的または商業的であるという信念へのコミットメントを含意しない。ジェヴォンズが同語反復（トートロジー）についての懸念ゆえにそれを取り下げる以前の限界主義の中で暗含的であったもので，しかし，ロビンズとサミュエルソンによって再興して強調されたものは，ベッカーのアプローチの中では実働の現実となる。したがって私は，彼と追随者たちを，新古典派経済科学者たちの好個の諸実例であるとみなすつもりである。私はこれ以降，ベッカーのアプローチのこの側面をわきまえる作業上の理論的アプローチを「成熟した新古典主義（mature neoclassicism）」と呼ぶつもりである。

　ベッカーの新古典派的問題解決戦略の諸適用例の根底にある最も基本的な存在論的仮定は，人々（*people*）——例えば，他の人々の親になる見込みの者であり得る諸種類の諸事物——は経済的エージェントだということである。これが意味することは，人々にとって，被最大化項（マクシマンド）の諸階層が存在し，それは公理的意思決定理論の適用のために積み重ねられ得るので，結果，彼らの行動はRPTの諸公理を尊重するものとして見いだされるだろうということだ。私はこの仮定を含む任意の経済学の哲学を，「人間中心主義的新古典主義（anthropocentric neoclassicism）」と呼ぶつもりだ（そしてそれは「未熟な」もの［ジェヴォンズ］か「成熟した」もの［ベッカー］かのいずれかであり得る）。かくて私は論じてきた主要な新古典派の理論家たちを2つの直交軸に沿って分類しているので，表4.1内の行列が概念的な帳簿を保持するために有用であろう。私が主張するつもりなのは，人間中心主義的新古典主

義は誤りである，すなわち，全的人々[ホール・ピープル]は経済的エージェントではないということだ。本書の残りは，この主張を論じ，その含意を探求するために費やされるだろう。

表 4.1　新古典主義

	ジェヴォンズ／マーシャル	ロビンズ	サミュエルソン	ベッカー
半[セミ]アリストテレス主義（「未熟」）？	該当	該当せず	該当せず	該当せず
人間中心主義？	該当	該当	該当せず	該当

　しかしながら，まず，当面の問題から注意をそらす薫製ニシン[レッド・ハーリング]——つまり多くの批評家たちが成熟した人間中心主義的新古典主義への異議だと考えているがそうではない何か——は処分されなければならない。全的人々が経済的エージェントであるという仮定は次のことを必要とはし・な・い・——人々が超合理的である，すなわち，彼らに帰された効用関数の最大化に関連するすべてのあり得る計算が可能であるか，あるいは，彼らの行動の中でそれを正しく尊重しがちであるということだ。第 5 章で議論されるように，超合理性のための経験的な正当化の欠如は，経済理論における重要な認識論的諸問題を，特に合理的意思決定理論へのその関係性に関して提起する [92]。しかし，ここでの私の要点は存・在・論・的・である。すなわち，効用はす・べ・て・の・潜在的な選好対象を織り込むべきだ（「成熟」）と認識することは，任意の現実の諸エージェントが超合理的であるという仮定を含まず，ゆえに，人々を成熟した人間中心主義の中で経済的エージェンシーのモデルとみなすことは，人々が超合理的であると仮定することを必要としない。Stein（1996）が詳細に論じているように，成熟した人間中心主義的新古典主義は，言語学においてチョムスキーが広めた能　力 - 運　用[コンピテンス　パフォーマンス]の区別の類を勝手に使うことができる。すなわち，それは，〈予算制約内の最大化〉の若干の失敗に順応できて，すべての諸エージェント——もし，人々がエージェントならば彼らも含む——は摩擦や確率論的擾乱に対する敏感性なしには機能できない物理的諸システムであると認識する。いずれにしても，サイモン（Simon 1978 その他）に従って認識しなければならないことだが，計算自体に

---

92 [原注 16] この点に関して私はベッカーに同意する——もっとも我々の諸理由は異なるが。Becker（1976），pp. 153-168 を見よ。

4. 顕示選好と効用分析における哲学的諸問題　　183

有限な時間的その他の諸資源での機会費用があり，したがって，最大化はするが有限な諸エージェントは，いくらかの原理的には利用可能な情報と，彼らが処理した情報のいくらかの論理的諸帰結とを無視するだろう。しばしば懸念されてきたのは，RPT の行動に関する基礎を所与とすれば，経済学者が以下のことを決して区別できないということだ。すなわち，(i)利用可能な有意に関連するすべての情報を利用するが，他者への関心を組み入れた効用関数を利用する下での成功した最大化，(ii)遂行上の諸錯誤による最大化の失敗，(iii)「限定された」合理性（つまり，情報の収集と処理の諸費用）の点から成功した最大化，である。この認識論的問題は，実際に，多くの特別な諸適用例において深刻かもしれないが，それは，成熟した新古典主義の存在論を損なわない——それが原理的に解決不可能でない限りは。そしてそれは解決不可能ではない。その懸念を成熟した新古典主義の適用への原理的な道路阻絶〔ロードブロック〕と解釈する者たちは忘れているのだが，頑健な効用関数は多くの行動に関する証拠の解釈であるべきであり，大きなデータストリームの複数効用関数解釈の真の（純粋に形式的なものに対して）可能性はデータの追加とともに指数関数的に減少する——データが稠密に独立に区画された諸空間の至る所から抽出されている限りは。証拠による理論のクワイン的な決定不全性は，成熟した新古典主義者にとっての特別な問題ではない——すべての行動主義者たちにとって特別な問題でない限りは。私は，第8章でその問題を考察するつもりである。

　私が，成熟した人間中心主義的新古典主義に反対して適用するつもりの，より深い圧力は，それが次のような考えに傾倒している点に基づいている——すなわち，所与の生物学的個人は，その時間的生活史の全体にわたって単一のエージェントでなければならないという考えだ。Davis（2003）が正しくも強調するように，これはベッカーのアプローチと結びついて生じる中心的な哲学的問題である。デイヴィスが論じるには，経済的エージェンシーのいかなる理解に基づいたとしても，諸エージェントを個別化し，変化の過程を通じて諸個人を同一の諸個人であると再同定するための何らかの原理づけられた諸根拠がなければならない。留意されたいが，この要請は，当該の個別化判定基準が生物学的でなければならない，すなわち，当該の諸個人が全的な生物学的な人々でなければならない，という仮定を組み込む必要はない。実際に，デイヴィスが指摘するには，人間中心主義的な仮定を放棄することは——効用が非心理学化〔デサイコロジャイズド〕されると——新古典主義にとって自然な動きであるはずだ，と。あるいくつかの現象があって，人々の選好が変化し得るということを単

184

に明白にするように思われる——特に，中毒や，音楽その他の芸術への味得(みとく)の上昇で，これは限界的代替率の逓減に明らかに反する。その場合，もし諸エージェントが効用関数と同一視されるならば，典型的な個人の生活史は，単一の（通時的な）経済的エージェントの生活史ではあり得ない。私とは違って，デイヴィスは，この結論を容認できないものとみなす。私は後でこの（根本的な）不一致に戻るつもりである。今のところ，私はベッカーに当てはまる限りでのその問題に焦点を当て続けたい。

　ベッカーは英雄的な努力をして，選好の改訂を当然伴うように思われる過程を，むしろ，安定的な選好を背景に価格や情報の変化への反応としてモデル化しようとした（Stigler and Becker 1977 を，また，簡潔な批判的応答については Goodin 1990 を見よ）。これはいかにも，彼のアプローチの粋である——それがモデル化しようとすることは，人々による彼ら自身の人的資本の最大化の観点でのすべての志向的な人間行動(ゲーム)である。彼らが各々直面する根本的問題は，彼らの諸資源——特に彼らの時間——を，以前の諸配分から後の投資潜在収益力を実現するように配分することである。かくて，古典的な諸適用例の１つにおいては，典型的な１個人の音楽の消費は，彼らがそれについてより博識になるにつれて増大する——これは一見したところ心理学的凹性に反する——なぜなら，彼らの後の消費の割合の増大は，結局のところ，以前の消費によって構成された投資の収穫を意味するからである。ベッカーの諸説明は，もちろん，形式的に妥当であり——論理的誤謬への脆弱さを防ぐことは，結局のところ，厳格に数学的であることの要点である——，それらが中毒または音楽享楽の現象学(phenomenology)を捉えないという事実は，内観主義的な諸仮定の下でのみ深刻な異議を構成するだろう。それらが実際に経験的な行動に関する諸事実を正当に扱うかどうかという設問ははるかに複雑だが（Skog 1999 を見よ），しかし幸運にもその問題はここでは回避され得る。その設問が回避され得る理由は，その事業がそもそも十分に動機づけされていないということだ——と私は主張するつもりだ。これがどうしてそうであるのかを理解することは，本書の戦略全体の中核的論理に直接触れるので，この辺りで速度を落として整理してもよい時期である。

　前章の最後で私が事実上同意したのは，サミュエルソンの包括的な後期実証主義の哲学(ジェネリック)を，彼よりももっと文字通りの意味で捉えることだった。すなわち，RPT を単に１組の諸公理と見なし，その諸公理が——あるとすれば——どのような諸現

象を記述するのかという問題を完全に未決定のままにしてきた。同時に，私はロビンズに従って，経済学を所与の諸目的，諸手段，機会費用（希少性）の間の諸関係についてのものであるとみなした。新古典主義に有意に関連する技術的意味において「経済的エージェント（economic agents）」が存在するのは，まさに「現実に（really）」諸目的を持ち，「現実に」機会費用に直面するある部類の諸実体が存在するという場合だ。成熟した新古典主義がそのようなあり得る諸実体の行動を理解するための正しい問題解決戦略を提供するのは，RPT によって，我々がそれらのダイナミクスと反応を測定する観点で諸概念が十分に組織される時かつその時に限られる。この点において，そのような何らかの諸実体があるかどうかという設問は，完全に未解決のままである。私は幾多の機会に強調してきたが，この態度は，アリストテレス派の根底にある仮定とは正反対である——それが説くのは，経済学は個々の人々に特有の 獲 得 行動についてでなければならないということだ。もはや，この弁証法的な文脈において，アリストテレスの仮定に依存する——かつ，他の何にも依存しない——特定の 1 仮説を見いだす限りでは，それを動機づけられていないものとして取り扱わなければならない。これは，もちろん，当該の仮説が，ここで取られる調査の経路の内部から動機づけられているようにはなり得ない，ということを意味するものではない。これは，実際，終始一貫して枢要な類の設問である。なぜなら，民間的経済学のどのくらいが科学的経済学（それがあるとすれば）によって回復されることになるかという問題は，本書の巻頭に持ち出された最初の問題だったからである。

　デイヴィスは，人間中心主義的な原理を当然視する。すなわち，彼が考えるには，新古典主義が困難に陥っていることが自動的に示されるのは，サミュエルソンを通じての発展が，人々と効用関数の間の分析的関係を分断する方向に至るという事実による。この文脈において，デイヴィスにとっては，ベッカーの事業は人間中心主義への妥当な再傾倒を構成する。残念なことに——とデイヴィスは論じる——，新古典主義は，ベッカーのアプローチが必要とするエージェントの個別化と再同定とについての独立した理論を欠いている。したがって，デイヴィスは経済学の外からの諸資源を追求し続けて，人間中心主義的な個人を救出しようとする——そして，彼はミロウスキーと同様に，認知科学がセルフを脅かすと確信しているので，そこは彼がこれらの諸資源を見出したいと望む領域ではないのである。

　前章から明らかだろうが，ベッカーの人間中心主義は，新古典主義のより幅広い

文脈の中でアドホックであるということについて私はデイヴィスに同意する。実際，生物学的な人々を不変の諸選好を持つものとしてモデル化するベッカーの努力を動機づけるものは，何もないと私は主張する——全的人々はエージェンシーの原型的な実例であるというアリストテレス的仮定を別にすれば。デイヴィスと違って，私は，この仮定を救いたいという気は無い。もちろん，論理の問題として，経済的エージェントは，安定した諸選好を持っていなければならない。さもなければ，RPTはそれには適用できない。しかし，生物学的人々が経済的エージェントであるかどうかという設問が，差し当たり，我々の中心的設問として生じてきた。人々と諸エージェントの間の概念的関係の本性についてのさまざまな諸仮説は，一見したところ意味をなす。ひょっとすると，全的人々は，お金を持って買い物に行く時には経済的エージェンシーを近似するかもしれないが，一般的にはそうではない。ひょっとすると，任意の所与の短期間——その人の諸選好が現に安定し続ける期間——について，統合失調症でない個人は，経済的エージェントを近似または実現するかもしれない。ひょっとすると——多くの著述家たちを魅了してきた主張であるが——，誰も彼らたち自身だけでは経済的エージェントを近似しないが，互いに相互作用している人々の諸集合は，相互作用する諸エージェントの諸集合を近似するかもしれない。これらは，後の諸章で考察することになる主要な諸仮説の一部である。しかし，生のアリストテレス的仮定に，ベッカーがそれを数学的に一貫して敷衍する中で見せた妙技を加えたもの以外にはそれを進めるものが無いように見える１つの仮説がある——（正常な，統合失調症でない）生物学的個人の自然な生活史は，単一の経済的エージェントの軌道に一対一に写像されるという仮説だ。

10歳の時，私は，歴史的に細部にまでこだわった戦闘や戦争全体のボードゲームシミュレーションを設計して数え切れないほどの時間を費やした[93]。私が16歳

93［原注 17］これを述べると，その逸話のある敷衍に触れずにはいられない。このプロジェクトの諸目標の１つは，ゲームの諸結果を私の設計の偶発的諸特徴によって決定されないようにすることであった。なぜなら，優れた歴史的実験を行えるようにしたかったのだ。だから，ますます多くの因果的に関連する諸変数（例えば，天候の偶然的転変，補給品の移動のための輸送インフラの工学など）をその諸ゲームの内生的構造に組み込み続けた。その事業の限界は，もちろん，ボルヘス的〔ホルヘ・ルイス・ボルヘス（Jorge Luis Borges）が描く幻想的物語のよう〕であった。すなわち，私の最後の設計は，ナポレオン戦争のボードシミュレーションであり，最後まで遊ぶために，実際の戦争を戦うのと同じだけ長い時間がかかりそうなものであった。友人と丸１日遊び，夕暮れまでに，私がナポレオンとして唯一成し遂げたことは，小さな１中隊を装備させてその兵舎から出発させることであった。それは，大雨の中の悪路で身動きが取れなくなった。ここで，分別のあるモデル化のための多くの哲学的教訓は自明であると思う。

になるまでに，それ以上のそのような時間の投資をするという考えは問題外になった。ここで，ベッカーの追随者だったら，これを合理化しようと試みて，私が，初めからずっと最大化しようと試みていた——そして，私が10歳と16歳の間に，戦争ゲームの設計では十分に果たされないと学習した——何らかの原初的な結果を発見したことだろう。もし，この仮設的な原初的な目標を「幸福」と呼ぶことを選ぶならば，それは（前の議論により）「効用」の1別名に過ぎない。良かろう。同語反復であるという諸懸念は——見てきたように——それだけではこの動きを打ち負かさない——もしも原初的な目標に訴えることの方が，私の行動をうまく説明し予測する点で，私が16歳の時には10歳の時とは同一の経済的エージェントではなかったという代替的な仮説よりも優れているならば。この最後の文は，修辞上の直観ポンプとして意図されてはいない。すなわち，それは完全に真剣な経験的設問を提起しており，両方のアプローチを試み情報の諸帰結を詳細に亘り比較せずには答えられない（再び強調しておくと，すべて論点をはぐらかすことになってしまうのは，ここで，個人であるとはどのようなことかについてのいくらかの直観から始めることにより，どのアプローチが意味をなすかを決めようと試みることだ）。私がここで辿り着こうと試みているより深い設問は，以下の通りである。16歳の時の私の行動パターンが10歳の時のものから概してどのくらい異なっていたかを考慮すると，いったいアリストテレス的仮定以外に何が，誰かを奮起させて，両方の行動の集合を1つの効用関数の範囲に押し込ませるという非常に大変な仕事を試みさせることができようか（もちろん，この大変な仕事は，その後，献身することになるさらなる仕事，すなわち，私の25歳，40歳，そして——できれば——70歳の時の行動パターンも同様に集約することに比べれば，朝飯前だろう）。

　時間的整合性に関するあまりにも膨大な批判的文献が累積しているので——それらは皆そのアリストテレス的仮定を当然視している——，この最後の設問を提示して，私が求めている完全な哲学的無垢を持ってそれを取り上げることは難しい。この理由は以下の通りである。アリストテレス的仮定の諸根拠を探求することに伴うのは，なぜ我々は，自然な人間の諸生活を，（何らかの）整合的な諸目標を達成することを狙った単独の諸プロジェクトとしてモデル化しようとするのかを問うことに他ならない。これが（少なくとも）西洋の人々に自然に思いつかれるということは，我々の最も深い文化的遺産に含まれる——おそらくそれは普遍的，生物学的な人間の遺産でさえある——少なくとも部分的には。私は第7章で，これらの可能性に戻

るつもりである。しかしながら，それは確かに，新古典派経済学の論理的または概念的基礎におけるいかなるものからも得られない（デイヴィスが認識し強調しているように）。

　ベッカーだったらこう主張するだろう——私が現在，ジョン・コルトレーンの難しい後期の音楽を10年前よりも多く消費する場合，依然として当時私が抱いていた選好を表現しているのだ，と。私は，コルトレーンをさほど聞かず，もっとハード・バップ〔アメリカ東海岸で1950年代半ばに確立したジャズの様式〕を聞いていた時の以前に行った投資の果実を現在手にしている。私がこの時点で主張していないのは，この仮説が誤りであるとか，馬鹿げているとか，説明上役に立たない（例えば，デュプレがそうするようには）とかいうことだ。私が主張しているのは，単に，それに対する動機づけが，民間心理学の自明の理に依拠するということに過ぎない——それに基づけば，典型的な個人の自然な生活史とは，単一の首尾一貫した目的論の展開である。しかし，現在のプロジェクトの課題は，認知科学——民間心理学ではなく——のパースペクティヴから経済学の基礎を問いただすことである。この文脈においては，確かに我々は，新古典主義を，安定的かつ整合的な諸選好をどこかで必要とする枠組みを使うことにより，あれこれの諸現象が説明されるという考えにコミットしているものとして見なさなければならないのであるが，しかし，許せないのは，その事業が，当該の諸現象は自然な人間の生活史であるという考えに事前にコミットすることである。

　第6章で，直接的な議論を認知科学から組み立て，全的人々が一般に原型的なエージェントと見なされるべきであるという想定に反対するつもりだ。差し当たり，私の狙いは，最近の経済学におけるこの仮定の役割と基礎を突き止めることだけである。次章では，全的人々は，新古典派経済学的エージェントとしてモデル化できないということを示唆する経験的証拠を検討する。このことから帰結するのだが，もし全的人々が原型的エージェントならば，新古典派経済学的エージェントは，原型的エージェントではない。その場合，エージェントについての新古典派理論は，エージェンシーについての成功した分析ではあり得ないだろう。そして，論じてきたように，エージェントについての新古典派理論は，何らかのものについての経験的理論として動機づけられていないので，エージェンシーについての新古典派理論には，扱える有用なものが何も残されていないだろう。こういう理由のために，どのような種類のエージェントが全的人々——生物学的，社会的，心理学的な実体と

4. 顕示選好と効用分析における哲学的諸問題　　189

しての——によって構成されているのかという設問が，経済学の存在論にとって中心的なのである。しかし，この（経験的な）設問は，経済学者のための設問ではない——それは認知科学者のための設問なのである。

　あるいは，そのように私は強く主張する。デイヴィスは——デュプレおよび（暗含的に）ミロウスキーと同様に——そうではないと考えている。彼らの見解に対する私の反対運動は，本書の終わりまでに終わらないだろう。しかし，現在の議論の領域の内部から，すなわち，経済学方法論の哲学の内部から，それに反対してなされる1論点がある。デイヴィス（Davis 2003, p. 76）は，デネットの道具主義とされているものと，ミルトン・フリードマンの考え——経済的モデル化においては，諸仮定の真実性は問題ではないという考え——の擁護とを同一視する。これは誤りである——と私は説明するつもりだ。さらに，それは解明的な誤りである，というのは，その基礎は，デイヴィス——それと私の2人の引き立て役——を導いて，人間中心主義的仮定に特権を付与させる態度に緊密に関連しているからである。

　経済学方法論の歴史の中で，単一の最も影響力のある貢献（経済学者たちに対するその実際の影響の観点で）は，ミルトン・フリードマンの「実証経済学の方法論」（Friedman 1953）である。フリードマンのエッセイの標準的な解釈によれば，それが唱道するのは道具主義の哲学，すなわち，それに基づけば，経済学的（または他の科学的）理論の評価の中で問題になるのは，その予測の道具としての有用性がすべてだ，というものだ。記述的な真実または虚偽の設問は無関係である。多くの経済学者たちは，この見解を，成熟した人間中心主義的な新古典主義に適したものであるとみなす。なぜなら，それは，彼らが，人々の選好は変化しないという命題を，非経験的なものとして扱うことを可能にするからである——それは単に測定上の慣習であり，誤っているが有用な仮定なのである——フリードマン自身がそう述べるだろう。

　第2章から，次のことを思い出して欲しい。デネットはしばしば命題態度の諸状態についての道具主義者であると見なされてきた。なぜなら，彼の志向姿勢の機能主義によれば，それらは「単に（merely）」解釈者たちによって諸エージェントに帰されるだけだからである。私がそこで指摘したように，この「単に」は，デネットのより幅広い哲学の文脈では，全く効力を持たない。第7章で詳細に記述されるように，デネットによれば，人間の諸セルフは，志向姿勢をとることによって彼ら自身を作り，諸セルフは——デネットにとって——完全に実在的な経験的現象で

ある。さらに，人間という生物は，志向姿勢をとるように生物学的かつ文化的にプ
ログラムされており，このプログラミングに従って実行される発達諸過程もまた完
全に実在的な経験的諸現象である。諸パターンについてのデネットの理論体系の全
要点と，第2章で概略を述べられた存在の情報理論的説明へのその拡張は，物理学
の優位性を否定することなくメレオロジーを否定し，それによって，諸セルフのよ
うな「仮想的（virtual）」諸実体が物理的世界の中でどのように実在的になり得る
か——すなわち，取り除かれやすい付帯現象[94]か，あるいは，道具主義的な有用
な虚構かのいずれか，以外の何かになり得るか——を説明することである。デネッ
トは，単に，心または諸エージェントについての道具主義者なのではない——彼は
それらについての実在論者なのである。

　フリードマンの哲学的諸仮定は——すぐに見ることになるが——デネットのもの
とは非常に異なる。しかしながら，Mäki（1986, 1992）が示すように，フリードマ
ン自身の本文と論議は，やはり，彼を道具主義者とみなす標準的な読み方とも整合
的ではない[95]。フリードマンは，実際，以下のように論じる——良い経済理論の
狙いはそれが記述する経験的諸関係の本質的構造を捉えることである——良い経済
理論は，他には何の諸力または諸関係も作用していないという趣旨の主張を通じて，
基本的な因果的諸ベクトルを孤立化させることによりそれを行う——，と。これら
の主張はフリードマンの「偽りの諸仮定（false assumption）」である。ここで，メ
キが指摘するように，これは道具主義の正反対である。すなわち，それは非常に強
い一実在論であり，我々がノイズを取り除くことによって孤立化させようと試みる
基本的で，相対的に不変の因果的諸パターンがそこにあるということを当然視して
いるというのである。フリードマンは，哲学者の意味においては——すなわち，科
学的理論が真実であることは可能だということを疑う点においては——道具主義者
ではない。また彼は，さらに別の意味——すなわち，デネットが時折誤って道具主
義者であると見なされる場合の意味——においても道具主義者ではない。すなわち，
理論というものが，たとえその主要な対象が架空の諸実体であったとしても，妥当
（「有用（useful）」）であり得るとは主張しないのである。彼は，そうではなくて，
純粋に方法論的な意味において道具主義者である。すなわち，実践的経済学者たち

94［原注18］これの完全な論議については，Ross and Spurrett（2004a, 2004b）を見よ。
95［原注19］メキが示唆するように，大いにあり得るように思われるのはフリードマンが，自身
の本文の誤解を共有しているということで，それは以下で議論される諸理由による。

4. 顕示選好と効用分析における哲学的諸問題　　191

が，モデルを構築するという日常の仕事に取り掛かりながら，諸モデルの現実に対する照応関係について直接心配すべきであるとは考えないのだ（これは，彼の本が経済学者たちの間で人気があることを確実に説明する。フリードマンの見解は，実際は，いかなる粗野な形而上学的諸命題を信じることも彼らに要請せず，彼らの諸モデルがどのくらいの経験的な詳細を捉える責任があるかを彼らが自由に決めることを許す。それは方法論上の白地式小切手である。我々は皆，これらの一部を得たいはずである）。

　この存在論的実在論と方法論的道具主義の組み合わせ——メキが「フリードマン的混合（the Friedman mixture）」と呼ぶ——は，たいていの科学哲学者たちに非常に奇妙であるという印象を与えよう（哲学者たちが，門外漢たちによって例証された認識論的可能性にたじろぐということは，よくあることではない）。したがって，メキは，奇抜だという寛容な診断をフリードマンに負っており，それを発見するのは，ベッカーに対する反応においてデイヴィスと私自身を隔て，かつ，私を2人の引き立て役から引き離す根本的な点を指さしながらである。フリードマンが方法論的道具主義を擁護するのは，大部分，古典物理学——そこでは，ガリレオの摩擦の無い平面のような孤立化させる理想化が標準的な出し物である——からの事例によってである。物理学者たちにとって十分に良いものは，もちろん，経済学者たちにとっても確かに十分に良いものだと考えられている。しかし，すると，ここに問題がある。フリードマンには，物理学の哲学について整合的な見解が全くない。彼は，物理理論の観察不可能な諸対象についての実在論と真の哲学的な道具主義との間で揺れ動く。すなわち，彼のエッセイのさまざまな箇所では，おそらく，これらの諸対象は物理的世界の実在的で不可欠な備品だと示唆し，また他の箇所では，おそらく——哲学的道具主義者が信じているように——それらは単に予測を促す仮構に過ぎないと示唆する。しかしながら，フリードマンは，経済学の常識的な諸対象（消費者と企業，等々）についての実在論を前提する。かくて，経済学者が，例えば，企業は利潤最大化者であると仮定する時，道具主義的態度をとっているとは想定されていないのは，諸企業が存在するかどうかという問題に対してだ——これはあたかも，物理学者がグルオンが存在するかどうかという設問に対して（ひょっとすると）道具主義的態度をとるかもしれない仕方で（あるいは，デネットが，信念が存在するかどうかという設問に対して道具主義的態度をとると誤解されている仕方で）だ。経済学者は，企業は文字通りには利潤を最大化しないということを単に認め，これは，その仮定が「偽り（false）」であると認めると考えられているところの意味で

ある。これは哲学的道具主義ではない。それは，グルオンについて実在論者である物理学者に類似していて，グルオンについては実在論者で，それを時には粒子として，時には波動としてモデル化するが，実際にはそのいずれでもない（そして，物理学者はそれを知っている）。

フリードマンのこの解釈は，彼に対して寛容である。なぜなら，それは，彼が形而上学をやっていないということの認識しか要請しないからである。すなわち，彼が単に，非常に実践的な類の経済学方法論をやっているだけならば，はるばる前進基地まで戻って，その目的のために，科学哲学全体を発明する必要がない。メキが効果的に説明してきたのは，哲学者たちと経済学者たちがフリードマンについて議論する時に，なぜ一貫して話が互いに食い違うのかということだ。すなわち，哲学者たちが想定するのは，経済学者たちが哲学的道具主義を是認しようとしている——彼らが実際にはそうではない時に——ということだ。そして，経済学者たちが想定するのは，哲学者たちが——フリードマンの見解を拒否しながら——調査中の現象についての全真理（*the whole truth*）を語る責任を各々の経済的仮説に負わせようとしているということだ——それはもちろん正気でない目標である。しかしながら，現在の文脈におけるメキの議論の面白さが在るのは，それが科学的実在論と常識的実在論の区別へと注意を引き付ける点だ。フリードマンと経済学者たちの中の彼の聴衆は物理学からの彼の類比に誘惑されるが，それというのも，それらの類比がアリストテレス的仮定を当然視するからだ。人々は，常識的な諸対象である。彼らの消費行動は，常識的な一対象である。彼らの諸企業への集計は，常識的な一対象を生み出す。そして，これらの常識的諸対象は，経済学の諸対象である。フリードマンと他の人間中心主義的な新古典派理論家たちが推進しようとしているのは，それらについての哲学的道具主義ではない。

依然としてメキに従って，現実の構成に対する4つの態度を区別しよう：

(i) ミニマルな常識的実在論は，常識的で観察可能な諸類型の諸事物（諸対象と諸事象）の存在を所与と見なし，科学的諸理論によって予測および／または説明の諸目的のために措定された諸対象（諸事象および／または諸構造）の実在性については不可知論的である。

(ii) ラディカルな常識的実在論は，常識的で観察可能な諸類型の諸事物の存在を肯定し，諸対象の存在を信じる妥当な諸根拠が得られる可能性（科学的諸理論によ

って予測および／または説明の諸目的のために措定されているというまさにその理由で）を否定する。

(iii) ミニマルな科学的実在論は，よく正当化された（説明の諸目的のために重要な）理論的諸措定の存在を当然視し，常識的で観察可能な諸類型の諸事物の実在については不可知論的である。

(iv) ラディカルな科学的実在論は，よく正当化された理論的諸措定の存在を肯定し，「常識にとっての観察可能性（observability to common sense）」がある類型の事物に対する信念の妥当な基礎であるということを否定する。

科学哲学における道具主義は，上の (i) と (ii) の立場と両立可能だが，一般的な反実在論または観念論——そして，実証主義——とも両立可能である。フリードマンは，一般的な反実在論を否定する。しかしこれは，多くの批評家たちが哲学的道具主義と合成する立場であり，かくて，直接的に自己撞着する 1 人のフリードマンを生み出す。特定的な，対象毎の立場 (i) と (iii) の諸混合は，互いに両立可能である。フリードマンは——形而上学を全くやっていない——，時折，そのような諸混合に満足しているように見えるが，しかし，暗含的にアリストテレス的仮定を肯定しながら，経済学者たちは——経済学者として——あたかも (ii) を是認するかのように振る舞うべきだと強く主張する。サミュエルソン的変種の包括的な後期実証主義者たちは，実際に (ii) を——哲学的命題として——是認する。そしてこれが，フリードマンの説明が，成熟した人間中心主義的な新古典主義（ベッカー）と表面的にうまく適合する理由なのである。第 1 章で議論された進化心理学と結びついたものとしての，新古典主義に対するデュプレの攻撃も，立場 (ii) に依拠する。

　今や，本章始めに提起された設問に対する答えに辿り着いた——その設問とは，いかにしてサミュエルソンの立場が，思慮深い当代の理論家らにとって正気でないように見えるようになり得たかということである。サミュエルソンは，上で見てきたように実証主義者であったが，しかし非常に自己意識的ではなかった。私——およびデネット——が拒絶する実証主義の諸側面の 1 つは，常識的存在論に対するコミットメントである。私の科学的実在論のための一般的基礎は，第 2 章において記述された（私が好む立場は，上の [iv] である——もっとも，本書中の私の諸議論のためには，立場 [iii] は十分に強いのではあるが。なぜ私がわざわざ [iv] に行くのだろうかと訝る読者は Ross et al. forthcoming [2007] を参考にされたい）。これは，

人間の常識的存在論は，我々の特定の生物学的かつ文化的な諸必要および諸目的に対する諸圧力への進化した反応の非系統的な集合だということである。宇宙についての真実の大部分は，これらの諸必要および諸目的にとって無関係なので，仮に現実を切り出すための我々の偏狭な諸スキームが，客観的であるべく意図された存在論的諸原理と緊密に合致するならば，それは不可解——非常に説明を要する事実——というものだろう。ここで，実証主義者たちは，常識的実在論者ではなかった・・・・のである。彼らは，内的な知覚の多様体〔マニフォルド〕を客観的な研究の唯一可能な一般的対象と見なし，特に，「センス・データ」を唯一究極的に信頼可能な証拠の源泉と見なしたので，常識的または科学的な解釈のいずれかに基づいても，外的世界の実在性について不可知論的であった（Schlick 1933/1979）。これは正確に初期実証主義におけるカント的側面であったもので，——上で見たように——ロビンズの方法論的仕事の中に依然として存在していた。以前言及したように，それは，より大きな実証主義的見解の内部で徐々に消えていったのである。それが死んだとき，その死骸は，その立場全体を堕落させた。なぜなら，矯正不能なセンス・データなしには，厳密な検証主義，意味についての主観主義，または，厳格な分析的－総合的〔アナリティック シンセティック〕の区別，これらのいずれも役立つようにはなされ得なかったからである。カルナップ自身が——これを見て——実証主義に反対する本質的な諸議論を提供した（これは後にクワインによって有名にされたものだ）。サミュエルソンは，言わば背後で，その構造が崩れていったまさにその時に依然として実証主義者であった。いかなる存在論的見解の基礎も全く持っていないので，彼には形式主義のいかなる可能な正当化も残されていない——ただし，彼がそれによっていくらかの存在証明を生み出すことができるということ（ミロウスキーが正しくも異議を唱えているように，それはいかなる可能な存在論的意義を持つ正当化の形式でもない）を除けばであるが。私が論じたように，仮にサミュエルソンがより哲学的に自己意識的だったら，クワインに従って消去主義者になり得ただろうが，1948 年には，クワインでさえも未だそこに至っていなかった。

　　最近は，誰も実証主義者ではなく，ほとんど誰しもがいずれかの種類の実在論者である[96]。常識的実在論者は，サミュエルソンを解釈して言うだろう——彼は常識的

---

96 ［原注 20］例えば——これは哲学者たちのための注だが——バス・ファン・フラーセン（Bas van Fraasen）の「構成的経験主義（constructive empiricism）」は，メキの分類法においては，常識的実在論の一種である。

4. 顕示選好と効用分析における哲学的諸問題　　195

な人々や諸企業について話そうとしているが，それらについて何か妥当なことを完全に言い損なっている，と。ちょうど今説明した諸理由のために，この解釈は，サミュエルソンのテキストのいかなる深刻な曲解もしない。実際に，歴史的に言えば，それは正しい。しかし私は，サミュエルソンを合理的に再構築することになるのであって，彼を葬ることに加わるわけではない。科学的実在論者として，私が仮定する必要がないのは，経済理論における基本的な言及の諸対象は，常識的な人々や諸企業であるということだ——もっとも，私は，私が経済学の諸対象について究極的に語る話を踏まえて，これらの諸概念を再解釈する方法について，何かを述べるよう強いられはするだろうが。

　本章において諸議論が登場してきた著者らの中で，デュプレ，デイヴィス，フリードマン，ベッカー，センは，皆，常識的実在論者である（ミロウスキーは，存在論的な傾向を隠したままにする。デネットは，志向姿勢の機能主義が消去主義者から命題態度を救う仕方にもかかわらず，常識的実在論者ではない。あるいは，少なくとも，志向姿勢の機能主義が，結局，崩壊して道具主義になる運命でないならば——デネットはそうなるべきではないと同意するのだが［Ross 2000 ; Dennett 2000］——デネットは常識的実在論者であってはならない）。こういう理由で，彼の仕事は，サミュエルソンのバージョンの新古典派経済学を人間主義者たちと消去主義者たちの両方から救出する試みの基礎になり得るのである。

　今や理由は明らかなはずだが，RPT の科学的妥当性を擁護する方法の１つとして，（成熟した）人間中心主義的なバージョンの新古典主義と手を組むつもりは無い。それは，アリストテレス的仮定に依拠するのだが，それはまさに私がしたくないことである。そうではなくて，私は，サミュエルソンの実証主義の１側面，すなわち，公理化を通じた理論と構造の統一への彼の献身を真剣に受け取りたい——他方では，別の実証主義的独断，すなわち常識的諸実体の科学的諸実体を越える認識論的特権化を放棄する。（留意されたいが，私の正真正銘の引き立て役のデュプレは，まさに正反対のことをする——なんと引き立て役らしいことか！）

　これまでのところしばらく取り組んできたのは，高度に抽象的な哲学的領域においてであった——そこでは，空気が非常に希薄だ。経済学者たちと他の行動科学者たちは，肺いっぱいの酸素を待ち遠しく思っていそうである。いくつかの箇所で認めてきたように，彼らはこの切望において正当化される。仮に，新古典主義の擁護に対するベッカーのアプローチについての懐疑論の唯一の基礎が形而上学的態度で

196

あったならば，働いている科学者はそれに多くの注意を払うようにとの不適切な忠告を受けるだろう。ある形而上学的態度の要点は——以前に述べたように——データ（それは他の形而上学的諸態度の下で困難を引き起こすことになるようなデータだ）の診断と概念的馴致のための立脚点を提供することである。次章では，我々が取り組むのは，かくて人々が経済的エージェントであるというアリストテレス的仮定に対して大きな圧力を実際に加える経験的データの累積的な積み重ねだ。

5 | 実験経済学，進化ゲーム理論，消去主義的選択肢

経済実験室の中の人々

　哀れな年古りたロビンズの墓は，近頃は穏やかな場所ではあり得ない。彼の経済学の哲学が依拠する考えは——見たように——経済的エージェントとしての人々の地位が正当化されるのは，彼らの行動の経験的観察によってではなく，内観によってだというものだ。仮にこれが正しいとするならば，それが提供する認識論的保証に満腔の信頼を置いて，効用最大化の最良の公理化を持ち出し，机上で経済理論を構築し得ることだろう。もちろん，この仕事に基づいて経験的予測を行うには，生産可能性と諸資源の希少性についてのいくらかのデータを必要とするだろう。しかしこれは，因習的な意味における経済データである。我々がする必要がないことは——ロビンズによれば——人間行動を研究することである。かくて，経済学の心理学への（そして，社会学への）関係に関する最も強い可能な分離性命題は，ロビンズの哲学によって正当化されると考えられている。

　大多数の経済理論家（コンサルティング従事者ではなく）にとっては，今日では，ロビンズの写真はセピア色に染められている。早くも 1930 年代には，経済学者たちは，サミュエルソンの主張を真剣に受け取り始めた——それによると，生きた被験者（テスト・サブジェクト）たちのいる実験室へと入ることによって効用関数を確定し，それらを測定するための検証可能な装置を生み出したというのだ。第 3 章において，実際の効用関数を測定するために RPT を使うことの可能性についてのウォリスとフリードマン（Wallis and Friedman 1942）の初期の悲観主義に言及した——悲観というのは，有意なデータ諸集合を得るために十分なほど長く，不変に維持し得るか，あるいは，別な方法で制御し得るかする変数があまりにも少ないからである。その時，私が言及しなかったことだが，この懐疑論は，サミュエルソンの仕事に直接的に向けられたものではなく，実験室内の被験者（サブジェクト）の行動から効用関数を推論する Thurstone（1931）による試みに向けたものであった[97]。サーストンは，実験的な諸条件の下

97［原注 1］ここでの私の歴史的所見は，Roth（1995）における標準的なサーベイに従う。

でRPTを操作化（オペレーショナライズ）することの可能性について楽観的であった。ウォリスとフリードマンは，この楽観主義を疑問視したが，RPTそれ自体を疑った訳ではなかった。この態度を思いつく途上で，彼らは，サミュエルソンその他によって周期的に提案された，RPTのための粗野な検証主義的な諸動機を堀り崩し，ゆえに，自分たちにはRPTのための何か他の種類の哲学的正当化が必要だと考えた。フリードマンに特異なバージョンの「道具主義（instrumentalism）」——前章で論じられた——は，おそらく，彼自身による以前の共著の批評によって開かれた，この承知の溝を塞ぐ試みとして最も良く理解される。

　大まかに言えば，その後長年にわたって経済学者たちは，経済理論の実験的な検証についてのウォリスとフリードマンの懐疑論への反応において，2つの陣営に分かれていた。一部の者は，確かに，ロビンズによって暗黙的に促された次の結論を正当化するものとしてその懐疑論を受け入れた——すなわち，経済学の諸公理は机上の常識からそれらの権威を導き出すということ，そして，それらを完全に拡張するための純粋に数学的な仕事は，その数学が妥当である限り，この権威を完全に引き継ぐということだ。数学的分析の純粋な偉業を守る際にこの態度を引き合いに出す経済学者は——行動に関するデータの紛らわしい流れに全く関心がないが——，当然，冗談の中で穏やかに風刺され[98]，ポール・オルメロッド（Ormerod 1994）のような「実践的な（practical）」批評家たちによって激しく非難される紋切り型（ステレオタイプ）になってきた。ローゼンバーグ（Rosenberg 1992）による数学の一分科としての経済学の逆手打ちの擁護——先に論じた——は，紋切り型（ステレオタイプ）の態度を本格的な認識論へと進展させようとする。しかしながら，この雑音をもってして，その紋切り型（ステレオタイプ）が完全に正当化されるという結論に至るべきではない。なぜなら，その理由は単純なもので，実験行動経済学における実際の仕事のレベルは，1940年代以降10年経過する毎に指数関数的に増えてきて，今やその文献は膨大だからである。経済学者たちは，それをますます真剣に受け取るようになってきた。その最良のあり得る証拠は，その事業の2人の開拓者，ダニエル・カーネマン（Daniel Kahneman）とヴァーノ

---

98 ［原注2］一例：物理学者，化学者，経済学者が，無人島で立ち往生させられている。空腹で，彼らは，船から落ちた缶詰食品の木箱が浜辺に打ち上げられているのを見つける。あゝ，彼らは缶切りを持っていない。物理学者は，どのようにすれば缶の内部の圧力を増大させて破裂させることができるかを解明する仕事に着手する。化学者は，ふたを浸食する反応を生み出すために使える自然発生の揮発性元素を探す。経済学者は，腰を下ろして新発見の福利を計算する——「まず，缶切りを想定せよ」，と唱えながら。

5. 実験経済学，進化ゲーム理論，消去主義的選択肢　　199

ン・スミス（Vernon Smith）に 2002 年のノーベル賞が授与されたことである。特に注目に値するのは，分離性命題を参照することによる，この問題への現在のアプローチに照らして見ると，カーネマンが公式には心理学者であり，スミスが経済学者であることだ。

第 4 章における「理論（theory）」の 3 つの意味についての熟考は，以下のことを診断する際に役に立ち得る。すなわち，ウォリスとフリードマンによって奨励されると言われている態度は——彼らの批判に明確に答える必要があまり感じられていないにもかかわらず——経済学の真の選好であると顕示されてこなかったのはなぜか，ということである。RPT——彼らの議論の主題——は，見てきたように，独自で，かつ，その適用に先んじて，完全に抽象的かつ一般的な（意味 2 の）理論である。意味 2 の諸理論は，実際には，経験的テストに左右されるようには作られ得ない。それらは，意味 3 の諸理論への編入を通じてのみ，実験に関連するものになり得る。これが——Roth（1995, pp. 6-7）が述べるように——まさに 1940 年代以後のフォン・ノイマン・モルゲンシュテルン（VNM）効用理論と主観的確率理論による RPT の豊富化の後に RPT に起きたことであることは，第 3 章において論じた通りだ。その理論——3 つの基礎的装置の結合——は，実際の人間の意思決定機能の説明として明示的に提供されている。かくて，それは明らかに分離性命題に反し，明らかに純粋な意味 2 の理論ではなく，またこれも等しく明らかなように，経験的適用や人間被験者たちの諸グループでのテストに左右される。しかしながら，これまた等しく明らかなように，そのような適用は，それ自体によっては RPT をテストしない——あるいは，科学哲学者なら述べるだろうが，RPT を「直接的に（directly）」（RPT といくつかの補助的諸仮説の統合をテストするのではなく）はテストしない。

数学の理論としての RPT の真理性は係争中ではないので，実験的仕事の中でそれについて問題となっていることのすべては，意味 3 の経済学の諸理論への貢献におけるその有用性の設問である。RPT がこの設問に対していかにうまくいったかを検討するために，かくて私は実験に関する文献を，次の仕方で再検討する必要がある。すなわち，〔i〕RPT の補助的諸仮説——特に，人間の意思決定の説明としての期待効用理論（EUT）——に主に圧力を課する部分を，〔ii〕経済行動は安定的かつ良く順序づけられた諸選好に基づいているという考えをより直接的に掘り崩す部分，から区別する仕方である。なぜなら，その仕方こそが，RPT それ自体が

あれこれの補助的諸仮説の集合とともに潜在的に有用になるために必要とするすべてだからである。私は，意思決定の理論としてのEUTは，人間行動を一般的に記述することには失敗する，という芽生えつつある合意を是認するつもりなので，私の再検討は，標準的な説明に従うことができ，いかなる独自の主張をも始めに支持する必要は生じ得ない。後の諸目的のために最も重要となるだろうものは，私が，EUTを経済理論の基礎づけ——RPTと希少性の表現における——から分離することだろう——ここで基礎づけというのは，実証主義的な意味の「基礎づけ（foundations）」を大ざっぱにほのめかしている。

カーネマンとスミスのノーベル賞受賞において一緒に認識されてきた心理学と実験経済学の文献は今や膨大なので，それについての再検討は，極めてぶっきらぼうにならざるを得ない。私の主な仕事は，その諸結果自体を記述することよりも，むしろ，それを以下の議論にとって有用な積み上げへと組織化することである。私が無礼にも踏みつけなければならない過去の多くの魅力的な詳細に関心のある読者諸賢は，Thaler（1992），Kagal and Roth（1995），Rabin（1998），Camerer（2003b）を参照されたい。非経済学者たちは，時折，私が行論において使うせっかちで詳細にわたる推論の中で迷子になるかもしれないが，しかしそれにもかかわらず苦労して読み進めるべきである。なぜなら，すべての有意に関連する哲学的教訓が明示的に整理されることになるからである。この節の要点は——繰り返し述べると——単にファイリングシステムを構築し，経済学は一貫して何についてのものであるべきかについて実証的な諸事物を認知科学が我々に教え得るところのさまざまな一般的な諸方法を互いに論理的に孤立化することである。かくて，何らかの認知科学を持ち出した時には，後で注意するために，経験的諸問題に繰り返し道標をつけていくつもりである。目下の所，道路地図上の詳細は，その地図の一般的な地勢学の意味——多くの細かい諸点に加えて，最も一般的に，問題となっていることの意味——を収集することに比べれば，あまり重要でない。

実験経済学における蓄積された仕事を，3つの部類へとファイルするつもりだ。それらの整然さを保つために，進行につれ，道標システムが見出しで与えられることになる。「仕事部類」は，実験的研究の累積的な連続を指す。「問題部類」は，私が未解決の経験的問題を分類していく先のファイルを指す。

5. 実験経済学，進化ゲーム理論，消去主義的選択肢　201

判断の発見法（仕事部類 1 ；問題部類 1）

最初の仕事部類――主として心理学者たちによって貢献された――がテストする
仮説は，個々の人々は，理にかなった帰納的および統計的推論の諸規範と合致する
ような蓋然性と確率についての判断をするために，情報を使う，ということだ。こ
の仮説の方は，2 つの問題部類へと分解することができるが，その両方が実験的に
研究されてきた。

　第一に，経済諸モデルがしばしば仮定してきたのは，諸エージェントは物理的に
（あるいは，論理的にさえ）収集し得るすべての情報を収集し，それからすべての妥
当な推論を論理的に引き出すということだった。ハーバート・サイモン（Herbert
Simon）が早くも 1947 年に指摘したように，現実のエージェントがこれを行うこ
とは滅多に合理的ではない。なぜなら，情報収集と計算的推論は，希少な諸資源を
使うため，これらの活動は，意思決定問題内の諸点によって確定される境界の内部
に制限されるはずだからである。それらの諸点では，さらなる投資は――最大化さ
れているものが何にせよ（例えば，期待効用）――限界収穫逓減をもたらす。これ
らの境界点は，問題毎に異なるだろう。それらの場所を――問題毎に――確定する
ことは，それ自体，探索問題である。ゆえに，非定常的な世界の中で最適に設計さ
れているが有限なエージェントは，発見法――つまり，情報の収集，検索，処理
のための一般的な経験則――を使うだろう。それは，いくらか意思決定を誤らせる
だろうが，期待する諸環境に亘っての期待成功率を最大化するだろう。（例：契約す
る 1 エージェントを選ぶ際に，人が従う方針は，任意の所与の仕事に対する潜在的な
契約者が世の中に何人いるかに関わらず，常に 3 つの見積もりを得るということかも
しれない。この手続きは，もし特定の仕事に関する費用便益のトレードオフを最適化
することの重要性が，ともに採用される他のすべてのプロジェクトに対して圧倒的ならば，
理想的なものではないだろう。しかし，この条件は，あるとしても，実際には滅多に
満たされない。かくて，単に単純で一般的なルールを適用することは効率的なのである。）

　発見法について，3 つの関連した設問を問うことができる。(i)計算可能性，エー
ジェントの効用関数，諸環境の集合の仕様についての諸事実を所与とすれば，任意
の合理的なエージェントにとって，理想的な発見法とは何か。(ii)人々の実際の
計算能力，効用関数，諸環境を所与とすれば，その人々にとって理想的な発見法
は何か。(iii)生物学的および文化的な進化の諸過程によって，一般に，どの
発見法が人々の中で生み出されてきたか。

設問(i)はそれ自体が曖昧である。それが探究するものが優れた発見法[ヒューリスティクス]の1束で，その使用によってそもそも現れるかもしれないすべての最適化問題を解決するだろうというものならば，それは哲学者のみが，最も純粋な形而上学的雰囲気の中で提示するような設問である。実施に有意に関連するよう意図された1設問として，それは——ミロウスキーが強調するように——ドン・キホーテ流の空想である。あるいは，設問(i)は，実施問題が漸近的に到達しようとするかもしれない到達不能な限界を示しているものと見なされるかもしれない。ミロウスキーが「ジャッドの復讐」と名付ける経済学における研究プログラムは，第1章で手短に述べたように，このように考えられるのが最善だ。このプログラム上で，人は，諸エージェントにますます多くの情報と計算速度を賦与し続ける——新しい計量経済学的諸技法が，「より多くの情報（more information）」が特定的に何に存するかもしれないかに関する新しい考えを提供するのに応じて。ゲーデルが我々に教えるところでは，そのような諸エージェント——および彼らの分析者たち——は，彼らが保証された最大化原理の究極的な集合を獲得したと知るような点には決して達し得ないが，おそらくは少なくとも，自分たちが永遠にますます良くなっていく方法論的な道の上にいると想定することはできるだろう。これもミロウスキーが正しいのは，認知科学と人工知能における多くの仕事はドン・キホーテ的でない意味において問題(i)を狙っていたと述べる点だ。さらに，1970年代後半以前に，この多くが設問(ii)と(iii)でそれを混乱させた——それは，単純なアルゴリズムの環境交差的な力に対する過信，および／または，相互作用する意思決定諸問題の複雑性の過小評価のためである[99]。これが認識されており，したがって，注意が単に計量経済学的な諸問題ではなく，計算に関する諸問題に対して向けられている経済学的諸適用において，人は，ミロウスキーの第二のプログラム「ルイスの再来」のための基礎を得る。これらの諸プログラムのいずれも，実験的仕事に重きを置かないだろう。それらは，それらが推奨する技術の実地テストを行うかもしれないが，両者は行動に関するアプローチではなく，むしろ本質的に工学的である。

　しかしながら，最近，経済学と哲学の間の国境地帯にいる一部の研究者たちは，より控えめな設問(iii)を自己意識的に意図してきた（主要な例については，Gigerenzer, Todd, and the ABC Research Group 1999 を見よ）。この仕事の多くが相

99［原注3］この点がほとんどの学者たちにとって明らかになった後に書かれたサーベイについては，Johnson-Laird（1998）を見よ。

対的に楽観的であったのは，一般的な進化した人間の発見法が最適性に対する良い近似である程度についてであった——ただし，人々の実際の情報処理能力，彼らの進化史，自然選択によって彼らの中に組み込まれた包括的な効用関数，自然環境に蓄えられている様々な種類の情報の諸費用を所与としてだが。これは次の点を巡って興味深い研究設問を提起する。すなわち，〔i〕構築された諸環境における我々の諸発見法の規範的評価について——もし，それらが「発見された（found）」ものにおける使用のために進化したならば——，そして〔ii〕経済諸モデルが首尾一貫しており，経験的に有用なものであり続ける（一度彼らが，全知の諸仮定または理想的個人の発見法の代わりにこれらの現実の発見法を組み入れるならば），その程度について，だ。

自然な統計的能力（仕事部類1；問題部類2）

　行動的発見法に関する新しい仕事に言及することにより，我々は諸判断の経験的合理性に関する第二の問題に至る。注意されたいが，それら諸判断の多次元的な関連性（すなわち，計算能力，効用関数，諸環境に対する）のために，良い発見法は統計的推論のための理にかなった諸原理を必ずしも模倣する必要はない。そして，実際に，実験的証拠が圧倒的に示唆することは，通常の人間の判断は多くの系統的な仕方でこれらの諸原理から逸脱するということだ。人々は，領域固有の発見法を，それがうまく当てはまらず誤りに至るような新奇な領域に適用する傾向がある。また，人々は，低頻度の事象を過大評価し，高頻度の事象を過小評価する傾向がある。また，人々は，確率推定が追加的な探索費用を全く伴わないと判明する場合でさえ，確率推定における基本比率を無視する傾向がある。また，人々は，既存の信念，特に彼らが好む信念を裏付ける新たな証拠を重視しすぎる傾向がある。そして，人々は，ベイズのルールの諸帰結を勇敢に無視する傾向があるが，ベイズのルールは彼らが明示的に学んだときでさえ，適用に手こずるものである（上で引用した主な情報源と，そこから得られる文書足跡を見よ。また，これらのデータの諸含意の注意深い哲学的分析については，Stein 1996 を見よ）。要約すれば，個人の判断に関する実験的仕事が示してきたのは，民間的な統計的帰納と，科学的な統計的帰納とが著しく懸隔するということだ。ミロウスキーが述べるかもしれないように，人々は自然な計量経済学者ではない。実験的仕事は，人々と計量経済学者が厳密にどのような仕方でどの程度まで異なるかを示し得る。

原則として，この事実は，RPT——EUT と結合された——の，人間の経済行動の説明としての経験的適切性を脅かす必要はない。仮に，意思決定問題において人々が実際にどの発見法を使うかを知っているとするならば，これを理論へと組み込んで，正確さを最大化する諸手続きを同定する統計的推論の標準的規範的説明の代わりとすることができよう。この考えについては，2つの問題が生じる。1つは技術的な問題であり，もう1つはより根本的な問題である。技術的問題は，行動が進行するにつれて，危険推定の更新を通じ，判断と選択とが動的に相互作用するということである。その結果，人々が最適な統計的合理性——あるいは，人間の情報処理能力に対して相対化された最適な統計的合理性——に合致して振る舞うことに失敗する時，証拠がしばしば失敗することになるのは，妥当な判断からの逸脱と，所与の妥当な判断を最適化することの失敗との間にある曖昧さをなくすことだ。私がこの問題を「技術的（technical）」と呼ぶのは，2つの理由による。第一に，文献は，判断の錯誤をパラメトリックなまたは戦略的な最適化の侵害から孤立化させる独創的な実験的設計に満ちている。フィールドにおいてしばしば認識論的に不可能であることは，人が十分に賢明ならば，実験室において成し遂げられ得る。これはまさに実験の要点である。理論家たち——特に哲学者たち——は，不決定性を，ただ，彼らがそれを摘出するための手続きを想像できないからといって表明することを警戒すべきである。第二に，仮に，我々が人間の発見法の完全な理論を本当に持っていたとするならば，これはうまくいけば，この発見法が無視または誤って適用される傾向の定量的モデルを含むことだろう。そしてその場合，ある問題事例における人間行動に関する十分な諸データ点を考慮に入れると，最適化の失敗を同定する残差を発見するために，統計的回帰が使われ得るだろう。

　しかしながら，これは「根本的な（radical）」問題へと我々を導くが，それについては後ではるかに多く述べるつもりだ。それを今紹介するとすれば，人間の発見法の完全な理論を発展させるという仕事は，認知科学のための仕事であって，経済学のではない。1発見法を正確に同定するために，人々に彼らが何を，そして，なぜそれをしていると思うかを尋ねることは，内在的に信頼できない方法である。そうでなく，人々の自然的かつ因果的な歴史の結果として，どのような実際の目的関数が人々の行動を支配しているのかを知る必要がある。私は，目的諸関数ではなく〔単一の〕目的関数と言うのであるが，それは，諸行動は——人々のような複雑な諸システムにおいては——諸課題の存在論に関してモジュール化されていないか

らである。すなわち，所与の少々の人間行動は，しばしば，その一石多鳥〔で解決される諸問題〕に言及することによって，説明されるべきことになる。おそらく，葉巻をふかすのは，それがいくらかの望ましいニコチンをもたらし，思考の休止により活動水準の中断を通じて不安を軽減し，良い味がして，愉快にも私の英雄チャーチルを思い出させる等々，の理由からである。たばこを吸うことにより，私はどの問題を解決しているのだろうか。その行動が生活の一般的問題を解決することに貢献するかのように危険にも思われるのである。

　ここで私を悩ませているものは，全体論それ自体ではない。実験を行うことは可能なはずで，そこで，時には，たばこは悪い味がするようにされ，また別の時には，神経電気的介入によってチャーチルの連想が抑圧される等々のように原因となる諸動機づけの各々の影響を孤立化させるようにするのである。むしろ，問題は——あるいは，私がそのように来る諸章にわたって論じるつもりであるのは——，
発見法〔ヒューリスティクス〕の表現として全的な人間行動を同定するというまさにそのプロジェクトが次のことを前提するということである。すなわち，全的人間たちが十分な制御統一性を現わしていて，彼らの諸問題から彼らの〈解決策としての諸行動〔ビヘイヴィアズ・アズ・ソリューションズ〕〉の諸特徴への後ろ向きの推論が，妥当な説明変数を捉えるだろうと考え得るということである。以前にもこの仮定に直面してきた。すなわち，それは，人間の生活は安定的な目的論を持っている——つまり，ベッカーの成熟した人間中心主義的新古典主義に対する動機づけ——という考えである。こう論じるつもりだ，つまり，時には全的人々は目的論的分析の適切な諸単位だが，しかし彼らは一般的にはそうではない。そして，もし，我々が全的個人のレベルよりも下で動機を分解するいかなる原理的方法も持っていないならば，人間の発見法〔ヒューリスティクス〕のいかなる一般理論も正当化できないだろう，と。これを行うために，認知科学からの正しい諸種類のモデルを必要とするだろう。しかし，それが行われねばならないという単なる事実が示唆するのは，単に実験室内の被験者〔サブジェクト〕たちの行動に関して実験を行うことによっては，最適化戦略の特徴から判断の経験的特徴を明画化できないだろうということだ。

　この問題は，後で参照するために十分に述べられたので，我々の文献の整理を再開しよう。

競争相手に対する EUT のテスト（仕事部類〔ワークセット〕2；問題部類〔イシューセット〕1）

　第二のファイルに入れることができるのは，実際の人間の意思決定を，エージェ

ントの熟慮の理想化されたモデル（それらが判断発見法の使用からこれを孤立化させることに成功してもしなくても）と比較しようとする諸研究だ。ここは経験的研究の競技場で，その研究とは，人々を古典派的および新古典派的な経済的エージェントと同一視することに対し，最も直接的な疑念を投じるために通常とられてきたものだ。以下の諸事項は頑健に証明可能である。すなわち，人々が公共財に「過剰に貢献する（overcontribute）」——彼らが気にかける「べき」すべては，提供したものから生じる彼ら自身の個人的な収穫だという仮定に比べて——ということ，彼らの選択は，同一の，しかし仮説的な諸分布よりも現状の賦存量の諸分布に有利に働く参照点と比較して行われるということ，彼らは曖昧さの解消を要する選択肢に強力に反対で，曖昧でない諸問題からの期待収穫がより低い時でさえ，前者から後者へと逃げるだろうということ，彼らの決定が「雰囲気（moods)[100]」によって非常に影響されるということ，最もよく知られているように，彼らは広く行きわたった社会規範を尊重および執行するために多大な費用を払うだろうということである。

　上に列挙した知見が解釈され得るのは，EUT が正確には人間の意思決定一般を特徴づけないということの一連の大量の直接的証拠（Camerer 1995, pp. 619-657）を参照することによってだ。1995 年のサーベイにおいて，カメレールは，したがって，期待効用のアノマリーに関するさまざまな諸連の実験を，EUT に対して提案された諸代替肢——特に Kahneman and Tversky (1979) のプロスペクト理論——の間の累積する比較テストへと整理する。この理論によれば，人々は意思決定問題を解く前に，それらを「編集（edit)」し，参照点と，利得と損失に関する無リスクの価値関数と比較された諸結果に対する心理学的意思決定の重み（ウェイト）とを導入する。EUT，プロスペクト理論，そして，それらのさまざまな形式的側面を借用，削除，併合する他のさまざまなモデルは，すべて最大化モデルであり，行動パターンからの効用関数の構築に対する適切な追加的制約を通じて，すべて RPT と両立可能にされ得る。カメレールが彼の再検討から何らかの一般的結論に至る限り，それは次のように要約され得る。すなわち，経験的な人間の意思決定の完全に規定された諸モデルのいずれも，現在のデータの複数性の明白に最善の説明を提供しないので，誰もすべての型の状況を通じての競争一般に勝利するとは言われ得ない。そ

---

100 ［原注4］「雰囲気」を注意喚起の引用符で囲んだのは，次のことを強調するためだった。すなわち，注意深い認知科学者（民間的心理学者ではなく）は，「雰囲気」が実際に何を——あるとすれば——指すかを非常に真剣に不思議に思うために速度を落としたいだろうということである。

5. 実験経済学，進化ゲーム理論，消去主義的選択肢　　207

して，これは間違いなく，初期の現職および後続の標準的モデル，すなわち，EUT を含むということである（Camerer 1995, pp. 638-639）。

　これは，科学哲学者たちにとってはさほどの驚きであるはずもない。EUT に基づく意思決定理論に対する主要な代替肢または修正は，いずれも，元来，節倹的に要約しようとしたデータから独立な，より幅広い理論的熟慮によって動機づけられたものではなかった。EUT 自体が，その例外であると考えられるかもしれないのは，その概念的起源が行動の諸研究ではなく理想的エージェントの理論にあるからである。しかしながら，自明なことだが，これは現実の人間の意思決定のモデルとしての EUT を求める独立の動機づけではない——人々とは何であるか，彼らの行動的気質がどのように歴史的に生じたか，彼らは進化的圧力の下でどのように適応したかについての信じがたい理論なしには。意思決定に関する行動的証拠を形式的にモデル化するというプロジェクトを「トレミー的科学（Ptolemaic science）」と呼んだとしても，それを侮辱することにはならない。それがトレミー的なのは以下の点においてだ——ケプラー以前の天文学者たちが主に行ったこと，つまり，継続的に増えていく観測の積み重ねを同時に説明するために必要な仮説的諸要素（例えば，周転円やエカント〔equant；従円の中心に対して地球の反対側にある点〕）を追加，削除，結合することによって，惑星と恒星の運行の確立されたモデルを精緻化したことに似ているという点である。ある活動をトレミー的と呼ぶことが侮辱的に思われるのは，我々が以下のことを帰納的に知っているからにすぎない。すなわち，それは遅かれ速かれ収穫が逓減する点——そこでは，注意深いモデルをさらに改善するために必要な努力が，もはや表現上の節倹の獲得によって正当化され得ない——に達しなければならず，天文学の場合，ケプラーの時代までにその点が通過されていたということだ。しかしながら，我々が，興味深い諸現象の集合を十分に理論化するという何らかの真剣な希望を持ち得る前に，データを要約するいくらかの系統的な方法を必要とするので，研究プロジェクトにおけるトレミー的局面は回避不可能であり，注意深く行われた時には生産的でもある [101]。しかしながら，思い出すべきであるが，競合的なトレミー的諸モデルを所与の時点で評価する時には，すべてのデータにわたって一義的に最善になりそうなものは無いのだ。認識論的利益が生じるのは，次のような場合にのみ，すなわち，その競争へのある参入者が，モデル化さ

---

101 ［原注5］これは，もちろん，通約不能性についての刺激的なあらゆる雑音なしに，「通常科学（normal science）」についてのクーンの論点を述べる1つの方法にすぎない。

れるデータの外側にある原理を求める場合である——その原理とはより大きな科学的全体像の内部にそれを統合し，ゆえに，それを選好することに対する新たな種類の理由を生み出すかもしれないようなものである（これは，前章のキッチャー流の認識論的論点を再確認する1つの方法である）。カメレールによって再検討された諸モデルは，いずれも，そのような参入者一般ではない（第8章で見ることになるように，EUT と以下で論じられる合致規則（マッチング・ルール）の両方が，一部の原理的な諸部類の問題にわたって，トレミー的な一群から離れてはいるのだが）。ひとまとめにされると，すべての諸モデル——EUT を含む——は，我々が，行動の諸気質についての，一部の興味深いが依然として相対的に孤立化された諸観察を捉えるのを助ける。それらは，我々のデータを入れるために役立つフォルダである。

RPT の経験的有用性は，直接的には仕事部類1（ワークセット）においてテストされていないと述べてきたので，私の最後の評言は，それを—— EUT，プロスペクト理論などによって表わされた補助諸仮説の様々な結合とともに——実際的な目的のために使い続けるべきである——願わくはパラダイム・シフトを望んで待つ間のことだが——と単に述べていることにはならないのだろうか。そう述べることは非常につまらなく失望させることだろう。幸いにも，私は2つの理由で，そう述べる必要がない。第一に，補助諸仮説の独立の動機のための有望な源泉が存在し，それは認知科学である（実験行動経済学と関連した心理学の仕事は，既に認知科学の一部ではないだろうか。もちろん，そうである。私に言わせれば，行動神経科学と複雑系理論を含む認知科学，すなわち，入出力関数のモデル化を越えた認知科学である）。それは，本書の残りの部分が扱うことである。第二に，実験室の中では，行動における整合性に対する RPT の基礎的コミットメントに対し圧力をかける2つの現象が存在する。すなわち，選好逆転現象と異時点間の選択における明白な不整合性である。

選好逆転と時間的不整合性（仕事部類2（ワークセット）；問題部類2（イシューセット））

私は，選好逆転に関する研究の歴史を Thaler（1992），Camerer（1995）に従って要約し，哲学的論議を Guala（2000）に拠ってするつもりである。まず，Lichtenstein and Slovic（1971, 1973）と Grether and Plott（1979）による古典的実験が示したことだが，人々は系統的に，期待値がほぼ同一である場合には，高確率で少額の現金報酬を獲得するギャンブル（H の賭け）を，低確率で高額を獲得するギャンブル（L の賭け）よりも選択するが，しかし，すると彼らは H の賭けにつ

5. 実験経済学，進化ゲーム理論，消去主義的選択肢　　209

いて受け容れるだろう価格（$H）よりも高い販売価格（$L）を L の賭けについて
要求する。現金報酬が効用の妥当な代用物であるところの環境——入札を誘発する
際の標準的な制御手続きが発明されてきた（以下を参照）——が構築されてきたと
考える信頼できる根拠を持っていると思う限り，この現象は選好の非推移性を示す
ように思われる。なぜなら，そのデータは，$H～H＞L～$L＞$H により要約さ
れるからである。Camerer（1995）と Rabin（1998）によって記述された様々な他
の諸研究は，一定範囲の選択問題において，類似のパターンを探知するが，その多
くは，学習に対して相対的に耐性がある。

　1970 年代における最初の諸実験に続いた多くの実験的仕事は，真の選好逆転と
EUT の違反とを区別することを目指していた。初期の選好逆転実験において使わ
れた2つの標準的な誘発装置は，ベッカー–デグート–マルシャック（BDM）メカ
ニズム——くじ引きに関連した不確実性の影響を考慮に入れるためのもの——と，
ランダムくじ選択（RLS）手続き——実験の手順が被験者に連続のくじ引きを求め
る際に，初期賦存量における被験者（サブジェクト）の諸変化の影響を考慮に入れるために設計され
た——であった（Camerer 1995 を見よ）。効用の代用物をしっかりと隔離するため
の BDM と RLS の一般的な妥当性は，EUT の独立性公理——それは，もし A＞
B ならば，A × 確率(x)＞B × 確率(x) と言う——に依拠する。しかしながら，標
準的な EUT に対するいくつかの「トレミー的」な代替肢——例えば，Machina
（1982）の「一般化された期待効用分析」，Chew and MacCrimmon（1979）の「ア
ルファ効用」理論，Quiggin（1982）と Yaari（1987）の「階数依存的確率を伴う
期待効用理論」のような——は，独立性公理を除外する（Guala 2000）。かくて，
Karni and Safra（1987）の論じるには，選好逆転現象は，EUT の仮定とそこから
生じる BDM および RLS の諸手続きへの依存からなる人工物である。しかしながら，
Cox and Epstcin（1988）と，特に，Tversky, Slovic and Kahneman（1990）に
よる仕事が，この仮説を効果的に反駁したのは，VNM というよりもむしろ，序数
的な順位付けのみが有意に関連している状況において基本的なテスト条件を複製す
ることによってであった。Camerer（1995）が指摘するように，Karni and Safra
の仮説はそもそも，やや奇異であると批判され得る。なぜなら，それが要請するの
は，人々が独立性公理に反する一方で，いわゆる EUT の還元原理を尊重すること
だからである。EUT の還元原理によれば，選好は，多段階式のくじ引き（さらな
るくじ引きをする機会に関するくじ引き）と，同一の期待利得を持つ直截的な（単

段階式の）くじ引きと，これら2つの間で整合的であるはずである。この考えは，判然とアドホックであるように思われる。いずれにしても，Starmer and Sugden (1991) が提供する直接的な証拠によれば，有意に関連する諸種類の状況において，人々は還元原理に違反する。

　EUT の失敗から離れて選好逆転を説明することは，諸選択が循環するという結論を強いない。もちろん，完全に自由に制限無く風変わりな選好マップを構築できると感じるならば，この結論を文字通り強い得るものはない。しかしながら，一度，諸選好が帰属化される先の諸エージェントのアイデンティティを固定してしまうと，もし RPT の応用が観察された諸事例を記述する（それがそうするのは自明だが）だけで，いかなる反事実的条件文をも支持し損なうならば，RPT を無用なものとして却下する資格を与えられる。検討中の文献のすべての関係者たちが想定するところでは，有用な選択理論は，——少なくともこれらの（短い）諸実験が続く間は——，人々をその理論の領域内の諸エージェントと同一視することを可能にしなければならない。しかし，これは依然として，そのデータのもう1つの解釈，すなわち，Tversky, Slovic and Kahneman (1990) の諸実験によって明示的に促され，それと整合的な解釈を許す。仮に，前に述べた非推移的な選好パターンを仮定する代わりに，次のことを見出したとしよう。すなわち，諸ギャンブルとそれらの販売価格の間の2つ1組の選択肢に直面している被験者たちが，L よりも \$L を選好し（L に高すぎる価格を付けている），\$H よりも H を選好する（H に低すぎる価格を付けている）。これは，逆転のデータを予測し，表現に関する発 見 法の観点で診断に役立つ。Thaler (1992, pp. 84-89) によって促された特定の発 見 法——Slovic, Griffin, and Tversky (1990) に由来する——は，「適合性（compatibility）」仮説または「合致（matching）」仮説によって同定される。この考えによれば，人々は，選択された反応様式の中で選び出されたものに合致する，選択誘発的な刺激の諸側面に対して，より大きな重み付けをする。おそらくその理由は，合致する諸事例の処理は，合致しない諸事例の処理よりも，伴う計算的な仕事が少ないからだろう。これは，Slovic et al.〔1990〕によって，人間の情報処理の一般的な特徴であると考えられており（例えば，感覚的知覚においても見出される），セイラーは以下のように述べて，それをくじ選択と価格付けに関する選好逆転の事例に適用する——

　賭けの現金同等物はドルで表現されるので，適合性が含意するのは，利得——同じ単位で表

現される——が賭けの選択をするときよりも賭けの価格付けをするときにより重く重み付けされるだろうということだ。さらに，L の賭けの利得は H の賭けの利得よりもはるかに大きいので，適合性の偏向の主要な帰結は，L の賭けに高すぎる価格を付けることである。適合性仮説は，したがって，選好逆転——すなわち，〈低確率・高利得〉の賭けに高すぎる価格を付けること——の主要な源泉を説明する（Thaler 1992, p. 87）。

もし合致が本当に人間の計算の一般的な一性向であるならば，選好逆転へのその適用は，トレミー的なものを越えた飛躍的進歩のように思われる。なぜなら，認知科学からのより幅広い諸結果が部分的にそれを動機づけているからである。

　これは，人々への適用における RPT の経験的有用性にとって，直接的な良い知らせであるように思われるかもしれない。なぜなら，人々の「本当の（real）」心理学的選好は非循環的である（行動は，限定合理性を実施するある特定の仕方ゆえに，時々の循環を表すに過ぎない）のだと結論づけなくて済む道を我々に与えるからである。しかしながら，諸理由——経験的でもあり，概念的でもある——があって，この基礎に基づいて自己満足に浸るわけにはいかない。経験的な方面では，Loomes, Starmer and Sugden（1991）と Loomes and Taylor（1992）の発見したところでは，被験者^{サブジェクト}たちは，初期の高値の付けすぎを明かすことを妨げられた場合，妨げられなかった場合とほぼ同じくらい，逆転への傾向を示したのだ。これらのデータは両義的であり，より最近の他のいくつかの実験と緊張関係にある。しかし，上のセイラーの解釈が話の終わりであると言うことはできない（Camerer 1995, pp. 660-665）。概念的な方面では，合致行動への選好逆転の帰属化をその文献における多くの解釈にとって非トレミー的に見せる動機づけは，ある特定の心の計算的モデルに依拠する。すなわち，Slovic et al.〔1990〕によって想定するよう勧められているのは，データが合致させられる——計算中の別個の処理段階として——かどうか，そしていかにしてか，についての事実が存在し，合致が処理努力を削減するという考えを動機づける，ということだ。まもなく合致仮説のための代替的な非トレミー的基礎に直面することになるとはいえ，この基礎は心の古典的計算的モデルには依拠しないだろう。最後に，RPT の経験的有意性の擁護は，もしそれが単に，依然として最大化の観点である行動関数^{ターム}を解釈できる——もしそうすることに固執するならば——ということを示すことに在るならば，〔ローマに勝ちはしたが多大な犠牲を払ったギリシャの〕ピュロス王〔319-272B.C.〕的になるだろう。処理努力の最小化が当該の関数の説明における説明作業の大部分を行う限りでは，経済学的推

論は，行動における投影可能な諸パターンの同定において——進化心理学と比べれば——ほとんど何も益をもたらさない。すなわち，もし，人々の選好が，他の人々と競争する諸対象に関して逆転し，それが経済学の伝統的な領域に関する限り，その事柄の終わりであるならば，これが進化した発見法の使用によるエネルギー節約に言及して合理化され得るという事実は，分離した経済科学の擁護者に実質的な満足を全く提供しはしないことだろう。

　この理由があればこそ，貨幣ポンプの諸議論の論理がRPTの正当化にとって重要なのである。古典的な貨幣ポンプの議論は，以下のように働く。仮に，ある1エージェントが（行動的な意味で）束aを束bよりも，bをcよりも，cをaよりも選好するとしよう。すると，非循環的な選好を持つ別の1エージェントは，前者に一連の取引を申し出ることができる。その取引において，後者はまず，bのストックのいくらかの限界的増加と引き換えに，cのストックを引き渡し，それから，aのストックのいくらかの限界的増加と引き換えに，bのストックを引き渡し，それからcのストックのいくらかの限界的増加と引き換えに，aのストックを最終的に引き渡す。もし，そのエージェントが，選好c＞a＞b＞cの顕示に真に忠実であるはずならば，同エージェントの最終的賦存量の総効用が開始時のストックよりも小さくなるような一定量のcが存在し，最終的取引において申し出られ得るはずである。かくて，一連のそのような連続によって，そのエージェントは，初期資産ストックの微少な割合以外のすべてを吸い出され得る。したがって，この論理の典型的な適用においては，もし非循環的な（かつ他の点では整合的な）選好を持つ諸エージェントが存在または進化し得るならば，市場選択は彼らを循環的な選好を持つ諸エージェントよりも好み，後者は絶滅することだろう。これは次のいずれかを意味し得る，すなわち，彼らが実体として滅びる——彼らが行動を調節できない場合——ということか，あるいは，根底にある生物学的または心理学的な実体が選好を変えて異なる経済的エージェントになるよう促されるということのいずれかである。

　非常に慎重でなければならないのは，この種の議論がまさに何を正当化するために利用でき，利用できないかを述べるに当たってだ。それは，しばしば，エージェントの——あるいは人間でさえの——選択の整合性についての規範的な議論として持ち出されてきた。この利用法は，その諸資源を完全に上回っている。貨幣ポンプのそのような規定的-規範的な見方は，次のような仮定，すなわち，取引可能な諸資産の長期ストックの最大化が，合理性の問題として他のすべての価値に勝らねば

5. 実験経済学，進化ゲーム理論，消去主義的選択肢　　213

ならない，というこっけいな1前提を必要とするのだ。もっと巧妙に言えば，貨幣ポンプの諸議論が使われてきたのは，次のような記述的な主張を正当化するためだった。すなわち，実際の諸市場——おそらく，自然選択の勝ち抜き戦の壮大な市場を含む——においては，均衡にある実際の諸エージェントが非循環性を尊重する仕方で行動するだろう——なぜなら，循環的な諸実体は駆逐されてしまうだろうから，という主張だ。この結論もまたあまりに強すぎる。なぜなら，それが要請するのは，ダーウィン的というよりはむしろプラトン的な完全な市場の安定性か，あるいはポンプ操作者たちによる一定のレベルの予見のいずれかだからである。最後に，そして最も立派に，貨幣ポンプの諸議論は，もしあるエージェントが生存に導くと合理的に期待できる政策を選択および維持すべきならば，非循環性が必要条件であるということを示すために取り上げられてきた[102]。これが正当化するとしばしば考えられるのは，合理的整合性に関する他の諸条件を導出する際の——ゆえに，例えば，RPTに伴う補助的な諸仮定の諸集合を選択する際の——公理として，非循環性を用いることである。しかしながら，Cubitt and Sugden（2001）が厳格に示すのは，貨幣ポンプに対する非脆弱性それ自体は，合理的最大化のより強力な諸理論にとって重要なことを全く含意しないということ，そして，そうするためにそれと結合されねばならないもの——取引からのありとあらゆる可能な利得を探知して実現する全能力の存在——は，有限な世界における選択過程が構築できない属性であるということだ。

　すると，貨幣ポンプの諸議論が，ほぼすべてのそれらの意図された諸目的にとって不十分であると判明してきたことを考慮すれば，それらの諸議論はRPTの有用性を救う何らかの希望を持っているだろうか——もし，実験的証拠が，人々は非推移的に選択するということを我々に納得させるならば，そして，もし我々が，行動主義者や志向姿勢の機能主義者として，「隠された（hidden）」推移的構造を彼らの頭の奥まった場所へと入れることにより，事なきを得ようとする準備ができていないならば。枢要な点は，またもや，我々がこれまでRPTに求めていることがいかに少ないかを思い出すことである。我々が望んでいるのは，ただ，それが——意味2の理論として——何かへの適用においていくらかの果たすべき役割を持つだろうということのみだ。だが，差し当たり，説明に没頭しているのは，なぜ経験的証拠

---

102 ［原注6］Davidson, McKinsey, and Suppes（1955）を見よ。

は，個々の人々の行動を直接的にモデル化することによってはその擁護を見いだせないということを示唆するのかということだ。後に，それが適用されるいくらかの行動に関連したダイナミクスを見出すだろうし，私はその適用を支持するために貨幣ポンプの議論の一変種を使うつもりである。しかしながら，標準的な貨幣ポンプの諸議論は——まさに微妙なものなのだが——，人々は経済的エージェントであるという主張を防護しようにも，彼らが自らの選好を逆転させるという実証可能な事実の前には叶わないのだ。前者の命題を救うに必要なのはロビンズ的な動きで，経済的エージェンシーを——そして，その可能な知識を——精神(サイキー)の内的諸領域へと押し戻し，すると，精神が，系統的にその行動的表現を見つけようと手探りするのである。これは，志向姿勢の機能主義とはっきりと矛盾している。したがって，志向姿勢の機能主義が誤りであるということを確信していない限り，このように新古典主義の正当性を立証しようとすることはできないのだ。

　思うに，選好逆転に関するデータは——特に，前節における私の抽象的な哲学的ベッカー批判の観点から解釈された場合には——人間中心主義的な新古典主義についての懐疑主義を正当化するに十分である。しかしながら，今や，それに対してさらに深い疑問を投げかける第二の経験的現象を検討するつもりで，それは私が賛成の論を張ることになる肯定的な代替案において，より大きな動機づけの役割を果たすだろう。問題となっている現象は，選好の時間的不整合性である。

　正常な人間生活が，成熟した人間中心主義的な新古典主義が想定する仕方で，単一の整合的な目的論であるならば，人々が気にかけるべきは，推移していく一時的な参照点における最大化についてよりも，生涯全体にわたっての効用の最大化についてである。もちろん，時間の経過は不確実性を含意するのであり，生涯にわたる最大化者はこれを考慮に入れることを期待されるだろう。ゆえに私は，今日の10ドルを明日の10ドルよりも選好する「べき」である。なぜなら，私は後刻の利得を割り引く「べき」だからで，それというのも，私がその間にバスにはねられる確率（それと物価インフレーションの確率と，私の好みの諸財が後刻，入手不可能になるだろう確率など）があるからである。私は，多かれ少なかれリスク回避的になり得るので，私が同一の財に関連づける効用の測定値をつないで描かれる曲線は多かれ少なかれ勾配を持ち得る。さらに，さまざまな曲線は，さまざまな束にわたる選好を記述し得る（私が完全市場にいない限りは——そこではそのような差異が鞘取りされて無くならねばならないだろう）。しかし，私が最大化しているものが生涯全体

5. 実験経済学，進化ゲーム理論，消去主義的選択肢　　215

にわたって得る効用であるならば，各々の曲線は指数関数的に減少するはずである。すなわち，同一の束を参照するいかなる2つの曲線も，私がその束の期待効用をどの一時的な参照点から評価するかに応じて互いに交差するはずがない。しかしながら，大量の実験室データや現場データが示しているのは，これは人々が振る舞う仕方ではないということだ（Ainslie 1992; Thaler 1992, pp. 92-106; Camerer 1995, pp. 649-651; Rabin 1998, pp. 38-41 を見よ。その現象は Strotz [1956] によって初めて提示されモデル化された）。

　今日，学部学生の論文の山を採点するか，それとも野球の試合を見るかを決めるにあたって，私は先延ばしにする——そうすることにより，明日生じるかもしれないいくつかのさらに面白い可能性（より良い選択肢が生じなくても，同等に魅力的な別の試合がある）に手が届かなくなるということを知っているにもかかわらず，だ。今までのところ，これは指数関数的な割引と整合的である。もし，微小だがゼロ以上の確率で，世界が今夜にも終わるかもしれないならば，あるレベルのリスク回避が存在し，私はむしろ論文を未採点のままにしたいだろうからである。しかしながら，もしも，私が先延ばししないように自らを拘束して，明日の試合のための切符を購入するならば——もっとも，嫌な仕事がなければ，そのようにしなかっただろうが——私は時間的な選好の整合性に反したことになる（自己拘束の心理学は，Elster [1979, 2000] によって詳細に探究されてきた）。さらにもっと鮮明に言えば，今日，引き延ばすかどうかを先週に選ぶことができたとしたら，私はそうしないことを選んだだろう。この場合，先週の参照点から描かれた私の割引曲線は，明らかに，今日の観点から描かれた曲線と交わる。私は（少なくともこの選択集合に関して）指数関数的にというよりもむしろ双曲関数的に割り引く（標準的な割引関数が指数関数的と呼ばれるのは，線形的なべき関数を現在の値に適用することによって将来の値を計算するためである。対照的に，双曲関数は，弓形の曲線を生み出す。そこでは，短時間遅れるまたは長時間遅れる報酬は，1指数関数によってモデル化された1関係の中で数値化されるが，中程度に遅れる効用の束は，より少なく数値化され，ゆえにその曲線から外れる [Ainslie 2001, pp. 30-31]）。

　双曲関数的な割引という現象は，人間行動において遍在的に現れる。人々は，さまざまな諸事物に中毒になるが，しかし中毒を維持するようそそのかすことになる対象を，手の届かない所に置くための手段も講じる。彼らは贅沢なデザートを購入することを回避する。なぜなら，もしそうしたら，どちらかといえば食べたくない

時に食べることになるということを知っているからである。彼らは，より安価だが
エネルギー効率の悪い電化製品を買う（より高価だがより効率的な装置を購入する
ことによって短時間で貯蓄を取り戻す以上のことになるとしても）——そして，その間，
有意に関連する新しいことを何も学ばなかったにもかかわらず，そのように行った
ことを後悔する（Thaler 1992, p. 94）[103]。彼らは，レストランで出されたものすべ
てを平らげ，追加的な食べ物の限界価格が高すぎると思わない時でさえ，食事の配
膳量が多すぎることについて不平を言うのである[104]。彼らは，老後に備えて，低
い利子率で貯蓄するのだが（信用上制約されていない場合でさえ），その実，借り入
れして現在消費またはより高い長期的収穫に資金供給することによって，生涯の効
用をより良く最大化し得るのだ。ユリシーズは，自身をマストに縛り付けた——時
至らばサイレンたちの歌声に抵抗できなくなるだろうことを知っていたからだ。

　これらの例はすべて，日常経験についての表面的な考察から，あるいは実地調査
から引き出されている。実験室実験は，もっと微妙で，もっと厳密に孤立化された
諸影響を明らかにする。Thaler（1981）と Benzion, Rapaport, and Yagil（1989）
による被験者を用いた仕事は，次のことを示している。すなわち，人々が現在の
損益と遅れて生じる損益との間で選択する時には，割引率は時間とともに減少する
が，少なくとも一度はねじれ曲がる。割引率は，少額の報酬に対しては多額の報酬
に対してよりも急速に減少する。そして，収益に対する割引率は損失に対する割引
率よりもはるかに高いということである。これらの気質のすべてが潜在的な鞘取り
を可能にするので，動的な選好逆転を含意する。Kirby and Herrnstein（1995）は
この予測を明示的に検証し，以下のことを発見した——すなわち，被験者たちは実
際に，より小さくより早い時期の報酬から，より大きなより後の報酬へと（2つの
報酬に対する遅れが増大するにつれて）選択を逆転させる。Loewenstein（1988）の
示しているところでは，人々が報酬の大きさと参照点に対する近接性との間のトレ
ードオフを設ける時，彼らが報酬を遅らせるために要求するものは，それを同じ時

---

[103]［原注7］人間中心主義的な新古典主義者は反論して言うかもしれない——彼らは貯蓄を実
現できたほど十分に長く生きたということを学習したのだ，と。しかしながら，電化製品の購入の
実証的研究によって明らかにされた割引率の大きさを考えると，この仮説は，他の行動と整合的で
はない，非常に信じがたい水準のリスク回避，あるいは，個人的な災難の確率の確信を必要とする
ことだろう。

[104]［原注8］非常に洗練された合理性の研究者たちがこれを行う。その行動を示したものとして
私が報告できる最近の実地の被験者は，2002年12月のダン・デネットであった。別の例は，南ア
フリカの教育哲学者である私の妻で，合衆国で外食する度にそうするのである。

5. 実験経済学，進化ゲーム理論，消去主義的選択肢　　217

間だけ早めるために払うよりも（平均で）4倍以上多い。同様に，選好の一時的な参照点に対する相対化を例解するのは，人々は，時間とともに増大する消費パターンを，減少していくか平坦であるパターンよりも選好するように見えるという事実だ——これは総期待消費が3種類の事例で同一である場合でさえそうなのである（Thaler 1992, pp. 101-103）。

　これらは，私見では，行動経済学によって発見された最も重要な諸現象である。第一に，第8章で論じられることになる諸理由により，それらはそのような諸現象の最も一般的なものであるかもしれない。なぜなら，実験に関する文献によって発掘された行動に関する「アノマリー（anomalies）」の残りのすべての非トレミー的な説明への道を開く分析的なてこを提供するかもしれないからである。上述のトレミー的な「合致の法則（matching law）」のHerrnstein (1961) によって定式化されたバージョン[105]は，その現象についてのエインズリー（Ainslie 1992）の理論へと組み入れられ（以下を見よ），その際一般化された（なぜなら，合致は，指数関数的な割引と双曲関数的な割引の双方と両立可能だからである）。第二に，それらの諸現象は，私が特徴づけたような成熟した人間中心主義的な新古典主義のまさに核心を衝く。人々は，最大化において成功した計画として彼らの人生を組み立てているということを含意することによって，しばしば諸行為を合理化するかもしれない——あたかも，彼らを制約した環境的および遺伝的な偶発事象を所与として最善を尽くしたのだと死の床で言えることが，彼らの目標であるかのようである。ベッカーと彼が着想を与えた経済学者らが示しているのは，そのような物語を完全に分析上詳細に総括できるようになるために我々がどのような数学的操作を行わねばならないか，そしてそれは感銘深い技術上の業績だということである。しかしながら，行動に関する諸事実は，個人的および文化的な合理化と系統的に矛盾する。向上していく消費パターンに対する選好は，この点において特に喚起的である。人々が，彼らの厚生を最善にすることに対して関心を抱くのは，彼らの厚生がより良くなる——少なくとも，予期される終わりに近すぎない時間内の見通しからは[106]——

---

105 ［原注9］価値＝数量／［定数$_1$＋（定数$_2$×遅れ）］（Ainslie 2001, p. 35）。
106 ［原注10］私は，この現象についての年配の人々の行動に関する系統的に集められた経験的データを知らないが，しかし興味を持つだろう。信じがたいように思われるのは，人々が酷くドン・キホーテ的で，効用の期待値が上がっていくのを維持するため，よじ登る必要がある絶えず急になっていく投資の山を確実に位置を予測できる終着点までずっと登り続けるということだ。おそらく，広く来世が信じられているのは，この種の自己物語を引き出す1つの仕方なのだろう。しかしながら，

218

と考え得ることに対してほどではない。

　このことの含意は，RPT を直接個々の人々に適用する際の技術的困難をはるか
に上回る。ここまでの本書での私の分析的アプローチが新古典主義者たちに許すの
は，「経済的エージェント（economic agent）」を技術的概念として留保すること，
かくして RPT がその概念を公理化するための正しい装置であるという可能性を開
かれたままにすることだ。しかしながら，一度その一手がなされると，選好の時間
的な不整合性に関するデータの受容は，一押しがどこかに押し進まねばならないこ
とを意味する。特に，それは，継続的な生物学的かつ／または物語的な実体として
の個々の人々が，単一の持続的な経済的エージェントではないことを含意する。こ
れは，人間中心主義的な新古典主義のきっぱりとした否定ということになる。

　この結論に達する際に私は，これらのデータを熟考してきた他者たちにより探究
された道を辿っている。その分析が最も明示的かつ広範囲なのは，精神科医ジョー
ジ・エインズリー（Ainslie 1992, 2001）であった。エインズリーが論じるには，経
済行動のダイナミクスを最も良く捉えるには，個々の全的人々を，共棲によって互
いとの交渉および協調ゲームだけでなく社会的ジレンマに加わることも強いられる
経済的エージェントの諸共同体としてモデル化することだ，と。図5.1 に複写され
た漫画『カルヴィンとホッブズ』〔ビル・ワターソン作〕は，この考えを見事に捉
えている。この話の筋の以前の回で，午後6:30 のカルヴィンは，宿題を避けるた
めの計画を思いついた——タイムマシンを使って8:30 に進み行き，未来のセルフ
からそれを回収するというのである。彼は，これにより，持続的なセルフから一時
的に当面のセルフへと，彼の自己確認（アイデンティフィケーション）を移す——これはたった今再検討したデー
タによれば，ちょうど実在の通常の個人と同じだ。漫画のシナリオでは，これに
ついて3 つの可笑しいことがある。1 つは，関連する割引曲線の傾きの大きさが垂
直に近いことである。すなわち，6:30 のカルヴィンは，ほんの2 時間後の将来に
おける1 セルフを無慈悲に利用しようと試みる。2 番目は，6:30 のカルヴィンが8:
30 に行く時，出発点の自己区分（セルフ・パーティショニング）諸条件をめちゃくちゃにするということである。
十分に難しいのが8:30 のカルヴィンが6:30 には誰であるかを理解することだが，

私が疑っているのは，報告されている来世の信仰が，しばしば実際の〈消費および貯蓄のパターン〉
と整合的であるということだ。あるいは，ひょっとすると人々は，彼ら自身プラス子供たちによっ
て持続的に期待値が上がっていくこと，ゆえに，予想される終着点は存在しないということを目指
しているのだ。その場合，我々は，子供のいない人々とは著しく異なる行動を観察することになる。

図 5.1[107]

Calvin and Hobbes. ©1992 Bill Watterson. Reprinted with permission of UNIVERSAL PRESS SYNDICATE. All rights reserved.

これは実際に我々皆にとって実生活の問題である。しかしながら，8:30 に行った時，6:30 のカルヴィンはいったい全体誰なのだろうか。即座に，これは枠組み全体を破壊するゼノン流パラドックスに繰り返し陥らねばならないことが理解できる。しかしながら，ゼノンのパラドックスが依拠しているのは，論理的誤謬――この場合，魔法の時間旅行装置から引き継がれた誤り――である。カルヴィンの最も可笑しい問題は，3 番目のものだ。すなわち彼は 1 人だけのコモンズの悲劇に陥っているのであって，そこでは，各々の論理的に可能な時間のカルヴィンがフリーライドする別のカルヴィンを探すので，すべての一時的なカルヴィンたちが損失を被らねばならないのだ[108]。あらゆる十分に賢いギャグと同様，これがうまくいくのは，その著者が状況に関しては衝撃的だが論理的には正しい現実の特徴を的確に指摘しているからである。すなわち，人々は一時的に位置づけられた諸セルフからなる政治的に複雑な諸社会だということである。

エインズリー（Ainslie 2001）のモデルでは，人々は交渉する諸利益の諸共同体へと脱構築されていて，その中で下位諸単位は，異なる効用関数を持っているため

---

[107] ［訳注］［1 コマ目］カルヴィン①「ちょっと待て。これを解き明かそう。**僕は** 6:30 の君で，**君は** 8:30 の僕だ。僕たち二人とも宿題をやらなかった。」：カルヴィン②「その通り。」［2 コマ目］カルヴィン①「と言うことは，宿題は，僕の時間と君の時間の間でやられる**べきだった**。」：カルヴィン②「そうだ。僕たちは 7:30 にやる必要があったんだ。」［3 コマ目］カルヴィン①「でも 7:30 のカルヴィンは明らかにやらなかった。そうでないなら，君は今，8:30 にそれをもっているだろ。」：カルヴィン②「そうだ。これは**彼の**せいだ！」［4 コマ目］カルヴィン①「あのグータラ小僧め！奴は僕たち**両方**を面倒に巻き込みやがった！」：カルヴィン②「一緒に行ってとっちめようぜ！」

[108] ［原注 11］続く回では，6:30 のホッブズと 8:30 のホッブズが，際限ない時間上のカルヴィンの増殖によって彼らもこのジレンマへと巻き込まれることに気づき，協力して宿題をする。

紛争に直面するが，しかし協力せざるをえない——なぜなら「それらは皆，1つの部屋の中に一緒に閉じ込められている」(p. 43) ので。下位諸単位は，自らをホッブズ的な自然状態へと陥らせるわけにはいかない。なぜなら，もしそうなると，共同体全体（つまり，その個人）の顕示選好は，根本的に循環的になり，環境全体によって貨幣ポンプに付されるからである。すなわち，その共同体はそれが昨日行ったことを今日元に戻す努力を絶えず展開していくことになるのである。しかしながら，内的なホッブズ的暴君を任命する装置がその共同体にとって利用可能でないのは神経学的情報的複合の結果である——これについては来る諸章で論じるつもりだ。それゆえに，その行動は，民主主義的立法府に関する公共選択の文献からの馴染みのある種々の連合のダイナミクスによって導かれる (Stratmann 1997 を見よ)。すなわち，第8章でより詳細に見るように，経済的パースペクティヴからすると，哺乳類の脳の中で進行している主要なことは馴れ合い (*logrolling*) である。ちょうど合衆国議会において，馴れ合いが安定化されて，絶えず循環を生み出すことは無いのと同じであり，それは，短期的利益に対して最も脅威を与える競争相手が，典型的にはやはり別の短期的利益であって，長期的利益についても同様だからである。短期的利益と長期的利益は，かくて互いとの連合を形成するインセンティヴを与えられるのである。

　この構図は，その説明の現時点においては，度し難く隠喩的であるように見える。抽象的な諸利益が，政治的な支配のダイナミクスのネットワークの中の諸エージェントに文字通り類比的だとみなすことは，実際に何を意味し得るのだろうか。これらの諸エージェントはどこにあるのだろうか。それらは因果的にどのように機能するのだろうか。これらの設問に答えること——すなわち，エインズリーの仮説を純粋なメタファーの領域から取り出し，個人未満のレベルに基本的なエージェンシーを系統的に再配置して——が，来る諸章の第一の課題となるだろう。私は，エインズリーのモデルを非トレミー的であると叙述してきた。なぜなら，以下で見るように，それは認知および行動科学の広い領域を横断する諸展開によって支持されているからである。それは，実験経済学者たちによって蓄積されたデータを要約するよりも，はるかに多くのことを行う。それは，経済理論とは独立の証拠により，ミクロ経済学とマクロ経済学の両方が実際には何を扱うものであるかを直接的で一般的に洞察することを動機づけるのである。

　Davis（2003）は論じている——個々の経済的エージェントの共同体への分解は，

新古典主義の中では，ヒュームの仕事におけるその最も深い知的な起源から暗含的に在ったのだ，と。ヒュームがセルフを単なる諸知覚の束へと変えるや否や，セルフの核は脅威にさらされることになった。超越論的な自我というカント的概念は，それを引き戻し合わせる試みであった。前章で見たように，このカント的提案は，ロビンズの仕事を通じて前世紀の前半において，新古典主義に依然として影響を及ぼしている。ロビンズにとって，我々の確信をミクロ経済理論の中に基礎づけると考えられる順序づけられた選好の内的な一覧表を参照することは，明らかにカント的統一性の諸特性を包含する。超越論的自我のような何かが，それ自身を研究していると考えられなければならない。しかしながら，これも既に見たように，そしてDavis（2003）が僅かに異なるが補完的な歴史的経路を辿ることによって記録しているように，「その中心は持ちこたえなかった」——まさに文字通りである。実証主義者たちは，ヒューム主義者へと転向した。サミュエルソン的な枠組みの中では，効用関数以外には経済的エージェントを同定できるものは何もない。しかし，もし一般的かつ通常の場合には，これらが細かく区別される時間枠に対して相対化されねばならないとすれば，個々の経済的エージェントは自動的に切り離されていることになる。トマス・シェリング（Schelling 1978, 1980, 1984）は，明示的な結論を引き出し，その可能性についての理論的説明をし始めた最初の著名な経済学者であったかもしれない。デイヴィスとミロウスキーの両者も気づいているように，そして次の3つの章で詳細に論じるように，過去25年間にわたる認知科学における仕事は，我々をこの同じ方向へと至らせてきたのだった。

　Davis（2003）が個人の切り離しから引き出す結論は，何かが間違っていたということである。彼はもちろん，正しくも，この文脈において方法論的個人主義を奨励し続ける経済学者たちは，もし彼らの忠誠が概して新古典派的ならば，統合失調症を弄んでいるのだ，とする。しかし，すると，あらゆる科学は，概念上の転換における経過の間にそのような諸エピソードを経験するのであって，それらの診断はまさに哲学的療法が目的とするところである。デイヴィス自身が，その問題に関して引き裂かれているように見える。すなわち彼は，個人のための場所を救い出すことに関心があるが，疑いもなく伝統的な新古典派的個人主義の支持者ではないのである。最終的に（pp. 130-166），彼はさらなる解決を待つ持続的な緊張関係を同定することに満足しているが，しかし認知科学は，その問題の部分として同定されているのであって，その解の部分としてではないのである。ミロウスキーは，微妙に

対照的に，言うことに慎重であるのだが，彼が温存されているのを見ることに関心があるのは，セルフの場所であって，個人の場所ではないのである。この点において，その区別は，衒学的であると言ってもよいほど微妙に見えるかもしれない。しかしながら，次章で私は，認知科学と経済理論がその区別を理論化し現実の仕事に適用するために，いかにして一緒に使われ得るかを示すつもりである。諸セルフは，認知論的にも経済学的にも重要であることが判明するだろう。しかしながら，我々は，前ヒューム的またはカント的な個人のいずれをも元に戻すつもりはない。むしろ，その正反対である。

しかしながら，差し当たって，現在の経済分析の直接的な諸技術にもっと密着するようにしよう。明白なはずであるが，これらの諸技術のうちで，慣れあいのダイナミクスの記述と説明に最も適したものはゲーム理論である。これは，明示的に，効用関数の諸集合が社会的に希少な諸資源の環境の中で相互作用する時に何が生じるかを研究するための，我々の数学的道具である。諸ゲームは，静的である——支配的な環境パラメータが諸ゲームの結果から独立である状況でプレイされる——かもしれないし，あるいは，これらのパラメータ自体が諸ゲームとの相互作用の中で進化する場合には，動的および進化的かもしれない（Weibull 1995；Gintis 2000 を見よ）。これについてはもっと多くのことがすぐに述べられるだろう。しかし，本章の主題を締めくくるために最初に焦点を合わせねばならないのは，優先する問題，すなわち，ゲーム理論的推論と最も自然に両立可能なエージェンシーと志向性の諸解釈である。

本章の初めの方で述べたことだが，センの変種の人間主義者と実験行動経済学者たちによって共有された成熟した新古典主義への敵意が覆い隠す事実は，各々の哲学的前提が傾倒する実証的な命題は想像され得る限り異なっているということだ。人間主義者が異議を唱えるのは——想起されたいが——，成熟した新古典主義が自由な人間エージェントを外的な因果的出力のベクトル積の身分へと降格させることに対してである。しかしながら，私が今論じるように，たった今再検討してきた実験データとフィールドデータを強調することが理論家たちを導くのは，人間主義者の啓蒙的な存在論とは反対の方向に——そして，それに最も反発する方向に——だ。この方向は消去主義，つまり，センの人間主義的な意味における志向性，心，エージェンシーは全く存在しないという命題，である。これは，ミロウスキーによって注目された見通しであり，彼によってデネットの危険な考え（第1章を見よ）と関

5．実験経済学，進化ゲーム理論，消去主義的選択肢　223

連づけられたものだ。それは，Davis（2003）によって抵抗された可能性でもあり，それによって彼は認知科学と新古典主義の両方に背を向け，エージェンシーを真剣に受け取れる経済学の多様性を求めてセンの仕事に注目することになる。

　まだ理由を示していないまま述べてきたことだが，認知科学は人間主義的アプローチを支持しないだろう。しかしながら，私がやはり示したいと思っていることは，消去主義が過剰反応，つまり，人間主義者が十分に真剣に受け取ることに失敗する経験的データを素通りするラディカルな外挿法であるということである。私が擁護するつもりの中間の立場は，人間主義者たちと消去主義者たちが等しく冷笑する重苦しい古い姿，つまり，新古典主義に対する回復手術を行うことによって，最もよく行われることが判明するだろう。

　この回復プロジェクトを始める前に，私が説明しなければならないのは，なぜ実験主義的−行動主義的な波が消去主義的な仕方で理論化されているのかについてだ。そして，さらにその前に，締めくくられなければならない本節の未解決の問題が残っている。以前に述べたことだが，概念的組織化の諸目的のためには，実験−行動経済学の文献は3つのファイルに分類されるだろう。第一のファイル（仕事部類〔セット〕1）は，人間の情報に関する判断をもっと伝統的な規範的認識論的な枠組みに由来する判断と比較する仕事を含む。上で見たように，これは経験的に重要な認知科学だが，しかしそれは我々の批判的注意を新古典主義の存在論的中核ではなく，現代経済学のさまざまな補助諸仮説，特に，期待効用理論へと向けさせる。第二の経験的文献の柱（仕事部類〔セット〕2）は，たった今再検討されたものだが，実際の人間の選択を根拠づける諸過程を研究する。上で見てきたように，この仕事の主な結論は，人間中心主義的な新古典主義の中核である主張，つまり，人間の生活史と新古典派的エージェンシーの軌跡の同一視を却下することである。第三の柱は，ここでは完全性のために言及されなければならないが，その論理的なモーメントにおける適切な再検討と議論は，この研究の第2巻まで保留される。

集計された市場における合理性（仕事部類〔ワークセット〕3）

　一部の理論家たちが経験的に動機づけられた懐疑論から新古典派を救おうと試みてきた際に用いたよくある一手は，次のように論じることであった。すなわち，市場における人々の集計がエージェンシーのパターンから彼らの個々の逸脱を洗い落とすので，新古典主義は別個には彼らを正確に記述できないとはいえ，諸エージェ

ントからなるその市場の諸モデルは人々からなる市場の行動と経験的に同　型だ^（アイソモーフィック）

というのである（フリードマンは，このようなことを暗含的に信じているに違いない

——自身は口に出してそのようには言わないものの。その見解は，しばしば一般的な

ものとして経済学方法論者たちにより引用されるが，しかしそれは民間的な議論に依^（フォーク）

拠しているように思われる。なぜなら，その厳密な定式化を発見しようとする試みは，

無に帰するからである。その主張が真実であるにはどのような経験的諸事実が成立し

なければならないかについての最近の論議は，Dowding forthcoming と Ross and

Bennett 2001 である）。私は，第2巻においてこの論議に関する新たなバリエーシ

ョンを提示し，ダイナミックなシステム理論と認知科学の多エージェントモデルを

使うつもりであり，その哲学的動機づけは，本書第8章において，エインズリーの

「ピコ経済学（picoeconomics）」とミクロ経済学の古典的な領域の関係を議論する

時に導入されるだろう。今は，実験に関する文献の記述を閉じるために，その文献

が妨げた集計による擁護への1つの容易な経路に言及するだけにしよう。実験経済

学者たちは，実験室内でシミュレートされた市場を扱う大量の仕事をこなしてきた

（Sunder 1995; Thaler 1992，第7-13章を見よ。そのアプローチは，ノーベル賞受賞

者ヴァーノン・スミスによって長年にわたって開拓されてきた）。この仕事からの証

拠が強く示唆するのは，人間中心主義的な新古典主義にとって最も破壊的な2つの

現象——選好逆転と間時間的な不整合性——の諸影響は，必ずしも市場の中で洗い

落とされないということである。これは，単に，実験室の市場は小さく束の間のも

のであるという事実の関数であるようには思われない。その点は，実際のマクロ経

済において最も大きく最も重要な諸市場に当てはまるという証拠がある。かくて，

例えば，コンスタンティニデス（Constantinides 1988）が論じるには，持ち分プレ

ミアムの難問（社債に比しての株式の持続的な過大評価）は，人々が上昇していく

消費水準を選好するという事実によって説明されるかもしれない。セイラー（Thaler

1992, pp. 119-120）は，先進諸国における国内貯蓄市場が，生命保険証券の価値と

社債利率の間の差異によって生み出される鞘取りの機会を利用する機会を，本質的

に同一の理由で集団的に回避すると論じる。などなど。私は，後に，新古典主義の

集計による擁護を奨励することになるが，これらのフィールドデータとそれらの解

釈を支持する市場実験は，この方法で人間中心主義的な新古典主義を救済しようと

するいかなる試みも排除する。

5.　実験経済学，進化ゲーム理論，消去主義的選択肢　　225

行動経済学から消去主義への道

　第2章で紹介された「消去的物質主義（eliminative materialism）」（Churchland 1979, 1981）として知られる心の哲学と認知科学における立場は，伝統的な人間主義者にとって究極の悪夢のような仮説である。消去主義者らによれば，民間的心理学が誤っているのは，それが人間行動を導き説明するものと考える因果的なダイナミクス（私と事実上すべての認知科学者たちが同意する点）に関してだけではない。それはまた，基本的な存在論的枠組みに関しても誤っているというのだ。信念と願望は，神経科学の存在論において個別化可能な直接的な同型体を全く持たない。しかしながら，非反射的な行動は，神経的に引き起こされるに違いない。それゆえに，消去主義者が論じるには，信念と願望の相互作用は，行動の因果的な基礎にはなり得ないのだ。合理性の概念によって我々が記述する推論と議論の諸パターンは，信念と願望の間の規範的な諸関係から構築される。したがって，もし信念と願望が行動の因果的原因論における要素でないならば，合理性パターンは認知についての成熟した科学において演ずるべきいかなる究極の役割も持つべきではない。いかにも，もし心が全く同一のものとして脳に還元されない——1970年代の機能主義者の諸議論によって哲学的意見の周縁へと追いやられた古い考え——ならば，「心（minds）」と言われているものが在り得る余地がある活動場は，因果性ではなく推論の領域だけである。しかし，もし理性への言及が認知科学および行動科学から消えるべきであるならば，推論のための「本当の（real）」活動場は空になる。すると，「心」は，ずさんな日々の経過にとって有用な参照点であり続ける——ちょうど，たいていの人々が，日の出について，相対的に動いているのは我々の水平線の方であるということを知っている場合にさえ，日が昇ると言い続けるのと同じ具合に——かもしれないが，しかし実際には心は存在しない。我々の祖先たちの一部の者が，不都合な女性たちの集団の社会的特性について「魔女（witches）」たちに言及することにより語ったのとちょうど同じように，我々は，心と心的因果性についての曖昧な空想を通じて我々の行動を合理化する。しかし，実際にはいかなる魔女たちも存在しない（そして，一度も存在したことがない）し，実際にはいかなる心も心的因果性も存在しないのだ。

　人間主義者の目は，今や大きく見開いているだろう。第2章で述べたように，消去主義的な仮説は，初めて遭遇すると混乱したように見えがちであり，その主な歴史上の推進者であるポール・チャーチランドは，彼の実質的な科学的提案が不当な

衝撃によって誘発される社会的雑音と混同されないように，しばらくの間，その用語を捨てることに取り組んでいた（Churchland 1995 を見よ）。他の諸主題に関する本書の中には，チャーチランドの提案で考えられることを最低限擁護しようという彼の忍耐強い努力を再現する紙幅がない。驚いてはっと息をのんでいる読者——おそらくは経済学者——は，チャーチランド（Churchland 1988, pp. 43-49）を参照されたい。したがって，先に進む前にこれだけは述べさせて欲しい。消去主義的な仮説は，たとえ度を超すとしても——私は実際にそう思うのだが——極めて生産的であった。民間的心理学は，心的処理のダイナミクスと，その行動と環境に対する諸関係とを系統的に誤解している。それゆえ，私が最終的に心と理性が科学的に重要であると信じ続けたい人々に心地よさを与えるとしても——そうするつもりなのだが——これは民間的心理学の擁護にはならないだろう。消去主義を巡る議論は，心の直観的な全体像をいかに調節して，認知科学を鮮明かつ非常に有用に際立たせるようにすべきかについての諸設問を強いてきた。この節における私の目的は，これらの諸設問がいかにして最終的に経済理論における議論の領域へと浮上しつつあるかを示すことである。そしてそれはそれで，人間中心主義的な経済学についての人間主義者たちとの私の議論において何が問題になっているかを，人間主義者たち——そのことを把握しているミロウスキーとデイヴィス以外の——に示すだろう。特に，新古典主義に対する彼らの攻撃を支持するために実験行動学的証拠に訴える時，彼らの敵の敵が本当に彼らの友であるか，それとも実際にはもっと危険な敵であるかを問うことは至極もっともなことである。

　消去主義に賛成する主な諸議論が，1970 年代および 1980 年代に定式化された時，推進者たちは彼らの努力が彼らが説得した人々に心理主義的な諸概念の使用を直ちに止めるよう促すことになるとは想像しなかった。最も影響力のある情報源である Churchland（1979, 1981）で意図されたのは，実際的なマニフェストとしてではなく，民間的心理学の基礎の認識論的かつ形而上学的な批判に基づく予測の擁護としてであった。行動諸科学において成し遂げられた進歩の速さに拠ると——チャーチランドは論じた——，より幅広い科学的な観点の内部に心理主義的な枠組みを統合できないということがますます自明になり，終には，科学者が徐々にその使用を止める点まで到るだろう。すなわち，科学者たちは，哲学的議論によってよりも自身の経験によって説得されるだろうし，そのような説得が明白である科学の仕事は，その結果，消去主義的な形而上学的命題に決定的な証拠を与えるだろう。仮説的状況を

5. 実験経済学，進化ゲーム理論，消去主義的選択肢　　227

診断するこの仕方は，自然主義の中心的な認識論的前提に依拠した——それによれば，合意による科学的実践が，科学哲学における証拠の基本的な源泉である（私はもちろん，この前提を非常に強く支持する）。

　チャーチランドの元来の消去主義的仮説は，かくて，本質的には予測であった。すなわち，次のように考える諸根拠を用意したのだ——事実上，実際の行動諸科学は，それらの説明的および予測的な諸活動における規範的合理性を中心に構築された諸概念の役割を徐々にあまり見出さなくなって，終には，科学的言明中で心や理性へ言及することが，フロギストン，生命力，エディプス・コンプレックスの轍を踏んで，風変わりで古風なように聞こえる日が来るだろう，と。哲学者らが，時折，自身をどのように表明しようとも，科学の目的は，実際には，存在論的目録を構築して「信念」と呼ばれるものが存在するか否かを判明させることではなく，理論的観点を与えて自然の中の実在的なパターンを最も良く突きとめられるようにすることなのだ。チャーチランドが常に強調していたように，心理主義的な状態が現れるところの説明のパターンとは，認識論的合理性についての根底にある諸仮定（さまざまな強度の）により互いに関連づけられた命題態度の状態のネットワークに言及することによって行動を説明しようとするパターンなのである。消去主義者たちと非消去主義者たちの間の真正の（今，興味ある）問題は，かくて，次の設問の周りに集中する。すなわち，「合理的行為（rational action）」という考えの周りに組織化される実在的なパターンを用いて説明しようと試みることは，やりがいのある活動だろうか。そのような活動は，生活，行動，思考についての我々の理解を前進させるだろうか，それとも主にその理解を妨げるのだろうか。

　たった今，実験行動経済学からの集まりつつある証拠の蓄積を再検討したが，それが示唆することは，人々は行動において認識論的な（判断に関連した）合理性についても，実際的な（選択に関連した）合理性についても，その諸規範を尊重しないということである。このすべてがそれ自体，明らかに消去主義者にいくらかの慰めを与えるに違いない。しかしながら，そのことは必ずしも人間主義者を悩ませない。なぜなら，人間主義者は人々が，RPT と EUT の意味において合理的であるということを，いずれにせよ決して望んでこなかったからである。むしろ人間主義者は，彼らがおおよそアリストテレスの意味で合理的であり，知覚および処理上の誤謬と自然的な偏向を共有しつつも，思慮深くかつ道徳的な理性に照らして，対立する活動の諸計画と諸進路の中から自由に選択するということを望むのである。一

見したところでは，実験行動経済学の文献は，このイメージを脅かすようには思われない。反対に，それが顕示するかに思われる数学的に混乱しているが非常に社会的な生き物たちは，アリストテレスのもの（またはマーク・トウェインのもの）のように親しみやすく見える。しかしながら，究極的には経験的な仕事に基づくこの不明瞭なイメージが，もしも改良された経済科学の基礎であるべきならば，あれこれの明確な理論的枠組みへの統合を必要とする。証拠の全体は，非常に大きく説得力のあるものになってきたので，今やそのような明示的な理論化に多くの注意が向けられつつある。本節における私の課題は単に，有意に関連のある理論的統合が消去主義的な方向へと漂いつつあるということを示し，その理由を説明することである。あとで見ることになるが，その諸理由は，現実の人々は首尾一貫して効用関数を最大化することがあまり得意であるようには見えないという単なる事実よりも，はるかに深いものになる。

　私は，ゲーム理論家からのいくつかの引用から始めるつもりである——それらには一抹の消去主義的な響きがある。第一に，アダム・スミスの「道徳感情（moral sentiments）」（つまり，社会情動的な状態の諸タイプ）と，諸規範（ビンモアの進化ゲーム理論の解釈において強調されたような，共感に関する選好を協調させるために進化した）と，この2つのものの関係について，ビンモアが何を述べねばならないかを考えよう——

　　個人的にはありそうもないと思っているのは，アダム・スミスの道徳感情——怒り，軽蔑，嫌悪，羨望，強欲，羞恥心，罪悪感——がすべて真正の生理学的な指示対象を持っているということだ。一定の状況下では，我々の身体は化学物質を血流へとポンプ機能で送り込む。それから，経験していることを自身に説明しようと試みて神話を発明する。そのような神話は，典型的には，経験を引き起こした一連の諸事象を経験それ自体から分離しない。（Binmore 1994, p. 183, n. 5）

これは確かに，非命題的な心的内容についての消去主義のように聞こえる。しかしながら，ビンモア（ibid., p. 193）は，命題態度についての消去主義に到達する前に，明示的にこの方向に待ったをかけるのである——第1章において述べたように，彼は，我々が究極的に行き着くところのデネット的立場に立っている。しかし，ここにギンタスが居て，進化的ゲーム理論家にとっての命題的な心的内容の重要性に関してこのように述べている（Gintis 2000）——

もし以前ゲーム理論を研究したことがあれば，私的情報を伴うゲームにおける我々のベイズ的更新の扱い方が「信念」の概念に全く依存していないことに間違いなく気が付くことだろう。これは，見落としではなく，むしろ我々の進化的観点の当然の副作用である。古典的なゲーム理論は合理的行為者の意思決定過程を中心的なものとみなすが，他方，進化的ゲーム理論は肉体的な行為者の行動を中心的とみなす。…そのような枠組みにおける信念は，被説明項であり，説明項ではない——すなわち，その規則性を表現する簡潔な表現方法であり，行動に関する規則性の源泉ではないのだ。私的情報を伴うゲームの一般理論に信念という概念を導入する必要は絶対に無い。(Gintis 2000, p. 289)

これはまだ全幅(フル・オン)の存在論的消去主義の言明ではない。ギンタスの主張は，命題態度についてであるが，しかし限られた技術的文脈においてのものである。すなわち，彼は明示的には信念一般を却下しておらず，一部のゲーム理論家たち（例えば，Kreps 1990a, b）の特殊な用法（以下で論じる）を却下しているだけである。少なくともこれが，さらなる解釈なしにギンタスを公式にここへ留められることのすべてである。上で引用した段落に続く段落の中で，彼はもっと幅広い検討課題(アジェンダ)をほのめかして，「『信念』概念は，章の冒頭のスピノザの引用の中でパロディ化された種類のあらゆる種類の哲学的無意味さを招く」と述べている。問題となっているスピノザからの引用は，「哲学者は，ほこりを蹴立てておいて，見えないと不平を言う」である。

　進化ゲーム理論は，行動一般をモデル化するための道具として利用を強いられた場合，ロビンズ的な意味において本質的に経済的な個体群内の観察された範囲の行動パターンの基礎を置く。すなわち，ダーウィンに従えば，ゲームが進化するのに伴って戦略プロファイルにおける変化を推進するものは，希少な諸資源を獲得するための代替的かつ競合的な諸手段の存在である。上で見てきたように，この理解は，信念が行動の因果的なエンジンであるかどうかに関する設問とは論理的に独立である。ロビンズは，そうであると見なしたが，サミュエルソンとフリードマンはその事柄に関して不可知論的であり，断固としてそれを経済学者には関わり無いと見なした。しかしながら，一度我々の目的が一般心理学的な（経済行動的ではない）気質の説明へと移ると——部分的には経済学的論理に訴えることによって——分離性命題を維持するロビンズの仕方もフリードマンの仕方も利用可能ではない。今や我々は問うよう強いられる——希少性によって推進される競争的圧力が，どのようにして，（因果的諸関係のネットワーク内の）どこで行動の諸気質の彫塑に入るのかを。

　この設問に答えるための——かつ，単に消去主義者たちからのものではない——

230

最近の提案は，伝統的な話に反対する傾向があるが，その話が希少性の諸圧力を因果的ネットワークの中に取り込むのは，それらを因果的に作用する命題態度の諸対象にすることによってである。例えば，哲学者フィリップ・ペティット（Pettit 1993, 2001）が主張するには，経済的エージェントは「仮想的（virtual）」なものにすぎず，彼らのいわゆる信念は（そのような仮想的な諸エージェントの仮想的な信念として），実際，近くの可能な諸世界の範囲内で彼らが何をしたいかに対する単なる反事実的な制限である。すなわち，我々は，仮に示されたならばそのような行動を正すことを妨げるだろう諸力に言及することによって，なぜ株式仲買人たちが一貫して高く買い安く売ることをしないかを説明する。しかしながら，このアプローチは，前節で論じたような伝統的な貨幣ポンプの議論を繰り返すものであり，その因果的設問に答えるというよりもむしろそれを回避する仕方である。しかしながら，留意されたいが，それは広く言えばサミュエルソン的な性格のものであり，因果的に作用する信念を引き合いに出すことなく合理性の概念の役割を維持する。

　しかしながら，最近，経済的パターンのダイナミクスが強調されていることは，もっと根本的な含意を持つように思われる。かくて，例えばSatz and Ferejohn (1994) は論じる——消費者理論が行動の記述として経験的に適切なのは，ただ諸エージェントが自力では考えず，しかしその代わり，進化した環境に関する諸構造によって合図される合理的経済行為と伝統的に関連づけられた反応を見出す場合にのみである，と。ここで，志向的パターンは，非ミクロ因果的な仕方で再解釈されている（ペティットの提案におけるように）のではなく，経済的理解を実際に妨げる諸仮定として，全く無しで済まされているように思われる。この示唆は，ますます一般的になりつつある。Rosenberg（1983, 1992）は，長い間，ミクロ経済学について，それは命題態度を真剣に受け取るように思われるという理由で懐疑論を表明してきた。そして，かつて1983年に推測して述べたことには，行動的，進化的，かつ／またはダイナミックな諸システム（現在の用語法が広く確立される前に，ローゼンバーグによって「熱力学的（thermodynamic）」と呼ばれた）のアプローチ——それらは命題態度なしで切り抜けようと狙う——は，経済学者たちが行動に関する証拠に基づく懐疑論から彼らの学問分野を救う方法を提供するかもしれない。これらの可能性に消去主義的なひねりを加えることのローゼンバーグにとっての重要性は，それ以上ないほど明示的であった——「もし，供給と需要の諸法則に，安定的または一意的な部分均衡または一般均衡の可能性に，何かあるならば，少なく

ともこれらの［システム理論的］アプローチの一部は，選好と期待の因果的な力へのコミットメントによって自身に負荷を与えることなくそれを捉えるよう設計されている…」（Rosenberg 1983, p. 313, n. 15）。同様に，Sugden（2001, p. 120）は，「期待効用理論の諸公理に訴えること」と「信念のレベルでの合理性を却下すること」の間には緊張関係があり，進化ゲーム理論家たちはそれについてあまりにも静寂主義的であると論じる。そして彼が明らかに望んでいるのは，消去主義的な直観を全面的に推し進めることによって，その緊張関係が解決されるだろうということだ。

　明確にしておくべきであるが，ローゼンバーグ——それと，その見解が哲学者間の議論に直接埋め込まれている他の者たち——は消去主義を熟慮して意図しているが，私はギンタスやサグデンが消去主義を意図しているとは示唆していない。確かに，ギンタスは，時折，明示的にそれの手前で止まっているとわかる。例えば最近の出版物（Gintis 2003, p. 161）で，進化ゲーム理論を使う経済学者は，合理性の仮定を全く必要としないというしばしばなされる主張を繰り返した後（以下を見よ），次のように述べる。「進化ゲーム理論は，古典ゲーム理論の諸問題のすべては修復できない。なぜなら，進化ゲーム理論が当てはまるのは大きな一個体群が多くの期間にわたって特定の戦略的一状況に従事している場合にのみだからだ。…我々は，依然として，「合理的な」諸エージェント（すなわち，諸制約下で1つの目的関数を最大化する諸エージェント）間の孤立化された遭遇の一理論を必要とする」，と。哲学者ではないので，ギンタスもサグデンも「イズム（ism）」競争をしているのではない。ゆえに，私が（後に，第8章で）彼らの消去主義への経路に（部分的には，サグデンが述べる事柄の批判を通じて）反対し始める時，私は，哲学者がいつものように人身攻撃で互いに論争する仕方で彼らと戦っているのではない。ギンタスとサグデンは，どちらかというと消去主義を連想させる事柄を多く述べ，哲学的な批評者——その仕事は全面的な整合性を押し進めることである——は，さらに彼らをその方向に推進させるだろう。おそらく，今示した引用の中で，ギンタスが，「合理性（rationality）」，と注意喚起の引用符を付けることにより示唆しているが，彼は自身がそのように押し進められそうだということに気づいている。

　経済的モデル化をめぐる現在の論議は哲学者が数十年間歩んできた道を進んでいる，という論点をただ完結させるためにのみ，次のように述べてよいかもしれない——コールマンは Sigmund（2003）により提案された進化ゲーム理論の消去主義的

な一解釈（以下を見よ）に反応し，一部の哲学者たちが1970年代にチャーチランドに反対しようと試みた本当に最初の非常に素朴な反論を繰り返している，と。「シグマンドは，読者たちが，合理性は死んだと説得されるように期待するだろうか。」コールマンは，疑い深く問う。「もし，彼があらゆる形態の合理性を拒否するならば，彼は，自身の意見が合理的に基礎づけられているとはほとんど主張できず，その結果，我々が彼の意見によって説得されるべきである明白な理由は存在しないことになる。彼自身の説明によれば，彼の論評は，真実と無関係な心の無い進化的過程から生じたに違いない。この見解は，真剣に受け取られ得ないし，議論の余地があるのは……シグマンドがそれを信じることが可能かということですらある」(Colman 2003b, p. 183)。

　この議論に反対して，それが論点をはぐらかすものであるというチャーチランドの鮮やかな証明が成立する――

> もし，消去主義が正しいならば，［説得力］は何か別の源泉を持たねばならない。「古い」源泉に固執することは，問題となっているまさにその枠組みの妥当性に固執することである……次の中世の理論を考えてみよ――生物学的に生きているということは，おおよそ非物質的な生気によって魂を吹き込まれているという事態である，というものだ。そして，その理論を信じないと表明してきたある者への次の応答を考えてみよ――「私の学識のある友人が述べてきたのは，生気のようなものは存在しないということだ。しかしこの主張は辻褄が合っていない。なぜなら，もしそれが真であるならば，友人は生気を持っておらず，したがって死んでいなければならない。しかしもし彼が死んでいるならば，彼の主張はただのノイズの連続にすぎず，意味や真実を欠いている。明らかに，反生気論が真であるという仮定は，それが真ではあり得ないということを含意するのである！証明終了。」(Churchland 1988, p. 48)

　区別しなければならないのは，上で概観した諸源泉の中に見られる消去主義的な経済学に賛成する2つの異なる種類の議論である。ローゼンバーグの見解は，信念と願望というまさにその諸概念は，合理性の概念に寄生しているということだ。ゆえに，人々が一般的に不合理的に振る舞うことが判明する範囲では，命題態度の枠組みは彼らを正確に記述するには不適切だろう。この議論は，経済理論の文脈と密接な関係があるものとして，経済学は人々を直接的に記述しなければならないということを前提するので，私はそれについての議論を非人間中心主義的な経済学の概略を細かく書いた後の第8章まで延期するつもりである。ここで概略を示したい消去主義的な経済学に賛成の議論は――それはギンタスとサグデンにおいて暗に示さ

5. 実験経済学，進化ゲーム理論，消去主義的選択肢　　233

れているが——，いくつかの追加的な仮定に依拠する。第一に，人々が合理性を離れた特有の仕方が，進化的ダイナミクスの産物であると仮定する。第二に，進化ゲーム理論は，使われているのを我々が発見する合理性を離れた戦略の発展と維持を説明するための適切な技法であるという事実に訴える。注意されたいが，進化ゲーム理論は，経済理論のより伝統的な道具と同様に，抽象的な説明のエンジンであるので，それが希少性の下での競争的ダイナミクスについての一般化を提供できるその程度まで，その結論は特有に人間的なものよりも幅広い適用範囲を持つと見なされるかもしれない。それは，代わりに，ロビンズによる経済学の定義の私による再定式化によって拾い上げられる諸現象についての，新たな一般的説明を約束するかもしれない。この文脈において，消去主義的な理論は，経済学の諸対象に，それらが何であれ，当てはまるだろうし，実験主義者たちの実験室内で観察される心理学的現象は，その結果，経済学によって特殊な人間の諸事例として説明されるだろう——逆の仕方（すなわち心理学によって，特殊に経済的な行動を説明される仕方）ではなく。それはかくてデュプレによって恐れられた種類の経済学帝国主義を奨励するのである。

　ギンタスとサグデンが明示的に見なしているところでは，信念の概念を回避することは，古典的ゲーム理論から進化ゲーム理論への経済理論における加速的なシフトによって含意されている。古典的ゲームにおけるプレイヤーたちは，馴染みの新古典派的エージェントであり，彼らは自らの戦略を選択し，原則として改訂することができ，それゆえに，こう考えるのが自然である——そのような選択はどの戦略が他者の戦略に対する最も良い応答になっているかについての信念に由来するものだ，と。対照的に，進化ゲームにおけるプレイヤーたちは，戦略それ自体である。もし，そもそも進化ゲームに関わっているエージェントがいるとすれば，彼らは単にこれらの戦略のための受動的な乗り物に過ぎず，短い手をプレイしにやって来ては死に絶えて，その気質（突然変異によって，そして個体群レベルでの選択によって誘発される修正を伴う）を継承する他者によって取って代わられる。そこで，命題態度の心理学が能動的な（概して合理的な）選択（choice）の理論として意図されている限り，それが関係すると称する種類の過程は，進化ゲーム理論においては情景から全く抜け落ちている。進化的戦略を「拾い上げる（pick）」メカニズム，すなわち選択のダイナミクスは，たいていの理論家たちにとって，信念や願望の帰属化に適した対象の候補であるようには見えず，そしてこれと概念的に等価であると見なされるかもしれないのはこう述べることだ——いかなる選択も画中のどこでも

行われているわけではないし，いかなる合理的行動も企てられていない，と。これは進化ゲーム理論家たちによって，合理性と命題態度への言及がますます避けられていることの背後にある基本的な直観である。カール・シグマンド（Sigmund 2003）は，おそらく他のどの単一の個人よりも多く進化ゲーム理論の形式的発展に貢献してきたが，彼はチャーチランドがその率直さを羨望しうるような観点で，その消去主義的な検討事項を述べている——「現実の状況への適用においては（哲学的な机上の空論と異なり），ゲーム理論は合理性の公理なしでもうまくやっていくことができるし，オッカムの剃刀はゆえにそれを取り除くことを要求する。それがこうも長い間持ちこたえたことは，大部分，歴史上の偶発によるものである。」(p. 176)

しかしながら，より深い1つの意味においては，進化ゲーム理論家らは彼らのモデルの中で命題態度に言及することに疑念を抱くよう動機づけされて，これはまさに前に引用した所見でギンタスが意図している意味そのものなのである。ここでこの推論の概略を示すことは，私のプロジェクトの文脈の中で2つの仕事を完成させるだろう。第一に，経済学者以外の読者を，私が第3章の終わりでVNM効用の出現で止めておいた歴史的物語から最新の話にまで至らせるという教育的な機能を効率的に発揮するだろう。第二に，そしてもっと論争的な点だが，私の後の積極的な説明においてRPTの役割を維持しようとする時——そして，それによって，その説明を新古典主義と連続的なものとみなすことを正当化する時——，これはRPTがEUTに対し，意思決定の経験的理論として，基礎的なレベルで「ホッチキス止め（stapled to）」されていることを意味しない。

古典的なゲーム理論における主な伝統（なおかつ，哲学者たちが専門家として最も関心を抱く傾向があるところの伝統）が見るところでは，その理論は戦略的な推論の説明的な——かつ典型的には規範的な——理論を提供するものである。したがって，それは，多くの諸ゲームにおいて古典的理論家にとって次の1問題を構成する——すべてのナッシュ均衡（NE）が，戦略的に合理的な諸プレイヤーが収斂するところの解として，同等に妥当なものとは見えない，と。図5.2（Kreps 1990b, p. 403から採録）における戦略形ゲームを考えよ。このゲームには，2つのNE，すなわち，s1-t1とs2-t2がある。プレイヤーIがs1をプレイしているならば，プレイヤーIIは，t1よりも改善することはできず，逆もそうである。s2-t2の組についても同様である。もしNEが諸ゲームについての我々の唯一の解概念ならば，

これらの結果のいずれもが解として等しく説得力があると言うように強いられるだろう。しかしながら，もしゲーム理論が，戦略的推論の説明的かつ／または規範的な理論であるとみなされるならば，これは何かを取り残しているように思われる。すなわち，合理的なプレイヤーたちは確実に s1-t1——そこでは両者が改善する——に収斂するだろうか[109]。これは，NE がしばしば直観的に理にかなった解を予測することに失敗するという事実を説明する。なぜなら，もし単独で適用されたならば，NE はプレイヤーたちが期待効用最大化者たちに好まれるはずの均衡選択の諸原理を使うことを許さないからである。

図 5.3 に示した Kreps（1990b, p. 397）からの別の例を考えてみよう。ここでは，いかなる戦略も別の戦略を厳格に支配しない。すなわち，いずれのプレイヤーにとっても，そのプレイヤーが他者の行動に関係なく当該の戦略を用いることにより改善するような戦略は存在しない。しかしながら，プレイヤー I の最上行，すなわち s1 は s2 を弱く支配する。なぜなら，I はプレイヤー II がいずれの応答をしても，s1 を使うことにより少なくとも s2 と同程度には良いし，II による応答の 1 つ（t2）については，I は改善するからである。

<table>
<tr><td></td><td></td><td colspan="2">II</td></tr>
<tr><td></td><td></td><td>t1</td><td>t2</td></tr>
<tr><td rowspan="2">I</td><td>s1</td><td>10, 10</td><td>0, 0</td></tr>
<tr><td>s2</td><td>0, 0</td><td>1, 1</td></tr>
</table>

図 5.2　戦略形ゲーム
（出典：Kreps 1990b, p. 403）

<table>
<tr><td></td><td></td><td colspan="2">II</td></tr>
<tr><td></td><td></td><td>t1</td><td>t2</td></tr>
<tr><td rowspan="2">I</td><td>s1</td><td>10, 0</td><td>5, 2</td></tr>
<tr><td>s2</td><td>10, 1</td><td>2, 0</td></tr>
</table>

図 5.3
（出典：Kreps 1990b, p. 397）

<table>
<tr><td></td><td></td><td colspan="2">II</td></tr>
<tr><td></td><td></td><td>t1</td><td>t2</td></tr>
<tr><td rowspan="2">I</td><td>s1</td><td>10, 0</td><td>5, 2</td></tr>
<tr><td>s2</td><td>10, 11</td><td>2, 0</td></tr>
</table>

図 5.4

それでは，期待効用を最大化するプレイヤーたち（と分析者）は，弱支配された行

109　［原注 12］ゲーム理論初心者は留意すべきであるが，このゲームは 1 回限りの囚人のジレンマには似ていない——囚人のジレンマの場合には，社会的に効率的な結果は，そもそも NE でないので，合理的なプレイヤーたちにとって利用可能でない。

s2 を削除すべきではないのだろうか。彼らがそうする場合，列 t1 は厳格に支配されており，NE s1-t2 は一意的な解として選択される。しかしながら，クレプスがそこから進んでこの例を用いて示すように，弱支配されている戦略が厳格なものと同じように削除されるべきだという考えは，奇妙な帰結になる。

　図5.4 に示されているように，ゲームの利得をほんの少し変更する場合を考えてみよ。ここで，s2 は以前と同様，依然として弱支配されているが，しかし2つのNE のうち s2-t1 は今や双方のプレイヤーたちにとって最も魅力的である。ゆえに，なぜ分析者はその可能性を消去すべきなのだろうか。弱支配された諸戦略を消去することに賛成の議論は，プレイヤー I は，プレイヤー II が完全に確実には合理的でないということ（あるいは，プレイヤー II がプレイヤー I が完全には合理的でないことを恐れているということ，あるいは，プレイヤー I がプレイヤー II が完全には合理的でないことを恐れていることをプレイヤー II が恐れているということ，等々，と際限なく），ゆえに，〔プレイヤー II が〕いくらかの正の確率で t2 をプレイするかもしれないということ，を恐れて臆病になるかもしれないということである。もし合理性からの離脱の可能性が真剣に受け止められるならば，弱支配された戦略を消去することに賛成の議論を手にする。すなわち，プレイヤー I はこれにより最悪の結果 s2-t2 に備えて自身に保険をかけるのである。もちろん，この保険には費用が伴い，期待利得を 10 から 5 に減らす。他方，次のように想像するかもしれない——すなわち，プレイヤーたちがゲームをプレイする前にコミュニケートして，相関的な戦略のプレイに合意し，s2-t1 で協調できるようにするかもしれないのだ。これにより，弱支配された行 s2 を排除することを促す不確実性のいくらか，ほとんど，あるいはすべてを消去し，その代わりに存立可能な NE としての s1-t2 を消去するのである。

　この一連の例は，古典的ゲーム理論における「精緻化問題（refinement program）」を例証しており，その問題においては，理論家たちは命題的合理性の諸要求を満たそうと試み，NE よりも論理的に強力な解概念——すなわち，先を見越したプレイヤーたちがより魅力的でないと思うだろう NE を考察から排除する概念——を追求する。今論じたばかりの事例において，弱支配された戦略の消去は1つの可能な精緻化である。なぜなら，それは精緻化によって NE である s2-t1 を除外するからである。そして，もう1つの可能性は相関である。なぜなら，それは他方の NE である s1-t2 を代わりに除外するからである。そこで解概念としてはどちら

5. 実験経済学，進化ゲーム理論，消去主義的選択肢　237

の精緻化がより適切だろうか。ゲーム理論を戦略的合理性の説明的かつ／または規範的な理論とみなす人々は，かなりの文献を生み出して，非常に多様なありうる精緻化の利点と欠点が議論されている。Kreps（1990a, b）は，どれか１つの精緻化を別のものよりも好むことについて，いかなる安定的なメタ原理もないということへの大きな不安を表明している。ここでの問題は，古典的ゲームの文脈において，諸エージェントによる期待効用最大化の成功が，プレイヤーが行動に関して合理的であるということに依存するだけでなく，合理性とは何かについての共通の完全なモデルを彼らが共有しているということにも依存するということである[110]。認識論におけるこの設問に関する論争の際限ない広さをよく知っている哲学者たちは，諸エージェントのために楽観的になりそうでもない。

　ここで哲学的諸懸念が本当に正当化されることを示す最善の仕方は，我々が本当の岩にぶつかるまで真っすぐ前に押し進むことである。古典的なゲーム理論家たちはまさにこれを行ってきたのだが，その仕方は，ギンタスが（前に引用した文章の中で）「信念」への言及を禁止した時に考えている特定の精緻化の考えによってだった。我々がこれまで考えてきた精緻化はすべて，純粋に行動主義的な解釈を与えられ得た。しかし，これはまさしく，あるものを別のものよりも好むことについての諸原理を，一般的に適用可能な１解概念として見いだせない理由である[111]。「信念の均衡（equilibrium in beliefs）」や「逐次的均衡（sequential equilibrium）」として知られる精緻化概念は，安定性問題への直接的な攻撃の中で，行動主義者の良心の呵責を取り除いた。再び Kreps（1990b）に従って，私は，図5.5に示す「ゼルテンの馬（Selten's horse）[112]」として知られる３プレイヤーの不完全情報ゲーム

---

110 ［原注13］これがミロウスキーが偏執病（パラノイア）に結びつけているまさにそのものだということは，第１章で言及した通りである。彼の考えでは，プレイヤーは自身の頭の中に戦略的世界全体を内部化して，制御しようと試みる。そうだろう，おそらく。しかし，もし精神分析しなければならないならば，誇大妄想が診断としては同じくらい適切であるように思われる。しかし私は，そもそも精神分析の必要性を感じないのだが。

111 ［原注14］Hausman（2000, pp. 111-112）は，明示的にこの議論を行っている。私と異なり，ゲーム理論の要点は規範的意思決定理論を戦略的諸文脈へと拡張することであるということを当然視して，ハウスマンは妥当にも，その要点を RPT を掘り崩すものとして解釈している。しかしながら，私が EUT を船外に投げ捨てているように，ここにあるのは，以下のような諸事例の１つなのだ——すなわち，ある１個人の前件肯定（モードスポネンス）〔（（p ならば q）かつ p）ならば q〕は，別の１個人の後件否定（モードストレンス）〔（（p ならば q）かつ（q は偽））ならば（p は偽）〕である。ゲーム理論家は，私に言わせれば，これらのプレイヤーたちにこれ以上いかなる助言も与えることができない——すなわち，ここにこのゲームの NE がある，と。幸運を祈る。

112 ［訳注］ラインハルト・ゼルテン（Reinhard Selten, 1930-）による。ゲームの名（「馬」）は展

238

に言及することによって，それを説明するつもりである。これは逐次的な手番のゲームであり，プレイヤー III の行動である節 3 と 4 は単一の情報集合（*information set*）の内部にある。これが意味することは次のように解釈される。すなわち，III は，一手を打つ時，ゲームの履歴を知らないということ，すなわち，I が L をプレイしたか，それとも I が R をプレイしてから II が l_2 をプレイしたかを知らないということである。このゲームの NE の 1 つは，Lr_2l_3 である[113]。これは，プレイヤー I が L をプレイするならば，r_2 をプレイしているプレイヤー II は戦略を変更する誘因を全く持たないからである——なぜなら，II の唯一の行動の節である 2 は，プレイのパスから外れているからである[114]。しかし，この NE は純粋に技巧的であるように思われる。それは解としてはほとんど意味をなさない。これが明らかになるのは，III の〔2 つの〕節が別個の情報集合の中にあるという，これと関連したゲームを考えるときだ。この場合，l_2 と l_3 は，1 つの解の中では決して同時に生じ得まい。なぜなら，III が最大化することに直接的に失敗するだろうからである[115]。III が実際に一手をとる時はいつでも，プレイヤー II は〔r_2 ではなく〕l_2 をプレイしているはずである。しかし，もしプレイヤー II が l_2 をプレイしているならば，プレイヤー I は〔L ではなく〕R へと切り替えているはずである。その場合，プレイヤー III は〔l_3 ではなく〕r_3 へと切り替え，プレイヤー II を〔l_2 ではなく〕r_2 へと送り返すはずである。そして，ここに新たな「理にかなった（sensible）」NE，すなわち Rr_2r_3 があることになる。この NE が理にかなっているというのは，完全情報ゲームにおけるいわゆる部分ゲーム完全均衡（SPE）の結果が，他の非 SPE よりも理

開形の図柄から命名。

113 ［原注 15］経済学者以外の者は，ここで少々困惑しそうである。古典的なゲームにおける結果は，部分的には，各々のあり得る戦略ベクトル（すなわち，ゲームの木を通じた完全な戦略経路）について何が起こるだろうかについてプレイヤーたちが知っていることの関数であるので，あるゲームの解は，その解のプレイの中でどの節が実際に到達されるかにかかわらず，すべての節で各プレイヤーにとっての手番を規定しなければならない。かくて，今与えられたばかりの NE の規定は，プレイヤー II にとっての手番——この場合 r_2——を含まなければならない。それは，たとえプレイヤー I が L をプレイするため，II が実際には決して手番を持たないとしてもそうなのである。I と III の手番の合理性は，ゲームが均衡経路から外れて進んだ場合に II がしようと計画するのは何かを参照することによってのみ，評価されうる。

114 ［訳注］Lr_2l_3 が NE であると言えるのは，プレイヤー I にとって Rr_2l_3 よりも Lr_2l_3，プレイヤー III にとって Lr_2r_3 よりも Lr_2l_3 の方が利得が大きく，プレイヤー II にとっては Ll_2l_3 と Lr_2l_3 の利得に変化がないからである。

115 ［原注 16］技巧的に述べると，もし節 4 で始まるゲームが部分ゲームとして扱われうるならば，Lr_2l_3 は部分ゲーム完全均衡（SPE）にはならないだろう。

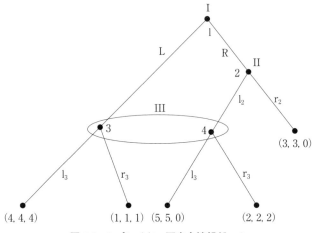

図 5.5　3 プレイヤー不完全情報ゲーム

にかなっているということと厳密に同一の仕方においてである。すなわち、いかなるプレイヤーも、仮にそれが新たな 1 ゲームの最初の節であったならばしたいと思わないような何かを最初以外の節で行うことにはコミットしないということである。しかしながら、これは完全情報ゲームではないので、プレイヤーたちの計算に関するダイナミクスの「内部 (inside)」を覗き見て、プレイヤーたちがそれを見いだせるかもしれない何らかの可能な過程が存在するかどうかを見なければならない[116]。

逐次的均衡 (SE) というクレプスの観念、すなわち、「信念の均衡」の特殊な一事例は、そのような諸事例のために設計された精緻化である。ここでプレイヤー III がその戦略を選択する時に、思い巡らしていることに注意されたい。III は自問する——「私が一手をとったとして、私の行動は節 1 から到達されたのだろうか、それとも節 2 からか？」、と。言い換えると、III が、一手をとったとして、III が節 3 または節 4 にいる条件付き確率はどのくらいだろうか。今、もし条件付き確率が III の考える大きさであるとするならば、プレイヤー I と II が、彼らの戦略を選択する時に、推測しなければならないことは、これらの条件付き確率についての III の信念である。その場合、プレイヤー I は、III の信念についての II の信念について推測しなければならず、II の信念についての III の信念についても推測しなけ

---

116 ［原注 17］再び留意されたいが、Hausman (2000) に従うと、ここには RPT の直接的な侵害がある。

240

ればならず，等々といったことになる。ここで問題となっている信念は，以前のように単に戦略的なだけではない。なぜなら，それらは単に利得の集合とゲーム構造を所与として，プレイヤーたちが何を$\overset{\cdot}{す}\overset{\cdot}{る}$かについてだけのものではなく，条件付き確率の何らかの理解を所与として，彼らが意味をなすと考えることについてのものでもあるからである（これがゆえに，SE は前に考察した精緻化とは異なり，行動主義的な解釈に耐えられないのである）。プレイヤーたちにとって互いから期待するのが理にかなっているのは，条件付き確率についてのどのような信念だろうか。規範的な理論家は，最も優れた数学者たちがその主題について発見してきたものが何であれそれを推薦するかもしれない。物差しの反対側の端で，ギンタスかサグデンが強く主張するかもしれないのは，自然選択または文化的選択の過程がその諸産物に組み込める習慣のみを課すことだ。おそらく，何らかの実際の，あるいはあり得る諸生物が遵守する習慣は，ベイズのルールを，あるエージェントが任意のそのような一般化をそもそも知っている場合にのみ知りうる条件付き確率についての最小限の真の一般化として尊重するということである。条件付き確率についてのもっと洗練された知識を付け加えると，結局，解概念の精緻化一般の精神をさらに推し進めて，〈信念の均衡〉という概念を精緻化することになる。

　ここで我々は，注意を，最小限にしか洗練されていない〈信念の均衡〉の概念に制限することにしよう。この概念は，我々がプレイヤーたちにベイズのルール，すなわち，$\mathrm{pr}(F/E) = [\mathrm{pr}(E/F) \times \mathrm{pr}(F)]/\mathrm{pr}(E)$ に従って推論することを要求する時に得られる。すると，クレプスの SE の概念は，プレイヤーたちがこの等式と非整合的な信念を持たないことを必要とする。1 つの SE は，2 つの部分を持つ（Kreps 1990b において非形式的に定義されたように）。すなわち，(i)どのような均衡概念にもあるような各プレイヤーについての戦略プロファイル § と，(ii)各プレイヤーについての$\overset{\cdot}{諸}\overset{\cdot}{信}\overset{\cdot}{念}\overset{\cdot}{の}\overset{\cdot}{シ}\overset{\cdot}{ス}\overset{\cdot}{テ}\overset{\cdot}{ム}$ μ である。μ は，各情報集合 h に，h 内の節 x に関する確率分布を割り当て，これらは情報集合 h が到達された条件下でプレイヤーが彼の情報集合内のどこにいるかについてのプレイヤー $i(h)$ の諸信念であると解釈される。すると，SE は諸戦略のプロファイル § であり，諸信念のシステム μ はベイズのルールと首尾一貫し，ツリー内のどの情報集合 h から出発してもプレイヤー $i(h)$ はそれ以降最適にプレイする——条件として，以前に生じたと信じることが μ(h) により与えられ，その後の手番において生じるだろうことが § により与えられた場合だ。

ゼルテンの馬に適用することによって，その概念を説明できる。再び，面白くない NE Lr_2l_3 を考えよ。プレイヤー III は，自分が手番を得るならば節 3 にいるというその信念に $pr(1)$ を割り当てると仮定しよう。すると，プレイヤー II が，整合的な $\mu(II)$ が所与なら信じなければならないのは，III は l_3 をプレイするだろうということで，そこでの II の唯一の SE 戦略は l_2 である。ゆえに，Lr_2l_3 は 1 つの NE ではあるけれども，1 つの SE ではない。

これはゲームについて，まさに何を告げているのだろうか。それは次のことを述べている――もし各プレイヤーがベイズのルールを知っていてそれを使い，条件付き確率についてそれ以上の深遠な知識を全く持っておらず，競争相手たちが同様に部分的にしか教育されておらず，また，自分や互いについてこのことを知っており，さらに，全員が正しく計算し知っていることのすべてを用いるだろうということを全員が知っているならば，上記の SE 分析は，プレイの観察される結果を予測するだろう，と。これは，気の利いた論理の一片だが，しかし，その他の何かとして有用なものだろうか。

サグデン，ギンタスとその仲間の答えは，「否」である。Binmore (1992) によって 10 年前に切り開かれた諸批判に従って，彼らは，精緻化活動の多くに懐疑的であり，我々の最後の例はその理由を示すために役立つはずである。記述的行動理論に対する意図された貢献の仕事は，戦略的気質についてのある分布と，他者たちの戦略的気質についての期待のある分布――それらは制度的諸過程および／または進化的選択によって形成されてきた――を所与として，諸結果を予測することである。この見方に基づけば，ある 1 ゲームにおいてどの諸均衡が存立可能であるかが決定されるのは，基底的なダイナミクスによってであり，そのダイナミクスは任意の特定のゲームの実例の開始に先立ってプレイヤーたちに気質を備えさせる。かくて，プレイヤーたちの戦略的本性は，特定の諸エージェント間での特定の諸ゲームに対する外生的な入力の諸集合とみなされる。これによって挫かれるのは，均衡概念それ自体の一般的な精緻化を追求しようとする傾向だ――少なくとも，それらが単に整合的な効用（それは，もし諸モデルが進化的なものであるよう意図されれば，適応性として再解釈される）の最大化を越えた，より洗練された合理性の諸表現のモデル化を伴う限りにおいてはそうである。これが，即座の推論によって，自然に移って行く先は，戦略的合理性についての一般理論を追求するという目標がプロジェクトとして意味をなすかということへの疑念だ。諸制度と進化的諸過程が多くの

諸環境を構築するし，ある環境において妥当な戦略とみなされるものは，別の環境においては歓迎されないかもしれない。

非常に特殊な環境と選択（セレクション）の歴史のみが，上記のゼルテンの馬の分析をする際に我々が使ったような高尚な計算的気質をプレイヤーたちに授けることができよう。しかし，ここでは選択は最適化するものであったと仮定しよう。すなわち，選択が理想的に（*ideally*）合理的なゲームのプレイヤーたちを生み出したと仮定してみるとどうだろうか。すると我々は，自然の諸ゲームの結果を予測するのに，「究極的な精緻化（ultimate refinement）」——すなわち，プレイヤーたちがすべての正しい数学的諸事実に従って計算すると仮定した均衡概念——を追求することによってそうするだろう。もちろん，これは自然主義者にとっては本末転倒のアプローチであり，ゲーム理論をプラトン的な諸対象の研究へと転換するものだ[117]。しかし——ここがこの議論において決定的な点なのだが——，信念に基づく行動への信念と気質の一般的な割り当てで，究極的な精緻化に及ばないものは，いかなるものも非恣意的であるように思われない——上記の2番目および3番目の行列におけるゲームの比較は，そのことを示すものだとみなされるかもしれない。Young（1998）が詳細に示しているように，進化的学習の諸モデルを使って，諸解の比較論的な安定性の諸レベルを見つけることができ，すると，これらと整合的な信念集合を見つけることによって恣意性の異議を回避することができる。しかし，この推論の最後の段階が前提しているのは，我々が，プレイヤーたちが（限定的に）合理的な諸エージェントであるモデルに行き着きたいということだ。それは，そもそも我々がそうしたいと欲することを動機づけはしない。しかし，これはまさにここで問題となっていることである。それゆえにギンタスは，「ゲーム理論が行動諸科学の統一のための普遍的1言語である」（Gintis 2000, p. xxiii）と信じる理由を説明する時に，「「合理的」という用語は完全に放棄する方がよい」（ibid., p. xxvi）と述べるのだ。

ここで，これは実際には消去主義を含意する[118]。なぜなら，それはすべての特

---

117 ［原注18］Kincaid（1997，第7章）が論じているように，以下のことさえ明確でないのだ——すなわち，我々のプレイヤーたちがすべての数学を知っているようにすることが，彼らを究極的精緻化へと至らせるだろうかという点だ。なぜなら，数学的諸事実のすべてをもってしてさえも決定するためには十分でないのは，ベイズのルールを適用することが合理的であるという仮定によって前提された認識論における根本的諸問題だからである。

118 ［原注19］今やギンタスは，2004年に私信で，この主張を後悔していると述べている。このことは，私が以前に述べた以下のような主張を裏付けるものだ——彼の消去主義的な諸傾向は，彼の一般的な諸見解の論理から得られる一方で，意図されたものではない，と。

5 実験経済学，進化ゲーム理論，消去主義的選択肢 **243**

定の合理性の理解を説明上の諸目的にとって余計なものとするからである。ある状況を進化ゲーム理論（EGT）を用いてモデル化するためには，その初期状態とダイナミクスの詳述へと押し込むべきは，プレイヤーたちの初期の気質，これらの気質の複製に関する諸条件（学習能力と学習速度を決定する），個体群内での初期の気質の分布，そして相関係数（もしあれば）について何であれ発見できるすべてのことだ。すると，ゲームのダイナミクスが残りの仕事をこなすことになる。このアプローチが行動諸科学を統一するという見込みを有するのは，それが一般的だからだ。もし，社会的規範または計算能力のいずれかが進化していき，ゲームにおいて因果的に有意に関連するようになるならば，それらは今挙げたパラメータのいくつかにおける変化として創発する——かつ，それらのパラメータへと厳密に還元可能である——だろう。ゆえに，行動科学の何らかの特殊な哲学に従って，説明にとって重要かもしれないものは，全く除外されないように思われる。合理性への言及によって個別化される諸パターンが消去されるが，それは，還元によってか，あるいは，進化ゲーム理論的諸パラメータの観点による，もっと頑健な交差的諸分類の発見によってだろう。

　上記で示された EGT モデルへの諸入力のリストは，「プレイヤーたちの初期の気質（initial dispositions of players）」を含んでいる。「気質」は，ほとんど常に，形而上学においては逃げ口上である。これらの気質は，（外在主義的に理解された）信念と願望として最も良く解釈され得ないのだろうか。おそらく，そのように解釈され得る。しかし，反消去主義者たちにとって問題となるはずのことは，そのような諸状態が分析において何らかの還元不可能な役割を果たすかどうかということである。そして，その答えは，サグデン，ギンタスらによれば，否である。理論家なら，ある諸エージェント間の相互作用の特定の表象を，古典的な仕方で静的ゲームとしてモデル化したいかもしれない。そうすることにより，理論家は，モデルの中にちょうど古典的な信念のように見えるある諸パラメータを含めるだろう。そして，おそらくそれを「信念」と呼ぶだろう。しかし，その理論家は，もしこれらの信念の内容を正当化するように求められたならば，そしてもし進化的で基本的な話に共感的であるならば，逐次的均衡分析のようないかなるものも生み出さないだろう。代わりに，静的なゲーム内の諸エージェントを生じさせた進化的ゲームの位相空間におけるダイナミックなアトラクターのコード化としての信念を導出するだろう。かくて，信念内容と同一視された諸パラメータは，静的ゲームの結果を生み出す場

合でさえも，独自の因果的な機能を全く果たさない。それらは，ダイナミックな因果的背景が実際的諸理由のためにブラックボックスの内側に置かれた時に生じる表記上の便宜にすぎないのである。これはまさにサミュエルソンがRPTの経験的有意性についてクワイン的擁護をするために有利に採用しただろう——と私が第3章で指摘した——種類の推論である。

　ここで我々が消去主義的結論に至る過程で生み出してきたものは一連の諸問題の一表現であって，これは心の哲学者たちにとって非常になじみ深いものに見えるに違いない。もし，命題態度の諸状態が，生物の内在的な表現的諸状態——特定の諸実例におけるその性格は，現実時間の計算諸過程にとって具体的な含意を持つ——の記述とみなされるならば，それらの内容を厳格に行動的な証拠から独立に経験的に決定することを目指し得る。しかしもし，そうではなくて，第2章で論じられた命題内容についての外在論に賛成の諸議論に説得されたならば，ゲーム理論のまさにその抽象性は，行動を特徴づけるためにそれを使おうとする時に1つの問題となる。NEだけでは，詳細な予測をもたらすためにはあまりにも鈍い解概念だが，しかしいかなる所与の精緻化も一般理論として強いられたならば恣意的なものに思われる。神経生物学的に複雑な諸エージェントは，明らかに情報を計算しており，そのような処理は彼らの戦略的およびその他の行動に明らかに等しく有意に関係している。しかしもし，これらの計算が生じるところの諸対象が，命題態度の諸状態へときぎれいに写像されないならば，それらの行動におけるパターンを合理性のあれこれの規範的理論からトップダウンで導出しようと試みることは，理論構築の論理を逆向きにしているように思われる。

　これはまさしくSugden（2001）によって主張された論点である。本節，そして本章を閉じるに当たって，その経済理論へのより広範な諸含意に関する彼の考察についていくらか論じることにする。なぜなら，彼によるこれらの論争的な読解は，残りの諸章にとっての我々の問題空間を見事に定義するからである。サグデンは手始めにこう述べる——経済学者たちによる個人的合理性へのコミットメントの放棄，すなわち消去主義——は次のように思われるはずだ，つまり，経済学の歴史に照らして見ると「重大な理論的革命であり，堅固な中核の粉砕であり，聖牛たちを食肉処理場へと送り出すこと」（Sugden 2001, pp. 113-114）である，と。彼はそれから以下の事実の奇妙さについて述べる——最も最先端のゲーム理論家たちが，最近，明白な闘争も無くして進化的−消去主義的思考を採用したように思われるというこ

5. 実験経済学，進化ゲーム理論，消去主義的選択肢　　245

とだ。パラダイム・シフトというクーン的イメージとは際だって対照的に，革命は「無血の」ものであった。この観察が動機づけるのは，サグデンの論文の主な結論で，その結論とは，「進化的転回は，それがそうだと称する根本的な変化ではない」（ibid., p. 114）ということである。これは保守的な再確認のいかなる主張としても意図されていない。サグデンの論じるところでは，新古典派経済学の堅固な中核は実際に粉砕されるべきだが，しかし経済学者は今までのところ，消去主義の諸含意を本当に真剣に受けとってはいない。というのも，経済学者たちは——と彼は不満を述べる——，諸エージェントが合理性の諸規範についての個人的知識に従って内的処理によって合理性を発現するという考えを放棄しているかもしれないものの，経済行動について根本的であるのは効用最大化であると仮定することに固執しているからである。これは——と彼は異議を唱える——，経験的発見というよりもむしろ先験的仮定であり，それは常に新古典主義の中核にあったものとちょうど同一の古い先験的仮定である。サグデンが好んだもっと急進的な消去主義が払拭することを目標とするのは，手続き的，心理学的合理性だけでなく，効用と最大化でもある。これは，本当に徹底的な食肉処理場，革命の真の溶鉱炉であるだろう。

　ここで，私は理論の状態についてのサグデンの観察に同意するつもりだが，しかし，その評価に関しては彼と異なっている。なぜなら，第8章で本章で再検討されてきた諸議論と諸事実についての非消去主義的解釈を擁護するつもりだからである。そこでの私の議論は，進化的説明一般についてのサグデンの諸仮定の多くに関わるだろう。かくて私は，さしあたりこれらについての議論を延期するつもりである。しかし，この章の諸主題に沿いながら，そして次の主題へと切れ目なく見事につなげながら，サグデンが新古典主義の歴史を読む仕方と，私がそうしてきた仕方との間のいくらかの微妙な違いについて述べるつもりである。

　最初に，EGTの支配的なモデル化枠組みについてのサグデンの要約を引用しよう。それは後の議論において著しく重要な役割を果たすだろう。これはレプリケーター・ダイナミクス[119]である。

　生物学において，表現型の相対的適応度が測られるのは，その表現型を持つ個体の次世代における子孫の期待個体数によってであり，最多の子孫が期待される表現型の子孫の期待個体

---

119 ［原注 20］レプリケーター・ダイナミクスへの優れた導入と，それが，ある深遠で長年にわたる哲学的諸問題に関して使われている例示については，Skyrms（1996, 2004）を見よ。

数の一定割合としてだ。十分に単純化された生物学的モデルにおいては——そこでは，無性生殖で，各々の親の表現型の諸特性はその子孫の中に完璧に複製される——，任意の所与の表現型を持つ個体群の割合の期待成長率は，その表現型の相対的適応度に直接的に比例する。もし「子孫の期待個体数」の代わりに「期待効用」が使われ，そしてもし，仮定により，より高い期待効用値が関連する行動の頻度の増大に導くならば（それは，より多くの子孫の期待個体数が親の遺伝子型の頻度の増大に導くのと幾分同じようにだ），レプリケーター・ダイナミクスの経済版に到達する。(Sugden 2001, p. 119)

　サグデンが正しくも述べるには，これらの詳説中の厄介な点は，「幾分同じように」を荷解きすることにあり，これは第8章で我々の頭を占有するだろう。しかしながら，サグデンは，次のようにもっと直接的に異議を唱える——「進化ゲーム理論の内部に期待効用理論を保持するためのこれらの戦略は機会主義的である。古典的ゲーム理論において，効用関数が存在するという仮定は合理的選択の一理論の中に根拠付けられている……しかし，進化ゲーム理論は同じ主張をすることができない」(ibid.)。

　前2章の議論は，ここでサグデンの仮定に反論するように導かねばならない。見てきたように，古典的ゲーム理論モデルは，しばしばサヴェッジの意味における主観的効用に関する期待効用最大化を実際に組み入れるけれども，ゲーム理論が必要とするVNM効用関数——基数的だが一次変換で一意的に決定はされない——は，行動主義的に解釈され得る。これが期待効用である程度は，レプリケーター・ダイナミクスの経済的諸適用において，それが期待適応度へと写像されねばならないのと同じだ。ここで，行動主義的なVNM効用関数が「存在する (exist)」という主張が，合理的選択の理論に依拠しなければならないというのは本当だろうか。明らかに，客観的確率に関するVNM効用関数が数学的対象として「存在する」。サグデンが明らかに疑うつもりであることは，そのような関数が心理学的に操作的な意味において「存在する」かどうかということである。するとこれは，内在主義的な読み方と外在主義的な読み方のいずれかがなされ得る。

　初めて読むと，その命題はこんな風に思われることだろう——合理的選択の何らかの理論によってモデル化された諸過程は，人々の中に備わっている何らかの計算メカニズムにおいて一歩一歩実現される，と。2回目に読むと，その主張は単に，行動のパターンが何らかの外延的な選択関数によって捉えられる入力-出力関係と同型であるということに思われるだろう（不可解なものにならないように，この

5. 実験経済学，進化ゲーム理論，消去主義的選択肢　　247

同型性は，私が「中核的な内在主義的制約（core internalist constraint)」と呼ぶものに関するいくらかの説明によって説明されねばならないだろう——すなわち，あるシステムを通る物理的な情報フローの経験的に支持された1モデルによって強化されなければならないだろう。しかし，そのフローのあるものは心を環境と結びつけ，処理の諸部分を〔人間の〕外側に委ねるかもしれない。Clark 1997; Juarrero 1999を見よ)。見てきたように，歴史的または論理的な基礎がほとんどないように思われるのは，新古典派理論が内在主義的な読み方における選択の存在論的優先性にコミットしている，あるいはこれまでそうしてきたと考えることだ。ベンサムは，選好の重み付け——彼が言うところの「強度（intensities)」——が測定可能な心理学的実在を持つかどうかについて不可知論的であった。現代の——ヒックス的な——効用関数は，ロビンズによってその哲学的解釈を与えられたのだが，彼が実在的な心理学的対象として前提したのは，生の内観可能な順序づけのみであったが，しかし心理学的な選択のダイナミクスは経済学者の関知するところではないと考えた。そして，サミュエルソンは，仮にクワイン的な消去主義的系統に気づいており，それに従ったならば，重篤な悲嘆から大いに救われたことだっただろう。サグデンが自分の仮定の内在主義的な読み方を意図しているならば，本来の標的は本当にEUTであり，現代的な行動および認知に関する科学が新古典主義とRPTに対して持つ諸含意を開かれたものであるとみなす点において，私に与し得るだろう。この解釈に基づけば，サグデンの議論は実際には新古典主義との議論ではなく，サミュエルソン後の変種の非行動主義的（*nonbehavioristic*）新古典主義との議論である。

　もし，他方で，サグデンの仮定が外在主義的に解釈されたならば，それは必ずしも経済理論の歴史の短縮された理解を含意しない。なぜなら，もしRPTが記述的に経済行動に有意に関連しているべきならば，サミュエルソンは整合的な選択関数の外的，経験的な適用可能性に明らかにコミットしているからである。そして，既に見たように，そのようなコミットメントから修辞法を用いて逃れようとするロビンズの試みは失敗する。ゆえに実際にサグデンは，私が再構築しているような新古典主義と根本的に議論しているのだろう。しかしながら，外在主義的な選択関数がモデル化装置として記述的に有用であるという信念は，個々の人々が手続き的に合理的でないという考え——それは進化的転回がサグデンの消去主義的なひねりに基づいて伴うことのすべてである——と完全に両立可能である。これまで再検討してきたすべての証拠と議論——そして，サグデンに利用可能な正当化された諸仮定

——に拠っても，その設問も開かれたままである。私は，選択の外在主義的な理解を擁護するつもりなので，サグデンの議論を人間中心主義的な新古典主義に反対する私の主張に採用することができるが，しかし我々が依然として（外的な）合理性の概念からのいくらかの説明上の仕事を必要とすることが判明するならば，サグデンの議論はサミュエルソン的な新古典主義に対して無力だろう。第8章において，なぜ外的な合理性概念を必要とするかを見ることになる。

　サグデンの中核的な不満は，EGTを採用してきた経済学者たちが純粋に先験的な諸理由で効用関数に執着しているということである。すなわち，EGTに対する彼らの新発見の熱中は，経験的考察に基づいているのではなく，効用最大化をモデル化し続ける一方で精緻化プログラムに関連する哲学的困惑を回避する一方法をEGTが与えてくれるという事実に基づいている。しかし，すぐ前で述べた見解の肝(きも)は，効用最大化モデルは記述的に空虚であるというサグデンの前提もまた等しく先験的だということである（自己欺瞞についての彼の含意は，次のような彼の主張も必要とする——経済学者たちによるEGTの採用が推進されているのは，ただ精緻化プログラムへの幻滅によってであり，実験的‐行動的証拠の解釈に関する経験的に触発された，良い，血なまぐさい，クーン的な諸議論によってではない，と。このことは確かにギンタスにとっては目新しいことだろう。そして彼は，最も制度的に重要なEGTの宣言［Gintis 2000］を書いた人物である）。この問題が解決され得るのは，唯一，希少性の管理に関わる情報処理のダイナミクスの何らかの経験的に動機づけられた妥当な諸モデルを考慮すること，そして，それらをモデル化するために最も有用な諸関数が新古典主義において促進されるものに似ているのか似ていないのかを発見することによってのみなのだ。消去主義者であるサグデンが疑うのは，これらのダイナミクスが個人のレベルに最大化を位置づけるだろうということだ。次章で見るように，これについて彼と合意するために消去主義者になる必要は無く，ただ認知科学の誠実な研究者になればよいだけである。しかしこれが新古典主義にとって壊滅的な知らせになるとすれば，それは，我々が新古典主義の標準的な固定観念に関連するすべての教義のうちで最も陳腐なもの——すなわち，方法論的個人主義であり，私が「人間中心主義」と呼んできたものを許可するもの——に固執しなければならない場合にのみだ。もし食肉処理場に属する1匹の聖牛がいるとすれば，方法論的個人主義がそれである。私はこう論じるつもりだ——それが処理される時には，新古典主義の残りは4つ足で不自由なく立つことができる，と。

そこで，ここからの活動の筋は以下のように進む。個人主義は今や障害にぶつかることになる。現代的な認知科学はその処刑人になるだろう。その時，直面する設問は，その影響力を剥奪された新古典主義は何に見えるかということだ。選択肢の中でそれとともに崩壊を見ることになるものは，ロビンズ的な内観主義と成熟した人間中心主義的新古典主義の双方である。RPT と，私が改訂したロビンズの定義に適合する経済学に有意に関連するものとして RPT を解釈する可能性との双方は，無傷のままだろう。消去主義は，双方を脅かすことが示されるだろうが，しかし疑う諸理由が与えられるのは，消去主義的な仮説は EGT の適用において前提される諸種類の進化的説明と実際に両立可能かということである。するとこれは次の設問への答えを我々に委ねるだろう——すなわち，分離性命題を尊重するが，それでもなお新たな行動的実験的証拠を真剣に受けとるような経済科学の一解釈を我々が構築できるか，またそうすべきかということである。その答えは諾だろう。

6 | 個人主義，意識，エージェンシー

適切な教授法から不適切な形而上学へ

ここまで批判的に再検討されてきた経済学の哲学的基礎づけに関するすべての立場は——アリストテレスから，ジェヴォンズの半アリストテレス主義，ロビンズの内観主義，戦後の成熟した人間中心主義的新古典主義，反新古典派的人間主義を経て，消去主義でさえも——，成人した，認知的に有能な人々が原型的な諸エージェントであるという共通の仮定を共有している。消去主義者たちは，いかなるエージェントが実際に存在するということも疑う。しかし，彼らの特定のバージョンの反新古典派的態度が依拠する仮定は，経済学者が引き合いに出してきたエージェンシーは個人性のモデルとして概念的に（*conceptually*）意図されており，すると経験的には失敗するということである。したがって，私はそのリストに消去主義者たちを含めるのだ——それは一見すると奇妙に思われるかもしれないのだが。サミュエルソン的行動主義は，そのリストには現れない。なぜなら，サミュエルソンは疑いなくその仮定を共有していたのだが，私が採用してきた彼の公式の立場の厳格な論理的再構築は，エージェンシーか個人性かのいずれかが関わる所では存在論的に全く中立だからである。

前章で私は，経済的諸エージェントを人々と同一視することに疑問を呈する概念上の理由と経験上の理由の両方を示した。しかしながら，私がこの点に対して与えてきた諸議論は，様々な程度で多様な哲学的代替肢を掘り崩す。成熟した人間中心主義的新古典主義とアリストテレス的反新古典派的人間主義の両方が，1片の常識として，その仮定を多かれ少なかれ当然視する。これにより，これらの立場は論理的に弱いレベルの懐疑論に晒されやすいままになる。つまり，単に，人々を原型的諸エージェントと同一視することが明らかには正当化されないことが確立されるや否や，それらの立場は困難に陥る。成熟した人間中心主義的新古典主義は，特に窮地に陥っている。なぜなら，常識の明白なイメージへのそのコミットメントは，整合的でさえないからである。常識は確かに原型的エージェンシーを個人性と同一視

251

しはするが，同様に明らかにそれが想定しないのは，自然な諸個人について，彼らの選好が人生の経過上で決して変化しないという点だ。しかしながら，アリストテレス的な人間主義的見解が依然として救われ得るのは，諸個人が諸エージェントであるという命題のためのロビンズ的内観主義的基礎づけがうまく擁護され得たときである。私は幾度かの機会に，認知科学がこの可能性に疑問を投げかけるということを述べてきたが，しかしまだその理由を示していない。第5章で再検討された実験的-行動主義的な文献が内観主義者を脅かすことがあるのは，ただ，諸個人が諸エージェントであるという内観主義者の命題が成熟した新古典派的解釈を与えられた場合のみだが，しかしこれはまさにアリストテレス的人間主義者が否定することそのものである。消去主義に関して言えば，私はここまでそれを掘り崩す議論を全く提示してこなかった。消去主義とは，単に，エージェンシーについての同一の概念的理解のパースペクティヴからの人間主義的立場の否定である。私の目的はこの対立を解消することであって，これらの立場のいずれかに勝利を授けることではなく，そのために共通の概念的理解を排除する。しかしながら，未だそれを始めていない。私がこれまでしてきたことは，経済学の哲学の歴史を語り直すことであり，その仕方は成熟した人間中心主義的新古典主義を板挟みにし，アリストテレス的人間主義と消去主義の双方を相対的に無傷のままにする。

　本章の目標は，アリストテレス的人間主義を直接的に掘り崩すことであり，そのために，個人主義，内観主義，そして，人々は原型的諸エージェントと見なされるべきだという命題に挑戦するのだが，この場合，精緻化された戦後の新古典主義よりも要求することが少ない控えめでアリストテレス的なエージェンシーの解釈に基づくものでさえ対象である。これら3つの標的は，すべて1つの火砲陣地から砲撃されるだろう。すなわち，個人性とエージェンシーの形而上学に関する諸命題の相互関連した集合の砲座からであり，それが喚起されるのは，現代の認知科学によって，そして，デネットの仕事に直接的または間接的に由来するその科学の哲学的解釈によってである。本章には引き立て役の1人であるミロウスキーを驚かせるだろうものはほとんどない。デネットの哲学的諸命題がここで攻撃される3正面において人間主義を脅かすということは，結局のところ，まさに彼が人間主義について危険だとみなすことであり，それは特に人間主義が新古典主義と協力する場合にそうである。彼にとって驚くべきことは，次章でやってくるだろう。そこではアリストテレス的諸主題のすべてを否定するにもかかわらず，志向姿勢の機能主義をゲーム

252

理論からの諸資源でまさに豊かにすることによってセルフが維持されるだろう。別の引き立て役，デュプレは，本章のすべての点において防御姿勢をとりたいと思うだろう。

　仕事にとりかかる前に，方向づけについて最後に1つ注釈を述べておくのが順当だろう。第3章の開始の議論は，経済学と心理学の関係に関する分離性命題の基礎について設問を呈することであった。そこでとられたパースペクティヴは，分離性命題は一見すると驚くべきものに見えるはずだということであった。経済学における行動的基礎への最近の転回に照らして見ると，それは今や特に疑わしく思われるはずだ。何度か述べてきたように，私は，以前のいかなる文献の中にも見つからない——また，言うまでもなく，権威ある新古典派の諸源泉の中にも見つからない——分離性に対する新たな基礎を究極的には擁護するつもりである。これに照らして見ると，科学哲学に対する私の自然主義的態度のせいで，次のような潜在的な告発に私は曝され易くなる——私が純粋に抽象的かつ概念的な視点から経済学を再定義している，と。これは，ここで効力のある諸規則によって許されてはいない。哲学は，科学的実践によって導かれるべきであり，その逆ではない。したがって私が関心を持つのは，説明を経済理論の実際の歴史の中に据え，その理論の基礎づけの再解釈で，いかなる根源的，全面的な非連続性も突然のパラダイム・シフトも要求する必要がない再解釈を構築することである。ここには，繊細な緊張関係がある。なぜなら，それと同時に明確にされるべきことだが，私は新しい実験的−行動的な証拠を非常に真剣に受けとるつもりだからだ。連続性を達成することは，ジェヴォンズに合意するということや，選好の安定性に関するベッカーの保守的な辛抱によってジェヴォンズの伝統を救うということを意味しないだろう。

　無視できない枢要な1つの事実は——それどころか，実際に，Rosenberg（1992）やHausman（1992）のような経済学の哲学者たちが明示的に認識してきたように，説明されねばならない事実なのだが——，ミクロ経済学の作業上の方法論——およびその関連した基本的教授法——は，その高次のレベルの理論的コミットメントよりもはるかに大きな安定性を示してきたということだ（前章で論じた論文の中で，Sugden［2001］は同じ点を強調しそれを嘆いている）。Gintis（2000）やBowles（2003）のような新しい教科書は，率直なクーン的修辞法によってこのギャップを閉じることを目指している。しかし，そのギャップは否定の余地無く永続的であり，同様に明らかに，我々が他の諸学問分野において見ると思われるものよりも揺るぎ

ない。このことから出てくる疑念は，経済実践または経済理論のいずれかが軽蔑的な意味で知的ゲームなのではないかということだ。すなわち，第一の解釈に基づくと，理論は実践者たちが実際には真剣に受け取る必要がない何かであり，他方，第二の解釈に基づくと，実践は理論家たちによって正体を暴かれる詐欺であって，それを経済学者たちは政策立案者たちが目を覚ましお金を払うのを止めるまで故意に追求するだろう。しかしながら，経済学におけるいかなる理論学派によっても十分に問題にされてこなかった個人性とエージェンシーについての深い哲学的仮定についての私の仮説は，我々が先に進みながら連続性にしがみつくことを可能にする鍵であり，自己欺瞞をどこにも暗含することなく，理論が実践に比して明白に気まぐれであることを説明する鍵である。

　かくて，前章の最後で消去主義者たちとともに考察した輝かしい新たな景色から，暫しの間，より退屈でより馴染みのある経済学入門の世界へと退却しよう——そこでは，ジェヴォンズもまだくつろぎを感じられよう。学部の経済学は，たいていの専門的諸科目と同様に，通常，標準的なひな形から教えられる——これは互いに非常によく似た規範的な教科書の小さい集合で，時代によって異なるが場所によっては異ならない。何十年もの間——実際，依然として1870年以降の斯学の歴史の主要な期間を通じてだが——，ミクロ経済学を教えるためのひな形の始まりは，学生の関心を孤島に独りいるロビンソン・クルーソーへと向けることだった[120]。ロビンソンは，自分の時間の一定割合を自身のために果物を収穫することに配分し，別の部分を島の周りを散歩することによって自ら楽しむことに配分し，また別の部分を睡眠に配分するだろう。これらの配分は，彼の労働と余暇の間の限界的選好を顕示するだろう。ここで，時間のいくらかを釣り竿の作成に充てるものと仮定したとしよう。まず最初に，ナイフで木を切削加工するための時間を乗り切るためにいくらかの余分な果物を貯め込むかもしれず，かくて，いくらかの現在の余暇を犠牲にして後の〈消費と余暇〉のバスケットの内容を増進する。かくて，我々は資本投資と，合理的なロビンソンがいくらかの新古典派的分析を適用して果物の備蓄を収穫するのに費やす時間を決定する機会とを得る。留意されたいが，ここまでのところ，このすべては厳密にいかなる特定の心理学的または哲学的解釈にも傾倒していない。それが想定しているものといえば，ただ，ロビンソンの行動パターンがあれこれの

---

120 ［原注1］ひな形についての議論は，Robertson (1957), pp. 33-39 に従う。

意味で彼のものである諸目標に関連しており，またすべての諸目標が同時には最大化され得ないという意味で希少性に直面していることだけなのである。

この教授法が初期の新古典主義者を魅惑したことにはもっともな諸理由がある。第一に，それは希少性——この場合，時間の希少性——を根本的かつ判然と経済的な条件として鮮やかに孤立化する——これは，ロビンズの定義が強調している通りだ。第二に，それは，経済学の主題としての貨幣と商業的諸関係へのアリストテレス的な固執に対抗して，資本の概念が分析上，市場の概念に先行することを示す。これらの両方の理由のためにこそ，ロビンソンが独りであるということが重要なのである。すなわち，貨幣は取引者の社会の外側では全く意味をなさないが，しかし希少性と資本は両方とも意味をなすからだ。最後に，関連する点だが，イデオロギー的な目的に貢献する（しかし，全くそれだけで本格的な反社会主義の正当化へと誇張されるべきではない）。すなわち，ロビンソンは取り返しのつかない一事実として経済的問題に直面するのであるが，それは，社会的搾取に全く関連する可能性がない諸理由によるもので，政治的行為によって無くすことができないものだ。もし彼がもっと裕福に（すなわち，より良くより面白い食事を得て，浜辺で遊んだり日陰に横たわったりすることにより多くの時間を費やすことができるように）なりたければ，現在の何かの消費をいくらか差し控えなければならない。

教科書の物語は，先に進んでこの点の後でフライデーを招き入れ，その結果として，教師が交換についての新古典派理論を説明できるようになる。典型的には，学習されるべき話題がより複雑になるにつれて，3番目または4番目またはn番目の関係者が住民に加えられるだろう。1人の個人から始まりそれから次第に諸個人——その各々が完全に形成された効用関数を持ってやってくる——を追加することにより経済社会を構築していくというこの教育上の手続きは，形而上学的原子論によって動機づけられる必要はない。それが日々の教育の諸目的に資する際の構成要素の構造が，そのミーム複合体としての大成功を説明するのに十分である。しかしながら，疑う余地も無いことだが，形而上学的な理由か政治的な理由のいずれかのためにその全体像に乗り気の人々には，それは原子論を支持する証拠のように見えて魅惑的であった。しかし，これは純粋な混乱に過ぎない。この話は原子論と整合性があるが，しかしいかなる意味においても全くそれを支持する証拠ではないのである。

多くの人々がロビンソン・クルーソーを通じて経済学を学んできたが，だからと

6. 個人主義，意識，エージェンシー　　255

言って，社会というものが存在することを否定するように導かれることは無かった
——マーガレット・サッチャーは有名にも（かつ陽気に）そうしたが。しかしながら，
より微妙な誤謬に抗するのはより難しい——それは次のような推論に基づいている。
厳密に経済学的な視点から重要な何かが明らかに起こるのはフライデーが島に現れ
る時だ。新たな諸種類の経済的な変数と計算——例えば，貨幣の流通速度の——が，
彼がいなければ何の意味もなさないグラフと方程式に入ってくるのである。しかし，
ロビンソンの効用関数は（仮定により）変化しておらず，フライデーの効用関数も
同様に，彼が新しい仲間に目を留める前に既に定まっていると考えられていた。そ
うであるならば，もし両当事者たちの心理（*psychologies*）が彼らの社会化によっ
て変化させられると——これは非常にもっともらしいように思われるのだが——ど
ういうことになるだろうか。その場合，彼らの効用関数が変化していないという主
張が所与なら，社会的に敏感な心理学的諸特性は（個人的に決定された）効用にと
って外的であるに違いない。

　私がこの誤謬を微妙なものだと言う理由を理解するには，次のことに留意された
い——すなわち，その誤謬は経済学の哲学の標準的な集合のいずれのメンバー（マ
ルクス主義は除く）をも養いうることになるのだ。それが新古典派の全体像に適合
することは明白である。そうなるように設計されているのだから。センの反新古典
派的な人間主義者もそれを同様に（少なくとも概念的には）受け入れ，内的効用と
外的な社会的諸影響を行動の因果のベクトルの別個の構成要素として組み立て始め
る。実験的‐行動的証拠の急進的な解釈者たちは，彼らの見解を表現すべく，外的
な諸影響が考慮に入れられるにつれて内的な構成要素の因果的な重みはゼロへと傾
いていくと論じることができる。そして，これが結局のところ，エージェンシーに
ついての消去主義を意味することになるのは，経済的エージェントのロビンソンを
孤独な生物学的個人のロビンソンと同一視するようになるときだ。政策が関係する
ところでは，人間主義者たちも消去主義者たちも両方が，マルクス主義者のものと
イデオロギー的に両立可能な諸勧告を導くことができるが（もちろん彼らはそうし
ないかもしれないが），それは外的なベクトルの構成要素の重要性を強調すること
によるのだ。他方で，新古典派の理論家らは，内的な構成要素により大きな重みを
与えてきたのだが，結局，社会主義者の陣営（例えばバーグソン）と自由主義者の
陣営（例えばベッカーとフリードマン）の両方に行き着いてきた。非常に多くの異
なった両立不可能な理論的目的地にたどり着けて，しかもロビンソン・クルーソー

256

の教授法を放棄する必要も無いというまさにその事実が，それ〔ロビンソン・クルーソーの教授法〕が包含する哲学的見解を孤立と批判から守る盾として役立つのである。

　マルクス主義的の，および急進的なフェミニストの，経済学者たちと経済学の哲学者たちは，この点を一貫して見据えてきた。これは実際，誰かをマルクス主義者にし，かつ／または急進的なフェミニストにする，その当のものの枢要な部分だ——もし彼らがそれについて哲学的に洗練されているならば，だが。もちろん，これらのパースペクティヴは主に規範的な諸命題によって推進されており，私はそこまでそれらに従うつもりはない。しかしながら，ここで述べさせて頂きたいが，もし私のプロジェクトの一部が私が偶々好む規範的な政治的哲学——すなわち自由主義——を擁護することだったとしても，私はそうする際にロビンソン・クルーソーの教授法に依拠したいかなる仮定も援用するつもりは無い，と。

　明確に述べよう——ロビンソン・クルーソーの教授法によって助長される粗野な誤謬とは，フライデーに先立つロビンソン・クルーソーが実際に存在すると想像することである（マーガレット・サッチャーの驚くべき考えは，2つの粗野な誤謬に依拠していて，その2つ目は，あらゆる人々の本質は彼らの「内的なロビンソン・クルーソー（inner Robinson Crusoe）」であるというものである。これはちょうど，同様に単純至極なマルクス主義者の観念——すなわち，あらゆる人々の本質は物質的な（アリストテレス的な）生産関係の中でイデオロギー的に構築された彼らの役割である，とする——と論理上の双子である）。私が微妙な誤謬と呼んでいるのは，以下の信念である——完全に社会的に疎外された選好の保有者——孤独な1エージェント——の想像可能性は，実際の1個人の任意の側面にある概念的関係を有し，かつ，これは分離性命題を部分的に正当化する，と。上で述べたように，マルクス主義者たち（それと急進的なフェミニストたち）は，この推論（それは典型的に，たいていは議論というよりもむしろ概念的横滑りである）に抵抗している点において正しい。

　もしサッチャー支持者なるものが，この横滑りに依拠する何者かで，社会的諸関係は行動にとって重要でない（あるいは重要であるべきではない）という主張を導くのであるならば，これほどに愚かな理論経済学者たちはほとんどいなかったことになる。最近，「新制度主義者たち（new institutionalists）」（North 1990；Ben-Nur and Putterman 1998；Bowles 2003と爆発的な数の関連する文献を見よ）は，そのような諸関係が実際に人間行動に圧倒的に支配的な諸影響であることを認識し，

6. 個人主義，意識，エージェンシー　257

実験的な仕事が彼らの洞察を支持してきた。しかし，もし経済的諸エージェントと人々との関係を再概念化すること——単にその適用を社会の1モデルの中に埋め込むことではなく——をせずにこの道を下っていくならば，その結果はアリストテレス的人間主義——行動の因果を内的および外的なベクトル構成要素へと分解すること——か，あるいは消去主義——内的構成要素の経験的な因果的重みがゼロであると考えること——，このいずれか一方になりそうである。なぜなら，その誤謬は粗野でもイデオロギー的に利己的でもないので，またその消去主義的なバージョンにおいては，それはより広い行動科学におけるいくらかの刺激的な新たな諸展開と適合するので，分離性命題の却下につながり得る。かくて，次のように考えることができる——分離性教義によって奨励されたように，行動科学からの孤立化によって引き起こされた数十年間の停滞の後に，経済学は同起源の諸学問分野に追いつきつつある，と。実際それは，方法論的個人主義または唯我論的な効用最大化という合理主義的理解のいずれの余地も全く持たないだろう，縫い目無き行動科学の部分として，ちょうど（適切に）それらへと融合しつつあるのである。しかし，思考は先に進み，サミュエルソン的機械の中で達成される最大化は，それを究極的に構成する歯車たちである個々の人々の最大化行動から構築されると考えられている。ゆえに，サミュエルソン的な経済学の理解は完全に誤っているのである。

　私は，統一された行動科学への貢献者になりたいという経済学者たちの大志を確かに是認する。しかしながら，その統一が縫い目がないことを必要とする，あるいは，縫い目がないことがその統一に役立ちさえするという考えには抵抗したい。分離性命題の妥当な基礎は，実際には，ジェヴォンズやロビンズが探したところには見つからない。しかしながら，基礎的な経済メタ理論における現在の主要な諸学派の共通の誤謬は，それらがロビンソン・クルーソーの教授法によって奨励される存在論を疑うのは純粋に経験的な仮説としてなのだが，実際には概念上の誤りに依拠しているのだという点にある。働いている科学者たちはこう考えるかもしれない——この告発は，哲学の重要性に大いに媚びるものだが，たとえ説得力を持つようにされたとしても，結局はつまらないスコラ哲学か，あるいはせいぜい曖昧な知性史になるに過ぎない，と。その命題は哲学的である，確かに。しかし私はこう論じるつもりである——それを見落とすことは，科学的な経済学を完全に掘り崩す恐れがあり，ひいては，アリストテレス主義——かつてジェヴォンズとワルラスとその仲間たちが我々をそこから自由にし始め，厳密に更新されたサミュエルソン的理解

が我々をそこから本当に自由にしてくれるところの——へと我々をはるばる連れ戻す恐れがある，と。

　ここで私の告発に類似のよく知られた事例に言及すれば，哲学者たちと認知科学者たちを導くのに役立つかもしれない——それは後により実質的，非類比的な諸目的のために立ち返るつもりのものである。Dennett（1991b）が論じるには，脳に興味がある神経科学者たちと認知心理学者たちは，少なくとも彼の本の出版時までは，デカルト的な心身二元論を経験的な誤りとして——概念的に見込みのないものとしてではなく——見なしてきたのであり，このことが彼らが意識について有用に考え，あるいは，意識をモデル化し調査しようと適切に試みる可能性を掘り崩していたのだ。特に，それは彼らを導いて，意識とは，脳内の特定の部位に位置するある種の器官の特別な機能でありうる，と想像させた。この見解によれば，デカルトの間違いは，この器官が物理的なものでできているのではないという，単に経験的に拙い推量に過ぎなかった。しかしながら，デネットが論じるように，そもそも意識がある１器官の機能であるという考えは，概念的に混乱していて誤解を招く恐れがあり，意識についての十分な科学的説明のいかなる可能性も，このことが認識されることを必要とするのである。まさにこの種の洞察によってこそ——と私は主張する——哲学が科学にとって真に役立つものとなりうるのだ。そして，この種の洞察こそ私が経済学と心理学の諸関係についての我々の理解に関して力説しようと試みていることなのである。

個人主義，ロック的内観，心の現代的諸モデル

　限られた，純粋に方法論的な個人主義は，まさに上で論じたようなロビンソン・クルーソーの教授法の美徳に関わるのかもしれない。すなわち，多分，希少性，資本，限界効用という基礎的諸概念について明確に考えることがより容易かもしれないのは，それらを交換で（または社会的諸規範で）最初から複雑にしないでおく場合だ。この種の方法論的個人主義に対してはいかなる異議も存在し得ない——ただしそれは，社会的規範から独立な人間の選好プロファイルのような諸事物は実際には何も存在しない——一部の極端な自閉症患者または精神病質者を別にすれば（おそらく）——ということを思い出すために諸段階を踏む限りにおいてだ。センのような誤謬へと道を進んで至る種類のより実質的な諸命題は，あれこれのバージョンの存在論的かつ／または規範的な個人主義に依拠しなければならない。実質的個人

6. 個人主義，意識，エージェンシー　　259

主義は，3つの別個の諸命題へと分析して区分され得るのだが，これらは経済学的な（そしてより広い哲学的な）思考の歴史の中で，互いに強化し合ってきたか，さらに悪い場合には，時折，分解不可能なものとして相互に混ぜ合わされてきた——

(1) 社会的原子論（*social atomism*）。社会的集団のあらゆる諸特性は，問題となっている集団を構成する特定の諸個人に割り当て可能な諸特性——一部は内在的，一部は関係的——へと分解可能である。

(2) ミクロ経済学的個人主義（*microeconomic individualism*）。個人の効用関数は，個人が社会的諸関係なしに原則として評価しうる諸対象にのみ及ぶ。

(3) 規範的個人主義（*normative individualism*）。社会的に価値があると主張されるあらゆる諸対象は，この価値に対する正当化を——それがそもそも見いだされ得るならば——1人ないしそれより多い生物学的な全的人々によって評価されるものの中に見いださねばならない。

Blaug (1980, p. 49) によれば，「方法論的個人主義（methodological individualism）」という言い回しは，シュンペーターによって，命題(3)を(1)から明確に分離しようとする試みの文脈の中で初めて作り出されたものだ[121]。ブローグは，シュンペーターがきれいにしようとした水を濁しているとポパーを非難するが，この責任は疑いなく幅広く分散され得るだろう[122]。いずれにしても明白なはずであるが，(1)と(3)は完全に別個の主張であり，それどころかほとんど論理的に関連していない。なぜなら，(1)は社会的集団の諸特性についての記述的主張であり，(3)は人々が評価するものの諸特性についての規範的主張だからである。それどころか，私は主張するが，命題(2)の暗含的な存在がなければ，(1)と(3)は実際にそうであったよりも混同するのがはるかに困難であっただろう。もちろん，(3)が(2)から生じないのは，それが(1)からも生じないのと同じだが，しかし少なくとも(2)は——(1)とは

---

121 ［原注2］Elster (1985)は，初期には，マルクスはこの原理の擁護において明示的であったと論じている。

122 ［原注3］フォン・ミーゼスは，おそらくこの責任のいくらかの重要な部分を分有している——それは彼がメンガーを通じて，メンガーの思考におけるカント的諸要素から引き継ぐものである。私は，Binmore (1994, 1998)——それとニーチェ——に従って，現代の西側の思想史におけるカントの絶大な影響が大部分は悲惨なものであったと見る。ハイエクは，しばしば方法論的個人主義——その有害な諸形態における——の人気の責任を帰されるが，しかし Caldwell (2003)はこれが不当であると説得力をもって論じている。

違って——明示的に価値と何らかの関係がある。そこで私はその後，正にこう論じてきたのだ——ロビンソン・クルーソーの教授法における個々の人々からの経済の加法的構築こそが，(1)の背景的仮定により幇助されて(2)を生じさせたのであり，(2)は(1)と(3)の間に主要な歴史的−概念的な架橋を形成するのだ，と。実際，センの規範的で政策に有意に関連する命題で，非常に多くの人々を導いて RPT に反対する彼の誤った議論を不用意に受け入れさせる命題は，まさに(2)が誤って(1)と(3)を結びつけるという「発見（discovery）」である。

　政治的な自由主義者（リベラル）として [123]，私は命題(3)に非常に傾倒している。しかしながら，上で述べたように，それの堅固な擁護は——本書の話題のいかなる一部でもないが——，(1)または(2)に関わる議論から導かれ得ない。なぜなら，これらの命題は両方とも誤っているからだ。(1)の否定は，還元主義に反対する形而上学的な議論を必要とする（しかし，それは神秘的な創発主義を伴わない）。そのような議論は，社会科学にとって一般的か特殊的のいずれかであり得る。一般的な諸議論は，より強力かつより確実なものとして優先されるべきである。哲学的文献の中には多くのそのような利用可能な諸議論——少数の堅固なものも含む——がある。そのうち，私が関与しているものは，Ross（2000），Ross and Spurrett（2004a），Ross et al. forthcoming [2007] において示されており，第2章で述べられた存在の非還元主義的理論の基礎である。その議論はここで概略的な形で要約されるだろう。任意の形而上学的命題にとって唯一，適切な基礎は——したがって，命題(1)を含むが——，科学の進歩における一般的な諸傾向に関する帰納でなければならない。私は，特殊な諸科学が物理学へと還元しなければならないと思わないが，もし(1)が真になるいかなる可能性でもあるならば，少なくとも現代物理学の最も妥当な存在論的解釈は原子論的でなければならないだろう。しかしながら，そうでないのである。

　Batterman（2000）の論ずるところでは，物理学における最も理論的な（純粋に操作的な（マニピュレイティヴ），に対峙される）活動は，物理学者たちが普遍性（*universalities*）と呼ぶものの探索に存する。これにより，彼らが意味するところは——哲学者ならそうしそうだが——必然的にどこでも成立する形而上学的な諸原理ではなく，「巨視的に見られた諸システムの諸特徴で，それらの微視的な詳細の摂動の下で安定的な諸特

---

123 ［原注4］Binmore（1994, 1998）に従って——かつ，まさに彼の諸理由により——，仮に「ホイッグ（Whig）」という用語が再びもっと一般的に流通するようになれば，私の一般的な政治的見解を明確に宣言するのがはるかに容易になるのを目撃するだろう。

徴のみ」（p. 129）の析出を彼らに可能とする物理的な諸事実である。ジョン・コリアと共著者らは，摂動耐性の諸システムをまとめる諸特性——彼らが凝集性（cohesion）と呼ぶものになる諸特性——の本性を論じてきた（Collier 1986, 1988；Collier and Muller 1998；Collier and Hooker 1999）。凝集性は，ある動態的なシステムにとっての統一性関係であり（Collier 2002），すると今度はこれが何かを実体とみなす基礎となる。すると，それは物理的事実の設問であって，先験的な形而上学的原理，すなわち，ある対象の凝集性関係が還元するか否か，ということではない。所与の事例において，凝集性関係が還元しないとき，当該の対象は還元不可能である。そのような事例は量子物理学に遍在している。Ladyman（2004）が言うように，「結合システムのもつれた諸状態は，まさに，全体の結合状態は諸部分の諸状態に付随して起こるという原理に反するものであり，よく知られているように，ベル[124]の定理はこう教える——諸状態を諸部分へと帰属させ，その諸部分から結合システムの諸特性が（遠隔作用なしに）回復されうる整合的な方法は全く存在しない，と」。Wallace（2004）は明言する，これは単に奇妙な量子対象の特徴に過ぎないのではない，と——

> テーブルのような特定の一対象でさえも実際に，重複し合わない微視的な諸部分からなる単純な構成物であるとみなすことはできない。それは確かに魅惑的な考えである。すなわち，延長の有る物体はその上半分と下半分の単なるメレオロジー的な足し合わせなのであるから，なぜ微視的構成要素に到達するまで無限に分割しないのだろうか。しかし，1剛体は非常に多くの重なり合った電子と核子の波動関数からなる集合体である。すなわち，どの電子がその対象のどの空間的亜領域の中にあるかということが何を意味するかということさえ明確ではない……さらに，対象のパラダイム的に「物理的」な諸特性でさえも，微視的構成要素の観点でではなく，傾向的に定義されている——剛体の質量でさえも（！），その原子的構成要素の質量の合計として本当には定義することはできない。そのアルゴリズムは，たいていの場合にほぼ正しい答えを得る——しかし，ヘリウムの原子核の重さはその構成要素よりも約1％少なく（それゆえ核融合がうまくいくのである），中性子星は，その構成要素よりも約10％少ない（Arnett 1996）（それゆえ超新星が生じる）。我々の実際の質量の定義は傾向的である。すなわち，あるものが質量mを持つのは，それが計量器上でかくかくしかじか振る舞うか，あるいは，しかじかの重力場を生み出すかする場合だ。質量が加法的であるということは定義的ではない。それは物理的法則であり，その上，近似的なものにすぎない。

現代の形而上学的原子論が反映しているのは，物理的な原子論は，長い間，物理学

124〔訳注〕ジョン・スチュアート・ベル（John Stewart Bell, 1928-1990）

における生産的な1作業原理であったという事実だ。しかしながら，物理学者たち
は，ニュートン以来の真剣な存在論的仮説であったそれから次第に撤退してきた。
上の引用が示しているように，それは確かに現在の物理学理論と自然には適合しな
いのだ。

　もし形而上学的原子論が物理学において——そして，化学と生化学において（第
2章を見よ）——欠けているならば，Kincaid（1997）が詳細に論じているように，
それが人々のような複雑な諸システムの間の諸関係のネットワークにわたって成立
していると想像するのは確かに驚くべき考えではある。私は，ここでは社会的原子
論に反対する広大な諸論議を——社会科学の哲学の膨大な文献の産物であったが
——要約しようと試みるつもりはない。しかしながら，最近のたいていの経済学者
たちでさえ——そのある者たちが方法論的個人主義に固執する点でいかに伝統的だ
ろうとも否定しないのは還元不可能な社会的諸事実が存在するということだ（Gilbert
1989）——それは，文化的諸規範がセルフ形成のダイナミクスへとフィードバック
し，ダイナミックな空間の中に諸個人の行動（そして，それゆえに，個人的選好の
諸解釈）を制約し導くアトラクターの流域を作り出す結果としてなのだが。私はこ
こ以降，ただ想定しようと思う——社会的原子論は平たく誤っているのだ，と。次
章でセルフの実証的理論にとりかかる時，社会的原子論の否定はより興味深い形を
とるだろう（なぜなら，非常に強力な還元主義的主張は真ではないとだけ主張するこ
とは，何が真であるかについて何も言わないからである）。

　上の命題(2)，すなわち経済的個人主義は，歴史的に形而上学的および社会的な
原子論に密接に関連しているが，しかし多くの追加的——かつ傾向的な——諸仮定
なしにそれから帰結しはしない。Davis（2003，第2章および第3章）は，有意に関
連する歴史の簡潔だが正確な哲学的サーベイを提供している。古典派の経済的個人
主義がその深い諸根源を見出すのは，デカルトとロックの近代初期の形而上学的心
理学においてだ——それは結局，これまで試みられてきたのと同じくらい強力な一
般的原子論の一形態を心的なものの領域内へと走らせようとする努力になった。こ
れらの諸根源は連合主義的な影響をなし，その影響はそれらが行ういかなる明確な
パラダイム的議論よりも大きい。科学一般——それと特に物理学——が原子論に基
づいて成功すると想定された時，それはどの科学的経済学のためにも作業原理とし
ておおよそ当然であるとみなされた。マクロ経済学がミクロ経済学における長年の
精緻化の後で非常に遅れて登場したという事実のお陰で，仮定されている原子論が

ほぼ完全に非明示的であったという事実を長年に亘り無視することが容易であった。これがさらに困難になったのは、ケインズ以後の経済学者らがマクロ経済学とミクロ経済学の関係についての諸設問に直面しなければならなかった時だった。もし形而上学的伝統が、マクロ経済学はその基礎づけをミクロ経済学に見いだすべきだと示唆したならば——それは現にそうしたのだが——ミクロ経済学的個人のある明示的な定式化が存在論的優先性を——何らかの明確な意味において——与えられる必要があった。その時までに、経済的エージェントのサミュエルソン的な定式化——たいていはエージェントの最大化能力の説明としての EUT によって補足された——が利用可能であった。かくて、ルーカスの新しい古典派のマクロ経済学（哲学的および方法論的な研究については Hoover 1988 を見よ）は、ミクロ経済理論をマクロ経済学的諸現象に適用するそのプログラムに着手し、そのためにサミュエルソン的タイプの無限に生き続ける代表的1エージェントの最大化行動のモデルを発展させた。しかしながら、Davis（2003）が、多くの他の者たちに続いて述べるように、この企てにより奨励される種類の個人主義は純粋に方法論的である。その個人主義が現に必要とするように、すべての諸個人——その気質は代表的諸エージェントの気質へと集計される——が同一であるという仮定を必要とすることは、諸個人間の経済学的に有意に関連する境界（boundaries）を決定するのが何であるかについて理論的に明示的であるための基礎ではほとんどありえない。

　もちろん、諸個人に対する純粋に共時的な同一性条件は、EUT があろうがなかろうが、RPT に依拠するいかなる形式主義においても十分に明確である。すなわち、諸個人はそれについて効用関数が叙述されるところの数的に別個の諸対象である。しかし、私がサミュエルソンにおける存在論的コミットメントの欠如についての議論で強調したように、このことは、いかなる心理学的、生物学的または社会的な諸現象とも全く関連がない——有意に関連する種類の「個人（individual）」の非形式的な1解釈が与えられない限りは。そして、これはちょうど問題となっていることなのである。

　しかしながら、デイヴィスがまた論じているように、たとえ、哲学の歴史が、形而上学的の原子論から経済的個人主義へと、この観念連合の重要性に——中心性と明確性において——見合う諸論議をほとんど生み出さないとしても、近代初期の哲学者らは、仮定された原子論的諸個人が人々の妥当なモデルと見えるようになるためにはどのようなものでなければならないかについて、多くの諸設問を問い損なわ

かった。デカルトは大きな伝統を立ち上げ，そのために「内部観察（gazing inward）」し，「明晰かつ判明な諸観念（clear and distinct ideas）」を発見した——それと外的な何らかのものとの唯一の繋がりは，慈悲深い神という遠回りな保証を通じてであった。しかし，ロックこそが現代の原子的個人を完全に豊かに理論化したのであった。その特徴的な諸特性のすべては，内向きかつ，切迫している。すなわち，ある 1 個人は主観的な知覚——つまり，内観——の登録の中に直接「自分自身を見いだす」のである。デイヴィスが詳細に論じているように，この理解はただちに再同定化（reidentification）の問題を提起する。もし個人というものが現在の直示的な内観によって選び出されるならば，ある 1 個人はどのような基礎に基づいて，2 つないしそれ以上の別々の時点において同一の個人であると同定され得るのだろうか。Davis（2003, p. 50）は，以下のようにロック的な答えを正確に要約している——

1. 我々の意識によってこそ，我々は我々自身にとって諸セルフである。
2. 我々は，過去の我々の記憶の中に我々自身がいることを覚えているか，あるいは意識している。
3. 我々が我々の現在の経験の中で現在の我々自身について抱く意識は，我々が過去の我々自身について抱くのと同じ意識である。
4. したがって，我々は現在において，我々が過去においてそうであったのと同じ諸個人である。

以上がセルフ，意識，意識の中におけるセルフの基礎というほとんど普遍的な像を要約しているという，チャールズ・テイラー（Taylor 1989）の主張に異議を唱えることは難しい——それは現代の西欧の個人性の形而上学を構成する。この主張は，西欧世界全体において毎 9 月に（南半球では 2 月に）新入生向けの哲学と心理学の授業の中で，検証され，確認されている。すなわち，初年度の学生たちは，初めて直面した時に直観的にそれを認識し，それによって推論する。ゆえに，もちろん，それはセルフの存在論的説明に依拠する諸学問分野に情報を与えてきたが，しかしそれら自体で独立にそれを作り上げてはこなかった——例えば，経済学のように。

　西洋哲学の歴史において，統一性の超越論的な根拠としてのセルフの最も洗練された決定的な拡張は，カントのそれである。Brook（1994）が詳細に示しているよ

うに，カントの説明は現在の文脈において特に有意に関連がある。なぜなら，それはロックの心の理論において意識の統一性の適切な基礎が欠如していること——ヒュームによって指摘されていた欠如——に対する直接的な応答だからである。かくて驚くべきことではないのだが，我々が1人の主要な経済学方法論者から見いだす内観に対する最も明示的かつ自己確信ある依拠は，カント主義と経験主義を混ぜ合わせた者，すなわち，ロビンズから生じるのだ。さて，私は第3章で，ロビンズはカントから間接的に生じた合理的に洗練された認識論を吸収してきたと論じはしたが，彼がカントの精巧なセルフの理論——それは初期実証主義者たちにとってはるかに関心が少なかった——を研究したか受け継いだかしたという証拠は全く見つけられない（実際，実証主義は，その歴史を通じて，ロックの問題を確実に持っていた）。しかしながら，少なくとも言えることは，もし1人の重要な経済学者に見いだされた，ある明示的な心理学的仮説から経済学的個人主義を構築したかったならば，ロビンズの出発点から取り掛かることは最善の策であっただろうということである。すなわち，もし効用について内観主義者なのであれば，次の趣旨の経験的1命題を提示し得るだろう——また，それは経験的でなければならないだろう——すなわち，順序づけられた選好の内観は原理的には唯我論的な願望の範囲でのみ選好を発見する，と。既に見てきたように，この出発点からセンのRPTの批判へとはるばる達するには，心理学的参照の奇妙な理論を引き合いに出さざるを得ない。しかしながら，おそらく，それを用いれば，方法論的唯我論（第2章を見よ）を経て，少なくとも方法論的個人主義の存在論的正当化まで達することができよう。さて，第3章で見たように，ロビンズ自身の諸議論は，彼が効用の個人間比較を否定するために求める経済心理学を確立し損なう。すなわち，それらの議論は，マンドラーの心理学的凹性の特徴——それは経済的個人主義のあり得る前提として何も期待できない——よりも強いいかなるものも全く認可しない（それらはもちろん両立可能だろう。私が意味するのは，心理学的凹性を導出または仮定した後に，効用関数の範囲を制約するために必要な100％の仕事が依然としてなされなければならないままだろうということである）。

　防御的な言い逃れについてはこのくらいにしておこう。ここで，1つのより強力な主張，すなわち，内観主義は概して見込みのない命題である，ということを擁護したい。心の哲学の趨勢は，様々な時に様々な理由でこの意見を支持してきた（そして，それからそれとは反対へと揺れ戻ってきた）が，ここでは，現代認知科学に関

する省察の中にそれを基礎づけるつもりである。2つの説明がとりわけ是認されている——すなわち，ライアンズ（Lyons 1986）は，心理学的仮説としての内観主義の不十分さの数々を注意深い歴史的文脈の中に位置づけており，他方，Dennett（1987, 1991b）はあらゆる可能な変種において内観主義を打破している。

ライアンズの狙いは，デネットの狙いよりも僅かに特定的である。すなわち，ライアンズは，内向きの知覚の能力のような何かが存在しうるという考えの首尾一貫性に異議を唱えるのである。ライアンズが反論するこの命題は，行動主義以前の時代に心理学の理論的な——単に民間的ではない——内観主義によって採用され精緻化されたものであった。これは「能力内観主義（faculty introspectionism）」として知られ，科学的であると考えられていた。なぜならそれは「内観の能力（faculty of introspection）」の作動を孤立化するよう意図された疑似実験[125]に部分的に基づいていたからだ。これはおそらく，ロビンズが——彼は彼の時代の心理学をいくらか読んでいた——私が引用した，行動主義を棄却する文章の中で考えていたことだろう。専用の内観的能力を仮定することの価値は次の程度に存する，すなわち，1 器官のような何かを示唆しつつ，表現のおそらくは明確な様相を伴い，これが，内観は内的知覚の一形態であるという考えに明確な内容を与える，その程度である。

不幸なことに，内観的能力の出力とされているものは，知覚を初期心理学における系統的研究の第一のかつ主要な話題にしたまさにその特性，すなわち，知覚を比較する先の間主観的に安定的な刺激の存在を欠いていた。さらに悪いことに，物理的にアクセス可能で，かつ，独立に境界を定められた変換装置で，工学的観点から研究され得るものが全く存在しなかった。初期の——カント的な——実証主義の文脈においては，能力内観主義の中に組み込まれた緊張が最初からあった。すなわち，本体的なるもの（ノウミナル）と現象的なるもの（フェノミナル）の間の区別で，実在論と経験主義の間のカントの綱渡りの中心にあるものは，直截的に能力内観主義に適用可能ではなかった。実証主義者らは，カントにおける経験主義的かつ現象論的な諸傾向へと強く傾いていたが，しかしその超越論的要素を排除しようと試みていたので，彼らの科学哲学の中ではデータへの間主観的なアクセスの重要性を強調するほか無かった。このことは

---

125 [原注5] 私が疑似実験と言うのは，それに関わる研究者たちが自らを被験者として使ったからで，同時代の心理学者なら誰もが適切な対照群（コントロールズ）とみなすだろうものを使うことが無かったからである。詳細についてはライアンズの本の前半を見よ（もっとも，ライアンズは「疑似実験（pseudo-experiments）」という言い回しを使わないが）。

ほぼ自動的に能力内観主義に疑似科学の身分を与えることになった。

　同時に，実証主義者らは，現象的な意識について懐疑論者にはなり得なかった。なぜなら，彼らによれば，これは彼らの有名な「センス・データ（sense data）」の場所，すなわち，あらゆる有意義な理論的主張のための究極的な認識論的 錨（アンカー）として必要だったからである。彼らは，かくて認識論のために，まさにその認識論に照らされた研究には明らかに適うものではない諸過程を信じる必要があったのだ。1930 年代の心の哲学において結果として生じた意識についての両面性は，ロビンズの奇妙な組み合わせ――一方での個人間の効用比較の可能性の否定と，他方での内観的に利用可能な序数的効用判断についての実在論との――に反映されている。行動主義を存在論的 1 命題として採用することは――クワインが結局そうしたように――，実質的に実証主義を放棄するということであった。この結果への途上にある不安定な中間の停留所――ライルがその典型である――は，単に方法論的な行動主義を是認することであった。これは，もちろん，まさにサミュエルソンが落ち着こうと試みたところであった。徹底的な哲学的整合性に関して妥協する多くの諸見解と同様に，方法論的行動主義は常識にとって数々の魅力がある。最も極端な――かつ真に妥当でない――諸バージョンの行動主義だけが否定することは，人々（および他の動物たち）は彼らの内的状態のいくらかについての情報を処理し，またこの情報は彼らの行動に影響を与えるということだ（そのような極端な行動主義は，実際のところ，心理学においては決して真剣に受け取られてこなかった。Lyons 1986，第 2 章を見よ）。

　しかしながら，問題は，能力に関する内観についての不可知論が，この常識的な確信を，科学の残りの部分へのいかなる系統的繋がりからも切り離してしまうということなのである。仮定された内観的にアクセスされた情報が，他の情報から興味深く異なっているのは，ただ，以下の趣旨の背景諸仮定が存在する場合にのみだ――すなわち，（何らかの）行動を導き，かつ，ある個人の同一性条件を確立する中で特別の役割を果たす意識と呼ばれる何かが存在し，また，内観的な気づきはこの種の意識に特徴的な気づきの独特の様態である，と（留意されたいが，個人的な同一性の固定化の中でのそのような意識の役割は，ミクロ経済学的個人主義にとって特に重要である。なぜなら，これはあるエージェントの行動によって示唆されるか，あるいは，その中に現れる一部の選好――意識的にアクセス可能なもの――に対して，他の選好を上回る特別の規範的優先性を与えるかもしれないものだからである）。この

種の哲学的な不安定性が長い間許容されることはほとんど無いということは，科学における系統性への慫慂（しょうよう）の重要性を示す証拠である——「常識（common sense）」の誘惑がいかに魅力的なものだとしてもだ。

　目下の場合，不安定性を解決するには２つしか選択肢が無い。検証主義，すなわち，データへの間主観的なアクセスは科学的客観性の１要件であるという考えへのあらゆる傾倒を放棄するか，あるいは，内的情報処理を研究する方策を見いだし，しかもそうするために能力的内観主義に依拠しない，このいずれかを選ばなければならない。次のように言うことは大なる単純化ではないのだが，デネットの哲学的職歴は，第二の選択肢の先導的な実施であった。注意深く留意されたいが，この選択肢は，経験的に発見され得る能力的内観のようなものが存在するということの先験的な否定を必要としない。それが要請することは，ただ単に証拠の直接的な源泉としての内観を避けることだけなのである。これは，経済学方法論者としてロビンズとサミュエルソンが実質的に異なる点をまさに指し示す。

　経験的な認知科学の歴史が示してきたように，能力的内観のための経験的証拠は全く現れてこなかった。すぐに見ることになるが，これは回顧的には驚くべきことではない。独特な種類の過程としての内観についての懐疑論は，意識についての懐疑論を伴わない。しかしこの理由は部分的には，内観の概念が相対的に明確なものである一方で，意識の概念は決してそうではないということによる。「意識（consciousness）」と言うと，民間的な者はしばしば単に「気づき（awareness）」（世界の——上のように，彼らの内的状態のある諸側面も含め）を意味する。デネットは同意するが，動物界辺りには確かにそれが多く存在している。また他の時々には，民間的な者が「意識内容（conscious content）」によって意味するのは，彼らによる彼ら自身の性格の記述（他者および彼ら自身に向けての）において安定的であるものなら何でも，すなわち，人々が「セルフ（selves）」を構築し維持するために用いる諸特性の塊である。ここまでで前の諸章から明らかなはずだが——また，ミロウスキーとデイヴィスの両者が認識しているように——これこそが意識についての諸設問がミクロ経済学の基礎づけに有意に関連しているところの意味である。次章で見るように，デネットは諸セルフが何であるか，それらがどのように生じるかについての微妙で解明的な１理論を提示しており，彼はそれらの実在をも疑わない。彼が否定するもの，そして時には，意識，セルフ性，あるいは「実在的（real）」エージェンシーの否定と混同されるもの[126]は，次の内観である——すなわち，何

6.　個人主義，意識，エージェンシー　　269

らかの1種類の心理学的な現象または過程があり，それは意識の未分化の民間心理学的概念の両方の諸部分を同時に指示する対象として役立ちうる，という内観だ。

ここで，私が内観を否定すること（方法論的または存在論的に）と意識およびセルフ性を否定すること（方法論的または存在論的に）の間の 離 接 の観点で詳細に論じてきた思考の本体を図式化することが役立つだろう。これはまさにミロウスキーとデイヴィスが不十分な関心しか払っていない——と私が主張する——その 離 接 である。第5章で論じたサミュエルソンも消去主義の経済学者らも，明らかに，この 離 接 にも気づいていなかった。かくて，彼らの立場は寛大に，単に方法論的なものとみなされるべきである。サミュエルソンは——第3章で論じたが——もし仮に彼がその 離 接 に注意を払っていたならば，おそらくクワインの側に付いたはずである。しかし——さらに以下のように論じもした——方法論で彼はそうしなかったのであり，それゆえ，より哲学的に自己意識的な分析者としての我々が彼の方法論を存在論的に解釈する時には，彼がデネットとビンモアによって明示的に維持された見解へと偶然入り込んで行くのを見つけるのである。消去主義の経済学者らが関わるところでは，ある並行的な解釈的1手続きが彼らをクワインに合致させる。これは表6.1に要約されている。今や，ロビンズと人間主義者らによって選択肢として占められた立場を取り除くべき頃合いである。クワインと消去主義者らによって占められた立場は，第8章の終わりまで開かれたままになる。

我々は「心の目（mind's eye）」で「内面をのぞくこと（looking inward）」によって我々自身の中の意識的内容を「見出すこと（finding）」について話す。もっとも，これらは明らかにメタファーであるが。すなわち，我々の脳内にはいかなる図像も存在しないし（中は暗過ぎる，そもそも），あるいは騒音や，カレー粉の風味も存在しない。そのメタファーはいくつかの類比的な構造を取り出そうと試みているに違いない——その構造は，説明上有意に関連する諸特性を図像（動画）などと共有するもので，我々の脳のいくつかの物理的または機能的な諸部分の中に位置する。それによって，我々の面前で再生される意識的内容の流れがあり，それはデネットが「デカルト劇場（Cartesian theater）」と呼ぶものの中の映画のようだ。この劇場は，

---

126 ［原注6］代表的な諸実例については，専門的なものと通俗的なものの両方（それぞれ）として Block（1993）と Malik（2000）を見よ。ブロックもマリクも，私が経済学の基礎づけにとって重要であると特定した問題に直接的には関心がない。かくて私が非常に示唆的だと思うのは，デネットについての彼らの誤解がちょうどミロウスキーとデイヴィス——彼らは経済学への関心によって完全に動機づけられている——も陥るところのものであるということだ。

表6.1 否定の対象

	内観を否定する	意識とセルフ性を否定する
ロビンズ	しない	しない
セン （人間主義的経済学者ら）	しない	しない
サミュエルソン	する	しない*
デネット	する	しない
ビンモア	する	しない
クワイン	する	する
消去主義的経済学者ら	する	する*

＊無意識に，含意によって。

我々の最新の技術によって可能とされた来たる仮想的メディアを予兆している。ということも何しろ，その常連客は，俳優たちを目で見て耳で聞くだけでなく，彼らとともに味わい，臭いをかぎ，触れることもできるのだから。客は彼らとともに内観することもできると言いたい……しかしその時，我々はそれを言ってはならないことに気づき，物語全体が破綻し始めるのである。たった今，後退問題につまずいた——デネットは誰が映画を見ていると考えられているかを問うことによってそれを鮮明にする。もし意識がセルフを規定する行動的指令部であると（特に）みなされるならば，映画を見て私に見えるものに基づいて行動その他の意思決定をするのは私でなければならない。ここで我々は最悪の種類の後退をしている。すなわち，私は私の「中に（in）」あるのだと。そして，第一の私，すなわち見る者はどのようにして働くのだろうか。そこの中に別の——より小さな——デカルト劇場が存在しているのか。

　この民間的な図像に見込みが無いことは自明だ。デネットの建設的な代替肢——それは我々を新たな擁護可能なバージョンの行動主義へと連れ戻すだろう——の概要を示す前にまず留意したいが，たった今要約された純粋に否定的な諸点は，内観という民間的概念を追放するために既に十分である。事実上，その概念に対しては次のこと以上の建設的な内容は全く存在しない。すなわち，個人がデカルト劇場の中での見せ物を吟味する時，何をするかということである。デカルト劇場のようなものはいかなるものも存在しえないので，ゆえに粗野な民間的意味での単純な内観のようなものは全く存在しないのである。

6. 個人主義，意識，エージェンシー　271

すると，認知科学によって支持されるかもしれない，あまり妥当性の劣らない種類の内観はあるのだろうか。ライアンズが示しているように，おそらくロビンズに影響を与えただろう前行動主義的バージョンの考えは，行動主義の失権の後では復興されなかった。古典的 AI の時代の多くのモデルは，軽率にもフォン・ノイマン流のコンピュータアーキテクチャーに基づく心のモデルの中で，ランダムアクセスメモリーへの心的類比物を仮定した。しかしながら，デネット（Dennett 1991b など）が指摘するように，誰がそのような諸過程によって取り出された情報を受け取ると考えられるかという設問に関しては，これらのモデルはほとんど完全に無言であった。すなわち，彼らはまさに内的内容への心的参照を内観と同一視することを的確に避けたのだ。例外は Baars（1988）の説明である――そこでは意識は自己監視を実施する計算的諸過程の観点で分析されている。しかしながら，ここには現象的クオリア（qualia）[127] と言われているものに関する膨大な哲学的文献が有意に関連している。

　私は，デネットと同様に，クオリアの概念が何らかの理論的に統一可能な部類の認知対象を取り出すと想定することの説明的価値については懐疑的ではあるものの（Ross 1993a を見よ），1990 年代のクオリア論争が確立したことの 1 つは，計算処理で内的に蓄えられたデータの単なる取りだしは，せいぜい内観的気づきにとっての弱い必要条件にすぎず，十分条件には程遠いということである（Chalmers 1996 を見よ）。それどころか，デネット派の行動主義者たちをクオリアの擁護者たちから分かつ枢要な要素は，クオリア擁護者による次の主張である――すなわち，クオリアが個別化に適うことにより認知の他の諸対象から区別されるのは，計算的表現の中に捉えられ得ない質的な諸特性を参照することによってのみである，と。ロビンズが彼の経済的エージェンシーの内観主義的説明――すなわち，選好は順序づけられているという事実への直接的な知覚的アクセス――を根拠づけるために必要なのは，ちょうど現在の内観の信奉者がそのような諸過程をそれについてではない，と区別する種類のものである。

　上の議論は，多くの点で，心についての諸仮定の哲学的副産物であり，それらの諸仮定はもはや認知科学であまり真剣に受け取られていない諸種類の計算的モデル

---

127 ［原注7］経済学者たちのために――これは哲学者の専門用語であり，特定の紅斑の質的な（独特な）赤さや，デイヴィスのトランペット独奏の質的な（独特な）マイルスらしさなどのようなものを示す。

へと組み込まれている。それでは，どのようなもっと妥当な諸モデルが神経科学から生じてくるのだろうか。脳が心に貢献する仕方についての急速に発展しつつある図像が証拠を全く提供せず，反証をたくさん提供するのは，次のような区別である——すなわち，内的状態についての情報の内的な（つまり，方法論的に唯我論的な）登録と，外的状態についての情報の登録と，この両者の間の任意の物理的または機能的に特定可能な区別である（入手可能かつ哲学的に注意深いサーベイについては，Quartz and Sejnowski 2002を見よ）。脳は，もちろん，生物とその環境との間の様々な境界点をたどらなければならないが，しかしこれらの境界は横断的かつ柔軟であり得るし，確かにすべての処理される情報に包括的な「内側（inside）」と「外側（outside）」の目印をつける何らかの一般的手続きによって区別されるものではない。以下で——エージェンシーの生物学的基礎について議論する文脈の中で——進化が何らかのそのような手続きを実施する脳をおよそ構築しそうにないし，それどころか，おそらくは構築できないだろう理由について，もっと述べるつもりである。

　かくて私はこう主張する——認知科学と脳科学は——たとえ行動主義に最も敵対的な理論的諸分野でさえも（ワトソン的またはデネット的なバージョンのいずれでも）——経済的個人主義のロック的基礎を支持するために必要な種類の内観を保証する気配を全く見せない，と。哲学者である読者のために，強調させて欲しいのだが，ここでは，いかなる広義にカント的な意識の理解も現代科学と両立可能ではない，と主張しているのではない。私はこれは両立可能だとは思うが，しかしここで与えられるいかなる諸論議も，そのような主張を正当化するにはほど遠い。私が主張しているのは，ただ，認知科学の発展は，諸事実の直接的な内的知覚という考え——それは新古典派経済学的個人主義を保証するかもしれない——を，ますます風変わりで信じがたいものにしているということだけである。この主張が，認知科学者たち，または心の哲学者たちのいずれの間でも論争の的になるだろうとは思わない。

　私は，争奪戦が起きるとは思わないような地面にこの控えめな旗を立てたので，今度は付け加えて言うが，経済的エージェンシーのための内観的基礎に反対の主張は，デネット的なパースペクティヴからは特に見込みがないように見える。その諸理由が明らかになっていくのは，私がこれから，経済学への応用のためのそのパースペクティヴと，その心理学への関係を展開することに取り掛かっていくにつれてであろう。したがって，私の内観主義批判は，私が論争の的にならないと主張している点では終わらない。しかしながら，それは次第に，意識とセルフ性の実証的な

説明に移っていくが，この説明は，なぜ我々が内観主義と消去主義の間の離接（ディスジャンクション）に直面しないのかを示すために必要なのである。

　既に述べたように，デネットは，ある内的内容の気づきという事実も，ある1「セルフ」を構成要素とするある内容を回避する諸過程の存在も，ともに否定しないので，彼によって，またライアンズによって奨励される内観の解消は思想と内容の実証的理論に相伴われなければならない——その実証的理論は，民間的な者が「意識」の未分化の1概念の下で誤って具体化する思想と内容の両方を説明できる理論である。デネットの意識の理論は，「多元的草稿モデル（MDM: multiple-drafts model）」と呼ばれ，これは志向姿勢の機能主義と相互支援の不可欠な関係にある。それどころか，1つの一般理論の2つの側面があるのだが，その訳は，どちらの部分も他方なしには究極的に妥当ではないからである[128]。私は次にこの問題に取りかかる。

意識の多元的草稿モデル

　デネットの理論を記述し，それから拡張することを始める前に，彼の非常に論争的な MDM に対して私が置こうとしている比重について，少々自己意識的な内省を提示させて欲しい。MDM と志向姿勢の機能主義がそれらの諸部分の合計よりも強いあり方（Ross 1994a を見よ）は，私の経済学の説明とデネットの心の哲学の間の意図されている関係に論理的に似ている。もし，前者がミロウスキーとデュプレのような諸疑念からの圧力に対して経済理論をより内的に整合的にするならば，これは同時にそれが部分的に依拠するデネット的理論を支持する新たな証拠になり得る。なぜなら，ある理論の正しさに対する信念を合理的に根拠づけるものの幾分かは，その理論が元来その概要に含まれていなかった諸事実を説明できるその豊かさだからである。正当化におけるこの種の非悪循環性は危険であり，しばしば科学的俗物（フィリスティーン）らによって冷笑されるが，しかしそれは科学的正当化の不可欠かつ歴史的に遍在する一部分なのである（これにも留意されたいが，以下で私は，デネット自身

---

128 ［原注8］多くの哲学者らがデネットの見解を飲み込む際に抱えてきた困難はまさにここにある——と私は思う。心の哲学者らは，伝統的に仕事を分割して，思考過程と思考内容との説明を探究してきた。その伝統に直面して，デネットは実用主義的に彼自身の仕事を分割した。すなわち，『志向姿勢の哲学』（Dennett 1987）は表向きには内容についての彼の理論であり，『解明される意識』（Dennett 1991b）は表向きには過程についての彼の理論である。しかし，私がたった今示したように，どちらの理論も他方なしには完全ではない。

の理論をそれを足場とした他の人々による後の貢献で自由に補完するつもりである）。

脳は，大規模並列処理装置である。どの時点でも，シナプス的に大きな脳，特にその最大の種類（我々のもの）は，膨大極まり無い量のそれぞれ別個の情報変換の計算で忙しい。この点において，脳は国民経済に似ている。数十年前，ハイエク（Hayek 1960）は，経済政策の基礎としての中央計画の徹底的な批判を提示したが——これはその後，そして圧倒的に，経験によって支持されたものだ——，そこで彼はこう指摘した——大規模に並列的な情報処理は，物理的な問題として，連続的なボトルネックのために制御され得ない——もしも外的な制御目標の動的に展開し部分的に独立な集合についていくべきだと考えられているならば——と。初期のAI研究はハイエクの論点を再発見したのだったが，それは，素朴にも「個人（the person）」を実行制御の現場とみなし，そのような制御の現場をコンピューターの中に構築しようと試みた時だった。その結果——「フレーム問題（the frame problem）」として診断され知られている——は，一連のモデルであって，綿密に連続的な仕事（人々が難しいと思う——算数のような）において成功する一方で，実時間の課題（人々が神経並列主義のおかげで容易であると思う仕事——壁を避けるような）において面白いほどに不器用な失敗が伴っていた（Pylyshyn 1987を見よ）（留意されたいが，ミロウスキーには反して，まさにこれが——ゲーデルの不完全性定理との衝突ではなく——古典的なAIへの信頼を摩滅させたのであった）。

大きな脳における反応の安定性への鍵は，国民経済においてそうであるように，多量の分散した情報処理が調整され得ることに在る——しかも，それらをすべて纏めて，ある 幹 部 （エグゼクティヴ）の意思決定のための命令系統に集約する必要無しにだ。ほとんどの情報は次のような半自律的な諸部位（サイト）によって扱われる必要がある——つまり，そのシステムが直面する大域的（グローバル）な諸課題から隔離されることがあまり問題にならないような諸部位であり，それが可能になるのは，相対的に無知な末端の担当者（サイト）たちが驚いた時にのみ他の諸資源を要請するフィルタと警報システムが存在するおかげである。このくらいは古典的なAIにおいてさえ理解されていた。微妙な点は，さらに一歩進み，次のことを認識することを必要とする。すなわち，思考のあり得る1つの説明は，半自律的な諸過程と諸過程の再帰的に組み立てられた諸チームとを新奇な諸状況のために要請させ得るのではあるが，プロジェクト全体を損なう痛みを覚悟の上でも採用しようとしてはならない種類の助力者は，フィルタの上位に位置するか警報に聞き耳を立てる首長（プレジデント）だということである [129]。他の者皆を調整する権

能を持った上司(ボス)は存在しえないし，他の皆が調整を必要とする時はいつかを意思決定する権能を持った上司さえ存在し得ない。なぜなら，そのような上司は，成功した理論が取り除かねばならないまさにその種類のボトルネックを体現しているに相違無いからである。

　学部の経済学，または進化理論，または認知科学を教えたことがある者皆があまりにもよく知っているように，強力な人間の直観のために心配するようになることは，複雑な諸システムにおいては強い幹部がいなければ混沌状態になるということだ。しかしながら，この直観の力と競り合うのは，等しく説得力のある経験だ。経済学者たちが理解していることだが，諸価格と諸供給率が安定的で比較的予測可能な範囲内に留まり得て——もちろん，完全に信頼に足るには程遠いが，驚くほどにしばしば（民間的な期待に照らせば）——，そして互いに多かれ少なかれ調整され得るのだ——誰も特にそれらを監視および管理しない時でさえ。生態学者たちが一般に理解していることだが，生態系は幹部無しに均衡をおおよそ維持できる。そのため彼らは次のように期待することの危険性を強調するのだ——生態系を傷つけた後でも，それをどうにか美しい状態に立ち戻せる，と。この点は強調し過ぎないようにしよう。すなわち，これらの種類のダイナミクスについて，まさに何が理解されており，何が理解されていないかということについては，多くの微妙だが著しく異なる話柄が語られ得るのである。差し当たり，我々が主張しておく必要があるのは，動的安定性はもはや概して神秘的なものではないということだけである。最も一般的に言えば，必要とされているものはシステム内におけるある種のフィードバックで，それにより，均衡からあまりにも遠く逸れた諸過程は，あるいは選択的な圧力を通じて絶滅するか，あるいは，ある自己触媒的な調整の減衰によって補正されるかの何れかである。そしてもちろん，この種の安定性は，決して絶対的である必要はない——要請しても分別があるのはせいぜい，関心に足るほど長く続く安定性の説明だけである。いかなる安定性も永遠に続く必要はなく，またおそらく，いかなる安定性も永遠に続くことはできない。

　MDM とは，脳は事実上，ある種の分権化した情報市場であるという仮説である。私は，ミロウスキーはこの中にいくらかのイデオロギー的または傾向的な気まぐれを読み取りたいのだろうと想像するが，しかし実際の知性史がこれを示唆するとは

129［原注 9］基本的作動に対する制御の分布を組み込むが，それから私が「微妙な（subtle）」段階と呼んでいるものには至らないような 1 モデルについては，Anderson（1983）を見よ。

思わない。人がMDMのような何かへと追いやられるのは，フレーム問題とデカルト劇場の不可能性との結合された諸圧力によってである。この両方ともが含意するのは，脳の中にはデネットの言うところの「すべてが会同する（everything comes together）」ような中心的な場所は存在し得ないということだ。複雑な問題の諸側面は，下位エージェントの分散した諸チームによって並列的に扱われなければならず，これらのチームは情報共有に関して互いから部分的にカプセル化されていなければならない。「あなた」は，あなたの脳の中で起こっているすべてのことに直接的に関与することはできないだろう——直接的にと言うのは，原則として，神経科学者があなたの脳を研究して，それからあなたに教えることができるためである。そして，同じ理由のために，脳内のいかなる機能的処理も他のすべての——あるいは，他の多くのでさえ——同時並列的な機能的処理諸過程に対し感受的になり得ない。我々はこう仮定してはならない——脳の諸小片の中で計算されている諸問題への部分的解決策の多元的草稿が，諸問題を何かきれいな分計へと機能的に分割する，と。なぜなら，そのことでさえ，信じがたいレベルの内的な官僚組織を必要とするからである。所与の問題が解決される抽象のレベル——下位システムの諸レベルとシステム全体のレベルの両方において——は，それ自体，決まっていない。結果として，諸システム全体は，時折，非効果的な抽象の諸レベルでその諸問題を解決する。もし私が投資問題について何とか理解できることが，ポートフォリオに支払ったよりも多くの額でそれを売ろうとすべきだということだけであれば，偶然による以外には全く儲けないだろう。これは，あゝ悲しや，その問題が関係する通常の苦境である。

　　MDMによれば，〈幹部としてのセルフ〉，あるいは，統合された情報のための中央受信場所としてのセルフは，神経的な情報処理構造内でいかなる安定的な場所も占めない。継続中のダイナミクスが精査される——なぜなら，その個人は尋問者によって質問をされているか，あるいは，新奇な環境的偶有性によって驚かされているため——その時，どこかで処理されている何らかの情報が特権を得て（デネットが述べているように「選ばれて名声を得て（selected for fame）」），現在の意識内容として解釈される。しかしながら，これはそれ自体がまさに精査されているそのダイナミクスの産物であり，その精査自体の行為と一体である。所与の時間における「意識の内容（content of consciousness）」は，精査に対する主体の行動的反応から独立の背景的事実ではない。それは，特に，脳の何らかの特別な物理的ま

たは機能的部分において偶然起きていることについての事実ではない。報告される意識の内容は，どの場合においても，ある主体にとって物理的に利用可能なあらゆる情報の何らかの部分集合に関する，その主体による１解釈，１判断であって，その一部のみが，内的状態についての情報だろう。当該の判断がまさに伴うのは，外的諸条件，自己知覚的信号，全体的な行動実績記録，精査の源泉が欲するものについての期待の間の三角測量の類で，それは，人々の間の会話の中で進行する。意識内容についての報告は，かくて，主体が自身に対して志向姿勢をとることから生じる判断なのである。

　意識は内的状態ではないという考えは，個人についての民間的な見方に極めて根源的に異議を唱えるものだ。それゆえに，それが受け入れられると合理的に期待することができるとすれば，それが一連の諸現象をどのように論じられるかということが明らかになって始めてのことなのである。特に，次のことを示さなければならない——その話か，あるいは，個人を，内的情報処理と環境的刺激の間を動的に組み合わせる過程へと転換するところの何らかの似たような話のいずれかが，行動的安定性と感情的安定性の両方を説明できる，と（Davis 2003 は，これを指摘しており，正しくも理解していたが，ロック的基礎を取り去られた新古典主義は同じ異議に直面するのだ）。こう思うかもしれない——環境制御パラメータと組み合わされた神経的均衡ダイナミクスの生の理論は，ネコの行動の安定性を——あるいは，それすら多くを求め過ぎているならば，ゴキブリの行動の安定性を——説明し得る，と。ネコたちは——あるいは，少なくともおそらくゴキブリたちは——統一的な支点，すなわち，知覚的出力，判断，行動がすべて一体となる場所が存在しているといういかなる感覚も持っていない（と我々は合理的に仮定する）。

　しかし人々は持っている。もしあなたの脳（誰の脳だろうか？）があなたの交通違反切符を切っている警察官が面白い耳の形をしているという思考を処理するならば，あなたは気づき，かつこの判断を記録するということの両方をし，そして，爾後のあなたの行動にそれを統合しないように決定する。あなたはこれを，言ったり，あるいは，他でさらに用いたりすることができるが，（少なくとも今は）公表しないだろうことの多くの草稿モデルの１つとして扱うことができる。それどころか，あなたは，後のあり得る利用（その出来事についてのあなたの逸話の中での）のためにその草稿を取っておくか，あるいは，それを取り消せないほどに編集して削除してしまい，その後あなたにとって利用可能でさえなくなるようにするかを決定す

る力さえ（ある程度まで）持っている[130]。内観という民間的概念を支持する直観を棄てることに成功したのは，漸く，我々がこの「あなた」が誰であるかを述べてからのことであった——しかも，あなたを内的な幹部へと置き換えない仕方で。こういうわけで，セルフの廃止からは程遠く，デネットの根底にある主なプロジェクトは，セルフが実際に何であり，どのような諸過程がそれを生じさせるか，それがいかにして現状の程度まで行動を実際に安定化させるのかを説明することだったのである。

　私がセルフの基礎づけについて与えるつもりの説明は，デネットの説明から生じるが，しかし，次いで，構築しているロビンズ−サミュエルソン的な経済学的説明の理解へと結びつけることにより，それを拡張し豊かにする。それがかくて肯定的な答えの枢要な部分を形成するのは，前章で記述された消去主義の挑戦に対して，また，新古典主義と行動主義に抵抗する人間主義的な懐疑主義——なぜなら，それらはセルフを脅かすと言われているから——に対して，この両者に対してである。しかしながら，次章でこの肯定的な命題を構築し始める前に，さらに本章でなされるべき否定的な仕事がまだいくらかある。

　個人主義に対する知的背景のすべてが現代に由来するわけではない。社会的原子論または経済的個人主義のいずれよりも古いものは，少なくともアリストテレスまで遡る個人性とエージェンシーの間の概念上の連関である。さて，Ross（1994a）が論じたように，我々自身についての我々の民間的な見方に対するデネットの挑戦のもう1つ別の側面は，彼自身が明白に述べてこなかった，あることに存する。すなわち，志向性と意識の彼の説明は——一体になると——個人性とエージェンシーとの間の緊密なアリストテレス的連関を切断するということである。このくさびを可能な限り深く打ち込むことは，ここでの私の計画の重要な部分である。なぜなら，そのようにすることは，経済学と心理学の関係についての私の説明が分離性を保ち，その結果，行動的−実験的文献の基本的な哲学的見せかけによって奨励される経済学の哲学とは著しく異なることになるその基礎だろうからである。

130［原注10］少なくとも，そのように精神分析学は主張する。明らかに正しいのは，人々が後でたどれない情報を獲得するということだ。もっと傾向的であるのは次の主張である——すなわち，抑圧（*suppression*）の活発な諸過程が存在する，と。不安は，より一般化された無視（*ignoring*）に至るだけかもしれない——これは集中（*concentrating*）の論理的な裏面である。

6. 個人主義，意識，エージェンシー　279

エージェンシーと個人性：全く別個の概念

　エージェンシーは，人々についての哲学的思索にとって中心的なほぼすべての諸観念と同様に，民間的な概念として経歴が始まった[131]。民間心理学——および，それに基づく多くの法的および規範的な実践——が必要とする区別は，事態に責任のある創始者たちと，因果的連鎖への単なる無意識的な参加者たち——彼らは偶々動物または人間である——との間の区別である。哲学的無知の中でそれらの概念を用いるとき，民間的な者たちは，諸エージェントがどのような種類の責任を持たねばならないかについて，概して，非常に明確なものを何も意図しない。その概念のたいていの適用は，規範的に張り詰めた状況の中で生じるので，特定の用途は，より幅広い社会的文脈に典型的に依存して認識的および道徳的な諸基準——それらに対照して，有意に関連のある共同体の構成員が判定され，また，判定されると期待するものと期待される——の混合を選び出す。

　エージェンシーという考えは，明白に規範的な社会的ダイナミクスにこれらの諸根源を持っており，それを何らかの科学——心理学または経済学を含む——の発展に束縛させるような仕方では滅多に使われてこなかった。ゆえに，私が「志向性」と「意識」を消去主義者とデネット主義者の論争の諸対象として没収することに堪え忍んできたかもしれない人間主義者（デュプレのような）は，私が科学的立法化のために「エージェンシー」も持ち去ると提案したら，非難の声を上げる追加の諸根拠を持つだろう。次のような異議が唱えられよう——もし科学的実在論者が——概念的構築が原科学において部分的にも従事されたとは誰も想像しなかった領域においてさえ——論争のあらゆる観点を決定するようになれば，我々は確かに科学主義の勝利をあまりにも容易にしすぎるだろう，と。概して，もし社会的文脈によって，通常，エージェンシーの概念の特定の諸適用が目前の仕事にとって十分に明確になるならば，なぜ哲学者はそれを改革しようとすべきなのだろうか。そうする中で我々は，誤り導かれたプラトン的な衝動から，うまく機能する言語ゲームを編成しようとすることに対するウィトゲンシュタイン的な禁止命令を言語道断に無視しているのではないのだろうか。

　この種のウィトゲンシュタイン的な異議は，あまりにも自己満足的である。これは一般にそうであると思うが，しかしここでは私の関心を目下の概念に制限するつ

131［原注11］本節の材料は，Ross（2002c）から修正しつつ取り出したものである。

もりだ。もし，我々がうまく機能する言語ゲームに要求してよいことのすべてが，それに参加する民間的な者たちが「どのようにして続けるかを知っている（know how to go on）」ということならば，おそらく我々は，エージェンシーの事例に哲学的に介入するようには動かされないかもしれない。しかしながら，民間的な者がエージェンシーによってどのような種類の責任が伴われるかについてより明確にせよとの圧力をほとんど——生死に関わる状況においてさえも——感じないことの主な理由は，エージェンシーは，心についてのより大きな民間的理論に埋め込まれていることから多くの見せかけ上の明瞭性を引き継いでいるということにある。仮に，人々が内的な霊魂によって操られる機械であったとしたら，我々は，大まかに，しかし，日常的な目的にとっては効率的に，次のように述べることができよう。すなわち，彼らの身体の動きが信念と願望との相互作用の多かれ少なかれ直接的な帰結である時にはいつでも，彼らのエージェンシーを行使するということである。彼らの身体が他の種類の諸原因の結果として動く限り，いかなるエージェンシーも関係していない。すると，特定の法的および道徳的な諸規範が——部分的に——示すだろうものは，様々な規範的な諸目的にとって，まさに，内的な〈信念-願望〉複合体と諸行為の間の有意に関連する因果諸関係が，いかに非媒介的で非複雑でなければならないかに関する共同体による決定である。しかしながら，その場合，エージェンシーに関わる言語ゲームをプレイする民間的な者たちが続けるのを可能にするのは，単に彼ら自身の心理についての誤った信念のネットワークに過ぎない。第2章で論じたように，近頃の行動科学者たちで内在主義者である者はほとんどおらず，また，人々は孤立化可能な信念と願望に対応する因果的に有効な諸状態を脳内に持っていると仮定する者はほとんどいない。志向姿勢の機能主義または消去主義のいずれかによって説得された者で，エージェンシーの編成されていない民間的概念を「続ける（go on with）」仕方を知っていると主張できる者はいない——次のようにでも考えない限り，すなわち，責任の帰属は単に恣意的な共同体の儀式であり，そのようなことに道徳的および法的な報酬および制裁を基づかせても構わない，と。

　Davis（2003, p. 65）が認識しているように，エージェンシーのいくらかの改革の動機づけを可能にするのは，人間主義者たちは哲学的によく動機づけられることに合意するという考察を通じてだ。社会科学の方法論においてより困難な問題群の1つが集中するのは，どの種類の活動的な諸単位が諸エージェントとしてモデル化されるべきかという設問を巡ってだ。社会的原子論者たちと方法論的個人主義者たち

6. 個人主義，意識，エージェンシー　281

の両方が考えているのは次のことだ——全的な個人よりも大きい何物も決して適切なエージェントであることができず，また，より大きな集合体——諸国，諸階級，諸団体，等々——の目標，目的，信念，願望の観点（ターム）での特徴づけは，せいぜい危険なメタファーにすぎない（たとえ，それらの外在主義的，帰属主義的な解釈に基づいていても），と。様々な種類の構造主義者たちが抗議して言うには，これは結局，そもそも社会レベルの説明にとって有意義な領域が存在するということの否定になってしまう。しかしそうすると，彼らでさえも，理不尽に困難な哲学的仕事をして，正しくかつ情報を与えるものだとみなすのが全く難しく思われないような主張——例えば「英国（ブリテン）は第二次世界大戦に勝利したかった」というような——を正当化しなければならないことになる。この問題は疑似問題の臭いがする——すなわち，それについての直観を定めるのが永続的に困難だが，しかし自己意識的に哲学的な文脈の外側では非現実的である何かである。たいていの人々は，諸集団を諸エージェントとして扱う言明を，形而上学に全く注意を払わずに，許容可能な程度に合理的に説明する仕方を知っている。しかし，方法論的個人主義者たちが異議を唱える時には，それは難題に思われるのである。英国（ブリテン）のようなものが，どのようにしてエージェントであり得るのだろうか。この種の設問は，歴史家たちと社会学者たちを困惑させる——それは，エージェンシーの民間的概念が民間心理学からその整合性を導くその仕方のゆえである。もし英国（ブリテン）が1エージェントなのであれば，我々はその信念と願望を委ねる存在論的にれっきとした場所を必要とすると考えがちだが，しかしそのような場所は存在しないように思われる。

　ある膨大な哲学的文献が存在するが，これはエージェンシーの民間的理解を編成することを負けず劣らずためらう科学的実在論によって推進されているのではない。この活動の要点は，主として，民間的概念に整合性をもたらし，そのためにそれを論理の諸標準に適ったものに維持することにあった。私は，もちろん，この計画にあまり共感していない。それは「純粋な（pure）」哲学的事業と呼んで良いかもしれない。しかしながら，それは概念上の改革を動機づけるために有用な楔を用意する——しかも，人間主義者に反対して論点をはぐらかすことも無く。それゆえに，私は本節の議論を初めに方向付けるためにそれを参照するつもりである——その諸仮定を究極的に消滅させる前にだが。

　エージェンシーは，その歴史を通じて哲学の2，3の最も中心的な諸概念の1つであった。その名声ある身分はアリストテレスに始まるが，彼はその行使を倫理学

の論理的基礎とする。この最初の瞬間から，エージェンシーは人間の独自性にも緊密に結びつけられていた。かくて，アリストテレスにとって，エージェントとは，大まかに定義して，「理性的な願望（reasonable desires）」を抱き，それを実現する諸段階をとることができる存在である。理性は，アリストテレスによって完全に人間なるものの規定的な特性であるとみなされるので，彼にとっては，人間のみが（そしておそらく，聖なる霊も）エージェントになり得るし，あらゆる道徳的に能力のある人間はエージェントでなければならないということになる。アリストテレスは，道徳的能力と道徳的意義の間の自己意識的な区別を全く設けず，これにより，後の一部の哲学者らはエージェンシーと道徳的重要性との間の論理的結びつきを弱めることになった。かくて，功利主義者たちは，この関連において不可欠な特性としてエージェンシーを直覚（センティエンス）に置き換え，現代の環境決定論者たちは典型的には，諸エージェントのために道徳的責任を取っておく一方で，道徳的な意義を非常に寛容に分配するのである。しかしながら，近頃，功利主義は時代遅れであり，アリストテレス主義（ある種の）が流行している。道徳哲学と行為理論の両方のいくつかの部門における現在のアリストテレス派の復興のおかげで，独特に人間的な諸種類の責任——因果的なものと道徳的なものの両方——のための独自の場所としてのエージェンシーの教義が繁栄している。マーサ・ヌスバウム（Nussbaum 1981, 1994）の仕事は，これに関連してとりわけ影響力を持ってきたし，効用ベースの厚生の理解とエージェンシーベースの厚生の理解の間のセンの区別——前章で論じた——の基礎づけにおいて直接的な役割を果たす。

　現在の諸目的のために，私は，エージェンシー概念の特定の道徳理論に対する関係についての諸設問を回避し，そのために道徳的言説はエージェント間以外では実際的な点を全く持たないということをただ譲歩して認めるつもりである——諸エージェントが厳密に何であると判明するにせよ。すなわち，私は次のことを認めよう——もしあるシステムの行動の気質が，それに対して向けられた道徳的論議によってそれ自体の消費のために修正され得るならば，それはエージェントである（少なくとも，ある——おそらくは拡張された——意味において）——もっとも，その逆は，もちろん一般に正しいわけではないが。このことは，そもそも何かをエージェントとするのは何であるかという設問を未解決のままにする。エージェンシーの基礎へと向かうそのような前倫理的，存在論的な探求は，一般的にエージェンシーと個人性（パーソンフッド）との関係に焦点を合わせてきた。その関係は，今述べたように，アリストテレスと

6. 個人主義，意識，エージェンシー　　283

一部の現代のアリストテレス主義者たちによって，必然的な共外延性の近傍にある何物かへと転換されている。この見解とは著しく対照的に，私は，次のように論じるつもりである。すなわち，現代の認知および行動の科学と整合的な最も節倹的な概念的編成に基づけば，個々の認知的および感情的に能力のある成人の人間は，間接的な意味におけるエージェンシーを近似するだけであり，そして，実に模範的なエージェントである生物——例えば，昆虫——は存在するけれども，人間はそのような生物の実例ではない，と。

　合意されたように，科学的というよりも社会的-実用主義的な観点から問題に接近し，次のように問うことから始めよう。すなわち，既に構築されたエージェンシーの概念を道徳の実践または理論の中に導入する前に，我々は何のためにその概念を望むのだろうか。すなわち，その概念は，世界が動く仕方についてのどのような直観を統合すると考えられているのか。一般に受け入れられているエージェントの理解は，アリストテレスに直接由来するものであり，エージェントを「人間のセルフ（human self）」の同義語のような何かへと転換するが，しかしそのような諸セルフの因果的有効性を強調する。あるエージェント候補——例えば，諸国や諸団体——は，人間の諸セルフではないかもしれないが，しかしそもそもそれらが首尾一貫して諸エージェントとみなされ得るならば，それらのエージェンシーはそのような諸セルフに連関する種類の因果的有効性を参照することによって理解され正当化されると期待される。この理解に基づけば，人間はもちろん仮定により原型的なエージェントである。これはこの概念を全くつまらないものにしない。この解釈に基づけば，エージェントであることは（典型的にかつ有資格的に）人間であることの一様相（*aspect*）であり，これは本格的な倫理的および認識的な責任にとって根本的な様相である。

　例えば，エージェンシーを自然化する諸条件についての 1989 年の研究（私が「純粋な」哲学的プロジェクトと呼んできたものの一部）の中でジョン・ビショップ（John Bishop）が採用した非常に典型的な手続きを考えよ。表面的にはビショップはエージェンシー自体の分析を提供しているように見えるだろうが，しかしそのような印象は誤解を招くだろう。むしろ，ビショップが示しているのは，〈諸エージェントによる因果性〉への参照を，事象の因果性のより標準的な定式化へと還元する仕方だ。それは，そうしなければ明白に必要となる特殊な隠れデカルト的な種類の因果関係（すなわち，推論する存在に特有の形而上学的な種類の因果関係）を不要にする

ためである。前もってエージェンシー自体についていくらか分析することをせずに，この仕事を試みることはいかにして可能なのだろうか。その答えは，なぜエージェンシーが重要なのかについてのビショップのアリストテレス的仮定の中にある。彼の自然化プロジェクトが主に関わるのは，自然的因果的秩序は道徳的責任の余地を全く残さないという旨の懐疑的諸議論に答えることである。したがって，彼は，因果的な創始者としての諸エージェントに諸事象を帰すことを正当化するために十分な様々な事象の因果性を必要とする。その場合，関係するエージェンシーの意味は，道徳的エージェンシーだけでなく認識的エージェンシーを支持するためにも十分なほど強力でなければならない。ゆえに，ビショップは，道徳的エージェンシーの行使に必要とみなされるものなら何からでも，彼が問題としている〈エージェンシー一般〉の有意に連関する特徴的な諸特性を導くことができるのである。しかし，彼は確かに〈エージェンシー一般〉を道徳的エージェンシーにとって十分とはみなさないので（ほとんど誰もそうしないように），〈エージェンシー一般〉にとって何が必要であり，かつ／または，十分であるかを決して問うことがない。この点に関して，既述のように，彼のアプローチは道徳的および認識的な責任の形而上学的基礎づけに関する仕事の典型なのである。

　行為理論——「純粋な」哲学的分析の別の一分野としての——は，しばしば，この基礎づけ的な像を当然のこととみなす。かくて，その理論は認知科学の哲学における膨大な文献と概して直交する方法で進む。その認知科学の哲学では，エージェンシーの概念は，諸行動——すなわち，諸システムの偶発的な主導によって諸目標に向けられた諸動作（その諸目標というのはそのシステムの諸目標である）——という部類を諸動作一般から系統的に区別するために役立つものなら何であれ，それを示す代用物とみなされる [132]。これら2つの文献群における諸前提の交換は，たいてい相互的なものであった。すなわち，1980年代以降の行為理論家たちは，しばしば，認知科学が〈エージェンシー一般〉にとって経験的な必要条件の説明を与えてくれるだろうと想定する一方で，科学と道徳的生活におけるもっと要求の厳しい分野にとっての十分条件を得ようとするのである。他方で認知科学者たちの方がしばしば想像するのは，行為理論家の（そして，道徳形而上学者の）エージェントは彼ら自身の諸学問分野が将来発展していく軌道上のどこかに居るということだ。し

---

132 ［原注12］重要な例外はJuarrero（1999）である。

かしながら，これらのエージェンシーの諸理解が評価される際の諸標準は，根本的に異なっている。一方の場合には，エージェンシーは道徳的および認識的な責任にとって何であれ必要なものすべてである。他方の場合には，エージェンシーは目標志向的行動にとって何であれ十分なものすべてである。ある現代の仕事——デネットや現在繁栄している「自然化された道徳心理学 (naturalized moral psychology)」の文献 (May, Friedman, and Clark 1996 を見よ) に貢献している多くの者の仕事——は，ここでの概念的な弁証法に敏感である。しかしながら，実践的合理性にとって必要かつ十分な三段論法の装置を研究することに在る他の数多の哲学的な仕事[133]は，実際にはただ避けているだけの概念上の溝をあたかも架橋しているかのように見える。

　エージェンシーの概念内部のこの緊張は，1960 年代以降の AI 研究の意義に関する哲学的諸探究の中で明白であった。もしエージェンシーが実践合理性を実行する能力であるならば，諸エージェントという部類は人間という部類よりも広いかもしれないということになる。このように諸エージェントのクラブの可能な成長を取り巻く諸問題にとって通常，決定的であるとみなされてきたことは，諸目標の因果関係学の設問である。かくて，Searle (1980) は，そのクラブは成長しないだろうと論じようと試みて，それが可能なのは，いかなるコンピューターもそれ自身の志向性の源泉にはなり得まい——部分的には，それは自身の意図の源泉にはなり得ないという理由により——ということを示せばよいと考えたのである（議論については Dennett 1987, 第 8 章を見よ）。対照的に，Dretske (1988) や他の多くの論者はこう仮定する——人間でないエージェンシーの可能性のための時代を勝ち取る必要がある，また，そうすることができるが，そのためには特定の系統的な諸特性——本質的に生物学に根ざしてはいない——が自律的な目標の生成および修正の基礎となり得ることを示すことが必要である，と。

　この討論の中で，Dennett (1987) は孤独な位置を占めている。というのも，彼は，何でもが自律的な目標生成者であるということを否定しており，この理由により，エージェンシーの可能性を否定していると非難されることが少なくなかったからである。デネットがこの非難を却下する諸理由は，私が妥当であるとみなすものである。この問題には次章でより幅広い文脈の中で戻るつもりである。現時点で私がそれに言及する際の要点は，たいていの現代の哲学者たちが以下のことに同意する

133［原注 13］ここで念頭に置いている種類の仕事は，Aune (1977) と Castañeda (1975) によって良く例証されている。

——その討論が示しているように——ということを示すことだけである——すなわち，エージェントという部類と「完全にセルフ化された（fully selved）」人間とは論理的に同一の外延を持つものではなく，かくて，彼らは，これらの部類が偶発的に同一の外延を持つ程度について疑うことができるということである。しかし，討論の参加者たちの過半数は，その設問を提起する正しい仕方は，コンピューターに人間にできるのと同じことができるか否か——諸目標と諸行為との間の関係を生成し，表現し，正当化する領域において——を問うことであると考えている。かくて彼らは，アリストテレス的伝統の中に自らが堅固に位置することを示して，人間を原型的エージェントとみなす——但し，諸エージェントが本質的に人間的であるということを仮定しない時でさえもそうなのである。

　しかしながら，多くの現代の哲学者たちは，歴史的にアリストテレスの同定にとって中心的であった推論の様式を自由に採用したいとはもはや思っていない。アリストテレスにとって，エージェンシーの顕著な印であった合理性は，まさに手段的なものではなかった。アリストテレスは，特定の諸種類の目標がエージェンシーには必要であるとみなし，それから彼はそのうちの１つ——真理を追究するという目標——を十分に抽象的にするので，言語的にメタ表象できない生物たちの手が届く範囲を超えているように思われるほどである。しかしながら，これは彼の倫理学の再興を享受してきたアリストテレスの思想の一様相ではない。方々の多くの哲学者たちが——また，センのおかげで一部の経済学者たちも——努力のある諸対象は他のものに比べて客観的に見て合理的に優越しているというアリストテレスの見解を是認してはいるが，古典的な道筋に沿ってこの結論に達しようとする者はもはやほとんどいない。優越している諸対象の集合の構成要素とされているもので，かつてはそれを追求するために明示的なメタ表象が必要であると思われたものは，基本的にプラトンの３つ組なるもの——善，真，美——である。しかし，まさにアリストテレスその人こそが，合理的エージェントによって追求されるものは，真実自体または善自体である——真であると考えられる特定の諸信念や，善であると考えられる特定の諸形態の行為ではなく——というプラトンの主張から後退し始めたのであった。

　ここでのアリストテレスの諸懸念は大部分は論理的なものであったが，しかしそれ以降の経験主義者たちと実用主義者たち，そして最も重要なことだが，ダーウィン的思考とからなる結合的な影響が，この特殊主義に対して人類学的基礎づけを付

6. 個人主義，意識，エージェンシー　287

加してきた。すなわち，人間行動についての諸事実を正当に扱うようには全く思われないのは，たいていの人々の振る舞いをプラトン哲学者の振る舞いへの混乱した，または誤った近似であるとみなすことである。Quine（1969）が強調したように，人間以外の動物は人間と同じように，ある真の信念（当然，「真の（true）」信念としてではないが），つまり彼らの生存価を追求するという同じ動機づけを——楽しんでいるか否かは別として——持っている。しかし，もっと言えば，この価値はいずれの場合にも絶対的なものではない。誤った信念にしばしば導き易い推論の諸過程は，動物——人間を含む——にとっては，より選好される——もし誤った肯定に基づいて活動することの費用が誤った否定に基づいて活動しないことの費用よりも低いか，あるいは，真実を執拗に気にかけることの計算的費用が非常に高い（実際にしばしばそうであるが）時には何時でもそうである。スティーヴン・スティッチ（Stich 1990）は，古典的な認識的徳の追求の合理性についてのこの懐疑主義を極端な——しかし，妥当でなくはない——延長で押し進めた。人間がエージェンシーのための標準を設定するのは，特殊な諸目標を持っているおかげであり，その合理的追求がエージェンシーの核であるという考えは，それにより掘り崩される。前章で見たように，認識的合理性のいかなる説明も——EUT も，もっと最近に述べられた対抗馬のいずれも——現時点では現実的な実際的推論の一般的説明として経験的諸研究から明確な支持を主張できない。

　この種の諸考察は，古典的なエージェンシーの理解を求める 1 つの形而上学的な動機づけを弱めるが，しかし決定的なものにはなりそうにない。それでも，科学主義についての人間主義者の諸懸念をただ単に不法なものと退けないように注意しながら，それにもかかわらず，科学におけるエージェンシー概念の用法を検討することによって，その概念の存在論的要点についての実用主義的疑問に答えるよう促すことはできるだろうか。さまざまな種類の行動科学者たちは，エージェンシー概念の実際的な仕事をいくらか必要としてきたし，概して，この概念上の役割を善の階層性についてのいかなる特定の規範的理論に対する人質にする用意もなかった。特に経済学者たちがエージェンシーを必要としてきたのは，分析的行為理論家たちの諸目的と非常に良く似た諸目的のために，すなわち，実践的合理性の形式的諸理論を基礎づけるためであった。しかし，行為理論家たちはしばしば，道徳的に，かつ／または，認識的に合理的な個人がいかにして事を進めるかについての直観に照らして諸モデルを検証することに満足し，それにより，エージェンシーと個人性が同

一の外延を持つ概念であるか否かに関する論点をはぐらかすが，他方の経済学者たちはたいてい基礎的諸仮定においてもっと注意深くあることを選好してきた。哲学者たち（や他の論者）は，しばしば，経済学者たちを冷笑してこういう傾向があった——彼らのエージェンシー理解は，特に，人々の本性についての日常的な経験と直観に対して鈍感である，と（Dupré 2001 はその最重要証拠である），しかし，またもやこれも目下の論点をはぐらかす。実際，Davis（2003）が認識しているように，実践的諸目的のためにエージェンシーの特に経済的な理解を考案しようとする新古典派経済学者の試みは，私の目下の主張を例証している——すなわち，人々についての直観の体系は，エージェンシーの諸理論を判断する際の適切な標準ではない，と。

　第3章において見たように，経済学者たちは，人々は原型的な諸エージェントであると仮定することから始めた。ロビンズは，ある個人の心の中以外ではどこにも生じるとは想像しなかった内観の結果にエージェンシーを依拠させ，その仮定を続けて，それを経済学の定義の中に組み入れた。しかしながら，サミュエルソンの場合にはその仮定は省かれた。既に見たように，サミュエルソン的な経済的エージェントは，単にその行動の中で特定の整合性諸条件を遵守する何らかのシステムのことであって，それは，あたかも商品の束に関する選好のシステムを実数上に写像するある関数の値を最大化しているかのように解釈できるようなものである。既に論じたように，サミュエルソンと同時代の論者たちによる，反功利主義的または粗野な行動主義的な考察に基づいてのこの業績の賞賛は混乱していた。すなわち，1930年代および1940年代に棄却された功利主義に歴史的に連関させられる感覚主義は，決して功利主義への付随的な添え物以上のものではなかったし，また行動科学がまともな科学とみなされるためには内的な精神的処理へのあらゆる言及を捨てなければならないということは正しくない。しかしながら，非常に豊富な哲学的環境の残留物ではないものとして，RPT と整合的なエージェンシー理解の擁護法を2つ挙げることができる。

　これらのうちの1つは，貨幣ポンプの論議に訴えるものである。第5章で論じたところだが，貨幣ポンプの論議は，合理性のいかなる規範的理解を正当化するためにも使うことができない。すなわち，どのような記述的認識的合理性の理論が RPT に釘付けされるのかと思いながら，EUT とその対抗馬との中から選択をするのを助けてくれないし，人々は合理的な経済的エージェントでなければならないと主張する基礎としては使えないのである。しかしながら，差し当たり，我々はこれらの

設問のいずれにも興味がない。実際，我々は，経済的エージェンシーと人格性の間の分析的つながりを断ち切るための諸根拠を追求しているのである。この文脈において，貨幣ポンプの論議は，経済学者たちにアリストテレス的でないエージェンシー概念を持つことに興味を持たせる諸特性の１つを強調するために有用である。

　可能な限り最も一般的な方法で市場を定義するとしよう，すなわち，以下のような消費者たち——つまり，選好順序が完全であるが（ここで完全性とは，ありとあらゆる稀少な商品のすべてに関して区別される世界のあらゆる可能な状態に関して定義されている，と解釈する），しかし非循環性に関して（最初は）制約されない消費者たち——のグループ内の諸配列の交換の１つの順序付けられていない集合が市場であるとしよう。すると，そのグループのうち，交換行動が全く循環を顕さず，常に少ないよりは多い方を選好する少なくとも一人の構成員が与えられ，その消費者の側に完全情報が仮定されると（それにより，自らの効用を最大化する諸配列の交換の集合の構成要素を選択することができる），交換の実際の配列の中には，有限数のステップ内で到達可能な点で，その点では交換上の諸選択が循環的な選好を顕すべての諸エージェントが市場に影響を及ぼす力をすべて失ってしまう点が存在するだろう——その点で彼らが保有し続けるいかなる資産も整合的な消費者たちのお情けで存在するだろうという意味においてだが。言い換えると，循環的な選好をもつ者たちは，経済的エージェントとしては市場から消滅するだろう。この言い回しの中での「エージェンシー」の用法は，無為のものでは全くない。もし，非整合的な交換者たちが，整合的な者たちの選好順序の中で厚生上関係する考慮対象であるならば，前者の存在は依然として均衡における世界の状態に影響を及ぼすが——これは，竜巻や海流の存在がそうであるのと同じ意味においてそうなのだが——，しかし彼らは市場エージェンシーの行使を通じてはそのような影響を全く持ち得ないのである。すなわち，彼らがそう望むからといって直接的に生じるようなものは何もないのである。その過程の適切な理論には，その区別を概念的に表す仕方が１つ必要である。かくて，サミュエルソン的な経済学者なら，これらの諸実体が何であれ（彼らは確実になおも人々であるが），経済的エージェントではないと述べることができるのである。

　この貨幣ポンプの論議の結論は，典型的な現実の市場における配分を直接的には予測しないだろう——なぜなら，それは現実の市場が持ち得ない諸条件が満たされることに依拠しているからである（しかしながら，それは，数学的帰納法における１

ステップとしての予測に間接的に有意に関連しているかもしれない）。その主な関心は哲学的である。すなわち，それは成熟した新古典主義における経済的エージェントについて何がエージェント的だと考えられているかを説明するのに役立つ。すなわち，彼らの選好こそが，稀少性に対する反応の分配的諸帰結を（初期賦存量と人的資本を所与として）導くということである。これは，サミュエルソン的枠組みの中で，経済的エージェンシーが岩石を——また，含意により循環的な選好を持つ人々を——排除するところの唯一残っている側面である。

　すると，この存在論的論点はある考察につながり，それは科学的統一の推進者を印象づけるだろう。我々がそれを重視するならば，次のような経済分析の一形態を求める根拠をもつことになろう——すなわち，いかなる市場における交換のパターンにも適用でき，しかも市場を構成する諸エージェントが人々，動物たち，諸企業，諸国，互いに金融派生商品を売り合う諸コンピューターのいずれであるかにかかわらず，また，目標と戦略を彼ら自身で計算するか否かにかかわらず適用できるような形態の経済分析だ。RPT がエージェンシーの概念を導出するのは，市場過程に対する（選好構造への制約を通じての）影響力からであるが——個人性の典型的な諸様相からではなく——，まさにエージェンシーの1観念を与えることによって，存在論的区別のための1原理を提供し，それは第4章の半ばで概略を示し始めたロビンズ–サミュエルソン的な議論のパターンを支持しうる。

　もちろん，アリストテレス主義者に反対の議論として意図されたならば，これはすべて論点をはぐらかすだけである。アリストテレス主義者がほとんど感銘を受けないのは，市場の一般的数学的理論を持つことに多大な重要性があると考える人々が特殊で逸脱したエージェンシーの観念を評価するだろうということだろう。しかしながら，私が今行いたいのは，成熟した（しかし，非人間中心主義的な）新古典主義者に対して個人性からエージェンシーを分断させる推論を楔として用いることである——その楔というのは，似たような主張が，経済学の外側での使用のために意図された，より幅広いエージェンシーの理解に関してなされ得る仕方を示すために用いるものだ。

　まず留意すべきことだが，人々と経済的諸エージェントの間のサミュエルソン的な概念的分岐を生み出す推論は，論理的には，人が初めに思うだろうほどには経済学者たちの特殊な関心事へと狭められていない。本質的に，それを推進するのは，次の必要によってである。つまり，複雑な目標指向的行動のモデル化の中で，諸シ

6. 個人主義，意識，エージェンシー　291

ステムが環境への反応を調節し，なおかつ行動を通じて，環境——諸目標が設定される背景としての，その環境——自体を調整するという両方のことをなし得る時に，何かあるものを一定に保つという必要のことだ。〈エージェント－環境〉間の境界は，いかなる分析的に厳格な仕方においても経験的に安定的でないので——これは認知科学の哲学者たちの間で最近ますます強調されている点であり，本章において後で論じるつもりだが——，経済学者は，選好集合の分布が変わるときにはいつでもその諸エージェントを変化させることによって扱いやすさを達成するのである——その際，その理由が，心理的なダイナミクスが生物に彼らの嗜好を変化させるためか，それとも，進化ゲーム理論的モデルにおいて，個体群ダイナミクスが最大化の定義を基づかせるところのトポロジーを調整するためか，それとも，本当に完全なモデルにおいて，両方の諸過程が互いに絡み合うためかということは問わない。経済学者たちがまさにこの理由によってこそ，経済的エージェントと市場に対する因果的影響の他の諸源泉——竜巻，潮流，非整合的な交換者たち——との区別について気にするのである。前者は，協力ゲームおよび非協力ゲームへの戦略的な参加者としてモデル化されなければならない。他方，後者のすべてはゲーム構造の中に固定化されているか，あるいは，確率論的な摂動装置（ゲーム理論家たちの通常用語で言えば「母なる自然（Mother Nature）」）として現れる。ここでの経済学者によるエージェンシー概念の使用は，アリストテレス主義的伝統に比べると逸脱してはいるが，思い付きや恣意的なものではない。むしろ，それが正当化されるのは，その概念の多くの哲学的用法にとって中心的なこと，すなわち，諸目標を背景にした行動の——ネガティヴ・フィードバックを通じた——自己制御と，因果的な綱引きを受動的に受け取ることとの間の区別を強調することによってである。経済学者たち——彼らはしばしば概念的に孤独であった——にとって幸いなことだが，この一群の関心と動機づけの塊，およびそれらに取り組むための戦術の塊は，ますます認知科学の前面に現れつつある。

サーボシステム性（*servosystematicity*）——ネガティヴ・フィードバックへの感応性を通じた局所的エントロピーの制御——が，エージェンシーの概念にとって根本的であるという考えは，認知科学を通してますます強調されるようになってきた——とりわけ人工生命における仕事から導出されたモデルと，（AIにおいて）エラー・シグナルの 逆 伝 播 を通じた学習に基づく諸モデルが興隆して以降だ。ここで関連する文献のいくつかを示しておくと，Lloyd（1989）はサーボシステム性の

観点でのエージェンシーの初期の哲学的に保守的な（すなわち，表象主義的な）説明を提供しており，それは Ross and Zawidzki（1994）において一般化されている。Godfrey-Smith（1996）は，より制約の少ない文脈の中で似たようなプロジェクトを立ち上げている。

　ミロウスキー，デュプレ，デイヴィスは，このことに驚かないだろう——彼らはサイボーグたちと新古典主義者たちが反人間主義的な共謀に行き着くと予測するのだから。しかしながら，Bishop（1989）でさえ——彼はここで，数段落前から私の代表的な道徳形而上学者（人間主義者の味方）であるが——，自然的エージェンシーの諸条件を最終的に定義する中で決定的にサーボシステム性に訴えている。彼の理論が，道徳性を実在的かつ因果的に有効だが非超越論的にすることを目指している他の論者たちと同様に見いだすのは，純粋に因果的な観点で，次のような直観を回復する手段なのだ——すなわち，志向と行為の間の逸脱した因果的連携のあるものには道徳的責任を撹乱するものもあれば，そうでない別のものもあるということだ。ビショップは，その問題を提示するために，いくつかの有名な哲学思考実験を用いている。

　Peacocke（1979）は，想像上の神経生理学者を我々に考えさせる。彼は他者たちの脳を調べることによってその中で形成された志向を読み取り，それから合致する行為を行う。ここで，我々の直観は，以下のことを我々に教えるものと考えられている——これが起きていることを主体が知らず，それを止めるための措置を講じることができない限りにおいて，その結果生じるいかなる大混乱もその人のせいではないのだ，と。対照的な事例は Davidson（1980）によって提供されている。彼は，こういう場面を想像するようにと我々に求める——悪意ある1登山者がいて，パートナーを支えているロープを手放すことを完全に志向しているが，しかしそれを考えると興奮してしまって，志向に基づいて実行に移す前に手を離してしまう，と。ここで，悪意ある志向は，標準的な方法では影響を及ぼしていないものの，にもかかわらずその志向は，エージェントの責任の範囲を決して出なかった因果的道筋を経由して落下の原因だったのであり，それゆえに彼は実際に殺人に関して有罪なのである。

　ビショップが論じるには，ピーコックの事例を際立たせるものは，志向と行為との間の因果関係の安定性維持が別の1つの心によって行われ，それにより責任の場所を移動させる，ということである。ここで彼は単純な因果的責任ではなく，「安

定性維持（maintenance of stability）」の諸条件に訴えなければならない。別の仕方では，2種類の事例は分析上区別できない。なぜなら，どちらの事例においても，志向の直接的な因果的有効性を先取りするある1原因が介入するからである。しかし，ピーコックの患者は，神経生理学者のいないところでは彼の志向を反事実的に実行に移さないだろうが，他方，デヴィッドソンの登山者は（仮説により）彼の志向と行為の間の合致関係を維持するために物理的にできることなら何でもするし，それゆえ，もし間接的な諸手段が生じなかったならば，もっと直接的な諸手段によってパートナーを落とすための措置を講じたことだろう。

志向と帰結の間の因果関係の安定性を維持する能力は，かくてビショップにとってエージェンシーに関する1必要条件となり，分析中に明示的に組み込まれている（Bishop 1989, pp. 167-172）。彼は，一部の現代の認知科学の哲学者たちのように，サーボシステム性がエージェンシーにとって十分であるとは示唆しない。しかしながら，彼の主張では，特定の1事例においてエージェンシーの行使の必要十分条件であるものは，内容合致を反事実的に支持する心的構造がサーボシステム的であるその事例の中で，志向と行為の間の内容に見合った因果関係をもたらす能力である。ここでは「志向性（intentionality）」は1原始概念であるので，上で引用した局所的なエントロピー制御の観点で志向性の利用可能な諸説明の1つをそれへと移植することができない理由は無い（ビショップの分析において不可欠な役割を果たしている志向性の内在主義的理論についてのいかなる仮定も無い）。さしあたり，ビショップの分析の根底にある心の因果的形而上学の適切さについて我々が抱くかもしれない疑念は無視しよう。現在の目的にとって重要であることは，アリストテレス的関心によって明示的に推進される説明でさえも次の考えに最高位を譲ることによって終わるということである――すなわち，エージェンシーは根本的には，目標と行為の間の系統的かつ信頼できる相関関係の基礎を構成する情報的関係を恒常的に維持するという問題であるという考えである。

見てきたように，ベッカーのバージョンの人間中心主義に説得されていない新古典派経済学者は，人間の個体性と経済的エージェンシーの間の共外延的関係を断ち切るように動機づけられている。なぜなら，人々は通時的な目標の特定化の十分な安定性を示すのに失敗するからである。今やこう考えられているかもしれない――〈エージェンシー一般〉（すなわち，市場との特殊な関係の文脈の外側の）が関係しているところでは，この種の問題の重要性は減ずる，と。Dennett（1991b）と，

例えば，チャールズ・テーラー（Taylor 1989）およびバーナード・ウィリアムズ（Williams 1976）のような道徳形而上学者たちとの両方に従えば，我々は，典型的な人間の生活史を，首尾一貫した物語的セルフを創造し維持するという一般的なプロジェクトを例示しているものとみなすかもしれない。そして，それから，エージェンシーをこのプロジェクトのサーボシステム的維持の能動的な側面として分析しようと試みるかもしれない。今や，これはちょうど私が次章で詳細に主張するつもりの種類の典型的な人間エージェントの分析であり，それは人間主義者たち——特に，人間主義者たちの中の人間主義者たち，現代のアリストテレス主義者たち——が特に好んだものである。しかしながら，我々の関心はエージェンシーの一般的な基礎にある——すると，それに基づいて人間におけるその特有の表出は派生的な事例として分析されるかもしれない——ので，さしあたっての問題は，典型的な人間が何らかの意味においてエージェントであるか否かではなく，典型的な人々をエージェンシーの原型的な実例とみなす我々のアリストテレス主義的習慣が妥当か否かということなのである[134]。

　私は，それは妥当ではないと主張する。経済的エージェンシーに関する通時的なサーボシステム的恒常性の崩壊と，エージェンシー一般に関するある一時点でのサーボシステム的な制御の統一性の崩壊との間には，強力な次元横断的なアナロジーがある。ビショップの説明をさらにもう一度参照点として使おう。ビショップが明らかに——暗含的に——想定しているのは，典型的な人間と，志向と行為の間の内容合致を維持するサーボシステム的制御の場所（ローカス）との間に一対一関係が存在するということだ。彼はこの想定に依拠して，〈志向-行為〉関係における逸脱についてのピーコックの事例とデヴィッドソンの事例の間の論理的対称性を断ち切る。責任はピーコックの事例ではシフトするが，しかしデヴィッドソンの事例ではそうしない。なぜなら，前者においては，サーボシステム的制御は「別の中央処理装置〔CPU〕」（神経生理学者の）によって先取りされるが，後者においてはそうではないからである。

　さてここまで，私は心的形而上学についてのビショップの諸仮定についてとやか

---

134 ［原注 14］もしこの区別の重要性が疑われるならば，次のことに留意されたい——その2つの考えによって異なるプロジェクトが暗含されている。もし人間が原型的なエージェントでないならば，どの諸特性によって彼らがエージェンシーを近似できるのかを知りたくなるだろう。もし人間が原型的エージェントであるならば，エージェンシーを分析する時は，人々を直接分析することになる。

く言ってこなかった。なぜなら，研究全体を通じて，彼は認知的構造についての経験的諸問題を分析的ブラックボックスの内側に残そうと懸命に試みているからである。しかしながら，CPU が根本的なエージェントの差異化の場所として引き合いに出される点において，哲学的無垢の喪失に直面する。人間の心は，基本的な志向的制御のレベルにおける単一の処理上のボトルネックを持つ古典的なフォン・ノイマン型の諸構造としてうまく記述されるかもしれないという考えは，本書では，新古典派理論から独立の３つのパースペクティヴから既に異議を唱えられてきた。すなわち，心の哲学における外在主義，選好逆転と選好の時間的不整合性に関する実験データが最もうまく意味をなす行動制御の理論，そして，MDM を支持するデネットの議論である。絶えず増えつつある神経科学における経験的文献がさらなる裏付けとなっている（Damasio 1994 と Quartz and Sejnowski 2002 を見よ）。意識——そしてもっと一般には行動制御の場所——が，これらの諸議論や文献のすべてによって示唆されている仕方で分布しているならば，次のような主張によってアリストテレス主義的直観を著しく掘り崩すかもしれない。すなわち，もし，原型的エージェントが目標と行動的行為の間の諸関係を制御する安定的なサーボシステム的な場所であるならば，認知的および動能的に典型的な大人の人間は，原型的エージェントではない。

　ここでの私の提言は，一方の経済的エージェンシーと人間なるものの原型性との関係の論理と，他方のエージェンシー一般とその原型的諸実例との関係の論理は，基本的に同一だということである。人間主義者たちは，それに反対するための利用可能なより強力な根拠を，人間中心主義的な新古典派理論家たちよりも持っている訳ではない。この提言の要点をより明確にするために，原型性のための諸標準を満たすエージェンシーの実証的事例を考察するのが役立つかもしれない。原型的な経済的エージェントの好例は昆虫である。第３章で手短に論じられたように，１昆虫の諸目標とその行動的諸反応の間の関係は組み込まれており，有限的に特定可能かつしっかりと類型化された諸次元に沿ってのみ環境変化に影響されやすいので，昆虫はミクロ経済学的の研究の理想的な諸対象なのである。ひとたび，動物行動学者が昆虫の予算制約と〈条件−行為〉のレパートリーを同定すると，その効用最大化関数の導出は直截的な技術的問題である。すると我々は，生物学的な個別的１昆虫と行儀の良い経済的エージェントの間に一対一の対応を持っており，その効用最大化の生涯における期待外れを選好逆転から生じるものとして説明する気には決してさ

せられないだろう。我々は，エージェンシー一般に関する諸点の厳密に類比的な集合を作ることができる。ある一時点において昆虫の行動レパートリーを支配する〈条件-行為〉対は，小ぎれいな LISP スタック——電気化学的および電気筋肉的な制御が例示の中に分布しているかもしれない程度にかかわらず，階層的な制御構造として容易にプログラムされた——をなす（しかし，フォン・ノイマン型の構造においても同様に実行可能である）。人間たちは，通時的にも一時点においても，諸エージェントの相対的に緩やかに調整された諸連合であるのに対し，ある典型的な虫 1 匹に対しては 1 エージェントのみが存在する。ある典型的な 1 人間を構成する諸エージェントの群れは，ちょうどデネットがこの 30 年間に促してきた仕方で，虫のようなホムンクルスたちの複雑な集合体（アセンブリ）として，分析の下に現れ出るだろう。これらのホムンクルスたちは，デネットに従えば，志向姿勢からの説明と予測が保証されている点に関して，因果的に最も単純な諸システムであるだろう。そして，これらは厳密に原型的な諸エージェントなのである。

　明確にしなければならないことだが，昆虫その他の「単純な心（simple minds）」(Lloyd 1989) を全的人々よりももっと原型的なエージェンシーの諸事例とするものは，前者が衝突する諸目標に左右されないということではない。ゴキブリが栄養物を見つけるというその目標を最も良く満たすのは壁の穴から出ることによってだが，しかしこれは捕食者たちを避けるという目標を損なう。潜在的な目標競争の可能性は，昆虫においても哺乳類と同様に，行動制御の分布している場所（ローサイ）間の競争へとつながる。重要な差異（程度のみに関する——生物学において常にそうであるように）が在るのは，衝突を解決する構造的メカニズムの本性の内である。Ritzman (1984) が発見したところでは，ゴキブリは足が地面に触れているか否かに基づいて，起こりうる脅威から飛んで離れるか，走って離れるかを決めるという。ヒキガエルの神経節（ガングリオン）は，動く対象が固定された細胞特異的な受容器官野の中心——周辺ではなく——を塞ぐ場合，そしてその時にのみ舌を発射させる。そして，静止する対象についてのすべての情報はそのメカニズムによって容赦なく遮断される（Ewett 1987）。概して，単純な神経システムにおける諸目標とパターン化された行動的諸反応の間の競争は，シナプスの論理積回路（アンド・ゲイト）の様々な種類の実行によって和らげられる。そして，それらの論理積回路（アンド・ゲイト）の方は，志向姿勢から記述されるだろう仮想現実上のレベルにおけるそのような諸回路のカスケード接続へと配置されており，各々の場合に特定の環境制御パラメータに結びついた神経制御メカニズムによって説明

される（この単純な心における制御の遍在的なパターンを実行する多くの特徴的なアーキテクチャーのうちの少数の標本例については，Maes 1991；Shackleford 1989；Beer 1990 を見よ）。そのような諸回路は，ボトルネックである。かくて，これらの生物を亜エージェント（サブ）としてモデル化する中で，分析者は，亜エージェント（サブ）・レベルで最適反応の検索を処理する分散システムをブラックボックス化し，中心的なボトルネックの出力に集中することができる。変換された感覚入力を通時的にこのボトルネックの出力パターンへと写像（マップ）する関数が，単純な生物の効用関数を構成する。そのような諸システムが学習するのは（それらが学習する限りにおいて）積み重ねられた論理積回路（スタックト（アンド・ゲイト））内の抑制的および刺激的な荷重を増大させることによってのみであるので，これらの効用関数は安定的である。すなわち，選好逆転はそれらの行動の中に示されない。このことは，昆虫の行動を単純な極値費用関数——そこから直截的な変換によってサミュエルソン的効用関数が構築されうる——の最小化としてモデル化する McFarland（1992, p. 197）を正当化する。Sibly and McFarland（1976）と McFarland and Houston（1981）は，その成功した経験的適用の実例を提供している。

　おそらく，人間の認知下的（サブコグニティヴ）処理モジュールは，似たようなアーキテクチャーの諸原理を用いる（Amit 1989）。しかしながら，人間の諸セ・ル・フ・は，著しく異なる制御構造を用いる。特に，互いに話し合い，それにより共同体のレベルで公的言語にコード化されたデータ構造をフィードバックすることにより，彼らは自分のプログラム・スタックを絶えず混乱させる（Dennett 1991b；Clark 1997）。これについての詳細は，次章で，認知科学とゲーム理論の両方の言語で記述されるだろう。結果として，ここまでで見たように，生物学的人間は，経済的エージェントとしてモデル化されたならば，遍在的な選好逆転と時間的不整合性を示す。かくて，全的人々が安定的エージェンシーを近似するのは，まさに彼らの物語的に構築された諸セルフが，彼らに対してそうするようにという共同体の圧力のネットワークから相対的な行動上の安定性を受け継ぐ範囲に限られるのだ。したがって彼らの行動をうまく予測し説明するためには，彼らを単に諸エージェントとしてではなく，複雑なダイナミックシステム内の（内的に複雑な）諸ノードとしてモデル化しなければならない。

　実験経済学からのデータはさておき，経済理論家が個人性と原型的エージェンシーとの概念的共外延性を切断する動機づけは，認知科学者の動機づけと同じではない。後者は，主に経験的な諸理由によって説得されるのに対して，前者についての

概念的問題は論理実証主義者らが満足げに因習的と呼んだであろうものである。しかしながら，ここで，あらゆる行動科学の1代表にとっていくらかの力を持つはずの1議論を付け加えておこう。ここまでは人々のエージェンシーの原型性に関して，人々と彼らの制御構造のより単純な構成要素とを比較してきた。ここで，エージェンシーの原型性に関して，そのスペクトル（アリストテレス的見解にしたがって並べられている）の反対側の端点に注目しよう。社会科学の哲学者たちは，エージェンシーの，諸国，諸階級，諸団体のような諸構造への帰属化——これについては政治的ジャーナリズムも真剣な歴史も，両方の中に溢れている——が，文字通りに，あるいは，単にアナロジーやメタファーとして受け取られうる（ないし受け取られるべきである）範囲を調査して，大量のインクを滴らせてきた。両方の見解に支持者らがいるが，しかしここで私は，これらの論争の結果には，彼らが先に進む時の諸仮定に比べてあまり関心を抱いていない。集団レベルの機能主義が最もあからさまであるような社会科学者らでさえも，諸国が原型的諸エージェントであるとはみなさず，拡大解釈しない限りは，文字通りの諸エージェントとしてさえもみなさない。なぜいけないのだろうか。

　ほぼ確実に，その答えはこうである。すなわち，そのような諸実体の中での行動制御の場所はあまりにも分散しており，かつ，諸目標に関してあまりにも内的に両義的であるので，非常に幅が広く解釈に影響されやすい諸パラメータの内部を除けば，信頼できる志向的な孤立化および帰属化が許されない。しかし，これはまさに人々に関する物事のあり様である——もしデネットと仲間たちが正しいならば。人間行動が複雑であるのは（国の行動のように，しかし，昆虫の行動がそうでないような仕方で），まさに人間や国家は，全く確かではない優先順位の階層で並べられたさまざまな諸目標を追求するからである。そこでは，ある全く同一のメカニズムが，ある1つの目標と，その第一の目標と緊張関係にある第二の目標との両方を同時に支持するかもしれない。人々と国々の両方について，もし我々の指定が十分に一般的であるならば，しばしばエージェンシーに関して曖昧さ無く真実である帰属化を設けることができる。かくて，論争するまでもなく事実であり得るのは，英国は1940年にドイツの英国に対する勝利を阻止しようとしていたし，あるいは，アル・ゴアは2000年に合衆国大統領選挙に勝利しようとしていたということである。しかし，帰属化における特定性の焦点を狭めると急速に，次のような厳密さの水準に到達する。すなわち，いかなる事柄の諸事実も——たとえ，それらが入手可能だと

しも——決定的になりえないと疑う水準だ。英国は，1940年にその同盟国の利益も増進させたかったのだろうか。まあ，どちらとも言えない。一部の英国人（ブリトン）たちは，これらの諸利益を本質的に増進させたがったが，別の者は手段として（すなわち，ドイツ人の敗北を促した限りにおいて）そうしたがったし，また別の者は全くそれらを増進させないことを好んでそう試みた。ここで歴史統計を発掘することは，記述能力を豊かにするためには決定的ではあるが，原理的に英国が1940年に何をしようとしたかという設問を——あまりにも厳格な特定性の水準において——解決することはできない。なぜなら，「英国」は直截的な種類のエージェントなどではなく，諸エージェントの連合だからである。アル・ゴアについても同様である。彼は道徳的に適切な諸手段によって勝利しようとしたのだろうか。それとも，自身や他者たちに対して心から道徳的に合理化できるいかなる手段をも使ったのだろうか。それとも，ただ他者たちに対してのみ，そうしたのだろうか。ここでも再び，要点はゴアの経歴についての諸事実はこれらの設問に光を当てられないということではなく，単に，ゴアについて何らかの深い心理的・歴史的事実が存在して——もしそれを知りさえしたら——，それらの設問に最終的に答えを与えただろうと考えるのは誤りだというに過ぎない。他のどの典型的な人間とも同じように，ゴアは単にそのために十分に直截的または統一的なエージェントではないのである。

　このすべてが説得力を持つためには拡張と精緻化が必要であり，私は次の2章でそれを十分に提供していくつもりである。次の点を主張するために，ここで主張を先取りしておこう。哲学的伝統の大部分は，人間を原型的エージェントとみなす。同時にそれが奨励するのは，諸目標のネットワークと行動の諸パターンの間の関係を安定化する因果的介入の場所として機能する能力の観点での諸エージェントの分析である。これに基づいて，それは一貫して人々の諸集団を——それらがいかに効果的かつ明示的に組織されていようとも——ただ拡大解釈によって諸エージェントとみなすか，あるいは，より本質主義的でない仕方で，非原型的な諸エージェントとみなす。しかし，そうすると，それは全的人間のエージェンシーを昆虫や人間未満のホムンクルスたちに比べて原型的であるとみなす点において整合性を欠いている。方法論的個人主義に賛成および反対の諸議論に関連して，社会科学で繰り返し言われてきた困難は，究極的には，典型的に人間的である何者かとしてのアリストテレス的な諸エージェントの理解と，因果的信頼性を安定化させる結び目としてのより現代的な諸エージェントの理解と，この両者の間の曖昧さから生じている。す

なわち，我々が第一に考えるのは，諸国や諸団体などはしばしば志向姿勢にとって適切な諸対象であるということだ。これによって我々が導かれる考えは，そうすると，諸エージェントとして，これらの諸実体は，彼らのエージェンシーを因果的に実行する諸特性に関し，我々の原型的エージェント——つまり，人々——に似ているに違いないということである。

　ここまでは良い——というのが私見だ。しかしそれから我々は，個人——エージェントとしての——についてのイメージを内的な入力-出力の処理装置という図像で満たすのだが，その入力は表象された信念と願望であり，その出力は行為であろう。留意されたいが，ここで因果的モデルとして導入したものは，私の考えによれば，原型的エージェントのイメージとして十分に適切である（入力表象を帰属化から独立の命題態度とみなさない限り）。しかし，それは人々の特徴づけとしては適切でない。かくて我々は，諸集合体が人々と共通に持つ1つの様相——志向姿勢の下で複雑な物語の諸セルフを例示すること——を用いて，それらにエージェンシーを与えるべきであると考え，また，もう1つ別の様相——民間的な者たちが原型的エージェントである人々だけに帰する（安定的な中心的な制御ボトルネックによる誘導）——を用いて，諸集合体に対してエージェンシーを否定した。これは，人々についての誤った信念が持続する限り，古典的なカント的二律背反のように見える。しかし，一度その信念が放棄されると，緊張は消滅する。人々は志向姿勢の下でエージェンシーに近似し，それから一部の諸集合体の間の諸関係が，それらの諸集合体に対して志向姿勢がとられることを要請する限り，それらは全く同じ仕方でエージェンシーを近似する。方法論的個人主義はかくて一般に誤りなのである——もっとも，集団的諸エージェントに反対する一部の伝統的諸議論は依然として妥当ではあろうが（まさに，経験的諸理由のため，志向姿勢はそれらの諸事例においては誤っているか無駄であるという限りにおいて）[135]。

　表6.2は，私が強く主張してきたエージェンシーと個人性の概念の適用空間に，国家，人々，昆虫を割り振る，論理的に整合的な方法を示している。ここで，この概念上の提案に対して最もあり得そうな（人間主義的な）異議のように思われるも

---

[135]［原注15］私はまさにこれに基づいて論じるのだが，マルクス主義者たちは誤り導かれて，社会経済的諸階級を諸エージェントとみなしている。彼らが誤っているのは方法論的個人主義が一般に正しいという理由からではない。ただし，このことの全体は非常にややこしくなるのではあるが——それというのもマルクスは方法論的個人主義は一般に正しいと考えているからだ（Elster 1985 を見よ）。

6. 個人主義，意識，エージェンシー　　301

表 6.2

	エージェント	個人
国家	拡大解釈により	拡大解釈により
人々	拡大解釈により	原型的
昆虫	原型的	該当せず

のを考えよう（これは，私が行ってきた主張の論理を要約する中で二重の役目を果たすだろう）。私は次の事実に依拠してきた——我々がエージェンシーの概念が果たすよう望む枢要なことは，コントロールシステムがサーボシステム的であるような場合に典型的な因果的パターンの諸種類についての一般化を促進することである，と。この種の因果的パターンは，行動科学と生命科学の領域を実際に規定するものであり（Schrödinger 1943 が初めて強調したように），また人間行動の研究は確かにこのより大きな領域の一部分であるにもかかわらず，それはその大きな領域にとってほとんど典型的ではない。その理由はまさに，人々はサーボシステム的機構からなる複雑な集合体であり，これらの複合体はそれらにとって特殊なより高次の組織化原理を伴うということにある。人々の諸集団の行動の研究は，標準的な生物学的パラダイムからさらに離れるのであり，それも同じ理由によるのだ。したがって，もし相互調整された人々の諸集団がアナロジー的拡張によってのみエージェントであるならば，同じ論理により，人々は，昆虫や人々自身の認知的下位システムのようなより単純なサーボシステム的ユニットに比べれば，〈拡大解釈による諸エージェント〉なのである。

　さて，やがて明らかになるだろうが，この議論が推進されるのは，エー・ジェ・ン・シ・ーを強調して，ある特徴的な種類の因果的構造を選び出すために用いることに拠る。しかしながら，アリストテレス的伝統の中にいる誰彼は，反論して言うかもしれない——エージェンシーは少なくともある特定の諸種類の規範的な責任（道徳的かつ／または認識的な）について一般化する手助けとなるために重要であり，また単純なサーボシステムはこの・側・面において原型的とは程遠い，と。もちろん，諸団体も国々もそうではない。ゆえに，この反対提案はその概念の論理についての伝統的な直観と完全に整合的である。

　この異議に対する私の答えは単純で，それは論点をはぐらかすということである。それは確かにエージェンシーの伝統的な概念を補強する古典的な直観を診断し

(diagnose)，その限りにおいてその標準的な用法を説明する。しかし，科学というものは，まさに，なかんずく，現実を切り出す直観的な方法を，より深い観察とより自己意識的な論理的厳密さに照らして改訂していく仕事にほかならない。（認知）科学が最近我々に示してきたことの1つは，人間の「意志（wills）」を点状の因果的支点とみなす我々の古い観念は根本的に誤っているということである（Wegner 2002 を見よ）。すなわち実際，特有の因果的エンジンとしての1つの意志というまさにその考えはあまり役立つ考えではないということだ（但しそれが非アリストテレス的観点で実質的に再概念化される場合は除く——例えば Ainslie 2001 のように）。自然化された道徳心理学が認知科学の一部門として着実かつ持続的に興隆していることは（例えば，May, Friedman, and Clark 1996 所収の諸論文を見よ），次のような認識を証明する——特別な人間の責任についての我々の理解こそが，我々の因果的エージェンシーの様態について新たに理解された諸事実に照らして意味づけられ，深められ，修正されなければならないのであって，その逆ではないということである（Dennett 2003 は，このプロジェクトを直接的に取り上げている）。ここで，最後の文章の中の「エージェンシー」を代替的な言葉に替えてみよう。もしその意味の表現を同じくらい可能にしそうなものが全く無いのであれば，その異議は成立すると思う。

　私はかくて，以下の如く結論づける——生物学的‐心理学的な人々は経済的エージェントではない，と。但し，限られた時間的視野の内部を除けばだが——そしてその場合でさえも，ある所与の場合に志向姿勢の必要性が経験的に要求するおおよその範囲までに限られるのだが。経済学の人々への適用は，かくて，経済学の国々や諸団体への適用と同じ方法に従い，同じ存在論的および認識論的な諸要求を満たさなければならないのだ。厳密なバージョンの志向姿勢の機能主義は，その両方への基礎を提供するだろう。このすべては次の2つの章と次巻の主題となるだろう。

　留意されたいが，全的人々と経済的エージェントの間の概念的共 外 延 性〔コエクステンシヴィティ〕を主張することは，消去主義への1つの経路を封鎖することになる。そこに辿り着こうとして，原子論的な個人の「内的な（inner）」効用関数とそれに対する「外的な（external）」影響との間に設けられる人間主義者の概念的分離から出発し，それから前者の因果的な力を漸近的にゼロに近づけることを経験的に主張するという方法を採っても，それはできない相談なのだ。なぜなら，そのアプローチは人間の諸個人を原型的な経済的エージェントとみなすことに依拠しているからである。Davis

（2003）は，経済的エージェンシーが全的人々に適用されると問題があることを認識しつつ，私に与して，今述べたばかりの消去主義への道に抵抗するが，しかし彼は個人的意志的構成要素の力をより高く設定することに賛成の諸議論——彼はそれが記述的であると同時に規範的であることを認めている——に依拠する。かくて彼はアリストテレス的人間主義に反転帰着する。これが役立って明らかになるはずであることは，私が個人性と経済的エージェンシーを非同一視する中で，消去主義者たちと人間主義者たちが互いに異なる目標点へと至るそれぞれの旅路の途上で典型的に共有しているように思われる新古典派的標的を，私がどのように切り払っているかである。

　消去主義への他の諸経路が依然として開かれているが，特に第5章で説明したサグデン（Sugden 2002）の議論がそうだ。ここで，アリストテレス的人間主義は，消去主義が屈服させられるとともに，次の2つの章の間，背景へと退くだろう。しかしながら，ある1つの点において，人間主義者は少々の報復を楽しみにすることができる。経済学のパースペクティヴからすれば，人々は国々に似ているとはいえ，人間主義者たちが常々強調してきたように，それらは独自の特異性を持っている。これらの特異性の中でも重要なのは，人々は構築された諸セルフ（selves）によって互いとプレイするゲームを安定化するということである。これら諸セルフによって，彼らは国々や諸団体がなしうるよりも緊密にエージェンシーを近似できるのである。消去主義者たちは，以下で見るように，このことにあまりにも注意を払わな過ぎるのだ。

　私が次章で記述するセルフの概念は，もちろん，志向姿勢の機能主義とMDMの結合された諸資源から構築されるだろう。かくて，それはセンやデイヴィスのような人間主義者たちが依拠する種類のセルフとは非常に異なるだろう。最も重要なことだが，諸セルフが自らを構築する諸資材は，主として内的な諸資源なのではなく，環境側の規則性の三角測量——特に，ゲームのプレイの成功のために辿られなければならない規則性——だろう。その話に移る前に，個人についてのデネットの理論のさらなる側面——デネット自身よりも他の者たちによってより詳細に研究されてきた——を示す必要がある。この側面は，複雑な行動システムに当てはまるような，〈内的-外的〉の区別の撹乱である——しかし，注意深い（careful）撹乱で，単なる破壊ではない。これは本章の次節つまり最終節の主題である。

ここを出て世界の中へ：制御の場所を移す

　第2章で言及したように，デネットの教師ギルバート・ライルの仕事は，〔デネットに抗して〕「幽霊〔精神〕を機械から（the ghost from the machine）」救免すること——すなわち，物理的有機体の内部に在住して指示を出している実行上の心的パイロットという不可能な考えを消去すること——が狙いであった。ライルが，情報処理の計算諸モデルの恩恵を受けずに書いたので，要点を明確には把握していなかったのは，システム全体の認知的複雑性を複製するこれらの表象の中心的な内的な場所（site）が全く存在しない限り，内的表象それ自体は幽霊を含意しないということだ（かくて，先述の後退を押し進めたのである）。ライルはかくて，クワインや彼と同時代の一部の心理学者たち，例えばスキナーが意図した仕方で，心を消去していると読むことができるし，しばしばそのように読まれてきた[136]。しかしながら，これは誤解釈である。ライルの命題はそうではなくて，「心（mind）」は行動の諸パターン，世界，諸目的，諸機能の間の関係を解釈する（interpret）ために引き合いに出される概念だということであった。心はかくて脳と同一でもなければ，脳の「中に（in）」あるのでもない。それどころか，心は脳が物理的事物であるのと同じ意味においては全く物理的なものではない——しかし，だからといって超自然的事物ではない。デネットがかつて要点を述べたように，心は脳が（諸環境との発展的相互作用の中で）行う（do）ところのものなのである。

　この心の理解は，もちろん，内在主義的であることなしに機能主義的である。それはかくて，デネットの後の志向姿勢の機能主義のための諸規定を設ける——しかも，彼が組み込む情報処理のはるかに豊かな理論の文脈において。機能主義は，非常に一般的に，脳がどのように心を行うのかの可能な説明を構成するのに，脳がなぜそれを行うのかに関する先行の省察に拠る。脳は——もし脳がモジュール式のまたは連続的に接続された反射の単なる諸集合以上のものであるべきならば，つまり，狭く硬直的ではない諸々の仕方で行動を制御するべきならば——手に負えない簿記の諸問題に直面する。脳は（自然の）選択的諸過程によって作られているとはいえ，目標状態を示す情報の，そして，目標状態に有意に関連する手段のパターンを突き

136〔原注 16〕エインズリー（Ainslie 2001, 第8章）は正しくも診断して言う——ライルの誤りは意志を消去する——手短に心をではなく——試みであると。しかしながら，私が相当に確信していることだが，エインズリーが——彼自身の動機づけの新理論の文脈において——結局「意志」について話すことがなおも良い考えである理由を示すまでは，デネットも他の誰もその点をこのように述べてこなかっただろう。

6. 個人主義，意識，エージェンシー　　305

とめようとするように作られている（すなわち，前節の議論に照らして見ると，脳は経済的エージェントになろうとするために進化させられたのである）。これが物理的に可能であるのは，ただ専（もっぱ）ら情報環境における冗長性のためである。この物は——これらの状況下で見ると——「食べ物（food）」であるが，同じくらい，それも——それらの状況下で見ると——「食べ物」なのである。いやしくも少しでも役に立つべき情報処理装置は，あれかこれかどちらか一方を食べることの諸帰結や，どちらか一方を調達することの諸費用に関して有意に連関する差異を特定し，それを参照することにより行動を制御できなければならないが，しかし同時に，無意にしか連関しない差異を無視できなければならない。さらに，それが諸公理からの明示的な計算によっては（一般に）確定できないことは，どの差異が有意であり，どの差異が無意であるかということである——なぜなら，情報の複雑性の限界的増大に含意される計算の複雑性の限界的増大は，非線形的に爆発的増加を示すからである。これらすべてはつまるところ，まさにこういうことだ——脳は，物理学のレベルで潜在的に利用可能なあらゆる範囲の客観的情報から抽象しなければならない。

　巧妙な計算設計問題を考え抜いてきた者なら誰でも認識するだろうが，反応の柔軟性と，制御システム内の情報的抽象性の諸原理が組み込まれうる程度との間に系統的なトレードオフが存在する。私のワープロソフトは——便利であるためには——私が「p」をタイプした場合を，「q」をタイプした場合から区別できる必要があり，また私の指とキーの間の衝撃角の差異に鈍感であるべきである。そのシステムを設計した技師たちは，この問題について全く考える必要がなかった。なぜなら，ソフトウェアがその上で作動する際に依拠するハードウェアの物理的諸制約は，無意な情報へのアクセスを単に妨げるだけだからである（それを利用可能にするために特殊な諸段階をとることができようが，これらは非常に難しい設計手段を伴うだろう。その主たる理由は，衝撃角についての情報が自動的に多量の他の情報を伴うだろうからであり，それから，その情報は新たな諸制約によって篩に掛けなければならない，等々，と際限無く続くからだ）。この設計における情報のアクセスと抽象の問題が簡単であるのは，ワープロは非常に限られた具体的な範囲で異なる諸事ができるようにしか考えられていないからだ。多くの人々が書いてきたように，この点において，日常的なコンピューターは認知的に原始的な自然の生物に少し似ている。アメーバたちがうまく機能するまさにその理由は，それらの軽度の複雑性を考えると，少数の高度に抽象的な区別しか突きとめる必要が無いからだ——すなわち，有機的なもの

と非有機的なもの，より小さなものとより大きなもの，より酸素化した局所環境とあまり酸素化していない局所環境の間の区別である。これらの二元的区別によって捉えられるよりもはるかに多くの情報は，所与のアメーバの生存見込みにとって有意であるが，自然選択を——そして，したがって，生命を——可能にする世界における大規模な構造上の冗長性のおかげで，この他の情報の大部分は一般的な抽象にそって只乗りしているにすぎない。したがって，アメーバの制御システムはそれを明示的に突きとめる必要がない。

　明らかなことだろうが，反応の可能な柔軟性が増すにつれて，それに伴い情報アクセスと抽象問題が生じる。しかしながら，基本的なトレードオフ原理が常にそこにある。比較的確実に冗長とみなし得る情報はどのようなものでも，効率的な選択によって生み出された設計の中で，システムの作動ダイナミクスの内部に完全に組み込まれた抽象への傾向によって，暗含的にのみ捉えることが許される。しかしながら，増大していく複雑性の勾配に沿った道については，ある1点が後にとりわけ重要になるだろうから，ここで述べておくべきである。これは次のことだ——情報の冗長性がシステムデザインのレベルで直接的に利用されうる視点からすると，外的情報と内的情報の境界は，ひとたび処理装置が多くの構造を獲得すると，直ちにつかめるようになるということである。

　Clark（1997）が詳細に記述しているように，脳が，その依拠する情報の多くを蓄えるのは，脳たる自分に代わって外的環境に情報を蓄えさせることによってだ。これを表するためのクラークの一般的なタームは「足場（scaffolding）」である。人間の脳は（おそらく，逐次的な処理装置ではなく並列的な処理装置であるという理由により），算術的計算があまり得意ではない——分解された諸課題（例えば長除法）の諸段階の正確な諸結果を蓄えて引き出すことを必要とするからだ。人間の脳は，問題を解くのに，学校で習う専用の視角表示形式——紙切れに諸結果を並べて書くことによって，その並びを一目で全体的な答えへと再構成する——を用いる。忙しい人々は，しなければならないことを覚えており，諸課題の相対的な規模を効果的に表すために，あちこちの机上や床上に関連する文書を積み上げる。経験を積んだ日用品の買い物客たちが，週毎に割り当てられた予算内に数ドルの誤差で収めることができる——かくて，経済的エージェントをよりうまく近似している——のは，毎回，スーパーマーケットの通路を同じ順序で周り，各通路の終わりに買い物かごの中身がいつも見慣れた購入量になっていることを確認することによってである。

重要なことに，人間の場合，公用言語はその構造内に膨大で複雑な諸関係のネットワークを蓄えている。したがって，人々は自他に互いに話しかけ，話しかけられることによって，それにアクセスすることができる（次章では，言語は社会的な足場として重要な使われ方をする）。

　足場を組まれた表象で可能になるのは，脳内の個人未満の諸単位が中心的なキャプテンなしに調整することで，これは Hutchins（1995）が示したように，船員たちが航空母艦を操船している時にすることとちょうど同じである。船員らが従い彼らの間の分業の中に組み込まれている，事前に設計または進化した〈条件−行為〉ルール（「スティグマジー的（stigmergic）」な手続き）は，個々の行為間の広域的な諸関係を蓄え，個々の船員たちが蓄えなくても良いようにする（このことは不可欠である——彼らには蓄えることができないのだから——航空母艦はあまりにも複雑である）。同様にして，1つの脳は「民主主義（democracy）」が「独裁政治（autocracy）」と同じ意味領域の中にあることを明示的に知る必要がないし，あるいは，膨大な語彙データベースを第一原理から検索する必要もない——それぞれの単語末尾の音声が似通っていることがきっかけとなって，局所的なパターン連想装置が，一方のパターンの活性化を所与として他方のパターンの活性化をより一層もたらす場合にはそうなのである。

　処理装置のある部分の状態が環境のある部分と確かに相関している場合には常に，その処理装置の他の諸部分は前者についての情報のみに注意を払うという選択肢を持つ。すなわち，複雑な脳の諸部分は，その脳の他の諸部分を監視することに専念するだろうが，しかしそれらの入力をシステム全体にわたって共通に認識された固定的境界の内ないし外からやってくるものとして明示的に示す必要はない [137]。ここに意識の根幹がある——中心的なキャプテンを探すことにではなく，それがいなくてもうまくやることにだ。

　この点は，内観という考えを台無しにするが，それはデカルト劇場の否定によって打ち破られる民間的な観念よりも洗練された意味においてだった。内的表象は画像や臭いのようなものになり得るという見方があるが——古典的な AI が到達し，その後，そこからあまりにも多くの仕事を引き出そうと試みたレベルだが——，そ

137［原注 17］このことが排除しないのは，刺激をその源泉に関する幅広い同値類へと分類する特定の器官——皮膚のような——の使用である。ここで，「同値（equivalence）」は一般的に重要な特定の諸関数を基準にしてのことである。

の見解を微妙さにおいて1レベル上回るのは，それらの表象はある抽象的な内的コード内に生じるという考えである。これは，広域的な内的状態を突きとめることに責任のある内観の1能力を仮定することと両立可能である——但し，何であれ外的知覚を補助するものに構造的に似ているだけの媒体の中にあるのではあるが。多くの古典的AIモデルは，この考えをそのアーキテクチャーの中に直接埋め込んできた。ある能力，あるいは，階層的に組織された諸能力のシステムが，外的世界についての情報を収集する。別のそのようなシステムが内的な領域を強固にする。それから，理性が——一般的で領域中立的な公理として実行されるが——，それら両方からの入力を受け取ることによって行動を支配する。哲学と認知科学の外側では，比較的洗練された人々の間でも，おそらくこれがいまだに支配的な心のイメージである。それはロビンズが選好順序へのアクセスの内観主義的なモデルの中で仮定しているイメージであるが，既に見たように，効用の内的な構成要素と外的な構成要素の間の多かれ少なかれ明確な区別を理解するための諸資源を持っている。しかしながら，我々の最近の省察が示唆するところだが，実際のところ，自然選択が——あるいは将来を見越して心を構築しようと試みている人間のAI技師でさえも——このやり方で物事を組み立てるであろう理由は全く無いのである。それどころか，それがうまくいかないだろうと考える圧倒的で完全に一般的な諸理由がある。そのようなモデルは，〈内的-外的〉の区別を盲目的に崇拝していて，それがシステムの至る所で冗長性利用の機会の浪費を引きおこさねばならず，それは無意味なボトルネックを通して制御ダイナミクスを実行することにより即時反応能力を鈍らせることしかできない。自然は全く，そのような諸システムを構築しないし，することもできない。フレーム問題は，予見によって解決することができない——盲目の選択は言うまでもなく。それは，その世界の信頼できる相関のネットワーク内の安定性を自動的に利用することによってのみ，調停され得るのである。

　この議論を終えるに当たって，足場仮説を，分散制御，志向姿勢の機能主義，MDMの間の諸関係の一般的ネットワークへと関連づける。ある興味深い事実から話を始めることにしよう。ある棘皮動物（クモヒトデ）と箱虫綱のクラゲには眼があるが脳は無い。彼らの眼は神経網につながっているが，中枢皮質の機能——あるいは，中枢脊柱〔脊髄〕の機能さえ——を支持できるものは何も無い（Johnsen 1994 ; Aizenberg et al. 2001 ; García-Arrarás et al. 2001）。そのようなことは可能だろうか。例えば，未 開 の 地〔架空の王国〕にいるたいていの小型機械の売り手

たちが，その考えを命令または調整する中央の価格統制局がなくても，皆，小型機械の諸価格を同じ日に３セントだけ上げるということは可能だろうか。どちらのことも実現可能である。そして，それらには同様の説明がつく。

　後で小型機械の売り手に話を戻すとして，当面の間，クモヒトデとクラゲのことを考えよう。異論があるかもしれないのは，度を超して，感光性の受容器官——それについては各種類の動物に１配列がある——のことを眼と呼ぶことだ（上で引用した科学者らはこれについて用心深い——但し，Conway Morris 2003, pp. 157-158 はこの飛躍をしている）。我々が以下のことを信じることには，結局，何の根拠もないのだ。つまり，眼が内的イメージを生成するということ，また，おそらく，そのことは何かが眼であるとみなされることにとって不可欠であると考えられるべきであるということだ。しかし，そこで立ち止まりなさい——これこそが志向性と意識についての MDM モデルと内観主義的モデルとの間でちょうど問題となっていることなのである。クモヒトデたちがイメージを形成しないことはほぼ確実だ。内的な統合化装置の欠如が所与とすると，彼らがそのようにする意味は何だろうか。生物学者たちは，クモヒトデたちやクラゲの感光性反応がどのように機能するかを未だ正確に知らないが，しかし確実に行動的感光性は存在している。そこで，いくつかの可能な詳細を想像してみよう——ただし，ある実際のロボットたちが作動する様態（Brooks 2002）に基づくことによって，どこにも何の魔法もこっそりと持ち込まれていないことを確かにしよう。クモヒトデの各々の腕は，光周波数における変化に直接的に反応するものと仮定しよう。もし，放射（光一般の，あるいは，ある特定の周波数の——受容器官の洗練度がどれくらいと考えるかに拠る）の中心がセンサーの 遮 蔽 点 ${}^{オクルージョン・ポイント}$ の中央から逸れているならば，そのセンサーに関連している腕は前に動く。それはクモヒトデの体の反対側にある腕からは何の異論も受けない。なぜなら，それらのセンサーは——放射中心が自らに向かって推移するのを見つけて——それらに関連している腕の動きを抑制するからである。前に動いている腕は，放射中心が経路を逸らされるまで動き続けることができる——その点でそれらの腕は停止し，それまでは静止していた腕が動き始めよう。そのような単純なダイナミクスによって，クモヒトデは光に向かって効率的に動くだろう——センサーからの情報を統合するいかなる集中的な誘導システムも必要とすることなく。仮にそのシステムが特定の周波数に（単なる輝度勾配にではなく）敏感だとしたら——実際にそのように見えるのだが——同じ仕方によって諸事物の赤色の部分か，あるいは緑

色の部分に向かって動き得よう。かくて，生物は，情報の抽象的なパッケージを突きとめる時にさえ脳を必要としないのだ。

またもや，もし誰かが，クモヒトデの光受容器が本当に「眼 (eyes)」であるということを否定したい——なぜなら，それらが集める情報の統合がそのシステム内部で生じないという理由で——ならば，これは結局のところ，次の内在主義者の直観を述べているにすぎないことになる——機能的帰属化は言葉に表された内的構築物がその機能を突きとめるような実例のために取って置かれるべきだ，と。もちろん，非内在主義者たちは依然として，「内的表象 (internal representation)」という概念を引き合いに出して，これらの線に沿って設計の差異を示したいかもしれない。かくて，例えば Lloyd (1989) の論じるには，表象が生じるのは最低限のレベルの内的統合が少なくとも 2 つの独立の情報的チャネルといくらかの行動的規則性を関連づける場合において，かつ，その場合にのみだ，と。そのような実施は，次いで「単純な心 (simple mind)」のための基礎として定義される。これが有用であるのは，それによって健全に機能する通常の状況におけるそのシステムの諸能力に関連のある表象的誤りを特定できるからである。クモヒトデが赤色の斑点を緑色の斑点として誤知覚することはあり得ない。なぜなら，仮定により，それはロイドの意味における単純な心でさえないからである。このことは，それが別な仕方で，例えば，それが円環を描いて回り続けるように光源が巧妙に置かれているある環境の中で「誤作動 (malfunctioning)」することを排除しない。これは，全体としてのその光受容器システムの進化的機能に——それが持っていない内的統合メカニズムの進化的機能にではなく——関連した「誤り (error)」だろう。

デネット (Dennett 1987, 第 8 章) は，その最重要論文の 1 つにおいて論じている——行動的因果性のダイナミクスにおける異なる諸パターンを区別するためにロイドの区別のようなそれがどれほど有用だろうとも [138]，志向姿勢はそれから離れて抽象化する，と。たとえ——志向姿勢から——クモヒトデは赤色の斑点を「見ている (sees)」，あるいは，それどころか，所与のクモヒトデがその眼前に赤色の斑

---

138 [原注 18] 私はここで時代錯誤的な話し方をしている。デネットが論文を書いた当時，その区別を捉えようという哲学者たちの既存の試みはどれもロイドの説明がその後に確立した水準の明瞭性を未だ獲得していなかった。このことが意味したのは，我々が後知恵のおかげでデネットの論文中に見いだせるような彼の区別における正確さの程度には，デネット自身が達することができなかったということである。この弁証法における論理的優先性のいくらかを選び出すことを目的とした議論について，Ross and Zawidzki (1994) を見よ。

6. 個人主義，意識，エージェンシー　　311

点があると「信じている（believe）」と述べたとしても，クモヒトデの内的機構が色の識別に関してロイドの意味で単純な（または複雑な）心を実施するという主張を表明していると解釈されるべきではない。我々がコミットしているのは，その動物の行動は，我々がロイドの意味で表せる系統的な情報的差異（つまり，赤色の斑点と他の色の斑点との間の）に対して確かに差別的に反応するという考えだけである。これは志向姿勢の機能主義が行動主義の一形態である理由とあり方である——その行動主義の一形態は，ある行動は内的表象によって影響され，ある行動はそうでないということの否定を含意しない。

　しかしながら，クモヒトデに適用した場合，志向姿勢の機能主義は道具主義的であるように見える。しかもまさに Friedman（1953）が以下のように言うとき，道具主義を慫慂しているのだが，それとまさにぴったり同じ仕方においてなのだ——経済学者なら，太陽に向かって広がる木の葉たちを説明するために内的願望を木の葉に帰属化するかもしれない，と。これは，既に見たように，Davis（2003）がデネットを読む仕方である。しかしながら，志向姿勢の機能主義が道具主義を含意しない理由を最も良く理解できるのは，それが意識の MDM による説明とともに用いられるということに照らして考えること——ちょうど経済学における志向姿勢の使用の批判者たちが誰もしないこと——によってだ。その過程において，我々が理解するのは，なぜ，またいかにして志向姿勢の機能主義と MDM とが合わさって，諸部分の合計よりも強力な 1 つの統一された理論を構成するかである。これにより我々は究極的に，経済理論のための志向姿勢の機能主義的な基礎づけを構築することが可能になり，他方，MDM を使いながらデイヴィスとミロウスキーが恐れる仕方でセルフを失うのを避けるのだ。実際，我々は上手をいく——すなわち，MDM は，志向姿勢の機能主義——消去主義ではなく——をミクロ経済学において不可欠にするものの一部分だろうから，我々は単にセルフを失わないだけではないというさらに強力な結果を得るだろう。我々は説明の不可欠な部分としてそれを内生的に回復するのである。

7 | 諸セルフとそのゲーム

残骸を概観する

　小説家がプロット構造の中で自己意識的に屈曲点^{インフレクション・ポインツ}を告げ知らせることは，無作法であるとみなされる——あるいは，少なくともポストモダン主義以前ではそうであった。しかし，本書は小説ではない。ゆえに，次のように言わせてほしい——この物語は1つの転換点^{ターニング・ポイント}に辿り着いたのだと。ここまで成し遂げたほぼすべてのことが——第3章で新古典派理論にとってのロビンズ的基礎とサミュエルソン的基礎とが潜在的に和解する諸点を同定したことを別にすれば——否定的であった。理論的機械装置の破片群がバラバラになって床に横たわっている。今や，どのようにしてそれらを組み立て直し，実際に何か有用なことを行う秩序ある機械を作ることができるかを——そもそも可能だとして——考え始めてもよい頃である。

　これが始まる前に，全般的な棚卸しをするのが順当である。第3章では，新古典主義が初期の経済学者らのアリストテレス的形而上学的心理学を振り払おうと四苦八苦したが，しかし完全に成功することには繰り返し失敗した様子を辿った。この話では，ロビンズの方法論的仕事は枢要かつ魅力的な契機である。一方では，系統性を求める実証主義的な衝動によって，彼は根本的緊張を暴露することになったが，その根本的緊張は，ジェヴォンズ，マーシャル，その他のもっと哲学に忍耐のない者たちによって敷物の下に隠されてきた（あるいは，代替的に，フォン・ミーゼスのような思想家の場合にあまりにも多分なカント的自己確信によって無視されてきた）。さらに，ロビンズこそが，経済学の中心的な主題を人々の行動から離し，原則として非人間中心主義的な一般的現象，すなわち希少性への反応へと最後にシフトさせた。しかし，そこで，ロビンズによる経済理論の存在論的目標の同定の中で「人間（human）」という語の出現が残っていることは，経済学のための真に系統的な基礎づけが彼によって未だ発見されていないことを示している。既に見たように，ロビンズが選好構造についての決定的データをもたらすために内観の仮説的能力に依拠することが，その道を妨害するのである。

313

前章の仕事に基づいて，その妨害物の基礎は今や取り除かれたものとみなそう。内観のようなものは存在しないのであるから，それはデータの潜在的源泉ではない——決定的であろうとなかろうと。新古典主義の他の存在論的諸仮定を所与とすれば，このことによって，ロビンズの経済学理解における人間行動への限定を保持する理由は全く残らない。しかしながら，またもやこれも主として否定的な点ではあるが，我々を諸代替肢の混乱に直面させられたままにする。

　サミュエルソンは最終的には，新古典主義の，アリストテレス主義からの逃避を完成させ，競合する諸目的とそれらのための競合する諸手段の中での最大化という抽象的な数学に厳密に焦点を合わせ，人々に特有と考えられるかもしれないすべてのものは彼の定式化で視野から消える。しかしながら，今や拓かれた土地は，何であれ経験的なものの明らかな足掛かりにするにはあまりにも平坦に過ぎるままである。サミュエルソンに従うと，システムの中にほとんど諸エージェントが残されない。なぜなら，手元にあるのは，単に彼らを形式的に表現するための必要条件，すなわち，彼らの行動がRPTの諸公理に従うということだけだからである。不幸にも，それに応じてどの——もしあるとすれば——経験的システムがこれらの抽象的エージェントを実現するのかを導くような案内も全く与えられていない。それが生物学的・心理学的人々に違いないという標準的なアリストテレス的期待は，サミュエルソンの中にさえも踏み止まっており，彼がその期待が無いとしたら明らかだろう消去主義的解釈への一歩をとることを妨げる。しかしながら，驚きもしないが——ミロウスキーとデイヴィスが認識し顕著にしているように——消去主義的解釈への道はその後，他の者たちによって発見されたのである。

　しかしながら，前章の主な——依然として幾分微妙だとしても——結論は，存在論的厳格さを求めるサミュエルソン的なキャンペーンから生じ，消去主義へと至る，あるいは，したがって，その道に問題があるとわかれば，ある洗練された代替肢へと至る，1つの明確な道が存在するわけではないということである。2つの主要な要因がその道筋をややこしくするのである。

　その第一のものは，個人の意思決定の部分的に心理学的な理論を，エージェンシーのためのRPTの必要条件へと接合した歴史的発展であった。ここで「部分的に（partly）」と言うのは，この理論，EUTは，人々の何らかの経験的モデルによって推進されているのと少なくとも同じくらいに，サミュエルソンを動機づけた形式的系統性への関心によって推進されていたからである。問題は，EUTが不用意に

解釈されたということである。つまり，アリストテレス主義は映画の悪役のように未だに死んでいないので，あたかもそれが人々の直接的な経験的理論かのように解釈されたということである。このことが次いで消去主義への1つの経路を開いた。EUT は，人々についての仮説とみなされるならば，経験的反駁に開かれており，第5章で記述した実験的仕事によって十分に反駁された。それの代わりになり，抽象的な経済的エージェンシーの一モデルの部分として付されうる，人間の意思決定の完全に一般的なモデルは，これまで現れてこなかったし，これからも現れそうにないように思われる——プロスペクト理論や他の代替理論が様々な特定の諸適用にとって有用であるという事実にもかかわらず。（ただ次のことを明確にしておこう。すなわち，RPT のどのような特定の応用も，最大化されているものについての何らかの理論の使用を必要とする——RPT それ自体は全く経験的理論ではないので。）したがって，第5章で説明されたように消去主義的結論に至る。すなわち，人々は経済的エージェントではないし，なおかつ他の何物もそうでない。そのような諸事物は（経験的に）存在しないのである。

　アリストテレス的人間主義は，アリストテレス自身の時代以来空前の栄えを今示している——それは主にこの推論への反応によってである。ベッカーは，サミュエルソン的なケーキを丸々手元に持っていて，しかも，人々を経済的エージェントと同一視することを放棄しないという英雄的試みをしており，これは危機の認識を鋭敏にする——その論理において容赦無く，かつ系統的であることによって。すなわち，それが異様に信じがたい個人性のモデルのように——たいていの観察者たちに——見えるものを生み出すとき，新古典派的伝統全体を疑いの淵に突き落とす結果になるのである。もし経済学が諸事物を売買する人々についてのものだと考えられるならば，アリストテレスおよびおそらくはスミスとマルクスのような古典派の後継者たちこそが，結局正しい道にいたように思われる。（そして，マクロ経済学において，我々はルーカスの新古典派的な道から後退し，ケインズ自身が奨励した方向にケインズの遺産を発展させることに立ち戻ることができる。）スミスは，道徳哲学の熱心に人間主義的な読み方に基づいて，ちょうど今壮観な再興を享受している。（Muller 1993；Rothschild 2002；そして，急増しつつある支持的文献を見よ。）センは，繰り返しかつ自己意識的に哲学的方向性をスミスの影響へと辿っている（多数有る中でも Sen 1999 を見よ）。サグデンでさえも，彼が進化ゲーム理論を論じる時にはおそらく，示唆された消去主義からある意味において後ずさりしながら，スミスの

7. 諸セルフとそのゲーム　　315

花盛りの庭園の手入れをしてきた（Sugden 2002）。（本章では，ロバート・フランクの著作の中で，スミス的人間主義，ゲーム理論，認知科学が結合された諸結果に批判的に対峙するだろう。）マルクスについて言えば，彼の歴史的な決定論およびユートピア主義は，今ではほとんど当惑させるものとみなされるかもしれない。しかし，前章でついでに述べたように，経済学の哲学的基礎づけ——特にフェミニズムに関連する——における彼の現代の追随者らは，事実上，本書のここまで用意されてきたニヒリズムによってさえ手付かずのままの唯一の理論家たちなのである。

　この人間主義全体に伴う問題は，前2章に亘って見たように，それが規範的考察を科学的・行動的考察に完全に勝利させる——後者が認知科学から生じるのに伴って——ことに依存することである。その人々は自由な存在であって，正しい制度的構造を構築することに意志を正しく集中させることにより，さらに自由になるだろう。彼らのダイナミクス——とりわけ彼らの内的なダイナミクスだが，前章の〈内的-外的〉の区別に対する攻撃を所与とすれば，彼らの社会的なダイナミクスも——は，完全に不可解であり，より幅広い科学の文脈とますます不統一になる。これは Davis（2003）で著しく明らかである。彼は，本の半分を費やして，私がここでたどったものとほぼ両立可能な診断の経路に沿って断固として前進した後に，残りの半分では，経験的証拠に基づく経済的個人のモデルを導出する方法について非常に粗い概念しか持っていないことを自認してから，代わりに規範的な申し立てへと移る。Dupré（2001）は，人間主義に反対の科学的主張に対する執拗な攻撃へと身を投じるが——それに対しては本書の最終章で応答するつもりだ——，しかし，系統的な代替案の考えそのものについて「でたらめの（promiscuous）」蔑視の楽しみに浸っている。

　私のもう一人の引き立て役のミロウスキーは，その称賛に値する皮肉のおかげで，もっと曖昧だ。人間主義者たちの中でも彼だけは——しかも彼は彼らの中で最も道徳主義的でないのだが——経済学が行うべき系統的な何かを素描する——しかもそれは自由なセルフに対する彼の関心と両立可能だが，しかしまさにその自由（「自由（freedom）」の強く形而上学的な意味において）を想定することには依拠しないようなものだ。かくて彼は，本書のまさに終わりまでは舞台の袖に留まるだろう。

　前章の狙いは，アリストテレス的人間主義を肯定する主張を掘り崩すことであった。そうする中で前章が拓くのは，消去主義へのもっと興味深い道だと私がみなすものである。それが得られるのは，人々と経済的エージェントとの概念的同一視を

維持してから，経済的合理性が行動の背後にある因果的ベクトルの他の構成要素と非常にうまく競争するということを疑うことによってではなく，そもそもその概念的同一視を否定することによってなのである。ミロウスキーは，ある程度，明敏にも，デネットの名前を消去主義に至るこの経路と結びつけるが，その消去主義は遥かに大きい存在論的な力を持つバージョンである。それが存するのは，人々——貧弱な者たちであれ気高い者たちであれ，あなたの好みの態度を選んで良い——がたまたま経済的エージェンシーをやり遂げることはないという主張の中ではない。補強的な形の消去主義は，以下のような哲学的命題である。すなわち，経済的エージェンシーというその概念こそが首尾一貫性を欠いている——なぜなら，現実のダイナミックな世界の中にあるいかなる行動システムも，その制御アーキテクチャの中に統一されつつ，かつ同時に，最適化はおろか存続することもできないからである，と。

　デネットをこの消去主義へのアプローチに結びつけることが明敏であるのは，次のことを認識する点である。すなわち，整合的な志向姿勢の機能主義は，民間心理学の存在論の根本的な改訂を伴うということである——とりわけ，第6章で見たように，人々は原型的エージェントであるということの否定がそうだ。しかし，本章と次章を通して論じるように，この論理が実際に導く先の目的地は消去主義ではない。デネットの中心的な諸命題は，次の通りである。すなわち，志向姿勢は，系統的な行動および認知の科学の不可欠な部分である。また，志向的システムは本当に経験的に実現されるもので，単なる理論的道具ではない。また，志向姿勢を利用することは，最適化の論理の行使である。そしてまた，志向姿勢が世界の中で顕示する諸対象の中には，相対的に安定的な諸セルフがあり，それらは果たすべき重要な因果的な仕事と，人々をとても好きな者が望むだろうあらゆる自由を伴っている。最も強力な形の消去主義的経済学の瀬戸際までやって来たので，ここで向きを変えてこの別の道を下って行くことにする。人間主義者らは，一緒に来て試してみるように温かく招かれている [139]。

　私は，デネット自身のものとは異なる論理的順序で，デネット的な構造を構築するつもりである。すなわち，彼のセルフの理論から始めるつもりである——なぜな

139［原注1］彼らにもう一度思い出させたいのは，恐ろしい実証主義者ら——例えば，ノイラートとカルナップ——も，人々をとても好んでいたということである。彼らが最高に重要であると考えていたのは，人々により良い食と住を与えようと試み，可能最善の科学を駆使することだった——それは，彼らの時代の状況下では，不合理的なファシズムの愚昧の打倒を伴ったのだった。

7. 諸セルフとそのゲーム　　317

ら，それは前章で中断したところから直接的に生じるからである。それから，経済学的論理に基づくさらなる支持を付け加えるつもりである。すると，このことは経済学が系統的な科学となることへの本当に自然な最適化がどのように，またなぜ存在するかの説明を促進するだろう。

マキャベリ的知性と直截的エージェンシーの崩壊

再び，脳が無くて物が見えるクモヒトデを考えよう。留意されたいが，その行動の複雑さ——生物学的システムの標準でいえば相対的に低い——は，その制御システムが非常に急進的に分散化されていることを必要としない。一般に想定することができないのは，環境を通じた外的な制御の足場(スキャフォルディング)への依存が複雑さと共変化するということだ。確かに比較的単純な生物は，経済的エージェントの理想的な実例ではある（なぜなら，彼らの行動レパートリーは——単に理論的かつ原理的にではなく，実際にかつ詳細に——フォン・ノイマン，LISP，または生産システムアーキテクチャによって巧くモデル化できる）けれども，このことは自然がそれらのアーキテクチャをその方法で実行すると予期されるべきだという旨のいかなる推論も許可しない。

しかしながら，ここには注意深く敢行され得る1つの一般化がある。もし生物の1集団が，個体性の抑圧への半倍数性経路(ハプロディプロイド)に従う（すなわち，遺伝子レベルにおける血縁選択(キン・セレクション)に完全に依拠する）ことなく，社会化の便益を達成するとしたら，それらに付される情報的要求の複雑さが増大しなければならない。準クローンではない諸個体は，それぞれ異なる（生物学的）効用関数を遺伝的に受け継ぐだろう。しかしながら，社会的結合(コヒージョン)は，諸個体群による協調ゲーム解決の通常の成功に依存する（証拠のサーベイについては Brinck and Gardenfors 2003 を見よ）。これら2つの事実は合わさって次のことを含意する。すなわち，標準的な遺伝的構成をもつ社会的動物においては，最も近い非社会的な類縁諸種に比べて，生物個体の行動的諸課題の遂行のより大きな部分が，根本的にノンパラメトリックな諸問題に対する解法を必要とするだろう。すなわち，社会的諸種においては，個体はゲームに熟達するようにという強い圧力に晒されている。すると，このことは，特殊な情報処理上の諸課題を課す——なぜなら，古典的ゲーム理論家たちが，精緻化計画への途上で鮮明に経験したように，環境的足場を通じて利用可能な制御問題に対する簡単な解法は，足場が付されなければならない環境が社会的環境である場合には全く簡単では

なくなるからである。そのような環境においては，最適化に有意に関連する諸パラメータは生物個体の行動とダイナミックに相互作用するのである。

ここで私が主張していないことに関して明確にさせてほしい。正しくないのは，もし問題が特定化されるところの集計のレベルが固定されていないならば，非社会的動物が直面するノンパラメトリックな問題〔エージェント間の関係の問題〕は「より少ない」ということだ。(警告の引用符を「より少ない」につけたのは，ここでは定量的比較のためのどのような真正の測度も意味をなさないだろうからだ。) 例えば，トラは，かれらの捕食種および競合相手たち，この両者との複雑な諸ゲームの中に同時に埋め込まれている。しかしながら，トラの諸ゲームは，例えば〔それより社会的な〕オオカミの場合に比べて，〔個体レベルではなく〕個体群レベルで生じる割合が大きい。すなわち，個々のトラは，オオカミよりも大きい程度で，支配的なトラ戦略のただの例示に過ぎないのである——これは，進化ゲーム理論的モデルのギンタスの消去主義的解釈によって強調されたのとまさに同じ意味においてそうなのだ。このことの意味は，トラのゲームがより長い時間枠にわたってプレイされるということであり，その枠内では自然選択が必要な情報を直接的に処理することができる。対照的に，社会的動物においては，生物個体のレベルにおける社会的知性の上昇に有利に働く（おそらくある限界漸近線までかもしれないし，あるいはおそらくそうでないかもしれない）強い選択圧が存在するだろう。このことは，制御を諸個体へとシフトさせる理由を自然選択に与える。すると，このことは，制度メカニズムデザインをモデル化する経済学者たちにとってなじみのものと同じ種類のボトルネックを持った諸問題を提起する。

注意深く制限されれば，不合理でないのは，社会的知性を単なる知性と同一視することだ——少なくとも，我々の焦点の諸単位が生物個体である場合にはそうである。(ゆえに，オウムがアリのコロニーよりも「知性が高い（more intelligent）」と言うことは概念的に杜撰である——その逆と同様に。しかし，合理的であるのは，ある典型的なオウムが個々のアリよりもはるかに知性があると言う場合だ。) 知性という概念を操作化する１つの仕方は，有意に関連する環境変数ごとの真に利用可能な行動的反応の比率によるものである[140]。その尺度によって——再び，関心を生物個

---

140 [原注2] 別の仕方は，ある所与の動物が２次の抽象，すなわち，諸関係の間の諸関係を計算できるかどうかを問うことによってである。我々が今持っているような証拠が示唆するところでは，この操作化が知性クラブを非常に小さくする——人間，チンパンジー，ボノボ，そしておそらくは

7. 諸セルフとそのゲーム　319

体のレベルに制限して——非常に知性のある生物個体のほぼすべて，おそらくすべてさえも [141] が社会的だが真社会的（ユーソーシャル）ではない諸種の中に見つかる。すなわち，オウム，カラス，イヌ，ネズミ，アライグマ，ブタ，クジラ，ゾウ（およびハイラックス〔hyrax；イワダヌキ目の哺乳類〕），サル，類人猿である。このリストは，完全に包括的または網羅的であるとは主張されていないが [142]，重要なことは，社会性と知性の関係が高度に収束的であることに留意することである。すなわち，そのクラブの中の諸種は，全体としての鳥類と哺乳類の共通の祖先の分布に対して共通の1祖先類縁を共有していないが，それらは，たいていの系統群（クレード）（鳥類および哺乳類の）に沿って漸進的増加と正規分布を示す一形質の進化の中で現在の系統発生学的な限界点にすぎないのではない。すなわち，社会的に知性のある動物たちは，画然としたクラブを形成し，そのメンバーたちは類縁性と強く結びついていない一群の行動的形質を共通に持っている。第2章の諸観点（ターム）ではここでこう言っていることになる——その収束的な特徴のおかげで，社会的知性は実在的パターンなのである。

　適応主義的諸仮説の正当化を巡る諸問題は次章でさらに完全に論じられる。その議論に先立ち，知能は社会的な調整を求める圧力に対する適応的な反応であるということだけ主張してから，先に進むことにしよう。（目下の目標概念はセルフであって，適応ではない。）上述したことだが，進化がより知性的な諸個体を作り上げていくと，彼らの認知的アーキテクチャ内の情報のボトルネックによって設けられた諸限界に直面するだろう——もしもこれらが何とかして工学的に回避（エンジニア・アラウンド）し得ないならば。前章の議論によって確立された概念的観点で言うと，工学的（エンジニアリング）挑戦はこのように言い表せる。すなわち，知性的な個体は，例えばハトやサイがそうであり得るよりも経済的エージェントに似ていることが少ないように造り上げねばならない，と。このことは直ちにある特殊な1問題を提起するが，ここでその説明に取り掛かろう。セ

ハクジラ〔tooth whale；歯鯨〕である。

141［原注3］動物の知性の議論において，しばしば注意は無脊椎動物の中で天才である頭足類動物，特にタコへと引きつけられる。頭足類動物は天才のように思われる。しかし，確証されていないのは頭足類動物の知性が——上で示唆された尺度により——社会的な鳥類および哺乳類の中に見出されるレベルに近づくということだ。疑念の諸理由については Boal (1991) を見よ。さらに，タコは，それらの生きたパターンが観察に対して示唆するよりも強く社会的であるかもしれない。そして，おそらく，いずれにしても，タコの知性は，多くの諸種のイカ——我々が今知っているすべてのものについて，タコと同等かそれ以上に賢いだろう——の間でも明白である種々の社会的状況の中で進化した。これらはすべて，個々の知性は真社会的になることなく社会的になることへの適応的反応だろうという仮説から生じる興味深い研究課題である。

142［原注4］我々は，例えば知性的な恐竜が存在していたかどうかを知らない。

ルフはその問題の解決策として進化したのだ，と私は強く主張するものである。

　社会的動物が解決する必要がある根本的な諸種類のゲーム——それどころか，その解がほぼ社会性を構成する（*constitutive*）ような部類のゲーム——は，協調ゲーム（*coordination games*）である。これらは，純粋（*pure*）である場合には，認知的諸資源に対して特別の難題を突きつけないかもしれない。純粋な協調ゲーム——Schelling（1960）と Lewis（1969）によって有名にされ，左側走行と右側走行の間で司法権が行う集団的選択によって例証される種類の——は，そこでの諸均衡が価値において対称的なものである。そのようなゲームは，もちろん，一意の解を持たない。しかし，社会化された諸個人の共同体はそれらのゲームを解決することができるが，それは，諸均衡の１つに収束するという意味においてであって，環境的足場を最大限に利用し，組み込みの処理を最小限に利用して行われる——それはまさに，どの解が選ばれるかということは，どの個体にとっても問題ではないという理由のためである。Skyrms（1996, 第５章）が示しているように，基本的なレプリケーター・ダイナミクスにおいては，純粋な協調的諸均衡の間の対称性は，生の——かつ外生的な——歴史的事件によって不可避的に破壊されるだろう。（右側ではなく左側を走行する人々が少し多いだけで，戦略的理由が全く無くても，ダイナミクスを安定的な収束へと傾けるのに十分である。）このことは，模倣する能力以上の個人的認知を全く要請しない。この能力は世界の生き物たちには最も得がたいものだが，それは依然として，社会的（非半倍数性）クラブのメンバーたちを区別する種類の知性には達しない。

　真に難解な協調ゲームでは，プレイヤーたちが諸均衡を差別的に順位付けするが，しかし〔i〕協力的関係を維持するために，何らかの相互に利益のある均衡に到達することに対して，〔ii〕可能な諸均衡の部分集合の間でどの要素が選ばれるかに注意することよりも大きな注意を払う。そのようなゲームのプレイヤーたちがインセンティヴを与えられる——かつ，かくてその能力によって選択されるかもしれない——のは，次のようなシグナルを互いに送信することに対してである——そのシグナルというのは，後者の目標〔ii〕を達成するのにちょうど十分ではあるが，均衡選択の戦略的制御を完全に他者に譲るほど透明ではないものだ。ここでの要点は，互いに繰り返しゲームをプレイする社会的動物の間には，協力と競争の遍在的なトレードオフが存在する，ということである。一方で，共同プロジェクトの達成のためにうまく協調させる圧力が存在する。（存在しないならば，社会性は全く展開し得

7. 諸セルフとそのゲーム　321

ないだろう。）他方で，諸個体は対価（共同プロジェクトに対するエネルギーの比例的貢献，あるいは返礼という形での）を支払わずに協力を引き出すようにインセンティヴを与えられる——社会的罰則が詐欺からの利益よりも犠牲が大きいと予期せずに諸個体にそれが可能な場合には，いつでもそうなのである。

　一部の環境においては，このことはほとんど可能ではないかもしれない。かくて，Dennett（1991b）は，ベルベットモンキーの捕食者シグナリングについてのCheney and Seyfarth（1990 ; Seyfarth and Cheney 2002）による有名な実地調査を敷衍しながら述べる——開かれたサバンナの風景の中で，ベルベットモンキーはつかまらずにいる機会がほとんどない，と——，そしてこのことが彼らのシグナリングシステムの複雑性の進化に対する圧力を削減すると示唆している。たいていのシグナルの適切さが外生的な諸制約に基づいて依拠されうる限りで，発声化や他のサインの意味づけに関する共有された慣習への収束は，純粋な協調のダイナミクスに接近する（Skyrms 1996）。しかし，協調が純粋性から離れるにつれて，シグナルの複雑性における，ひいては認知的能力における軍拡競争が惹起されるかもしれない。デネットの推測がベルベットモンキーや他の特定の諸動物に妥当するにせよそうでないにせよ，彼の要点の根底にある論理は重要である。すなわち，協調解を求める圧力と協調の戦略的利用（*exploitation*）との間の緊張こそが，おそらく社会的動物をして知性の勾配を非常に確実に上らせるものなのである。（これはByrne and Whiten 1988 と Whiten and Byrne 1997 において説明され探究された「マキャベリ的知性（Machiavellian intelligence）」の仮説である。）

　現在の文脈において，特に注意深くあらねばならないのは，この話に直面する際の存在論的諸前提に関してである。もし Dawkins（1976, 1982）によって広められたが Keller（2001）や Oyama（2000）によってうまく批判された一種の遺伝子中心的な還元主義から出発するならば，この勾配を上ろうと互いに競争する諸個体が，その過程が始まる前に固定的な個人の効用関数を既に賦存されているとみなすよう誘われる。そうすれば，論理の適用は非常に直截的になる——そして，過去数年間にわたって西洋の大衆文化を通じて精力的に広められてきた——が，しかし自己満足の汎新古典主義の類——これはミロウスキーの皮肉な眉毛を正しくも吊り上げさせ（Mirowski 2002, p. 533），デュプレに全巻に亘って嘲笑のキャンペーンを展開させる——に陥る危険を冒す。もちろん遺伝的進化が生物個体を構築することには完全に妥当な1つの意味が存在する——区別可能な個々のトラが本当に存在する

——が，もし，諸セルフがそれぞれ別個の諸ゲノムの単なる外挿だとしたら，我々はセルフにとって別個の1関数を発見するプロジェクトにおいて失敗するにちがいない。すなわち，もし，広大な自然の市場で競争し合う諸個体から構成された秩序だったマクロ経済を前提することで始めるならば——すると，諸セルフは改善された競争優位性のための技術として現れ——，その結果がここでの話題を構成する経済学それ自体についての基礎的な諸設問に興味深い光を全く投げ掛けないということを論理的に保証する。前章で見たように，前形成されたロビンソン・クルーソーたちを集計することによって経済システムを構築する種類の原子論は，諸セルフがもはや果たすべきいかなる特化された仕事も持たない点へと至る道を経済理論に進ませてきたまさにそのものである。大衆向け進化心理学の文献の大部分は，これを奨励して諸セルフを遺伝的な諸束——支配的なメタファーで言うと「彼らを綱に繋いでおく（hold them on leashes）」もの——の最大化の排出物とみなす。この点をさらに別の方法で述べてみると——原子論的な新古典派の枠組みを前提し，それからそれに基づいて進化論的な行動科学を構築することによって，人々の研究にとっての新古典派経済学的論理の経験的有用性をどうにかして立証することはできない。すると我々は，分析中からその中に投げ入れたものを単に取り出すだけだろう。進化心理学を参照することにより新古典主義の妥当性を擁護する既存の試みで，私が知っているもののすべては，この批判にさらされている。

　かくて私は，ここでは別な仕方で事を進めたい。我々の論理の第一段階は，生物学的（*biological*）生物を非経済学的な観点で——すなわち，ゲームのプレイヤーとしてではなく，細胞過程によってのみ越えて遺伝的情報が伝達され得るような境界を厳密に参照することによって——個別化することにしよう。すなわち，諸細胞のある集合を区画して生物個体として描くことができるが，その集合内では，各構成員が1個または2個の親からDNAを通じて伝達された共通の情報を帯びており，任意の他の生物たちのDNAから細胞的に伝達される情報に対しては閉じられている[143]。もし，いかなる経済的特性をも参照することなく，そのように生物個体を

---

143 ［原注5］これは1つの定義を試みる仕方についての概略としてのみ意図されている。多くの面倒な仕事を熟す必要があって，DNAに対するウィルスの諸影響を排除し，同胞種クローンを区別する問題を扱い，「共通の（common）」情報が意味することへの諸制約を指定することによって，それを定義へと昇進させなければならないだろう。もしこれが生物学の哲学であったとしたならば，私はちょうどここで立ち止まり，まさにその仕事をしなければならないだろう。しかしながら，現在の諸目的にとっては定義の概略で十分である。なぜなら，必要とされる議論のすべては，いかな

7. 諸セルフとそのゲーム　323

区別するならば，続いて存在論に循環論法を導入することなく，それらを経済分析に従わせることができる。すると，諸セルフが，これらの生物学的個体のいくつかが複雑な（非純粋な）協調ゲームに巻き込まれる時に生じ得る社会的ダイナミクスから創発するように望むことになる。

　物事のこのような理解の仕方にとって必要な概念的ひねり〔ツイスト〕は新奇であり，その含意において際立っている。何かが（相対的に）単純な生物学的個体である限りでは，その行動は自らを経済的エージェントとしての記述に良く従わせる——すなわち，その行動は，予算制約下での RPT の諸公理を順守するだろう（これらの制約は，生態学者と実地の動物行動学者によって集められたデータから独立に特定され得る）。眼を瞠るほど繁茂する文献が存在しており，行動的および認知的な生態学における略奪，配偶者選択，生息場所選択・探求，性的競争，縁故主義，同胞競争，航海，捕食者回避，互恵的毛繕い，種間相互関係（共生関係），その他の話題のミクロ経済学的説明——それらはパラダイム的に妥当な科学を構成する——を提供する（Krebs and Davies 1984 ; Bell 1991 ; Dugatkin and Reeve 1998 ; Dukas 1998 ; Noë, van Hoof, and Hammerstein 2001 を見よ）。すなわち，仕事の体系として，それは直截的で古き良き方法で認識的点呼に合格する。すなわち，当該の説明は，諸パラメータの驚くべき，しかし正確な数量的予測を規則的に生み出し，それらの値はそれらを生み出すために使われる理論的諸モデルとは独立に特定し測定されうる。ここで RPT は先の第 4 章で「意味 3 における理論」と呼んだものとして輝く。もし人間行動が，非社会的な動物の行動が繰り返しそうなるのとほぼ同様に，古き良き新古典派経済学的諸モデルの予測に合致するならば，純粋なイデオロギーにとらわれていない者は誰も新しい種類の経済学を求めないことだろう。

　この点を鮮明にするために，いわゆる基準率の無視〔ベースレート・ネグレクト〕という現象に関して，人々とハトについての若干の比較による実験的仕事を参照できる。これは多く観察される EUT 違反であり，そこでは被験者たち〔サブジェクト〕は状況固有の情報を厚遇して利用可能な背景的情報を無視または過小評価する。Goodie and Fantino (1995) が典型的な仕方でそれを帰納したのは，報酬のために光のフラッシュの色を予測する仕事に直面した人間の被験者の 1 集団内においてであった。その後，Hartl and Fantino (1996) は，ハトでその実験を再現した。鳥たちは，善き〔サマリヤ人〔びと〕（ルカによる福音書

る経済的諸特性にも訴えることなく生物を個別化するための概念的諸資源の一般的 1 集合が存在するということだからである。

10：25-37）ならぬ〕サミュエルソン主義者たちのように振る舞った。我々は研究者たちに創意を発揮するよう勧めて，人々とハトがその仕事に関して互いと競争するよう促してみてもらうべきである。もし報酬の共通通貨を見いだすことが可能であるならば，おそらく人々は貨幣ポンプ化されることだろう。

　もし複雑な社会性が直截的な経済的エージェンシーとの間に負の相関を持つならば，このことは一部の生物学的個体——他の者たちとの複雑な協調ゲームに巻き込まれた者たち——を，そのようなエージェンシーから離れて進化していくものとしてモデル化するよう導くべきである。彼らがセルフを発展させるにつれて，異なる種類の諸個体となり，彼らと，彼らが歴史的に依拠している生物学的個体との間の共外延性は崩壊する。極限において，論理的に出発点とするミクロ経済学的アプローチは，あまり効果的にはそれらに妥当しなくなり，進化論的マクロ経済学が必要とされる——本書で理解し始め，後続巻でより完全に探究するように。

　急いで進んで来たので，いくらかの要約をするのが順当だ。我々が取っ掛かりとする生物は，遺伝的に個別化されるのであって，経済的にではない。ここで判明するのだが，サミュエルソン的ミクロ経済学を使って，食料源，交配の機会，その他の諸資源の希少性に反応するこれらのシステムのモデルを作ることができ，驚くべきだが正確な経験的予測をもたらす。すると今度はこれがフィードバックして，動物の認知的モデルについて諸制約を提供する。すると，古典的な AI について楽観的であった初期の日々に待ち望まれた経済理論と認知科学の間の関係がここにある。もしそれが人々について当てはまるならば，私は非常に異なった本——はるかに技術的であり，かつその概念的論理においてはるかに複雑でない本——を書いたことだろう。

　しかしながら，社会性とともに生じるノンパラメトリックな環境的複雑性の増大は，直截的な経済的エージェンシーの力に圧力を加える。問題は2つの次元で同時に生じる。第一に，繰り返し指摘されているまさに以下の事実が存在する——すなわち，ノンパラメトリックな最適化が，パラメトリックな最適化よりも指数関数的に多くの計算的資源を要求するのだ。しかし，第二に，自然が社会化された諸個体にとっての精緻化問題を（ある数学的には恣意的だが安定的な仕方で）解決した環境においてさえ，ある1エージェントが直面する各々の単一の協調ゲームは著しく複雑なことだろう。情報的に稠密な1つの社会的ネットワークにおいて，私がゲーム G_1 において個体 x と用いる協調戦略は，同時に別の個体 y とのゲーム G_2にお

7. 諸セルフとそのゲーム　325

ける手でもあり，さらに別の個体 z とのまた別のゲーム G_3 における手でもあるだろうし，x, y, z は同様にそれら自体の複数の協調ゲームの中に埋め込まれてもいる。同時的にあらゆる諸個体にとって，この状況は，最適な解の集合を特定するいかなる可能な中央計画者もいない，一般均衡（GE）の一問題を表している。（ゆえに，ミロウスキーには失礼ながら，ゲーデルの定理はどうでもよい——確かに GE 問題への一意の（*unique*）解を目指す極限において，それは厄介であると判明するかもしれないのではあるが。予想された諸ゲームのネットワークにおいて，何であれ解を計算しようと試みるインセンティヴを伴うものは何も存在しない。）各個体のためのこの GE 問題は，情報的には処理しにくいものだろう——もしも，彼ら全員にとって利用可能な戦略集合が各々の特定の相互作用に先んじて厳しく制約されていない限り，かつ，有意に関連する諸制約の多くが共通の知識でない限りは。ある諸制約は生物学，物理学，共有された文化によって与えられるだろう。私は，協調戦略を選択する中で，窓から飛び降りると約束することも脅すこともできないし，あなたが食卓で塩壺をこちらに回してくれなければ自殺すると確実に脅すこともできない。しかしながら，この種の背景的諸制約がいかに不可欠だろうとも，それらは人間の共同体が何とか収束しようとする先の種々の精緻化された社会的諸均衡に至らせるのにほぼ十分な積荷を運ぶことはできない。もし，あなたにとっての任意の所与の戦略的状況タイプ S において，任意の個人が——あるいは我々の近似的な文化的歴史を共有する任意の個人でさえもが——S において行うかもしれない物事のうち任意のものを行うことが私にとって可能であったとしても，均衡に到達するには依然として計算上の奇跡が必要だろう。

　なぜ今，戦略的状況のタイプという考えを導入し，ゲームに直接言及し続けないのか。これは，上述の次の点に関連しているのだ——社会化をして経済的エージェンシーの諸プロファイルへとフィードバックせしめるにつれて，エージェントの初期の個別化が安定的であり続けるとは想定できない，という点である。1つのシナリオを1ゲームとして同定することが前提することは，プレイヤーの戦略集合が既に彼らの特定的な効用関数の確定によって制約されてきたということだ。しかし，私がここまでで検討してきたデネットの仮説の要点——それはロビンソン・クルーソーの形而上学を否定することの要点でもある——は，ホモサピエンスの生の，社会的に洗練されていない生物学的一 実 例 は，未だ1つの人間のセルフ（*human self*）ではないということである。もし個体間のゲームの効用関数が人間のセルフ

に付随するならば，2つ以上のそのようなセルフ間の1ゲーム G を，それらが犀であった場合に直面するものとしてモデル化されるかもしれない事前に制約された状況 S と同一視することができない。説明しなければならないのは，社会化されたエージェントが状況のタイプから特定のゲームに辿り着くのを可能にするものは何かということである。

　理論家として，我々は困惑するはずである。一方では，生物学的個体は社会的ゲームに引き込まれるにつれて，より洗練された経済的エージェントになるよう促される。絵のように美しいイメージを得るためには，彼らが精緻化プログラムを辿るように選択圧によって奨励されるものとみなされたい。第5章で論じたように，この挑戦はドン・キホーテ流に空想的である。そして他方では，生物学的な諸個体は，文字通りその圧力下で分裂して，彼らの行動的制御を分配し，諸エージェントの諸共同体へと進化し，かつ外的な情報的足場にますます依拠しなければならない。ある点において，もし彼らを直截的な経済的エージェントとしてモデル化することに固執し続けるとしたら，選好逆転と時間的不整合性を観察し始めるだろう。しばらくの間，トレミー的な諸手段を使って土壇場で勝利しようと試み，最大化目標の新しい諸モデルを発明し，ケース・バイ・ケースの特別仕様の基準（これは我々に依然として RPT を適用させる）の上で EUT を置き換えることができる。しかし，トレミー的諸戦略の例に漏れず，これに関する収穫は逓減するにちがいない。各々の生物学的個体を別個の種類の経済的エージェントとして示すよう強いられる点——方法論的無意味さの限界点——に到達するはるか以前に，彼らをこの仕方でモデル化することの経験的価値は消滅するにちがいない。

　さて，これはモデル作成者（*modelers*）としての我々の問題である（もし我々が，概念的枠組みを改訂することなく，とぼとぼ歩くだけならば）。しかし，モデル化しようと試みているシステムでは何が生じていくのか。1つの可能性は，社会的複雑性の展開は，経済的エージェンシーの力が脳内のリアルタイムの計算に対する諸限界に衝突するに伴い単に一漸近線に達するということである。ある限定的な意味において，複雑性に関する漸近線は不可避である。すなわち，光の速度は障壁であり，宇宙には限られた量のエネルギーしか存在しない。しかし，選択には頼りにできる何か追加的な諸資源があって，これによって，漸近的限界が，個々の神経システムだけではエージェンシーを纏め切れない点に到達しないようにするのである。展開した社会的環境は，それ自体，足場として利用され得る。諸セルフは進化し得る。

7. 諸セルフとそのゲーム　　327

人々はこれに対する証拠なのである。

セルフとは何者か

デネット（Dennett 1991b）が勧めるのは，小説中の登場人物のモデルに基づいてセルフを考えることだ。そのような人物のように，セルフは自然選択によって化学物質から直接に構築され得る類のものではない。これがデカルト劇場が存在しえない理由である。すなわち，その概念が意味をなすのは，ただ，予め構築されたセルフがその場に存在し得て，映画を見てサウンドトラックを聞く，という場合，そしてその時にのみだろうし，またそれは自然選択が文化的および社会的な学習に先んじて働きかけ得る唯一の種類の諸物質——生化学的な諸物質——からのみ構築されなければならないだろう。内的な不整合性に陥らずにそのようなセルフについて伝えられてきた唯一の文化的語りは，神秘主義的な——科学的でない——ものであった。もしあなたがその種の説明を望むならば，プラトンが最良のものを今でも市場で売りに出している。

しかしながら，セルフの科学的な説明と言うからには，必ずセルフが——小説家の創作のように——少なくとも部分的には人間活動によって作られていなければならない。さまざまな学問的パースペクティヴに由来し，心にさまざまな形而上学的な偏向を持つ多くの思想家たちは，この特性をもつあらゆるタイプの実体を「構築されている（constructed）」と呼ぶ。これは賢明なラベルだが，しばしば，「自由に（freely）」または「任意に（arbitrally）」のような抑えぎみの形容詞をその前に伴って意図される。かくて，人間主義者たちは，自由の規範的強調によって導かれ，至るところに諸構築を見出すことを偏愛するのが典型的である——なぜなら，これが外的諸制約からの人間の独立性を最大化すると考えるからである。しかしながら，「構築（constructions）」について話すときには，所与の構築が所与の人々のグループにとって任意である程度はケース・バイ・ケースの経験的事柄であるということを覚えておくのが良い。多くの構築は，特定の社会的ダイナミクスのほぼ不可避だが意図せざる帰結であり，興味深く回避可能なものではない。ひょっとしたら，それらは何らかの意味ではすべて形而上学的に回避可能である。しかし，そんなことはどうでも良かろう？　通俗の格言は，死と税を結びつける点において妥当である。なぜなら，かつて，いかなる国も税を廃止するような急進的なリバタリアン的政府を持とうとしなかったからである——リバタリアンの活動家たちがどのくらい懸命

ないし巧みに活動するかに関わらず．

　セルフは，架空の登場人物たちと共通の何か別のものを持っている．すなわち，その観察者たちの期待形成のための見事な参照点になる．まず，その架空の登場人物たちを考えよう．ライオンがジェーンに飛びかかる時，ターザンはちょうど彼女の真上の木へと移ったところだと聞かされる．それがターザン以外の誰かであったとしたら，次に起こることは全く思いがけないことだろうし，実に多くの事前説明を要することだろう．しかし，もし我々がこの登場人物を辿ってきたとして，もし彼から森林警備隊の助けを求める叫び声や銃声や泣き声が聞こえたとしたら，我々が起きると聞かされていることよりももっと驚くことだろう．このライオンは，跳躍途中で止められ，刺し殺されることはある程度確かである．ターザンは，極めて信頼できる登場人物なので，文学上の諸価値に関して，面白くない．彼が信じがたく強靱で敏捷だということは，主たる文学上の欠陥ではないが，実在の個人のモデルとしてはあまりにも予測可能かつ単純に過ぎるということなのである．

　実在の個人か？　ターザンは，先に第2章で述べた実在的パターンの定義に合致する．もしあなたがそのパターンを辿らなければ——気にしないためか，あるいは，それを印刷されたページ上に繰り返し現れる印しへと格下げしようとするために——，あなたは他の情報を失うだろう．あなたが情報を失うだろうということが明らかになるのは，他の誰か——ただし，あなたではない——がクイズ番組で，彼らにとって簡単なターザンについての設問を与えられたら，賞金を獲得するだろうという事実によってである——「彼は結婚していたか？」「彼は（最後には）英語を話したか？」といった設問だ．彼についての他の簡単な設問が明らかにするのは，情報はむしろ期待を通じて循環するものであって——これは実在的なパターン性の確かな兆候である——，紙面上の現実の印しに由来する単なる記憶なのではないということである．ターザンはコンピューターコードの書き方を知っていたか？　彼はバグパイプ音楽を作曲したか？　エドガー・ライス・バローズ〔ターザンの著者〕は，決してこれらのことに如何様にも言及しないが，その答えは明らかである．我々がターザンは実在的でないと言うときに意味するのは，彼が自律的（*autonomous*）ではない，彼は自身の行動のいずれも開始しないということである．これは「実在的でない（not real）」の完全に有用かつ（文脈内で）理解可能な1つの意味であるが，〈実在-非実在〉の対照は，他の文脈では他の等しく妥当な意味を持ち得る．それらの文脈で，ターザンは他のいかなる実在的パターンとも同じくらい実在的である．

彼と，自然が化学物質から直接作ることができる事物との間の対照を表したい時には，彼を「仮想的（virtual）」と呼ぶことで合意しよう。それはその天才が「エドガー・ライス・バローズ」と呼ばれるようになったのと同様だ。

　架空の登場人物たちが著者たちによって任意に構築されているのではないという点と，彼らが物語上の期待を安定化するために役立つという事実とは，緊密に関連している。例示を植民地時代の架空の1英雄から少しより複雑な者へと移そう。コナン・ドイルが最初のシャーロック・ホームズ小説の初めの数章を書いた時，ホームズを置いた各状況においては多くの行動的可能性が開かれていた。ホームズは，例えば，ワトソンの泥酔の逸話を嘲笑って彼についての下品な5行詩を作詞したかもしれない。しかしながら，4番目のホームズ小説よりずっと以前に，この戦略は，コナン・ドイルがホームズのために長々と紡ぎ出してきた架空の伝記によって遮断された。ここで「遮断される（closed off）」とは，もちろん，いかなる形而上学的または論理的な不可能性も意味しない。すなわち，コナン・ドイルにとって「すると，ホームズは，『コーク出身の年老いた医者がいた…』と語り始めた」という言葉を書く事は完全に可能であった。ここでの不可能性とは，コナン・ドイルが小説家（なおかつポストモダンではなくモダンの感覚を備えた小説家）でいることの社会的目的に伴う，首尾一貫性を求める諸圧力の関数である。ホームズはその種のことをして，しかも依然としてホームズであることはできないのだ。

　それは実在の人々についても同様である，とデネットは論じる。私が6歳の時には，40代の今そうである人物よりも多くの種類の人々になることが未だに可能であった。またもや，ここでの制約は，私がライオン調教師になるという志向を——モンティ・パイソンの寸劇における会計士フィップス氏のように——物理的に公表できなかろうということではない。むしろ，もし私がそのような公表をして，それを本当に——あらゆるその行動上の含意とともに——意図したならば，私は，私としての私についての期待の複雑な全体を掘り崩すだろうということである——そのような全体のおかげで，私は，人生の中で多くの人々と同時にプレイする一連の日常的な協調ゲーム（かつての見知らぬ人々との交流も含む）において，均衡に到達することができるのだが。

　この最後の点は，驚きを引きおこすに違いない。私の伝記はどのようにして，以前に私のことを知らなかった人々の期待にさえ，有意に関係し得るのだろうか。ここでの答えへの始まりは，他者たちと協調ゲームをプレイするためには，私は私自

身について相対的に安定的な期待を持たなければならないということである。しかし，そうすると，内観の非存在が問題を引きおこす。私は複雑なシステムであり，その内的な因果的ダイナミクスは，あなたの直接的な観察にとって不明瞭なのとほぼ同じくらい私の直接的な観察にとっても不明瞭である[144]。他者たちにとっての根源的な予測不可能性は，私自身にとっての根源的な予測不可能性を含意しなければならないだろう。しかし，この状況——一般的な用語で「自己の喪失（loss of self）」と呼ばれる——は，たいていの人々が賢明にも悲劇的な事態とみなす状況である。相対的に安定的なセルフは，むしろ偶発的な歴史的創造物であって，所与の内的本質ではないかもしれないが，しかしそれにもかかわらず人々が発達させる最も貴重な特性であるし，ほぼ普遍的にそのようにみなされている[145]。その答えのさらなる一要素は，私は異なる人々と同時にプレイするさまざまなゲームをカプセル化されたサイロの中に留めることができないということである。上でほのめかしたように，この理由により，見知らぬ人とのゲーム G_k におけるある一手は，より親しい仲間たちとの他のゲーム $G_{k,...,n}$ における手も表すだろう。

　しかし，どのようにして私はこの安定化をやってのけるのか。バローズやコナン・ドイルが信頼できる主人公らを生き生きと語る企画とは異なり，セルフの創造は一見したところでは神秘的なブートストラッピングのように見える。仮に私が私自身のみの観察下にしかなければ，それはそのようになるだろう。しかしながら，他者たちが私を見て，志向姿勢から私についての彼ら自身による物語的伝記を作り上げており，私はこのことを知っている。さらに，我々のコーディネーションを必要と

---

144 ［原注6］もちろん，私は，私自身をはるかにより詳細に観察するお陰で，あなたよりもより多くの情報を持っている。要点は，私自身についての私の証拠は，あなたのものと種類において異なっていないということである。それは，あなたのものに似て，行動についての志向姿勢から組織された諸判断の記録に存する。

145 ［原注7］ジャン・ポール・サルトル（Sartre 1943）は，正しくもセルフが形而上学的な本質であるという信念を拒否した。しかし，彼がこの事実から引き出した規範的な結論——それがひいては彼の哲学と嘆かわしい政治生命の両方にとっての基礎をなした——は，私が完全な狂気とみなすものである。これは，「良き信仰（good faith）」とは自分自身のセルフを掘り崩すよう意図的に努力することに在るという命題であり，その命題を強化するのは心理学的な正直さは自分自身〔自身のセルフ〕に腹を立てることに依存する——そのセルフがどのような具体的な諸特徴を持っているにせよ——という主張である。ある個人が目指すことができる最善の存在状態は，青年期に精神的な自殺をロマン化することであるという考えは，驚くほど馬鹿げている——それより悪くはないとしても。しかし，私のサルトルに対する明白な軽蔑は，この規範的な判断それ自体から生じるのではなく，サルトルの自身の命題に対する心からの信念を私が疑っているという事実から生じている。もしこれについて私が正しいなら，彼の哲学者のカードは，取り上げられるべきである。

7. 諸セルフとそのゲーム　　331

する諸プロジェクトの成功は，私が根源的にではないが彼らの物語的期待をくじく
ことも必要とする。人々が不安定な諸セルフを伴うコーディネーションの試みを避
けることは賢明である。人々の間の膨大な相互依存性を所与とすると，このことは
皆が社会的な報酬と処罰の分配を通じて彼らの周りの人々の安定性を調節するよう
に動機づける。当惑して誰かにしかめっ面をすることは——その誰かがそのしかめ
っ面を他者たち一般の反応の仕方の代表候補として解釈する限り——処罰の厳格な
一形態である。これをそのようにすることは，自然選択が社会的動物を進化させる
中でしなければならない配線の主要な部分である。しかし，なぜ私は，他者のしか
めっ面をより広い社会的判断の（たいていの）代表とみなすべきなのか。まぁ，それ
は単に，一定の安定性からのある種の逸脱を彼らが警戒する傾向もまた，彼らの諸
セルフを生じさせる社会的-志向的な諸判断の圧力の下で形成されるからである[146]。

　社会の進化ゲーム理論的モデルにおいてよく観察されることは，日常的な報酬と
制裁の行為による諸規範の分散的な維持が，法，会社，規制，教会，組織化された
科学のいっそう明示的な下部構造が依拠する接合剤^{セメント}だということである。執　行^{エンフォースメント}
の分散した性質は重要である。なぜなら，それは報酬と制裁の諸費用があまりにも
高くなって執行者^{エンフォーサー}たちに英雄的行為を要請するほどになることを防ぐからである。
ビンモア（Binmore 1998）によるこれらのダイナミクスの分析は，今日まで最も
哲学的に鋭敏なものとして推薦される。彼の評言——社会的安定性は予測可能性か
らの根本的な乖離に対する保護の互酬的諸関係によって維持されている——と，デ
ネット（Dennett 1991b）の主張——自身のセルフの著者である人々は，複数の共
著者によって支援されている——は，かくて同じ点の，因果的分析の異なる諸レベ
ルにおける表現なのである。

　読者よ，私はあなたがセルフを持っていると仮定しても差し支えなかろう。それ
を構築したのは誰か。まぁ，あなたが持って生まれた前形成された^{プレフォームド}デカルト的な心
ではない。なぜなら，そのようなものは存在し得ないからである。あなたの両親ま
たは幼少期における他の日常的な保護者たちが，その過程を始める中で主要な役割

146［原注8］それゆえに，ここに，それについてサルトルが正しかった何かがある——もっとも，
その洞察は彼独自のものではなかったのだが。「他者（the other）〔仏 l'autre〕」は，社会的抑圧の
執行者である——それが実際に抑圧的である時には——，そして，他者が執行する秩序は，論理的
に言って，何であれ，ほぼ局所的な社会的現状であることを免れ得ない。しかしながら，もしあな
たが改革者なら，単純な精神的反逆はこの事実にふさわしい反応である，という考えは，改革者を
生じさせる効果的な何かである。

332

を果たしたのだ（McGeer 2001）。彼らとのゲームの中で，あなたが開始したのは，整合的な効用関数（緊密にかつ絶えず注視している経済学者であれば誰でもあなたの行動——その大部分は，一連の色々な泣き声の生産であった——から構築できる）を持つ直截的な経済的エージェントとしてであった。しかしながら，あなたの両親は，あなたを，実際にそうであった直截的な経済的エージェントとみなすことを拒んだ。これはあなたにとって幸運であった。野生児たちに関する証拠（Candland 1993）が示すように，セルフになるように奨励されない幼児たちは，そうならないし，その後そうなることはできない。あなたの両親は，自身の単純化されたバージョンとプレイするような種類の諸ゲームの中であたかもあなたが彼らとのコーディネーション均衡に到達しようと試みているかのように振る舞った。（彼らはこれを意図的にではなく本能的に行った。）あなたがセルフへと転化し始めたのは，あなたの行動が次の事実に応答し始めた時だった。すなわち，あなたが特定の諸次元に沿った整合性それ自体に対する報酬と，軽い制裁——落胆のわずかな表出——とを受け取ったという事実である。その制裁とは，あなたの両親があなたにプレイ可能だと想像した協調ゲームにおいて，あなたが不規則なプレイヤーであっただけのことに対しての制裁である。McGeer（2001）は，両親のこの構築的活動を指して，個人の存在へ向けての「彫塑化（sculpting）」と呼んだ。そのような彫塑化は，足場を組んだ学習——知性的な動物の情報処理の基本的なダイナミクス——に本質的に依存する。

　デネット（Dennett 1991b ほか）は，しばしば有益な点を強調してきた——哲学者たちは，彼らの概念的仮説を経験的実験として——可能な場合には常に——述べるべきである，と。（現実的な，提案助成型の実験である——すなわち，〔ヒラリー・パットナムの〕双生地球への旅行を要する実験ではない。）かくて，提案させて欲しい実験は，発展についての上の命題を明示的にゲーム理論的なものへと精緻化するのに役立つであろうものだ。協調ゲームのプレイヤーになる学習における子供の課題がより簡単になるとすれば，それは両親が整合性に報酬を与え，不整合性に制裁を加える基準となったところの諸次元が，人生の最初の数週間に幼児の効用関数の満足を統制する確立された行動パターンにとって有意には関係していなかった場合だろう。なぜなら，このことは幼児にやかましい学習問題を突きつけることを回避するからである。幼児は黄色い象を見るときに常に微笑むだろうか。素晴らしい——微笑み返し，興奮して訪問者たちにその行動を指し示すのである。幼児は，温かい哺乳瓶や毛布を常に歓迎するだろうか。もちろん，そうではないし，誰がそう

7. 諸セルフとそのゲーム　　333

すべきだと期待しただろうか。このことは，一連の実験によって直ちに研究され得よう。始めに見出すべきは，確実だがしかし偶発的に被験者である幼児の食料や抱擁の受容と相関している環境的偶発性だ。幼児は，標準的なスキナー的な仕方で観念連合を作るものとみなしうる——その偶発性が顕著であるならば，だが。ある一連の実験では，両親が自然に振る舞うように，実験の変数を彼らに知らせてはならない。別の一連の実験では，実験変数の拡張に報酬を与えることによって（しかし，連合した諸ケースで引き起こされる刺激——食料または抱擁——を与えることなく）幼児を操作するように両親に協力を求めよ。（すなわち，一方の仕方では拡張に報酬を与え，他方の［普通の］仕方では連合した基礎的諸ケースに報酬を与えるのである。）私の予測では，第二グループの幼児たちは，連合していない諸ケースにおいて反応を拡張することを学ぶのが第一グループよりもゆっくりだろうし，両グループがその拡張を学習するのは，各グループが環境的諸特徴——それらは彼らの食物摂取状況と相関していないが，両親によって奨励される——への反応を拡張することを学ぶよりも遅いだろう。もしこの予測が裏付けられることでもあれば，それは幼児が協調ゲームをプレイするよう教えられるのは，そうすることを学ぶためだということの証拠になるだろう。

　社会的協調ゲームをプレイすることを単に学習するだけではまだ，セルフが授けられるのではない。この点において，あなたは社会的一動物であり，直截的な経済的エージェントに対して，犬やヒヒが立つのと似た関係に立っている。すなわち，あなたの行動パターンは，社会的足場を通じて著しくループ化されているので，あなたが生まれた時と同じくらい容易にあなたを経済学的にモデル化することはできないだろう。適度に精緻な予測を正しく行うには，あなたの家計における社会的ダイナミクスのモデルが必要となることだろう。もし，それらのダイナミクスがある重要な仕方で変化したならば——例えば，あなたが新しい兄弟姉妹を得たら——，選好逆転を見ると期待するべきであろう——もしも我々が，あなたを同じ経済的エージェントとしてモデル化することに固執し，しかし RPT に釘付けした効用に対する認知的判断の理論——それがどのようなものであれ——のベッカー的技術的離れ業またはトレミー的操作に訴えなかったとしたならばだが。他方で，いかなる立派な経済学者もできるだろうことは，ベッカー的変換を達成すること，ないし，あまり多くの汗水を流さずに現象節約的な発見法を作り上げることだろう。しかしながら，専任の経済学者は，あなたが話し始めるとすぐに，本当に懸命に働き始め

ることだろう。

　デネットがセルフに関する最近の思考を代表していなかった1つの点は，言語の役割を平均以上に強調していることにある。（注意深い議論については Clark 2002 を見よ。）彼をこの強調へと導いているのは，MDM とセルフの理論が一緒に作られている仕方である。理論家らのうち，セルフ性についての類似の諸見解を共有するが，しかし部分的には意識に関する諸省察を経てそこにたどり着くのではない者は，かくて，言語を非常に中心的なものとみなす彼の動機づけを共有していない。すると，私はここでデネットに従い続ける中で，関連する理論的コミュニティ内の合意から程遠い主張にいくらかの重きをおくということを認めながら，続けることにしよう。

　ここで，架空の登場人物たちと諸セルフの間のアナロジーに戻るのが有用である。コナン・ドイルがホームズを作り上げるにつれて彼を封じ込め，かくてホームズを実在的なパターンにする諸制約は，物語的な（*narrative*）ものである。物語的な諸制約が結局，まさに何になるのかは，認知科学者たち——とりわけ AI におけるスキーマ理論的枠組みの中で働いている者たち（Schank and Abelson 1977 ; Mandler 1984）——から，そして歴史的説明をより良く理解しようとしてきた歴史哲学者たち（例えば Roberts 1996）から多大な関心を得てきた主題である。私は，誰しもが物語的な首尾一貫性として判断できるものに生来の認知的諸気質が何らかの諸限界を課すということを疑わないし，論理的1モデルが常に構築され得て，任意の所与の有限な集合の物語の共通な諸特徴と生産構造を定義し得るが，疑わしいのは，ゲーム理論的ダイナミクス内に基礎を置いていない物語の説明はどれでも十分なものであり得るかという点だ。なぜなら，私の予期するところでは，分別ある物語を構成するために人々によってとられるものは，それ自体，絶えず交渉されてきた文化進化の産物だからである（Polanyi 1989）。こういう訳で，私は，物語的制約の概念をここでは分析されないブラックボックスとして残すつもりである。もっとも，私は示唆するが，まもなく説明するつもりのゲーム決定の観念は，それをこじ開けるために必要とされる理論的装置の重要な部分かもしれないのだ。いずれにせよ，差し当たって，以下のように所与のグループの人々の判断を導くもの——それが何であれ——の曖昧な操作的意味での物語的制約を理解するだけにしよう。すなわち，ある行動シークエンスを，その中で，より前の行動パターンが他のパターンを説明するものとして判断させ，また別のシークエンスを，その中で，説明が行動パター

ンにとって外生的な共時的諸要因のみに依拠せねばならないものとして判断させるものである。（これはおおよそ歴史哲学における討論の端緒となった操作化である。）この考えを説明するのに役立つかもしれないのは，次のことに注目することだ——すなわち，所与の文化における物語的な首尾一貫性の意味は，その文化の狂気（insanity）の理論と相互に含蓄的な関係に立つ傾向があろう，ということである。かくて，ある共同体の物語の意味を発見することに有意に関係する証拠の良好な源泉は，その法廷の判決と理論的根拠だろう——そこでは刑事責任は永続的または一時的な狂気によって軽減されるかもしれない。狂気——社会的な類として解釈される——は，最低限の物語的な首尾一貫性からの永続的または一時的な逸脱に存するのである。

　この操作的観念を扱いながら，デネットの命題をこのように述べることができる。すなわち，セルフは——ちょうど架空の登場人物のように——些末でない数の図式的な境界を越えて拡張する行動の気質の，語られたシステムである（すなわち，それは複数タイプの諸状況における諸期待のネットワークを含意する），と。デネットにとって，物語的構造は，本質的に言語を必要とする。これが由来するのは，物語それ自体の暗含的な分析（私はそれをもう少し明示的にするように試みたばかりだ）からではなく，MDMからである。

　前章で見たように，〈セルフ性としての意識〉というパラドックスが生じるのは，それを理解するためには，全体的システムとしての自分自身に対して志向姿勢を採用できる1主体を必要とするという点においてである。最も直接的かつ悪意ある種類の循環性が，かくて迫っているように思われる。それを避けるために，そのシステム自体に存在論的に先行し，かつそれより広い構造を必要とする——それは自身の全体についてのシステムの諸部分による諸判断のために外的な足場として役立ち得る。この足場に対する要件は——もしそれが仕事を果たすべきならば——余りにも可塑的であってはならないということである。すなわち，それは手続きに関する諸ルールの相対的に確定的なシステムをコード化しなければならない。さもなければ，ウィトゲンシュタインの有名な「私的言語論（private language argument）」が強調するように，我々は，志向姿勢の判断のシーケンスがどのように手掛かりを見いだせるかを理解できない。公的言語は，人々に利用可能な明白なそのような足場，おそらく，デネットが示唆するように，人間を彼らの生態系の中で他の知的動物から著しく異なるものにするその足場であるように思われる。

「私は他の何も考えられない」というのは，議論において面倒な前提であるが，しかしここではそれより少しばかりよりうまくこなすことができる。AI研究の第一世代から学んだ際だったことの1つは，人間の諸能力はフォン・ノイマン型のアーキテクチャにおいて最もモデル化しやすいと判明した——まさにそれらが最も推論的な性格のものであった場合に——ということである。定理を証明すること——これは人々が手にする多くの具体的な足場（少なくともペンと紙）無しには全く行うことができない——は，デジタルコンピューター内に実装するのが容易であるが，他方，人々が彼らの状況に関する特定の志向姿勢の諸判断を提起する必要なくスムーズに行うタスク——目玉焼きを作ることのような——は難しい。後者を実装し，それからそれを朝食全体を作るようなより大きな一連の流れへとうまく統合しようと試みることは，明示的に推論的なタスクならそうしないような仕方でフレーム問題に衝突する。教訓は次のことのように思われる——すなわち，十分明示的な諸ルールを問題に投げかけ，それによってその問題をモジュール化せよ，と。モジュール化はフレーム問題を克服する方法である（Fodor 1983, 1987）。しかしすると，モジュール化パラメータの二次的制御は，それ自体システムの直接的制御下に収めることはできない——我々がウィトゲンシュタイン的退行をしないようにだ。

　今では，チンパンジーに目玉焼きを作ることを教えることができ，また，まず間違いないが，そうすることができるロボットを間もなく手にしよう——もし日本の新奇な小道具の市場に既に売りに出されていないとしても。セルフを構築することは，目玉焼き型のプロジェクトである——すなわち，前もってモジュール化されていない（定理証明のように）——が，しかし工学の観点から熟考することがはるかに厄介である。すると，それのために，必要とされるものは次のような外的な足場の源泉である——すなわち，強く表出されており，進化するのに十分なほど柔軟で，それに依拠する個々のエージェントの操作的制御を超えているものである。貨幣価格のシステムはそのような構造だが，しかし明らかにセルフを構築するために使われる範囲が非常に限られている。公的言語も正しい種類の構造である。そして，公的言語で行えない諸事物——例えば，サーフボード上でバランスを保つこと——もあるとはいえ，それらが我々がセルフ構築の中に見出すすべてのものの仕事次第であるということはもっともらしい。

　そこで，言語に多分の強調をおくことが適切であると仮定して，あなたの論理的な伝記を続けることにしよう。我々は，あなたが社会化されているが，依然として

7. 諸セルフとそのゲーム　　337

セルフを持たないままにしていた。あなたとあなたの両親がコーディネートするようになったさらなる仕事は，あなたの両親の公的言語の諸ルールの内部でのあなたの行動についての諸判断を提供することであった。あなたは，あなたの出力が状況的に適切であり物語として一貫していた時，大々的に報酬を与えられた。デネットは，その過程を——MDM の文脈において——記述し，あなたの脳のアナログ的な神経電気的かつ神経化学的ハードウェア上に，公的言語であるデジタルソフトウェアをインストールすることを学んだ過程だとしている。(ここで「アナログ」が言及している事実は，あなたの脳が神経ネットワークであり，その大域的な諸状態は化学的な状態変化によって絶えず調節されているということだ——その状態変化には，2つのシステム間の双方向のフィードバック関係が伴っており，それだけシステム全体をデジタルな表出において近似することは難しくなる。)あらゆるソフトウェアのように，自然言語は処理の選択肢をきつく制約する——それこそがまさにソフトウェアの要点である。あなたの脳のどこかで処理されている情報の大部分は，あなたの両親の期待に合わせてコーディネートされて，明確に表明された判断としては表現され得なかった。かくて，あなたの学習問題は，外的圧力によって単純化され，かくて，あなたのコーディネーション問題は解決可能であった。言葉が聞こえてくる共同体の中に埋め込まれながら，あなたは，以下の諸判断の作成者のように見えた——その諸判断とは，そのような諸判断がデジタル化するソフトウェアを使って表現され得る限りにおいて，あなたのシステム全体がその環境に反応した具体的な諸方法についてのものだ。

　デネットは次の決定的な 1 段階を強調する。会話はソフトウェアでコード化された情報を物理的環境の中へと投げ込むので，あなたはあなた自身の出力を入力として処理できよう。あなたはあなた自身に話しかけることができよう。あなたの脳の文字通りの配線がこの芸当の特にこぎれいな拡張のための基礎を与えた。すなわち，あなたの複雑な内部経済の中で生成された草稿のいくつかが，処理する諸チャンネルの注意を，入って来る公的言語の調子に合わせさせ，それによりシステムの大域的な優先度についての諸判断になる。これらの諸判断は——公的言語をもって下されているので——，そのソフトウェアを通じて濾過されたすべてのものに課される一般的諸制約に左右される。(もし，これらの諸制約が，現在の理論的枠組みが要求している仕事をするために十分なほど厳しいことをあなたが疑うならば，次の事実をよく沈思されたい——それらに違反しておいて，しかも首尾一貫性の全体的崩壊

無し，などということは離れ業である。繰り返しそれを達成することがボブ・ディランを英雄に，そして裕福にしたのだった。）一度，あなたが自身に語りかけ始めると，あなたは自身に対する志向姿勢を否応無しに仮定していたことになる。あなたは，あなたが自身の物語的な首尾一貫性を達成し，維持し，拡張していた程度についての二次的な志向姿勢の諸判断さえ下すことができるだろう。高度に動機づけられている（そうであってほしいが）聴衆からのいつもの批判的なフィードバックを受けながら，あなたはターザンよりもずっと陰影を帯び，かつ興味深い人物を構築することができるだろう。（あなたがターザンほどに予測可能でないということこそが，仮に私がライオンの攻撃に曝されているとしたら彼を手元に置いておきたいということの理由の１つ——ターザンの身体的技能よりも明白ではないが——なのだ。）たまたま僥倖にも，あなたの脳は足場装置の制御によって支配され過ぎていなかったので，あなたは自分の志向姿勢の諸判断をシステムにとって完全に外的なものとして解釈するに至ったのだ——というのもここに統合失調症の根源があるからである。しかしもちろん，病理学的な統合失調症は，通常のかつ効果的な場合の限定的な一実例にすぎず，様々な文化は様々な状況の中の様々な場所において境界線を引くだろう——すなわち，ある一文化の神に触発された預言者は別の文化の狂人なのである。

　この初期のセルフ彫塑化の数年後，あなたとあなたが学校で会った他の駆け出しの諸セルフとが互いと協　調_{コーディネーション}ゲームをプレイし始めた時に，あなたは自己学習カ_{セルフ}ーブのもう１つ別の斜面を登ったことになる。このことは，あなたにとって難解な新たな挑戦を提起したのだが，それは２つの理由による——すなわち，あなたは狡猾な戦略的相互作用に先んじて，これらの諸セルフと特異的には——あなたが両親とコーディネートしていたようには——コーディネートしていなかったし，また彼らは——あなたの両親のようには——均衡戦略を発見するためのつまずきながらの試みにあまり寛容ではなかっただろう。学習の遅滞に対する社会的処罰はかくてもっと厳格であり，あなたは頻繁な困惑に耐えなければならなかった。（もちろん，あなたの小さなパートナーたちもそうした。）この規律があなたをもっと実質的に社会的に知性のある存在にした——しかも急速に。あなたの学習のその後の歴史は，相対的な静止状態と不安定な変動の断続的な諸期間を記した——それらの期間は，部分的には，あなたの諸状況の偶然に依拠しているが，所々では予測可能である。配偶相手候補たちとコーディネートする動因を与えることは，おそらく，あなたのカーブ上のより急な時点の１つを生み出しただろう。しかしながら，粗い分析の肌

7. 諸セルフとそのゲーム　　339

理で見ると，全体的な傾向は時間とともにあなたのカーブを平らにする——あなたがより幅広い集合の状況において一時的に成功し，より少ない状況固有的情報とともに展開できるレパートリーの戦略を発見していくに連れて。この安定性は自己強固した——それは他者たちがあなたとコーディネートし易くし，ゆえに彼らがあなたとゲームをプレイする事前的な諸費用を削減したからである。

　しかしながら，何時もながらここにはトレードオフがあった。ある１レパートリーの一般的な戦略的諸気質に関する安定化は，特定の諸状況においては最適な他のレパートリーを，より見つけ難くし，かくて，あなたを——セルフ毎にある程度だけ異なる——文化的１ニッチ内に閉じ込める。あなたは現れたすべての者と 協 調（コーディネーション）ゲームをプレイするよう試みるのが効率的だとは思わなかったはずだ——もしも，あなたのニッチを所与として，はるかに均衡に落ち着き易い他者がいたとしたら。社会的価値の深遠な諸設問に関して，少なくともある程度，あなたはイデオローグになった。しかし，左にせよ右にせよ，宗教的にせよ不可知論的にせよ，因襲的にせよ自由奔放（ボヘミアン）にせよ，協調ゲーム上の戦略的諸気質についてあなたの特定の微妙な混合は特異であった——その理由は部分的には人々が彼らの諸ゲームの中で一定量の新たな学習を楽しむからであり，ゆえに，あなたがターザンと同じくらい２次元的になることに報酬を与えなかったからである。共著者としての彼らの助けを得て，あなたは自身を１登場人物として生き生きと語ったのだ。

　これがデネット流のセルフの諸起源の理論と存在論である。それを示す中で，私はそれを貫く一筋のゲーム理論的論理の糸を辿ってきたが，これは大部分はデネットの元来（Dennett 1991b）の説明においてのみ暗含的である（もっとも，Dennett 2003 ではゲーム理論との概念的な諸連携がもっと明示的に現れはするが）。ここで，これらの思考をもっとしっかりと，経済学の基礎へと我々を直接に連れ戻す分析的枠組みの内部に取り入れるために，コーディネーションを自己安定化させるダイナミクスについてさらに明示的に述べておきたい。本書中でしばしばそうであるように，その説明を別の説明と対照することによって述べるつもりである——その別の説明は，類似の統合を達成しようと試みるが，しかし，自身を不利な立場に置くように，ロビンソン・クルーソー経済学を単に経験的な（empirical）誤りとみなし，概念的な誤りではないとするのである。これはロバート・フランク（Frank 1988）の感情的シグナリングの戦略的役割の周知かつ影響力大なるモデルである。フランクの理論が——私は指摘したいのだが——誤った方向に進んで展開するのは，その

進化・心理学的側面および経済学的側面の両方に亘る1つの基本的誤謬の諸含意である。それの批判の行使は，かくて，本書で推奨している一般的な理論的パースペクティヴの適用の1ケーススタディになるだろう。

　しかしながら，これを始める前に，いくらかの扱いにくく普通でない概念的論理を明確にしておく必要がある。セルフは直截的な経済学的エージェントではないと論じてきた。彼らは昆虫よりも国々に似ている。国々と同様に，もし彼らを直截的な経済的エージェントとしてモデル化しようと試みれば，彼らが選好逆転を示し，また，システムレベルの志向姿勢の物語的制御を求めて争っている多元的〔複数〕マルチプル草稿間の内的な馴れ合いの諸結果を表す行動を示しているのを見いだすだろう。このログロリング枠組みには決定的なギャップが残っている。経済的エージェンシーとセルフ性の間には（個体発生的な関係の他に）任意の系統的な関係があるだろうか。もし無いならば，内的な馴れ合いの会話は単に隠喩的であり，人々に対して記述的に適用可ログロリング能なものとしての経済的エージェンシーについての消去主義は正しく（デネットの助けを得て一般的な消去主義をうまく阻止したとしても），ミクロ経済学は単純な心（ロイドの厳密な意味における）の研究に対し経験的に有意な関連があるだけである。

　もちろん，経済学の一分科があって，希少性に集合的に直面する集計された諸システムを研究する——マクロ経済学である。我々が系統的なマクロ経済学を持っているか，あるいは持ちうるかは，本研究の次巻の主題である。しかし，今ここで見て取れるのは，ミクロ経済学とマクロ経済学の間の論理的関係は——それがどのようなものであれ——単純な心の研究と，諸セルフの間の戦略的相互作用の研究との論理的関係に反映されるということだ。セルフが単純な心の集合体へと分析的に還元しないならば——私は還元しないと論じてきたのだが——，その関係について2つの可能性が開かれている。もし経済的エージェンシーについての消去主義が正しければ，唯一のあり得るマクロ経済学は進化ゲーム理論的な制度経済学である——それは人々が関係しているミクロ経済学に対して明白な関係を全くもたないだろう。というのも，マクロ経済的パターンを説明することに有意に関連があるあらゆる構造は——還元不可能に——マクロレベルに存するだろうからである。ミクロ経済学は——この結果に関して言えば——非社会的動物を研究するためには有用だろうが，しかし人々には全く当てはまらないだろう。ここまでの説明では，この結果はかなりもっともらしく見える。

　しかし，もう1つの論理的に可能な選択肢があって，それは，もし局所的な消去

7. 諸セルフとそのゲーム　　341

主義さえもが正しくなく，セルフ性によってもたらされた行動的安定性によってセルフと経済的エージェントの間に，ある系統的関係——結局それがミクロ経済分析に，人々に対するいくらかの手がかりを与える——を構築することができる場合だ。もしそこまでたどり着いたなら，単純な心の動物行動学的研究と心の相互作用の認知的生態学（Dukas 1998）との関係の中で，人々のミクロ経済学と彼らの社会的ダイナミクスのマクロ経済学の間のあり得る系統的関係を探すように動機づけられる。これは本研究の次巻において詳細に探求するつもりの可能性である。しかしながら，まず，上記の野望の第一のものを達成しなければならない。これは今やゲーム理論的観点でセルフ性の基礎を明示的に精緻化することによってなされるだろう。

ゲーム決定

この議論を始めるにあたり，前節の所見のいくつかを逐語的に繰り返すことは価値がある——その完全な意味の一部は，より明らかになるだろう——今や，セルフのデネット的モデルが示されてきたからである。（本節における仕事は，それらの要点の残りの部分を説明するだろう[147]。）私は次のように述べた——

> 社会化をして経済的エージェンシーの諸プロファイルへとフィードバックせしめるにつれて，エージェントの初期の個別化が安定的であり続けるとは想定できない，という点である。1つのシナリオを1ゲームとして同定することが前提することは，プレイヤーの戦略集合が既に彼らの特定的な効用関数の確定によって制約されてきたということだ。しかし，私がここまでで検討してきたデネットの仮説の要点——それはロビンソン・クルーソーの形而上学を否定することの要点でもある——は，ホモサピエンスの生の，社会的に洗練されていない生物学的一実例は，未だ1つの人間のセルフ（*human self*）ではないということである。もし個体間のゲームの効用関数が人間のセルフに付随するならば，2つ以上のそのようなセルフ間の1ゲーム G を，それらが犀であった場合に直面するものとしてモデル化されるかもしれない事前に制約された状況 S と同一視することができない。説明しなければならないのは，社会化されたエージェントが状況のタイプから特定のゲームに辿り着くのを可能にするものは何かということである。

前章で論じたように（かつ前節において敷衍したが），社会的に未洗練の（すなわち，新生児の）生物学的なホモサピエンスの実例は——直截的な経済的エージェントであり——自然選択から継承した効用関数を現に持っている。しかし，いかなるセル

---

147 ［原注9］本節における議論の大部分は，Ross and Dumouchel（2004a, b）および Ross（2004）から引いている。

フもそのような実例ではない。したがって,〈状況タイプ〉S の概念を構築するが,これは単に解説の諸目的のためである（なぜなら,それはいかなる現実の経験的モデルも持たないので）。この〈状況タイプ〉S は 2 つのセルフが直面するゲーム $G(S$ の 1 モデルとしての）ともう 1 つの別のゲーム $G''(S$ の代替的な 1 モデルとしての）の間の差異から抽象する。その別のゲームとは,もし彼らが生物学的なホモサピエンスの効用関数を備えた直截的な経済的エージェントだとしたらプレイするだろうゲームである。S は彼らの諸状況を次のように描写するかもしれない——他の点では明敏だが,ゲーム理論と,思考の諸内容についての外在主義と,この両方について無知である観察者にぶつかるだろう,と。（例えば,私が思うにはホッブズは S タイプの特徴づけの分析的様相の内部で推論するが,それは,彼が自然の状態を論じる時と,リヴァイアサンの下での相互作用を論じる時の両方である [148]。）

　我々は（本節では）タイプ G'' のゲームに直接的には関心がない。なぜなら,幼児の（それとおそらくは重度に自閉症の）ホモサピエンスの諸個人によってのみプレイされるからである。（対照的に,G'' タイプのゲームは,トラたちのような個々の非社会的動物の間でプレイされる唯一の種類である。）G'' の考慮は（差しあたって）第三のゲームタイプ G' を導入するための概念上の梯子に過ぎない——このゲームは,特定の事例 S_i の実証研究に先立って我々が知っていることすべてに照らして,S_i をモデル化する正しい方法かもしれない。G_i' は,既に独特な人間のセルフである,2 人の互いに見知らぬ人たちによってプレイされる 1 ゲームである。その構造は,もちろん,彼らの 先 約（プレエンゲージメント）効用関数によって決定される。このゲームに言及することによって,社会的な自己（セルフ）構築の物語的理論を次のように述べることができる——多くの 約 束（エンゲージメント）は G_i' をプレイする（非直截的な）エージェントのセルフの漸進的な精緻化を伴い,それによりそれらのエージェントは,G_i を——依然として S_i の中で——プレイする新たなエージェントになる。今や,見知らぬ人々は,生物学的なホモサピエンスの諸実例とは異なり,本当に戦略的に互いと遭遇し,それにより G' タイプのゲームが本当に生じる。この節で展開するつもりの考えは,G' タイプのゲームは,あるコーディネーションの周りに典型的に集中するだろうというこ

148［原注 10］思うに,このようにホッブズを技術的に解釈する仕方は,Hampton（1986）で与えられた彼の仕事の定義的説明とも整合的である。ホッブズの分析が S レベルにおいて生じるからこそ,ハンプトンが慈悲心の原理を彼の議論に注意深く適用する以前には,自然の状態における人々が主権者を聖別（アノイント）するときに協調ゲームを解いているのか,それとも繰り返される PD を解いているのかは明白ではないのだ。

7. 諸セルフとそのゲーム　343

とで，そのコーディネーションとは，ゲーム $G_I : G_1,\ldots,G_n$ のどの種類が，新たな効用関数を持つ新たなエージェントによってプレイされるかについてのものである。その新たなエージェントになることに彼らは一緒に（G_i' を解決することによって）合意するだろう。

　私が G_i' と G_I の関係を理解するのは，ビンモア（Binmore 1998）の一般的アプローチに従ってである。ビンモア自身が私の示唆に直面した時，彼は次の私の言葉──G レベルのゲームが G_i' の中で交渉される（$negotiated$）──を，全般的な（$overall$）社会的協調ゲームは協力的だ（なぜなら，それが G_i' として表現されたプレイ前の交渉を締結する段階を伴うから）ということを示唆するものと解釈した。これは私が意図することではない──つまり，ここで私が思い描くすべてのゲームは，非協力的なものとみなされ得る。すなわち，もしメタゲーム G_I，$G_i' \in \mathbf{G_i}$ を構築するなら，次の要請を課すべきである──すなわち，G_i に対するすべての妥当な解は $\mathbf{G_i}$ の部分ゲーム完全ナッシュ均衡でなければならない（ここで，$\mathbf{G_i}$ は G_I の中で主役を演じている諸エージェントの間でプレイされる──なぜなら，$\mathbf{G_i}$ の諸結果は G_I のプレイヤーの観点で定義されるから）。すると，協力ゲーム理論は，いわゆるナッシュ・プログラム経由で有意に関連する。それによって，提案された G_i に対する解が $\mathbf{G_i}$ に対する解でもあることを確かめて，頑健性をテストする。確かに G_i' のプレイヤーたちは（もし G_i' が構築物として何らかのことを意味すべきならば）戦略的なコミットメントなしに G_I のプレイに関連する誓約をしなければならない。しかしながら，Skyrms（2002）による最近の仕事が詳細に示しているのは，費用のかからないシグナルの利用が非協力ダイナミックゲームにおいて均衡への到達にどのように有意に関連し得るか，ということだ──たとえそのようなシグナルが均衡においては戦略的に有意には関わらないとしても。そして，それは必要とされるだろうことのすべてである [149]。

　前節の評言から，G' タイプのゲームがプレイされるところにかかる諸圧力を思

---

149 ［原注 11］単にどのくらい緊密かを示すために，私はここでビンモアに従っている。すなわち，G_i' のプレイヤーたちはあるゲーム G_I をプレイした結果として彼らが誰になるかを確信をもって知っているわけではないので，彼らが「無知のビンモア・ベール（Binmore veil of ignorance）」の背後で交渉することは Binmore（1998）において長々と論じられている通りだ。Rawls（1971）と Harsanyi（1977）のもっと伝統的なベールの背後にいるエージェントとは異なり，ビンモア・ベールに隠されたエージェントは G_I の予想される非協力的ダイナミクスに左右される契約を締結できる。なぜなら，ビンモア・ベールはロールズやハサーニのベールのように仮説的かつ規範的なものではなく実際的かつ記述的だからである。

い出そう。自己語りの根底にあるダイナミクスのために，人々は単純に自己予測性を想定できない。彼らは自身を予測可能にするために行動しなければならない。彼らはこれを行うので，他者と協調ゲームをプレイし解決することができる。（他者にとって予測可能になるためには，彼らは自身にとって予測可能にならなければならず，また逆も真である。）そして，このすべてはある事実によって複雑になっている。その事実とは，やはり前に述べたように，自然はゲーム理論の教科書の中で分析者たちがするように諸ゲームを綺麗に分画したりしないということである。1個人はさまざまな人々と同時にプレイするさまざまなゲームをカプセル化されたサイロの中に留めることができない。ゆえに，見知らぬ人とのあるゲーム G_i' における一手は，もっと親しいパートナーとの他のゲーム $G_{k,\ldots,n}$ における一手もまた表すだろう——なぜなら，これらのパートナーたちはその個人が G_i' の中で行うことを見て，そこから $G_{k,\ldots,n}$ に関連する情報を引き出すだろうからである。

これらの点はどちらも，こう言えば表現できる——自然は人々がどのゲームに何時参加しているかを教えるカードを彼らに手渡したりしない，と。ゲームは動的に決定されなければならない——そして，決定過程はそれ自体がゲームである。またこれも我々に不可能なのは，限界において，所与の生物学的個人によってプレイされるすべての諸ゲームを，その「中核（core）」のロビンソン・クルーソーによってプレイされる1つの巨大な多人数非協力ゲーム **G!** へと束ねることだ——これはゲーム理論を使う政治哲学者，例えば，Gauthier（1986）や Danielson（1992）らによる仕事の多くに暗含されている考えである[150]。なぜ不可能かと言えば，いかなる中核のロビンソン・クルーソーもいないからである。

明白なはずだが，これらのダイナミクスによって設けられた論理的圧力のシステム全体がリアルタイムの有限の情報処理装置にとって計算的に取り扱い不能だろう。上述のように，それは一般均衡の1問題であり，その上，ノンパラメトリックな問題である。留意されたいが，この分析的な取り扱い難さを難問として提起する中で，

---

150 ［原注 12］LaCasse and Ross（1998）も，ダニエルソンを批判する中で，ロビンソン・クルーソーたちは反復的社会的ゲームの「実在の（real）」プレイヤーであると仮定し，そこから，以下のことを示している——もしダニエルソンの諸ゲームの諸結果が **G!** をプレイするロビンソン・クルーソーたちの効用関数の観点で解釈されたならば，道徳性のための戦略的役割を見いだそうとするダニエルソンの試みは失敗する，と。LaCasse and Ross はロビンソン・クルーソーたちの実在性または有用性を疑わないので，このことが彼らを駆って彼らの批判から道徳的ニヒリズムを結論づけさせるのである。私は Binmore（1998）の分析によって正しい道へと戻されたのだ。

7. 諸セルフとそのゲーム　　345

私が想定してはいないのは，人々が文字通りにそれを解決する，すなわち，彼らが
しばしば同時的ゲームの集合に対する最適な解を実際に見つける，ということだ。
例えば，中年の危機というなじみの現象が生起するのは，人々が以前は開かれてい
たが自己語りにより閉ざしてしまった可能性を後悔し，それゆえに彼らのセルフに
対する投資の一部を——すべてではないが——撤回しようと試みる時だ。しかし，
同じくらい有名なことだが，そのポートフォリオのさまざまな部分は分束するのが
難しく，それゆえに志向的に放棄されたものとともに価値あるストックが意図せず
に投げ捨てられ，そして，我々が手に入れるのはあのなじみのハリウッド的シナリ
オだ——成功した弁護士は手始めにスポーツカーを手に入れ，忠実な妻を見捨てて
若い恋人に乗り換えるが，極貧の皆に見捨てられた状態で終わる。しかしながら，
私が与件とみなすのは，たいていの人々が問題空間に亘って，満足化者<ruby>満足化者<rt>サティスファイサー</rt></ruby>としては，
まずまず許容可能な成功を収めるということだ。彼らがそうするに当たっては，新
たなゲーム状況において，ますます柔軟性を犠牲にするという費用を払っているの
だ。これは幸いにも次の事実とトレードオフする。すなわち，彼らの諸セルフがよ
り安定的になると，パートナーたちにより明確なシグナルを送信することができ，
それによって G レベルにおけるゲーム内の誤りによるミスコーディネーションと，
G' レベルから破壊的な囚人のジレンマシナリオを不注意に選ぶこととの双方の生
起頻度を減らす。この一般的な事実それ自体は，フィードバック関係の中でのセル
フの支配的な安定性を説明するのに役立つ。理に適っているのは人々が非常に不安
定なセルフとのコーディネーションの試行を避けることだ。人々の間の大規模な相
互依存性を所与とすれば，このことは，皆を動機づけて，社会的な報酬と処罰の分
配を通じて，彼らの周りの人々の安定性を統制するようにさせる。前に述べたよう
に，これはそもそも，どのようにして，かつ，どのような理由で，我々がセルフを
獲得するか——安定化装置として——ということである。

　そこで人々は，不可能な計算上の確率のように見えるものに抗して，いかに満足
のいく成果を達成するのか。答えは，次の事実にある，すなわち，彼らのセルフが
安定的であり得る——しかし厳格に固定化されることなく——ということだ。これ
が意味するのは，GE 問題が効用関数の定常的な集合を参照することによって技術
的に「解決（solved）」されなくてもよいということだ。すると，「満足化（satisfic-
ing）」は全くの事後的なものであり，「解（solution）」は注意喚起の引用符の中に
置かれねばならない。これは経済学者にとっては技術的に期待はずれだろうし，お

346

そらくそれは道徳的にも期待はずれのことだろう。しかし，それが人生というものである。もし，Binmore（1998）が論じているように，社会的レベルにおいて，その過程が厚生促進的で安定的な均衡経路を見つけて登ることが可能ならば，我々にとって合理的なのは各々が陣営をプレイして，当該の経路の位置特定を促進することの方に集中することであって，カント的な道徳的最適性または完全なアロー－ドブリュー的効率性の喪失を後悔することではない。次巻でこれに関してもっと多くのことを述べるつもりだが，それは，政策問題についての私の説明の含意を考える時である。

　協調ゲームの戦略的行為の基本的種類はシグナルを送る指し手である。純粋な協調ゲームにおいては，どのエージェントもいかなる有意な関連情報を隠すいかなる動機も持っていない。しかしながら，諸エージェントがさまざまに均衡をランク付けるが，しかし何らかの均衡に到達したいという願望を共有している，というゲームにおいて，諸エージェントは，後者の目標を達成するのにちょうど十分なだけ明確だが，しかし均衡の選択を完全に他者に譲るほどには明白ではないシグナルを送るよう動機づけられている。私はこう想定する——G' レベルと G レベルの両方における諸ゲームは，しばしばこの構造を持っており，これらは私の分析者が関わるだろう種類のものである，と。これにより，私は次のように仮定しているのではない——いずれかのレベルで進行する純粋な協調ゲームまたは純粋に競争的なゲームは無い，と——それらは明らかに進行する。私は単にそれらを脇に置いておく。なぜなら，ここで関心のある問題——なぜセルフは戦略的に有用なのか——を提起しないし，それらの分析について新たに言うべきことも無いからである。

　個々のゲームの集合全体を通じての利用のために展開された戦略を研究する場合——それはシグナリングシステムのダイナミクスを探究する時に行っていることであるが——，我々は自動的にダイナミクスの領域にいる。したがって，関心のある均衡は，ダイナミックに定義されなければならないのであって，新古典派経済学または古典的ゲーム理論からの馴染みのある静的な方法によるのではない。進化ゲーム理論（EGT）において使われる共通の均衡概念は，メイナード・スミス（Smith 1982）によれば，進化的安定戦略集合（*evolutionary stable strategy set*：ESS）の均衡概念である。これは2つの特性を満たす母集団における戦略の分布として均衡を定義する。第一の特性は，古典的ゲーム理論から継承されたナッシュ均衡の概念である。すなわち，その分布は，個々の相互作用の中での戦略の期待されるベクト

7. 諸セルフとそのゲーム　347

ルを予測しなければならない——すなわち，エージェントが，彼らを分析の動機づけられた点において定義する効用関数が何であれそれを所与として，もし別の既存の戦略に移行したら，より良い状態にならないような戦略である。ESS を構成する第二の特性は，その分布が，何か他の戦略によって侵入可能（*invadable*）ではないということで，その戦略とは，内生的ダイナミクスまたは外生的変異を通じて，母集団の中に自然に生じ得るものである。

　EGT モデルのいかなる形式的適用においても，用いられている均衡概念は上でなされてきたよりももっと厳密に規定されなければならない。ESS もまた，いかに注意深く規定されても，EGT のための一般的な解概念として十分ではないだろう。なぜなら，それは諸戦略における相関関係のあり得る諸影響を無視するからである（それは Skyrms 1996 が示すように，劇的であり得る）。しかしながら，ESS の根底にある一般的な概念上の考えに対する集中は，協調ゲームにおいて特に関心のある設問に注意を惹く。すなわち，所与の文脈において，何が「自然に生じ得る戦略（a strategy that can arise naturally）」とみなされるかという問題である。もし論理的または物理的に可能な戦略を考えることがそもそも歓迎されているならば，現実の経験的システムのほとんどいかなる妥当な状況も文字通りに ESS 均衡ではなかろう。どのような特定の適用においても仮定されるべき可能な侵入者の戦略の集合に対する諸制約は，対象領域への直接的な経験的親近性に基づき，その親近性から生じる訓練された判断によって調停されるべきである。しかしながら，シグナリングに関する来るべき省察の諸目的のために，これらの諸制約の諸源泉を理解する1つの仕方は，ゲーム決定それ自体という考えによって与えられる。G タイプのシグナリングゲームにおいて可能な戦略とみなされるものは，G_i' を定めるシグナリングシステムの歴史によって——すなわち，プレイヤーたちが自身を語る公的言語によって——最も直接的に制約されるだろう。これはプレイヤーたちの制御を超えているので，G_i' と G_i が分析される短期または中期において安定的である。これはもちろん，意味論的外在主義者たちによって強調される枢要なテーマの1つであるので，もうここでは馴染みがある前提であろう。これらの諸制約が日常の経験が示唆するよりもきついものと想像する必要はない。私が志向姿勢の諸判断のネットワークを引き出すことができるのは，同一の状況 S_i を取締役会，販売部門における日常の同僚たち，配偶者の各々に対して説明する中で，さまざまな意味論的諸資源からである。私の GE 問題にとってここで重要な点は，3つの異なるシナリオを

348

支配する諸期待の安定性はコーディネーションの歴史次第だということである。同様に，ゲーム G_i' における「自然に利用可能な戦略（naturally available strategies）」の集合は，我々の諸種を生み出した長期的な進化ゲームの歴史によって制約されるだろう[151]。かくて私の推測では，いかなる人間のメタ言語学的シグナリングシステムも，誰かに対し，G' レベルのゲームにおいて次のようなシグナルを送る慣習を与えたりはしない——すなわち，彼らが性を変えること——もし知的な社会的カタツムリのようなものがいたとして，その母集団において期待するだろうことだが——の確率が高い，というシグナルである[152]。

　前述の所見の要点ではないことは，次のことを示唆することだ——誰でもゲームレベルの個別化の明示的なメタ理論を展開しようと試みるだろう，あるいはそうすべきである，そして，そのメタ理論はあるシグナリング現象を形式的にモデル化する第一段階において持ち出され得る，と。過去数段落に亘って私が手がけてきたすべてのことは，一方の経験的行動科学の諸領域と，他方のもっと厳格なゲーム分析の論理空間との間のある概念的架橋を提供することである——それにより，エージェントとセルフの関係についての私の以下の議論が完全に隠喩的である必要はなくなるように。上で強調したように，シグナリングフレームの選択に関する特定の社会的交渉をモデル化し始めるある者は，特定の形式主義中にエンコードされた抽象的な直観によるよりも，当該の共同体の経験的知識によって導かれるだろうし，そうされるべきである。しかし，ここで追求されている諸設問は抽象的，哲学的なものであるので，必要となったのは，モデルの諸規定へと立ち入るべき一般的な考察の種類を描写することであった。しかしながら，読者は，私が示唆している論理的

---

[151]［原注13］この点は，生物学的個体とセルフの間の系統的な経済的関係に関する私の現在の沈黙を少しも取り消さない。もちろん，諸種の歴史——ここから諸個体が引き出された——と，彼らが生み出す諸セルフの分布の間には個体発生的（ontogenetic）関係が存在する——それは私がここで訴えていることのすべてである。これは，任意の所与の生物学的個体と任意の所与のセルフの間の経済的関係について特に何も含意しない。

[152]［原注14］この時点において留意されるべきことだが，私の3レベルからなるゲームレベルの枠組み（今や長期の進化ゲームを含む）は，いくぶん恣意的である。多くの文脈において，モデル作成者は諸レベルのもっと精緻化された集合に訴えたいかもしれないからである。しかしながら，ここで，私の関心は，人々の中のアナログなメタ言語学的シグナリングとデジタルシグナリングの間の一般的関係に限られているので，私は G レベルと G' レベルの関係のみに詳細な注意を限定することができる。増大しつつあるメタレベルの諸範囲において，さらに幾つのレベルが，民俗学者，歴史的人類学者，霊長類学者，動物学者，等々の多様な諸目的のために構築されるかもしれないかということは未解決であり，私が迂回するつもりの1問題である。

7. 諸セルフとそのゲーム　　349

枠組みの遥かに明確な観念を得るだろう——もしその枠組みが何らかの実際の人間的コミュニケーションのダイナミクスへの適用によって説明されるならば。以前に約束したように，このことが同時に説明するだろうことは，ロビンソン・クルーソーを存在論的に真剣に捉えることから生じる諸問題——ゲーム理論的経済学と認知科学の双方にとっての——である。

ゲーム決定の一例：情動的シグナリング

　哲学と心理学における情動に関する伝統的文献の多く——それは経済学におけるその主題の理解に影響を及ぼすのだが——が想定するのは，情動は人々の内的状態（inner states）であり，彼らはそれを彼らの公的言語で因習的なデジタル的ラベルを用いて報告する（シグナルを発する）か，あるいは誤って報告する（戦略的または偶発的に）ことを選ぶ——あるいは，そうしないことを選ぶ——ことができる，ということだ。かくて，ある者は他のある者に英語を使って「私は今日憂鬱な気分です（I'm feeling blue today）」と言うかもしれない。Frank（1988）は情動についての新たなゲーム理論的議論を生み出し，こう論じた——人々は情動の諸状態を同時に発信するに，非因習的信号——例えば顔の表情，姿勢，足取りのような——を用いるが，これらはまたデジタルシグナリングシステムを欠く（したがって，デネットの仮説によれば，セルフも欠く）社会的動物にも見いだされる種類のものだ，と。このシグナリングメディアの二重性の戦略的重要性が存するのは，フランクによれば，第二の種類のシグナリングよりも第一の種類のシグナリングに対する遥かに細かな自由裁量の制御を人々が典型的に有するという事実である。このことは，私がGゲームレベルと呼んできたものを装うことをもっと難しくする。なぜなら，偽装者たちは，彼らが送り出す因習的な信号と非因習的な信号の間の不釣り合いを通じて見抜かれ易い傾きがあるからである。このことにより促進されると考えられるのは，戦略的操作に影響を受け易いことによって情動状態についての情報が無用にされるのを防ぐことによる成功裏の社会的コーディネーションである。脅迫と約束が有用な戦略的な指し手であるのは，エージェントが必要な時にそれらを継続することにコミットしている場合に限られ，かつ，このコミットメントが他のエージェントに知られている場合に限られる。怒りのような情動があるエージェントを脅迫へとコミットさせることができるのは，その怒りが自らのより穏やかで合理的な判断にさえ反して，報復をさせるかもしれない場合に限られる。しかし，もし人々が

実際には怒っていない時にさえ怒っているということを容易に主張でき，露見することをあまり恐れずに済むのであれば，怒りの戦略的効用は次の事実によって系統的に掘り崩されるだろう——すなわち，怒っているという主張は，結局，信頼に足るコミットメントをシグナルしないだろうという事実である。フランクは，愛や哀れみのような情動的情操——これらは約束を持続させ得る——の対称的な1説明を与えている。

この一般的な仮説は，前節で略説した概念空間の中で以下のようにフレーム化されうる。G レベルにおけるシグナリングゲームの戦略利用可能性は，G′ レベルにおけるに戦略空間に対する諸制約によって拡大される（widened）。当該の諸制約は，（フランクにとって）個々のエージェントは G′ レベルにおけるプレイヤーではないという事実に由来する。進化的戦略は，そこに従事している現実のプレイヤーであり——なぜなら，彼らは人々の中に情動的気質を配線（ハードワイヤード）したからである——，彼らの利益が，個々の伝達者の戦略的柔軟性を有益な綱に繋いでおくと考えられる——その綱は彼らを G レベルの諸ゲームにおける効率的な諸均衡（それ以外の仕方では閉ざされているだろう）へと到達させる。

Ross and Dumouchel（2004a, b）は，この仮説についていくつかの批判を提供している。間もなく見るように，それはミクロ経済学的個人主義に起源がある論理的異議につまずく。しかしながら，以下のような4つの経験上の欠点もある。すなわち，(1)それは人々の間の直接的な対面の接触にのみ有意に関連しているように思われる。(2)それは理不尽に単純な認知行動科学的なダイナミクスに依拠している——それによれば，情動は，人々の動機づけの空間に外部から（頭部への強打のように）侵入する外生的な力である。人間の行動制御メカニズムのあらゆる系統的研究が示しているのは，それらのメカニズムはこの図像が許すよりも遥かにダイナミックかつ統合されたものだということだ。(3)その仮説は，理不尽に PD と保証問題の周囲に固定された進化的発展の社会的な推進要因のモデルに依拠する。（これらはコミットメント装置が最も重要である部類のゲームである。）Hampton（1986），Binmore（1994）その他の者が論じてきたように，この種のゲームは，協調ゲームに比べて，社会的動物の政治生活の中では，遥かに遍在的でなく反復もされない。しかし，その仮説は後者に興味深い光を全く投げかけない。フランクの理論は，次のことを信じるよう要求する——自然選択は，根本的な行動制御アーキテクチャを設計する時，PD と保証ゲームを，協調（コーディネーション）ゲームに対する安定的な解よりも，

ヒト科動物の成功にとって機能的に重要なものと見いだした，と。しかし，そのような仮定は，そもそも社会性がどのようになぜ進化したかについてのあらゆる妥当な諸モデルに矛盾する。最後に，(4) Elster (1999a) が異議を唱えるように，フランクは，情動的コミットメントが PD と保証ゲームの中で与え得る優位性を選択的に強調するが，しかし制御不可能な激怒と情熱の有害な諸影響にはほとんど注意を向けない——それらは，歴史を通して一般的な人間の条件を改善することを目標としてきたすべての者の頭痛の種であった。

　現在関心を持っている認知科学の経済学の基礎づけへの有意の関連性という文脈においては，さらなる精緻化に値するものは異議(3)である。フランクは，彼が新古典派経済学と結びつけるエージェンシーの伝統的な「利己心（self-interest）」モデルとして特徴づけるものに対する異議として彼の仮説を提示しはするが，綿密に分析すると，それが非常に自然にかつ楽々と適合するのは半(セミ)アリストテレス的な図像であり，これは概念的出発点として，ジェヴォンズまたはセンのミクロ経済学的個人主義を前提している。（したがって，いつものように，それは消去主義者の碾き臼にかなう穀物になり得る——消去主義者は利己的な効用最大化の動機づけの力をゼロないしその付近に定める。）フランクのエージェントは，個人的効用の合理的最大化者であり，内的に計算された選択肢の私的な操作によって自身の戦略的行動を制御する。このことが彼らに与える極端な戦略的自由は，ある制限された統治を正当化する無政府状態の危険を生み出し得る。そこで，母なる自然——生物学的進化——が外的な調整者として有益に介入し，外生的な情動的推進力を使って自然の合理的なエージェントがその制御から完全に逸脱することを防止し，また，エージェントが彼らの短期の利益を長期の利益——それはもっと近似的に自然の諸利益と符合する——より優先することによって自分自身の裏をかくことを防止する。

　この説明がシグナリングのダイナミクス一般にほとんど光を投げかけないことには深い理由があり，その理由は，新古典派経済学と人類学が構成的に共存することに失敗したという馴染みの事実を反映するものだ——すなわち，文化的ダイナミクスは，説明の枠組みから完全に脱落することを許されているのだ。上で概略を述べた枠組み(ゲーム)の用語内でこれを表現すると，人々の間の G レベルの諸ゲームは，生物学的諸個体間の G'' レベルの諸ゲームによって直接的に制御されている。G' レベルの諸ゲームの中間的ダイナミクスはこの図像には欠けている。

　一方の，情動的シグナリングと言語的シグナリングの関係についてのフランクの

352

説明と，他方の，内在主義的な意味論の間には，いくつかの強い親近性がある。1つのデジタルコードの周りに社会的生物の1グループをコーディネートすることに関わるデザイン問題を考えてみよ。誰も考えないのは，生物学的レベルの因果性が，所与の個人が英語と中国語のどちらを公的言語と定めるかを決定するということだ。すなわち，誰もが同意するのは，英語と中国語の語彙は——それらの文法はさておき——文化的コーディネーション問題への解であるということだ。内在主義者たちは，一般的にこれらの問題をブラックボックス内に残してきた。Chomsky（2000）による正当化は，この箱の内部で進行していることは，現在，そもそも科学によって理解されるには概念的にあまりにも不明瞭であると論じることだ。Pinker（1984, 1997）が期待しているのは，箱を開くために我々が，諸文化の歴史を，更新世時代に発展した領域固有の認知的モジュールの反応——我々の先祖たちの様々なグループが移住とともに直面した新奇な環境に対する応答——として説明することだ。さてフランクが，コミットメント装置としての情動の理論が情動の心理学についての完全な理論であるとは考えていないのは，ピンカーが，チョムスキー派の言語学をそれだけで（すなわち，ピンカーが好むバージョンの進化心理学によって補足されないままで）言語の完全な理論であるとは考えないのと同じである。しかし，フランクとピンカーの説明の両方が，文化的コーディネーションのダイナミクスをブラックボックス内に残す限りでは，両方とも最も説得力のある形で意味論的外在主義——情動的シグナルについてであれ，デジタル言語を用いるコミュニケーションについてであれ，いずれかについての——を動機づける諸現象を各々の展望外に残している。

　ここで示そうと思うのは，どのようにして，フランクが分析するつもりの認知的現象——情動の本性と機能——および人々の間のゲーム理論的ダイナミクスの論理の双方をより良く理解できるかということであって，私が展開してきた理論的枠組みを使いながら，Ross and Dumouchel（2004a, b）の中で与えられた代替的説明を要約することによってそれを行おう。フランクは我々の異議に応答してきたので，彼の我々との明示的な議論の文脈の中で，彼の説明の考察に戻ろうと思う。

　情動的シグナリングシステムと公的言語システムとの間の最も根本的な違いは，前者が主として目指すのはアナログの1領域の表現だということである。Dumouchel（1999）が強調するように，情動的シグナルは表出の連続的システムの出力として生み出される。人々は，情動を欠くベースラインの状態で動き回っていて，

7．諸セルフとそのゲーム　　353

それが次いで定期的に情動的な位相変化のサインの点滅によって調節される，というようになっているわけではない。エージェント間のシグナリングの連続的なダイナミクスは——それは顔の表情，声の高さや大きさ，姿勢，物理的距離，動きの程度，ほほ笑みの頻度，アイコンタクトの程度と持続時間などの変動を通じて進行するが——，エージェントが互いとの持続的な関係の様態に関する暗含的な合意に到達する程度に応じて，局所的な諸均衡に落ち着く。彼らは同盟者たちなのか，はたまた敵対者たちなのか。非常に重要なことだが，彼らは従事する特定の相互作用的な諸プロジェクトの諸結果よりも彼らにとって重要か，あるいはそうではない，関係の様態そのものの維持に価値を付するのだろうか。民間的心理学は，任意の所与の文化における友情概念の複雑な漸次的変化を通じて，この種の情報をコード化し，そして私がここで展開してきた論理的枠組みの中に自然な解釈を有する。人々は，彼らの自己語りを相互にコーディネートするために情動的シグナリングを用いる。そのようなものとして，彼らはどの特定のエージェント——効用関数を参照することによって個別化されている——が G レベルにおける追加的な協調ゲームに従事することになるかを決定している。

　この論理構造は，次の事実によって，表面的な観察からは覆い隠されている。すなわち，G' レベルと G レベルのゲームはもちろん連続ではプレイされないのである。論理的１分析の構成において常にそうであるように，諸現象を特定の論理の用語〔ターム〕へと翻訳することは，本性において実際的な簿記的ダイナミクスであるものをもっと抽象的な次元的構造へと写像することを現している。G' レベルにおける均衡の導　出〔レゾリューション〕は，G レベルのゲームのプレイによって絶えず調 整〔キャリブレート〕され，その G レベルのゲームの方は，翻って〔ひるがえ〕前者のダイナミクスによって規制されている。Griffiths (1997) が詳細に論じているように，情動についての異文化間の諸解釈に関する経験的仕事が示すところによれば，合わせて「情動 (emotions)」と言及される状態と気質は，入力側——すなわち，情動的反応のメカニズム，刺激，認知的侵入についての彼らの因果関係性に関して——において，出力の変動性——すなわち，情動的反応のタイプ分けと理解における異文化間の不一致——の程度に比して，高い変動性を示す。これは現在の観点で次のように注釈できる。すなわち，文化的に進化した志向姿勢の諸資源が，データを圧縮して限られた可能な物語の諸集合へと纏め入れる。すると，これは，G' レベルの諸資源を使う G レベルの戦略に対する諸制約の周りへのコーディネーションの現れである。

この一般的なダイナミクスの概略を説明しよう。文化的因習の実質的な本体を共有する2人の人々は，彼らの公的言語——それは2人とも制御できない——でコード化された情動状態のタイプに対して，戦略的に自由に使える一定範囲の諸ラベルを持つだろう。彼らの間の G' レベルのゲームの歴史は，これらのラベルの部分集合を利用可能にするだろう——それらのラベルを用いて彼らは彼らの交渉のダイナミクスにおける顕著なモーメントを特徴づけることができる。ある個人がそのようなモーメントにラベルを付け，なおかつ，他の者が異議を唱えない度に，彼らは即時に実行される G レベルのいくらかのゲームの中で戦略集合に関する彼らの期待に対して諸制約を設けることに成功するだろう。（注意されたいが，そのように影響を受けるゲームは，しばしば，単に協調ゲームなのではないかもしれない。あるエージェントは他のエージェントにいくらかの不動産を売っているかもしれない。このことはコーディネーションの成功を必要とするが，それに尽きるものではない。）これらの期待は，分析者によって，一方では，情動的表現の情動的状態タイプへの特定の割り当てに合致する順序づけられた諸対（つい）の関数として表され，他方では状況に左右されるインセンティヴについての諸仮定を伴って表され得よう。（例えば，他者のシグナルを解釈するために知る必要があるかもしれないのは，ある行動がどの情動的様態およびどのインセンティヴ構造の内部に設定されているかである。彼女が私を見つめることは強い関心の兆しだが，しかしそれは愛なのか怒りなのかそれとも…？）そのような関数は各々，G' レベルの1ゲームのダイナミクスを圧縮している——すなわち，G' レベルのゲーム構造を1均衡解へと写像（マップ）する。すると，この均衡は，G レベルにおいてゲームを構造化する入力である——誰かが G' レベルにおいて再交渉を必要とする手を指すような時が来るまで。各々のそのような手は，一方または両方の当事者によるある程度の自己再語り（セルフ・リナレーション）への要求である。（これらの観点で2人の人々の間の機能不全的関係という民間的概念を以下のように特徴づけ得るかもしれない。もし両方のエージェントが G' レベルの再交渉——その中では他方のみが自身を再び語るよう求められる——を定期的に要求する傾向にあるならば，彼らは〈主人-奴隷〉関係上の（一時的な）均衡に合意するか，あるいは，彼らの G' レベルのゲーム（ゲーム）はしばしばゼロサムになるかのいずれかだろう。いずれのパターンも，他のエージェントがその図像に入ってゲームを複雑にするやいなや，長期的に安定的または厚生効率的なものとなる可能性はあまりない。）

　そのようなシステムの中でシグナリングに直面する解釈問題は手に負えないもの

7. 諸セルフとそのゲーム　　355

だ。このことが示唆するのは，高度に可変的な入力の諸因果を狭い範囲の因習化された情動的表現へと圧縮することの戦略的な論拠である。すなわち，さもなければ，シグナルの受信側の組み合わせの爆発は，シグナリングシステムの情報的有効性を台無しにするだろう。グリーンスパン（Greenspan 2000, p. 485）が，交渉者たちが認知的に情動——内的状態だと考えられている——を直接操作するかもしれないという考えを熟考する中で書き留めているように，「ある点において，計算は途方もなく困難になるだろうし，このことは，即座の個人間評価としての情動に依拠するさらなる理由を生み出すだろう」。計算的負荷に対するこの挑戦が同じく生じるのは（そしてそれを組み合わせ上複雑にするのは），因習的な情動的状態の諸タイプを戦略的設定についての観察された情報へと——それらの，外的な，入力変動性を所与として——写像する場合である。入力変動性は，確かにグリフィスを悩ませる内的な神経化学的変動性よりもはるかに大きい——情動的出力自体が，諸文化のレベルで展開された因習化されたシグナリングの諸均衡の産物でない限り。

　この説明に基づくと，情動的シグナリングは，ちょうどフランクが示唆するように，その戦略的な有用性を部分的には次の事実から引き出している——すなわち，感情的シグナルの内容は完全には送信者たちの裁量的制御の下には無いということである。1つの情動的シグナルの内容が決定されるのは，志向姿勢からの諸判断によってであり，特定の証拠本体と，首尾一貫性判断基準——それは初めからまさに志向姿勢の要点である——によって可能とされる判断との間の写像は間主観的に交渉される。人々が行う自然的な志向姿勢の諸判断は，これらの交渉の中に文化的規模のパターンを統合させている。これは不可能な課題から人々を救う社会的足場を構成する——その不可能な課題とは，G' レベルにおけるゲーム決定を G レベルにおけるその均衡戦略と同時に計算することを試みることだ——しかも，それらが互いの逆関数であり，他の諸ゲームから成る一般均衡ダイナミクスの中に埋め込まれている場合にである。留意されたいが，これは一般均衡問題であるとはいうものの，自己維持に関する広範囲の満足化は，一意の一般均衡解の計算を必要としない——ゆえに，有効性についてのミロウスキー・タイプの心配と衝突はしない。（たいていの）人々が情動的シグナルについて下す志向姿勢の諸判断は，彼らが制約する G' レベルの諸ゲームが解決可能な協調ゲーム——よくあるように G レベルにおける PD や類似の災厄ではなく——を決定する限り，ダイナミックに安定的なままだろう。これは保証されて（*guaranteed*）いない。この研究の第2巻で研究されることにな

356

る多様な種類の諸圧力の下で，共同体はシグナリングの均衡を失って瓦解し得る。志向姿勢の一般的利用に依拠するゲーム決定のダイナミクスは，そもそもなぜどのようにして相対的な社会的安定性が可能であるかを説明するだけである。

　この情動の戦略的役割の説明は，上でフランクの理論に対して挙げられた異議のすべてを扱う。それは長距離かつ拡張された交渉に当てはまる。なぜなら，因習的な情動的気質によってもたらされる制約的情報は——顔の表情と身体言語に含まれている情報とは異なり——複数のメディアを通じ，より幅広い時間と空間の拡がりを通して伝わるからである。（もちろん，より情報が多いことは害を与えないし，多くの証拠があるが，対面的状況においては交渉はもっと容易である。これは「路上の激怒（road rage）」という現象や，ウェブ上のチャットグループ内での頻繁な「炎上（flaming）」に対する標準的説明である。車中の人々やキーボードによりコミュニケーションしている人々が，通常以上の頻度で情動的にコーディネーションに失敗するのは，目に見えるシグナル調節器を交換できないからである [153]。）その説明は明らかに情動的経験の連続的かつフィードバック調節された本性をよりうまく考慮に入れている——これはその中心的な動機づけの諸前提の１つだからである。類似のことがやはり言えるのは，それが情動に帰する基本的な進化的機能についてだ。それが直接的に援助に与するのはコーディネーションであって——PDからの逃避またはその回避ではなく——，自然選択が進化する社会性の中で解決しなければならなかった中心問題である。情動的シグナルの純粋な自発性をさほど強調しないと，エルスターの異議を支払うに値する費用を示すもの——帰属させられた便益と均等か超過するかもしれないものではなく——として，より容易に説明され得る。最後に，その説明は情動的行動の詳細を説明する中で，文化的進化に少なくとも生物学的進化と同じくらい強力な役割を与え，ゆえに，グリフィスが注意を促すデータの意味を理解する手助けとなる。そこで一般に私は主張するのだが，我々の説明はフランクの説明よりも，幅広い範囲の情動的判断についてのデータをより良く理解する一方，情動は進化した交渉の補助手段であり，協力を促進するというフランクの理にかなった洞察を保持するのだ。

　しかしながら，Frank（2004）は反論して言う——我々の話は，情動的生活に関するある１データ——それを彼は顕著なものとみなしている——を十分に説明でき

---

153 ［原注15］ …他のドライバーたちに対して中指を立てて脅すような非常に粗雑なもの——それはしばしば事態を悪化させる——を除けば，である。

ていない，と。つまり，人々はしばしば自身が相互作用する人々の情動的な誠実さについて彼ら自身が疑問に思い，悩んでいると自ら表現する，と。ドゥムシェルと私の説明に基づくと，これは不可解であるように思われる。それによると，情動的シグナルとその解釈（自己解釈を含む）は，諸状況——脳によって与えられるそれ自体についてのデータを含む——の含意についての，しかし，外的諸要因の説明もする，志向姿勢の諸判断である。それらは，内的な——内観された——諸現象の報告（reports）ではない。これは，誠実さ——したがって誠実さの看破——という概念そのものを不可能にするように思われる。

この異議は，ここで注意深い考察に値する——それは単に，我々の情動の説明それ自体が説得力をもつべきならば応えられねばならないというだけでなく，本書の核心にある一般的な1問題を厳密に浮き彫りにするからでもある。問題とは，経済学の基礎づけにおける緊張，すなわち，RPT がエージェンシーの本質として行動上の整合性を特権化することと，そのエージェントを内的な——最大化する——ロビンソン・クルーソーと同一視する尊い新古典派的誘惑との間の緊張である。ここでとりわけ助けとなるのは，経済学者としてのフランクが，中核的なミクロ経済学的主題——〈プリンシパル-エージェント〉問題——との有意な関連性という文脈で異議を唱えているということである。

フランクは，次のような標準的な〈プリンシパル-エージェント〉的シナリオを考えるように求めている——

> あなたは成功した地方企業のオーナーである。注意深く研究した後に，あなたは結論づける——あなたの企業の支店が200マイル離れた所にある似た都市の中で成長するだろう，と。あなたはその支店を自身で経営することができず，外的な監査と統制のメカニズムに限界があるため，雇われ経営者があなたを騙したか否かを知ることを阻まれるだろう。もし正直な経営者を雇うことができれば，彼に $100,000（通常レートの2倍）を支払い，それでもなお支店を開設することによって $100,000 の純益を期待できただろう。困難は，あなたが雇うどの経営者も，あなたを騙そうとする強力なインセンティヴに直面するだろうということである。不正直に経営することによって，彼は自身の収益を $40,000 増やせるだろうし，その場合，あなたは $100,000 をその事業で失うだろう。その場合，あなたには頼みの綱が無いだろう——あなたの経営者があなたを騙したということを知る方法も無ければ，まして証明する方法も無いろうから。あなたはその支店を開きたいだろうか（Frank 2004, pp. 288-289）。

フランクはこれに対する答えを混乱させており，それを利得が2人の当事者間の狭

義に利己的な貨幣的インセンティヴのみを示すゲームとして明示的にモデル化する。もしこのモデルが彼らのエージェンシーを正確に記述するならば，そのゲームには一意の均衡がある——すなわち，潜在的な経営者の支配戦略は，その支店が開かれた場合に騙すことになり，ゆえにそのオーナーはその支店を開かないことを選ぶだろう。この結果は，もちろん，パレート劣位であるが，パレート劣位な物事は起こるものなのだ。フランクは，典型的で新古典派的な影響を受けたモデルがその状況をこのように表すと考えているようである。このようにして，人々がこのような〈プリンシパル-エージェント〉的ジレンマをかなり頻繁に克服することは，私およびドゥムシェルと新古典主義との双方に対する異議になると考えられる。フランクは，我々が許容できない装置を使って，彼らがそうすると論じる——すなわち，その経営者は騙さないと約束することができ，彼が完全には制御できない情動的シグナル——なぜなら，彼の生態がそれを制御するので——によって，オーナーが確実に彼の誠実さを見抜けるようにするだろうという訳だ。

　ここには2種類の誤りが進行している。すなわち，ゲーム理論の混乱した専門的適用と原始的な認知科学である。ここでの私の諸目的にとって中心的——なぜなら，本書の最も一般的な命題に関して非常に解明的だから——であるのは，これらの2つの誤りがいかにして互いに一致し組み合わさるかを示すことである。

　もし新古典派経済学がミクロ経済学の個人主義に——その命題のジェヴォンズまたはセンの半アリストテレス主義的解釈の下で——コミットしているならば，おそらく，〈プリンシパル-エージェント〉ゲームはフランクがモデル化する方法でそのような経済学者によりモデル化されなければならない。しかし，古典的ゲーム理論は，第4章で論じたように，ナッシュ均衡を発見するための演繹機械である。したがって，もし人間のプリンシパルとエージェントがその支店を開くことに合意すると期待されるならば，ゲーム理論それ自体が，新古典主義は人々の誤ったモデルにコミットしていると宣告することになるのである。

　第6章の諸議論をここで繰り返すつもりはない——それは，新古典派理論はミクロ経済学的個人主義にコミットしている，あるいは，すべきであるという主張への反対論だった。私はBinmore（1994, pp. 173-256）に従って現に次のことを再び強く主張したいのだ——ゲーム理論がある1状況へと分別よく適用され得るのは，ただ，データからプレイヤーたちと彼らの情報ダイナミクスの経験的に正しいモデルが推論された後にのみなのである，と。もし，フランクのプリンシパルとエージェ

7. 諸セルフとそのゲーム　　359

ントが彼らの支店を開設するならば，このことが示しているのは，彼が彼らのために構想するゲームが彼らの選好を正確にモデル化していないということだ。このことはRPTそれ自体から，直接的に，導かれる。かくて，まさにRPTをモデル化の道具として維持することによって，ミクロ経済学的個人主義は却下されることだろう。フランクは——たいていの行動的実験経済学者たちと同じ諸理由で——ミクロ経済学的個人主義は人間行動の優れた経験的説明を提供するとは思っていないので，ここで彼は私とドゥムシェルを支持すべきであるように思われるかもしれない。

　フランクはこのようには論じない——なぜなら，彼はRPTを却下しなければならないと感じているからである。（彼は標準的な同語反復反対論を繰り返すことによってそうする。確かに，一度，ある状況の正しいゲーム理論的モデルが見いだされると，RPTの使用は均衡の選択を同語反復的にする。そういう理由で，ゲーム理論はまさに数学であって，経験的科学ではないのである。）彼がRPTを却下するその理由は，まさに，RPTの利用は不明瞭な内的エージェントへのアクセスを妨げるということだ——その内的エージェントの諸特性は（誠実な手紙のやりとりや，諸選好についての口頭の告知を伴う二枚舌の不一致も含め），相互作用するパートナーたちと経済学的分析者の双方による同定の標的であると考えられている。そのような同定は，もし仮定的に二枚舌の個人が——どちらかと言うと成功を確信して——内的なセルフへのアクセスを戦略的に阻止し得るとしたら，見込みがないだろう。グレシャムの法則の適用によって，意地の悪いコーディネーターたちがその時に善を駆逐し，あらゆる諸々の見込み（と脅威）はお粗末な話と見なされるだろう。幸運にも，フランクが主張するには，母なる自然が——情動の門を通じて逆らい難いシグナルを送信することにより——その内的なエージェントへの独立のアクセスを我々に与える，と。

　この図像の論理的混乱によって，フランクは多くの追加的な概念的改訂を強いられる。とりわけ必要とするのは，合理性の新たな標準——それに照らせば，不誠実なエージェントが少なくなるような——である。この新たな標準のために，彼は「適応的合理性（adaptive rationality）」という用語を借用する。適応的に合理的なエージェントとは，一回限りのPDの中で協力をもたらすだろう選好に一致して行動する者であると考えられている。かくて，フランクは，「制約された最大化（constrained maximization）」（Gauthier 1986）の考えにコミットしている——それによれば，あるエージェントは新古典派的理論家がその選好とみなすものに反して行

360

動できる。すると，自明なことだが，選好はRPTの適用によっては決定され得ない。

人々の認知的ダイナミクスについて何が真実であるかとは関係なく，この図像の根底にあるエージェント個別化の諸原理は意味を理解するのが極端に難しい。心から正直な経営者の場合に，内的なセルフは狭義に利己的なエージェントではない。それどころか，この場合，そもそも現場には狭義に利己的なエージェントはいない。しかし，その個人は，利己的な最大化者が内部に潜んでいるかもしれない。ゆえに，自らの中核（コア）に内的なロビンソン・クルーソーたちを持っている人々もいれば，持っていない人々もいるのである！幸運にも，もし我々が情動的シグナル——その内的なエージェントが（存在するなら）送信せざるを得ない——に注意を払えば，内的なエージェントを掴み出すことができる。そのようなエージェントの急増は，パレート効率性のための我々の諸機会をつぶすだろうから，情動的シグナルの自然選択がそれらから我々を救うために待機している。

ゆえに自然選択は，フランクの思考方法に基づいて，近視眼的に容赦のない最大化者たちを構築し，それから彼らを無効にする装置をも構築するのである。これは自然選択が行うには非常に遠回りのことであるように思われる。しかし，我々はフランクに教えられる——自然選択によって「神経システム（nervous systems）」に課される諸圧力は「容赦がない（ruthless）」，と。「もちろん」——と彼は言う——「不正直な経営者たちによって経験される効用は，正直な経営者たち——正直に振る舞うことから温かい満足感を享受するように構成されている者——の効用よりも決して大きくはないかもしれない。しかし，中枢神経系の中心的なダーウィン的特徴は，人々を幸福にするためのものではない。それは繁殖の適応度を高める行動を促すことである。そして生き残り繁殖しようとする闘争の中で，重要なのは物質的資源であって，温かい満足感ではない」（Frank 2004, p. 292）。したがって，「ダーウィンの観点（ゲーム）では，処罰の可能性がない場合に，ある個人が騙す機会を放棄するよう動機づけられていると感じるかもしれないという考えは，第一級のアノマリーである」（ibid., p. 291）。

一般化として，これは全く誤りである。完全に非社会的な動物においてさえ，自然選択は子孫や類縁たちを援助すること——あるいは，それらのために命や手足を犠牲にすることさえ——から生じる「満足感（glows）」を追求する気質を構築する。数十年も前から認識されていたことだが，血縁選択は豊かな社会性が生じうるところのプラットフォームである——もっとも，それだけでは一部の鳥類や哺乳類の複

7. 諸セルフとそのゲーム　　361

雑な社会的気質を説明するには不十分なのだが。（そしてもちろん，適切な遺伝的状況の下では，血縁選択だけでも，他の諸種類の豊かな社会的ダイナミクス――半倍数性の昆虫たちやハダカデバネズミたちのような真社会性動物に見られるような――を構築し得る。）かくて，進化論者たちは一般的にフランクが「新古典派経済学者たち（neoclassical economists）」に帰する驚きを共有していない――驚きとは，1回限りのPDや類似のジレンマが社会的なコーディネーションや協力を反復的に損なわせはしないということだ。Binmore（1998）が――同時にダーウィンの，デネットの，新古典派経済学者の学徒でもある者として――非常に詳細に評価しているのは，進化が――ダーウィン的諸段階により――どのようにして血縁選択から社会性を構築し得るか，そして，社会性の下で，どのようにしてセルフを彼が「コーディネートされた共感的な諸選好の集合（sets of coordinated empathetic preferences）」と呼ぶものへと構築し得るかについてである[154]。彼は，私のものと完全に補完的なダーウィン的かつゲーム理論的な諸段階の説明を提供している（pp. 178-228）――その諸段階とは，それによって生物の血統がガバナンスから，血縁選択の論理のみによって，より一般化された慈悲心の進化と維持へと辿り着き得る諸段階である。言うまでもなく，ビンモアの話のいかなる点においても，どのエージェントも不可解に彼らの選好に逆らって行動する必要はない――ゆえに，ゲーム理論の同語反復は侵害されていない。（フランクの進化の理解に反対する追加的な論点として，Sober and Wilson 1998 が示しているのは，ある諸状況下で，群選択でさえもが，諸群がなければ最適だろう諸個体の選択にどのようにして勝り得るかである。そして，彼らの説明は特に論争の的になってこなかった。）

　これらすべての諸理由のために，「不正直な諸個人によって受け取られるより高い物質的利得は，正直な者たちにとって最終的な絶滅を引き起こす」（Frank 2004,

---

154［原注16］この概念の背後にある考えは，人々は，諸結果を互いの観点から妥当な正確性をもって評価できなければ，概して，分布的な諸結果を伴う諸プロジェクトをうまくコーディネートできないということである。ビンモアの構想に基づくと，1エージェントは，交渉の中で，諸選好の割り当てを所与として，交渉相手たちに拒否されると思わない諸結果を含意する戦略を選ぶことにより，交渉相手たちに自身の諸選好の割り当てを行動的に顕示する。もしすべてのエージェントがこのように行動し，彼らの期待が概して正確ならば，――ビンモアが示すところによると――彼らが構成する社会は「共感の均衡（empathy equilibrium）」に到達する――そこでは自分の共感的諸選好が実際のものとは異なる振りをするインセンティヴを持ったエージェントはいない。ビンモアの論によれば，諸社会において近似的な共感均衡が普及することは，効用の安定的な個人間比較の基礎であり，それが無ければ複雑な社会的交渉は不可能である。この考えは，私のゲーム決定ダイナミクスの説明をうまく補完するものであるが，この点には次巻で詳細に立ち戻るつもりである。

362

p. 292）という主張は，一般化としては成り立たない。かくて，Hampton（1986）
がホッブズによってさえ（明らかに異なった用語を用いて）認識されていたと示し
ているように，人間選好の諸気質の進化的発展の中で，1回限りのPDは協調ゲー
ムに比べて，おそらくほとんど役割を果たさなかった。したがって，ありそうもな
いように思われるのは，自然選択が，人々をPDの「外に」出す情動的諸気質を作
り上げたということである（たとえ，どうにかしてその考えの分析的意味を見いだし
得たとしても）。社会性の進化にただで付いてくるものは——Gレベルのゲームを
プレイする諸気質に基づけば——PDその他の似たような効率性の罠がそもそも回
避されるようにする傾向である[155]。人々と他の非半倍数性の社会的動物たちに見
られる情動的シグナリングの遍在性の適応的説明を追求したければ，そのようなシ
グナリングがどのようにコーディネーションの助けになるかもしれないかを問うべ
きである。この節で，私はこの設問への答えを示唆してきたが，それは2つの相互
補完的な仕方で言い表すことができる。すなわち，情動的シグナリングのシステム
は，人々の共同体内の文化進化によってコーディネートされているが，それが志向
姿勢の諸判断と諸セルフの安定化をコーディネートしている。そして，それらがゲーム
決定を扱い易くするというようにである。

　フランクの異議において論じるべく残されたものは，彼が援用する民間的現象学
である——それによると，我々は，内的な誠実さまたはその欠如を求めて他者たち
の情動的シグナルを監視することを意識しているという。民間的モデルが，情動的
シグナルによって運ばれる情報が協力やコーディネーションを促進すると想定する
仕方の説明を試みてみよう。皆が知っていることだが，人々は時折，守るつもりが
無い約束をし，実際にはやり通さない威嚇をする。幸運にも，たいていの人々は一
部の他者たちと特別な個人的な結びつきを持っている。これらの結びつきは，各々
の個人によって情動的に経験される。その問題の情動が公に明らかになるのは，声
の調子，ボディ・ランゲージ，まっすぐな視線その他さまざまな手掛かりで，これ
らは人々が識別でき，そして，いくらかの偽る技巧と努力とを必要とする。したが
って我々は，その情動的表現が我々との結びつきと首尾一貫しているような人々と

155［原注17］それが深刻な諸問題——コモンズの悲劇——として再び現れるかもしれないのは，
異なるGʹレベルの諸均衡で独立に進化した諸文化が「大域化する（globalize）」時だ。良い理論な
らこれを予測すべきである——なぜなら，それは大域的な制度的枠組みが進化してその問題を挫く
までは，かつ，そうしない限りは，実際に起こることだからである。

7. 諸セルフとそのゲーム　363

ともに諸事を行えるが——例えばビジネス上の取り決めを形成するような——それを見知らぬ者たちと試みたならば難しい〈プリンシパル-エージェント〉問題を提起するだろう。

　このいずれとも論争する必要はない。その説明は，私やドゥムシェルのものと競合する理論ではない。なぜならそれは，情動が何であれ首尾よくシグナルする理由の説明を全く提供しないし，しようと試みもしないからである。そのためには，民間的な図像の外へ動き出さないといけない——なぜなら，民間的な図像は，単に馴染みのある諸パターンとそれらの実際的な諸含意を記述するだけだからである。民間的な図像が説明のために作られているのではないという事実は，少々でも中心から外れた状況を扱うために拡張された時に典型的に暴露される。その点において，民間的諸想定のネットワークが純粋に表面的な記述であり，首尾一貫性のために検証された理論的存在論——科学理論の場合のような——を持たないという事実は，自ずと明らかになるのだ。

　かくて，こう想定してみよう——あなたは（フランクによって記述されたシナリオの中で）確立された個人的な結びつきを持たない経営者を雇用することを考えている。あなたが〈プリンシパル-エージェント〉問題を抱えていると気づくと想定しよう。すると，おそらく，潜在的な経営者は，あなたの目をしっかりと見つめて，あなたの手を堅くしっかりと握り，慎重な（しかし慎重過ぎない）厳粛さをもってこう述べる——「仕事仲間の正直さは，どのような額の貨幣よりも私にとって重要です」，と。さて民間的な者は何を想定するだろうか。彼らがこれについて理論化するとき——彼らが時々そうするように——，彼らは友人たちとの間で生じるような状況の説明に頼るだろう。この個人は——と彼らは言うだろう——彼の魂の内部への 窓 を構成する認識可能な情動的シグナルを送っている。そして，見よ——それは良い魂であり，彼の表現は誠実ではないか。あるいは，そうではない——それは悪い魂であり，彼は演技をしている。いずれにせよ，彼らは何をすべきかを知っているのである。

　少なくとも，それが，諸事が事後に合理化されるかもしれない仕方である。幸いにも，この場合，たいていの重要な物事においてそうであるように，人々は，即興の理論的討論よりも行動において，一般的により分別がある。現実の生活の中で，たいていの人々の行動が示唆するだろうことは，彼らは窓が付いた内的な魂という考えをあまり真剣に洞察力のあるものとは捉えないということだ。彼らは代わりに，

364

行動の実績を吟味し，利害関係のない人々に推薦状を求めたり，借入限度額を確認したり，居酒屋での常連たちに誰かこの個人と仕事をしたことがあるかなどを尋ねたりする。確かに彼らは，潜在的な経営者にインタビューする時，自己表現の中にずる賢さ，ためらい，普通でない努力の兆候を探すかもしれない。しかしこれを，内的なロビンソン・クルーソーの存在を検証するための努力として解釈する必要は全く無い。ある個人が，常日頃，自己予測の中で他者たちに嘘をつかない限り，自称詐欺師は，自身についての即座の，自動的な，志向姿勢の諸判断を口から出任せにすることはできない。設計原理に熟達していないのにコンピューターの修理をしようとしている者のように，彼は立ち止まり，計画を改訂し，引き返すだろう――なぜなら，その操作は彼がただ進むに任せられるものではないからである。そのような行動を選び出し，それによって離れるよう警告される場合に探知するものは，志向的システム全体の中の不一致であって，内的な1エージェントの1特性ではない。しかしながら，一部の人々は――賢い民間的な者たちは余りにも良く知り過ぎているように――彼ら自身について誤った志向姿勢の諸判断を生成する経歴を現に辿り，協力者たちの G' レベルの諸戦略を円滑に模倣できる。この理由のために，民間的な者たちは全くの見知らぬ人たちの身元を確認することについて分別があると知っているが，しかしデカルト派の人格性の諸理論に――理論的説明を求めて探す時に――（代価なしで）しがみ付き得るのである。彼らは自分の全体的な行動を，窓を通して魂を覗き込むという考えと両立可能なものとして解釈できるが，しかしそのような解釈の論理的必要性は全く無い。すべての行動的諸事実と完全に両立可能であるが，しかし遥かに存在論的に浪費的でなく，なおかつ正しいゲーム理論的論理の直接的適用と遥かに直接的に両立可能でこそあるのは，こういうことだ――危険な状況の中で人々が互いに探すものは整合性である，と。結局の所，1つの民間的な自明の理であるのは，嘘をつくことについて難しいのは，ある人の物語全体を――そのあらゆる諸含意とともに――調査しても首尾一貫したものに保つことであるということなのである。

　誠実さを探知する行動のこの第二の解釈をより選好することの科学的諸理由のうち最善のものがある。すなわち，最も慎重に考えられた心の形而上学が――すべての利用可能な科学的証拠に照らして――我々に教えることだが，1個人の魂を覗き込むことができないのは，あなたが自身の魂を覗き込めないのと同じだ――覗き込むべき魂が存在していないのだから。フランクが推奨する説明の中で，魂がそうあ

らねばならない種類の理論的構築物は，デカルト劇場である。しかし，そのような
ものは存在し得ない。もちろん，志向姿勢の諸判断の内容に因果的に有意に関連す
る内的な脳の諸過程（brain processes）が存在する。尋常でない瞳孔拡張に注目す
ることによって，それらの過程についてのいくらかの独立の証拠を得ることができ
る，等々。しかしながら，Ainslie（2001）が論じるには，脳の諸過程のレベルにあ
る基本的な動機づけの力は，単に「興奮（excitement）」である——そのような興
奮の一実例が何らかの特定の因習的情動になるのは，ただ，またもや外的ダイナミ
クス（社会的ダイナミクスを含む）に対して敏感なデネット的判断を与えられた時
だけである。

　ただ，哲学者または科学者が少々の民間的存在論の放棄を提案する時にたいてい
生じる，ある種の残滓的な心配を解決するために述べておこう——誠実さの概念に
よって意図される——あるいは，その言葉の使用によって含意される——すべての
ことは1つの神話である，ということは私の示唆の一部では全くない。私が主張し
ているのではないことは——私とドゥムシェルが主張しているとフランクが誤解し
ているのと異なり——，人々はその考えのいかなる理論的解釈の下でも，誠実さに
ついて気にしていないということだ。実際，私がここで頼っているセルフのデネッ
ト的説明の全体が強調するのは，人間に関する諸事物の中で，整合性の確立，維持，
制御，監視がいかに非常に重要かということである。そして，全体的な行動の整合
性は，「誠実さ（sincerity）」の完全に正しい理論的解釈である。人々が魂を検討す
る必要が無いのは，情動的伝記——自身のものも他者のものも両方——を検討でき
るからだ。

　これで完結する課題とは，交渉における情動の役割に関する討論に適用すること
により，エージェンシーをセルフ性から概念的に区別するデネット的理論がミクロ
経済学的個人主義をいかに掘り崩すかということ，また，その当の掘り崩しが概念
的なものであって，単に経験的なものでないことがなぜ重要かということを示すこ
とだ。フランクが信じないのは，ミクロ経済学的個人主義が人間の経済行動をうま
く記述するということだ。しかし彼は，ある1つの意味——狭く利己的な最大化者
としての——において，新古典派的エージェントの伝統的一概念にしがみつくので，
自身を概念的な諸結節点の中へと綯い込んで，人間のミクロ経済学的相互作用につ
いての観察された諸事実を捉えようと試みるのである。

　これは経済学者にとってさほど問題だろうか。結局，もしフランクが，センのよ

うに（そして似たような理由で），政策選択に有意に関連する正しい諸事実——すなわち，人々は彼らの周囲の制度的な枠組みが屈折したインセンティヴを与えるか，彼らの文化的な距離が共感能力を妨げることがない限り，相対的にうまく共感しコーディネートするという事実——を大まかに予測するならば，認知科学者と行動科学者たちが彼らの諸目的のために人格性の異なる1モデルを使う場合に，なぜ経済学者は悩む必要があるのだろうか。いずれの説明に基づいても，政策的含意は似ているように思われる。すなわち，有害な諸制度を突き止めて確定し，そしてグローバル化している人々がお互いを知るようになる一方で，文化的な誤解に対して防護策を設けようと試みるのである。他方で，経済学的なモデル化活動は，以前と同様に円滑に進むことができないだろうか。

　経済学者が，諸個人の哲学的により洗練されたモデル——認知科学を加味した——を使うことを気にするかもしれない明白な理由——本書で繰り返し強調した——が1つある。経済学者は，自分の科学と他の諸科学との統一性について気にするかもしれないのだ——経済学者を止めて認知科学者や応用哲学者になりたい訳ではないのだが。私は本節で，フランクの個人のモデルのために十分な認知科学的基礎づけを与えることはできないということを示そうと試みてきた。似たようなことが，センのモデルについて言われてきた。この点において Davis（2003）には種々の苛立ちがあるので，認知科学的基礎づけを拒否し，経済学の中で人格性の諸モデルが使われることの規範的正当化に訴えるようになる。（ミロウスキーは，いつものように，ここでも楽しませてくれる。第1章から想起されたいが，彼は経済学者らが，自分の諸理論を認知科学の中に有用に基礎づけはしない——彼らはそれを理解できないだろうから——と考えている。）もし，我々が科学——経済学を含む——から望む諸事物の1つが説明であるならば，キッチャーが論じて私が強調したように，科学的統一性について気にしなければならない。諸科学は，互いから諸前提を借用し合う。説明のためには，これらの諸前提は少なくともおおよそ真実でなければならない。存在論的に取り残されることを許す科学は，それゆえにより劣った科学である。

　実際，この点は相当な力で押し進めることができる。一科学が制度的に正統なものとして受け入れられるようになるのは，少なくとも2つのテストのうちの1つで（人々の直観的判断に反して）合格点を取る限りにおいてだ。すなわち，その中核的な議論の諸パターンにより生成された諸現象の説明が，残りの世界観と円滑に首尾一貫するか，あるいは，新奇で正確な諸予測を生み出すかである。かくて，占星術

7. 諸セルフとそのゲーム　367

は，両方の点で失敗するので，完全に却下される。プレートテクトニック地質学は，事実上，いかなる懐疑論も引きつけない——なぜなら，大勝利で両テストに合格するからである。ここで，もし経済学者たちが，第一のテストを避けて，統一性のための懸念を無視したければ，その含意は，正当性への主張のすべてを第二のテストに基づかせる用意がなければならないということだ。多くの者が，ミルトン・フリードマンの雄弁だがずさんな論理によって説得され，彼らの哲学的諸契機の中でちょうどこれを行ってきた。その結果が，図書館の書棚に，経済学をまがい物とする通俗的な非難がいっぱいで[156]，哲学者たちと社会学者たち——その諸結論は彼らの調子がもっと釣り合わされた時でさえ似たものだ——によるもっと洗練された〔エレミアの〕嘆き節が群がっている[157]。ますます多くの経済学者が自分の家に投げつけるための石を集めてきてさえいる。Heilbroner and Milberg（1995）と Lawson（1997）を見よ。私には，Heilbroner and Milberg と Lawson の本について言葉を控え目にする理由が見あたらない——それらは主にナンセンスを普及させるだけだと思う[158]。しかしながら，理解するに何の困難も無いことは，それらが存在する理由，そして，現実の日々の専門的な経済学的推論の微妙さと力を理解する多くの人々が，私がしたようにそれらを投げ捨てない理由。予測，特に量子物理学から得る種の圧倒的な説得力のある数量的予測は，経済学の領域では途方も無く難しい。もし彼の学問の全正当性が，それに依拠することを許されているならば，大建造物は不可避的にシロアリに苦しめられなければならない。

　実際，経済学者たちが誤った概念的モデルに依拠しても，いつもと同じように予測するということは私の見解ではない。フリードマンはそれについて単に誤っているのだ。例えば，フランクのモデルは，膨大な範囲の交渉シナリオの端から端まで正直な経営者は超整合的であると我々に期待させる——なぜなら，協力的な気質がある彼の内的なロビンソン・クルーソーは，その諸ゲームの全範囲に関して，その効用関数を一貫して最大化するからである。（言い換えると，彼の仮定された内的な

---

156 ［原注18］私はここで目録を作るつもりはない。短いリストと洗練された反論については，Dasgupta（2002）を見よ。

157 ［原注19］Rosenberg（1992）は，論じられた最善のものである。

158 ［原注20］私はこれを制限してこう言おう——計量経済学的推論についてのローソンの認識論的懸念は正当化される，と。Kincaid（2004）を見よ。しかしながら，ここでさえも——ここでローソンは堅固な根拠を利用可能なのだが——ローソンが経済学者の実際主義的な実践に対する敵意のあまり，余りにも遠くに行きすぎていることは Hoover（2002）が論じるところだ。

「誠実さ」の特性は，常に待機して，内的な心理学的変化のもう1つの仮説的な事象を妨げながら，彼が新しい状況で行うことの予測の生成に使用されるのに備えている。）次章で詳論するように，社会的協調ゲームの中の実際の人間行動は，それよりも数層倍複雑である。例えば，フランクの心に描かれたシナリオ中の騙しそうもない経営者は，他の，ほんの少しだけ修正されたに過ぎぬ諸状況の中ではフリーライドするだろう——もしも彼が自身や他者たちに対して合理化する方法を見つけられ，ゆえに，それがフリーライドの一般的方針を予測せず，ゆえにのセルフを掘り崩すことが無いならば。強力な諸制度は，実際ありのままの人々について設計されるべきであり，道具主義的モデルに現れるような人々についてではない。

　この点は，Hollis（1998）の「チーム効用（team utility）」という考えの適用可能性に関するいくつかの最近の討論の中で生じてきた（Sugden 2000；Colman 2003aも見よ）。その示唆するところでは，人々は自らが属するグループの効用関数——彼らの個別的な効用関数から区別される——を概念化し，特定のタイプのきっかけとなる諸状況の中では，「私たち」の——「私」のでなく——効用を最大化するように行動するのである。私は第2巻で，この仮説を大々的に，それ自体の観点で——認知マクロ経済学に有意に関連したものとして——扱うつもりである。しかしながら差し当たりの注目点は，それが個人的効用とチーム効用の間に線引きする区別は，想定上の内的なロビンソン・クルーソーと社会的に埋め込まれた個人との間の対比に依拠しているということだ——私のアプローチに従って，個人というまさにその考えが社会的埋め込みを前提とみなすのではなく。カメレール（Camerer 2003c, p. 157）が以下のように言うように，ホリスの，およびコールマンの概念化を選ぶか，それとも，私の説明の種類が含意するものを選ぶかが，予測的な違いをもたらす——

　　相関関係のある一均衡は，プレイヤーたちが共通に知っている公に観察可能な一変数を要請する。もし，アイデンティティが相関関係させる装置ならば，それが共通に知られていない場合，協力は決裂するだろう。例えば，Aチームのメンバーたち（「情報を持っているAたち」）は他のAたちを演じるつもりであると知らされたが，情報を持っているAたちのパートナーたちは彼らがAたちを演じているのかBたちを演じているかを知らないものと想定しよう。純粋な共感またはグループアイデンティフィケーションのある諸理論が予測するところでは，残りのプレイヤーたちが誰を演じていると考えるかは，情報を持っているAたちには問題とならないだろう——なぜなら，彼らはただチームメイトたちを助けるのが好きなだけだからである。相関関係のある均衡の解釈はこう予測する——もし情報を持ってい

る A たちが，彼らのパートナーたちは彼らが誰を演じているかを知らないということを知っていれば，協力は衰退するだろう，と――なぜなら，A たちが他の A たちと協力するのは，ただ彼らが彼らのパートナーたちによる協力を期待できる場合にのみだからである。

カメレールの要点は私の用語〔ゲーム〕で以下のように言って注釈できる――すなわち，情報を持っている A たちが情報を持っていない A たちとプレイするのは，情報を持っている A たちとプレイするのとは異なる G レベルのゲームである――なぜなら，異なる G′ レベルのゲームが 2 つの場合に G レベルのゲームを決定してきたからである，と。しかし，注意されたいが，皮肉にも，チーム効用の仮説は――それがチームの気質をロビンソン・クルーソー型の効用関数へと投影し戻すというまさにその理由で――諸状況を通じて余りに多くの社会的安定性を予測する。これが正確に複製するのは，フランクの正直な経営者のモデルの予測的諸結果に対する私の不満の論理なのである。

　本書で何度か言及したのは，新古典主義の基礎づけについての哲学的混乱によって，人間主義的および新−実験主義的な諸批判が――完全に反対の図像へと至る途上で――互いをサポートするように見えるようになる仕方であった。デイヴィッド・スパーレット（私信）が私に指摘したように，本節の議論により，これの特定の実例を孤立化させることができる。Heinrich et al.（2001）は，15 の小規模な社会で，最後通牒ゲーム，公共財ゲーム，独裁者ゲームを走らせ，幅広い範囲の行動を見いだしたが，そのどれ 1 つとして，彼らが経済人〔ホモ・エコノミカス〕の「規範的モデル（canonical model）」（p. 73）が予測するとみなすもの，すなわち，各プレイヤーによる貨幣的報酬の最大化に対応していなかった。しかしながら，「規範的モデル」がこの予測をするのは，ただ非社会的エージェントによってプレイされる有意に関連する種類のゲームについてのみであった。Heinrich et al. によって設計されたゲームをプレイしているセルフは，異なる効用関数を持っている――なぜなら，自身に対する投資を掘り崩すことなく，貨幣的報酬を最大化するためにプレイすることができなかったからである――もしも彼らの諸社会が，特別に確立された諸設定（例えば（ある）産業社会的商業市場のような）の中でそのような活動を制度化してきたのでない限り。新古典主義の技術的基礎づけにおいて，Heinrich et al. に対して，彼らが設けるゲームのプレイヤーたちに彼らが割り当てる諸利得を割り当てるよう要請するものは何もない。かくて彼らの諸結果は，しばしば彼らの解釈として急遽持ち出される人間主義的な種類の反−新古典主義を支持しないのだ。

370

本節の議論は，エージェンシーと個人性の関係を正しくすることにより，経済学者たちによる関心のためのさらなる基礎を加えるものと見ることができる。私はこう論じた——フランクの提起する概念的諸問題は，彼が技術的に整合的な仕方でゲーム理論を適用することを不可能にする，と。彼の適応的合理性の概念には公理化がなく，それが与えられるまで，なおかつ与えられない限り，RPTを通して定義された経済的合理性に対する適切な競争相手とみなすことはできない。同様に，センのエージェンシーの概念も，形式化の余地を残し損なっている。さて，第1章で論じたように，形式化にはそれ自体のためだけに固執すべきではない。ある経済学者たちが深遠な数学の使用を評価する限り——なぜなら彼らの職業の門を守るので——，この（心理学的に理解可能な，否，分別すらある）動機づけについて自己意識的に批判的であり続けるべきである。しかしながら，私が論じてきたように，実証主義者たちによって強調される，彼らの不正確な意味論や還元主義と一緒に撤収されるべきではない1つの科学的美徳は，彼らの系統性への関心である。ミクロ経済学的仮説がRPTとゲーム理論の言語で書かれている場合，我々はそれが述べていることを正確に理解できる。フランク——そして，最近の仕事でのセン——は，正確に表現したいと思う多くのことを言うことができない。我々は，系統性を物神崇拝して（*fetishize*），正確さを，それが不可能なところで要求するべきではない。例えば，「経営科学（management science）」の多くは民間心理学的なお決まりの文句を上辺だけの技術的用語で表現しようとする一連の厄介な試行である——しかも，経営的意思決定の古風で，経験的に注意深く，戦略的に賢い物語の歴史がすべての正当化可能な諸目的に遥かにうまく役立つその時にだ。しかしながら，正確さは，可能なところでは追求されるべきである。本節で論じてきたように，フランクは，ゲーム理論の技術的基礎づけに背いて，情動の戦略的役割を説明する必要はない——ゆえに，彼がそうすることに抵抗すべきである。Binmore（1998）が示しているのは，経済学的論理の複雑な行動の諸問題への適用で，諸公理に慎重でありながら，どのくらい驚くほど遠くまで行けるかということである。よく発達した形式主義の寸法がぴったり合うところでは，それを着こなせということである。

　もちろん，ある1つの特定の形式主義をある諸事実に適合させ得るという事実は，代替肢が利用可能な場合にその形式主義を採用すべきだということを示す訳ではない。Gintis（2000）が示すように，経済学的消去主義者たちは，確かに明確かつ厳密な数学的諸資源を欠いてはいない。進化ゲームは，適切にモデル化されると，現

実的で，数学的なゲームであり，ギンタスが消去主義を力説していると解釈するための私の基礎は——彼が自己意識的に意図するにせよしないにせよ——彼と他の者たちが好むモデルにおいて，エージェントまたは合理性のいずれもが必要でないように思われるということである。本章で説明してきたのは，ゲーム理論的推論を使ってセルフを，個体発生論的に関連しているエージェントから区別されるものとして理解し得る仕方についてであった。私がまだ示していないのは，エージェンシーとセルフ性の両方の観点で突きとめられるパターンを還元しようとして，次のようなより一般的な１つの枠組み——進化ゲーム理論のような——を用いることはできないということである。そうした枠組みは，諸特性の選択と継承にのみ言及する必要があるだけで，これらの諸特性のいずれをも最大化または志向性の概念を使って区別することは無いのである。それが可能ならば，以下のように結論づけられよう——すなわち，ミクロ経済学もデネット的認知行動科学も両方が生物学の中に直接，共通の基礎づけを持つということ，しかしどちらも他方から基礎づけの諸資源を引き出さないということである。留意されたいが，この図像がミクロ経済学と他の行動諸科学の間の統一性——ギンタスの明示的な諸目標に数えられるもの——を維持するだろう——しかし，それは還元によってである。第２章からの私のパターン存在の定義によると，このことが含意するだろうことは合理的エージェンシーが実在的パターンではない——なぜなら，それは情報的に冗長だから——というものである。かくて我々が得るだろうものは，消去主義，すなわち，人間主義者のものとは正反対の結論であり，ミロウスキー，デュプレ，デイヴィスによって一瞥され反対される結論である。

　これは，次章のための課題を設定する——それは，諸セルフの進化のダイナミクスがどのようにエージェンシーを還元不可能にするか（少なくとも人間が関わっているところではそうであり，おそらくあらゆる社会的動物への適用の中でもそうだろう）——ということを示すことである。これが達成されると，ミクロ経済理論の基礎づけの説明は完璧である。ただし以下の１点を除く。すなわち，次のことが判明するだろう——すなわち，伝統的な図像とは逆に，ミクロ経済学は今までのところ未展開のマクロ経済学的な基礎づけに依拠しているのだ。これが，現在の説明が，第２巻の終わりまで完全な結論に至らないだろう理由である。

8 | 合理的エージェンシーと合理的セルフ性

整理

論じ来ったことの在庫調べをしてみよう。今や以下の諸命題が擁護されている──

1. 顕示的選好分析とゲーム理論の数学的諸理論を系統的に適用するための整合的な足場を維持するために，経済的エージェントは行動パターンに明示されている行儀の良い選好の集合と同一視されるべきである。

2. そのような諸エージェントを個別化するためのいかなるスキームの検証も経験的である。すなわち，そのスキームの適用は，所与の一続きの諸事例について，そのスキームの証拠の確認を提供するために十分に定量的な性格の正確なデータ予測を生み出すだろうか。

3. 動物行動学と生態学における正確な定量的予測──サミュエルソン的経済学とゲーム理論の適用から得られる──が，非社会的動物を経済的エージェントとしてモデル化することを正当化する。

4. 実験経済学からの頑健な選好逆転と時間的不整合性の諸現象は，内観を経験的証拠の源泉とすることに反対の哲学的主張や成熟した人間中心主義的新古典主義の説明上の空虚と相俟って，全的人々が直截的な経済的エージェントではないという結論を正当化する。

5. 個々の動物がますます複雑で社会的になるにつれて，直截的な経済的エージェンシーからさらに離れ，彼らの行動の安定性と彼らの凝集性の維持（Collier 2002）はますます外的な足場に頼る必要がある。

6. 人々においては，発展した公的なシグナリングシステムを足場として──協調ゲームを分解する圧力の文脈において──使うことが，行動-安定化装置としてのセルフの物語的構成に帰着する。

7. セルフは，内省的な志向姿勢の作用によって維持される。

このすべてを踏まえると，ミクロ経済学についての主な基礎的設問で残っているのは，次のような問題である。すなわち，どのような種類の経済学が——もしあるとすれば——，経験的に正当化され生産的な仕方で諸セルフ（これらは全的人々に存在論的に等価なものとみなされる）に適用されるのだろうか？

この設問はまだわずかに曖昧である——なぜなら，それは2つの異なる仕方で分析できるからである。第一に，経済学がどのようにして人々の内的なダイナミクスに適用されるのか。第二に，経済学はどのようにして人々の間の諸相互作用に適用されるのか。

これらの設問の区別化は，ミクロ経済学とマクロ経済学の区別に緊密に——しかし複雑な仕方で——関連している。そもそも系統的にそのような区別を必要とするはずだという観念は，何らかの種類の反還元主義によって動機づけられているに違いない——なぜなら，もしメレオロジー的な還元主義が正しいとすれば，マクロ経済学は，複雑さを完全にモデル化する方法を理解する完全に成熟したミクロ経済学を待つ間，政策のために追求する実際的な代理の活動を構成するものだからである。究極的には，メレオロジー的な還元主義者によると，ミクロ経済学のみが存在論的に真剣な科学であり得る。（ここで私は「存在論的に（ontologically）」という形容詞を強調する。誰かがマクロ経済学はメレオロジー的諸関係によって存在論的に正当化されると主張することもできよう——たとえ，彼らが，有意に関連する理論間の還元の諸原理を誰かが見つけるということを期待せず，それゆえに，還元主義的な認識論の達成を予期しなくてもそうなのである。）

メレオロジー的還元主義を否定するにあたって[159]，私が否定しておくのは，マクロ経済学がミクロ経済学へと瓦解することを期待するための，あるいは，そうしない限りマクロ経済学は真剣な科学ではないと考えるための，一般的な哲学的諸根拠が存在するということだ。これによって示唆しようとするわけでは絶対にないのは，マクロ経済学とミクロ経済学の（諸）関係についての実質的な設問が，一般哲学的な諸根拠に基づいて決定され得る，またはそうされるべきである，ということだ。すなわち，経済理論と説明およびモデル化の実践の発展がこれを決定するのである。哲学的考察は，未解決のさまざまな可能性を解釈するための概念上の設計図を提供するだけなのである。

---

159 ［原注1］再び，読者はRoss and Spurrett（2004a）とRoss et al.（forthcoming［2007］）を参照されたい。そこでは，本書で記述されているそれを支持する議論が実際に行われている。

これは後続第2巻の主題になるだろう。差し当たり，ただそれについての十分な予兆を提供しておきたい——本巻の結びの諸設問をまとめてミクロ経済学を単体で考察することにより経済理論についてどのくらい期待できるか，またできないかを示す仕方で。

マクロ経済学は，ケインズの実用主義的な（*pragmatic*）反還元主義の文脈で生まれた。ケインズは明敏な哲学研究者ではあったが，次のことを完全に明確にした。すなわち，彼の当座の反還元主義は，危機の中での政策策定の緊急性（そして，将来の政策の危機の最小化の緊急性）によって正当化された——先験的な原子論的諸仮定に基づく一経済学はその策定に失敗した——ということである。このために，彼は正しくも英雄とみなされるのである。しかしながら，彼が先延ばしした経済学全体の基礎づけにおける哲学的諸問題は，経済学によって十分に再訪されていない。新しい古典派のマクロ経済学（Hoover 1988 を見よ）も，主に政策的諸関心によって動機づけられていたが，しかしそれが実際よりも哲学的に重要であるように思われた偶発的な理由は，ミクロ経済学的な分析技法が成熟したと信じて，「ミクロ的基礎づけ（microfoundations）」という言葉で表現されていたからである。当の基礎づけは，純粋に技術的であり，存在論的に真剣なわけではなかった。すなわち，経験的世界では何物も代表的で無限の命を持つエージェントに対応するものは無い。（留意されたいが，ここで私は無原子の測度空間について懐疑的なコメントを全く付していない。本書中で続いている話題に沿って，RPT とゲーム理論にも適用して次のように言える。すなわち，数学的諸対象——無原子の測度空間または効用関数——が経験的諸対象に対応することを要請する理由は全く無い，と。それらはモデル化の道具なのである。）

ここまで本書中で与えられた議論は，マクロ経済学とミクロ経済学の関係を（非還元主義的な）存在論（*ontology*）における話題として探求することへと我々を誘う。上に列挙した7つの命題によって，我々はこの探求を始めるために必要ないくつかの残りの設問を特定できる。

セルフを——デネット，エインズリーや他の多くの論者たち（Minsky 1985; Kavka 1991; Schelling 1980. 1984）に従って——経済的エージェントの共同体としてモデル化することができ，また，そうされるべきである範囲で，そしてメレオロジーの否定を所与とすれば，次のことを期待するかもしれない。すなわち，もし系統的なマクロ経済学が可能だと判明するならば，それは人々の間の相互作用だけでな

8. 合理的エージェンシーと合理的セルフ性　375

く，人々を構成するダイナミクスを有する諸エージェント間の相互作用にも適用されるはずだということである。すなわち，人々を諸市場としてモデル化できる。この考えは，以前にも提示されていた。それはシェリング（Schelling 1980, 1984）の提案を記述する適切な仕方であり，以下でもう少し詳細に見るように，エインズリー（Ainslie 2001）とグリムチャー（Glimcher 2003）の研究プログラムの優れた解釈である。デイヴィス（Davis 2003, 第4章）は，個人を経済的諸エージェントへと分解し，それから，それらのダイナミクスを他のあらゆる市場のダイナミクスと同じように分析する試みをサーベイしている――これは彼が，人間主義者として，もちろん反対する何かである。しかし，これは明らかに多分に宙に浮いた考えではある。

今や読者が期待し希望し予期しつつあるかもしれないのは，私がこれから技巧的分析や認知科学の哲学のさらなる混合を提示して，これらのプログラム（おそらくその修正されたバージョン）に賛否を述べることができるようにし，それによって，次巻で人々の間の諸関係の系統化へと進出する前に，完全に解決された経済的個人の理論を持てるようになるということである。残念なことに，物事はそれほど手際よくなり得ないし，そうはならないだろう。問題は，もし原子論とメレオロジーの否定が本当に真剣に受けとられるべきならば，よく考えてみると語れると期待すべきでない2つの存在論的物語があるのだ。第一に，人々から多個人市場を加法的に組み立てる（*assemble*）ことはできないだろう。第二に，内的諸エージェントから人々を加法的に組み立てることもできないだろう。実際，原子論とメレオロジーの否定以上のことが第二の野望の妨げになる。デネット，クラークその他の認知科学の基礎づけへの他の貢献者たちに導かれて，私は個人の内面と外面の間の安定的な境界線が存在することを疑ってきた。このことが示唆することは，ミクロ経済学的なものとマクロ経済学的なものの間のインタフェースは，諸個人が――ロビンソン・クルーソーとどれほど似ていないとしても――確定され飾り立てられて個人間の諸市場へと参入するような点とうまく一致することはないだろうということだ。

経済的個人の理論的構築を完成させることは，かくて，マクロ経済学の研究に先行することができない。ミクロ経済学とマクロ経済学は互いの中に組み込まれるのであり，別個の諸モジュールとして作られてから後で糊付けされるのではない。ゆえに，本巻の結論の場面は，依然として建設現場となるだろう。しかしながら，まずやらなければならない追加的な仕事が依然として全体のうちの伝統的に「ミクロ

的な（micro）」側にある。いくらか暫定的に解決したという感覚を残すために，この仕事は少なくとも本書の前半で追求された主な課題を達成できるようにする——すなわち，新古典主義者たちと他の論者たちとの間の，原子論の時代に経済学の哲学を支配した諸討議に決着をつけること，そして，その諸討議の中でロビンズとサミュエルソンによって同定された経済学的な論議パターンの詳述を終えることである。

　さて，仕事に戻ろう。

セルフとエージェント1：神経経済学からの教訓

　自然を直接観察すると教えられることだが，生物学的諸個体は自身を維持するために協調ゲームをプレイする必要が無い（有性生殖者たちと子孫が養育期間を必要とする者たちとによって必要とされる低レベルを超えては）。現に，たいていの動物の種は非社会的である。同様に明らかなのは，社会性は機能し得る——しばしば非常に劇的に——1つの戦略だということである。コーディネーションの諸均衡を発見することは——私が強調してきたように——社会性の本質（essence）である。かくて，一部の生物学的個体の経済的エージェンシーは，それ自体，コーディネーション能力の進化を促す。しかし，社会性に到達するために上がらなければならない進化論的デザイン空間内の丘は明らかに険しい——なぜなら自然選択は一般的にはそれを登らないからである。その険しさの説明になるのは——前章で示したように——社会化された諸個体が複雑さによって圧倒されることを回避するために行われねばならない仕事である。社会的諸条件の中の〈内的-外的〉の境界線の透過性は，個体の凝集性を脅かす。

　前章の説明の中に暗に含まれているのは，セルフは同時に2つの機能を果たすということだが，しかしここまではそれらの一方だけをより強調してきた。私が集中してきたのは，文化的進化によって決定される柔軟さの範囲内で代表的なタイプとして同定されるホモ・サピエンスのエージェントは，G' レベルのゲームをプレイするという考えだった——そのゲームの中で，彼らは交渉におけるダイナミクスを安定化させるため，情報をデジタル的に圧縮し，デジタルな公的言語から引き出される諸資源を使って，ある顕著で繰り返し生じる諸要素に慣例的なラベルを付けるのである。すると今度はこれによって彼らに可能となるのが，特定の G レベルのゲームを特定の諸エージェント——両方の交渉者が許容できるレベルの決定性で推量できる特定の効用関数によってよく定義された——としてプレイすることである。

8. 合理的エージェンシーと合理的セルフ性　377

すると今度はこれによって，彼らは，典型的な社会的諸目標の満足化にとって十分な頻度で均衡を発見できることになる。私がデネットの個人についての説明を利用しながらさらに主張してきたのは，G レベルの諸エージェントは彼らの G' レベルのダイナミクスによって，すなわち，彼らが公的に支えられた自然言語的意味論的諸区別——それらを彼らは個別に制御しない——を使いながら行う諸判断によって生み出されるということだった。これがセルフの説明に有意に関連する「機能（function）」の一観念をもたらす。しかしながら留意されたいが，それは生物学者の機能の概念よりも，社会学者の機能の理解によく対応する。セルフを持つことが，既に社会化されたエージェントにとっていかに有用であるかを理解できる。加えて，セルフの共同体のメンバーであることが，セルフを持たない社会的エージェントのグループ内のメンバーであることに比べて，いかに競争優位性を与えるかを理解できる——それは，Sober and Wilson（1988）が説明したように，群選択の有効性のための諸条件を操作的（オペラティヴ）にさせ得よう。しかし，このことは，そもそも自然選択がセルフを作るための諸気質にいかに偶然に出くわしたかということを機能的に説明しはしないのだ。

留意されたいが，そのような説明が全く得られないとしても，それは私が示したセルフの理論に対する決定的な異議にはならない。おそらく，セルフ性は，デジタルシグナリング——それはそれ自体，何か他の理由で選択されたのだ——の偶発的な一副産物として生じた。あるいは，たぶんセルフ性は，ボールドウィン効果の作用を通じて生じた。つまり，おそらく，かろうじて自己意識的な原型的セルフが，他者に見える仕方でいっそう高い効用を獲得し，そして模倣されたのだ。すると，自然選択が，優れた擬態者（ミミック）に特有の遺伝的諸特性に有利に働いて，ますます優れた自己語り能力が生物学的に進化するラチェット過程を設けたのかもしれない。この説明——それはしばしばデネットのお気に入りの候補であるように見える（Dennett 1995 を見よ）——に基づくと，いかなる原初的な（original）「自己語りの気質（disposition to self-narrate）」も生物学の中に直接に（directly）根拠づけられる必要はない。セルフは，文化的進化がデジタルシグナリングシステムを用いて熟練した擬態者に作用し始める時にまさに得られるものであり得て，そして生物学的選択が続く。

これが認められるとしても，依然として一説明に有利であるのは——他のすべてが同じとして——，もしそれがセルフ性のための生物学に基づく一機能——Mil-

likan（1984）の意味において「本来の（proper）」機能——を示唆する場合だ。第
7章で行った説明はそれを示唆する——と私はここで論じたい。さらに，セルフの
ためのこの第二の機能を加えることは，それがなければ別個の説明を必要とする経
験的データを節倹的に説明する。私はこの議論を行うにあたり，どちらも「内面の
経済学（economics of the internal）」を動機づける2つの見解——Glimcher
（2003）と Ainslie（1992, 2001）のもの（第5章で既述したが）を熟考し対照するこ
とにする。この議論の判断が示すことになるように，ミクロ経済学とマクロ経済学
のための完全な基礎づけを別個のプロジェクトとして発展させ，それからその結果
を単に糊付けすることはできないのだ。

　Glimcher（2003）は，神経経済学として知られるようになった研究プロジェクト
のための方法論的かつ認識論的な宣言を提供している。Montague and Berns
（2002）は，いくぶん異なるパースペクティヴから部分的なサーベイを提供している。
このプログラムの名前が伝えるべく意図されている根本的な考えは——もちろん私
も共有するものだが——，経済分析は，動物において進化した行動パターンを理解
するための決定的ツールであるということだ。Montague and Berns（2002, p.
276）は，本書で擁護されているパースペクティヴに——概念的レベルで——密接
に関連する観点で，有意の「経済的（economic）」の理解を表現している。つまり，
彼らが指摘しているのは，可動性（モービル）の動物は，特殊な部類の諸問題——経済的諸問題
——に直面している，なぜなら，彼らは（1）自らが制御しない価格で諸資産を提供
する諸市場に直面し，（2）共通の通貨でこれらの諸資産を比較して評価しなければ
ならず，（3）諸資産と彼らの諸資源の両方——通貨で測った——が希少であるとこ
ろの諸条件の中で生きているから，ということである。神経経済学は，（1）と（3）を
想定されているとみなし，まったく異なる資産の諸部類（例えば，食糧，薬品，配
偶者への投資，捕食者からの安全確保など）から得られる財およびサービスを互い
に対して評価する中で，脳によって使われる通貨を発見しようとする。留意された
いが，この方法論は，私が賛成の論を張ってきた経済学の哲学によって正当化され
るのだ。順序づけられた選好（1）と希少性（3）は根本的なものとみなされる一方で，
最大化の目標（2）——期待効用か？　損失の最小化か？　フレーム内部での辞書式最
大化か？——は，その値が発見されなければならない変数とみなされる。

　私は今でも経済学の基礎づけを理解するというプロジェクトに従事しているので，
グリムチャーによる研究プログラムとしての神経経済学の正当化に従うつもりであ

8. 合理的エージェンシーと合理的セルフ性　　379

る——彼の第一の諸原理は私が擁護しているまさにその諸原理を当然視しないのではあるのだが。彼は，神経経済学に賛成する議論をいくつかの部分的議論から組み立てられた1つの縦繋ぎとして展開する。ある枢要な点まで，この縦繋ぎ(カスケード)は，Dennett（1995）が行動科学における大まかに適応主義的な方法論に賛成して述べることに似ている——もっとも，経済理論の詳細にもっと明示的な注意を払ってはいるが。私は本章において後で，適応主義の重要性と正当化について，もう少し多くのことを述べるつもりである。しかしながらまず，セルフと個人未満の経済的エージェントの関係の問題に集中し続けることにしたい。私はこれを行うに当たり，グリムチャーとデネットの間の相違の枢要な点と呼んだばかりのものを特定する——するとそれはエインズリーの個人未満のエージェンシーについての全く異なる理解へ，そして，それによってセルフ性の生物学的基礎を説明する中でのそのようなエージェンシーの役割へと誘うだろう。

　グリムチャーの縦繋ぎ(カスケード)における第一段階は，神経心理学が，行動の因果的生成を理解するために，その全歴史を通していかに注意深くかつ真剣に，デカルトの概念的枠組みを検証してきたか——チャールズ・シェリントン〔1857-1952〕とイヴァーン・パーヴロフ〔1849-1936〕によって正式な一科学パラダイムへと精緻化された——を示すことにある。デカルトは，もちろん，そのような生成を意志的(ヴォリショナル)，非物理的な構成要素と機械的，物質的な構成要素へと二分解した。シェリントンは，後者を反射弓(リフレックス・アーク)——そのつながりはブール代数的関係により記述された——のネットワークの作用としてモデル化した。パーヴロフは，デカルト的二元論を回避するため，刺激による条件付けの概念を追加したが，遠心性(エファレント)の経路と求心性(アファレント)の経路の間の根本的区別を維持した。グリムチャーは，20世紀後半に入念に設計され，このモデルを経験的に反証し，遠心性の機能と求心性の機能をモジュール的とは見なせないということを示した一連の実験を論評している。Dennett（1991b）は，MDMの動機づけに向かう途中で，まったく同じ結論を支持する補完的な概念的議論を提供している。全的生物内には——デネットが力説するように——表象がデカルト劇場へと伝えられ行為を刺激する場所が存在しないのとまったく同じように，神経システム内には——あるいは，ある単一の神経節(ノード)内にさえも——感覚入力が止まり運動出力が始まるような物理的位置は存在しないのだ。

　グリムチャーの次の議論は方法論的であり，またもやデネットと全く同じ言葉を繰り返す。もしボトムアップで神経心理学を行えないならば——なぜなら，脳は多

くのあるいはいかなる機械的反射も含まないので——，トップダウンの戦略が必要で，それは神経回路が行うように進化した諸課題を特定することから始まる。グリムチャーは，優秀で影響力のある AI 理論家のデイヴィッド・マー（Marr 1982）に追随して論じる——進化的な諸機能の詳述を物質的な実行の諸理論へと結びつけるべきである——それらの理論は，各々の同定された機能のための計算アルゴリズムを規定することによって究極的に追求するものだ，と。ある所与のシステムが機能的な（functional）観点においてどのようにモジュール的かということは，各々の実例において経験的問題である——もっとも，それは神経生理学的レベルか進化論的レベル（デネットが「デザイン姿勢（design stance）」のレベルと呼ぶもの；Ross 2002a を見よ）のいずれかのみにおいては，証拠から十分に説明されないものなのだが。両方のレベルにおいて証拠と推論の間の反照的均衡にしたがって作業することにより，システムの計算的説明を確定する必要がある。このパースペクティヴは，もちろん，ある種の適応主義的な推論の使用をある程度まで伴う。再び，これについては本章において後で述べるつもりだ。グリムチャーは適応主義を擁護し，収斂（convergence）——形態学的かつ行動的に類似の生物（その類似性は遺伝から生じたものではない）を繰り返し生み出すという広く見られる進化の傾向——の証拠に訴える（Conway Morris 2003 を見よ）。最良の説明をほのめかすことにより，収斂により正当化されるのは，機能的なデザイン問題にしばしば直面しかつ解決するものとして進化を見ることだ——もっともそれは，以下の制限がこれらの問題の解決に寄与する程度については中立的なのではあるが——その制限というのは，地上の環境の中で利用可能なニッチ（「生計をたてる方法（ways of making a living）」）に対する制限と，歴史的偶発性によって開かれた系統発生的経路（「水路（canals）」）に対する制限である。Dennett（1995）は，時間的視野が長くなるほど前者が支配的になると期待すべきであると論じているが，差し当たってこの問題を先延ばししよう（本章の最終節で論じられよう）。

　生物の機能的説明は，暗黙的に効用関数——期待適応度と同一視するべき——をそれら生物へと割り当てる。生物を効用関数の割り当てのための諸種へと振り分けることに関する実際上の決定不全性問題を避け得るのは，ただ，独立の——化石的および分子的——証拠に基づいて，特定の系統樹を動機づけることによってのみである。（これは論争が活発な領域であり［Wheeler and Meier 2000］，私は迂回する必要があろう。）すると，計算的諸規定を用いた生物の機能的分解は，効用関数を

8. 合理的エージェンシーと合理的セルフ性　　381

生物の諸部分（*parts*）へと割り当てることを含意することになる。

　この点において，我々はもちろん，自動的に経済学の領域にいる。さらに，その経済学は，明らかにサミュエルソン的なものに違いない——なぜなら，生物の諸部分が内的に提示された選好に基づく効用関数を持っているとは誰も想像しないからである。グリムチャーの主な議論はこうだ——神経心理学的方法は，最大化問題をニューロンの機能的グループへと割り当てる諸仮説を生み出すために経済分析を使うことに存するべきだ，と。これらの諸仮説は，それから脳を（機能的磁気共鳴画像法［fMRI］その他の探査装置の下で）モニターすることによって検証されるかもしれない——その間，検体の動物たちは注意深く孤立化された諸課題を遂行する。そのような仕事における知的挑戦の大部分は，有意に関連する孤立化を行う実験を設計する器用さに存する。哲学者その他の抽象理論家たちは，第5章で再検討された実験経済学者の努力と同様に，実験手続きとその正当化の歴史を研究するまでは，そのような器用さの限界に関する机上の懐疑論を差し控えるべきである。グリムチャーは，いくつかのそのような歴史の顕著なレビューを提供している（Glimcher 2003，第10章および第12章）。これらは要約しがたい——なぜなら，その密度の高い詳細が（第4章で論じたキッチャー的な論議パターンの計算的な実行と同様に）その議論としての強みの源泉だからである。したがって，読者は再びここで本書外（オフライン）に差し向けられる。しかしながら，基本的方法は述べることができる。ニューロンのグループが予測的に焦点を合わせることを要求される諸課題——例えば，光景の中の目標の過去の度数分布を追う仕方での外部の多様体（マニフォールド）を通して眼を衝動的に動かすこと（サッカード）——の中で，被験者（サブジェクト）たちが報酬水準を最適なパフォーマンスと関連づけるよう慣れさせておくが，しかし当該の期待を裏切らせる。被験者（サブジェクト）たちが調節する時の，反応の遅延の諸特性を測定することによって，実験者は，ニューロングループ自体による合致（マッチ）された現在価値のモニタリングと期待効用のモニタリングとを区別することができる。そのような測定は，2種類の探査装置に存し得る——すなわち，行動に関するもの（例えば，衝動性運動（サッカード）の測定）とニューロンに関するもの（例えば，孤立化されたニューロンの活性化率の測定）である。これらの測定は，次に，ニューロンによる経済的情報の表示および処理に関する特定の諸仮説を確認または棄却しようとする中で比較され得る。

　サミュエルソン的経済学の適用によって生物学を行うことの有効性を支持するグリムチャーの一般的主張が——私の主張と同様に——依拠するのは，行動および認

知に関する動物行動学と生態学におけるアプローチの印象的な業績に訴えることである。これらの領域におけるミクロ経済分析によってもたらされた驚くべき正確な数量的予測についての彼のレビュー（Glimcher 2003, 第9章）は、この文献に馴染みのないどの読者にも推薦される。

　もちろん、サミュエルソン的ミクロ経済学は数量的予測を生み出すためには使われ得ない——もしも、何らかの特定の効用の理論がRPTに付け加えられない限りは。しかし、実験経済学一般においてそうであるが、当該の理論はそれ自体、上に述べた諸種類の手続きによる独立の検証のために孤立化されている——この場合の利点は、用いられる進化論的‐機能的枠組みが先行の系統発生学的分析によって既に制約されているという事実によって、風変わりな選好諸仮説に訴えることによる効用理論のベッカー流の隔　離 が妨げられるということである [160]。

　ここで、本書のいくつかの点で取り組んできた1つの問題に直面する。グリムチャーが——Dennett（1995）のように——論じるところでは、EUTを帰無仮説として扱うべきである。その根拠は、自然選択を1設計者としてモデル化する時には、それを発 見 法の内部で作動するものとして扱う動機づけが全く無い——なぜならそれは時間的諸制約に直面することが無いので——ということである。しかしながら、それが生み出す個体、器官、機能的モジュールは、そのような諸制約に直面するので、それらが期待効用を最大化することを発見すると期待すべきではない——もし、期待効用が期待適応度と同一視されるとするならば。生物学者や神経心理学者に興味を持たせるのは、それらが実際にどのように情報を処理するかということである。この目標が科学者に許容するのは、経済分析のための枠組みを選ぶ中でのいくらかの解釈的ゆとりである——それは実用主義的に使われることになる。科学者は研究の至る所でEUTを使って仕事し続け、実際の行動と、仮に研究対象の諸システムが期待効用の最大化者たちであった場合に予測されるだろう行動と、この両者を比較することにより、情報処理のダイナミクスの発見を目指すことができるのだ。あるいはまた、もし科学者がその処理のいくつかの諸特性を既に確立してい

---

[160] ［原注2］これはもちろん、証拠による理論の決定不全性を排除しはしない——経験科学においてそれができるものは何も無い。特定の科学的企ての哲学的批判は、一時、中断するべきである——ある1理論に対するあらゆる具体的証拠が、それを証拠とみなすまさにその理論を通じて主に解釈されつつあるのでなければ。このことが消去不能に要請するのは諸理論の領域に関するある諸判断である。しかし、うまく表現された諸モデルを参照すれば、純粋に主観的な領域からそのような諸判断を取り除くことができる。Giere（1988）を見よ。

8. 合理的エージェンシーと合理的セルフ性　383

るならば，所与のシステムをある関数——それは最初の経済分析に続く計算的分析によって正当化した発見法(ヒューリスティクス)により同定されたものだ——の値の最大化とみなせるかもしれない。いずれの方法でも，もちろん，ずっと RPT に依拠しているのであり，それが無ければその方法論において意味を成すものは何も無い。

　グリムチャーの主な議論の落ち(パンチライン)は，彼と共働者たちによって行われた仕事の意義についての議論に現れる——そこでは，猿たちがコンピューターと査察(インスペクション)ゲームを対戦するように訓練されている。査察ゲームでは，一方のプレイヤーが一連の諸選択に直面することになる——報酬のために働くか（その場合，プレイヤーは報酬を受け取ると確信している），それとも，別のもっと簡単な行為（「怠業（shirking）」）をするか（その場合，プレイヤーは，もう一方のプレイヤーである査察官が彼を監視していない場合にのみ報酬を受け取ることになる），というものだ。こう仮定しよう——第一のプレイヤー（労働者）の行動は，以下のように，両端で制約された効用関数を顕示する，と——すなわち，彼は，査察官が常に監視する場合にはいつでも働き，査察官が決して監視しない場合にはいつでも怠業するだろう。査察官は，最低限可能な監視の頻度で最大限可能な量の仕事を得ることを選好する——したがって，自らの私的情報から利益を得る。このゲームでは，両方のプレイヤーにとっての NE のみが混合戦略の中にある——なぜなら，他方のプレイヤーによって察知され得る一方のプレイヤーの戦略内のどのような非ランダムパターンも利用され得るからである。上で説明した諸制約を満たす 2 人のプレイヤーたちのための特定の効用関数のいかなる所与(つい)の対についても，NE は混合戦略の対としてうまく定義される——そこでは，労働者は，各査察の際に，労働するか怠業するかの選択に無関心であり，査察官は，各査察の際に，監視するかしないかの選択に無関心である[161]。（顕示的選好の解釈の文脈における査察ゲームの一般的な議論については，Ross and LaCasse 1995 を見よ。）

　査察ゲームの分析を人々の対(つい)または集団に適用するために必要なのは，プレイに

---

[161]［原注3］この条件は，概して，所与の査察ゲームについて一意的な NE を選択しない。さらに，所与の査察ゲームについてすべての NE が同等に効率的なわけではない。査察ゲームについての NE 集合についての興味深い諸設問は，それらが効率的な諸均衡を，リスク支配的な諸均衡に対して，発見する（あるいは，進化的モデルの場合には，そこに留まる）確率に集中している——なぜなら，これらはしばしば別々にやって来るからである。しかしながら，これらの問題のいずれも私が論じるつもりのグリムチャーの実験に有意に関連してはいない——なぜなら，興味深かろうことは，彼の猿たちが何らかの NE を突きとめるかどうかであり，それから猿たちの脳がどのようにその突きとめを実施するかということだからである。

384

有意に関連するすべての諸変数についての彼らの効用関数を独立に正当化したか——この場合，NE を定義して，それから彼らが期待効用をうまく最大化するかどうかを見て検証することができる——，あるいは，彼らが期待効用を最大化するか，または，マッチング関数のような何か他のルールに従うと想定し，そして彼らの行動から彼らの効用関数を推論するか，のいずれかである。そのようないずれの手続きも，異なる経験的文脈において分別があるものになり得る。しかし，認識論的影響力が大いに増すのは，査察官の効用関数が外生的に決定されている場合だ——それはしばしばそうだが——。（例えば，飲酒運転者たちを捕まえるために道端でランダムな検問を実施している警察は，典型的に，政策によって目標として指定された飲酒運転の最大発生率と，外生的に決定された予算とを持っている。これらが，ドライバー間での選好とリスクに対する態度の分布を所与として，警察の効用関数を確定する。）グリムチャーの実験の場合，査察官はコンピューターであった——ゆえに，そのプログラムは完全に実験的制御の下にあり，コンピューター側の利得行列は知ることができた。被験者たちの期待効用の代理物——この場合，猿たちのためのフルーツジュース——は，パラメトリックな設定として先行的に決定できた。コンピューターは，猿たちの経済的モデルを付してプログラムすることができ，利用可能なパターンのためのゲーム条件内の猿たちの行動に関するデータを——それに応じて，戦略を変えながら——検索できる。これらの変数が不変であれば，猿たちによる期待効用最大化的 NE 行動は，ゲームのさまざまな実行におけるコンピューターの効用関数を操作することにより計算され検証され得る。

　ゲーデルの定理が一定理であるので，グリムチャーの猿たちはおそらく計算における数学の完全なモデルを例示するに至らなかった。それにもかかわらず，訓練後の猿たちの行動は NE を非常に頑健に突きとめた——金銭的褒賞をめざす類似のゲームをプレイしている人々の行動もそうなるように（Glimcher 2003, pp. 307-308）。訓練された猿たちに取り組みながら，グリムチャーと同僚らはここで重要な諸実験を行えた。猿たちにとっての労働と怠業の行動は，訓練によって，画面表示上で右か左を凝視することと結び付けられていた。より早い時期の諸実験の中で，Platt and Glimcher（1999）は次のことを確定した——すなわち，パラメトリックな設定の中で，ジュースの報酬が試験のブロック間で異なるにつれて，眼の動きを制御する頭頂葉皮質内の各ニューロンの発火率は，猿にとっての各々の可能な動きの期待効用で，他方の代替的な動きの期待効用に対して比例的なものをコード化するよ

うに訓練できた。かくて、「0.4mlのジュースに値した動きは、0.2mlのジュースに値する動きの2倍強く表された」（p. 314）。驚きもしないことだが、各々の動きに対して与えられたジュースの量が、試験のブロック間で異なると、発火率も異なっていた。

これを背景として、グリムチャーと1人の同僚（ドリス）は、猿たちの脳がNEを突きとめた仕方を調査しようとした。猿たちがコンピューターに対抗して査察ゲームをプレイした時、怠業と結びついた目標は、事前の訓練の下で、研究中の特定のニューロンにとって最適な位置に設定できようが、仕事の目標はゼロの位置に現れるだろう。これによって、グリムチャーとドリスは次の設問への答えを検証することができた――すなわち、猿たちはゲームの中で、猿の最適かつ実際の行動の全体が変わる中で、ニューロンの発火率を一定に保つことによりNEを維持したのかという問いである。データの中に頑健に反映された答えは「諾（Yes）」であった。グリムチャーは、理に適って、これらのデータは次のことを示唆しているものとして解釈する――すなわち、少なくともこの課題のためのこの皮質領域の中では、ニューロン発火率が、パラメトリックな設定とノンパラメトリックな設定の両方において期待効用をコード化するということである。

さらなる分析は、仮説をさらに深く押し進めた。査察官の役割をプレイしているコンピューターが、その相手の猿が前日のプレイで受け取ったのと同じ一連の結果を与えられた時、各々の手について、コンピューターは次の手で利用可能な怠業と労働の相対的な期待価値を評価するように求められる。グリムチャーが「正の相関関係（positive correlation）」を報告している（残念ながら強度係数は全く示さないが）のは、個々のニューロン内の安定的なNE発火率の小さな変動と、同じNEを追跡しようと試みるコンピューターによって推定される期待値の小さな変動との間である。グリムチャーはこれに関して次のようにコメントしている――「ニューロンは、プレイ毎の基準に基づくと、我々のコンピューターによって行われるものに近い計算を反映しているように見えた…〔相対的に〕…微視的な尺度において、我々はゲーム理論を使って、LIP〔lateral intraparietal area；外側頭頂間野〕領域内のニューロンが行っていた意思決定毎の計算を記述し始めることができた」（Glimcher 2003, p. 317）。計算はパラメトリックな課題とノンパラメトリックな課題の両方において同一になるように思われたので、「LIP領域内のニューロンは、すべての行動を目標指向のルールと計算の単一の集合によって支配された単一の連続体として

386

実際に見るように思われた」(ibid.)。

この一般的な仮説は，実験的に人々に適用され始め，好都合な予備的な結果が得られてきた。Breiter et al.（2001）は，人間の報酬の経路の個別的な諸要素によって突きとめられる効用の相関物を発見した。興味深いことに，この場合，最大化の目標は，EUT の洗練されていない適用によってよりも，むしろプロスペクト理論によって予測された。Montague and Berns（2002）は，次のような目覚ましい結果を報告している——人間の眼窩前頭皮質（オービトフロンタル・コーテックス）が金銭的報酬の期待効用における諸変化に反応する——すなわち，そのような報酬を評価する（*values*）のだ（ランダムに選ばれた被験者（サブジェクト）のグループ内のリスク回避レベルの分布を所与とすると，金融市場におけるオプション価格付けの支配的なブラック・ショールズモデルに対応する関数形式に従って）。もちろん，その考えは，皆がブラックとショールズの分析を模写してきたということではない（そうしたら皆がノーベル賞ものだ！[162]）。ブラックとショールズは，脳が本当に実行する評価原理から生じる市場データを正確に捉えていたということである。

ある明白な諸点において，この研究プログラムは，もしそれがさらに敷衍されるに連れて印象的な経験的諸結果を支持し続けるならば，行動科学としての古風なミクロ経済学の擁護者にとって良い知らせである。RPT，古典的ゲーム理論，最大化目標のさまざまなモデルが，特定のタスク設定における特定の器官または機能的モジュールにとっての最適を確立するために直接使われる。それから，その仕事をしている器官またはモジュールに関するパフォーマンスデータを集め——経済学の概念的語彙を使いながら——，これらを計算した最適と比較する。その差異は，システムの計算的諸特性と因果動力学的諸特性の両方について推論を作成するために使われ，それからこれらの推論は経験的に検証され得る。この概念的論理は，より高いレベルの分析で逐次接近され得る。一度，ある器官またはモジュールがどのように動き，厳密にどの諸方面でそれが自身の効用関数を基準にして最適性に達しないのかを発見すると，どのようにそのメカニズムまたはアルゴリズムが結局最適であり得るかを尋ねることができる——これは，発見法（ヒューリスティクス）を経済的エージェント，すなわち，全的生物（それは生態学的な諸圧力と諸資源の予算の範囲に照らしてトレードオフを設けなければならない）へと統合するより幅広い文脈において実行できる

---

162 ［訳注］ブラック–ショールズ方程式で 1997 年にノーベル経済学賞。

という意味においてそうである。この最後のステップは，本質的に，一般均衡分析の道具を（マクロ経済に類似のものとみなされる全的生物とともに）要請するだろう。戦後の新古典派のキット全体はこのようにしてもたらされた——しかも，その構築者たちが心に描いたまさにその仕方で。Glimcher（2003, pp. 334-336）は，本の終わり近くで，神経経済学の方法としてこれを明示的に奨励している。それは，デネット（Dennett 1994 を見よ——グリムチャーは彼を引用はしないが）によって，「リバース・エンジニアリング（reverse engineering）」の認識論として繰り返し予期されていた。

　この幸運な図像が直面するいくつかの困難を指摘するつもりなので，まずその重要性を非難するつもりは全くないということを明らかにしたい。神経経済学者たちによって報告された神経活動についての発見は，非常に刺激的であり，サミュエルソン経済学の適用なくして達成することはでき得なかった。引用し祝福をする際にグリムチャーを加えた行動生態学と動物行動学の成功に加えて，彼らはかくて本書第3章において書いたような古き良きミクロ経済学の経験的効用を強固に確認する。Berns（2003）がその点を述べる仕方は，Ross（2002c）（第6章で繰り返された）における議論の結論を明示的に繰り返し，人々の中の直截的なエージェンシーの場所としての個人未満のレベルについて述べる仕方である。「脳内のニューロンのさまざまなプールの相互作用は」——Berns は言う——「不合理的に見える表現型の行動に結果するが，しかし合理的なエージェントがニューロンであって個人ではないということは可能である」（Berns 2003, p. 156）。「神経経済学（neuroeconomics）」は，希少性に対する行動的応答の神経的基礎を理解するためのプログラムにとってまさに相応しい名称である。

　しかしながら，ここで論じたいのは，この図像が経済学の行動への適用についての話の大団円に近づくと満足していることはできないということだ。（グリムチャーは，そうなるかもしれないとはどこでも主張していない。）脳についての神経経済学者らの発見は，説明するよりもむしろもっと多くを記述しているが，その1つの理由は本書の読者にとってはそろそろ馴染みのものだろう。彼らが複雑化する——解明するのと同じくらい——のは，直截的な経済的エージェントと彼らが埋め込まれているより大きなシステムとの間の存在論的かつダイナミックな諸関係なのだ。

　マーと，マーの考えが影響を与えた古典的 AI の伝統に追随しながら，グリムチャーはモジュールを行動の基本的エンジンとして繰り返し引き合いに出す。視覚運

動皮質は——1システムとして——，グリムチャーの議論では最も優れたモジュールである。認知科学におけるモジュール一般のように，このモジュールは枢要な説明上の必要を満たすように思われる——なぜなら，それは猿の知能の一側面を実行し，しかもそれ自体を全的猿と同じくらい複雑にすることは無いからである。そのモジュールは，効用関数と共に記述する時に，その最大化目標（ターゲット）を決定する安定的かつしっかり組み込まれた目標（ゴール）を持っている——その目標（ゴール）とは，システム内の別の箇所から要請される訂正が最小化されるような発火率の集合——そのモジュールを構成するニューロンの各々について1つ——を見いだせ，ということである。そのモジュールは，その最適化問題をうまく定義するために必要な情報を持っている——なぜなら，構成要素の諸ニューロンは期待効用を実際にコード化するからである。そのモジュールはシステムの残余の部分から相対的にカプセル化されている——ゆえに，それをより幅広いシステムの機能的モデルへと統合しようとする前に，それが機能する仕方を理解できる。（これが心理学において非常に有用である理由については，Cummins 1975, Fodor 1987, Ross 1993b，第6章を見よ。）第6章における議論と数段落前に引用した「合理的ニューロン（rational neurons）」についてのバーンズの所見を参照すると，それはかくてちょうど昆虫のように直截的な経済的エージェントなのである。

　デネットは——Dennett（1991b）とその後——関心のより多くをセルフの進化的ダイナミクスに向ける以前には，「ホムンクルスたちの漸進的な発動（the progressive discharge of homunculi）」によって複雑な行動を説明するという考えを，それまでよりも強調していた。これに関しては，彼の言葉を（Dennett 1978から）長めに引用するに値する。すなわち——

　　人は，全的個人または認知的生物…志向的システム…の詳述——または，その個人の能力のある人工的区分（例えば，チェス指し，野球についての設問への応答）から始め，それからその最大の志向的システムを下位システムの組織へと分解する——その各々はそれ自体，志向的システム（それ独自の特殊化した信念と願望を伴う）として見ることができ，したがって，形式的にホムンクルスであるとして見ることができた。実際，ホムンクルスの話は，AIにおいて遍在し，ほぼ常に解明的である。AIのホムンクルスたちは互いに話しかけ，互いから制御を奪い取り，ボランティアし，下請けし，監督し，殺しさえする…ホムンクルスたちは，それらが説明のために駆り出される才能を完全に複製する場合にのみ，お化けたち（bogeymen）である…もし，相対的に無知で偏狭で盲目のホムンクルスたちのチームまたは委員会を得て，その全体の知的行動を生み出すことができるならば，これは進歩である。1

つのフローチャートは，典型的に，ホムンクルスたち（調査者たち，司書たち，会計士たち，重役たち）の委員会の組織図である——各々の箱は1人のホムンクルスを指定し，一機能を規定する——それがいかに成し遂げられるべきかを述べることなく（人は実際には次のように述べる——小さな人間をそこに入れ，仕事をさせよ，と）。次いで個々の箱々をより近くで見れば，各々の機能がそれを別のフローチャートを通じてさらに小さく，もっと愚かなホムンクルスたちへと分割することによって達成されることがわかる。結局，箱々の内部のこの入れ子式の箱々はあなたにホムンクルスたちを押しつけるが，彼らは余りに愚かなので（彼らがしなければならないのは，尋ねられた時に「はい」と言うか「いいえ」と言うかを覚えておくことだけである）——言われるように——「機械によって置き換え」られ得る。人は，仕事をするためにそのような愚か者たちの軍隊を組織することにより，人のスキームから気まぐれなホムンクルスたちを発動する。(Dennett 1978, p. 119)

私が未だにこのプログラムがおおよそ正しいと思うのは，脳が知的で複雑な行動に何を寄与するかを説明する1つの仕方としてだ。ゆえに，それはグリムチャーのような神経科学者にとって正しいプログラムである。しかしながら，思うに，〈ホムンクルス発動による説明〉の戦略がデネットの後の仕事においてあまり強調されないことにはもっともな理由がある。一度，セルフを社会的ダイナミクスの産物として理解し始め（前章で記述された仕方で），そして一度，その情報処理の多くを説明するために環境内の外的な足場に訴えると，もはや妥当ではないのは，セルフを虫のような経済的エージェント——デネットの「愚か者たちの軍隊（armies of idiots）」における兵士たち——へと分解できると考えることだ——たとえ，そのように脳を分解できるとしてもだ。ホムンクルス発動のプログラムは，基本的に還元主義的なプログラムであるが，しかし少なくとも Dennett (1991a) の時までに，デネットは志向性についての還元主義から根本的に離れていった。Ross (2000) と Ross et al. (forthcoming [2007]) は——去る第2章において引き合いに出されたように——彼の諸観念を反-還元主義的な方向で論理的な限界まで押し進める。

さて，猿の大脳皮質についてのグリムチャーの経験的所見は，還元主義的なホムンクルスの発動という方向に我々を連れて行くのか，そうでないのか。我々が機能的モジュールを強調する限り，そうするように思われる。しかしながら，グリムチャーはしばしば彼の方法論的評言の中で——特にマーの仕事の中に彼の基礎づけを位置づける時に——モジュールを指し示しはするが，彼の経験的な焦点は個々のニューロンにある。これらのホムンクルスは余りに愚かなので，覚えておくべきことと言えば，エラーシグナルが調節を試みるように教えるまでただ一定の速さで発火を続けるということだけなのか。そうだろう，おそらく。しかし，そうならば，彼

らは何のシステムからの分解物なのか。留意されたいが，彼らが NE の突きとめを可能にする際に関係する効用関数は全的猿のものであり，彼らホムンクルスのものではない。ともかくも，猿の効用関数は，各々のニューロンにとっての均衡における特定の発火率を決定する諸パラメータを制御する。おそらく，この制御は大脳皮質領域のレベルでモジュール式の構造によって調節されているが，しかしもしそうならば，グリムチャーによって記述された仕事はこれについていかなる証拠も提供しないし，たとえそれが提供したとしても，これは今や提起されている関心事のパースペクティヴからの実行アーキテクチャーについての詳細になるだけだろう。猿とニューロンの間の経済的関係を和らげているモジュールは——ニューロンそれ自体と全く同じように——自律性がない一エージェントになるだろう。もちろん，これはまさに，なぜニューロンとモジュールが——もしモジュールがあれば——そのような素晴らしい経済的エージェントになるかという理由である。しかし，彼らが実行するこの経済における制御のダイナミクスについての枢要な設問は，未回答のまま残されている。

　猿の社会性は，猿の神経的エージェントが NE を突きとめるためにコーディネートするという事実におそらく反映されている——もし自然選択がわざわざ非社会的動物にそのような能力を与えるならば，驚くべきことだろう[163]。これは，グリムチャーが猿たちを被験者(サブジェクト)として選ぶ理由の一部である。（トラの経済的諸問題が実験者によってノンパラメトリックなものに変化させられる時に，トラの視覚運動ニューロンが何をするかを知ることは興味深いだろう。）しかし，第 7 章でのセルフの説明が正しければ，猿たちがセルフを語ることによって自分たちの社会的コーディネーションを安定化させるということはありそうにない。したがって，〈エージェントしての全的猿〉をその全的脳と同一視できる限りにおいて，グリムチャーの諸発見により未解決のままにされた制御についての説明上の諸設問は概念的問題を提起せず，ただ神経フィードバックメカニズムの研究を誘うだけである。何としてでも神経科学者たちにこれを進めてもらおう。しかし，仕事に関するグリムチャーの結びの哲学的回顧は，一抹の素朴さの要素を示唆し，それは我々がその一般的モデルを

163［原注 4］おそらく，グリムチャーが未だ精緻化していない EUT を使って〈猿-ニューロン〉効用最大化をうまく予測したのに，他方，Breiter et al.（2001）はプロスペクト理論が〈人間-ニューロン〉効用最大化のための目標を予測するのを発見したという事実は，人々が G レベルのゲームをプレイするのに，猿は単に G' レベルのゲームをプレイするだけだという事実を反映している。

8. 合理的エージェンシーと合理的セルフ性　　391

人間についての仮説として発展させようと試みる時に問題を引き起こすだろう。グリムチャーが——十分に自然に——怪しんでいるのは，組み立てにおける意識の可能な役割についてだ。彼は推測する——「脳によって生み出される1つの過程こそが行動を生成するのである。…それはおそらく我々の神経生物学的ハードウェアが行動を達成する時に用いる1つの進化したメカニズムである」（Glimcher 2003, p. 344）。

　グリムチャーがここで「意識（consciousness）」という言葉により厳密に何を考えているにせよ，それは明らかに彼が内的に生み出され得ると考える何かである。ニューロンのために最大化目標を設定するものが何であれ，それは全的猿のレベルで突きとめられる情報でなければならないので，この情報に気づいていることを意味するために「意識」を用いることは，その用語(ターム)のいくつかの民間的用法に関して理に叶わないものではない。例によって，哲学者は，どのように話すかに関して科学者たちに講釈しようとすべきではない。しかし，もし「意識」が，猿たちが自分たちの内的エージェントをコーディネートする時に用いるブラックボックスにラベルをつけるだけであるならば，MDMがそれに取り組むために部分的に発展させられたところの人間の自己意識を説明する際の諸問題は，単に回避されてしまったのだ。

　人間の視覚運動ニューロンも期待効用（精緻化されていないか，あるいはBreiter et al. 2001の諸結果により示唆されるように，プロスペクト理論によって精緻化されているか）をコード化すると想定されたい。その場合，このことが部分的に説明するのは，我々の脳がそれが行ういかなることをも，NEを突きとめる我々の能力に寄与する仕方だろう。（我々はもちろん，依然として猿たちに生じるフィードバックメカニズムについて，同一の未回答の諸設問を持っている。）しかしこれは前章の概念的枠組みの中で，G''レベルと呼んだものにおいてゲームをプレイする能力しか説明しないだろう。要点を想起されたいが，社会化以前の幼児たち（それとおそらく，ひどく自閉症の人々）のみがこれらのゲームをプレイするのだ。幼児たちがそうすることができるということは疑いも無く不可欠である——なぜなら，これは彼らの社会化へと，すなわち，G'レベルとGレベルのゲームをプレイする能力へと打ち込む楔(くさび)だからである。しかし，G''レベルのゲームが脳によって監視されている仕方を理解しながらも，我々は，セルフ性の機能的説明を与える文化的ゲームダイナミクスに取り組み始めさえしていないのだ。

　強力な内的モジュール性から人間行動の説明において余りにも多くの仕事を得よ

うと試みる進化心理学者たち——コスミデス，トゥービー，ピンカー——のように，グリムチャーは哲学的モーメントにおいては，未だにデカルトの影から完全には逃れていない。私が経済学の基礎づけについて詳述した諸問題の文脈において，彼の神経経済学は依然として個人主義的である。認知科学と行動科学の基礎づけにおける諸問題の文脈において，彼はデネット（Dennett 1991b）が「デカルト的物質主義（Cartesian Materialism）」と呼ぶものを完全に振り切ってはいない——なぜなら，全的猿たちについての物語を全的人々に直接適用しようとすれば，セルフの仮想現実性（*virtuality*）を失い，脳の中でそれを探すことになるからである。

　「神経経済学」は，そのラベルがまさに示唆するものを意味する——すなわち，脳の経済学である。諸ニューロン——それとおそらくは，もう1つ上の組織化のレベルにおいて，諸モジュール——は，その諸エージェントである。非社会的動物の認知的動物行動学と生態学に登場する直截的エージェントへの適用と同様に，それはサミュエルソン的ミクロ経済学にとって理想的な場所であり，ちょうど教授される職業訓練課程の独自のマニュアルのように課されて運用されている。しかし，もし経済理論を人々に適用することに関心があるならば，もっと何かが必要である。諸セルフは，社会的ダイナミクスの外的圧力によって安定化されるので——その外的圧力を彼らは逆に安定化して返すのだが——セルフは虫たちへと分解しないだろうし，マクロ経済学（行動科学としての）はミクロ経済学へと還元しないだろう。

　我々は現実の行動研究の文脈においてこの点を深く理解させ，デネット的歌詞カードにわざわざ韻律を合わせたプログラムへと傾倒することができる——すなわち，ジョージ・エインズリーの「ピコ経済学（picoeconomics）」である。

セルフとエージェント2：ピコ経済学からの教訓

　あるシステムに対して志向姿勢をとることは，その〔システムの〕諸理由を参照することにより，その行動を説明し予測することであるので，ニューロンまたはモジュールを効用関数の最大化としてモデル化することは，それらに対する志向姿勢をとることになる。しかしながら，第2章から思い出して欲しいのだが，志向姿勢の機能主義が道具主義の一形態であるべきでないならば，志向性の唯一の「存在論的に真剣な（ontologically serious）」帰属先は，他の方法ではいかなる物理的に可能な追跡装置によっても突きとめられなかった情報を捕捉するものだということである。（そのような存在論的に真剣なある諸提案は正当化できるという主張は，メレオ

8. 合理的エージェンシーと合理的セルフ性　393

ロジー的還元主義を否定する者が行う中核的なコミットメントである。）このため，もしあるシステムがその情報処理をデネットの愚かな兵士たちの働きへと分解することによって，その志向性を具体化する仕方を説明するならば，ある一過程（*a process*）としての志向性は「発動される（discharged）」（そしてそれにより説明される）。

　この点で，あるエージェントが下位エージェントの共同体として分析され得るところの，2つの全く異なる意味を区別するよう動機づけられる。グリムチャーの諸ニューロンの場合，志向姿勢の利用は方法論として認識論的に任意選択的ではない——なぜなら，全的エージェントは消去不可能に志向的なシステムだからである。しかし，一度その方法の利用によってニューロンが機能する仕方を理解して，ニューロンの作用を物理的特性の観点で孤立化して説明できるならば，ニューロンは実在的な志向的システムとして概念化されるべきではない。（ただ明確にするために，次のことを強調したい。すなわち，これは消去主義の一バージョンではない——なぜなら，ニューロンを研究するための志向姿勢の方法論的必要性は，より大きなシステムのレベルにおける消去不可能な志向性という事実に由来するからである。かくて，ニューロンの機能性の完全な説明は，志向性を実在的なパターンとして認識することを必要とする——しかし，問題のパターンは，ニューロン自体の志向性ではない。）かくて，この形のエージェント分解は，あるエージェントがその志向性の諸側面を実行する仕方を非志向的な下位システムを参照することによって説明する。

　対照的に，我々は時には，還元不可能に複雑な志向的システムを分析するのに，その志向性も還元不可能であるような諸システムを参照して行う。もし国々が時には還元不可能な志向的システムとして認識されていなければ，国際政治学の研究で成果を得られないだろう——しかし，国々の行動についてのほぼすべての一般化は，もし国々が他の還元不可能に志向的な諸システムの間のダイナミックな諸関係の産物でもあるということを認識しなければ，誤った結果に終わるだろう（それらの諸システムとは，個々の人々はもちろんのこと，共有されたアイデンティティのネットワーク——マイクロソフト，カナダ連邦政府官庁，サン・フランシスコのゲイコミュニティ，コーサ族の世襲制の首長たちの会議，南部バプテスト教会，アメリカ海兵隊，西フランスの漁業コミュニティ——もだ）。志向的システムの場合にメレオロジーを否定することは，一国のような1システムの志向性がまさに加算によって構成された市民すべての志向性だということを否定することである。

志向的システムの分解へのこれらのアプローチのいずれも，実際にはそれほど論争的なものではない（偏向した哲学者たちが，時折，故意の方法論的素朴さの中で，自身をどのように見せるかに関わらず）。しかしながら，多くの混乱した討論を引き起こしたものは次の考えである——任意の所与のシステムの場合，いずれの仕方であれ分解を行うと決定すべきだ，と。実際，2つのアプローチは，相互に排他的ではない。あるシステムを志向的にする情報の流れは，物理的なシグナルで運ばれなければならないので，あるシステムの志向性を理解することの一部には，これらのシグナルを非志向的な下位システムによって伝達されるものとして研究することを伴う。もし，経験的に，これらのシグナルがより幅広いシステムの見かけの志向性を生み出す際の関数が，加法関数であると現に判明するならば，より大きなシステムの志向性が単に見かけであったということを——経験的に——発見していることだろう。地球人たちの自動車で何が起きているかを，最初のうち志向的システムとみなすことによって把握した火星人のリバース・エンジニアはこの発見をするだろう。しかし，行動の規制のための外的な足場と内的なダイナミクスの間の大規模なフィードバックに頼るシステムについては，これはほぼ決して当てはまらないだろう。そのようなシステムの振る舞いを説明することは，還元不可能に志向的な下位システムのダイナミクスの分析を部分的に伴うだろう。それは常に，非志向的な下位システムのダイナミクスの直交的な（*orthogonal*）分析もまた部分的に伴うだろう。

　この点をしばしば理解し損なわせるのは，両方の種類の分析に志向姿勢が必要だという事実である。その〔志向〕姿勢がある種類の分析によって発動されうる（されねばならない）ということによって，人は次のように想像させられる——いかなるシステムについても，その志向性のすべての諸側面が発動され得るか，まったく1つも発動され得ないかのいずれかである，と。そしてこのことの方は，志向姿勢の機能主義を全体論の一形態とみなすことから生じている。もちろん，志向姿勢の機能主義が全体論的であるということに——形而上学的原子論と比べた場合——1つの意味はある。しかし，志向姿勢の機能主義は，単なる——あるいは，主として，でさえ——全体論の主張ではない（「単なる（just）」全体論の主張が何を意味し得るにせよ——たぶん，F.H. ブラッドリー〔英国の観念論哲学者 1846-1924〕の哲学？）。それは志向性が何であるかについて，かつ，それが自然の中でいかにして実行されているかについての，経験的かつ概念的な主張なのである。

　かくて，「方法論的志向姿勢の機能主義（methodological intentional-stance functionalism)」（MISF）と「存在論的志向姿勢の機能主義（ontological intentional-stance functionalism）」（OISF）を区別できる。MISF の適用の中で，人は，デザイン姿勢で，あるいはおそらく，究極的には物理的姿勢のレベルで，それについて何か発見するために，あるシステムの志向姿勢の説明を想定する。ここで，人は志向的諸特性の発動を念頭において下位システムを探す。OISF は，対照的に，還元不可能に志向的であると信じる理由を既に持っている諸システムのダイナミクスを——依然として志向的観点で——説明することを目指す。所与の志向的システムが物理的にどのようにして可能か，あるいは，どのようにしてそれが生じたかを説明するには MISF が必要である。しかし，志向的システムの諸側面のすべてが MISF による説明で説明される必要があるわけではない。なぜなら，それらの一部が生じるのは他の志向的システム——それらは別個に取り上げられたいずれかのシステムの MISF による説明では説明できないし，説明する必要がない——との相互作用からだからである。消去不可能な志向的システム——志向性が実在的パターンであるシステム——の場合，このことが保証される。その区別の枢要な結果は次のことである——すなわち，まさに同一のシステムに適用されるならば，MSIF 分析と OISF 分析が，下位システムの同型的ネットワークを同定すべきであるとする先験的理由は全く無い。消去不可能に志向的であると信じるにたるもっともな先行の諸理由が有るシステム——1 個人のように——の場合，MISF と OISF は同型的ネットワークを同定し・な・い・だろう。

　この区別により，神経経済学とエインズリーの「ピコ経済学」——先の第 5 章で論じた——の根本的な違いを述べることができる。エインズリーによって，個人の制御のために競争しているものとしてモデル化されたさまざまな長期，中期，短期の諸利益は，グリムチャーの諸モジュール上には写像されないだろう（個々の諸ニューロン上は言うまでもなく）。これらの利益は，それらのダイナミクスが部分的に説明する諸セルフと同じように，仮想的実体である——しかし，そうだからと言って実在性に劣るわけではない。

　そろそろエインズリーのモデルを第 5 章よりも詳細に記述してもよいだろう。モデルは 2 つの経験的事実に基づいている——1 つは経済学からの，もう 1 つは認知科学からの事実である。経済学的事実とは，人々は——そして一部の他の動物たちも——特殊な社会的に構築された諸状況（これについて詳細は以下参照）を除けば，双曲割引曲線を示すということである。認知科学からの事実は，認知システムが，

誘発性に関して評価された諸刺激に対して選択的に——すなわち，報酬と処罰を参照することにより——反応できる前に（「前に（before）」の論理的な意味で——時間的な意味でなく）それが大部分の行動的注意を払うことになる諸刺激を選択するための基礎を持たねばならないということである[164]。もし，実際にあなたを裕福にするだろう情報のすべてに最大限の注意を払えたとしたら，あなたはたぶん裕福になるだろう。しかし，そのためには，応用 AI の進歩に依拠する必要があるだろうし，生じてくる新たな技術を独占する必要があるだろう——なぜなら，あなたの脳はその仕事には向いていないからである。

これらの 2 つの事実が結合してモデルをどのように押し進めるかを見てみよう。まず，双曲的割引という単なる事実から，さまざまな個人未満の諸利益という公理が分析上生じる。長期の諸利益は，中期の諸利益よりも高く評価される。しかし，長期の諸利益は（これも）価値のある短期の諸利益が最大化されるならば，すべて凌駕されるだろう。これが分析的であるということは，それが割引曲線が双曲関数的であるという事実を単に再記述する（redescribe）だけだという事実によって示される。先の第 5 章において私はこれを「メタファー（metaphor）」と呼んだ。私がそのときそうした理由は，MDM がまだその場に導入されていなかったので，セルフとその諸特性は「実在的（real）」と宣言される処理モジュールと同一視される必要があるかもしれないとまだ想像していたからである。しかしながら，議論のこの点までに，どのようにすればより洗練された視点をとれるかを知っている。セルフは仮想的であり，かつ実在的であり，これらの第一次の諸特性もそうである。もちろん，個人の諸利益はシナプスの諸気質のパターンとして実行されなければならない。しかし，それらが MISF を展開している神経経済学者によって同定されるだろうモジュールであると判明するはずだと考える理由はまったくない。

しかし，ここには MISF の適用から必要とする 1 つの点がある。セルフは情報に基づかなければならず，情報は何らかの特定の仕方で処理され濾過されなければならない。もし，注意上の動機づけがセルフの諸特性によって決定される，ということをそもそも想定したならば，真正の悪後退問題を持つことになる。脳——セルフでなく——は，側坐核の活動によって差異的な注意を実行する（Gardner 1997, 1999）。それは快楽主義的な報酬と処罰に——直接，既に測定された報酬と処

---

164 ［原注 5］よく注意されたい。これは顕著なものとして既に取り上げられたものに価値を割り当てるという問題——神経経済学者たちによって研究される問題——とは別の問題である。

罰よりも——関連した刺激に関する諸々の驚きに反応して，ドーパミンの放出を刺激することにより機能するように思われる[165]。少なくとも，そのようにエインズリーは一定の範囲のデータを解釈するし[166]，論理的諸理由のため，これは正しい種類の解釈である——なぜなら，MISF によって強調される諸理由のために，我々は，志向的な「欲求（wanting）」を発動しない限り，神経経済学における効用関数の（ニューロンへの）割り当てを説明できないからである。（エインズリーは後に，一個人の効用関数においてはほとんど重要ではない諸刺激の注意上の緊急性を説明するためにこの解釈を利用する——それは，例えば，持続的な掻痒のような，個人の最大化にとっては実は邪魔者の諸刺激である。彼はまた，注意のメカニズムは痛み——それに対する行動的応答が既に準備されている痛みを含む——によって高ぶらせられるという証拠を引用する。そのような諸々の痛みは，個人の最大化にとって邪魔者でもある。かくて，彼が言うように，このレベルで快楽と苦痛は反対ではない。）このことは，短期的諸利益に，長期的諸利益に対する直接的な優位性を与える——なぜなら，注意のメカニズムは，いったんそれがなじみのあるものになると，報酬を予測する情報によって「退屈させられる（bored）」ように思われるからである（Hollerman, Trembley, and Schultz 1998 ; Schultz, Dayan, and Montagve 1997）。神経経済学は，エインズリーの推論の次の段階に直接有意に関係している——その段階は以下のことに注目する点にある——すなわち，これらの神経生理学的データの解釈に照らして，長期的諸目標のための合理的計画の有効性がそもそも有効になり得るのは，何らかの神経メカニズムがある共通通貨でコード化されたインセンティヴに応答するときである。Shizgal and Canover（1996）は，そのようなメカニズムのためのいくらかの証拠をサーベイしており，前節で論じたグリムチャーとモンタギューおよびバーンズの仕事は，問題の共通通貨が期待効用であるという予備的証拠である。この期待効用が，一般的で脳全体に及ぶ効用関数に関するものであるか，それとも，さまざまなモジュールと関連したさまざまな効用関数に関するものであるかは，経験的問題である。Montague and Berns（2002）は，前者を主張するが，

165［原注6］この文は直截的な「研究事実（research fact）」を報告するものではなく，エインズリー（Ainslie 2001, pp. 25-26）の多くの諸事実の解釈を要約している。科学捜査の傾向のある読者は，したがって，ここでエインズリーまで遡って参照されたい。
166［原注7］エインズリー（私信）は，この解釈について注意深く暫定的であり，報酬を生み出す際の予期せぬ諸事象の予期されていた諸事象に対する関係を「じれったく不明瞭（tantalizingly unclear）」と呼んでいる。より深い熟考については Ainslie（2003）を見よ。

しかしそれを支える証拠の身分は私には明白ではない。

　もし，快楽主義的に有意に関係があり，そして驚かす諸刺激に対して注意を向けさせるメカニズムが，脳の至る所に分散した効用計算への諸入力であり，またもし神経回路構成へ投入し返される個人レベルの処理もそうであるならば，さまざまな時間的範囲の諸利益の間の取引交渉が——たとえ諸利益が認知的モジュールに還元されないとしても——どのように実施され得るかを見ることができる。（全く類比的に，脳と心の諸様相のコネクショニストのモデルによって，命題態度が脳の状態か離散的な計算的状態のいずれにも還元されることなく実行され得るのを見ることができる。Clark 1989 を見よ。）諸利益は，仮想的に実在的なパターンである——そして，それらがプレイする交渉ゲームもそうである。

　ピコ経済学は，かくてその正当性を確立するためにある神経経済学的データに依拠するが，しかし神経経済学が MISF を適用するだけなのに対して，ピコ経済学は OISF の説明を目指す。かくて，神経経済学がセルフについて直接述べることが何もないのは驚くべきことではない——それに対して，ピコ経済学は文字通りセルフのミクロ経済学である。ここで，ピコ経済学が示唆すべく持っている事柄のいくつかを手短にサーベイしよう。これにより，第7章で与えられた社会的安定化装置としてのセルフの機能的説明を（本来的に機能的な）進化的な物語でもって補うことになる。

　もし，セルフのダイナミクスが，単に短期的諸利益と長期的諸利益の間の抗争に存するのならば，ピコ経済学と因習的なミクロ経済学の関係は相対的に複雑でなかろう。個人の非常に伝統的な説明——聖アウグスティヌスが認識していたであろうような説明——を得ることができようが，それに伴う社会的諸圧力が神に成り代わり介入して外的インセンティヴを涵養し，これが長期的諸利益に対して利己的な短期的諸利益への勝ち目を与える。するとこのことは翻って非常に因習的な新古典派的な基礎づけ——ロビンソン・クルーソー等々——の復権を示唆する。すなわち，短期的な快楽主義的満足を最大化する個人という動機上の中核を持つだろう。すると，センの図像は，ごく自然になるであろう——なぜなら，次のような主張を正当化する明らかな方途を持つことにもなるだろうからである——すなわち，個人は社会的に（外的に）コード化された諸価値によって補助されて，狭い（短期的）選好を越え，それに抗して「現実の」（長期的）諸利益を実現し得るという主張である。

　しかしながら，これはエインズリーが展開する個人未満のダイナミクスのモデル

8. 合理的エージェンシーと合理的セルフ性　　399

ではない。第5章で触れたように，短期的利益への最も緊急の脅威は，諸資源を求めて直接的に競う他の短期的利益から生じる。さらに，短期的諸利益自体は，典型的には長期的諸利益のプロジェクトに関係を持っている——なぜなら，それらは長期的諸利益が蓄積する諸資源に依存するからである。エインズリーが言うように，「ある個人の短期的諸利益の幾分かは，単により長期的な諸利益に取って代わることにあるかもしれない——ちょうど，薬物中毒が，ある依存者の心的経済の中で社会的報酬の追求をたたき出すように。しかし，もっと頻繁に，短期的利益はより長期的な利益を抹消することではなくそれに寄生することにある——ある個人がお金を貯蓄することへのより長期的な利益を犠牲にするクレジットカードの乱用中毒のように。その場合，より長期的な利益は，短期的な利益が消費するためのお金を提供する」（Ainslie 2001, p. 62）。かくて，諸利益間のダイナミックな関係は，第5章で強調したように，推移していく諸連合の間の馴れ合い^{ログロリング}によって特徴づけられる。ギャンブルのスリルの短期的利益が非常に強力になった個人を考えてみよ。お金を必要とする他の短期的諸利益を締め出すことを必要とするので，ギャンブルの利益は，貯蓄の利益を利用して，買い物の利益を抑制するかもしれない。これは，全的個人がギャンブルの合理化として自己を語る中で，次の考えに仮託して，反映されるかもしれない——すなわち，どの個人も娯楽上の悪癖^{ヴァイス}を1つは持っているはずであり，他者たちが自発的な買い物に費やすのと比べて，あるいは，自分がギャンブルしない場合に買い物に費やすのと比べても，さほどはギャンブルに費やさない，と。そのような合理化によりなされる主張は，しばしば真であり，少なくとも部分的には真である。

　エインズリー（Ainslie 2001, pp. 90-94）は，短期的諸利益と長期的諸利益の間の交渉ゲームを繰り返しのPD〔囚人のジレンマ〕として特徴づける。これが有用であるのは，それが彼の注目をコミットメントのメカニズムへと集中させる限りにおいてだ——そのメカニズムは長期的諸利益が，短期的諸利益を限定的な協力へと追いやるために見いだす必要のあるものである。エインズリーのお決まりの例の1つを引き合いに出すならば，脂肪分の多い食品を食べ放題にすることの短期的利益は，ダイエットの長期的利益と着飾りの短期的利益の連合による大規模な抑制の危険を被る——もし，それがあまりにも多くの耽溺を強要し勝ち取るならば。同時に，長期的利益は，もしそれが食べ放題の利益を完全に抑制するよう試みるならば，敗北の危険を増大させるかもしれない。かくて，このような均衡が見つかるかもしれな

い——毎週金曜日の昼食時にバーガー・デンへの訪問を許すが，それ以外の日は許さない個人的ルールが確立される，といった。短期的利益が追加的な例外でもってルールを弱くすることに成功したら，より厳しいダイエットを課す，という長期的利益の脅しが信じられる限りは，均衡は維持されるかもしれない。もちろん，決意を外生的に弱めるいかなるものも貪欲に捕えようとする短期的利益の脅しの信頼性も等しく不可欠である——なぜなら，これは個人的ルールの確立をそもそも必要とさせること自体だからである。

　諸事例を作り出して整理するために有用ではあるが，エインズリーが PD を諸利益の間の基本的ゲームとして強調することは，誇張されているように思われる。多くの諸利益が住み込む複雑な立法府では，どの時点をとっても進行中の諸ゲームの範囲は典型的に大きくなるだろう。すなわち，保証ゲーム，純粋および非純粋な協調ゲーム，査察ゲームその他多くのゲームがあるだろう。エインズリー自身が中毒のダイナミクスに臨床的に集中することは，確かに彼にとって特別に顕著な点をPD に与える。なぜなら，中毒が何か真に無害なものに対してでない限り——その場合には，そもそもそれを有意義に中毒とみなせるかどうか不明なのだが——，中毒が殺すことなく損なわなければならない長期的諸利益と中毒の関係は，繰り返しの PD の選好構造を実際に持つだろう。しかしながら，もしエインズリーのモデルが，個人未満の〔ものからなる〕市場全体の像へと発展させられるべきならば——ただ単に中毒の特殊な利益の戦術分析になるのでなく——，立法府の諸ゲームに関する公共選択の文献の装置全体（サーベイについては Ordeshook 1997, Stratmann 1997 を見よ）が展開を必要とするだろう。しかしながら，これは実際にはエインズリーのアプローチの批判ではない。彼のモデルは，完全かつ重要な，しかし前もっての見立てでは非常に不可解で高度に複雑な現象である中毒を十分に説明することに成功しており，そのことがその経験的な説得力の主要な源泉である。

　強調に値するのは，馴れ合いのモデルが，中毒のダイナミクスとそのコントロールを正確に特徴づけていることだ。もし長期的諸利益が，中毒を境界内部に収めるか収めようと試みて，協力的諸均衡における限定的な表現を許す個人的ルールを確立するならば，長期的成功のための枢要な戦術は束ね合わせだろう。上のバーガー愛好者の例を使って要点を説明できる。もしルールを緩和し，祭日に食べ放題を許す場合でも，これは均衡を崩壊させないかもしれない——もし祭日が平日に比べて十分に特別で，日曜日や天気が特に良い日も含めるようにさらに緩和するための前

例とならないならばだが。しかし，あらゆる均衡ルールの緩和は，このリスクを抱える。かくて，祭日の拡大は，祭日の巷に広まった特別性を強調する他の習慣——それは他の個人未満の〔ものからなる〕諸ゲームに関連している——と束ね合わせられる必要があるかもしれない。すなわち，もしその個人が時折の寝過ごしや飲み会を許すならば，おそらくこれらも祭日のみ，あるいは，祭日と金曜日にのみ予定されるべきである。もちろん，これにはリスクもある——すなわち，祭日が一般的なバッカス祭のらんちき騒ぎの機会になるにつれ，より多くの短期的諸利益が，ありうる中で最も自由な「祭日」の個人的定義に賛成することへと引き付けられるだろう。他の長期的諸利益も活用するニッチを探して回る。もし個人的ルールが過度に厳格ならば，長期的利益の介入によって，心地よい社会的な流れに対して個性が余りにも鈍感かつ非柔軟になることを防ぐことによって，均衡は損なわれるかもしれない。

　注目に値するが，束ね合わせは，アメリカ連邦議会——そこでは政党の規律が弱い——のような立法府における馴れ合いの基本的装置である。議会のメンバー間の取引におけるコミットメントが典型的に達成されるのは，多くの側面に沿った妥協の産物を総括的な総集編の諸法案へと崩壊させることによる——それらの法案は，果てしなく周辺部の再交渉を試みることによって諸均衡の崩壊を妨げ，またそれは大統領が好みの立法のみを「いいとこ取り（cherry picking）」することにより拒否権を定期的に行使する権能も妨げるものである [167]。大統領は，項目別拒否権を強く求めることにより，定期的にその交渉力を高めようとする。すると今度は，議会のメンバーたちの方は，この変化がもたらす自らの影響力の重大な低下についての評価を，政党所属から独立に一般的にそれに抵抗することによってシグナルするだろう。皮肉にも，大統領の与党のメンバーたちは，彼らが実現できることから最も程遠い場合にのみ，すなわち，彼らが立法府の少数派であり，他方の政党の多数

---

[167] ［原注8］エインズリー（私信）は私に想起させてこう言う——個人未満のダイナミクスと大統領を含む政治構造との間の類比性を導入する際には，私がエインズリーやデネットと共有する個人のモデルに基づいて，個人の中にはいかなる最高責任者もいないということを繰り返すことを欠かさないように，と。そこでしかるべく繰り返し話された。さらに留意されたいが，続くアナロジーの中で，私は合衆国大統領の全般的執行的役割について述べているのではなく，彼が他の政治的エージェントの諸提案に対して時折拒否権を発動するという機能について述べているのだ。人々の中の一部のエージェントたちは，時折，その種の制限されかつ一時的な権限を現に持っている。そして，合衆国大統領と同じように，彼らは他の一部のエージェントたちがそうするのが賢明だと同意しない限り，それを実際に行使できないのだ。

派の立法者によって強引に押し通される{スティームローラード}ことへの次善の代替肢として，より強力な大統領と連合することを好む場合にのみ，項目別拒否権{ライン・アイテム・ヴィート}を支持しそうである。こうした種類のダイナミクスは，一個人の中の優勢な長期的諸利益——例えば，オリンピックメダルを勝ち取ることや，歌劇団でトップの歌姫になることや，CEOになることの利益——が，他の諸利益の連合の間で均衡を保つよう働かねばならない場合のダイナミクスにちょうど正確に似ている。この種の非常に困難な野心は，実質的な制度移行に影響を与えることを目指す大統領たちとちょうど同じように，項目別拒否権{ライン・アイテム・ヴィート}を必要とするだろう。しかしどちらも，単に指令掩蔽壕中{コマンド・バンカー}に鎮座して命令を出している独裁者になることはできない。より力劣る交渉者たちが徒党を組み，ただ無視されるだけならばクーデターを仕組むだろう。少し上で「ちょうど正確に」と強調したが，それにはある理由がある。多人数ダイナミックゲーム理論の系統的な数学的論理は，このすべてを記述するための表現上の範囲と，それについての本当の定理を証明することを可能にする公理的厳密さと，この両方をもつもので，我々が知る唯一の道具である。

　しかし読者は困惑するかもしれない——これは依然としてメタファーの複合体にすぎないのではないか，と。またそれは，我々のモデル化の目的に合うように諸利益を個別化し再個別化する能力の明白な恣意性によってシグナルされているのではないか——特に，諸利益が，独立した経験的諸手段によって境界が決定され得る認知的モジュールへと還元されない場合にそうなのではないか。この懸念に対する答えは，本章の議論にとって根本的であり，実は本書全体の議論にとっても根本的である。個人未満の諸利益は実在的な交渉者たちである——なぜなら，そのモデルが依拠する根底にある存在論的枠組みはRPTを通して解釈されるからである。我々が経済学の適用のために個別化するもののすべては，行動的に顕示された効用関数である。エインズリーからのいくつかの追加的な所見がこの点を明確にするために役立つはずである——

　　通常，繰り返し生じる報酬が利益〔関係〕を生み出すのは，経済的機会がそれを利用する事業を生み出すのと同じ仕方である。……私が描いた過程は，その過程が慣例的にそう理解されたように，単に報酬による選択の例である。
　　諸利益はそれらが依拠する諸財が互いに両立しない場合に分離される。互いに両立しうる諸財{グッズ}に依拠している諸利益は，互いから事実上区別されえないし，そう試みることにはまったく意味がなかろう。諸利益は，時間を通じて融合するか，あるいは分かれるかするかもしれない——なぜなら，それらは自体の制度的な存在を持つ必要がないからである。（Ainslie

1992, p. 90)

これは次のように注解できる（もっともエインズリーはそうしないのだが）。すなわち，ここで相互作用する諸ユニットは，他のどの市場においてもそうであるように，それらの効用関数を参照することにより個別化される。さらに市場の諸帰結と交渉のダイナミクスにおける効用関数の顕示から効用関数の存在を推論するだろう。

> ……内的諸利益という概念は便利であるが，その理由はただ，異なる時に選好される相反する諸目標は，単一の曖昧でない目的をもたらすために互いに比較考量されず，むしろ，対立する過程の集合が時折それらの個別の諸目標を獲得する限り持続する，相対立する諸過程の諸集合をもたらす傾向があるからである。(ibid.)

しかし，もしゲーム内の均衡からの推論によって諸利益を自由に個別化できるならば，悪性の決定不全性問題——すなわち，行動に関する証拠と両立可能な余りにも多くの諸ゲーム——に直面することになるだろう——もしも，形式的道具（すなわち，RPT）とゲーム理論の適用を探す以外の何かを参照することによって，特定の諸モデルの選択を独立に制約できるのでない限りは。諸制約の枢要な源泉の1つは希少性である。すなわち，もし我々がどの諸資源が活動によって消耗するかを知っているならば，そもそも経済学を有意に妥当な論理的パースペクティヴにする予算制約を推定できる。すると，効用最大化ルール（すなわち，EUT など）を独立に決定するためには MISF のある慎重な展開が適切である。エインズリーは，次のように述べるとき，私が MISF と OISF の間に設けてきたような区別を非明示的に示している——

> 内的諸利益は……その個人の内部の小さなホムンクルスたち——エゴとイドや天使たちと悪魔たちのような——の集合であるように思われるかもしれない。そのような高次または低次の諸動機の擬人化は非常に頻繁に再出現してきたので……それらはおそらく何らかの仕方で実際の観察に言及するが，しかしそれらは曖昧にしか定義されてこなかったし，寓喩^{アレゴリー}へと退化していく傾向があった。しかしながら，ホムンクルスたちに伴う問題は，それらの個人に似た性質ではなかった……

（注解：これは MISF のプロジェクトに従うのではなく，OISF による説明をしている限りにおいては，「問題」ではない。）

……それらを一方では全的個人に関連させ，他方では動機づけの既知の諸要素へと関連させる原理を欠いていることであった。
　一時的選好理論では，ある個人の動機一般は合致の法則の作用によって諸利益へと分割される。(ibid., p. 94)

すなわち，第5章で再検討したような実験経済学からの証拠——それはそこで論じられたフレーミング効果と選好逆転における固有のパターンの両方を孤立化させる——が動機づけるのは，全的個人の効用最大化をモデル化し，個人未満のダイナミクスを水平的な（OISFの）レベルで分析する中での合致の法則によって，EUTを代替することだ。前に説明したように，これを行うことと，他方，MISF分析の垂直的な分解における効用最大化ルールとしてEUTを使うこととの間には両立不可能性は存在しない。期待効用を突きとめる直截的な経済的エージェント（ニューロンおよび／またはモジュール）は，合致のような発見法に従う進化的諸圧力によって形作られた諸システムのダイナミクスに対して，情報の出力を提供できる。繰り返せば，MISFとOISFの諸分解は競合しない。エインズリーは次のようにこれを予期している——

諸利益はそれらの優越性の持続において限られているが，しかし定義が何であれ「セルフ」を構成する諸関数のいずれかに接近することにおいて必ずしも限られてはいない。また言えば，一国を支配しようとしている関係者たちと同様に，内的諸利益は優勢になると，ある個人の諸資源の大部分に接近できるようになる。夜遅くまで起きていたい個人と朝に休んでいたい個人は，実際に完全なる全的個人であるが——全的個人の心的装置を自由に使えるという意味において——，しかし彼らは明らかに互いに衝突している。知性のある全的な一個人が喫煙しないという長期的利益で行動しているならば，その知性を使って将来の行動に事前にコミットするためにより良い計略を考案するかもしれないが，しかしたばこを吸うという短期的利益で行動するならば，これらの工夫を回避するためにその同一の知性を掌握動員できよう。(ibid.)

思うに，上のエインズリーの諸事例の記述は，その諸現象に対して十分に適切だが，しかしほとんど意味をなさない（除外されている二元論的解釈がないので）——MISFとOISFの間の区別がなされない限り，すなわち，あるシステムのMISF分析とOISF分析は，同型的な個人未満の諸ネットワークを同定する必要がないということを認識しない限りは。脳は，加法的に虫たちから構成されているが〔表紙イラスト参照〕，人々は違う。諸ニューロン——それとたぶん諸モジュールも——は，直截的な経済的エージェントだが，しかし諸利益の連合の方はそうではない。

8. 合理的エージェンシーと合理的セルフ性　405

このことが含意することだが——それについては次の（そして最終の）章でさらに述べるつもりだ——，（サミュエルソン的）ミクロ経済学とマクロ経済学（そこでは一般均衡分析の諸目的——諸方法でないとしても——はゲーム理論的に精算される）との間の縫い目が生じるのは個人の場所においてであって，伝統的に当然とみなされる人々の諸社会への構成においてではないのである。（言い換えると，ミクロ経済学が——人間行動に適用されるときに——マクロ経済学に関連する仕方の理論を告げるとき，部分的には，人々が彼らの脳に関連している仕方を述べるのである。）これが根本的提案であるということは明白であり，それを展開するために第2巻の全体が必要とされることになる理由がそれなのである。

　しかしながら，この大げさな考えについてもっと述べる前に，本節の直近で約束した目標を果たす必要がある——それはセルフの生物学的に固有の機能ということであった。中毒を制御するための束ね合わせの利用についてのエインズリーの説明に戻ることから始めよう。減量中のバーガー愛好家は，〈金曜日と祭日のルール〉の過度の緩和を避けなければならないが，その理由は——もちろん——火曜日の1個のバーガーが太らせるからではなく，火曜日にバーガーを食べてしまうことは，将来の一連の火曜日のバーガー——そして，破滅的に，月曜日，水曜日，木曜日のバーガーも——の全体を予測させるからである——なぜなら，いったん，これらのすべての日々と金曜日（それと祭日）の間の明瞭な線が越えられると，その周りで均衡を安定化させられるような別の顕著な区別は存在しないからである。（私はもちろん，挙例のためにこれを仮定しているだけである。例えば，火曜日がバーガー・デンで半額の日ならば，事態は違うかもしれない。）しかし，誰にとっての予測か。答えは明白である——繰り返しゲームにおけるすべての諸利益にとってである。大いに結構だが，しかしそれならば，誰の行動にその予測の成功が依拠するのか。これに対する答えはこうだ——全的セルフの行動に，である。

　その答えの中には，セルフのもう一方の機能——すなわち，非社会学的機能——が在る。正に各々の利益はある個人と完全に同じくらい賢いというその理由で，エインズリーが強調するように，彼らの戦略的な巧妙さは，すべての諸均衡を解体する傾向にあるだろう——少なくともPDその他のジレンマタイプの諸ゲームにおいてはそうだろう。（純粋なコーディネーション均衡は，もちろん，外生的ショックがなければ結構だろう。）これの1つの明らかな欠点はこうだ——つまり，もし中毒を助長する諸資産が救いがたいほどに酷く希少なわけではない——おそらく象た

ち[168]や猿たちについてはそうであるが，しかし現代人についてはそうではない
——ならば，誰もが生物学的に破滅的な何かに中毒するようになるかもしれない。（こ
れで説明になるかも知れないが，麻薬性のある物質に関する予算制約が突然緩和する人々
の集団——ヨーロッパ人たちが到達した時のアボリジニーの北アメリカ人たちやオー
ストラリア人たち，あるいは20世紀のアメリカ黒人たち——が，しばしば，異常に深
刻な中毒問題に直面したのだった。文化的進化は，迅速にその脅威に対する自己語り
的な防護を構築するが，しかし時間的遅れに捕らわれた世代は苦しむことだろう。）こ
の特殊な問題は，もっと一般的なある問題の一実例である。第5章から未解決のま
まであった約束を果たすことによって，最もうまくそれに集中することができる
——第5章で，私は，貨幣ポンプの諸議論に対して示唆されてきた多様なありうる
用法を考察し却下したが，しかし最終的には妥当なものに到達するだろうと述べた。
それがここにある。

　ある個人が双曲的に割り引くと述べることが意味するのは，その人が時間的にそ
れから離れているか近いかによって，同じ商品を別様に評価するだろうということ
である。かくて，エインズリー（Ainslie 2001, p. 40）が指摘するように，直截的な
双曲的割引者は，昨日やったことを取り消して今日，諸資源を費やす傾向があるだ
ろう——それは，昨年の歳出によって生じ，当時から予見可能であった財政赤字を
削減しようと鋭意努める国の立法府と同様である。これはもちろん，ちょうど貨幣
ポンプの犠牲者の状況である。幸いにも，長期的諸利益が，より指数関数的な全体
的な割引行動を生み出そうと試みながら，個人未満のレベルで政治的に活発になる
だろう。しかしながら，立法府においてそうであるように，これはそれ自体，不十
分な解決である——なぜなら，長期的諸利益が互いに対立的関係を持っているから
である。通常，何らかの1つの長期的利益によって支配されている個人でさえ，や
はり貨幣ポンプであるかもしれない——もし，逐次生じる長期的諸連合がその投資
ポートフォリオの諸要素を攪拌し続けるならば。しかし，国の立法府とのさらなる
アナロジーが手がかりを提供するのは，伝統的な新古典派経済学者たちが，長い間，
貨幣ポンプの諸議論の近くで一般的に有意に妥当な何かを嗅ぎつけてきた理由に関

168　[原注9] ブッシュマン族の逸話だが，アフリカ象たちは麻薬性のあるマルーラ〔ウルシ科〕
の果実に短期的に中毒になりやすいとされている——象たちはマルーラの実を泥酔する点まで貪り
食うようになる。しかしながら，それらの果実は短い季節の間だけ熟し，象たちがそれらの入手可
能性を増大させるためにできることは何もない。もし象たちが農業を発展させ得るならば深刻な問
題を抱えるかもしれない。

8. 合理的エージェンシーと合理的セルフ性　　407

してだ。よく知られているように，国庫を管理する能力が相対的に無いように見える立法府が，明白な国家の危機に直面したとき，突如として，効果的な経済的エージェントへと豹変し得る——第二次世界大戦中のイギリスとアメリカの立法府，あるいは，1980年代にニュージーランドが破綻した時のその国の議会を考えてみよ。国民の意思は，ちょうどそれが真に必要とされているとき，すなわち，国民の存続が眼に見えて明白に危険にさらされているときに，しばしば顕現する傾向がある。

　個人は，典型的に，国（少なくとも，現代の第一世界の国）よりも脆弱な組織体である[169]。可能ならばその個人を貨幣ポンプとして使うだろう諸エージェントは，機会を探しながらほぼ常に周りに屯（たむろ）している。これは，その個人の個人未満の交渉状況に重要な仕方で影響を及ぼす。まず第一に，もし均衡が崩壊すれば，その個人の短期的諸利益の予備的な地位を格下げする——それはエージェントたちが長期的諸利益の取引をより待ち焦がれるようにする。それは，また，特定の長期的諸利益に新たな通貨への接近手段を与える（それを使って支持的な短期的諸利益の諸連合を採用できるようになる）——すなわち，長期的利益は，ある短期的諸利益による支持を惹きつけることができるが，それは単に長期的利益に定期的な満足感を提供することだけでなく，それに安全を提供することによってもなのだ——それは，当の長期的利益が，その計画を活発に保つことだけでなく，他の長期的諸利益に対する永続的な優勢を保持することも保証する手助けとなる限りでそうなのである。危機にある国民の首脳は，調整の焦点としての自分の価値を強調して，「自身を国旗にくるむ」だろうが，それとちょうど同じように，貨幣ポンプに対抗する守護者として活動する長期的な個人未満の利益は，「それ自体をセルフにくるむ」よう動機づけられる。そのアナロジーはますます深くなる（もちろん，経済学の抽象的なレベルにおいて，それはアナロジーというよりもむしろ構造的な同一性（*identity*）である）。政治家たちと彼らの文化的チアリーダーたちの象徴的活動は，国民的アイデンティティが存するところの主要な活動である——これはルイ14世やロナルド・レーガンほど多種多様な歴史的人物がしばしば明示的に把握してきたことである。同様に，一部の長期的諸利益によって彼ら自身をセルフであるとする推挙の成功は，物語を

---

[169]［原注10］「脆弱な（fragile）」と言うことにより，個人がより選好循環に陥りやすいと言おうとしているのではない。まったく逆である——すなわち，正常の個人は国によって貨幣ポンプにされ得ることが決してなく，人々は国々よりも直截的な経済的エージェンシーに近いということなのだ。私はその文字通りの意味にいくらか近い「脆弱性」を意味している——すなわち，人々の錯誤は，〔国々の場合よりも〕はるかに彼らを殺しやすいのである。

紡ぎ強くする中で実施される基本的な自己創出的活動で・あ・る・。

　私が諸セルフの「社会学的（sociological）」機能と呼んだもの——すなわち，それらの存在と維持が，複雑な共同体内での社会的コーディネーションを支える仕方——は，たぶん，それらの実際のダイナミクスのほとんどを説明する——これは私がまずこれに集中した理由である。しかし，社会学的諸機能は，諸特性と諸気質の維持を説明できるだけであり，それらの生物学的起源は説明できない。ピコ経済学に関する我々の熟考は，自己語りがそもそもどのようにして選ばれたのかについての可能な説明を示唆する。社会的生物が計算能力においてもっと複雑になり，その同種のものたち<ruby>コンスペシフィックス</ruby>が同時に，より洗練されるにつれて，指数関数的な割引者をシミュレートできることの価値は上昇する。しかしながら，気をつけなければならないのは，進化の果たした先見性を諸仮定の中に密輸入することだ。もし，ホモサピエンスの諸個体の中に収納されているすべての政治的共同体が，集計レベルでの選好の循環を制御できないならば，誰も他の誰かを貨幣ポンプにすることができないだろうし，ゆえに，諸セルフを展開させるその形の圧力は生じないだろう。たいていの他の社会的動物は，たぶん双曲的割引者であり，かくて，貨幣ポンプにされやすいが（パラメトリックな環境による場合のみだとしてもだが），しかしたいていの他の社会的動物はセルフを語らない。セルフにとってのあり得る固有の機能を突き止めるために，我々はかくて人間に固有の歴史的な発動条件を見つける必要があるのだ。

　エインズリー（Ainslie 2001, p. 46）が指摘するように，双曲的割引の進化的説明は，その問題の諸側面を諸費用として示す必要がある——その諸費用は，何らかの理由により，系統の実際の進化的経歴において除去されるほど高くはなかった——これは直接的だが一時的にしか利用可能でない報酬の見込みの手がかりに素早く注目することによって与えられる正の価値を考えるとそうなのである。人々が非凡な動物である顕著な点は，パラメトリックな諸要因に対する制御の程度である。双曲的割引は，我々の発生に先んじて進化したように見えるので，双曲的割引の費用便益分析を問う時には，実質的にそれらのパラメトリックな諸環境のなすがままであるような生き物たちの諸状況を考えるべきである。我々の状況と比べると，これは諸刃の剣である。一方で，そのような動物は，なおさら戦略的に貨幣ポンプにされ・に・く・い・。たとえ，突然変異で犬が生じて，その内的諸利益をポンプ能力の行使へとまとめられるようになったとしても，彼は単に彼自身あるいは他の犬の予算制約に関する偶発性の十分な部分を制御して，実際にポンプを行使することができない。

8. 合理的エージェンシーと合理的セルフ性　　409

デイヴィッド・スパーレット（私信）が指摘するように，双曲的に割り引く動物は，ある環境的偶発性の中で不運な惨事を経験し得る。もし私の薬物の供給が私の最適な営巣地と食料源との間の最善の経路に沿って位置するならば，私は餓死するかもしれない。これは，もちろんただ，次のようなことを意味するだけである——双曲的割引の存在はそのような事故が自然選択のパースペクティヴからすると許容できるほど珍しかった，と。しかし，戦略的なポンプの脅威の諸々の厳しさの下で進化しなかった動物は，ホモ・サピエンスに会う時に著しく不利な立場になる。

アナバチ（スフェックス・ワスプ）の有名な愚かさ（Wooldridge 1968）は，その点を輝かしくも描いている。アナバチはコオロギ（クリケット）を麻痺させて埋めてから卵を産みつけて幼虫たちの餌にする。穴を点検してから穴の内部にコオロギを置くことを好む，厳格な選好が進化した。その穴の入り口——アナバチがコオロギを運んだところ——にコオロギが存在することは，点検の合図であった。人間の科学者は，アナバチが点検している間に，単にコオロギを入り口から数インチ動かすだけで，アナバチを悲しいループに陥らせることができる。アナバチはそれから現れて，コオロギをその属するところに戻し，すべての手順を無限に繰り返すだろう。（留意されたいが，表面的には類似していても，これは貨幣ポンプの事例ではない——なぜなら何の効用も転移されていないからだ。もっと重要なことだが，不毛な循環はアナバチの側のいかなる選好逆転からも生じない。全く反対である——すなわち，科学者は，アナバチが厳格な選好構造を市場条件における偶発的な変化と分別よく相互作用させることが全くできないことを利用しているのだ。）

　セルフの諸起源は，かくて，パラメトリックな偶発性の人間による統御とともに生じた戦略的な貨幣ポンプの可能性に存する。進化人類学では常識的なことだが，人類は共同農業を発達させた時，パラメトリックなものの専制から離れる巨大なる一歩を踏み出したのだった。それとまさに同時に，収穫は共同体的（*communal*）であり，かくて，多くの可能な制度的構造を通じて分配され得た（そして，さまざまなあり得る互恵的な保険計画によって調停された）という事実によって，ノンパラメトリックな行動の限界的優位性は生物学的な適応度にとって非常に重要になった。この仮説に基づけば，食料供給の栽培・家畜化が軍拡競争の諸条件を作り出したのである——その軍拡競争においては，誰かの，全的生物レベルでの選好循環を制御する能力における改善は，他の諸個人の諸能力に対して十分な圧力を加え，自然選択がセルフを語るための諸能力に「気づき（notice）」，ゆえに遺伝的に配線する（す

なわち，G' と G レベルの諸ゲームをプレイする）よう仕向ける [170]。このメカニズムに必要なのは，その過程への最初の楔を提供することだけであった。その後，文化的レベルにおける群選択のダイナミクスは，セルフの社会学的機能に対して作用しながら，その過程を加速させ得た。

　第二の仮説は——第一の仮説をうまく補完し得ようが——次のことの強調に依拠する，すなわち，セルフを創るための基本的な技術的前提要件は再帰的な公的シグナリングシステムである，と。Dennett（1991b, 1995）はこれを強調して論じる——人間の言語は，セルフ性の能力と共に生じる人間的な種類の意識に先んじて——かつ，そのための基礎として——進化してきたはずだ，と。もちろん，コミュニケーションシステムの諸起源のいかなる説明も，それ自体，社会的ゲームの分析に依拠しなければならない。この点において，デネット自身が，第7章で論じたマキャベリ的知性の仮説に最も惹き付けられてきた。しかし，マキャベリ的優位性は，あらゆる社会的動物にとって潜在的に重要であり，したがって，この示唆はさらにマキャベリ的競争を非常に重要にした初期のヒト科の環境の特殊な特徴を我々に探求させなければならない。たぶん，デネットが示唆したように，ヒト科の生態学的状況は，他の社会的な祖先系統が遭遇しなかった程度で，嘘をつくことを可能にした。あるいはたぶん，我々の祖先たちは，社会的ダイナミクスに直接関連しない諸理由のために，彼らの異様に（*weirdly*）大きな脳（すなわち，他の社会的動物の脳と比べてさえも異様に）を成長させ，それによって，副次的効果として，前例のないレベルのマキャベリ的狡猾さを獲得したのだった。

　再び，ここでの要点は，別の話よりもある特定の話の確率を予想するかもしれない証拠の針を求めて，思索的な干し草の山を掻き分けるという難儀な仕事に着手することではない。（私は，進化心理学のイデオロギー的反対者たちがしばしば主張す

---

[170] ［原注11］この仮説が含意するのは，もちろん，農耕以前の人々は，我々が持つセルフの類を欠いていたということだ。その仮説は，Jaynes（1976）によって独立に擁護されてきたが，しかし私は彼のものと同じくらい急進的な考えの一バージョンを是認する必要はない。これは，第7章におけるセルフの説明が，もっともらしく歴史の中で非常に新しい諸過程の産物のために「セルフ」の（完全に展開された）意味を留保するからである——すなわち，G レベルのゲームを G' レベルのゲームとは別のものとしてプレイするということである。これが完全に達成されてきたのはたぶん，文化進化によってであり，それゆえ，次のようなこともあり得るのだ——すなわち，一部の現代人たちさえ——もし彼らの文化が個々の差異の表出を劇的に抑圧するならば——G レベルのゲーム（その諸均衡は G' レベルでの理想化された諸モデルから容易に予測可能だ）をプレイするだけである。多くの社会科学者たちは，「個人主義（individualism）」を現代の現象として話す。一部の文献にはそれを現代の（農耕以後の）病理とみなす長い伝統さえある（私はその伝統を是認しはしないが）。

8. 合理的エージェンシーと合理的セルフ性　411

るように，これをやる価値がまったくないと述べているのではない。ここでそれを行うつもりがないだけである。）現在の文脈において強調されるのは，すべてのあり得る話が共通に持っていることである——すなわち，それらが依拠する考えは，セルフ性はその社会学的機能を，非直截的な経済的エージェントが一方では互いに貨幣ポンプしようとし，他方ではポンプされることから彼ら自身を守ろうとすることを共に可能にするという追加的な機能的特性によって補完するということだ。社会学的機能とは異なり，この機能は，群選択が一般的に作用しなければならないということ無しに生物学的に選択され得る。ひとたび人々の政治的共同体の間の競争がホモサピエンスの主要な生態学的状況になったら，群選択のダイナミクスは確実に作用していたので，2つの機能はそれ以来，互いを強化し増幅し得た。

　経済学の伝統的な文脈の中で特に興味深いこれらのダイナミクスの1つの側面は，エインズリー（Ainslie 1992, pp. 228-242）が発見したように，不換紙幣の発展は，非直截的な経済的エージェントが直截的なエージェントを模倣する能力を促進するように思われる。（すなわち，人々は，お金を得て，費やして，貯蓄することを伴う多くの状況において，双曲関数的よりも指数関数的な割引者のように振る舞う。）エインズリーがこれに対する説明の妥当な部分を提供しているのは，次のように示唆するときだ——

> 現金での価格付けは，幅広く多様な諸取引を顕著に比較可能にし，したがって，貨幣一般の価値についての包含的な個人的ルールを招く。いと容易に，いかなる金銭的取引も他のすべての取引に先行するものとして解釈される。すなわち，ある個人が食料，衣類，映画のチケット類，玩具，郵便切手類，等々すべてに費やすものを，お金を浪費するかしないかの諸例とみなすならば，その人は数千の事例を相互依存的な諸選択の集合に追加し，その各々は実効的な割引曲線を少しずつ平らにするだろう。すべての金銭的取引を合計したり比較したりすることの容易さは，購入可能な諸財の価値の通時的な変動をはるかに少なくする——例えば，夜更かしの価値に対する十分な睡眠をとることの価値，あるいは，怒りの爆発に対する腹立ちを抑制することの価値に比べてだ。したがって，誰かが，直近の感情的満足が来年の満足をほんの少しだけ上回ることによって惑わされるのを見掛けるのは稀だが，しかし，あたかも直近の富が来年の富をほんの少しだけ上回るに値するかのように振る舞うのはよく見掛ける。（Ainslie 2001, p. 101）

この説明が強調するのは，私が「生物学的（biological）」と呼んできた意味における経済的エージェンシーの機能性だ——すなわち，長期的諸利益による貨幣的説明の利用が，連合の方策に沿って挙動する短期的諸利益を維持するために役立つ。貨

幣的会計は，また，経済的エージェンシーの社会学的機能にも資する（Ainslie 2001, p. 157 が認識しているように）——なぜなら，それはエージェントが互いの選好の通時的な整合性を容易に帳簿——コンピューター化された社会においては，ますます詳細でますます検索可能な帳簿——に記録できるようにするからである。（増しつつある信用格付けの暴虐を思え。）これは，もちろん，人が貨幣ポンプされる（文字通りに）というリスクを大いに増大させ——もし，個人未満の連合的諸均衡が崩壊するならばだが——，他方では，もしそうでないならば，他者をポンプする自身の能力を増大させる。

　この点は，Frank, Gilovich and Regan（1993）が報告する結果の再解釈を招く——その結果とは，新古典派経済理論の訓練により人々がますます個人的効用の最大化者たちのように振る舞うようになるように見えるということである。Dupré（2001）は，いつも聞かれる常套句を繰り返し，これらのデータを新古典主義が自己強化的イデオロギーであるということを示唆するものとして解釈する。そうではなく，そのデータが指し示すかもしれないのは，ホモサピエンスの進化論的軌道の全体についての決まりきった一事実である——すなわち，個人間の依存がそれ自体の自然的ダイナミクスによってより複雑になるにつれて，典型的な動物の孤立化されたミクロ経済はマクロ経済的システムへと凝集するということである。サミュエルソン的な変種（成熟した人間中心主義的または半アリストテレス的でなく）の新古典派経済学は，ますます経験的に当てはまるようになるが，それは，経済学者たちが促すからではなく，我々の祖先たちが話し始めた頃からセルフの進化に有利に働いていたダイナミクスをそれが捉えるからである。リスクに対するさまざまな態度の下での脳による金銭的報酬の評価とブラック–ショールズの金融オプションの価格付け——上で論じた——が合致するという Montague and Berns（2002）の発見は，この点に関するさらに著しい証拠である。

　そして，それはもちろん，本書の中心的な命題である。ここに個人とは何かということの答えがある——すなわち，基本的に共存可能な長期的諸利益の集合で，安定的均衡を維持するために，短期的諸利益の十分な大群をそれらの連合へと選出したものである。ある個人とは，その全的個人レベルにおける顕示的選好が有意に循環しないまさにその限りにおいてのみの，その個人のことなのである。これを理由として，人々を（非直截的な）経済的エージェントとしてモデル化できるのである——ちょうど我々が時折，国々をモデル化できるし，そうすべきであるように。も

ちろん，生物学的なホモサピエンスの個体は，その生涯の間に変わっていく外的諸環境を経て行くのであるから，諸利益の1つの連合が永遠に権力の座に留まることはないだろう。ベッカーその他の成熟した人間中心主義的新古典主義者たちは，この点を見落としてきたが，他方サミュエルソン的新古典主義者ならそれを難なく承諾することができる。同時に，自己語りを律する社会的諸圧力は，人々の生涯がますます延長されるにつれて，その期間を通じて人々をますます直截的な経済的エージェントに似せる傾向がある。これらの諸圧力は，センが想定するのとは異なり，それらの個人的な効用関数にとって外的なものではない。それらは，（全的-）個人的な効用関数をそもそも可能とするものなのである。社会は，内的なロビンソン・クルーソーを文明化するために奮闘しない——なぜなら，人々は生物学的にそのような諸事物を持っていないからである。その代わり，人間社会は，進化論的な日の光の下で新たな何かを生じさせる——すなわち，非社会的な類縁たちの間でよく知られている経済的エージェントのようにますます振る舞うが，それにもかかわらず非社会的な生物にはできない強力なネットワーク効率性を達成するという芸当をやってのける生き物たちである。

　前にほのめかしたが，社会性の進化は根本的なトレードオフを伴い，その結果として社会性はゲノムの系列にとっては典型的な軌道ではない。個々の生物は，彼らの経済的合理性を犠牲にして，ネットワーク効率性の果実を収穫し得る。このトレードオフがアローの不可能性定理によって不可避であると保証される（非常に明解な議論については，Sen 1979 を見よ）——それが示しているのは，ある共同体のメンバーたちの選好を集計するためのいかなる手続きも，同時に民主主義的かつ耐循環的であることはできないということだ。ここでの「民主主義的（democratic）」の意味は，個人主義的な諸規範に訴えることに依拠しない——あるレベルの民主主義とは，統治上のボトルネックの回避が意味しなければならないことであり，ネットワークの効率性はボトルネックの回避を必要とする。

　政治哲学者のグレゴリー・カフカ（Kavka 1991）は正しくも強調して言う——もし諸個人が，政治的共同体とのアナロジーによって——エインズリーや私が主張するように——モデル化されるならば，アローの定理が彼らに当てはまらなければならない，と。これはそのアナロジーに異議を唱えるものではない。国の立法府の振る舞いは，結局，実際，定常的に循環する。第5章で見たように，全的人々の行動もそうである。循環の発生が削減され得る（しかし，決して消去はされない）のは，

ただ共同体の構成員たちが諸連合を切り替えられる自由——限界効用の潜在的な増加が見られる時ならいつでも低費用で切り替える自由——に諸制限を加えることによってのみだ。専制——1人ないし少数のメンバーによる共同体の支配——は民主主義を制限する最もよく知られた方法だが，しかし少し前に強調したように，大きな脳の文脈において，これはそもそも大きな脳を効果的にする情報処理の分散化をまさに破棄することになる。進化は，ソビエト連邦との生物学上の等価物を構築すると期待されるべきではない。しかし，民主主義的自由に対する潜在的諸制約の別な一源泉があって諸システムの外側に横たわっている——すなわち，希少性それ自体と，これが諸政策と結びつけるリスク（諸個人にとっての）である。本節の前のところで見たように，これはエインズリーの諸利益の共同体が現に維持するような凝集性を維持するように誘うものである。同じことが明らかに当てはまるのは団体についてで，現在の世界においてそれより効果性は相当に劣るが，国民についても当てはまる。これもまた，ミクロ経済分野のモデルに還元不可能な形でマクロ経済分析のようなものを伴う必要があるだろう理由を教えるものだ——すなわち，共同体の行為に対する外生的諸制約を同定することはマクロ経済学者の使命である。そして，ミクロ経済学者の仕事になるのが，これらの諸制約が共同体を構成する諸エージェントのインセンティヴへとどのようにフィードバックするかを説明することである。このいずれも，イデオロギー的に還元主義に忠実ではない経済学者を誰も驚かせないだろう。主流の経済理論が達成してきたことに対して私が表明した確信を前提にすると，もし驚かそうものならば，私は明確に不快感を抱くだろう。この研究の第2巻で行われることになる興味深い仕事は，ミクロ経済学的なものとマクロ経済学的なものの間の双方向的なフィードバック諸関係を，進化論的行動ダイナミクスのより一般的な設定へとはめ込むことに存するだろう。

　しかしながら，本巻の文脈において，諸エージェントの共同体が，完全経済合理性のアローの不可能性によって提起される形式的諸限界に直面しなければならないという点は，繰り返し触れられてきたが，しかしまだ十分に検討されていない一設問へと引き戻す。進化的な文脈では，行動に関する説明において合理性の諸概念へと訴えることは，ある種の適応主義的モデルへと関連づけられなければならない。RPTの経験的妥当性は，その整合性と最適化の強調とともに，そのような適応主義に必然的に寄生する。もしあるとすれば，どのような種類の適応主義が，経験的に有意なものとして擁護され得るだろうか——もし，アローの定理と究極的な精緻

8. 合理的エージェンシーと合理的セルフ性　415

化をゲーム理論的な解概念として実行することの不可能性との両者の結合によって，自然は大きな脳を持つ文字通りの最大化者——集団的または個人的のいずれか——を構築できないということが示されるならば。

合理性と説明的適応主義

上述の挑戦は，第5章の終わりに紹介された消去主義擁護のSugden（2002）の議論へと立ち戻らせる。私は，ロビンズ-サミュエルソンの論議パターン——ただし，両名の内観主義と個人主義を剥ぎ取られた——に基づくミクロ経済学の経験的重要性を擁護する主張を作り上げてきた。しかしながら，サグデンの主張は以下の通りだ——私が擁護してきたような（生物学的かつ文化的な）進化的ダイナミクスに基づく行動の説明において，「合理性」，「効用」，「最大化」の概念はもはやいかなる有用な分析上の仕事もしないし，廃棄されるべきである，と。これは，私がここまで行ってきた諸議論により満たされてこなかった消去主義の1つの意味である。そのもう1つの意味——すなわちデイヴィスとミロウスキーに関わる意味——（それにおいてはセルフは我々の存在論から消去される）は本章と前2章に亘って取り扱われてきた。しかし，消去主義のこの側面は，サグデン，あるいは，哲学者たちの中で消去主義の最も著名な唱道者（名前だけは）であるRosenberg（1992）によって奨励されたものではない。彼らの意味での消去主義に答えることは私の義務である——なぜなら，合理性，効用，または最大化に真の役割を全く認めないミクロ経済学の構築を，ロビンズやサミュエルソンの功績にすることは，馬鹿げているだろうからである——それは，奴隷制の支持に陥ったことを除いて，ジェファーソン・デイヴィス〔1808-1889 アメリカ連合国（南北戦争時）の一代限りの大統領〕を良き民主主義者と認めるようなものである。そういうことは厳密に言えば真であるが，しかし修辞的にはひねくれている。私は，ロビンズとサミュエルソンの解釈に1つの長い章を充てたが，それは全く異なる理解を再ブランド化（*rebranding*）する純粋な試みとしてではなかった。

サグデンの議論が第5章で手短に論じられた時に言及したように，彼の目標は，いささか曖昧である。彼の批判点の多くが向けられているのは，個々の人々は期待効用の最大化者であるという特定の主張に対してである。言うまでもなく，私はその主張に完全に合意している。本章で，ニューロンとおそらくモジュールが期待効用の最大化者であると考える諸理由と，これは人々が少なくとも時にはNEを突き

とめることができるという事実を説明することに有意に関連していると考える諸理由とを見てきた。しかし，最大化に替えて，さまざまな可能で代替的な（発見的）諸関数の探知をモデル化する仕方を知っている——そうするように経験的に動機づけられている場合に，そして現に動機づけられているように。サグデンは，経済学者がEUTを戦後の新古典主義の基礎付け（*foundations*）の一部（特定の諸用途のために付け加えられた何かではなく）とみなしてきた理由の説明において，歴史的に正しい。彼が言うように，「フォン・ノイマンとモルゲンシュテルンは期待効用理論の公理的定式化を生み出したが，それは懐疑的な経済学専門家たちにゲーム理論が必要とする基数的な効用指数の有意義性を確信させるためであった」（Sugden 2001, p. 119）。しかしながら，私がここで論じてきたのは，そのような懐疑主義は選好についての内在主義に最も合理的に基づいていたということであった——それは志向姿勢の機能主義の適用によって選好を解釈する経済理論の一バージョンに解消される。セルフであるエージェント——その選好は従ってゲームにより決定されるコーディネーションの産物である——のモデルにおいて有意に関連する「選好」の意味は，フォン・ノイマンとモルゲンシュテルンのよりも強い意味で，明らかに基数的である——なぜなら，それは個人間比較を認めるからである。（顕示選好の枠組みにおける個人間の選好比較の説明は Binmore 1994, 1998 を見よ。）

　もちろん，効用最大化の何らかの明示的理論——EUTまたはその競争相手の１つ——を使うこと無しには，いかなる特定の場合にもゲーム理論を適用できない。サグデンの懐疑主義は，人々が期待効用を最大化するか否かについての疑念よりも深く切り込む。それは最大化を利用する諸モデルが何らかの現実の行動の研究にとって（そもそも）有意に関連しそうか否かについての諸疑念に依拠している。特に，経済学者たちについてのサグデンの不平とは次のようなものだ——彼らはそのような諸モデルが有意に関連すると自身に期待させる先験的な理論化に対する選好以外に何も持っていない，と。人々は彼らがすることをする——それは疑いなく，諸目標を与えるいくつかの生得の諸気質を持っているからであり，また適応的学習と模倣のための何らかの特定の諸能力を持っているからである——適応的学習と模倣は，これらの目標に対する良い諸手段の理解を修正し，しばしば，諸目標それ自体を改訂するように彼らを導く。認知科学に頼ってこれらの諸気質と諸能力について発見するべきであり，それから経済行動のパターンを説明するためそれらを参照言及するべきである。しかし，何かの整合的な最大化が在ると考えるのはなぜか。Sugden

(2001, pp. 123-124) は，私が強調してきたことを認めている——「動物行動の場合，我々は選択されているもの——すなわち，繁殖の成功——を既に知っているので，選択は繁殖の成功に資する発見法を学習することに有利に働くだろうと推論する資格がある」と。しかし，それから正しく述べているように，人間行動は繁殖の成功，あるいは，我々が生物学から直接導き出せる何か他のものを最大化しない——あるいは，彼の含意によれば，（概して）全く何も最大化しない。

サグデンの議論は，全体を通して，行動に関する諸事実の単純な収集を擁護して，あらゆる系統的理論を放棄するだろう超経験主義を強く示唆している。私は，サグデンがそれを奨励するつもりであるとは思わない——なぜなら，それは決して有効な科学が行われる仕方ではないからである。彼の議論は，次の仮定によって進められている——すなわち，サミュエルソン的経済学の展開を支持する唯一の可能な正当化は，人々が何か一般的なものを最大化するか，あるいは，理想化として彼らが最大化をするという仮定を我々が使える——その理想化は，次いで経験的な導きの下で系統的かつ有用に緩和できる——ということでなければならない，と。彼はこれらの事柄のどちらも本当ではないと思っている。私がここで問いたいのは，彼の仮定である。人間行動を理解しようと試みる中で，する必要がある事柄の1つは，人々を個人未満の諸利益の諸市場として（また，それら自体が社会的諸市場に埋め込まれているものとして）モデル化することである。これらの個人未満の諸利益は，まさに効用関数である。（どの発見的関数を彼らが最大化するかを発見するには，実際に実証的仕事をしなければならない。以下を見よ。）効用関数はただ行動の中でのみ顕示される。ゆえに，それらの分析はサミュエルソン的経済学を要請する。人間行動を理解する試みの中で行う必要がある別の事柄は，神経経済学であり，ニューロンとモジュールは実際に期待効用の最大化者であるかもしれない。ゆえに，サミュエルソン的経済理論が必要とされるところの別の闘技場がある。最後に，セルフを安定化させるダイナミクスが人々を導いて経済的エージェンシーを近似させる。かくて必要となるのは，集団レベルのアトラクターの流域——それは進化論的分析によって決定されることになる条件の下でセルフの諸集合（*sets*）を安定化させることに貢献する——を特徴づけるための概念である。Young（1998）は，文化進化への適用の中でいくつかのそのような分析の力を例証している[171]。

---

171 ［原注12］Sugden（2001, pp. 125-127）は，議論の一部として，ヤングの仕事を直接的に批判している。私は以下でこれに立ち戻るつもりである。

これまで論じ来ったように，人々を理解するには，諸国の経済——それが行動科学に照らして正確には何であれ——を理解する仕方で試みるべきである——それは次巻の私の話題である。しかしながら，差し当たり，このくらいのことは言うことができよう——そもそも諸国民経済を理解することが可能であるのは，ただ，それらを構成する市民たちと社会的組織が安定的な効用関数をある程度まで持っているものとみなし得る範囲でのみである，と。人々はモデル化がより容易かもしれない——なぜなら，人々の脳の諸部分の直截的な経済的エージェンシーは，それらの諸利益の間の諸ゲームの情報上のダイナミクスの諸境界がより容易に発見可能であることを含意するからである。これは認知科学——神経経済学を含む——が研究することである。サグデンは，不平を並べて述べる——「進化ゲーム理論の内部で驚くほどほとんどなされてこなかったのは，模倣と学習が実際に機能する仕方，あるいは，これらの過程が機能するかもしれない仕方（ゲーム理論家にとってより適しているかもしれないプロジェクト）についてさえ，の調査作業であった」（Sugden 2001, p. 123）。神経経済学のプログラムは——Camerer（2003b）の「行動ゲーム理論（behavioral game theory）」とともに——，その不平を直接的に述べている。

　経済学者たちの進化ゲーム理論（EGT）の理解における単なる疑似経験主義であるとサグデンがみなすものに対する異議の中核は，次のような彼の理に適った主張である——多くの経済学者たちはちょうど非社会的動物たちをモデル化できるように人々を真っ当にモデル化できると想定している，と。（すなわち，個人の効用関数が期待適応度を突きとめると想定することによってである。）そのようなモデル化ができないという彼に私は同意し，そのように考える諸理由を彼の理由に付け加えてきた。しかし，その異議に照らせば，説明責任が私に生じるのは，なぜ，人々が関係する場合でさえ，最大化と合理性への言及がEGTの適切な適用に暗に含まれているのかについてである。今から次のように説明をするつもりである。その基本的な基礎づけは次の主張だ——EGTが最も良く理解されるのは，志向姿勢の機能主義を希少性に集団的に直面している相互作用する諸システムへ適用することとしてである，と。

　第5章で素描したようなEGTから消去主義に至る議論は，古典的なゲーム理論家たちによって暗に想定されている前提を承諾することに依拠していた——その前提とは，プレイヤーたちが示すような合理性は彼らに予め授けられた内的な計算能力と気質に体現されていなければならないとの趣旨だ。すると，「完全合理性（full rationality）」の理想は，信念のような戦略の表象に関する制限のない内的計算を実行する気質を含意するものとして理解される。「完全に合理的な」戦略的期待は，かくて，ある有限の手続きを使ってゲームの構造とプレイから計算され得るだろう・・・・・あらゆる情報を説明するものとして解釈される。そのような期待を用いる一般的な気質は自然には可能でない——すなわち，自然選択によっては構築され得ない——ので，それは消去されるべきである。志向姿勢の機能主義は，合理性が命題構造に関する内的計算の観点で最も良く理解されるという前提を否定し，それにより，その結論を回避する。志向姿勢の帰属化は均衡における戦略的プレイから信念と願望を推定するのであって，その逆ではないのである。

これは，Rosenberg（1992）が経済学における消去主義擁護の議論に答えるものだ（さらなる詳細については Ross 1994b を見よ）。しかしそれはサグデンには答えない。消去主義を擁護するその新たな議論を，Churchland（1979, 1981）のもっと馴染みのある議論よりも良い議論にすると思われる一般的な考察は，消去主義が行動を予測し説明するための実際的で利用可能な戦略に依拠する——信念がそうであるかもしれない種類の対象についての抽象的な形而上学的諸仮説に依拠するのではなく——ということだ。この文脈において，プレイヤーたちによる信念の明示的な表象と計算を要請しない観点で信念を考えられると述べることは，ほとんど有効で・・・ない——すなわち，もし人々の諸ゲームの最善のモデルが彼らを必要としない（いかなる解釈に基づいても）ならば，そして，もし行動の履歴を一連の諸ゲームとしてモデル化することが人間の経済行動を表現する最も生産的な方法であるならば，哲学的諸問題が全く重要ではないと議論により判明することもあり得る。もし，概要を示した議論への消去主義的な結論に抵抗すべきならば，デネットか誰か他の者による代替的な信念の理解を単に持ち出すよりも強い何かをしなければならない。代わりに，一連の諸ゲームとして行動の履歴をモデル化することが，合理性の諸仮定の継続的な喚起を必要とすることを示さなければならない。さらに，これらは完全に合理的なプレイヤーのモデル化を含意しない仕方で引き合いに出されなければならない——完全に合理的なプレイヤーといったものは存在しないし，実際に存在するエージェントの理想化でさえない（なぜなら，理想化はモデルを損なうことなしには緩和させられないからである）。

Sugden（2001, pp. 121-122）が Binmore（1994, 1998）の RPT の使用を批判する時に非明示的に認識しているように [172]，合理性が EGT の特定の文脈において

回復されるだろう 1つの経路は——もし我々が自然的かつ／または文化的な選択を期待していたとするならば——非整合的な選好を取り除くことである。これはまさにビンモアが前提することであり，選択を特定の環境的その他の諸制約のもとでの最適な諸適応の生成者とみなすことになる。（最適に適応した諸システムは，探索または情報取得の費用に照らして，限定的に合理的なだけであるかもしれない。）そのような合理性は，むしろ行動的であるだけで，（一般的に）表象的かつ計算的というものではなかろう。しかし，これは RPT の有意性のために必要な唯一の種類の合理性であり，志向姿勢の機能主義者によって自然的行動に一般的に有意に関連すると認識される唯一の種類である。

　Dennett（1995）は，進化過程のモデル化における最適性の諸仮定の使用を擁護することでよく知られている。ミロウスキーは，第 1 章で見たように，デネットの思考のこの側面を「バンジー・ジャンプ」として記述し，それを理由にサグデンに与してビンモアを批判しもする。この態度は一般的である。適応主義へのデネットのアプローチは，彼の批評家たちによって頻繁に誤解される——なぜなら，彼らはそれを志向姿勢の機能主義のより幅広い文脈から切り離して，それを動機づけるものを理解することに失敗するからである。適応主義が典型的に説明されるのは，自然選択が完璧な個々の諸産物を構築するという見方としてである。ここで，もし「完璧な（perfect）」——各々の特定の場合における——が，所与の生態学的均衡に関連して理解されるならば，選択が完璧な生物を構築するという仮説は複雑な諸設問——哲学的および生物学的の両方——を提起する（Orzack and Sober 2001 における諸論文を見よ）。それはしばしば揶揄されるような単にパングロス的な楽観主義にふけることではない [173]。しかしながら，すぐに見ることになるが，これはデネ

172［原注 13］私はここで「非明示的に（implicitly）」と言わなければならない——なぜなら，サグデンは，表象と計算の諸過程のために「合理性（rationality）」という明示的なタームをとっておき，それゆえに，ビンモアは「合理性にまったく訴えず，進化的選択に訴えるだけである」（Sugden 2001, p. 120）と述べるからである。
　しかしながら，彼はそこから進んで，ビンモアの伝統的な経済的整合性の諸条件の使用を批判する。これは志向姿勢の機能主義者が理解しなければならない「合理性」であり，それゆえに，現在の議論にとって有意に連関する意味である。
173［原注 14］よくあることだが，デュプレ（Dupré 2011, pp. 42-43）はここで腕いっぱいの石を抱えてガラスの家から現れる。
　［訳注］「ガラスの家に住む者は石を投げてはいけない」（すねに傷持つ者は他人の批評などしない方がよい）という諺がある。パングロス（Pangloss）は，フランスの思想家ヴォルテールの小説『カンディード』に登場する楽天的な哲学者の名。

8. 合理的エージェンシーと合理的セルフ性　　421

ットが訴えるバージョンの適応主義そのものではない。そこに行く前に次のことに留意すべきである——彼がデザイン空間を探索するためのアルゴリズムとして自然選択を語ることによって，一部の批評家たちは進化が論理的に（logically）最適な生き物たちを構築するという遥かに強力な考えを促進しているのだと読むに至ったということである。これは精緻化のプログラムを悩ませた仮定を繰り返すだろうから，仮にこれがデネットの見解ならば，それが空想的だというサグデンに同意しなければならないだろう。

　Ross（2002b）は，「因果的（causal）」なバージョンの適応主義と「診断的（diagnostic）」なバージョンの適応主義の区別に関連してデネットの選択の見方を論じ，デネットは診断的なバージョンのみを主張しているが，因果的なバージョンを主張しているかのようにしばしば批判されてきたと論じている。Godfrey-Smith（2001）は，本質的に同一の洞察を捉えているが，しかしそれはより洗練された，三部構成の，種々の適応主義の図式化であるので，ここで彼の類型論に従うことにしよう。第一に，経験的な（empirical）適応主義がある。これは，非常に大まかに言えば，たいていの生物学的変化が自然選択への言及によって説明されるという命題である。（これをより大まかでなくするには，「生物学的変化」のさまざまな可能な諸解釈を考え，「〜によって説明される」に「排他的に」か「主に」か何か他の制約的機能語が先行すべきかを問う必要があるだろうが，これらの技巧的事項はここでは考慮しないつもりである。）文化的進化のための経験的な適応主義の一変種を生み出すことができるよう，「生物学的変化」を「広範囲に及ぶ人間の行動パターンにおける諸変化」に代えて，「自然選択」を「文化選択」に代えることができよう。第二に，ゴッドフリースミスは説明的な（explanatory）適応主義を際立たせる。これは彼がデネットに帰するバージョンの適応主義であり，彼はそれが「最も誤解された」適応主義の命題であると述べる（ibid., p. 336）。説明的な適応主義者とはこう前提する者の謂いである——自然における見かけ上のデザインの説明は進化論のための決定的な被説明項であり，その被説明項を解決するための唯一の有効な論理的装置はダーウィン主義的な論議パターンである，と。第三かつ最後に，方法論的な（methodological）適応主義がある。これは次のような見方である——生物学の諸データは選択諸仮説を参照することによって最も良く組織化される，と。より包括的でない表現をすれば，それは生物学者たちへの次なる助言である——最適な自然的デザインを仮定して特定の探査を始め，それから，新たなデータが入ってくるにつれて仮説を

次第に緩和すべきである，と。このバージョンの適応主義に基づけば，適応的諸説明は実用主義的な理想化である。

　デネットが説明的適応主義者であるということに問題は無い。すぐに見るように，彼は方法論的適応主義者でもある。しかし，ゴッドフリー-スミスが示すように，文脈から外れて経験的適応主義を是認するように見えるデネットからの引用を提示することができるものの，彼によるその命題の明示的な否認は明確かつ頻繁であり，進化論に関する彼の最初の著作群からそうであった（すぐ下を見よ）。この理由は，遺伝子頻度における諸変化にとっての突然変異と遺伝的浮動の相対的な因果的重要性に関する生物学者の間の論争において，彼がどちらかの側につくからではなく，むしろ，すべての特定の場合を横断してもたらされ得る，機能的帰属のための分析の特権的で客観的な肌理〔グレイン〕が存在することを否定するからである。「母なる自然は」——と彼はその話題の最初の系統的な議論において書く——「明確な，客観的な機能的帰属をいっさいしない。こういった帰属は，すべて，発見したものを解釈するために最適性を仮定する，志向姿勢という思考様式に依拠するものなのである。パンダの親指は，本当は指ではないのと同様，骨でもない。解釈を行う際に，それを指と考えればまごつくこともないが，どこに行ってもこれ以上のことは言えないのである」（Dennett 1987, p. 320[174]）。これがデネットのよく考えた立場に残ってきたということを疑う者は誰でも，彼のルース・ミリカンとの討論（Dennett 2000）を参照されたい——その討論の中で，彼は自説を繰り返してそれに賛成の新たな議論を生み出して言う——諸適応が同定されるべき正しいレベルの精度に関する諸事実はまったく無い，と。どの場合においても，遺伝子頻度における諸変化の分子レベルの諸原因に関する諸事実が存在すると信じているので，彼にとって，選択は諸原因——それの他の競合するメンバーは突然変異と浮動である——の1ベクトルとして解釈されるべきではない。系統発生の歴史の中の因果的諸事象は，生物の実際の受胎と誕生であり，減数分裂を直接的に推進する分子レベルにおける因果的諸過程であるに過ぎない。すると，自然選択は，組織化原理であり，進化に対して志向姿勢を採ることとちょうど概念的に等価である——そこから，さもなければ見えないだろう説明のパターンが，生物についてのこの生活史的データから生じる。それを参照することは，自然の中の諸理由——諸原因ではなく——を発見することを可

---

174 ［訳注］ダニエル・デネット著，若島正・河田学訳（1996）『志向姿勢の哲学—人は人の行動を読めるのか』白揚社，pp. 373-374。

8. 合理的エージェンシーと合理的セルフ性　　423

能にする。これは説明的および方法論的な適応主義であるが，経験的適応主義では
ない。

　説明的適応主義者は，見かけ上のデザインについての諸設問は進化論の大きな問
題であるという自らの主張を進んで正当化しなければならない。Godfrey-Smith
(2001, pp. 349-351) が示唆するには，デネットの場合，その正当化が訴える先は，
ある個人の一般的な知的世界観——それは典型的に，意図的というよりは無心^{マインドレス}のデ
ザインの認識を，生物学的秩序の一般的源泉として伴う——への広く行き渡った貢
献にである。知的デザイン論その他の「スカイフック（skyhooks）[175]」に対する
戦闘がデネットの哲学のための（ますます）重要な動機であったことは間違いない。
しかしながら，ゴッドフリー－スミスはデネットの説明的適応主義の元来の明示的
な基礎に言及しない。その基礎は本書の諸問題にはるかに直接的に関連しているも
のだ——すなわち，その説明的適応主義は，志向姿勢の機能主義それ自体の正当化
の決定的な部分である。これを説明するには，2, 3段落を要することだろう。

　行動科学におけるデネットの反還元主義は，次のことの強調に基づいている——
純粋に因果的なミクロダイナミクスへの分析的関心の制限は，「基質中立的（sub-
strate-neutral）」な（すなわち，環境的諸圧力の諸タイプと選択の乗り物たちの諸タ
イプとの間の諸関係の産物である）相互作用におけるパターンへのアクセスを妨げ
るということである。そのようなパターンがしばしば同定され得るのは，ただその
選択環境によって生成された一定の諸帰結を達成しようとしているある1エージェ
ントが何を最適に行うのかを問うことによってのみである。最適化のパースペクテ
ィヴは有用である——なぜなら，ある所与の目的に対する複数の因果的手段の存在
は，選択により推進された諸過程——エージェントに向けられた帰結のエンジニア
リングおよび環境により推進された選択の両方を含む——の中の規範だからである。
そのような諸過程において反復的で反事実的–補助的なパターンの同定は，おそら
く選択があれこれいずれかの方法で遭遇しただろう機能に焦点を合わせるために，
特定の因果的歴史を抽象化し去ることを要請する。

　志向姿勢の論理は本質的に同一である。第2章から想起されたいのは，志向姿勢が，
分析者と被験者^{サブジェクト}の両方の特異な学習と表象の経歴，そして公的な参照の諸規範との

---

175 ［訳注］「〈スカイフック〉，原義は，気球操縦者。天空にものを取付けるための想像上の仕掛，
天空にものを吊るすための想像上の手段」（ダニエル・C. デネット著，石川幹人ほか訳 2001『ダー
ウィンの危険な思想：生命の意味と進化』青土社，p.105）。

間で三角測量する（*triangulate*）参照用指標の使用を伴うということである[176]。もし分析者が一貫して三角測量をすることに失敗すれば——つまり，もし一方で消去（または志向主義的なミクロ因果主義）の方針を通じて三角形の１つの角だけに言及することを強く主張し，あるいは他方で，排他的に別の角に注意を払い，被験者を社会的タイプのロボット的制御でプログラムされた代表とみなすならば——単にその被験者が行うことを予測し説明するために必要な実在的パターンを見落とすだけである。三角形のどちらかの１つの角に排他的に焦点を合わせるあらゆる戦略——内観主義，ミクロ因果主義（その亜種の１つである消去主義を伴う）とワトソン的行動主義——は，志向的因果のベクトルをどちらかの構成要素へと還元する試みである。そのような還元は現実の情報を失うが故に，志向姿勢を実在的パターンを（時には）突きとめることとして同定できるのである。

たいていの心と言語の哲学者たちは——先の第２章で述べたように——，近頃で言えば外在主義者たちである。しかし，デネットが（Dennett 1987 の第８章や他の多くの場所で）論じるように，多くの者たちもまた考えていることは，脳内の特定の志向的状態が環境的な三角測量により個別化された志向的状態に意味論的に寄与する仕方について質問することが，いまだに分別のあるプロジェクトだということである。すなわち，多くの哲学者たちはいまだに疑似的な内在主義者たちであり，脳——あるいは，抽象化のレベルが１つ高い，内面的な表象の諸エージェント（ロビンソン・クルーソーかもしれない）——は，全的人々と同じ主題についての信念を持っていると想像している——それは，ある個人が「本当に」信じていることを決定するというプロジェクトの一部であると考慮して有用であり得る。（Dretske 1998 は典型的な実例である。）デネット——それとクラーク，ビンモア，私——が否定するのは，人々の内側には擬似的な人々が居ること，あるいは，したがって，三角測量された個人レベルの属性の根底にある疑似個人的な信念が存在することである。信念は，経歴を所与として，環境的文脈内の全的人々の行動パターンを合理化する。人々が信じることについてのより深い諸事実を求めて，その個人の「内側（inside）」——脳でも，効用関数の社会化以前の保有者でもなく——を見る余地はない。

もちろん，脳，あるいはモジュール，あるいはニューロンに対して志向姿勢をと

---

176 ［原注 15］この点の非常に注意深い擁護については，Pettit（1993）を見よ。

8. 合理的エージェンシーと合理的セルフ性　　425

ることができるが——神経経済学，および，より一般に MISF の適用のように——，しかしそのとき，同定される信念は，一般的に，人々が信念を持ついかなる対象についてのものにもならないだろう[177]。この理由は志向姿勢はまさに説明的適応主義の適用であるからである。その使用は，したがって，志向的に捉えられているシステムを生み出した特定の種類の選択の経歴に対する感応性を要請する。志向姿勢の適用が存するのは，システム内の器官または行動の気質が問題への解答を構成する仕方について考え，説明を提供する点である。当該の問題はどこからやって来るのか。脳とニューロンの場合，生物進化の歴史からである。もしある 1 つの脳に対して志向姿勢をとるならば，それにより，その脳が自然選択によって設計された器官であるということを強調していることになる。それにより否定していることにはならないのは，脳とその構造も（とりわけ）環境的偶発事象と突然変異と組み換え的諸制約によって引き起こされているということだ。それらの偶発事象を研究しているとき，脳の信念のことをまったく気にする必要は無い。しかしながら，もしも他の説明上の諸目的——例えば，人間の脳の中で，社会的諸関係についての情報の処理が聴覚処理の大脳皮質に緊密に結びついている理由を説明すること——のためにある 1 つの脳に対して志向姿勢を採用するならば，これらの信念は自然選択（浮動でもランダムな突然変異でもない）が発見し得る情報的差別に基づいていなければならない。

　しかし，人々は文化的選択の産物である。かくて，彼らに対して志向姿勢をとることは，文化についての説明的適応主義の適用である。上で次のように指摘した——志向姿勢の機能主義によれば，人々の信念の諸内容についての諸設問を解決しようと試みて，それらの「内部をより深く（deeper inside）」見ようとしても有用な結果は得ることはできない，と。しかし，もし志向姿勢の利用が，勝手な作話の純粋な行使にならないためには，志向的な解釈に対する諸制約の何らかの諸源泉が存在している方がよい。もちろん，存在している。第一に，信念の帰属化は，被験者たちがさらされてきた情報の考慮によって制約される。第二に——ここで主に関心のある制約だが——そもそも志向的システムとしての人々の身分が由来している

---

[177]［原注 16］前節からの枢要な点を繰り返すと，社会的ダイナミクスが人々をより緊密に近似的な経済的エージェンシーへと近似させるに連れて導く，収斂の諸区域が存在するだろう。金銭的報酬の脳による評価付けとブラック–ショールズによる資産価格設定の間の合致は，そこで論じられたように，鮮明な好適例である。

のは，自然選択が彼らに願望を授けてきたことを我々が知っているという事実である。要点は，人々の「現実の（real）」または「中核的な（core）」願望は，彼らの繁殖上の適応度を最大化するかもしれない願望だということではない。この，私が前に批判した一部の進化心理学者たちの誤りは，内在主義の残滓の別の形である。むしろ，要点は以下のことだ。すなわち，我々は，人々が適応した認知的システムであり，かつ諸目標の適応した追求者たちである——それらの目標の一部は確かに相関的に組み込まれているが，しかし他は人々の社会的経歴によって彼らに印象づけられ，彼らの自己安定化ダイナミクスによって変容されている——ことを知っているが故に，彼らが問題解決者たちであり，諸理由に訴えることによる説明の場所であることを知っている。問題解決者たちとしての彼らの経歴は，彼らの信念と願望が妥当に扱えるものの解釈を制約する。説明的適応主義は，志向姿勢が有用な諸予測をもたらす理由を説明し，そしてそもそも実在的なパターンを説明する[178]。

　どのようにして志向姿勢が生じるかという設問は，説明的適応主義を正当化するために——ゴッドフリー-スミスの用語で言えば——十分に「大きい（big）」ものであるか。私は，最も控えめに言っても，もし我々の諸関心が経済学的ならば，それは確かにそうであると主張する。どの学問分野が，諸システムが直面する諸問題と，経済学よりも根本的なつながりを持っていようか。

　今行われたばかりの説明は，システムの構成要素のOISFによる個別化が構成要素のMISFによる個別化を交差分類する仕方についての我々の理解を深める[179]。脳とニューロン（それとおそらくはモジュール）は，個人的行動において因果的役割を果たす——ちょうど人々が団体と国民の行動において因果的役割を果たすように。しかし，一個人は，文化的な（G' レベルおよび G レベルの）諸ゲームにより提起された一連の戦略的諸問題への解である。脳は（とりわけ）生物学的な（G'' レベルの）諸ゲームにより提起された一連の諸問題への解である。いくつかのスローガンがあり，本書で前に述べられたが，すべてこのことの表現である——すなわち，

178［原注17］デネットの説明的適応主義と志向姿勢の間の関係を明確に理解したデネットの数少ない批判者の1人は，Fodor（1996）である。フォドーは，その全図像に深く懐疑的である。フォドーへの応答については，Ross（2002b）を見よ。

179［原注18］OISF分析によってのみ捕捉可能な実在的パターンについては，同じシステムのMISF分析のレベルにおける完全に正確な内容の帰属化の不確定性が妨げるのは，哲学者らが「法則論的付随関係（nomological supervenience relations）」と呼ぶものに訴えることだ。局所的な諸還元が成立するところでは必ずそのような諸関係は消去主義を含意するというKim（1998）の議論を考慮すれば，これは重要である。Ross and Spurrett（2004a, b）を見よ。

8. 合理的エージェンシーと合理的セルフ性　　427

脳は人々の固有の部分ではなく，人々は内的なロビンソン・クルーソーたちを持たず，「内面的な（internal）」個人的選好のようなものは全く無い，と。経済学において，人間主義的な半アリストテレス主義が依拠しているのは，これのいずれかの評価のし損ねだ。経済的消去主義が依拠しているのは，適応主義が必ずしも経験的変種ではないということの評価のし損ねだ——あるいは，これからそのように論じるつもりである。

　まず，ここで明確になったに違いないが，信念に対する志向姿勢の機能主義者の信念は，ギンタスが古典的ゲーム理論家の信念の観念を拒絶していることとの間で緊張関係にはないのである。古典的ゲーム理論家たちは，最終的な精緻化に向かう道へと導かれた——なぜなら，内的信念の諸システムとされているものの合理的構造についての諸仮定から，そのような信念構造をもつ諸エージェントが従事するであろう諸ゲームの諸均衡へと前向きに（*forward*）推論するからである。諸エージェントの信念は，したがって，内的な計算ダイナミクス内の不動点であると考えられる。志向姿勢の機能主義者は，対照的に，進化史と情報処理能力についての諸事実を考慮して，妥当な進化ゲームの諸均衡から彼らを合理化するであろう信念の帰属化へと後ろ向きに（*backward*）働く。デネットにとって，すべての信念の帰属化は——適応主義的説明におけるすべての機能的帰属化とちょうど同じように——この回顧的特徴を持っており，「信念（beliefs）」は内的な計算状態を意味しはしない。これが，根本的に，「新行動主義的な（neobehaviorist）」というラベルがデネット的立場に合致する理由である。次のことを明確にすることは役立つ——ギンタスがゲーム理論から「信念」への言及を撤廃する時に彼が拒絶しているものは，デネットが「信念」の存在と科学的重要性を承認する時に彼が言及するものと同じ種類の事物ではないということである。

　消去主義に対するこのくらいの反応は，本書の前の処々での主張を，多くの角度から繰り返す。ここでさらに強調したいと思うのは経験的適応主義と説明的適応主義の間の差異である。これによって説明しようと努めているのは，なぜ私が——サグデンとは反対に——基本的な経済的モデル化ツールとして EGT に頼ることを，効用の概念の，あるいは，効用最大化者としての経済主体のモデルの，引退を推薦していることとはみなさないかの理由だ。

　Sugden（2001, p. 118）は，EGT を採用する経済学者たちは概して不十分に革命的であるという主張の一部として，次のように主張する——「ゲーム理論家たちが

生物学に関心があると告白するときには，生物学を生物学者たちが考えるようには
——自然世界の諸事実の意味を理解しようと努力している経験科学として——考え
ていない。彼らが考えていることと言えば，生物学の比較的理論的な諸分枝の一部
において有用だと判明してきた数学的諸技法の小さな一塊のことだ」と。確かに。
しかし，これには妥当な正当化の理由がある。EGTの生物の母集団への適用——
または，それを言えば，セルフの共同体への適用，または，エインズリーの諸利益
の共同体への適用——は，OISFの行使であり，それらのダイナミクスが例示する
諸システムに対して志向姿勢をとることに基づいている。集団遺伝学者たち，また
は進化論学者たち，または系統主義者たちが動物たちの諸集団を研究し，それらを
諸種へと分類するとき，彼らはMISFを行っている（あるいは，もし分子データを
参照して完全に分岐図を構築するならば，全く志向姿勢を使わないかもしれない）。し
たがって，進化ゲームにおけるプレイヤーたちの諸集合は，生物学者たちが生物を
分類する諸種の諸集合へと——概して——写像^{マップ}されると期待されるべきではない。

　概して，諸戦略はEGTの適用においてどのように個別化されるべきか。古典的
ゲームを構築する中で，個別化問題が生じるのは唯一諸エージェントを巡ってであ
る。いったんそれらを特定し，それで効用関数の集合を特定化したならば，諸戦略
の個別化にはさらに判断できる追加的な余地はない。少なくとも１つの手を持つど
のエージェントも，彼らがそのゲームの展開型における情報集合の組み合わせを持
つのとちょうど同数の別個の諸戦略を持っており，これらはゲームの構造から完全
に推論できる。しかしながら，EGTにおける戦略の個別化についてそれほど明確
に言えることは何も無い——というのも，そのような諸ゲームにとって完全に外生
的などの要素も，それらの進行を通じて一定にとどまる必要が無いからである。も
ちろん，諸個体は世代とともに変化する——適応度の諸制約，それとおそらく，そ
のゲーム自体の空間を特定する環境パラメータが変化するにつれて。不用意にこう
仮定されるかもしれない——少なくともある一制約が戦略のアイデンティティに対
して課されて，諸戦略のプレイヤーたちを彼ら自身の子孫たちと同一視することを
要請するということも生じ得る，と。しかしながら，均衡の安定性の多くのEGT
研究——特に文化的ダイナミクスをモデル化しているもの——において，この制約
からの逸脱は，正に最も興味深い安定性特性の源泉である。例えば，Skyrms（1996,
第2章）は，レプリケータ・ダイナミクスにおける単純なゲームを議論する——そ
こでは多数大量の競争相手たちを伴うゲームの初期の危険な期間を通じて，均衡戦

8. 合理的エージェンシーと合理的セルフ性　　429

略が確実に存続する——なぜなら，組み換えの導入によって彼らは一時的に絶滅させられ得るが，最初にあまり不幸でないタイプのプレイヤーたちの交配を通じて戻ることができるからである。単系統発生はかくて侵害される——すなわち，自身の種のいずれをも祖先たちとして持っていなかった諸戦略が均衡の中に存在するかもしれない。生物学的領域において，諸種——遺伝子構造を参照することによって同定される——は，この種のラザロの行為[180]をやってのけることができない。しかし，それがまさに要点である——すなわち，EGT の形式主義の要素としての諸戦略は，概して，諸種と——あるいは諸系統と——同一視はされ得ない。

　ここでの要点は，もちろん，いかなる特定のモデルにおいても，諸戦略を形式主義の外側から独立に個別化された諸対象へと写像することはできない，あるいは，すべきでないということはない。（もしそうしなかったならば，それはいかなるものについてのモデルでもないだろう。）要点は，むしろ，進化的諸戦略は——諸利益その他の OISF の諸対象のように——諸帰結を合理化するための回顧的な構築物であるということである[181]。諸利益と同様に，正に個別化諸原理が形式主義それ自体の要請によって推進されるようにできる。ゲーム理論を数学の一分枝とみなすことは，もし進化ゲームが隠喩的にのみゲームであるべきでないならば，進化的戦略が形式的に（formally）何であり得るかに関して動き回る余地を与えない。いつでも進化ゲームの静的なスナップ写真を古典的ゲームとして構築することが可能でなければならない。このゲームを生成した事前のダイナミクス——それと外生的な突然変異——は，そのプレイヤーたちに利用可能な指し手の範囲を確定しているだろう。すると，ある戦略は，単にそのゲームのツリーを通じた任意の可能な経路のことである。これは進化的戦略を特定の進化ゲームに相対化することの完全に理に適った効果を持つ。理に適ったと言うのは，もしデネットが正しければ，志向姿勢を使って進化を解釈すること——すなわち，説明的適応主義的パースペクティヴを採用すること——から独立に実際の戦略を見つけることは無いからである。

---

180 ［訳注］イエスはベタニアに来た。死んでいた者で，彼が死んだ者たちの中から生き返らせたラザロがいた所である。［ヨハネによる福音書　12：1］

181 ［原注 19］ちなみに，これは進化ゲーム理論の文化進化への適用を正当化する試みの中で「ミーム（meme）」に訴えることについての，しばしば聞かれる不満に有意に関連している。これらの不満は，諸ミームを個別化するための利用可能な安定的な諸原理が全く無いように見えるという事実に典型的に基づいている。しかし，ミームは，妥当にもちょうど OISF の対象一般に——存在論的に——ぴったり匹敵している。それもまた，予測的かつ説明的に成功している均衡モデルから——還元主義的な基礎から独立に構築されるというより——推論されるべきである。

そして，諸ゲームそれ自体を個別化するための我々の諸原理は何であろうか。統語論的（*syntactic*）構造としての諸ゲームは，それらの根底にある有向グラフを参照することによって（展開形において）個別化されている。意味論（すなわち，生物学的または文化動態的な解釈）を加えることにはどのように取り組むか。古典的ゲーム理論において，終端節点への諸利得の割り当て——実物資産の分布として解釈される——がこれを行い，かくて，ある1ゲームが変化する，と言われるのは，利得構造が変化する度毎のことなのだ。利得の割り当ては，もちろん，効用関数から導出される。進化ゲームにおいて，諸利得は適応度係数として解釈されるが，しかしこれらは諸ゲームが進化するのに伴って不変のままではないだろうし，不変のままでは留まり得ない。さて，典型的にEGTモデルの全要点は，諸ゲームが進化するのに伴って，有意に関連する諸パラメータ——戦略の頻度，適応地形のトポロジー，適応度係数を含む——のダイナミックな変化を理解することである。これらの状況下において，もしゲームの個別化が完全に自由裁量的であるべきでないならば，ある数量が保存されなければならない。これは何であり得るだろうか。Brown（2001）は，EGTを極値理論として一般化する仕方を示す——そこでは，選択は抽象的な1つの「適応度生成関数（fitness-generating function）」の最大化として概念的に統一化されるが，これは，さまざまな種類の選択形態（密度独立的，または密度依存的，または頻度依存的）においてさまざまな特定の諸解釈を採る。新古典派の効用関数と同じように，適応度生成関数が興味深いその理由はまさに，それが事前に定められた経験的解釈を持たないからである。

Sugden（2001, p. 128）は，経済学者たちが馴染みのある形式的な上部構造にコミットすることを捨て去って，現実の生物学者たちのように振る舞うようにと促すが，「現実の（real）」生物学者たちが何を行うと思うかについて明示的ではない。（彼らは，主として彼らが発見して育てる諸事物を計測する。間違いなく，サグデンは経済学者たちがより多くのデータを収集すべきだと考えている。それについて論議立てはできないが，しかしそれはどの科学においても常に当てはまる。）彼が形式主義の系統化する力を疑っていること——「合理性」を疑うことよりもはるかに進んで——，それこそが，私をして彼を以下の者たちよりも根源的な消去主義者として解釈させるものだ——その者たちとは，単に精緻化プログラムの拒絶であるような「合理性」反対キャンペーンを展開する者だ。ゆえに思い切って示唆をさせて欲しいのは，真に「生物学的な」経済学についての彼の直観（あるいは，彼の諸論議を借用する一

部の仮説好きで自己意識的な経済的消去主義者たちの直観）に関してである。

　その直観は，生物学についての一定の像から始まるだろう。まず過度に厳密な分岐論者（クレイディスト）として，生命の歴史に接近すると想像しよう。すなわち，我々が主張するのは，各々の進化的新規性は，その変異の程度がいかに小さくても，厳密な単系統（モノフィリー）が課されている単一の分岐図上で特異な場所を占めるということである。結果として生じるツリーは，当然，分岐群が密集していっぱいである——非常に小さい規模を超えて説明的一般化を追求する者のパースペクティヴからすると，無用に濃密である。その構造は，例えば，緊密に関連した蘚苔類の集団内部で分子の展開を図示しようと試みている分類学者（システマティスト）にとって有用だろうが，しかしこれは説明的ではなく根本的に記述的な仕事である。我々は，ここで原則的な仕方で，どのように有用なパターンを発見しようと試みればよいだろうか。どうやら「差異をもたらす進化的新規性」といった，ある観念を必要とするように思われる——まずツリー上の戸惑うほど並ぶ一連の分岐群（クレード）を削減するためにも。しかし，差異をもたらすと言って，一体，何に対してなのか。分岐論的精神を守りながら，単に次のようにでも答えられるかもしれない——諸過程の終わりにおける（あるいは現在——もしそれが説明しようと試みていることならば——，あるいは興味が持たれる進化的過去のある時点における）分岐群の分布に対する差異である，と。しかしながら，これは説明のためのデータを与えるのみである——進化的パターンを説明しようとするパースペクティヴからすると，それは完全に循環的である。ここで，おそらく EGT が，この点において持ち込まれ，なぜ分岐群が生じる——そして密集する——ところで生じるかを説明するのを助け得る戦略は系統と同一視されるだろう。我々が採り集めていると想像する高度に構造化されたデータは，諸ゲームの選択に対する諸制約の主な源泉だろう——「自然選択が直面する諸問題」についてのいかなる直感も役割を果たさないだろう。どの場所でも，説明的な図像に入るだろう諸理由は全くない。

　これは，EGT を使うための有益かつ生産的な方法ではあり得よう。しかし，消去主義者の直観がさらに押し進め主張するように思われるのは，EGT はそれによって説明されるべく存在するものすべての理解に貢献するだろうということである。哲学的には，この直観は結局，何であるのか。それは我々が科学に求めるものについての——しかも実在的パターンを参照することによって説明する必要と相容れないものについての——超経験主義を表現する。整合的な意味論を進化ゲーム理論における諸対象の諸部類へと賦課することは，明らかに——ちょうど，形式的構造の

意味論的解釈のプロジェクトと同じように——世界へのいくらかの参照を要請することだろう。しかし我々は，これが還元主義的アプローチにより記述されるような世界でなければならないという先験的な諸制約を課すべきではない。これはまさに，神経経済学が——それがいかに重要かつ有用であるとしても——ピコ経済学を潜在的に解任または解放しない理由を繰り返すものである。またもや，個別化へのMISF アプローチと OISF アプローチは競合し合うものではないのだ。

　私が主張しているのは，消去主義的な直観に反対して，諸ゲームは根本的に諸問題であり，諸戦略はそれらに対処する諸方法の候補であるということである。しかし，生命の歴史を問題解決の観点で表象すべきであると考えることについて，我々はどのような経験的動機づけを持っているのか。その答えは，Glimcher（2003, 第7 章），Conway Morris（2003）その他によって主張されたように，こうだ——進化における広く行き渡った収斂の事実である，と。生物の 2 つの集団が経済的に類似したニッチを占めることを知っていることは，系統発生論とは独立に，生態学と動物行動学における形態学的な類似性を繰り返し予告させる。Conway Morris（2003）は，特に，数百の実例の山を積み上げているが，そこでは類似の生態学的諸圧力に直面する類縁性の無い諸動物が，ほぼ同一の形態学的構造を進化させてきたのである。Ray（1992, p. 396）から好適な要約的な絵解きを引用すると，「恐竜のうち，翼竜{プテロサウルス}，三角竜{トリケラトプス}，暴君竜{ティラノサウルス}，魚竜{イクチオサウルス}は，それぞれ，現代の哺乳類の蝙蝠{バット}，犀{ライノセラス}，獅子{ライオン}，鼠海豚{ポーパス}の生態学上の並行物である。同じように，現代の有胎盤哺乳類のうち，灰色狼{グレイ・ウルフ}，モモンガ{フライング・スクイレル}，大蟻食{グレート・アンティーター}，ヨーロッパ土竜{コモン・モール}は，それぞれ，オーストラリアの有袋哺乳類{マースーピアル}の袋狼{タスマニア・ウルフ}，袋モモンガ{ハニー・グライダー}，袋蟻食{ナンバット}，袋土竜{マーシュピアル・モウル}である」。これらの諸対の諸集合は，要点を鮮明に説明するとはいうものの，いささか粗雑である。しかしながら，コンウェイ－モリスが述べているように，収斂的なパターンは，しばしば，非常に驚くべき精緻さと正確さの数量的予測が成功するために十分なほど頑健かつ詳細である。また収斂も，大型の肉質の獲物をとるあらゆる捕食者が鋭い歯を持っていることのような粗野な類似性を単に意味するのではない——コンウェイ－モリスが示すように，生態学的類似性は，しばしば，共通の諸構造を化学的な促進物と諸経路のレベルに至るまで予測させる。ここには，復讐とともに，諸種または諸系統よりも抽象的であり，かつ，単系統性によっては完全には制限されない諸戦略が存在する。問題解決者として進化をモデル化するための圧倒的な理由としての収斂の遍在は，Gould and Lewontin（1979）の有名な主張によって非難さ

れることは全く無い——彼らは言う，進化は「三角小間（spandrel）[182]」を，すなわち，デザイン諸戦略の副産物である生物の諸部分（最適化に寄与するものではなく）を構築するのである，と。まったくその反対である——すなわち，三角小間は厳密に問題解決の副産物であり，そのパースペクティヴに関連している三角小間としてのみ理解され得るのだ。

　ギンタスとサグデンはもちろん正しくも言う——，古典的ゲーム理論家の信念と精緻化プログラムは進化ゲームにおいていかなる場所も占めない，と。この図像の中には有意な予測眼または有意な計算能力を持つ者は誰もいない。しかしながら，これは諸問題と諸解決を排除しないし，したがって，諸理由を排除しない。有意な諸問題，諸解決，諸理由は，自然選択によって直面される。それらはそれらを評価できる者が誰か存在するずっと前から存在した。生命の歴史が諸ゲームへと分類される根拠は，デネットが述べるように，「自由浮動的（free-floating）」だ（すなわち，諸プレイヤーによっても設計者たちによっても考慮されない）が，しかし，したがってそれらが実在的パターンであることを否定しようとする理論家は，次のようなひどく非実在論的な立場へと強い込められることだろう——つまり，進化ゲーム理論家たちが現れる前にはいかなる進化ゲームも進行していなかったと主張するのだ。もちろん確かに，我々分析者たち，我々志向姿勢をとる者たちは，データを数学的技法の展開を可能にする形式的諸対象へと転換させるために，諸データを諸ゲームと諸戦略として解釈しなければならい。しかし，収斂の遍在性は，もし我々が生物学的現象を理解したければ，そのような解釈に従事するよう強いる経験的一事実なのである。

経済的適応主義

　前節においてゴッドフリー–スミスによる適応主義の諸形式の分類を配置する中で，いかなる詳細も提供することなく認めたのは，デネットは説明的適応主義者と方法論的適応主義者の両方であることだった。誰にとっても方法論的適応主義者であることを認めることなく説明的適応主義者であることを認めることは奇妙だろう。もし進化史についての主導的諸設問の研究の要請することが，諸データが諸ゲームと諸戦略への参照によって組織化されることであるならば，少なくともこれらの主導

---

182 ［訳注］建物の開口部の２つのアーチ等にはさまれた装飾壁部分。構造的というより，装飾的。

的諸設問が関わるところでは，理に適った方法は明らかにその組織化を行うことを伴わなければならない。

　デネットの方法論的適応主義は，リバース・エンジニアリングを認める中で，行動諸科学における基本的な認識論的な一手続きとして表明される。彼の主要な例示の1つを検討しよう——

> レイセオン社（Raytheon）がゼネラルエレクトリック社（General Electric）の製品と競争するために電子製品を作りたい時，いくつかのGE製品を購入し，そして分析する——それがリバース・エンジニアリングである。それらを作動させ，評価し，X線にかけ，分解し，あらゆる部分を解釈的分析に掛ける——なぜGEはこれらの配線をそんなに重くしたのか，これらの余分なROMレジスターは何のためか，これは二重の絶縁か，もしそうなら，なぜそれにこだわったのか。注意されたいが，支配的な仮定は，これらすべての「なぜ」という諸設問が諸解答を持っている，ということだ。すべてのことに存在理由があり，GEは何も無駄なことをしなかったのだ。
> 　もちろん，もしリバース・エンジニアたちの知恵が自己認識の健全な助けを含むならば，彼らはこの無前提の最適性の仮定が強すぎるということを認識するだろう——すなわち，時にはエンジニアたちは愚かな無意味な諸事物をデザイン中に入れ，時にはもはや機能をもたないものを取り除き忘れる。時には彼らは回顧的には明白な近道を見落とす。しかしそれでもやはり，最適性は無前提の仮定に違いない——もし，リバース・エンジニアたちが観察する諸特徴に妥当な根拠があると仮定できないならば，分析を始めることさえできないのだ。
> （Dennett 1994, p. 685）

生物学における説明的適応主義者は，自然選択のデザインのリバース・エンジニアリングをまさにこの仕方でするように促されるのだ。

　留意すべきは，ここでのリバース・エンジニアの仮定は，その製品（*product*）がありとあらゆる諸目的にとって完璧であるということではなく，設計者（*designer*）はある諸目的を念頭に置いていたということである。設計者の諸目的を熟考するよう誘うことは，課されていた諸制約も熟考するように誘うことを含意する。自然によってデザインされた諸システムが関わるところでは，リバース・エンジニアリングが認識しなければならないのは，それらが先見の明を持たない設計者によって生産されたということだ——その先見の明とは，機能仕様書に合わせて，ゼロから仕事をするのではなく，特定の既設定のプラットフォームを各段階毎にいじくり回すのに必要とされるものだ。等しく重要なことだが，自然は，その諸デザインを言わば一つずつ工場から放出しながら，互いから孤立なそのデザインを展開するのではない。自然は，そうしないで，マクロ経済全体を逐次漸増でデザインする——

そこでは，任意の一製品の最適な機能に対する諸制約は，競争している諸ブランドの全範囲にわたる均衡の考慮によって部分的に与えられる。母なる自然に適用された最適化の理想化は，かくて，合理的な経済的生き物の一集合を構築するという主張ではなく，むしろ自然は，市場がする仕方で——競争的諸戦略のために開かれたニッチを探し，それから，（最終的に）それらのニッチを占めるという仕方で——情報を計算するという主張である。これは Dennett（1995）が自然選択を「アルゴリズム的（algorithmic）」と特徴づける時に意図した意味である。それはちょうど，経済学者たちが集計的システムの研究を典型的に始める時の，諸市場についての種々の諸仮定に類比的である。この手続きは，総体（アンサンブル）の中の各々の個人的エージェント——あるいは，任意の個人的エージェントさえ——が，その理想的な効用最大化の完璧なコンピューターであるという旨のいかなる仮定も必要としない。そうではなく，自然選択に適用された有意な適応主義的仮定は，所与の生態学的システムの場合に自然が設定してきた市場のミクロ構造が何であれそれに・関・連・し・て，選択圧が次善の個人的な諸気質の集計的な諸影響を挫（くじ）く傾向があるだろう。

デネットは，もちろん経済学者ではなく，思うに，市場タイプの間の変異の潜在性についての一定の無知を非難されやすい。すなわち，彼に反対して行われてきた1つの反適応主義的な論点にはいくらかの正義がある——彼が設ける一仮定は，経済的用語（ターム）で，自然は必然的に一般均衡に向かうという見解として表現され得る仮定である，と。生物学的な用語（ターム）では，これは次のように表現されるだろう——ニッチの特異な均衡の集合があり，自然が（最終的に）それらすべてを占める，と。「バンジー・ジャンプ」についてのミロウスキーの心配は，それが持っているような適切性をこの論点から導くかもしれない[183]。この文脈において，ミロウスキーの次の主張によって提起された複雑な問題を批判的に評価する必要はない——ゲーデルの定理は一般均衡は決して効果的に計算され得ないということを含意する，という主張だ。単に自然はダイナミックなシステムであるという理由で，それは明らかに・決・し・て・一般均衡に達していないだろうが，デネットの仮定はそこに至るものではない。そうではなく，デネットの仮定は，選択主義的な説明が占められていないニッ

---

183 ［原注20］その異議は，私・が・出版して行った以前の主張に対して，遥かにより明確に当てはまる（Ross 2002a を見よ）。「より明確に（more clearly）」と言うのは，私が——デネットではなく——市場構造の観点で彼の適応主義に明示的に注釈を付けたからである。もちろん，もし私のデネット解釈——以前の仕事とここでのそれ——が正しいならば，その異議は彼に対する異議でもなければならない。

チを見つけるところではどこでも，その説明が直面するのは，なぜ自然がそのニッチを見つけることに失敗してきたかを説明する際の議論の要点だということである。

　ある地味な経済的な一例が要点を説明するために役立つだろう。ある経済学者が，ある都市についての次のデータに出くわしたとしよう。そこには利益を得てゴルフ備品を販売するいくつかの競合する企業がある。消費者の支出パターンが示すのは，他の地域へのゴルフツアーに対する相当のレベルの集計的需要である。その都市は，大きく平坦な農園によって囲まれるが，それらの農園は繰り返し経営危機に直面しており，定期的な大いに物議をかもす政府の補助金によって辛うじて破産しないでいる。しかし，その都市から自動車で行ける範囲内にゴルフコースは１つも無い。これらの諸事実の集合は，経済的アノマリーを構成し，特別な説明を要請するだろう。（おそらく，芝地を維持することは，土壌または気候のために，極端に高価である。）それを発見した後では，説明の示唆に失敗した地方経済のいかなる説明にも満足しないだろう——そのレジャー市場におけるこの些細な歪みがそれ自体で非常に経済的に重要だからではなく，あらゆる種類の仕方で一般的な経済モデルにとって重要かもしれないその都市の諸状況について，何かおかしいことがあることを知っているからである。ゴルフコースが無いことが異例（アノマラス）であるということは，その都市の市民たちと投資家たちが個々に完璧に合理的であるという仮定には依存しない。それが依存する諸仮定とは，彼らの効用関数についてのおおよその諸事物を知っており，選好と価格についての情報はそのシステムの内部で然るべく効率的に流れているということなのである。

　アルゴリズム的なものとしてのデネットの進化モデルが表現している考えは，自然選択は時間的諸制約にまったく直面しないし，大規模並列処理装置であるので，高度に効率的な情報処理装置でなければならないというものだ——効率的というのは，今述べたばかりの類の経済的適応主義を正当化する程にということである。この仮説を支持するもう１つ別の論点として，自然選択はいかなるレント・シーキングの諸制度によっても規制されていないということを付け加えても良かろう。しかしながら，諸制度へのこの言及は，その仮説における困難も明らかにしている。規制は，情報フローを妨げると同時にそれを促進もし得る。さらに，自然の体現する市場は自由かもしれないが，しかしそれは完全（パーフェクト）（経済学者の意味での）からは程遠い。それは彼ら自身の諸利益を展開する諸製品——すなわち，彼ら自身を永続させるためにできることをするであろう諸製品——を構築するため，参入と退出の障壁を自

発的に構築する。すなわち，生物の諸集団は，自然選択自体の働きによりインセンティヴを与えられ，さもなければ他者たちにより支配されるかもしれないニッチを封鎖ないしは破壊する。（彼らはこれを行うために先見の明を全く必要としない。ライオンは，チーターが自らの領域にいるときに，チーターの子供たちを狩って殺すことにかなりの時間を捧げるが，その程度たるやアフリカのいくつかの部分でチーターの絶滅に寄与しているように思われる。）

　これはもちろん，今までのところすべてはアナロジーの曖昧で推論的なからかいにすぎない。さしあたり要点は，デネットの非明示的な経済的適応主義が必ずや誤り導かれたものだ，ということではない。むしろ，原始的だということなのだ。情報が自然において無費用では流れないのは，人間の市場において無費用では流れないのと同じである。Mirowski（2002）が指摘するように，情報フローダイナミクスの特定の相互作用が諸類型の市場構造の進化に影響する系統的な仕方についての形式的探査が急速に成長している——それは「市場ミクロ構造理論（market microstructure theory）」の名で通っている（サーベイについては，O'Hara 1995を見よ）。もし経済的適応主義が興味深い考えならば，この分析道具の諸資源を使いながら研究するに値する。さらに，行動科学の新たな分科の人工生命（Langton 1995；Boden 2001）——それは地上の実際の生命の歴史によって研究されない新たな進化的ダイナミクスの創造に自身を向けている——は，詰まるところ経済的エージェント一般の間のダイナミックな情報フローに関するより幅広い可能性と諸制限を研究することになる。これら2つの研究の諸経路の探査は，互いに情報を与え合い，志向姿勢の機能主義によって示唆される仕方で行動科学と経済理論を結合するための具体的な一戦略である。

　実際，既に行われている人工生命研究が市場の類型学の研究に対して立つ関係は，伝統的なミクロ経済学が伝統的なマクロ経済学に対して立つのと同じような関係だとみなされ得る。今まで発展させられた最も深遠な人工生命プロジェクトの1つにおいて，トマス・レイ（Ray 1992）は，自己複製するコンピューターコードの羅列の中で寄生性，高次寄生性，社会性の進化の引き金を引いたが，その方法は単に，それらを低次構造のシミュレートされた環境——そこでそれらは希少なCPU〔中央処理装置〕時間とメモリを求めて競争する——に置くだけだった。複雑性の諸特徴——性別の進化のような——を生成するためのさらなる諸試行は，環境に関するミクロ経済学的パラメータを操作することを本質的に伴う。別の人工生命研究者の

デイヴィッド・マクファーランド（McFarland 1992）はこう論じている——その学問分野のための基礎的なモデル化の前提は，動物を「費用基盤のロボット（cost-based robots）」として考えることでなければならない，と。その考え——マクファーランドが形式的に発展させる——は，ミクロ経済学的諸圧力——諸目標を伴うアクティヴな諸システム（すなわち，諸エージェント）のための不可避な諸問題の領域としての——は自己進化する生命に特徴的な現実のダイナミクスの源泉で，それはつまり，その諸産物を古典的 AI の「死んだ（dead）」ロボットたちから区別するものだということである。

　もし，経済的適応主義が，ミロウスキーの言うように，バンジー・ジャンプならば，思い出してもよかろうが——バンジー・ジャンプも破滅的ではない（もし命綱が付いていれば）。デネットの綱は橋につながれていないのか。Young（1998）が一連の論証を提供しているように，もし母集団内の諸エージェントの学習気質の諸モデルを経験的に正当化できるならば，局所的な諸均衡——学習気質が漸近的関数として，古典的ゲーム理論の均衡を極限として伴いながらそこに収束する——を表現する定理を証明できる。これは現在の文脈において前途有望であり——なぜなら，古典的ゲーム理論は産業組織論の形式的言語であるから——，そして，その理論の方は，諸市場の諸類型を区別するための記述的装置である。その形式主義の主要な限界は，それが情報のダイナミクスを表象しないということであるが，しかしこれは正にヤングの諸モデルが——市場ミクロ構造理論とともに——取り組むことである。明らかに認知科学の使命の一部であるのは，ヤングが全体像に含める仕方を我々に示している種々の学習気質を発見することである。上で述べたように，神経経済学が枢要な助けとなることを約束するのは，サミュエルソン的経済学の概念的ボキャブラリー内で学習モデルを形式的に再構築できるようにすることである。実際，もしグリムチャーの主な議論に納得するならば，これは生物学的個体に適用する学習モデルの選択の経験的成功にとって不可欠だろう。

　ヤングのプログラム——神経経済学からの入力に結びつけられた——は，かくて，「マーシャルの復讐（Marshall's revenge）」（ミロウスキー的な修辞的切り出しの口上を使えば）と我々がみなすかもしれないものの見込みをもたらす——すなわち，デネットが含意した設計者としての自然選択の一般均衡モデルの代わりに，一群の部分均衡モデルを取り扱うだろう——そこでは市場ミクロ構造理論の適用のため，相互作用子たちの母集団を個別化するために，進化生態学と人工生命からのデータ

を使う。そして産業組織論が使われて，相対的な効率性を比較し得る。私は本書の研究と対になる巻〔マクロ編〕でこのすべての見込みを詳細に評価し，それがどのくらい上手く，経験的マクロ経済学におけるマーシャル的プログラムの Sutton (2000) の最近の擁護に適合するようにし得るかを問うことにするつもりである。新古典主義の創設者らは，かくて，依然として我々と共にあるだろう。

　Sugden (2001, pp. 125-127) はヤングのアプローチの不十分さを懸念する——なぜなら，時間を十分深刻にとることに失敗するからである。Dennett (1995) が自ら強調したように，自然選択が諸均衡——一般または部分均衡——に関して評価され得るのはただ長期においてのみである。ヤングのアプローチは，これに基づく。さもなければ決定論的な諸モデルに小さなノイズの諸項を導入することによって，確率論的な諸摂動が歴史的偶発性の影響を徐々に洗い流すことを可能にする。これは進化ゲーム内の支配的なアトラクターの流域（ベイシン・オブ・アトラクション）としての特定の諸均衡が諸モデル内の極限として選択されるのを可能にするものである。最終的にノイズの働きは諸システムを局所的な最小値（そこへと諸システムがたまたま陥る）から揺り出す。サグデンはこれに反対するが，それは，ちょうどケインズがマーシャルに反対したようにである——「…ヤングの諸モデルの多くにおいて，長期は異常に長いように見え，おそらく，数十億年の問題でさえある。（イギリスを右側通行に切り替えるには，もし個々の運転者たちによるランダムな諸錯誤の偶発的一致を待つならば，一体どのくらいの時間がかかるものだろうか。そして，それは個々の諸均衡の間の1つの推移に過ぎなかろう——ヤングの長期は非常に数多くの推移を含む期間である）」（Sugden 2001, p. 127)。（異議の要点を完全に理解可能にするために，この所見に対するサグデンの脚注も同様に引用しよう——「珍しい歴史的挿話のなかで，ヤングは，ヨーロッパにおける「左側通行」と「右側通行」の慣習の実際の歴史を要約し，これが彼の理論によって予測されるパターンを証示すると主張する。しかし彼は，あるモデルを使わなければならず，そこでは諸国家——諸個人ではなく——はプレイヤーたちである。フランス革命は単一の外生的ショックと考えられている」（Sugden 2001, p. 129, n. 10))。

　明らかでないのは，経済的諸過程のダイナミクスを科学的に理解する努力のために，この異議の効力がそもそも何であると考えられるのかだ。しかし，政策の諸問題が関わるところでさえ，諸均衡への関心は，Binmore (1998) によって——いくらか異なる文脈において——示唆された仕方で直接，有意に関連しているかもしれない——これは均衡経路 (paths) の局所的な諸特徴を孤立化できるようにする関

連したダイナミクスがある限りそうである。本章で論じられた自然選択からの教訓を再び適用するには，複雑な生物にとってのデネット版の適応主義の利得を考えよ。自然は明らかに，デネットによる選択のアルゴリズム的解釈が非明示的に示唆する種類の一般均衡「に達して（at）」いない。それにもかかわらず，その均衡概念を参照することによって同定されるその局所的な安定性こそが，志向姿勢を可能にする，すなわち，諸理由を参照することによって行動を解釈するのを可能にするのである。経済分析は——説明的目的と政策的目的の両方のために——，諸理由の構造，すなわち，諸ゲームを参照することにより諸システムを解釈することを課題とする。今や，少なくともその課題についての楽観主義のためのいくらかの根拠を与える概念的枠組みが手元にある。

　私は，ここで，消去主義——その両方の顕現における——は反論済みのものとみなすつもりである。これの意味するところは，経済学の哲学的基礎づけで残っている唯一の源泉は，志向姿勢の機能主義だということだ。いまだそれに市場ミクロ構造理論の洞察を導入する方法を示していないので，まだマクロ経済学の新たな基礎を構築するためにそれを適用することができない。そして，全的人々の間の相互作用のミクロ経済学は，影響するマクロ経済的諸圧力によって部分的に制約されているので，まだその話を終えることもまたできないのだ。しかしながら，ミクロ経済理論の領域と形式を規定するロビンズ–サミュエルソン的な論議パターンの記述を完了するために十分なものが用意されている。それを，第1章からの引き立て役に関するいくらかの最後の考察とともに，残りの章の主題にして，本巻を締めくくろう。

8. 合理的エージェンシーと合理的セルフ性　　441

9 ロビンズ–サミュエルソン的な論議パターンとその引き立て役

ロビンズ–サミュエルソン的な論議パターン

　第4章では，ミクロ経済学的諸現象の説明のために「ロビンズ–サミュエルソン的な論議パターン」（RSAP）と呼んだものの概略を説明し始めた。いまやそれを完結させる時である。それでは，その冒頭を繰り返すことから始めよう——

> 1つまたは複数の目標指向的システムのある1グループ——そのグループが1よりも大きい時には常に因果的相互作用の中にある——のメンバーが，代替的な諸用途を持つ利用可能な共通の諸資源が所与の下で，すべては満足され得ない諸目的を追求する時，何が起きるかを説明および／または予測したいとしよう。その場合，各システムによって追求される諸目的の一覧表を（その解の意図された応用と目的に応じて，序数的またはVNMの）効用関数——所与の資源配分制約について各効用関数を同時に最大化することによる解を可能にする諸公理毎のものとして定義される——として提示するために，彼らの行動について集めるべき証拠を（実用主義的に支配されているが科学的に厳格な諸標準に従って）できる限り多く使いなさい。

最初に留意されたいが，これは，ある現象が「経済的」であることにとって2つの徴候を根源的なものにする——すなわち，希少性（ロビンズ）とエージェンシー（サミュエルソン）だ。それはまた，一般化の基本的な対象を，個人というよりは諸エージェントの相互作用する集団として同定する——個人は，ロビンソン・クルーソー的状況における集団の極限的な場合ではあるかもしれないが。

　しかしながら，過去数章にわたって論じられたことは，ロビンソン・クルーソーは，彼の内的な複雑性を考慮すれば，古典的なロビンソン・クルーソー的状況を実現しないということである。グリムチャーのプログラムにおける単一のニューロン——あるいは，昆虫——の研究は，「純粋な」ロビンソン・クルーソー的状況に集中する。そのような場合，複雑性の欠如は，志向性がそのシステムのモデルの中で発動され得るということを含意する。志向性の発動とともに，独特に経済的な存在論的諸原理が清算され，物理的諸原理への変換を許す。しかしながら，これは，経

442

済学によって同定された実在的パターンが還元され去るか，あるいは単なる方法論的発見法（ヒューリスティクス）にすぎなかったと分かるということを含意しない——なぜなら，1システムとしてのそのシステムの個別化は，その環境的文脈の還元不可能なほどに経済的なモデルに依存するからである [184]。

RSAP の一番始めの段階が行うことのすべては，経済的エージェントをどのように，かつ，いつ個別化するかを教えることである。RSAP は，彼らの各々について特定の最大化関数を経験的に正当化するまで，彼らの振る舞いについていかなる予測も生み出すことができない。彼らが最大化しているのは，期待効用か，合致の法則の目標か，それとも何か。そのため，経済学者は，神経経済学においてよく例示された仕方で，認知行動科学者と直接的に協働しながら仕事しなければならない。すなわち，最大化関数に対する制約は，諸エージェントがプレイするゲームの構造からのトップダウン的（経済学的）導出（以下を見よ）と，それらの情報処理の能力と気質のボトムアップ的（認知科学的）特徴の間の，反照的な（リフレクティヴ）均衡に向けて働くことによって発見されるだろう。所与の適用の中で，2つのアプローチの概念的な共約可能性が期待される——なぜなら，両方とも，より幅広いシステムの共有された MISF 分解を前提するからである。MISF 分解は，研究されているシステムに対してデザイン姿勢をとる——これは，それを生み出したあらゆる種類の選択過程に対する志向姿勢においてそれを含意する。

したがって，RSAP の次の段階はこうだ——

相互作用子（インタラクター）のネットワーク内の各エージェントについて最大化関数を経験的に同定せよ。

今のところ，これは諸エージェントをある1ネットワークへと集計する方法について何も言わない。これは，それらの相互作用を1ゲームまたは諸ゲームの1集合として構築することを伴うだろう。しかしながら，これを述べること自体は，どのような種類の諸ゲームをエージェントの進化史が生成したかに関する導き無しには役に立たない。もし，諸エージェントの情報処理ダイナミクスが，それらを G'' レベルのゲームに限定するならば——すなわち，もし，任意の資源制約の分布のもとでのそれらの戦略集合が修正され得ないならば——ミクロ経済学的モデル化は独自で

---

184 ［原注1］デネットの用語（ターム）では，このすべてはまさに次のことを意味する——デザイン姿勢からシステムの振る舞いは説明できる，と。

9. ロビンズ-サミュエルソン的な論議パターンとその引き立て役　　443

モデルを完結できる。かくて，RSAP の最後の段階——まさにミクロ経済学のための論議パターンとみなされる——は次の通りである——

> 諸エージェントによってプレイ可能な G'' レベルの諸ゲームに対する諸制約を同定せよ。1つのそのようなゲームで説明されるべき特定的なシナリオを同定し，そのゲームのナッシュ均衡〔NE〕を発見せよ。

かくて解決されたゲームは，もちろん，複数の NE を持つだろう。しかしながら，精緻化によるさらなる選択を達成する試みは，次のいずれかの確信を含意しなければならないだろう——(i)おそらく前に達成された何か（効用関数の割り当て，あるいは，最大化関数の同定）が，実際，未完のままであったか，あるいは，(ii)諸エージェントが，実際，G'' レベルの諸ゲームを越えて行くことができるということである。

　それは即座に次のような異議を唱えられるだろう——記述したような論議パターンは，単純な「フィード・フォワード」の配列としては展開され得ない，と——なぜなら，最大化関数の同定と諸ゲームの同定とは互いに依存し合うからである。しかしながら，これは単に，次のような特定の場所を指し示すだけだ——その場所とは，ミクロ経済学的なモデル作成者が（実際的，実用的な——純粋に哲学的かつ原理的なものではない）決定不全性問題を回避可能にする諸制約のために外生的データに依存する所だ。認知科学者によって独立に発見可能な情報処理のダイナミクスが最大化関数を制約し，またさまざまな諸次元に沿って，環境内の維持能力の生態学的諸モデルが諸ゲームを制約する。もちろん，どのような所与の場合にも，これらの制約がモデルへの信頼を喚起するに足るという保証は全くない。しかし，それが経験科学において事が進む方法である——これは，決定不全性問題は論理のみによっては払拭できないということを思い出させる哲学者が行った主張である。決定不全性問題は数多のデータを持つことによってのみ緩和され得る。実用主義的には，自分のモデルが決定不全であると心配することを止めるべき潮時は，競合するものを発見するために法外過剰なレベルの創意を要する点においてである。

　うまく正当化された G'' レベルのゲームの解決は，ミクロ経済分析が完全に単独で達成できる程度のことである。いまや，諸現象のより完全な理解を目指す中で，行うように動機づけられるかもしれない他のことのための多くの可能性が開かれている。もし諸エージェントが（無期限に長い進化的時間経過における場合を除き）過

去の G'' レベルの諸ゲームを得ることができないならば，同定された NE の相対的な安定性を同定するために母集団レベルで進化ゲーム理論を適用できる。これは非社会的生物の母集団の場合に行われるべきことである。その結果は，もしすべてがうまくいくならば，数量的な生態学的予測を与えるモデルとなるだろう。

　しかしもちろん，経済学の歴史を悩ませてきたあらゆる深刻な哲学的，方法論的，観念論的な諸問題は，G'' レベルのゲームを越えることができるエージェントについてどうするかに関わる。ラディカルな——「反経済学的な（antieconomic）」——解答は，以下の趣旨のさまざまな種類の主張にあった——すなわち，これは経済学が有用であることを全く止める所であり，今こそ社会学や人類学や解釈学やそれらの何らかの組み合わせの時であり，経済学者は生物学者とともに別室で待機すべきだ，と。保守的な解答——例えば，ベッカーの——は，社会学者たちなどが寄与すべき何か重要なものを持っていることを否定してきた——なぜなら（彼らが述べることを私の概念的な用語に翻訳すれば），G'' レベルのダイナミクスは，G' レベルと G レベルのダイナミクスを因果的に無力にするからである。（更新世の効用関数に言及することによってあまりにも多くを説明しようとする進化心理学の諸モデルも，事実上この種の主張をする。）

　本書でそうしてきたように，これらの焦土作戦的パースペクティヴを拒絶すると，種々の融和的なアプローチが卓上に残される。半アリストテレス主義——ジェヴォンズ，セン，デイヴィス——は，その１つである。それが想定するのは，ミクロ経済学者によって同定される諸エージェントが「中核（cores）」を構成する——その周りに経済的なものを「超越する（rise above）」重要な排出物を現実の人々が構築する——ということだ。この点において，次のように述べて，このアプローチに対する私の異議を注釈できる——それは，ミクロ経済学における基本的な研究の対象はゲームである——個人ではなく——という事実を無視しているのだ，と。人々は彼らがプレイするゲームの関数であり，その逆ではない。人々は，かくて，G'' レベルのゲームプレイヤーたちといくらかの追加物の集計物へと還元されない——たとえ，次のことを説明する初期段階において，そのようなゲームの分析が必要とされるとしても——その説明とは，人々一般がどのように生じて来るに至ったか（系統発生的に），あるいは，特定の人々がどのように生じるに至るか（個体発生的に）に関するものだ。G'' レベルの諸ゲームが基本的なのは歴史的にのみであり，分析的個体発生は概して歴史的個体発生には写像されない。

9. ロビンズ–サミュエルソン的な論議パターンとその引き立て役　445

ローゼンバーグ，ギンタス，サグデンのような消去主義者たちに関する限り，彼らの立場が私の立場とどういう関係にあるかを述べようと試みるのは烏滸（おこ）がましいだろう——なぜなら，（ローゼンバーグの場合を除き）彼らの消去主義は自己意識的にそのようなものとして意図されてはいないからである。消去主義的諸主張への私の反論が基づいていたのは，それらがエージェントとセルフの間の重要な区別を完全に認識することの失敗から生じるという主張だ——それはゲーム理論的モデル化に影響を与えるので。もし，現在の消去主義者たちが，この区別を受け容れるように説得されるならば，おそらく，方法論的所見に付与する消去主義的ひねり（スピン）から撤退したがることだろう（ギンタスが実際にそうしたがっていると見えるように）。

　ゆえに，経済学が社会的エージェント，そして特に人々に対して，どのように適用されるかを問うときに，誰がテーブルに着いたままでいるのだろうか。一例としては，マルクスである——が，労働価値説または利潤率低下という仮説の中に何か説得力のあることがあるからではもちろんなく，いかなる広義のマルクス主義的ミクロ経済学もマクロ経済学から独立であり得ないからだ——もしもその区別の観点（ターム）でマルクスを時代錯誤的に詳説し始めるならばだが。第7章で示唆しておいたが，市場過程は，時間とともに人々をもっと経済的エージェントのように振る舞う生き物へと転じさせる傾向がある。これは明らかにマルクスの考えのいくつかの様相を思わせる（もっとも，マルクスとは違って，その過程を非難したり，あるいは，我々が概してそれを阻もうとすべきだと考えたりする衝動は全く感じないのだが）。

　次巻でマルクスについてもう少し述べることもあるだろう。しかし，ここで与えられた人々の説明と，マルクスの人々の理解の間のこの親近性を指摘しておくことは，関心がマクロ的説明へと転じる前に人々について言い得ることを要約するための有用な基礎の1つである。人々は，国々と同様に——また同一の理由のために——経済的パースペクティヴからすれば，そもそもマクロ経済学的対象である。これらの対象の第一次的諸特性は，次巻で説明されることになるが，貯蓄率，個人的口座とその支払い収支，システムレベルの平均利子率などのようなものである。ミクロ経済学的分析は，人々について述べるべき有用なことを持つだろうが，それは正に，彼らの振る舞いが時に——または，ある種の状況において——新古典派的に理解された経済的エージェントの振る舞いを近似する限りにおいてだ。そのような時々と状況があり，それらを同定しようとしている諸々の仕方がある。このことは，本巻を締めくくる中で，私の2人の引き立て役たちへと連れ戻す。

帝国主義とレジスタンス——デュプレ

本書の草稿段階の諸論議の大部分に直面した後，ハロルド・キンケイド（私信）は，次のように尋ねてきた——「「経済学」はあなたにとって何に相当し，そしてそれはなぜか。妥当な自然主義的な諸根拠に基づいて，私は「経済学」は時間とともに変化しつつある複雑な社会的一実践を指すものと言いたい——そこでは，新古典派理論とその派生物は一構成要素に過ぎない。ゆえに，あなたの「経済学は何についてか」の主張の立場は何か」。私はもちろん，この非常に一般的な哲学的設問について，第1章で相当述べたが，それ以降に提出されてきた詳細な議論のすべてを考慮して，ここでそれに立ち戻らなければならない。キンケイドの別の設問と並行して，その問題を再訪することが最も有用である——すなわち，「なぜ虫はエージェントだが，人間はそうでないのか。それは単に次の経験的事実に過ぎないのか——すなわち，前者には制御の中心的な場所があり，後者には無い，と。それとも，私は混乱してそれを判定基準とみなしているのでしょうか」。

それは判定基準である，よろしい。科学についての任意の哲学的主張のための基本的な「妥当な自然主義的な（good naturalist）」諸根拠は，あれこれ何らかの経験的諸事実の，ある集合である。しかし，なぜこの事実をそれほど重要にするのか。答えは次の通りだ——すなわち，非社会的動物（それとニューロン，それとおそらくは認知的モジュール）についての成功した数量的予測を新古典派的最大化モデルから導く能力は，それらについての孤立化された（isolated）事実（それらの本性の特異性から生じる）ではない——それは，情報が様々な諸レベルの複雑性の諸システムの中でどのように流れることができるか・できないかについての非常に一般的で構造的な諸事実の関数である。それはなぜかと言えば，次のような一般的諸事実が存在するからである——つまり，経済理論（特に新古典派経済理論）は系統的理論の一領域であり，単なる「通時的な社会的実践（social practice over time）」ではないという事実だ——これは新古典派（アリストテレスやスミスやマルクスではなく）が垣間見た諸事実である。

もちろん，初期の新古典派経済学者たちは，世界のこの一般的な構造的特徴を垣間見たのだが，しかしほんやりと見ただけであった。Mirowski（1989）の当該思想史に納得する限りにおいては，実際，彼らが明確であったのはほんの少数の詳細についてでしかなかった。彼らは系統性の諸点に対し不変の信念を持っていた——系統性はある種の場の理論に根拠づけられると考えていて，本質的または客観

9. ロビンズ-サミュエルソン的な論議パターンとその引き立て役　447

的な価値についての主張には懐疑的であった——と，そんなところである。第3章で話したことに基づけば，ジェヴォンズとマーシャルはこれについて整合的でさえなかった——なぜなら，高次の欲求と低次の欲求の間のその場限りの区別が示唆したのは，彼らにとって，美と善に対する人間の衝動は彼らが愛好する場の理論の内部の系統化に相応しくないということだったからである。しかしながら，系統的なものへの彼らの衝動は，彼らのためらいに耐えて残った——ロビンズと同世代の他の者たちは，その推進力の拡張に向けて大きなステップを進め，サミュエルソンはそれに対する絶対的な献身を示した——おそらく，彼の唯一の整合的な哲学的直観である。本書で，この基礎的な新古典派の動機づけに従ってきたのは，生物学的および文化的な諸システム中の情報処理のダイナミクスについて知りつつあることを考慮してのことだったが，それはジェヴォンズ，ロビンズ，またはサミュエルソンは知ることができなかったものだ。これらのダイナミクスは，我々が行動諸科学の中に見いだす諸現象の最も一般的な同値類の基礎である。したがって，それらは——経験的問題として——行動領域における系統性の追求に頼るための諸根拠である。それゆえに，私の説明はそれらに特権を与え——原型的なエージェントとしての人々についての古い直観，あるいは，経済理論の「自然的」領域についての古い直観に代わって——経済的探求のための存在論的枠組みを整理したのだ。

　私の諸論議は，系統性を価値として重んじない者を説得できないだろう——無秩序を積極的に賞賛するデュプレのような者たちは言うまでもなく。これは一般的な科学哲学において見いだされるのと同じくらい深い分裂である——これには，大規模な継続する文献を伴う。この基本的な衝動の衝突に未だコミットしていない個人は，他の諸規範や諸目的について系統性対不統一性の諸含意を参照することによって，どちらか一方に揺り動かされるかもしれないのも無理は無い。Dupré（2001）の読者は，不統一性を魅力的だと思うと考えられている——なぜならそれは，経済理論と進化認知科学の間のつながりに基づき，人々を帝国主義的かつ専制的な科学主義から「解放する（free）」のに役立つからである。したがって，本書において擁護してきた特定の諸命題に照らして，この要請がどのくらい説得力を持つべきかをここで手短に考えて見よう。

　デュプレと論じ合って私は，経済学者たちと進化認知科学者たちの両方が実際に考えることについて彼が述べる多くの誤り導くものを目録にしようと試みるつもりはない。Dennett（forthcoming［2004］）はこれに関して良いスタートをきったが，

完全な起訴状は非常に長くなるだろう。ここで，デネットが見落としているただ1つの項目を追加させて欲しい——それが述べるに値する追加であるのは，驚くほど一般的であり，本書を通じて依拠してきた中心的な点とは真っ向から反対だからである。新古典派経済学を合理的選択理論と多かれ少なかれ合成して，デュプレは，経済学者たちが，あたかもそれが明示的な費用便益計算であるかのように，人間生活のあまりにも多くを示しているとして批判する。我々が想起すべしとするのは，多くの人間行動は単に社会規範への順応を伴うということで（Dupré 2001, p. 118），そしてこう教えられる——人間行動の説明に対する要請が「個人の具体的な諸計画に及ぶ」ときに「のみ」，「合理的選択理論の意味での合理性の諸設問がそもそも生じる」，と。彼はそれによりこう仮定する——個人主義が経済的論理の 天 空 自 体（ファーマメント）に必然的に組み込まれている，と。これは，すると，内在主義を仮定することに基づいているように思われる——なぜなら，同頁の脚注で，志向姿勢は「我々が生物学に直行する」ときに除かれ得ると力説しながら「牛は草を口に運ぶことが空腹を軽減するだろうと信じているか」と尋ね，「もちろん違う」と答えるからである（n. 2）。志向姿勢についての内在主義を除き，この自信に満ちた主張には考えられる基礎がまったく無い。しかし，信念についての外在主義は認知科学において支配的な見解であるだけでなく，それはデュプレの見解であるようにも思われる——なぜなら，彼は別のところ（Dupré 1993, 第7章）で，消去主義に反対して志向的心理学を擁護する傍ら，同時に，二元論，還元主義， 付 随（スーパーヴィニエンス） を否定するからである。そのパッケージは，詰まるところ志向姿勢の機能主義になるか，あるいは，それは首尾一貫していないかのいずれかだ。

経済学と認知科学の間のパートナーシップのデュプレに警告するバージョンは両方の活動を特徴づけるが，その仕方は本書で提示してきたそれらについてのどの主要命題をも否定する。デュプレの帝国主義的な覇権性は個人主義的な一経済学を統合して，EUT をエージェントの中核的な基礎理論として使い，個人の物質的富の最大化をすべてのもののモデルとみなし，それを一進化認知科学へと接合する——この進化認知科学は，個人的効用を期待適応度から導き出し，この導出を支えるメカニズムをモデル化して，人々を加法的に諸モジュールへと分解する。これらの仮定のすべてをつなぎ止める可能な社会科学に——デュプレのように——怯（おび）えるべきか否かを知らないが，しかしいずれにしても，それを拒絶すべきだ（もし存在するならば）——その主要な仮定はすべて誤っているのだから——と言う彼は正しいだ

9. ロビンズ-サミュエルソン的な論議パターンとその引き立て役　　449

ろう。もっとも、それは実際に存在するのか。経済学か認知科学のいずれかの主要
な理論家たちは、実際にデュプレの暗黒郷（ディストピア）を予告するのか、それとも、彼は藁人形
を攻撃しているのか。

　重要な諸点において、進化心理学者たちは更新世（プライストシーン）のヒトの祖先の環境のために
進化した効用関数を最大化するモジュールへと人々を還元するが、彼らは、デュプ
レの目標の肉付けに最も近づく。実際、Tooby and Cosmides（1992）——この研
究プログラムの主要な促進者たち——は、経済学を彼らの標準的な社会科学批判か
ら明確に解放する——なぜなら、経済学のみが、社会学者たちと人類学者たちがデ
ュルケーム主義のもやの中に溶解した健全な個人主義にしがみついてきたからであ
る。デュプレは、その文書から十分過ぎるほど明らかであるが、実際、卑劣な帝国
軍団の前衛としてのこれらの進化心理学者たちのイメージによって不相応に動機づ
けられているのである。

　私が「不相応に（disproportionately）」と言うのは、コスミデスとトゥービーが
自らのアプローチを擁護する——一般的な方向を目指し、そのうえ進化行動科学に
おけるあらゆる近くの仲間に影響を与える高潔な修辞法とは違い——諸議論の詳細
より緊密に注視すると示されるのだが、悩みの種がそれ自体の自己修正の種子を含
んでいるからである。Ross（2002a）が指摘するように、人々のモジュール式分解
を擁護するコスミデスとトゥービーの議論は、Pinker（1997）のそれと並んで、
AI のフレーム問題に訴えることや、中心的制御のボトルネックを通じて人々のよ
うな複雑なシステムを統御する可能性に対する関連の諸異議に決定的に依拠する。
もちろん、この主題も大いに強調してきた。しかしながら、コスミデス、トゥービ
ー、ピンカーは、少なくとも 1990 年代の彼らの方法論的諸宣言においては、次の
事実を完全には吸収していなかったようにしか思われない——つまり、モジュール
性はもし諸モジュールの統合がすべてボトムアップかつ加法的（additive）ならば、
ボトルネック問題を解決しないのだ。彼らは部分的にはこれを見ている——なぜな
ら、うまく機能するモジュール式の最適化者たちの集まりが、その環境が著しく推
移した途端に最適化に失敗する一生物を構築するかもしれない、ということを認識
するからだ。彼らは、典型的な現代人の効用関数を、期待繁殖適応度と同一視しな
い——実際、彼らはこう論じる——現代の人々は彼ら自身を個人的および社会的な
諸々の混乱に陥れるが、それはある部類の効用関数のために形作られた最適化ツー
ルをある別の部類に役立てようと使ってみることによってである、と。彼らの見解

450

は，かくて，人々と生物学的個体の間の概念的同一性を打ち破る道に大いに沿ったものである。彼らが見落とすかもしれないすべては，この非同一化の最終段階，すなわち，行動分析の下で人々が分解されて行き着く先の諸ユニットは認知的諸モジュールに写像されると期待されるべきではないと認識する段階である（もっとも，もちろん，その諸モジュールはたぶん存在して，行動パターンを生成する重要な役割を果たしているのではあろうが）。すなわち，私の用語(ターム)で言えば，1990年代の進化心理学の文献は，MISF分析とOISF分析を区別しないのである[185]。

　これはその文献の破壊的な批判とはほとんど言えない。MISF分析は有用かつ重要であり，これは強いモジュール性の諸仮説が最終的にそれによって正当化されることになるか否かに関わり無いのである。（私は，少なくとも認知一般に関して，それらはそうでないと期待する。Karmiloff-Smith 1992を見よ。）OISF分析はただ，我々自身について知るに値する諸事物のみを教えるのではない。デュプレは，進化心理学の初期の諸宣言を批判して，その含意を過度に一般化しているという理由だけでそれを批判したかもしれない。自力でニッチを開拓しようと試みている最も初期の研究プログラムは，最初のうちはそれを行うものだ。しかし，デュプレは，そのような緊密な批判を試みることさえしない（そのような批判は解釈において慈悲の原理の重視を伴うだろう——それはデュプレが進化心理学者が関係するところでは控え，新古典派経済学者たちの場合には口先だけで賛辞を送るところのものである）。

　代わりに，デュプレが訴えるのは，人間行動を系統的に理解しようと試みるプロジェクト一般の全面的な糾弾である。彼は次のように述べる——

　科学的理解の本質はと言われれば，非常に少数の因子に集中し，他の因子を一定とみなすよう要請することだということになるかもしれない。時に示唆されることがあるのは，科学を前科学的な理解の諸様態から区別する中心的一特徴は数量的技法にコミットすることだということである。そして最後に，数量化は抽象化を要請する。ある部類の諸対象の1つの特徴を測定すると決めることは，その特徴に他の特徴を越える特権を与えるということである。抽象化と数量化のこの組み合わせは，生物学と社会科学の多くに見られるモデル化技法の特徴であり，科学的法則に対する他の事情が等しければ(セテリス・パリブス)という条件によって示され，おそらく多くのミクロ還元的説明の試行の中で最も顕著に例証されている。おそらく，抽象化と数学

185［原注2］これはトゥービーとコスミデスが行動的説明の「標準的な社会科学モデル（standard social science model）」に対する批判を誇張する理由についての私の診断である。彼らは，人々のアイデンティティに対する社会的影響を完全に真剣に受けとるOISF分析の価値を割り引いているのだ。

的表現のこの組み合わせこそが，最も議論の余地なく科学的な探求の実践の特徴を示すものである。しかし，もしこれがそうならば，それは人間行動のような複雑かつ多因果的な諸現象の科学的理解の可能性に対する一制約を示すものだ。これは，帝国主義的経済主義の欠陥と不合理から引き出すことができる，最も一般的な教訓である（Dupré 2001, p. 136）。

　もし，科学が，複雑かつ「多因果的（multi-causal）」な（これもおそらく「複雑な（complex）」というだけの意味——他にどのような意味になり得ようか）諸現象に直面した途端に行き詰まらなければならないのならば，たいていの科学は全くの不可能事である。ケプラーとニュートンは，おそらく，太陽系の大きな天体間の諸関係を固定した——なぜなら，これらは我々の環境中で諸現象の複雑でない数少ない顕著なネットワークの1つだからである。その後ずっと，もしデュプレが正しければ，我々はドン・キホーテ的な探求に従事してきたことになる——なぜなら，ほとんど他の悉（ことごと）くのものが複雑であると判明してきたからである。おそらく，これの大部分は——少数の核兵器を別にすれば——無害であるが，いまや，我々自身を誤った暴政にさらす危険を冒して，自身についての認識的な空想を転回させているのだ。

　これはお馴染みの不平で，以前にカーライル，ラスキンその他多くの者たちから聞かされたものである。経済学は，もちろん，「陰鬱な科学（dismal science）」の諸ラベルの形で明確にそれを知っている。ロビンズの経済学の定義が強調するように，客観的な経済分析がしばしば——おそらく一般的にさえ——示そうと目指す諸事物の1つは，諸帰結のどの組み合わせを我々が持てないか——同時に，または達成不可能な割引率で——ということである。おそらく，認知科学は，さらに落胆的な知らせを付け加える——例えば，人々はデカルトの船[186]の船長のようには彼らの脳に命令できない。私は，おめでたい無知の中で政策選択を希望的に考え決める危険についての再答弁の長いスピーチを行って読者に威張るつもりはない。最近の人間の経験の中で，より悲惨なことを引き起こしたのは次のどちらか——我々にで・き・な・い・諸事物が存在すると誤って考えることか（なぜなら，科学者，特に経済学者たち，心理学者たち，生物学者たちは憂鬱な悲観主義で我々を落胆させてきたため），それとも，集団的な曲芸（スタント）を試みることか（それは，系統的思考のより効果的な制度化を通じて怪しいと予見され得たものだ）。これは，もちろん，深い政治的判断である——それらすべてのうち最も深いものだ。すべての者たちは，自身で帰納的な記

186［訳注］Dennett（1991b）参照。

452

録を評価しなければならない。私自身の場合，Binmore（1994, 1998）のホイッグ主義とともにここに並ぶ——すなわち，一般的な希少性があるだけでなく，奇怪で広く浸透した貧困もある世界において，現状を変えようと試みることは義務だが，しかしそれをする中で均衡経路から盲目的に離れて飛ぶことは愚かで反生産的である，と。もちろん，詳細が無ければ，この宣言は，人々に安く買って高く売るように忠告することに比べてあまり有用なわけではない。いくらかのそのような詳細についても，次巻を待たなければならない。

　私は，引き立て役の1人についてあまり礼儀正しいことを述べてこなかった——なぜなら，系統的な科学に対して大衆主義（ポピュリスト）的な警告を発することは，道徳的に無責任だと考えるからである。そしてこちらの理由は，非常により多くの系統的科学無しに，世界の貧困部分にいる人々の生活を改善できるということを疑うからである。かくて，いくらかの安心とともに，私は結びとして別の引き立て役へと立ち戻ることにするが，その人の分析は経済科学の成長を抑えるのではなく，改善することを狙っている——。

ミロウスキーの鏡の中の経済理論と認知科学

　第1章で私は次のように述べた——認知科学の基礎づけにおけるデネットの仕事が本巻で擁護される命題の主要な着想であったように，ビンモアが経済学を社会科学として理解する仕方は，次巻で基礎的な役割を果たすだろう，と。ここで，本巻のミロウスキーとの対話を締めくくる過程で，このバトンの受け渡しに入るつもりである。Mirowski（2002, pp. 514-516）は，ビンモアについて論じた後で，私がこれから前7章に基づいて答えるために仮定する彼の心理学的仮定についての一連の修辞的質問を提起する（もちろん，ビンモアのためにそうすると主張するのではないが）。

　ミロウスキーはこう始める——「見掛けたところ，ビンモアの基礎的な野望は，新古典派プログラムを徹底的に擁護することか，あるいは，彼の言い方では，「新古典派理論が作動する範囲のぎりぎりの境界を見つけること」であるようだ」（ibid., p. 514）。これがビンモアの目標の正確な特徴づけであるにせよ，ないにせよ，本書の一側面をうまく記述する。しかしながら，新古典主義は，その根底にある哲学的基礎づけに重要な推移を伴いながら複雑な歴史を経てきたので，「新古典主義（neoclassicism）」を擁護するという考えは絶対的に，どんな特定の野望であれ，その過少記述でなければならない。新古典派経済学は，経験主義的心理学および分析

9. ロビンズ-サミュエルソン的な論議パターンとその引き立て役　453

哲学と並行して，成長した。3つの事業すべての場合において，系統性へのコミットメントが最終的に現象学への初期の固執に勝利した。経験主義的心理学は，内観を否定する三人称の進化認知科学の中に成熟を見いだし，人々を諸エージェントと諸利益の複雑な諸共同体へと転換する。分析哲学は，そのカントにおける諸起源を逃れ，広くヒューム的および自然主義的になった。新古典派経済学は，人々——その統一された合理性が彼らにとって明白である——をモデル化する試行に始まり，サミュエルソンと共に，抽象的な均衡機械——その中では，人々は言及さえされない（偶発的な含意による以外は）——の記述に終わった。かくて，新古典主義の中核的なコミットメントの場所を特定しようと試みて，単にジェヴォンズまたはワルラスの言葉の端々を吟味するだけでは足りないことは，経験主義的心理学者がヴントに忠実にとどまるか，あるいは，分析哲学者がフレーゲに忠実にとどまる，と分別よく主張できないのと同じである。

　しかしながら，ミロウスキー（ibid., p. 516）は，ビンモアの尋問の締めくくりに，進化的安定戦略の概念を考えるように求め，それからこう述べる——「もしナッシュ均衡〔NE〕が合理性を体現するならば，母集団全体こそが（個々のエージェントではなく）それらのモデルの中で合理性という栄誉を与えられ得るのだ。しかし，もし合理的であるのが母集団ならば，我々は社会学の集団心理——新古典派経済学が対抗してきた忌むべき物——へと連れ戻される」。こう言う方がはるかにより正確だろう——集団心理はロックとカントにとって忌むべき物であり，一部の初期の新古典派は——多くの現代の新古典派と同様に——ロック主義者またはカント主義者であった，と [187]。しばしば新古典主義に——間違いなくピグー，バーグソン，またはサミュエルソンにではなく——覆いかぶさってきた粗野な諸個人についてのイデオロギー的宣伝活動の雲を別にしても，新古典主義がロックとカントをその容器とともに一口で飲み込んだという事実が，その現在の範囲を制限すべきなのはなぜか。

---

187 ［原注3］実際，ミロウスキー自身，1989年の初期の新古典主義の研究の中で，ジェヴォンズとワルラスにとっての哲学的心理学の重要性を最小限に評価している。思うに，彼がそうするのは正しい。明らかに，第3章で論じたように，ジェヴォンズは哲学的心理学についての諸見解を持っており，これらが新古典派的方法論のその後の歴史において重要な役割を果たした。しかし，ジェヴォンズ自身にとって，またマーシャルにとって，彼らがベンサムとミルを経由して受け入れた人々のモデルは，系統性に対する彼らの関心（物理学を模倣しようという彼らの関心に現れた）に比べれば偶発的であった——あるいは，そのようにミロウスキーは説得力を持って論じている。

第6章で論じたように，ロビンソン・クルーソーの教授法——いまだに有用である——は，このイメージに大いに関係があった。高所得と中所得の諸国の非常に多数の人々が経済学入門をとり，そこで停止する。これが間違いなく大いに貢献して止まないのは次の考えに対してだ。それは第7章の最後で言及した経済学における諸革命——または革命の必要性——の半大衆主義^{セミ・ポピュリスト}の声明の中で奨励されたもので，行動的諸要因と進化的諸要因をその学問へと組み入れることは，人々は利己的な個人的最大化者たちであるという経験的命題に対する基礎的な忠誠を転覆させるというものだ。本書で繰り返し述べたように，多くの経済学者たちがもちろんその考えを擁護してきたものの，これまで十分な経験的または理論的な理由を持っていたか否かは明らかでない。進化的諸考察は内的なロビンソン・クルーソーを脅かさない——それらは妥当な存在論的意義をそもそも全く持っていなかったからだ。他方，セルフの存在論的重要性は，内的なロビンソン・クルーソーのモデルに依拠しないし，我々が後者の考えを放棄する時にも問題にはならない。

　だから言うのだが，「彼〔ビンモア〕がサイボーグ科学を真剣に受け取れば受け取るほど，ますます彼〔ビンモア〕はセルフを瓦礫へと還元する」(ibid., p. 516)というビンモアに対するミロウスキーの心配に関して，誰も寝不足になる必要はない。ビンモア（Binmore 1998, p. 193 を見よ）は，明示的に消去主義を否定しながら，同時に同じページで内在主義を否定している。彼の心の見方は，明らかに志向姿勢の機能主義的であり，我々はこれまでの数章にわたって，志向姿勢の機能主義がセルフに割り当てる重要な役割と減却不可能な存在論的身分を見てきた。

　これらの所見は，ビンモアに対するミロウスキーの主な設問の周囲の温度を下げるはずだが，しかしそれらは——少なくともそれら自体では——彼の設問に具体的には答えていない。設問というのはこうだ——「ビンモアが提起するレプリケータ・ダイナミクスの解釈は厳密には何か。ミームのスープは，個人の頭蓋の中に存在しているか」(Mirowski 2002, p. 514)。ここでの「ミームのスープ (the meme soup)」を社会的模倣的学習におけるアトラクター^{ベイシン・オブ・アトラクション}の流域のネットワークに対する鮮明な名前にすぎないと解釈すれば，志向姿勢の機能主義者によって与えられる全般的回答は，ここまでの我々の話の中ではっきりと明白である——すなわち，それは確かに「個人の頭蓋の中に」存在しない——もっとも，それはそこで起こる多くのことに深く影響するのではあるのだが。このくらいは自明であるのだが，以下のミロウスキーの示唆には正当性がある——すなわち，ミームのスープがホモ・エコ

9. ロビンズ-サミュエルソン的な論議パターンとその引き立て役　　455

ノミカスをホモ・サピエンスに関連づける具体的な諸々の仕方についてさらなる詳細を俟って初めて，ビンモアとデネットが共に，新古典派経済学と進化認知科学を一つに縫い合わせる方法を示すということに人々が合意すると期待できるのである。

またもや，それは次巻の仕事である。しかしながら，本巻を離れる前に，本巻の諸結論——第1章からのミロウスキーの「5つの未来」の文脈で，経済理論の見込みについての——に基づく限りで，我々がどのくらいのことを言えるのかをここで見てみよう。読者がページを繰り戻す面倒な指仕事を省くために，それについての記述を第1章から引用することによって各々の未来を再び紹介しよう。

*1. ジャッドの復讐（Judd's Revenge）。この未来では，基本的に，経済学は認知科学に全く注意を払わない。それは，計算技術を利用して，増大する複雑さを伴いながら，もし合理的なエージェントが，我々の最新の機械がアクセスし処理できるすべての情報に，少なくとも能力目いっぱいに速く（あるいは，一部の応用については瞬時に）アクセスし処理できるとすれば，合理的なエージェントがどうなるかということを研究する。ミロウスキーが述べているように（Mirowski 2002, p. 451），この未来は，合理性を計量経済学の推量と融合するという考えを実行する。*経済学者たちが明らかに関心を持ち続けるだろうことは，均衡へのどのような諸経路が物理的に実現可能な機械によって計算され得るかについてであって，その際，実際の，かつ進化した諸システム（個人的システムと社会的システムの両方）によってリアルタイムで何が計算されているかについて，認知科学と行動科学が言わなければならないこととは無関係だ。抽象的な計算可能性の考慮が与えるものは，少なくとも，我々の純粋に統計的–規範的な最適化の理論を系統化するための一基準点で，それはそれ自体として興味深いものだ。しかしながら，本書における私の命題が持たなければならない帰結は，ミロウスキーがこれを非常に限られた経験的重要性を持つに過ぎないとみなすのは正しいということだ。第8章で示唆したように，社会がセルフの活動を帳簿に記録するための，より多くの，より幅広くアクセスされる道具を展開するにつれて，セルフは，貨幣ポンプされる恐れの下では，直截的な経済的エージェントにますます近似するようになるだろう。しかしながら，これは，社会自体がそのようなエージェントに近似するようになるということを含意しない。経済的情報処理装置としての社会によって計算されるものは，複雑な交渉ダイナミクスの諸帰結であり，社会的選好間の循環の最小化を効用関数として持つも

のは何もない（Hardin 2004 を見よ）。サミュエルソン的厚生経済学は，そのマクロ経済学的側面において，行動科学の観点からすると，大規模な転換を経験しなければならない——それが実際に行ってきたように（Bowles 2003 を見よ）。

　特定の洗練された市場についてはどうか——そこでは取引者たちは，コンピューターが処理できる最善のデータに基づき，諸戦略を推奨するエージェントとしてゲーム理論家たちを雇うように動機づけられるかもしれない。ジャッドの復讐の追求は，それらの適切な理想化（MISF 様式の分析の諸目的のための）をもたらしはしまいか。行動ファイナンスの分野の今日の経験的証拠（Barberis and Thaler 2002 を見よ）は，金融資産市場——そのような実施のための最も明白な領域——が完全均衡の計算機へと進化しつつあるという見解をほとんど奨励していない。そうなり得る——原則として——ということを疑う理由が少なくとも 3 つある。第一のものは，本質的にミロウスキーの理由である——すなわち，究極的な精緻化は計算不可能である。第二に，金融市場は，社会的ゲームの幅広い諸ネットワークからカプセル化されていないし，され得ない——なぜなら，誰もそして何物もカプセル化しようと試みる永続的なインセンティヴを持っていないからである。第三に，ゲーム理論家たちが支配的な役割を果たしてきた市場——例えば，通信帯域幅のオークション市場（メカニズム・デザイン論者の間の軍拡競争が始まったという点で)——の最近の歴史が示唆しているように，ゲーム理論家たち自身は，自身のレントを競り上げることによってパレート改善を掘り崩す傾向がある（Lane 1999, pp. 308-313）。（優秀なゲーム理論家たちがどうしてできないことがあろうか。）第三の理由は，本当は第二の理由の具体的な制度的現れである。

　これらの理由は，第 1 章で表明した，私のミロウスキーへの次の同意を説明する——現在の経済学における人時の配分を考えると，この活動が少なくとも経済学の未来の一部となることは疑いの余地がない。その活動がその未来を支配する限り示す体制では，経済学は隣接していると——他の理解に基づけば——考えられる諸学問から，最も誇らしげに分離したままである。ミロウスキーは，上で概要を述べた彼の独特の批評を前提として，これを，経済学がそれ自体の外側のどんなもの——実際の人間の経済を含む——とのいかなる関連性からも完全に反れる道だと見なしている。

2. ルイスの再来（Lewis Redux）。この未来では，経済学者は，認知科学の他の

——生物学的に関連した——部分を大体に無視しながら，計算理論を大いに利用する。（これは次のように注釈してよいかもしれない——彼らは，計算理論を，あたかもそれが有意に認知科学に統合されていないかのように扱う，と。）彼らは，関数関係論とトポロジー理論における結果を利用してゲーデルの証明の含意の周りに彼らの方法を設計しようと試みる。ミロウスキーは，ケネス・アローの今日のパースペクティヴを，この見解の主要な代表として描いている。それは，特殊な制限された条件下で，一般均衡へのコンピューターによる近似をするための，Scarf (1973) の手順のような結果によって，活気づいている。ミロウスキーの未来のうち，これは彼の評価がゲーデルの定理の含意についての彼の懸念に最も本質的に結びついているものである。本書では，これらの懸念を是認することを繰り返し避けてきたが，しかし決してその理由を説明してこなかった。しかしながら，Young (1998) のような進化ゲーム理論的アプローチの重要性の諸条件についての第8章における私の評言は手がかりを提供する。現実の一市場が他の一市場から相対的に隔離化されているという点で，進化論的分析は，参加者たちがそれを計算しなければならないことなしに部分均衡へと収斂するだろう程度を我々が比較考量できるようにする。経済学者たち——応用コンピューター科学者として働いている——にそのような諸過程の抽象的な計算的表象を構築させない理由はまったく無い。さまざまなレベルの多様な技法は，潜在的にこれに有意に関連している。これらに含まれるのは近視眼的なエージェントのネットワークにおける学習の「群知能（swarm intelligence）」モデル（Kennedy and Eberhart 2001）と，非形式的だが操作的に強力な証明の技法の適用（「カット（cut）」機能など，Lloyd 1984 を見よ）である——それらは工学の領域において，定理の証明者たちが形式的な不完全性によって不自由に陥ることから救う。しかしながら，留意されたいが，計算モデルが進化的学習をシミュレートするとみなされる——群知能においてのように——範囲で，この未来はミロウスキーの2番目の未来へと次第に移り変わる。計算主義者たちは定理の証明と一般均衡に固執し続ける範囲で，ジャッドの復讐の実践者たちと同じ経験科学からの隔離化という危険を冒す。

*3. サイモンのシミュレーション（Simulatin' Simon）。*このシナリオでは，経済学は人工知能研究に大幅に統合され，そのプログラムの著名な鼓吹者の経歴をまねる。…このアプローチへの動機は，直截的である。すなわち，生物学的な脳が経済

458

行動の基本的な因果的原動力であると想定し，さまざまな抽象のレベルでそれをシミュレートすることにより，具体的な制約の下でそれに何ができるかを見ようというものである。第1章でこの未来に対するミロウスキーの態度を批評しながら，私は次のように述べた——ミロウスキーは，経済学と認知科学のこの種の統合が，経済学が行動の理解に進歩的に貢献するいかなる未来においても，その不可欠な部分になるということを疑わない。行動科学は，実際問題として，生物学的システムの観察＋トップダウンの理論という厳しい食餌で成長することはできない。しかしながらミロウスキーは，経済学はそのような仕事だけに存するものではないと主張する。私は，この点の自身の敷衍を次のように付け加えた——シミュレーション単独のさらなる問題は——少なくともそれがAIにおいて，また一部の人工生命のモデル化においてもしばしば設計された際には——行動パターンの基礎を，シミュレートされるシステムのモジュール式部品の内部のダイナミクスから「創発する (emerging)」か，あるいはそれに分解可能なものとしてすら，見いだそうとするということである。第8章における神経経済学とピコ経済学の関係の議論は，いまやこの点をもっと具体的に詳しく述べることを可能にする。脳のシミュレーションが，神経科学の行動科学——行動経済学を含む——との継続的な統合の中で重要な役割を果たすと期待するあらゆる理由が存在する（Camerer 2003a を見よ）。神経経済学の方は，人々と共同体のような還元不可能なまでに志向的なシステムのOISF モデルのための経験的諸制約の重要な源泉となるだろう。またもや，いくつかの群知能のモデルがここで関連している——Kennedy and Eberhart（2001, pp. 370-381）は，サイモン流の神経経済学に効果的に従事し，コネクショニストのシステムのための学習アルゴリズムを選択して，局所的な期待効用を最大化する単純な諸ユニットのネットワークへと仕事を割り当てようとしている。グリムチャーの仕事の文脈では，これはケネディとエバーハート自身が示唆するよりも直接的に，生物学的脳の研究に有意に関連していたかもしれない。しかしながら，彼らが完全に認めているように（ibid., pp. 255-263），社会的現象のモデルに対する諸制約がすべてボトムアップになり得ないことはすべてがトップダウンになり得ないのと同断だ。これは，私の議論の中で，志向的システムの MISF 分解と OISF 分解の間の非同型性の強調から得られる。ミロウスキーの第三の未来は，経済理論と認知科学の間のパートナーシップの重要な部分だろうが，それは未来の全体ではあり得ない。

4. デネットの危険な考え（*Dennett's Dangerous Idea*）。 これは，経済理論を進化認知科学における現在の主要な研究の前線と真に完全に統合しているプログラムに名づけたものである。それは，単に生物学的なエージェントをシミュレートするために人工的な計算装置を使うのではなく，そのエージェントを，文字通り，計算装置の具体的な実例（インスタンス）であるものとして，モデル化することを含む。これはもちろん，ここまでの数章にわたって記述してきたように，経済理論と認知科学のためのパートナーシップの理念的な基礎を記述するものである。もちろんそれは劇的に切り詰められた要約である。さらに，私が与えてきた「DDI」〔Dennett's Dangerous Idea〕の像は，ミロウスキーのその特徴づけから決定的な仕方で離れる。「セルフを非難する」どころか，それはセルフがエージェントへと還元することを否定するのだ。第1章においてミロウスキーが次のように述べているのを引用した——DDI は「すべての人間の努力は「端から端まで（*all the way down*）」制約された最大化であると」主張していると[188]。これは正確だが，しかし次のような深いねじれを考慮した場合にのみである——そのねじれとは，人々は制約された最大化を達成する諸圧力の産物ではあるが，生物学的進化と文化的進化が構築する複雑な組織のさまざまな還元不可能な諸レベル間のトレードオフが，原則として，最大化の達成を妨げるということである。（私がここまでで明らかであると信じているのは，これを述べることが人々についてのいかなる種類の規範的批判も構成しないということだ。人々は虫を模倣（エミュレート）することを試みているか望んでいるかするはずであるとは思わないが，しかし同時に，私は，人々が頻繁に自身を大変な混乱（個人的および社会的の両方）に陥れる——なぜなら彼らには虫を模倣（エミュレート）できないから——ということを認識している。）さまざまな種類の状況の中で，さまざまな種類の実在的システムが制約された最大化を達成する程度を同定することは，経済理論の仕事である。虫とニューロンはそれを行う点で信頼をおける。人々は，情報ネットワークが拡張するに

---

188 ［原注4］引用したミロウスキーの次の文に対する接線的な（タンジェンシャル）参照は適切である。彼は次のように述べている——「*合理的選択理論（事によったら単純な最適化，事によったらゲーム理論）は，自己を意識せずに（アンセルフコンシャスリ），生物学的な有機体と機械のためにぴったりの情報処理のパラダイムとして扱われている…*」。さて，どちらとも言えまい。合理的選択の数学理論は——もし我々が，期待効用理論の代替物を使うように経験的に動機づけられるあらゆる所でそれを使うことに寛大ならば，志向姿勢の機能主義の「パラダイム」と——お好みなら——呼ばれ得る。しかし，このラベルの中で「選択（choice）」を使うことは，非常に誤り導く含蓄を持っている。

　私の説明によれば，昆虫は原型的な経済的エージェントである。馴染みのある「選択（choice）」の理解に基づけば，昆虫はそれをほとんど，あるいは，まったく享受しない。

つれて，それを上手く行う増しつつある社会的圧力（良い結果と悪い結果の両方を伴う）の下にある。社会の全体によるそれを行う試みの話は，我々が次巻で検討するように，政治的および道徳的な嗜好に依存して，笑劇あるいは悲劇である。

5. 行商するフォン・ノイマン（*Vending von Neumann*）。それは，市場全体の型——ワルラス的模索過程，シャープレイ–シュービック，さまざまな型の一方向的な統一された準オークション，双方向的な手形交換所あるいは二重オークションなど——が，種々の形式的な型（*types*）の計算装置を提供するという考えを十分真剣に受けとめることを伴う。計算の数学理論によって，種々の型の装置が論理力に関するヒエラルキーに分類されるように，あるいは，形式言語学の基礎についてのチョムスキーの著作において，さまざまな型の文法が生成力のヒエラルキーに分類されるように，どの市場が他のどれをシミュレートあるいは生じさせることができるかを見分ける一般化理論を発展させ，また，特定の配分問題を所与として情報処理能力と微分的効率性の双方に関しそれらの市場を比較しようとすることができる。すなわち，経済理論は，市場の計算理論へと発展させることができる。これは，実際，刺激的かつ前途有望な未来である。それはミクロ経済学とマクロ経済学の間の縫い目の人為性を認識する——少なくとも，研究中の志向的諸ユニットが，加法的関数によって集計され得る直截的な経済的エージェントでないところでは——なぜなら，それは還元主義的な衝動を本当に取り除くからである。そのさらなる探求は——人工生命に関する仕事によって情報を与えられる行動的マクロ経済学に関連して——次巻の主要な側面になるだろう。

　私は，第1章で，次のように述べ続けた——ミロウスキーによって素描されたフォン・ノイマンの未来像は，彼が想像するようにデネットの危険な考えと競合するものではなく，それと完全に両立しうることを論じるつもりである。それどころか，根底にある形而上学——それは志向的行動についてのデネットの理論を社会科学および自然科学と完全に整合的にするために必要だ——に関する私自身と私の協力者たちの著作（*Ross 2000 ; Ross and Spurrett 2004a ; Ross et al. forthcoming*［*2007*］）を生かすことにより，私は次のことを示すつもりだ——もし我々が，セルフと志向的行動のデネットの理論，また，市場が生起するところの幅広い社会ダイナミクスのビンモアのゲーム理論的モデルに納得するならば，うまく行商するフォン・ノイマンという見通しはずっと良くなるということだ。その際，私は，ミロウスキーの

第四と第五の未来を結合して，統一科学の一部としての経済理論の包括的モデルにする。その仕事は，この時点では未完のままである。しかし，読者は少なくとも，いまや，デネットの個人の説明が市場のミクロ構造的説明と相調和し合う仕方と理由を理解できるはずである。

　ミロウスキー（私信）は，彼の未来4と未来5が融合でき，かつ，融合すべきであるという私の提案を歓迎していない。「もちろん」——と彼は言う——「私は，フォン・ノイマンが，デネット–ビンモアのプログラムの下に含められ得るということを認めないつもりだ。(彼らが全くそれを理解しない時にこれがどのようにして起こり得ようか。)」。『経済理論と認知科学』の第2巻は，それがどのように起こり得るかを説明するだろう——それは現に起こりつつあるのではあるのだが。

参考文献

Addleson, M. 1997. *Equilibrium versus Understanding*. London: Routledge.

Ainslie, G. 1992. *Picoeconomics*. Cambridge: Cambridge University Press.

Ainslie, G. 2001. *Breakdown of Will*. Cambridge: Cambridge University Press. (ジョージ・エインズリー著, 山形浩生訳 2006『誘惑される意志：人はなぜ自滅的行動をするのか』NTT 出版.)

Ainslie, G. 2003. Uncertainty as wealth. *Behavioral Processes* 64: 369-385.

Aizenberg, J., A. Tkachenko, S. Weiner, L. Addadi, and G. Hendler. 2001. Calcitic microlenses as part of the photoreceptor system in brittlestars. *Nature* 412: 819-822.

Amit, D. 1989. *Modeling Brain Function*. Cambridge: Cambridge University Press.

Anderson, J. 1983. *The Architecture of Cognition*. Cambridge, Mass.: Harvard University Press.

Aristotle. 1992. *The Politics*. T. Sinclair, ed. and trans. Harmondsworth: Penguin. (アリストテレス著, 山本光雄訳 1961『政治学』岩波書店.)

Aristotle. 1998. *Nicomachean Ethics*. D. Ross ed., W. D. Ross, trans. Oxford: Oxford University Press. (アリストテレス著, 高田三郎訳 2009『ニコマコス倫理学』岩波書店.)

Arnett, D. 1996. *Supernovae and Nucleosynthesis*. Princeton, N.J.: Princeton University Press.

Aune, B. 1977. *Reason and Action*. Dordrecht: Reidel.

Baars, B. 1988. *A Cognitive Theory of Consciousness*. Cambridge: Cambridge University Press.

Barberis, N., and R. Thaler. 2002. A survey of behavioral finance. NBER working paper no. 9222. http://www.papers.nber.org/papers/W9222.

Barwise, J., and J. Seligman. 1997. *Information Flow: The Logic of Distributed Systems*. Cambridge: Cambridge University Press.

Batterman, R. 2000. Multiple realizability and universality. *British Journal for Philosophy of Science* 51: 115-145.

Baumol, W. 1972. *Economic Theory and Operations Analysis*. 3rd edition. Englewood Cliffs, N.J.: Prentice Hall. (ウィリアム・ボーモル著, 福場庸訳 1966『経済分析と OR』丸善.)

Becker, G. 1976. *The Economic Approach to Human Behavior*. Chicago, Ill.: University of Chicago Press.

Becker, G. 1981. *A Treatise on the Family*. Cambridge, Mass.: Harvard University Press.

Beer, R. 1990. *Intelligence as Adaptive Behavior*. San Diego, Calif.: Academic Press.

Bell, W. 1991. *Searching Behaviour*. London: Chapman and Hall.

Ben-Nur, A., and L. Putterman, eds. 1998. *Economics, Values, and Organization*. Cambridge: Cambridge University Press.

Bentham, J. 1859/1954. The psychology of economic man. In W. Stark, ed., *Jeremy Bentham's Economic Writings*, pp. 421-450. London: Allen and Unwin.

Benzion, U., A. Rapaport, and J. Yagil. 1989. Discount rates inferred from decisions: An experimental study. *Management Science* 35: 270-284.

Bergson, A. 1938. A reformulation of certain aspects of welfare economics. *Quarterly Journal of Economics* 52: 310-334.

Berns, G. 2003. Neural game theory and the search for rational agents in the brain. *Behavioral and Brain Sciences* 26: 155-156.

Binmore, K. 1987-1988. Modeling rational players I and II. *Economics and Philosophy* 3: 179-214 and 4: 9-55.

Binmore, K. 1992. *Essays on the Foundations of Game Theory*. Oxford: Blackwell.

Binmore, K. 1994. *Game Theory and the Social Contract, volume 1: Playing Fair*. Cambridge, Mass.: MIT Press.

Binmore, K. 1998. *Game Theory and the Social Contract, volume 2: Just Playing*. Cambridge, Mass.: MIT Press.

Binmore, K. 2004. Review of *Machine Dreams*, by Philip Mirowski. *Journal of Economic Methodology* 11: 477-483.

Bishop, J. 1989. *Natural Agency*. Cambridge: Cambridge University Press.

Blaug, M. 1980. *The Methodology of Economics*. Cambridge: Cambridge University Press.

Blaug, M. 1985. *Economic Theory in Retrospect*. 4th edition. Cambridge: Cambridge University Press. (マーク・ブローグ著, 宮崎犀一ほか訳 1982-5 『経済理論の歴史』東洋経済新報社.)

Block, N. 1993. Review of *Consciousness Explained*, by Daniel Dennett. *Journal of Philosophy* 90: 181-193.

Boal, J. 1991. Complex learning in Octopus bimaculoides. *American Malacological Bulletin* 9: 75-80.

Boden, M., ed. 2001. *The Philosophy of Artificial Life*. Oxford: Oxford University Press.

Border, K. 1992. Revealed preference, stochastic dominance, and the expected utility hypothesis. *Journal of Economic Theory* 56: 20-42.

Bowles, S. 2003. *Microeconomics: Behavior, Institutions, and Evolution*. Princeton, N.J.: Princeton University Press. (サミュエル・ボウルズ著, 塩沢由典・磯谷明徳・植村博恭訳 2013 『制度と進化のミクロ経済学』NTT 出版.)

Breiter, H., I. Aharon, D. Kahneman, A. Dale, and P. Shizgal. 2001. Functional imaging of neuronal responses to expectancy and experience of monetary gains and losses. *Neuron* 30: 619-639.

Brinck, I., and P. Gardenfors. 2003. Co-operation and communication in apes and humans. *Mind and Language* 18: 484-501.

Brook, A. 1994. *Kant and the Mind*. Cambridge: Cambridge University Press.

Brook, A., and D. Ross, eds. 2002. *Daniel Dennett*. New York: Cambridge University Press.

Brooks, R. 2002. *Robot*. Harmondsworth: Penguin.

Broome, J. 1990. Should a rational agent maximize expected utility? In K. Cook and M. Levi, eds., *The Limits of Rationality*, pp. 132-145. Chicago, Ill.: University of Chicago Press.

Broome, J. 1991. Rationality and the sure-thing principle. In G. Meeks, ed., *Thoughtful Economic Man*, pp. 74-102. Cambridge: Cambridge University Press.

Brown, J. 2001. Fit of form and function, diversity of life, and procession of life as an evolutionary game. In S. Orzack and E. Sober, eds., *Adaptationism and Optimality*, pp. 114-160. Cambridge: Cambridge University Press.

Buchanan, R. 1979. *What Should Economists Do?* Indianapolis, Ind.: Liberty Press.

Burge, T. 1986. Individualism and psychology. *Philosophical Review* 95: 3-45.

Byrne, R., and A. Whiten, eds. 1988. *Machiavellian Intelligence: Social Expertise and the Evolution of Intellect in Monkeys, Apes, and Humans*. Oxford: Oxford University Press. (リチャード・バーン，アンドリュー・ホワイトゥン編，藤田和生・山下博志・友永雅己監訳 2004『マキャベリ的知性と心の理論の進化論——ヒトはなぜ賢くなったか』ナカニシヤ出版.)

Caldwell, B. 1982. *Beyond Positivism: Economic Methodology in the Twentieth Century*. London: Unwin. (ブルース・J・コールドウェル著，堀田一善・渡部直樹監訳 1989『実証主義を超えて：20世紀経済科学方法論』中央経済社.)

Caldwell, B. 2003. Hayek and cultural evolution. In U. Mäki, ed., *Fact and Fiction in Economics*, pp. 285-303. Cambridge: Cambridge University Press.

Camerer, C. 1995. Individual decision making. In J. Kagel and A. Roth, eds., *The Handbook of Experimental Economics*, pp. 587-703. Princeton, N.J.: Princeton University Press.

Camerer, C. 2003a. Strategizing in the brain. *Science* 300: 1673-1675.

Camerer, C. 2003b. *Behavioral Game Theory*. Princeton, N.J.: Princeton University Press.

Camerer, C. 2003c. Behavioral game theory: Plausible formal models that predict accurately. *Behavioral and Brain Sciences* 26: 157-158.

Candland, D. 1993. *Feral Children and Clever Animals*. Oxford: Oxford University Press.

Cartwright, N. 1989. *Nature's Capacities and Their Measurement*. Oxford: Oxford University Press.

Castañeda, H.-N. 1975. *Thinking and Doing*. Dordrecht: Reidel.

Chalmers, D. 1996. *The Conscious Mind*. Oxford: Oxford University Press. (デイヴィッド・J・チャーマーズ著，林一訳 2001『意識する心：脳と精神の根本理論を求めて』白揚社.)

Cheney, D., and R. Seyfarth. 1990. *How Monkeys See the World*. Chicago, Ill.: University of Chicago Press.

Chew, S., and K. MacCrimmon. 1979. Alpha-nu choice theory: A generalization of expected utility theory. Working paper no. 686, University of Columbia Faculty of Commerce and Business Administration.

Chomsky, N. 2000. *New Horizons in the Study of Language and Mind*. New York: Cambridge University Press.

Chung, J. W. 1994. *Utility and Production Functions*. Oxford: Blackwell.

Churchland, P. 1979. *Scientific Realism and the Plasticity of Mind*. Cambridge: Cambridge University Press. (ポール・M・チャーチランド著，村上陽一郎ほか訳 1986『心の可塑性と実在論』紀伊國屋書店.)

Churchland, P. 1981. Eliminative materialism and the propositional attitudes. *Journal of Philosophy* 78: 67-90.

Churchland, P. 1988. *Matter and Consciousness*. 2nd edition. Cambridge, Mass.: MIT

Press/Bradford.

Churchland, P. 1995. *The Engine of Reason, the Seat of the Soul.* Cambridge, Mass.: MIT Press/Bradford. (ポール・M・チャーチランド著，信原幸弘・宮島昭二訳 1997『認知哲学：脳科学から心の哲学へ』産業図書.)

Clark, A. 1989. *Microcognition.* Cambridge, Mass.: MIT Press/Bradford. (アンディ・クラーク著，野家伸也・佐藤英明訳 1997『認知の微視的構造：哲学，認知科学，PDP モデル』産業図書.)

Clark, A. 1997. *Being There.* Cambridge, Mass.: MIT Press/Bradford. (アンディ・クラーク著，池上高志・森本元太郎監訳 2012『現れる存在：脳と身体と世界の再統合』NTT 出版.)

Clark, A. 2002. That special something. In A. Brook and D. Ross, eds., *Daniel Dennett,* pp. 187-205. New York: Cambridge University Press.

Coase, R. 1988. *The Firm, the Market, and the Law.* Chicago, Ill.: University of Chicago Press. (ロナルド・H・コース著，宮沢健一・後藤晃・藤垣芳文訳 1992『企業・市場・法』東洋経済新報社.)

Collier, J. 1986. Entropy in evolution. *Biology and Philosophy* 1: 5-24.

Collier, J. 1988. Supervenience and reduction in biological hierarchies. In M. Matthen and B. Linsky, eds., *Philosophy and Biology,* pp. 209-234. Calgary: University of Calgary Press.

Collier, J. 2002. What is autonomy? *International Journal of Computing Anticipatory Systems* 12: 112-121.

Collier, J., and C. Hooker. 1999. Complexly organised dynamical systems. *Open Systems and Information Dynamics* 6: 111-136.

Collier, J., and S. Muller. 1998. The dynamical basis of emergence in natural hierarchies. In G. Farre and T. Oksala, eds., *Emergence, Complexity, Hierarchy, and Organization: Selected and Edited Papers from the ECHO 3 Conference, Acta Polytechnica Scandinavica, MA91.* Helsinki: Finnish Academy of Technology.

Colman, A. 2003a. Cooperation, psychological game theory, and limitations of rationality in social interaction. *Behavioral and Brain Sciences* 26: 139-153.

Colman, A. 2003b. Beyond rationality: Rigor without mortis in game theory. *Behavioral and Brain Sciences* 26: 180-192.

Constantinides, G. 1988. Habit formation: A resolution of the equity-premium puzzle. Unpublished working paper, Graduate School of Business, University of Chicago.

Conway Morris, S. 2003. *Life's Solution.* Cambridge: Cambridge University Press. (サイモン・コンウェイ＝モリス著，遠藤一佳・更科功訳 2010『進化の運命：孤独な宇宙の必然としての人間』講談社.)

Cook, K., and M. Levi, eds. 1990. *The Limits of Rationality.* Chicago, Ill.: University of Chicago Press.

Cox, J., and S. Epstein. 1988. Preference reversals without the independence axiom. *American Economic Review* 79: 408-426.

Cubitt, R., and R. Sugden. 2001. On money pumps. *Games and Economic Behavior* 37: 121-160.

Cummins, R. 1975. *The Nature of Psychological Explanation*. Cambridge, Mass.: MIT Press/Bradford.

Damasio, A. 1994. *Descartes's Error*. New York: Putnam.（アントニオ・R・ダマシオ著，田中三彦訳 2000『生存する脳―心と脳と身体の神秘』講談社／アントニオ・R・ダマシオ著，田中三彦訳 2010『デカルトの誤り―情動，理性，人間の脳』筑摩書房.）

Danielson, P. 1992. *Artificial Morality*. London: Routledge.

Dasgupta, P. 2002. Modern economics and its critics. In U. Mäki, ed., *Fact and Fiction in Economics*, pp. 57-89. Cambridge: Cambridge University Press.

Davidson, D. 1980. *Essays on Actions and Events*. Oxford: Oxford University Press.（D・デイヴィドソン著，服部裕幸・柴田正良訳 1990『行為と出来事』勁草書房.）

Davidson, D., J. McKinsey, and P. Suppes. 1955. Outlines of a formal theory of value. *Philosophy of Science* 22: 140-160.

Davis, J. 2003. *The Theory of the Individual in Economics*. London: Routledge.

Dawkins, R. 1976. *The Selfish Gene*. Oxford: Oxford University Press.（リチャード・ドーキンス著，日高敏隆ほか訳 2006『利己的な遺伝子』紀伊國屋書店.）

Dawkins, R. 1982. *The Extended Phenotype*. Oxford: Oxford University Press.（リチャード・ドーキンス著，日高敏隆・遠藤彰・遠藤知二訳 1987『延長された表現型：自然淘汰の単位としての遺伝子』紀伊國屋書店.）

De Mille, J. 1888/1969. *A Strange Manuscript Found in a Copper Cylinder*. Toronto: McClelland and Stewart.

Debreu, G. 1959. *Theory of Value*. New York: Wiley.（ジェラール・ドブリュー著，丸山徹訳 1977『価値の理論：経済均衡の公理的分析』東洋経済新報社.）

Debreu, G. 1974. Excess demand functions. *Journal of Mathematical Economics* 1: 15-23.

Dennett, D. 1969. *Content and Consciousness*. London: Routledge.

Dennett, D. 1978. Artificial intelligence as philosophy and as psychology. In D. Dennett, *Brainstorms*, pp. 109-126. Montgomery, Vt.: Bradford.

Dennett, D. 1981. Three kinds of intentional psychology. In R. Healey, ed., *Reduction, Time, and Reality*. Cambridge: Cambridge University Press. Reprinted in Dennett 1987, pp. 43-81.

Dennett, D. 1987. *The Intentional Stance*. Cambridge, Mass.: MIT Press/Bradford.（ダニエル・C・デネット著，若島正・河田学訳 1996『「志向姿勢」の哲学：人は人の行動を読めるのか？』白揚社.）

Dennett, D. 1991a. Real patterns. *Journal of Philosophy* 88: 27-51.

Dennett, D. 1991b. *Consciousness Explained*. Boston, Mass.: Little Brown.（ダニエル・C・デネット著，山口泰司訳 1998『解明される意識』青土社.）

Dennett, D. 1993. Back from the drawing board. In B. Dahlbom, ed., *Dennett and His Critics*, pp. 203-235. Oxford: Blackwell.

Dennett, D. 1994. Cognitive science as reverse engineering: Several meanings of "top-down" and "bottom-up." In D. Prawtiz, B. Skyrms, and D. Westerstahl, eds., *Logic, Methodology and Philosophy of Science*, pp. 679-689. Amsterdam: Elsevier Science BV.

Dennett, D. 1995. *Darwin's Dangerous Idea*. New York: Simon and Schuster.（ダニエル・

C・デネット著，石川幹人ほか訳 2001『ダーウィンの危険な思想：生命の意味と進化』青土社.)

Dennett, D. 2000. With a little help from my friends. In D. Ross, A. Brook, and D. Thompson, eds., *Dennett's Philosophy: A Comprehensive Assessment*, pp. 327-388. Cambridge, Mass.: MIT Press/Bradford.

Dennett, D. 2003. *Freedom Evolves*. New York: Viking. (ダニエル・C・デネット著，山形浩生訳 2005『自由は進化する』NTT 出版.)

Dennett, D. Forthcoming [2004]. Holding a mirror up to Dupré. *Philosophy and Phenomenological Research*.

Dixit, A., and S. Skeath. 1999. *Games of Strategy*. New York: Norton.

Dowding, K. 2002. Revealed preference and external reference. *Rationality and Society* 14: 259-284.

Dowding, K. Forthcoming. A defence of revealed preference analysis. *Economics and Philosophy*.

Dretske, F. 1988. *The Explanation of Behavior*. Cambridge, Mass.: MIT Press/Bradford.

Dugatkin, L., and H. Reeve, eds. 1998. *Game Theory and Animal Behavior*. Oxford: Oxford University Press.

Dukas, R., ed. 1998. *Cognitive Ecology*. Chicago: University of Chicago Press.

Dumouchel, P. 1999. *Emotions: Essai sur le corps et le social*, second revised edition. Paris: Synthelabo.

Dupré, J. 1993. *The Disorder of Things*. Cambridge, Mass.: Harvard University Press.

Dupré, J. 2001. *Human Nature and the Limits of Science*. Oxford: Oxford University Press.

Edgeworth, F. 1881/1932. *Mathematical Psychics*. London: London School of Economics.

Elster, J. 1979. *Ulysses and the Sirens*. Cambridge: Cambridge University Press.

Elster, J. 1985. *Making Sense of Marx*. Cambridge: Cambridge University Press.

Elster, J. 1999. *Alchemies of the Mind*. Cambridge: Cambridge University Press.

Elster, J. 2000. *Ulysses Unbound*. Cambridge: Cambridge University Press.

Epstein, J., and R. Axtell. 1996. *Growing Artificial Societies*. Cambridge, Mass.: MIT Press. (ジョシュア・M・エプスタイン，ロバート・アクステル著，服部正太・木村香代子訳 1999『人工社会：複雑系とマルチエージェント・シミュレーション』共立出版.)

Ewert, J.-P. 1987. Neuroethology of releasing mechanisms: Prey-catching behavior in toads. *Behavioral and Brain Sciences* 10: 337-368.

Fisher, I. 1892. *Mathematical Investigations in the Theory of Value and Price*. New Haven, Conn.: Yale University Press.

Flanagan, O. 2002. *The Problem of the Soul*. New York: Basic Books.

Fodor, J. 1975. *The Language of Thought*. Cambridge, Mass.: Harvard University Press.

Fodor, J. 1980. Methodological solipsism considered as a research strategy in cognitive science. *Behavioral and Brain Sciences* 3: 63-73.

Fodor, J. 1983. *The Modularity of Mind*. Cambridge, Mass.: MIT Press/Bradford. (ジェリー・A・フォーダー著，伊藤笏康・信原幸弘訳 1985『精神のモジュール形式：人工知能と心の哲学』産業図書.)

Fodor, J. 1987a. Modules, frames, fridgeons, sleeping dogs, and the music of the spheres. In Z. Pylyshyn, ed., *The Robot's Dilemma*, pp. 139-149. Norwood, N.J.: Ablex.

Fodor, J. 1987b. *Psychosemantics*. Cambridge, Mass.: MIT Press/Bradford.

Fodor, J. 1994. *The Elm and the Expert*. Cambridge, Mass.: MIT Press/Bradford.

Fodor, J. 1996. Deconstructing Dennett's Darwin. *Mind and Language* 11: 246-262.

Frank, R. 1988. *Passions within Reason*. New York: Norton. (R・H・フランク著, 大坪庸介ほか共訳 1995『オデッセウスの鎖：適応プログラムとしての感情』サイエンス社.)

Frank, R. 2004. In defense of sincerity detection. *Rationality and Society* 16: 287-305.

Frank, R., T. Gilovich, and D. Regan. 1993. Does studying economics inhibit cooperation? *Journal of Economic Perspectives* 7: 159-171.

Friedman, M[ilton]. 1953. *Essays in Positive Economics*. Chicago, Ill.: University of Chicago Press. (M[ilton]・フリードマン著, 佐藤隆三・長谷川啓之訳 1977『実証的経済学の方法と展開』富士書房.)

Friedman, M[ichael]. 1999. *Reconsidering Logical Positivism*. Cambridge: Cambridge University Press.

García-Arrarás, J. E., M. Rojas-Soto, L. Jimenez, and L. Diaz-Miranda. 2001. The enteric nervous system of echinoderms: Unexpected complexity revealed by neurochemical analysis. *Journal of Experimental Biology* 204: 865-873.

Gardner, E. 1997. Brain reward mechanisms. In J. Lowinson, P. Ruiz, R. Millman, and J. Langrod, eds., *Substance Abuse: A Comprehensive Textbook*, pp. 51-85. Baltimore, Md.: Wilkins and Wilkins.

Gardner, E. 1999. The neurobiology and genetics of addiction: Implications of the "reward deficiency syndrome" for therapeutic strategies in chemical dependency. In J. Elster, ed., *Addiction: Entries and Exits*, pp. 57-119. New York: Russell Sage.

Gauthier, D. 1986. *Morals by Agreement*. Oxford: Oxford University Press. (デイヴィド・ゴティエ著, 小林公訳 1999『合意による道徳』木鐸社.)

Giere, R. 1988. *Explaining Science*. Chicago, Ill.: University of Chicago Press.

Gigerenzer, G., P. Todd, and the ABC Research Group. 1999. *Simple Heuristics That Make Us Smart*. Oxford: Oxford University Press.

Gilbert, M. 1989. *On Social Facts*. Princeton, N.J.: Princeton University Press.

Gintis, H. 2000. *Game Theory Evolving*. Princeton, N.J.: Princeton University Press.

Gintis, H. 2003. A critique of team and Stackelberg reasoning. *Behavioral and Brain Sciences* 26: 160-161.

Glimcher, P. 2003. *Decisions, Uncertainty, and the Brain*. Cambridge, Mass.: MIT Press. (ポール・W・グリムチャー著, 宮下英三訳 2008『神経経済学入門：不確実な状況で脳はどう意思決定するのか』生産性出版.)

Godfrey-Smith, P. 1996. *Complexity and the Function of Mind in Nature*. Cambridge: Cambridge University Press.

Godfrey-Smith, P. 2001. Three kinds of adaptationism. In S. Orzack and E. Sober, eds., *Adaptationism and Optimality*, pp. 335-357. Cambridge: Cambridge University Press.

Goodie, A., and E. Fantino. 1995. An experimentally derived base-rate error in humans. *Psychological Science* 6: 101-106.

Goodin, R. 1990. De gustibus non est explanandum. In K. Cook and M. Levi, eds., *The Limits of Rationality*, pp. 217-221. Chicago, Ill.: University of Chicago Press.

Gould, S. J., and R. Lewontin. 1979. The spandrels of San Marco and the Panglossian paradigm: A critique of the adaptationist program. *Proceedings of the Royal Society of London B: Biological Sciences* 205: 581-598.

Green, E., and K. Osbard. 1991. A revealed preference theory for expected utility. *Review of Economic Studies* 58: 577-596.

Greenspan, P. 2000. Emotional strategies and rationality. *Ethics* 110: 469-487.

Grether, D., and C. Plott. 1979. Economic theory of choice and the preference reversal phenomenon. *American Economic Review* 75: 623-638.

Griffiths, P. 1997. *What Emotions Are*. Chicago, Ill.: University of Chicago Press.

Guala, F. 2000. Artefacts in experimental economics. *Economics and Philosophy* 16: 47-75.

Hacking, I. 1983. *Representing and Intervening*. Cambridge: Cambridge University Press. (イーアン・ハッキング著，渡辺博訳 1986『表現と介入：ボルヘス的幻想と新ベーコン主義』産業図書.)

Hacking, I. 1999. *The Social Construction of What?* Cambridge, Mass.: Harvard University Press. (イアン・ハッキング著，出口康夫・久米暁訳 2006『何が社会的に構成されるのか』岩波書店.)

Hampton, J. 1986. *Hobbes and the Social Contract Tradition*. Cambridge: Cambridge University Press.

Hardin, R. 2004. *Indeterminacy and Society*. Princeton, N.J.: Princeton University Press.

Harsanyi, J. 1977. *Rational Behavior and Bargaining Equilibrium in Games and Social Situations*. New York: Cambridge University Press.

Hartl, J., and E. Fantino. 1996. Choice as a function of reinforcement ratios in delayed matching to sample. *Journal of Experimental Analysis of Behavior* 66: 11-27.

Hausman, D. 1992. *The Inexact and Separate Science of Economics*. Cambridge: Cambridge University Press.

Hausman, D. 2000. Revealed preference, belief, and game theory. *Economics and Philosophy* 16: 99-115.

Hayek, F. 1960. *The Constitution of Liberty*. Chicago, Ill.: University of Chicago Press. (F・A・ハイエク著，気賀健三・古賀勝次郎訳 2007『自由の条件』春秋社.)

Hayes, P. 1979. The naïve physics manifesto. In D. Michie, ed., *Expert Systems in the Microelectronic Age*, pp. 242-270. Edinburgh: Edinburgh University Press.

Heilbroner, R., and W. Milberg. 1995. *The Crisis of Vision in Modern Economic Thought*. Cambridge: Cambridge University Press. (R・ハイルブローナー，W・ミルバーグ著，工藤秀明訳 2003『現代経済学ビジョンの危機』岩波書店.)

Heinrich, J., R. Boyd, S. Bowles, C. Camerer, E. Fehr, H. Gintis, and R. McElreath. 2001. In search of homo economicus: Behavioral experiments in fifteen small-scale societies. *AEA Papers and Proceedings* 91: 73-78.

Herrnstein, R. 1961. Relative and absolute strengths of response as a function of frequency of reinforcement. *Journal of the Experimental Analysis of Behavior* 4: 267-272.

Hicks, J. 1939. The foundations of welfare economics. *Economic Journal* 49: 696-712.

Hicks, J., and R. Allen. 1934. Areconsideration of the theory of value. *Economica* 1: 52-76, 196-219.

Hogarth, R., and M. Reder, eds. 1986. *Rational Choice*. Chicago, Ill.: University of Chicago Press.

Hollerman, J., L. Trembley, and W. Schultz. 1998. Influence of reward expectation on behavior-related neuronal activity in primate striatum. *Journal of Neurophysiology* 80: 947-963.

Hollis, M. 1998. *Trust within Reason*. Cambridge: Cambridge University Press.

Hoover, K. 1988. *The New Classical Macroeconomics*. Oxford: Blackwell.

Hoover, K. 2002. Econometrics and reality. In U. Mäki, ed., *Fact and Fiction in Economics*, pp. 152-177. Cambridge: Cambridge University Press.

Houthakker, H. 1950. Revealed preference and the utility function. *Economica* 17: 159-174.

Houthakker, H. 1961. The present state of consumption theory. *Econometrica* 29: 704-740.

Hull, D. 1988. *Science as a Process*. Chicago, Ill.: University of Chicago Press.

Hutchins, E. 1995. *Cognition in the Wild*. Cambridge, Mass.: MIT Press/Bradford.

Jaynes, J. 1976. *The Origins of Consciousness in the Breakdown of the Bicameral Mind*. New York: Houghton Mifflin.

Jevons, W. S. 1871. *The Theory of Political Economy*. London: Macmillan. (W・S・ジェヴォンズ著, 小泉信三ほか訳 1981 『経済学の理論』日本経済評論社.)

Johnsen, S. 1994. Extraocular sensitivity to polarized light in an echinoderm. *Journal of Experimental Biology* 195: 281-291.

Johnson, S. 2001. *Emergence*. New York: Scribner.

Johnson-Laird, P. 1988. *The Computer and the Mind*. Cambridge, Mass.: Harvard University Press.

Joyce, R. 2001. *The Myth of Morality*. Cambridge: Cambridge University Press.

Juarrero, A. 1999. *Dynamics in Action*. Cambridge, Mass.: MIT Press/Bradford.

Kagel, J., and A. Roth, eds. 1995. *The Handbook of Experimental Economics*. Princeton, N.J.: Princeton University Press.

Kahneman, D., P. Slovic, and A. Tversky. 1982. *Judgment under Uncertainty: Heursitics and Biases*. Cambridge: Cambridge University Press.

Kahneman, D., and A. Tversky. 1979. Prospect theory: An analysis of decision under risk. *Econometrica* 47: 263-291.

Kalai, E. 1990. Bounded rationality and strategic complexity in repeated games. In T. Ichiishi, A. Neyman, and Y. Tauman, eds., *Game Theory and Applications*, pp. 131-157. San Diego, Calif.: Academic Press.

Kaldor, N. 1939. Welfare propositions in economics and interpersonal comparisons of utility. *Economic Journal* 49: 549-551.

Karmiloff-Smith, A. 1992. *Beyond Modularity*. Cambridge, Mass.: MIT Press/Bradford.

Karni, E., and Z. Safra. 1987. "Preference reversal" and the observability of preferences by experimental methods. *Econometrica* 55: 675-685.

Kavka, G. 1991. Is individual choice less problematic than collective choice? *Economics and Philosophy* 7: 143-165.

Keller, E. 1985. *Reflections on Gender and Science*. New Haven, Conn.: Yale University Press. (エヴリン・フォックス・ケラー著, 幾島幸子・川島慶子訳 1993『ジェンダーと科学：プラトン, ベーコンからマクリントックへ』工作舎.)

Keller, E. 2001. *The Century of the Gene*. Cambridge, Mass.: Harvard University Press. (エヴリン・フォックス・ケラー著, 長野敬・赤松眞紀訳 2001『遺伝子の新世紀』青土社.)

Kennedy, J., and R. Eberhart. 2001. *Swarm Intelligence*. San Fransisco, Calif.: Morgan Kauffman.

Kim, J. 1998. *Mind in a Physical World*. Cambridge, Mass.: MIT Press/Bradford. (ジェグォン・キム著, 太田雅子訳 2006『物理世界のなかの心：心身問題と心的因果』勁草書房.)

Kincaid, H. 1997. *Individualism and the Unity of Science*. Lanham, Md.: Rowman and Littlefield.

Kincaid, H. 2004. Development theory and the philosophies of science. In M. Ayogu and D. Ross, eds., *Development Dilemmas*, pp. 107-144. London: Routledge.

Kirby, K., and R. Herrnstein. 1995. Preference reversals due to myopic discounting of delayed reward. *Psychology Science* 6: 83-89.

Kitcher, P. 1976. Explanation, conjunction, and unification. *Journal of Philosophy* 73: 207-212.

Kitcher, P. 1981. Explanatory unification. *Philosophy of Science* 48: 507-531.

Kitcher, P. 1982. *Abusing Science*. Cambridge, Mass.: MIT Press.

Kitcher, P. 1984. 1953 and all that: A tale of two sciences. *Philosophical Review* 93: 335-373.

Kitcher, P. 1989. Explanatory unification and the causal structure of the world. In P. Kitcher and W. Salmon, eds., *Scientific Explanation*, pp. 410-505. Minneapolis: University of Minnesota Press.

Krebs, J., and N. Davies. 1984. *Behavioral Ecology: An Evolutionary Approach*, second edition. Sunderland: Sinauer.

Kreps, D. 1990a. *Game Theory and Economic Modeling*. Oxford: Oxford University Press.

Kreps, D. 1990b. *A Course in Microeconomic Theory*. Princeton, N.J.: Princeton University Press.

Kripke, S. 1972. *Naming and Necessity*. Cambridge, Mass.: Harvard University Press. (ソール・A・クリプキ著, 八木沢敬・野家啓一訳 1985『名指しと必然性：様相の形而上学と心身問題』産業図書.)

LaCasse, C., and D. Ross. 1998. Morality's last chance. In P. Danielson, ed., *Modeling Rationality, Morality, and Evolution*, pp. 340-375. Oxford: Oxford University Press.

Ladyman, J. 2004. Supervenience: Not local and not two-way. *Behavioral and Brain Sciences*, in press.

Lane, P., ed. 1999. *Economics: Making Sense of the Modern Economy*. London: The Economist.

Langton, C., ed. 1995. *Artificial Life: An Overview*. Cambridge, Mass.: MIT Press.

Lawson, T. 1997. *Economics and Reality*. London: Routledge. (トニー・ローソン著, 江頭進・葛城政明訳 2003『経済学と実在』日本評論社.)

Levy, S. 1992. *Artificial Life*. New York: Pantheon. (スティーブン・レビー著，服部桂訳 1996『人工生命：デジタル生物の創造者たち』朝日新聞社.)

Lewin, S. 1996. Economics and psychology: Lessons for our own day from the early twentieth century. *Journal of Economic Literature* 34: 1293-1323.

Lewis, D. 1969. *Convention*. Cambridge, Mass.: Harvard University Press.

Lichtenstein, S., and P. Slovic. 1971. Reversals of preference between bids and choices in gambling decisions. *Journal of Experimental Psychology* 89: 46-55.

Lichtenstein, S., and P. Slovic. 1973. Response-induced reversals of preference in gambling: An extended replication in Las Vegas. *Journal of Experimental Psychology* 101: 16-20.

Lloyd, D. 1989. *Simple Minds*. Cambridge, Mass.: MIT Press/Bradford.

Lloyd, J. 1984. *Foundations of Logic Programming*. Berlin: Springer Verlag.

Loewenstein, G. 1988. Frames of mind in intertemporal choice. *Management Science* 34: 200-214.

Loomes, G., C. Starmer, and R. Sugden. 1991. Observing violations of transitivity by experimental methods. *Econometrica* 59: 425-439.

Loomes, G., and C. Taylor. 1992. Non-transitive preferences over gains and losses. *Economic Journal* 102: 357-365.

Luce, D. 1959. *Individual Choice Behavior: A Theoretical Analysis*. Westport, Conn.: Greenwood.

Lyons, W. 1986. *The Disappearance of Introspection*. Cambridge, Mass.: MIT Press/ Bradford.

Machina, M. 1982. Expected utility analysis without the independence axiom. *Econometrica* 50: 277-323.

Maes, P. 1991. A bottom-up mechanism for behavior selection in an artificial creature. In J.-A. Meyer and S. Wilson, eds., *From Animals to Animats*, pp. 238-246. Cambridge, Mass.: MIT Press/Bradford.

Mäki, U. 1986. Rhetoric at the expense of coherence: A reinterpretation of Milton Friedman's methodology. In W. Samuels, ed., *Research in the History of Economic Thought and Methodology*, volume 4. pp. 127-143. Greenwich, Conn.: JAI Press.

Mäki, U. 1992. Friedman and realism. In W. Samuels and J. Biddle, eds., *Research in the History of Economic Thought and Methodology*, volume 10, pp. 171-195. Greenwich, Conn.: JAI Press.

Malik, K. 2000. *Man, Beast, and Zombie*. London: Weidenfeld and Nicolson.

Mandler, J. 1984. *Stories, Scripts, and Scenes: Aspects of Schema Theory*. Hillsdale, N.J.: Lawrence Erlbaum.

Mandler, M. 1999. *Dilemmas in Economic Theory*. Oxford: Oxford University Press.

Mantel, R. 1974. On the characterization of aggregate excess demand. *Journal of Economic Theory* 7: 348-353.

Mantel, R. 1976. Homothetic preferences and community excess demand functions. *Journal of Economic Theory* 12: 197-201.

Marr, D. 1982. *Vision*. San Francisco, Calif.: Freeman. (デビッド・マー著，乾敏郎・安藤広

志訳 1987『ビジョン：視覚の計算理論と脳内表現』産業図書.)

Marras, A. 2002. Kim on reduction. *Erkenntnis* 57: 231-257.

Marshall, A. 1890. *The Principles of Economics*. London: Macmillan.（アルフレッド・マーシャル著，馬場啓之助訳 1965-7『経済学原理』東洋経済新報社.)

May, L., M. Friedman, and A. Clark, eds. 1996. *Mind and Morals*. Cambridge, Mass.: MIT Press/Bradford.

Maynard Smith, J. 1982. *Evolution and the Theory of Games*. Cambridge: Cambridge University Press.（J・メイナード・スミス著，寺本英・梯正之訳 1985『進化とゲーム理論：闘争の論理』産業図書.)

McClamrock, R. 1995. *Existential Cognition*. Chicago, Ill.: University of Chicago Press.

McFarland, D. 1992. Animals as cost-based robots. *International Studies in the Philosophy of Science* 6: 133-153.

McFarland, D., and A. Houston. 1981. *Quantitative Ethology: The State-Space Approach*. London: Pitman.

McGeer, V. 2001. Psycho-practice, psycho-theory, and the contrastive case of autism. *Journal of Consciousness Studies* 8: 109-132.

Meikle, S. 1995. *Aristotle's Economic Thought*. Oxford: Oxford University Press.

Meikle, S. 2001. Quality and quantity in economics: The metaphysical construction of the economic realm. In U. Mäki, ed., *The Economic World View*, pp. 32-54. Cambridge: Cambridge University Press.

Meyering, T. 2000. Physicalism and downward causation in psychology and the special sciences. *Inquiry* 43: 181-202.

Miller, R. 1987. *Fact and Method*. Princeton, N.J.: Princeton University Press.

Millero, F. J. 2001. *The Physical Chemistry of Natural Waters*. New York: Wiley-Interscience.

Millikan, R. 1984. *Language, Thought, and Other Biological Categories*. Cambridge, Mass.: MIT Press/Bradford.

Minsky, M. 1985. *The Society of Mind*. New York: Simon and Schuster.（マーヴィン・ミンスキー著，安西祐一郎訳 1990『心の社会』産業図書.)

Mirowski, P. 1989. *More Heat Than Light*. New York: Cambridge University Press.

Mirowski, P. 2002. *Machine Dreams: Economics Becomes a Cyborg Science*. Cambridge: Cambridge University Press.

Montague, P. R., and G. Berns. 2002. Neural economics and the biological substrates of valuation. *Neuron* 36: 265-284.

Muller, J. 1993. *Adam Smith in His Time and Ours*. New York: Free Press.

Nagel, T. 1974. What is it like to be a bat? *Philosophical Review* 83: 435-450.（トマス・ネーゲル著，永井均訳 1989『コウモリであるとはどのようなことか』勁草書房.)

Nagel, T. 1986. *The View from Nowhere*. Oxford: Oxford University Press.（トマス・ネーゲル著，中村昇ほか訳 2009『どこでもないところからの眺め』春秋社.)

Needham, P. 2002. The discovery that water is H2O. *International Studies in the Philosophy of Science* 16: 205-226.

Newell, A., and H. Simon. 1976. Computer science as empirical inquiry: Symbols and search. *Communications of the Association for Computing Machinery* 19: 113-126.

Noë, R., J. van Hooff, and P. Hammerstein, eds. 2001. *Economics in Nature*. Cambridge: Cambridge University Press.

North, D. 1990. *Institutions, Institutional Change, and Economic Performance*. Cambridge: Cambridge University Press. (ダグラス・C・ノース著, 竹下公視訳 1994『制度・制度変化・経済成果』晃洋書房.)

Nussbaum, M. 1981. *The Fragility of Goodness*. Cambridge: Cambridge University Press.

Nussbaum, M. 1994. *The Therapy of Desire*. Princeton, N.J.: Princeton University Press.

O'Hara, M. 1995. *Market Microstructure Theory*. Oxford: Blackwell.

Oppenheim, P., and H. Putnam. 1958. Unity of science as a working hypothesis. In H. Feigl, M. Scriven, and G. Maxwell, eds., *Minnesota Studies in the Philosophy of Science*, volume 2, pp. 3-36. Minneapolis: University of Minnesota Press.

Ordeshook, P. 1997. The spatial analysis of elections and committees: Four decades of research. In D. Mueller, ed., *Perspectives on Public Choice*, pp. 247-270. Cambridge: Cambridge University Press. (デニス・C・ミューラー編, 関谷登・大岩雄次郎訳 2000『公共選択の展望:ハンドブック』多賀出版.)

Ormerod, P. 1994. *The Death of Economics*. New York: Wiley. (ポール・オルメロッド著, 斎藤精一郎訳 1995『経済学は死んだ:いま, エコノミストは何を問われているか』ダイヤモンド社.)

Orzack, S., and E. Sober, eds. 2001. *Adaptationism and Optimality*. Cambridge: Cambridge University Press.

Oyama, S. 2000. *Evolution's Eye*. Chapel Hill, N.C.: Duke University Press.

Pareto, V. 1909/1971. *Manual of Political Economy*. New York: Augustus Kelley.

Paul, E., F. Miller, and J. Paul, eds. 1997. *Self-Interest*. Cambridge: Cambridge University Press.

Peacocke, C. 1979. *Holistic Explanation: Action, Space, Interpretation*. Oxford: Oxford University Press.

Pettit, P. 1993. *The Common Mind*. Oxford: Oxford University Press.

Pettit, P. 2001. The virtual reality of *Homo economicus*. In U. Mäki, ed., *The Economic World View*, pp. 75-97. Cambridge: Cambridge University Press.

Pinker, S. 1994. *The Language Instinct*. New York: Morrow. (スティーブン・ピンカー著, 椋田直子訳 1995『言語を生みだす本能』日本放送出版協会.)

Pinker, S. 1997. *How the Mind Works*. New York: Norton. (スティーブン・ピンカー著, 椋田直子訳 2003『心の仕組み:人間関係にどう関わるか』日本放送出版協会.)

Platt, M., and P. Glimcher. 1999. Neural correlates of decision variables in parietal cortex. *Nature* 400: 233-238.

Polanyi, L. 1989. *Telling the American Story*. Cambridge, Mass.: MIT Press/Bradford.

Ponce, V. 2003. *Rethinking Natural Kinds*. Doctoral dissertation, Duke University.

Putnam, H. 1975. *Mind, Language, and Reality*. Cambridge: Cambridge University Press.

Pylyshyn, Z. 1987. *The Robot's Dilemma*. Norwood, N.J.: Ablex.

Quartz, S., and T. Sejnowski. 2002. *Liars, Lovers, and Heroes*. New York: William Morrow.

Quiggin, J. 1982. A theory of anticipated utility. *Journal of Economic Behavior and Organization* 3: 323-343.

Quine, W. V. 1953. Two dogmas of empricism. In W. V. Quine, *From a Logical Point of View*, pp. 20-46. Cambridge, Mass.: Harvard University Press. (W・V・クワイン著, 飯田隆訳 1992『論理的観点から：論理と哲学をめぐる九章』勁草書房.)

Quine, W. V. 1969. Epistemology naturalized. In W. V. Quine, *Ontological Relativity and Other Essays*, pp. 69-90. New York: Columbia University Press.

Quine, W. V. 1991. Two dogmas in retrospect. *Canadian Journal of Philosophy* 21: 265-274.

Rabin, M. 1998. Psychology and economics. *Journal of Economic Literature* 36: 11-46.

Rawls, J. 1971. *A Theory of Justice*. Cambridge, Mass.: Harvard University Press. (ジョン・ロールズ著, 川本隆史・福間聡・神島裕子訳 2010『正義論』紀伊國屋書店.)

Ray, T. 1992. An approach to the synthesis of life. In C. Langton, C. Taylor, J. D. Farmer, and S. Rasmussen, eds., *Artificial Life II*, pp. 371-408. Redwood City, Calif.: Addison-Wesley.

Redman, D. 1997. *The Rise of Political Economy as a Science*. Cambridge, Mass.: MIT Press.

Reichenbach, H. 1957. *The Philosophy of Space and Time*. New York: Dover.

Ritzman, R. 1984. The cockroach escape response. In R. Eaton, ed., *Neural Mechanisms of Startle Behavior*, pp. 93-131. New York: Plenum Press.

Robbins, L. 1935. *An Essay on the Nature and Significance of Economic Science*, second edition. London: Macmillan.

Robbins, L. 1938. Interpersonal comparisons of utility: A comment. *Economic Journal* 43: 635-641.

Robbins, L. 1998. *A History of Economic Thought*. Princeton, N.J.: Princeton University Press.

Roberts, C. 1996. *The Logic of Historical Explanation*. University Park: Pennsylvania State University Press.

Robertson, D. 1957. *Lectures on Economic Principles*, volume 1. London: Staples Press. (D・H・ロバートソン著, 森川太郎・高本昇訳 1960-2『経済原論講義』東洋経済新報社.)

Romanos, G. 1983. *Quine and Analytic Philosophy*. Cambridge, Mass.: MIT Press/ Bradford.

Rosenberg, A. 1983. If economics isn't science, what is it? *Philosophical Forum* 14: 296-314.

Rosenberg, A. 1992. *Economics: Mathematical Politics or Science of Diminishing Returns?* Chicago, Ill.: University of Chicago Press.

Rosenberg, A. 1994. *Instrumental Biology, or The Disunity of Science*. Chicago, Ill.: University of Chicago Press.

Ross, D. 1991. Hume, resemblance, and the foundations of psychology. *History of Philosophy Quarterly* 8: 343-356.

Ross, D. 1993a. Quining qualia Quine's way. *Dialogue* 32: 439-459.

Ross, D. 1993b. *Metaphor, Meaning, and Cognition*. New York: Peter Lang.

Ross, D. 1994a. Dennett's conceptual reform. *Behavior and Philosophy* 22: 41-52.

Ross, D. 1994b. Real patterns and the ontological foundations of microeconomics. *Economics and Philosophy* 11: 113-136.

Ross, D. 1997. Critical notice of *Existential Cognition*, by R. McClamrock. *Canadian Journal of Philosophy* 27: 271-284.

Ross, D. 1998. Review of *Equilibrium versus Understanding*, by M. Addleson. *Economics and Philosophy* 14: 163-168.

Ross, D. 1999. *What People Want: The Concept of Utility from Bentham to Game Theory.* Cape Town: University of Cape Town Press.

Ross, D. 2000. Rainforest realism: A Dennettian theory of existence. In D. Ross, A. Brook, and D. Thompson, eds., *Dennett's Philosophy: A Comprehensive Assessment*, pp. 147-168. Cambridge, Mass.: MIT Press/Bradford.

Ross, D. 2002a. Dennettian behavioral explanation and the roles of the social sciences. In A. Brook and D. Ross, eds., *Daniel Dennett*, pp. 140-183. New York: Cambridge University Press.

Ross, D. 2002b. Dennett and the Darwin wars. In A. Brook and D. Ross, eds., *Daniel Dennett*, pp. 271-293. New York: Cambridge University Press.

Ross, D. 2002c. Why people are atypical agents. *Philosophical Papers* 31: 87-116.

Ross, D. 2004. Meta-linguistic signaling for coordination amongst social agents. *Language Sciences* 26: 621-642.

Ross, D., and F. Bennett. 2001. The possibility of economic objectivity. In U. Mäki, ed., *The Economic World View*, pp. 246-272. Cambridge: Cambridge University Press.

Ross, D., and P. Dumouchel. 2004a. Emotions as strategic signals. *Rationality and Society* 16: 251-286.

Ross, D., and P. Dumouchel. 2004b. Sincerity is just consistency: Reply to Frank. *Rationality and Society* 16: 307-318.

Ross, D., and C. LaCasse. 1995. Towards a new philosophy of positive economics. *Dialogue* 35: 1-27.

Ross, D., J. Ladyman, D. Spurrett, and J. Collier. forthcoming [2007]. *Every Thing Must Go: Metaphysics Naturalized.* Oxford: Oxford University Press.

Ross, D., and D. Spurrett. 2004a. What to say to a skeptical metaphysician: A defense manual for cognitive and behavioral scientists. *Behavioral and Brain Sciences*.

Ross, D., and D. Spurrett. 2004b. The cognitive and behavioral sciences: Real patterns, real causes, real unity but no supervenience. *Behavioral and Brain Sciences*, in press.

Ross, D., and T. Zawidzki. 1994. Information and teleosemantics. *Southern Journal of Philosophy* 32: 393-420.

Roth, A. 1995. Introduction to experimental economics. In J. Kagel and A. Roth, eds., *The Handbook of Experimental Economics*, pp. 3-109. Princeton, N.J.: Princeton University Press.

Rothschild, E. 2002. *Economic Sentiments: Adam Smith, Condorcet, and the Enlightenment.* Cambridge, Mass.: Harvard University Press.

Ryle, G. 1949. *The Concept of Mind.* London: Hutchinson. (ギルバート・ライル著，坂本百

大・宮下治子・服部裕幸共訳 1987 『心の概念』みすず書房.)

Salmon, W. 1984. *Scientific Explanation and the Causal Structure of the World.* Princeton, N.J.: Princeton University Press.

Samuelson, P. 1938. A note on the pure theory of consumer's behavior. *Economica* 5: 61-72.

Samuelson, P. 1947. *Foundations of Economic Analysis.* Enlarged edition, 1983. Cambridge, Mass.: Harvard University Press. (P・A・サミュエルソン著, 佐藤隆三訳 1986 『経済分析の基礎』勁草書房.)

Samuelson, P. 1972. Maximum principles in analytical economics. *American Economic Review* 62: 249-262.

Sartre, J.-P. 1943. *L'etre et le neant.* Paris: Galimard. (ジャン=ポール・サルトル著, 松浪信三郎訳 2007 『存在と無：現象学的存在論の試み』筑摩書房.)

Satz, D., and J. Ferejohn. 1994. Rational choice and social theory. *Journal of Philosophy* 91: 71-87.

Savage, L. 1954. *The Foundations of Statistics.* New York: Wiley.

Scarf, H. 1973. *The Computation of Economic Equilibria.* New Haven, Conn.: Yale University Press.

Schank, R., and R. Abelson. 1977. *Scripts, Plans, Goals, and Understanding.* Hillsdale, N.J.: Lawrence Erlbaum.

Schelling, T. 1960. *The Strategy of Conflict.* Cambridge, Mass.: Harvard University Press. (トーマス・シェリング著, 河野勝監訳 2008 『紛争の戦略：ゲーム理論のエッセンス』勁草書房.)

Schelling, T. 1978. Economics, or the art of self-management. *American Economic Review* 68: 290-294.

Schelling, T. 1980. The intimate contest for self-command. *Public Interest* 60: 94-118.

Schelling, T. 1984. Self-command in practice, in policy, and in a theory of rational choice. *American Economic Review* 74: 1-11.

Schlick, M. 1933/1979. Positivism and realism. In H. Mulder, ed., *Moritz Schlick: Philosophical Papers, volume II (1925-1936)*, pp. 259-284. Dordrecht: Kluwer.

Schrödinger, E. 1943. *What Is Life?* Cambridge: Cambridge University Press. (シュレーディンガー著, 岡小天・鎮目恭夫訳 2008 『生命とは何か：物理的にみた生細胞』岩波書店.)

Schultz, W., P. Dayan, and P. Montague. 1997. A neural substrate of prediction and reward. *Science* 275: 1593-1599.

Searle, J. 1980. Minds, brains, and programs. *Behavioral and Brain Sciences* 3: 417-458.

Searle, J. 1992. *The Rediscovery of the Mind.* Cambridge, Mass.: MIT Press/Bradford. (ジョン・R・サール著, 宮原勇訳 2008 『ディスカバー・マインド！：哲学の挑戦』筑摩書房.)

Searle, J. 1997. *The Construction of Social Reality.* New York: Free Press.

Sen, A. 1969. Quasi-transitivity, rational choice, and collective decisions. *Review of Economic Studies* 36: 381-393.

Sen, A. 1971. Choice functions and revealed preference. *Review of Economic Studies* 38: 307-317.

Sen, A. 1973. Behavior and the concept of preference. *Economica* 40: 241-259.

Sen, A. 1977. Rational fools. *Philosophy and Public Affairs* 6: 317-344.

Sen, A. 1979. *Collective Choice and Social Welfare*. Amsterdam: North-Holland. (アマルティア・セン著，志田基与師監訳 2008『集合的選択と社会的厚生』勁草書房.)

Sen, A. 1987. *On Ethics and Economics*. Oxford: Blackwell. (アマルティア・セン著，徳永澄憲・松本保美・青山治城訳 2002『経済学の再生：道徳哲学への回帰』麗澤大学出版会.)

Sen, A. 1999. *Development as Freedom*. New York: Random House. (アマルティア・セン著，石塚雅彦訳 2000『自由と経済開発』日本経済新聞社.)

Seyfarth, R., and D. Cheney. 2002. Dennett's contribution to research on the animal mind. In A. Brook and D. Ross, eds., *Daniel Dennett*, pp. 117-139. New York: Cambridge University Press.

Shackleford, J. 1989. Neural data structures: Programming with neurons. *Hewlett Packard Journal* (June) : 69-78.

Shannon, C. 1948. The mathematical theory of communication. *Bell System Technical Journal* 27: 37-423, 623-656.

Shizgal, P., and K. Canover. 1996. On the neural computation of utility. *Current Directions in Psychological Science* 5: 37-43.

Sibly, R., and D. McFarland. 1976. On the fitness of behavior sequences. *American Naturalist* 110: 601-617.

Sigmund, K. 2003. "Was you ever bit by a dead bee?"—evolutionary games and dominated strategies. *Behavioral and Brain Sciences* 26: 175-176.

Simon, H. 1947. *Administrative Behavior*. New York: Macmillan. (ハーバート・A・サイモン著，二村敏子ほか訳 2009『経営行動：経営組織における意思決定過程の研究』ダイヤモンド社.)

Simon, H. 1978. Rationality as process and as product of thought. *American Economic Review* 68: 1-16.

Skog, O.-J. 1999. Rationality, irrationality, and addiction—Notes on Becker's and Murphy's theory of addiction. In J. Elster and O.-J. Skog, eds., *Getting Hooked*, pp. 173-207. Cambridge: Cambridge University Press.

Skyrms, B. 1996. *Evolution of the Social Contract*. Cambridge: Cambridge University Press.

Skyrms, B. 2002. Signals, evolution, and the explanatory power of transient information. *Philosophy of Science* 69: 407-428.

Skyrms, B. 2004. *The Stag Hunt and the Evolution of Social Structure*. Cambridge: Cambridge University Press.

Slovic, P., D. Griffin, and A. Tversky. 1990. Compatibility effects in judgment and choice. In R. Hogarth, ed., *Insights in Decision Making: Theory and Applications*, pp. 5-27. Chicago, Ill.: University of Chicago Press.

Sober, E. 1984. *The Nature of Selection*. Cambridge, Mass.: MIT Press/Bradford.

Sober, E., and D. Wilson. 1998. *Unto Others*. Cambridge, Mass.: Harvard University Press.

Sonnenschein, H. 1972. Market excess demand functions. *Econometrica* 40: 549-563.

Sonnenschein, H. 1973. Do Walras identity and continuity characterize the class of excess demand functions? *Journal of Economic Theory* 6: 345-354.

Spurrett, D. 2000. *The Completeness of Physics*. Doctoral dissertation, University of Natal (Durban), now University of KwaZulu-Natal. Available at http://cogprints.ecs.soton. ac.uk/archive/00003379/.

Starmer, C., and R. Sugden. 1991. Does the random-lottery incentive system elicit true preferences? *American Economic Review* 81: 971-978.

Stein, E. 1996. *Without Good Reason*. Oxford: Oxford University Press.

Stich, S. 1990. *The Fragmentation of Reason*. Cambridge, Mass.: MIT Press/Bradford. (スティーヴン・P・スティッチ著, 薄井尚樹訳 2006『断片化する理性：認識論的プラグマティズム』勁草書房.)

Stigler, G., and G. Becker. 1977. De gustibus non est disputandum. *American Economic Review* 67: 76-90.

Stratmann, T. 1997. Logrolling. In D. Mueller, ed., *Perspectives on Public Choice*, pp. 322-341. Cambridge: Cambridge University Press. (デニス・C・ミューラー編, 関谷登・大岩雄次郎訳 2000『公共選択の展望：ハンドブック』多賀出版.)

Sugden, R. 2000. Team preferences. *Economics and Philosophy* 16: 175-204.

Sugden, R. 2001. The evolutionary turn in game theory. *Journal of Economic Methodology* 8: 113-130.

Sugden, R. 2002. Beyond sympathy and empathy: Adam Smith's concept of fellow feeling. *Economics and Philosophy* 18: 63-87.

Sunder, S. 1995. Experimental asset markets: A survey. In J. Kagel and A. Roth, eds., *The Handbook of Experimental Economics*, pp. 445-500. Princeton, N.J.: Princeton University Press.

Sutton, J. 2000. *Marshall's Tendencies*. Cambridge, Mass.: MIT Press. (ジョン・サットン著, 酒井泰弘・堀出一郎監訳 2007『経済の法則とは何か：マーシャルと現代』麗澤大学出版会.)

Taylor, C. 1989. *The Sources of the Self*. Cambridge: Cambridge University Press. (チャールズ・テイラー著, 下川潔・桜井徹・田中智彦訳 2010『自我の源泉：近代的アイデンティティの形成』名古屋大学出版会.)

Thagard, P. 1992. *Conceptual Revolutions*. Princeton, N.J.: Princeton University Press.

Thaler, R. 1981. Some empirical evidence on dynamic inconsistency. *Economic Letters* 8: 201-207.

Thaler, R. 1992. *The Winner's Curse*. New York: Free Press. (リチャード・セイラー著, 篠原勝訳 2007『セイラー教授の行動経済学入門』ダイヤモンド社.／リチャード・H・セイラー著, 篠原勝訳 1998『市場と感情の経済学：「勝者の呪い」はなぜ起こるのか』ダイヤモンド社.)

Thurstone, L. 1931. The indifference function. *Journal of Social Psychology* 2: 139-167.

Tommasi, M., and K. Ierulli, eds. 1995. *The New Economics of Human Behavior*. Cambridge: Cambridge University Press.

Tooby, J., and L. Cosmides. 1992. The psychological foundations of culture. In J. Barkow, L. Cosmides, and J. Tooby, eds., *The Adapted Mind*, pp. 19-136. Oxford: Oxford University Press.

Tversky, A., P. Slovic, and D. Kahneman. 1990. The causes of preference reversal. *American Economic Review* 80: 204-217.

van Brakel, J. 2000. The nature of chemical substances. In N. Bhushan and S. Rosenfeld, eds., *Of Minds and Molecules: New Philosophical Perspectives on Chemistry*, pp. 162-184. Oxford: Oxford University Press.

van Fraassen, B. 1980. *The Scientific Image*. Oxford: Oxford University Press. (B・C・ファン・フラーセン著, 丹治信春訳 1986『科学的世界像』紀伊國屋書店.)

Wallace, D. 2004. Protecting cognitive science from quantum theory. *Behavioral and Brain Sciences*, in press.

Wallis, W., and M. Friedman. 1942. The empirical derivation of indifference functions. In O. Lange, ed., *Studies in Mathematical Economics and Econometrics*, pp. 175-189. Chicago, Ill.: University of Chicago Press.

Walras, L. 1874/1954. *Elements of Pure Economics*. W. Jaffé, trans. London: Richard Irwin. (レオン・ワルラス著, 手塚壽郎訳 1953-4『純粹經濟學要論』岩波書店.)

Wegner, D. 2002. *The Illusion of Conscious Will*. Cambridge, Mass.: MIT Press/Bradford.

Weibull, J. 1995. *Evolutionary Game Theory*. Cambridge, Mass.: MIT Press. (J・W・ウェイブル著, 大和瀬達二監訳, 三澤哲也ほか訳 1998『進化ゲームの理論』文化書房博文社.)

Wheeler, Q., and R. Meier, eds. 2000. *Species Concepts and Phylogenetic Theory*. New York: Columbia University Press.

Whiten, A., and R. Byrne. 1997. *Machiavellian Intelligence 2*. Cambridge: Cambridge University Press. (リチャード・バーン, アンドリュー・ホワイトゥン編, 藤田和生・山下博志・友永雅己監訳 2004『ヒトはなぜ賢くなったか』ナカニシヤ出版.)

Wicksteed, P. 1910. *The Common Sense of Political Economy*. London: Macmillan.

Willams, B. 1976. Persons, character, and morality. In A. Rorty, ed., *The Identities of Persons*, pp. 184-205. Berkeley: University of California Press.

Wittgenstein, L. 1953. *Philosophical Investigations*. Oxford: Blackwell.

Wong, S. 1978. *The Foundations of Paul Samuelson's Revealed Preference Theory*. London: Routledge.

Wooldridge, D. 1968. *Mechanical Man: The Physical Basis of Intelligent Life*. New York: McGraw Hill.

Yaari, M. 1987. The dual theory of choice under risk. *Econometrica* 55: 95-115.

Young, H. P. 1998. *Individual Strategy and Social Structure*. Princeton, N.J.: Princeton University Press.

監訳者あとがき

その昔，アルキメデスは梃子の原理の発見に狂喜して，「我に支点を与えよ，さすれば地球をも動かして見せよう」（δῶς μοι πᾶ στῶ καὶ τὰν γᾶν κινάσω）と言ったという。本書を見るとそれを思い起こす。

そもそも，経済学を「見る」とはどういうことか？ それは経済学の「外の」視点を持って見るということだろう。この点が Ross 教授の画期的な点だ。例えば，Paul A. Samuelson の著名な『経済分析の基礎（*Foundations of Economic Analysis*)』という本がある。これは何を措いても数学の応用であり，また他の自然科学（物理・化学）の応用でもある。しかし，経済学を「外から」眺めるという視点が解決しきれていないのでは，と思う。

それを考えると，上記アルキメデスがどうしても思い浮かぶのだ（実はもう一つ，アメリカの内乱「南北戦争」[本当は国際戦争だが，それを内戦と言いくるめたのがリンカーンの狡知であったという]で，北部連合は，陸上を離れた海上の基地を欲したのだという——その後のハワイ併合はその一つの解なのだという。ここでハワイは一つの「支点」なのだ。日本が開戦をこの「支点」攻撃から始めたのも興味深い——が。閑話休題！）つまり，Ross 教授は認知科学を「支点」にして経済学という「地球」を動かして見せたのだ。その「支点」は経済学の「外」になければならない。

梃子と言うと，実は，動かされる「地球」と認知科学という「支点」の他に，梃子の「棒」という素材が要る。アルキメデスはそれに言及しなかっただろう。（その他に，その梃子棒の他端に力をかける「重さ」が要るが，恐らくアルキメデスは自分の体重を掛けるのだろう——すると，その体重を惹きつける「重力」がどこから生じるのだろう？！）

梃子棒の話だが，Ross 教授は，本書執筆の当初は，その梃子棒は 2 部構造（本書のミクロ部分と，次著のマクロ部分——未執筆——）から成ると幾度も言っている。だが，日本版への序文で，実は梃子棒をちょっと延長して，両端の中間に第三の部分が加わり 3 部分構造からなるとしている。

さて，訳者としての我々が為したことは，その梃子棒の一番目の部分に日本製塗料を塗って飾り，ちょっと隅っこに署名した，というに留まる。他の二構造については，訳者三上君を含む若い人々に俟つしかないと思う。

482

本書は訳者三上真寛君との永い努力の産物と言える。同君が私の学部ゼミから北海道大学大学院へ進んでから，ほぼ月に一回ほど上京して数年に亘り続けられ，さらにその後，同君が私の後任として，母校明治大学経営学部に奉職した後も続けられた読書会から生まれたからだ。本当は共訳だと思っているので，「監訳」という形は少しこそばったいのだが，訳者の謙譲の美で，この形になった。ただし，よくある「監訳」のイメージで，監訳者としてエライ人が名前を貸しただけというのとは全く異なるということだけはお断りしておく。これは二人の頻繁緊密なキャッチボールの成果なのだから。

　本書の仕上げに努力して下さった学文社の編集者の落合絵理氏には心から感謝申し上げたい。編集者の苦労は我々の想像を絶するものがあると推定されるからだ。

　編集への協同としては，訳文のわかり易さの現出に努めたが，それは，次のことだ。一般に文は，原則として，表出される順番で「頭から」理解されていく（「文語」では若干の留保があるし，特に文として眼前にあるので，「戻って」理解することもある程度可能だ）。ところが，英文での順序は，日本語とは異なるので，日本語を「頭から」理解する順序と別だ。古来，日本人は漢文の読み下しでこの点を解決した――返り点や番号付け等々――。しかし，本書は，日本語としても「頭から」理解できるように極力，心がけた。

　もうひとつ，原文では代名詞から男性（he）が駆逐されて（明示的に男性固有名詞を指す場合は別だが），女性（she）が跋扈している。ほとんど圧倒的な慣習だ。もともと，日本語の「彼／彼女」は外国語翻訳への対応として発達したものだろうが，本書では，極力，代名詞は訳出しない方針をとった。

　こうして，「易しい」日本語に仕上がったとしても，本書の難しさは言葉にあるのでなく，内容にあるので，その点の伝達の成否の判定は読者に仰ぐしかないのであるが。

長尾　史郎

訳者解題

　本書は，Don Ross, *Economic Theory and Cognitive Science: Microexplanation*, MIT Press, 2005 の翻訳である。

　著者のドン・ロス教授は，カナダのウェスタン・オンタリオ大学で博士号を取得後，オタワ大学哲学部，南アフリカ共和国のケープタウン大学哲学部および経済学部，アメリカのアラバマ大学バーミンガム校哲学部および金融経済計量手法学部，ニュージーランドのワイカト大学マネジメントスクールで教鞭を執り，現在はアイルランドのユニバーシティ・カレッジ・コーク社会学哲学部教授，ケープタウン大学経済学部教授を兼務している。経済学方法論および経済哲学の論客として名高いが，ミクロ経済理論にも精通し，近年は実験経済学の手法を用いて中毒，衝動的消費，ギャンブルといった人間行動の研究にも従事している。

　本書はそのようなロス教授の広範な知識に裏打ちされた労作であり，標題が示すように経済理論と認知科学の諸領域にまたがる学際的研究の書である。本書の主題が「経済理論はいかに人間の行動を捉えるべきか」であると言えば，すぐさまある種の経済学批判が想起されることだろう。経済理論に登場する人間は生身の人間とは似ても似つかぬものであり，したがって経済理論は役に立たないか，根本的に修正されねばならないという類の批判だ。ところが，ロス教授は，経済理論はそもそも生身の人間に適用されるものではないと主張し，しかし，経済理論が経験的に理に適った科学であり得ると論じている点において別格である。本書によれば，経済理論は第一義的には生物学的個人ではなく，個人未満のニューロンやそのモジュールに適用されるものであり，生物学的個人はそのような下位システムからなる共同体として社会の中でセルフを構築する。これは，行動経済学，経済心理学，実験経済学として知られる新たな諸分野に妥当な哲学的基礎を与える試みであると同時に，それを経済学の伝統的な流れの中に位置づけることで経済学の地位を回復する試みであるとも言えよう。

　本書の内容は以下のように展開される。

　第1章「導入：経済学の未来と統一科学」では，本書におけるロス教授の基本的な戦略が示される。経済学という学問全体を叙述するにあたって，歴史的-社会学的な戦略というよりは哲学的な戦略をとること，しかし経済理論の構築および進歩

に関しては年代順の研究となることが宣言されている。過去半世紀の経済理論の歴史について，フィリップ・ミロウスキーの見方を概ね受け容れているが，ミロウスキーの物語とは違って，人間主義よりも科学主義が擁護される。事実を解明するうえで，我々の常識的な想定や原理の蓄積は信頼できず，内観や民間的な捉え方も不十分だという立場である。科学的理論の仕事は，表面的な観察では見えづらい実在する因果的・構造的関係を孤立化して解明することにあるとされ，構造上の規則性を組織する諸原理の系統性が重んじられる。本書では，人間行動の系統的な説明を提供するプロジェクトのため，認知科学に照らして新古典派経済学を更新し擁護することが予告されている。

　第2章「哲学的入門：志向姿勢の機能主義と実在的パターン」では，本書の後続の議論で必要となる哲学が提示される。人間の志向性や意識をどのように捉えるべきか。ロス教授はダニエル・デネットの哲学に依拠して次のように論を進める。ある行動が志向的であるというのは，あるエージェントの行動を説明・予測する際に，ある命題に対する特定の態度関係（信念や願望）を主体に帰するということである。心が何らかの非物理的な実体であると信じる心身二元論を棄却すれば，内在主義——すなわち，志向的状態（命題態度の状態または心的状態）のような表象はエージェントの内的な諸条件によって意味を持たねばならないという見解——に至る。しかし，志向的状態は脳の特定の状態と同一かもしれないという考え方や，脳の状態のパターンと環境の物理的・因果的規則性のネットワークとの間に機能的同型性を見いだそうとする考え方（機能主義者）は失敗してきた。そこで，デネットの志向姿勢の機能主義は，内在的意味に訴えることなく意識とセルフ（自己の認識）を説明することを試みたのである。ロス教授によれば，現代の経済学者は，このデネットと同じ課題に直面しており，内在主義を前提とする伝統的で人間主義的なエージェントの理解と，内在主義の失敗に対する別の（志向姿勢の機能主義以外の）反応としての消去主義の間の論争に陥っているという。しかし，内在主義も消去主義——すなわち，そもそも命題態度のようなものは存在しないという見解——も，いかなる科学においても支持されず，外在主義——すなわち，志向的状態の内容は人間の神経の状態から直截的には読みとることができないという見解——に立たなければならない。主体に命題態度（信念や願望）を帰するということは，ある主体，その環境の特徴，その解釈者の期待のパターンの間で三角測量された規則性を取り出そうとすること（「志向姿勢をとること」）でなければならない。

訳者解題　485

第3章「分離した新古典派ミクロ経済学」では，経済理論の歴史をたどりながら，特に経済学と心理学との関係において分離性命題を検討している。人間行動を研究する経済学が他の学問分野から分離した別個の科学とみなされ，他の行動諸科学（心理学，社会学，動物行動学など）の一部または寄せ集めでないのはなぜなのか。経済学以前の時代，アリストテレスの考えでは，価値には数多くの独特な源泉があり，人々が活動や対象に結びつける価値は，それが供される用法によって確定された。対照的に，現代の経済学者は，価値を「効用」という同質の一変数として示し，エージェントが最大化するものによって例示する。ロス教授によれば，この間には2つの哲学的シフトがあった——1870～1900年代のベンサムら功利主義者の主観主義に端を発するシフトと，1930～1940年代の実証主義の影響を受けた序数主義（反基数主義）へのシフトである。後者の代表者はライオネル・ロビンズとポール・サミュエルソンである。ロビンズは，選択の因果的機構の記述（心理学固有の領域）ではなく選択の抽象的論理としての経済分析を目指し，経済学の科学としての分離性を基礎づけた。他方のサミュエルソンは，1940年代に顕示選好理論を展開し，選好（単に選択として解釈される）を原始的概念とすることによって，理論構築における系統性と操作化を達成しようとした。所与のエージェントの行動が顕示選好理論に一致するかどうかは，一連の行動結果の観察によって直接経験的に検証することができ，心理や動機の状態に言及する必要はないと主張して，消去主義と整合的な行動主義の道を拓いたのである。経済学についてのロビンズの定義とサミュエルソンの顕示選好理論とを融合させて得られるロビンズ‐サミュエルソン的理解は，現代の多くの経済学者が正しいと考えているものであるが，ロス教授は経済学の固有の領域は個々の人々の選択行動ではないと主張する点でこれと袂を分かつ。

　第4章「顕示選好と効用分析における哲学的諸問題」では，サミュエルソン以降に行われた研究を辿りながら哲学的な議論へと戻る。1950年代以降，意思決定理論，確率についての信念，リスクへの態度の導入によって，エージェントは主観的特性を持つことが可能とされ，近年の実験行動経済学によって現実の人々の行動の真に迫ることができると考えられるようになった。ロス教授によれば，このようにサミュエルソン的理解がむしろ時代遅れのものとみなされるに至ったのは，行動主義を批判する人間主義者と新しい実験主義者の双方が，人間は原型的なエージェントであるという誤った存在論的想定に基づいているからだという。たとえば，人間主

486

義者のアマルティア・センは，経済学が扱っているのは，人間行動の動機を極端に狭く捉えすぎた「合理的な愚か者」であり，現実の人間ではないと批判した。センの批判は，経済的エージェント（希少性の下である種の目標を達成する者）が心理学的に特徴づけられる実際の人々と同一視されるべきだということを当然視し，経済学が（社会）心理学の一部門であることを暗に想定している。他方で，新古典派理論を「合理的な愚か者」という経験的異議から救おうとしたゲイリー・ベッカーも，センと同じ過ちを共有し，人々は経済的エージェントだと存在論的に仮定している。ロス教授によれば，この仮定を含む人間中心主義的な新古典主義は誤りであり，人々は中長期にわたって非常に複雑な何かを最大化できる類のシステムではないので，人々の選好を不変のものとしてモデル化すべきではない。ロス教授の考えでは，顕示選好理論は実際の人々の選択のダイナミクスを記述しているわけではなく，主体の行動の規則性を記述するために公理化された一連の諸関係を主体に帰するだけ（志向姿勢の機能主義的解釈）であり，エージェントの志向はその行動と同一視される。

　第5章「実験経済学，進化ゲーム理論，消去主義的選択肢」では，経済学，特に行動・実験・進化の経済学へと戻り，何を経済的エージェントとみなすべきか，という問題に取り組んでいる。ロス教授が，生物学的な人々（「全的人々」または「全的個人」）は原型的なエージェントでないと考える根拠は何か。第1に，情報に関する発見法の表現として全的人々の行動を捉えるプロジェクトは，人々が安定的な目的を持っていると前提しているが，実験経済学によれば一般的にそうではない。現代経済学の補助諸仮説である期待効用理論も，人間の意思決定一般を正確に特徴づけないことが判明してきた。第2に，実際の人間の意思決定を理想化されたエージェントのモデルと比較するプロジェクトは，選好逆転や異時点間の不整合性が生じることを明らかにしてきた。第3に，市場における人々の集計がエージェンシー（エージェント性）のパターンから個々の逸脱を洗い落とすので，市場のモデルは人々からなる市場の行動と経験的に同型だとみなすプロジェクトがある。しかし，実験経済学者の集めた証拠によれば，選好逆転と異時点間の不整合性の影響は必ずしも市場の中で洗い落とされない。したがって，全的個人は原型的なエージェントではあり得ないのだという。ロス教授は，ジョージ・エインズリーに従って，個々の全的個人を交渉および協調する諸利益の共同体とみなし，下位単位である諸利益をそれぞれ異なる効用関数を持つ経済的エージェントとしてモデル化

訳者解題　　487

することに賛同する。現在の経済分析の直截的な技術のうちで，脳内の諸利益の馴れ合い（ログ・ロギング）のダイナミクスの記述と説明に最も適したもの，すなわち，効用関数の集合が社会的に希少な資源の環境の中で相互作用する時に何が生じるかを研究するための数学的道具は，ゲーム理論，特に進化ゲーム理論である。進化ゲームにおけるプレイヤーは戦略それ自体であるので，エージェントは戦略のための受動的な乗り物（ヴィークル）に過ぎず，プレイしにやってきては死に絶え，その気質（ディスポジション）（突然変異と個体群レベルの選択により修正される）を継承する他者に取って代わられる。これは命題態度に関していかにも消去主義的結論に至りそうであるが，非消去主義的解釈を擁護することが宣言される。

　第6章「個人主義，意識，エージェンシー」では，前章までに検討した経済理論の根本問題と認知科学との関連が論じられる。ロス教授によれば，経済的エージェントと人々の関係を再概念化しなければ，アリストテレス的人間主義（行動の因果を内的および外的なベクトル構成要素へと分解すること）か，消去主義（内的構成要素の経験的な因果的重みがゼロであると考えること）のいずれかに陥ってしまう。必要な再概念化を行えるのは，志向姿勢の機能主義であり，「多元的草稿モデル」（マルティプル・ドラフト）と呼ばれるデネットの意識の理論により裏づけられる。多元的草稿モデルによれば，脳はある種の分権化した情報市場であり，幹部（エグゼクティヴ）としてのセルフ，あるいは，統合された情報のための中央受信場所（セントラル・レシーヴィング・デポウ）としてのセルフは，神経的な情報処理構造内でいかなる安定的な場所も占めない。意識の内容は，脳の何らかの特別な物理的または機能的部分で偶然起きていることについての事実ではなく，ある主体にとって物理的に利用可能な情報の何らかの部分集合に関する，その主体による一解釈，一判断（つまり，主体が自身に対して志向姿勢をとることから生じるもの）である。このような志向性と意識についてのデネットの説明は，個人性（パーソンフッド）とエージェンシーとの間の密接なアリストテレス的連関を切断することになる。現代の認知および行動の科学と整合的な最も節倹的な概念編成に基づけば，個々の認知的および感情的に能力のある人間は，間接的な意味でエージェンシーを近似するだけであり，そして，実に模範的（パラダイマティック）なエージェントである生物（例えば，昆虫）は存在するが，人間はそのような生物の実例（インスタンス）ではない。典型的な虫1匹に対しては1エージェントのみが存在するのに対して，人々は，通時的にも一時的にも，諸エージェントの相対的に緩やかに調整された諸連合である。典型的な1人間を構成する諸エージェントの群れは虫のようなホムンクルスの複雑な集合体として現れ，それらは因果的に最も単

純なシステムであるという意味で厳密に原型的なエージェントである。

　第7章「諸セルフとそのゲーム」では，セルフの概念とセルフを形成するゲームについて論じている。セルフとは何か。ホモサピエンスの生（なま）の，社会的に洗練されていない生物学的一実例（インスタンス）は，未だ1人の人間のセルフではないという。セルフは，物語の架空の登場人物のように，観察者の期待形成のための参照点になるものであり，志向姿勢をとることによって自身を形作る。また，他者も我々を見て，志向姿勢から我々についての彼ら自身の物語的伝記（ナラティヴ・バイオグラフィー）を作り上げており，我々もこのことを知っている。すなわち，セルフとは，多数の図式的境界を越えて拡張する行動的気質についての語られた（ナレーテッド）システム（多数の状況における期待のネットワーク）であるという。一度我々が自身に語りかけ始めると，我々は自身に対する志向姿勢を否応なしに仮定していたことになり，自身の物語的な首尾一貫性を達成し，維持し，拡張していた程度についての二次的な志向姿勢の判断さえ下すことができる。さらに，諸セルフが互いと協調（コーディネーション）ゲームをプレイし始めた時に，人々は自己学習カーブ（セルフ）のもう1つ別の斜面を登ることになる。そして，協調（コーディネーション）ゲーム上の戦略的傾向が時間とともに安定化することによって，セルフも安定化することになる。このようにセルフを直截的（ストレートフォワード）な経済的エージェントではないと論じるならば，セルフは昆虫よりも国（カントリー）に似ており，この点でマクロ経済学に関連してくる。もし経済的エージェンシーについての消去主義が正しくなく，セルフ性によってもたらされた行動的安定性によってセルフと経済的エージェントの間にある系統的関係を構築できるならば，我々は人間のミクロ経済学と彼らの社会的ダイナミクスのマクロ経済学の間のあり得る系統的関係を探すように動機づけられるという。

　第8章「合理的エージェンシーと合理的セルフ性」では，以上の議論の整理を行ったうえで，どのような種類の経済学が経験的に妥当な仕方でセルフに適用され得るかを，神経経済学やピコ経済学の知見をもとに検討している。神経経済学は「脳の経済学」であり，それによれば，脳内のニューロンやそのモジュールが経済的エージェントということになる。しかし，経済理論を人々に適用する場合にはこれでは不十分である。他方のピコ経済学は「セルフのミクロ経済学」であり，個人の制御を求めて競争するさまざまな長期・中期・短期の諸利益を経済的エージェントとしてモデル化する。セルフを経済的エージェントの共同体としてモデル化することができ，そうすべきならば，系統的なマクロ経済学は人々の間の相互作用だけでなく，人々を構成するダイナミクスを有する諸エージェント間の相互作用にも適用さ

訳者解題　489

れる（つまり，人々を諸市場としてモデル化できる）ことが期待される。しかし，人々から多個人市場を加法的に組み立てることも，内的諸エージェントから人々を加法的に組み立てることもできないという。個人の内面と外面の間に安定的な境界線は存在せず，ミクロ経済学とマクロ経済学は互いの中に組み込まれることになる。すると，個人とは何か。それは，基本的に共存可能な長期的諸利益の集合であり，安定的均衡を維持するために，短期的諸利益の十分な大群をそれらの連合へと選出したものである。ある個人は，その全的個人レベルにおける顕示的選好が循環的でない限りにおいてその個人なのであり，これを理由として（国々のモデル化と同じ仕方で），人々を（非直截的な）経済的エージェントとしてモデル化できる。しかし，生物学的なホモサピエンスの個体は，その生涯の間に外的環境の変化を経ていくので，諸利益の1つの連合が永遠に権力の座に留まることはなく，また同時に，自己物語を律する社会的圧力（これこそが個人的な効用関数を可能にする）が人々をますます直截的な経済的エージェントへと似せていくことになる。

第9章「ロビンズ－サミュエルソン的な論議パターンとその引き立て役」では，ロス教授の議論にとっての2人の引き立て役であったジョン・デュプレとフィリップ・ミロウスキーを経て，第1章でも提示した「5つのあり得る未来」へと戻り，経済学がどのような方向に発展していくべきかを検討している。第1の未来「ジャッドの復讐」では，経済学は認知科学に全く注意を払わない。合理的なエージェントがあらゆる情報にアクセスし処理することができればどうなるかということが研究され，経済学は隣接する諸学問から分離したまま，外部とはいかなる関連性も持たなくなる。第2の未来「ルイスの再来」では，経済学は計算理論を大いに利用し，認知科学の生物学的に関連する部分を大方無視する。関数関係やトポロジーの理論を使いながら，ゲーデルの不完全性定理の含意を回避しようと試みるものである。第3の未来「サイモンのシミュレーション」では，ハーバード・サイモンに倣って，経済学は人工知能研究に統合される。生物学的な脳を経済行動の基本的な原動力とみなし，どのようなパターンが生じるかをシミュレートすることになる。第4の未来「デネットの危険な考え」では，哲学者デネットの考えを利用して，経済理論と進化認知科学が統合される。生物学的なエージェントをシミュレートするために人工的な計算装置を使うのではなく，エージェントを計算装置の具体的な実体としてモデル化する。第5の未来「行商するフォン・ノイマン」では，市場全体の型（ワルラス的模索過程，シャープレイ－シュービック，一方向的な準オークション，双方

向的な二重オークションなど）が形式的な計算装置の型を提供すると考えられ，経済理論は市場の計算理論へと発展することになる。ロス教授によれば，以上のうち第4と第5の未来は完全に両立可能であり，これらを統合することによって，経済学は経済理論と進化認知科学と計算理論を統合した統一科学の一部となるべきことが論じられている。

　本書の翻訳にあたっては，監訳者と訳者との間で幾重にも確認と修正を行い，若干の補足をし（訳注および本文中〔　〕内），原文の論理や意図を損なわない限りにおいて日本語としての読みやすさも追求した。翻訳上のさまざまな制約とトレードオフの下でできる限り最善に近づけたつもりである。ようやく刊行に漕ぎ着けたが，訳者の都合により，翻訳の出版計画が発足してから5年，その間にロス教授から日本語版への序文を頂いてからでも3年以上の月日が流れてしまった。著者のドン・ロス教授と，監訳者であり今なお師である長尾史郎先生には，この場を借りてお詫びしなければならない。明治大学政治経済学部の小林和司教授にはゲーム理論に関する事項でご教示を頂いた。学文社の編集者である落合絵理氏には忍耐強い励ましと訳文に関する数多くの示唆を頂き，出版事情の厳しい折，同社代表取締役の田中千津子氏からも多大なるご理解とご支援を賜った。心から感謝申し上げたい。多くの方の支えによって形となった本書が，ロス教授の期待に応え，日本の読者に資することを願うばかりである。

三上　真寛

索　引

あ

アイデンティティ (identity)，20, 128, 166, 175, 211, 394, 408, 429, 479, 481

アインシュタイン，アルバート (Einstein, Albert)，26

アウグスティヌス，聖— (Augustine, Saint)，399

悪魔憑依論 (demonic possession theory)，59, 65

足場 (scaffolding)，xv, 275, 307-309, 318, 327, 333-334, 336-337, 339, 356, 373, 390, 395

新しい古典派 (new classical)，264, 375, 471 (⇒マクロ経済学)

アトラクターの流域 (basin of attraction)，263, 418, 440, 455

アナバチ (sphex wasp)，410

アノマリー (anomaly)，218, 361

アリストテレス (Aristotle)，36, 86-88, 93, 95-96, 98, 150, 163-167, 176, 183, 186, 188, 194, 197, 251-252, 258, 279, 283, 285, 287, 290-291, 294-295, 299-300, 304, 314-315, 352, 359, 413, 445, 463, 474 (⇒半アリストテレス主義)

アルゴリズム (algorithm)，13, 14, 77, 155, 172, 262, 387, 422, 436, 441

アルファ効用理論 (alpha utility theory)，210 (⇒効用)

アレン，ロイ (Allen, Roy)，101, 115, 124, 463, 471

アロー，ケネス (Arrow, Kenneth)，xv, 11, 347, 415, 458

アンダーセン，ステフェン (Andersen, Steffen)，viii-x, xv-xvii

安定性維持 (maintenance of stability)，293

いいとこ取り (cherry picking)，402

意志 (will)，14, 30, 83-84, 95, 303-305, 316, 380, 463

意思決定 (decision making)，x, xv, xvii, 14, 127, 136-137, 144, 182-183, 200-203, 205-208, 230, 235, 238, 271, 275, 314-315, 371, 386, 469, 479 (⇒選択，期待効用理論，判断発見法，自然な統計的能力，選好，経験的モデル，指数関数的割引，双曲関数的割引，不整合性)

意識 (consciousness)，113, 269, 277, 392, 463-465, 467, 471, 474 (⇒意識内容，意識の多元的草稿モデル，心，内観，セルフ)

意識内容 (conscious content)，269, 277

意識の多元的草稿モデル (multiple-drafts model of consciousness)，274, 276-277, 296, 304, 309-310, 312, 335-336, 338, 380, 392, 397

一騎打ち (horse race)，viii

一般化された期待効用分析 (generalized expected utility analysis)，210 (⇒期待効用理論，効用分析)

一般均衡 (general equilibrium)，xii, 9, 10, 134, 145, 231, 326, 345, 356, 388, 406, 436, 439, 441, 458 (⇒動学的確率論的一般均衡)

意味論的外在主義 (semantic externalism)，28, 55, 348, 353 (⇒外在主義)

陰鬱な科学 (dismal science)，452 (⇒科学)

因果 (causation)，114, 474

因果的能力 (causal capability)，28, 84

インセンティヴ (incentive)，221, 358, 362, 367, 398, 480

ウィックスティード，フィリップ (Wicksteed, Philip)，96-97, 104, 481

ウィトゲンシュタイン，ルートヴィヒ (Wittgenstein, Ludwig)，38, 55, 114, 337, 338

ウィリアムズ，バーナード (Williams, Bernard)，295

ウィルソン，D. (Wilson, D.)，362, 378, 479

ウォリス，W. アレン (Wallis, W. Allen)，130, 198-200, 481

ウォレス，D. (Wallace, D.)，262, 481

ヴント，ヴィルヘルム (Wundt, Wilhelm Max)，454

エインズリー，ジョージ (Ainslie, George)，xiv-xvi, xix, 216, 218-221, 225, 303, 305, 366, 375-376, 379, 393, 396, 398, 400-407, 409, 412-414, 429, 463

エージェンシー (agency)，40, 153, 464 (⇒エージェント，行動)

エージェント (agent)，40, 133, 166, 186, 219, 464, 477 (⇒エージェンシー，経済的エージェント，原型的エージェント，個人未満のエージェント，セルフを持つエージェント，セルフのないエージェント，直截的エージェント，模範的エージェント)

エージェントの共同体（community of agents），221, 375, 394, 415（⇒共同体）

エカント（equant），208

エッジワース，フランシス（Edgeworth, Francis），89, 97, 98, 123, 468

エバーハート，R.（Eberhart, R.），12-13, 458-459, 472

エプスタイン，S.（Epstein, S.），11, 210, 466, 468

エルスター，J.（Elster, J.），260, 301, 352, 468, 469, 479

炎上（電子通信における）（flaming (in electronic communication)），357

エントロピー（entropy），77-78, 131, 292, 466

オートマトン（automaton），14

オーヤマ，S.（Oyama, S.），322, 475

オッペンハイム，ポール（Oppenheim, Paul），67-69, 475

オッペンハイム-パットナム仮説（Oppenheim-Putnam hypothesis），67

オルメロッド，ポール（Ormerod, Paul），199, 476

愚か者たちの軍隊（armies of idiots），390

か

カーゲル，J.（Kagel, J.），144

カーネマン，ダニエル（Kahneman, Daniel），199, 207, 210-211, 464, 471, 480

カービー，K.（Kirby, K.），217, 472

カーライル，トマス（Carlyle, Thomas），452

快活さ（vivacity），115

外在主義（externalism），28, 55-58, 62, 64, 72, 161-162, 244, 247-249, 282, 296, 343, 348, 353, 425, 449（⇒意味論的外在主義，志向姿勢の外在主義）

下位システム（subsystem），277, 302, 389, 394-396（⇒システム）

階数依存的確率（rankdependent probability），210

階数依存的期待効用（rank dependent expected utility），viii, ix

外側頭頂間野（lateral intraparietal area），386

快楽（pleasure），90-91, 93-96, 100-101, 106, 114, 152-154, 397-399（⇒苦痛）

快楽主義（hedonism），90-91, 100-101, 106, 114, 152-154, 397, 399（⇒感覚論的快楽主義）

科学（science），34, 87（⇒科学主義，陰鬱な科学，経営科学，行動科学，社会科学，神経科学，通常科学，統一科学，認知科学，プトレマイオス的科学，分離した科学，統一性）

科学主義（scientism），18-19, 22, 141-142

科学的実在論（scientific realism），65, 122, 193-194, 196, 280, 282（⇒実在論）

科学哲学（philosophy of science），xii, xix, 2, 12, 18, 34-37, 67, 122, 131, 137-139, 170, 172, 192-194, 200, 208, 228, 253, 267, 448, 467, 472, 474, 475, 479

家族計画行動（family-planning behavior），180-182

寡頭政治（oligarchy），46-47

価値（value），92, 463, 467, 468, 471

価値尺度財（numeraire），98

合致仮説（matching hypothesis），211-212

合致規則（matching rule），209

合致の法則（matching law），405, 443

カノーヴァー，K.（Canover, K.），398, 479

カフカ，グレゴリー（Kavka, Gregory），414, 471

「株式市場／利子率変化」の例（"stock market/rate change" example），64-65, 67-68

貨幣（money），xii, xv, 87, 90, 98, 120, 181-182, 213-215, 221, 231, 255-256, 289-290, 325, 337, 359, 364, 370, 407-410, 412-413, 456

貨幣ポンプの議論（money-pump arguments），213-215, 221, 231, 289-290, 325, 407-410, 413, 456, 466

カメレール，C.（Camerer, C.），144, 201, 207-210, 212, 216, 369, 419, 459, 465, 470

カライ，E.（Kalai, E.），13, 471

『カルヴィンとホッブズ』（ワターソン作）（Calvin and Hobbes（Watterson）），219-220

カルナップ，ルドルフ（Carnap, Rudolf），36, 132, 142, 195

カルニ，E.（Karni, E.），210, 471

感覚主義（sensationalism），88, 91-92, 100-102, 114, 152, 289

感覚論的快楽主義（sensationalistic hedonism），101, 152（⇒快楽主義）

還元（reduction），65, 466, 467, 474

還元主義（reductionism），xi, xiv, 53-54, 64-65, 69-70, 76, 82, 138, 261, 263, 322, 371, 374-375, 390, 394, 415, 424, 430, 433,

449, 461（⇒間理論的還元主義，メレオロジー）

間主観性（intersubjectivity），22, 28, 267, 269, 356（⇒複雑な社会性，文化）

完全合理性（full rationality），419（⇒合理性）

カント，イマニュエル（Kant, Immanuel），xix, 96, 104, 106, 112-114, 117-118, 122, 138, 155, 195, 222, 260, 266-267, 301, 313, 454, 464

カント的基礎（Kantian foundations），122（⇒実証主義）

完備性（completeness）（⇒選好の完備性）

幹部機能（executive function），275-277, 279

願望（desires），43, 283（⇒命題態度）

間理論的還元主義（intertheoretic reductionism），64-68

希求モデル（aspiration model），ix

疑似事実（factoid），24

疑似実験（pseudoexperiment），267

気質（disposition），45, 64, 158, 181, 208-209, 217, 230, 234, 242-244, 264, 283, 335-336, 340, 351, 354, 357, 361-363, 368, 370, 378, 397, 409, 419, 420, 426, 436, 439, 443

基質（substrate），424

記述主義（descriptivism），119

基準率の無視（base-rate neglect），324

希少性（scarcity），26, 33, 93, 105, 140, 156, 175, 186, 198, 201, 230-231, 234, 249, 255, 259, 313, 325, 341, 379, 388, 404, 415, 419, 442, 453（⇒ロビンソン・クルーソー・モデル）

基数主義（cardinalism），99-101, 136

期待（expectation），43, 471

期待効用理論（expected utility theory），vii-ix, xvii, 145, 200-201, 205-211, 224, 228, 232, 235, 238, 247-248, 264, 288-289, 314-315, 324, 327, 383, 387, 391, 404-405, 417, 424, 449, 469（⇒効用，判断発見法，自然な統計的能力，不整合性，選好逆転，一般化された期待効用分析，階数依存の確率を伴う期待効用理論，階数依存的期待効用）

気づき（awareness），112, 220, 268-269, 271-272, 274, 278, 410

キッチャー，フィリップ（Kitcher, Philip），36, 68, 170-171, 173-174, 209, 472

機能主義（functionalism），40-41, 43, 45-49, 51-53, 55, 57-59, 61, 63, 65, 67, 69, 71-75, 77, 79, 81, 136, 160-161, 163, 165, 170, 196, 214-215, 226, 252, 274, 281, 299, 303-305, 309, 312, 317, 393, 395-396, 417, 420-421, 424, 426, 428, 438, 441, 449, 455, 460（⇒計算的機能主義，志向姿勢の機能主義，チューリング・マシンの機能主義）

機能的磁気共鳴映像法（functional magnetic resonance imaging），xvi, 382

機能不全の関係（dysfunctional relationship），355

規範的個人主義（normative individualism），158, 260（⇒個人主義）

規範的モデル（canonical model），370

奇妙な流行（queer cult），106, 116

キム，J.（Kim, J.），47, 54, 56-57, 69, 427, 472

客観性（objectivity），25, 28, 74, 85, 269

ギャンブル（gamble），xiii, xviii, 209, 211, 400, 473

キュビット，R.（Cubitt, R.），214, 466

共感の均衡（empathy equilibrium），362

狂気（insanity），331, 336

凝集性（cohesion），262, 373, 377, 415

教授法（pedagogy），38, 251, 253, 255, 257-259, 261, 455

競争（competition），vii, 14, 121, 135, 144, 173, 206-208, 213, 221, 230, 232, 234, 242, 297, 317, 321-325, 347, 371, 378, 396, 410-412, 417, 429, 435-436, 438, 457

協調ゲーム（coordination games），219, 318, 321, 324-326, 330, 333-334, 340, 343-345, 347-348, 351, 354-356, 369, 377（⇒ゲーム理論）

共同体（community），xv, 7, 16, 46, 55, 59, 71, 142, 151, 158, 219-221, 280-281, 298, 321, 327, 335-336, 338, 349, 357, 363, 394, 409-410, 412, 414-415, 429, 454, 459, 473（⇒エージェントの共同体）

協力（cooperation），viii, xi, 17, 151, 154-156, 220-221, 252, 292, 321-322, 334, 344-345, 357, 360, 362-363, 365, 368-369, 400-401, 461

ギロヴィッチ，T.（Gilovich, T.），413, 469

キンケイド，ハロルド（Kincaid, Harold），xix, 68, 243, 263, 368, 447, 472

均衡的説明（equilibrium explanation），102

ギンタス，H.（Gintis, H.），223, 229-230, 232-233, 238, 241-244, 249, 253, 371-372, 428, 434, 469-470

金融資産市場（financial asset markets），

457

クイジン，J.（Quiggin, J.），210, 476

空 間（space），xi, 4, 9, 19-20, 25-26, 48, 76-77, 81, 97, 99, 135, 136, 146, 149, 152, 184, 244-245, 262-263, 301, 346, 349, 351, 357, 375, 377, 422, 429

空想の飛躍（flights of fancy），107

グールド，S. J.（Gould, S. J.），433, 470

クオリア（qualia），272, 476

苦痛（pain），36, 90, 93, 95, 398（⇒快楽）

クモヒトデ（brittle-stars），309-312

クラーク，A.（Clark, A.），xix, 72, 248, 286, 298, 303, 307, 335, 376, 399, 425, 466, 474

グリーンスパン，P.（Greenspan, P.），356

グリフィン，D.（Griffin, D.），211, 479

クリプキ，ソール（Kripke, Saul），54, 472

グリムチャー，P.（Glimcher, P.），xiv-xvii, 376, 379-383, 385-386, 388-392, 398, 433, 459, 469, 475

クルーソー，ロビンソン（Crusoe, Robinson），254, 257-258, 342, 345, 376, 399, 414, 425, 428, 442, 455（⇒ロビンソン・クルーソー・モデル）

グルオン（gluon），193

グレーザー，D.（Grether, D.），209, 470

クレプス，D.（Kreps, D.），125-127, 129, 230, 235-238, 240-241, 472

クワイン，W. V. O.（Quine, W. V. O.），114, 118, 122, 131-133, 136-138, 146, 160, 195, 268, 270, 288, 476

群知能モデル（swarm intelligence models），458-459, 472

経 営 科 学（management science），371, 463, 473

経験主義（empiricism），33, 65-67, 91, 96, 104, 144, 195, 266-267, 287, 418-419, 432, 453-454（⇒構成的経験主義，超経験主義，論理経験主義）

経験的適応主義（empirical adaptationism），423-424, 428（⇒適応主義）

経験的モデル（empirical model），155, 314（⇒意思決定）

経済学（economics），1, 86, 140, 149（⇒行動経済学，古典派経済学，実験経済学，神経経済学，制度主義経済学，内面の経済学，ピコ経済学，不完全知識の経済学，マクロ経済学，ミクロ経済学，ミクロ経済学的個人主義）

『経済学の本質と意義』（ロビンズ著）（An Essay on the Nature and Significance of Economic Science（Robbins）），103, 109, 114, 139, 149

経済学の未来（future of economics），1, 3, 5, 7, 9-11, 13, 15, 17, 19, 21, 23, 25, 27, 29, 31, 33, 35, 37, 39, 78

経済学の歴史（history of economics），8, 87, 104, 245, 445

経済決定論（economic determinism），84（⇒決定論）

経済的エージェント（economic agent），15, 32, 58, 108, 113, 133-135, 182-183, 185-188, 197-198, 219, 221-222, 231, 256, 264, 290, 292, 296, 298, 303, 306, 307, 315-316, 318, 324, 327, 333, 341-343, 373, 375, 387-391, 405, 412-414, 443, 447, 460-461（⇒エージェント）

経済的合理性（economic rationality），111, 117, 158, 317, 371, 414（⇒合理性）

経済的個人主義（economic individualism），260, 263, 264, 266, 273, 279（⇒個人主義）

経済的適応主義（economic adaptationism），434, 437-439（⇒適応主義）

経済的実在（economic reality），84

『経済分析の基礎』（サミュエルソン著）（Foundations of Economic Analysis（Samuelson）），119, 121, 129, 478

計算（computation），7, 478, 479

計算的機能主義（computational functionalism），48（⇒機能主義）

形而上学（metaphysics），100, 477

形而上学的原子論（metaphysical atomism），255, 262-263, 395（⇒原子論）

形而上学的主観主義（metaphysical subjectivism），95, 163-164

形而上学的内在主義（metaphysical internalism），56-57

芸術（arts），34, 185, 382

系統化（systematization），26, 29, 141, 146, 376, 431, 448, 456（⇒システム）

系統性（systematicity），118-119, 122, 124, 269, 292, 314, 371, 433, 448, 454（⇒システム）

ケインズ，ジョン・メイナード（Keynes, John Maynard），315, 440（⇒ニュー・ケインジアン）

ゲーデル，クルト（Gödel, Kurt），9-10, 203, 275, 326, 458

ゲーデルの不完全性定理（Gödel's incompleteness theorem），9

ゲーム（games），14, 18, 39, 52, 59, 73, 154-

索　引　495

156, 170, 188, 198-199, 201, 203, 205, 207, 209, 211, 213, 215, 217, 219, 221, 223, 225, 227, 229-241, 243-245, 247, 249, 280-281, 292, 304, 315, 318-319, 321, 323, 325-327, 330-331, 333, 335, 340-345, 347-356, 359-360, 362-363, 365, 368, 370-373, 375, 377, 384, 386-387, 392, 399-403, 406, 411, 417, 419-420, 427-434, 439, 443-446, 457, 460, 464-466, 468-472, 474, 477-481（⇒協調ゲーム，査察ゲーム，条件付きゲーム，ゼルテンの馬のゲーム）

ゲーム決定（game determination），x, xiii, 335, 342, 348, 350, 356-357, 362

ゲーム理論（game theory），x-xi, xix, 6, 13-14, 17-18, 52, 59, 82, 135, 142, 144, 155, 170, 198-199, 201, 203, 205, 207, 209, 211, 213, 215, 217, 219, 221, 223, 225, 227, 229-239, 241, 243-245, 247, 249, 292, 298, 315-316, 318-319, 332-333, 335, 340-341, 343-345, 347, 350, 353, 359-360, 362, 365, 371-373, 375, 386-387, 403-404, 406, 416-417, 419, 428, 430-432, 434, 439, 445-446, 457-458, 460-461, 464-466, 468-472, 477-478, 480-481（⇒行動ゲーム理論，古典的ゲーム理論，進化ゲーム理論，非協力ゲーム理論，ナッシュ均衡，部分ゲーム完全均衡，信念の均衡，逐次的均衡，質の応答均衡）

ゲシュタルト（gestalt），xi, 11, 32

血縁選択（kin selection），318, 361-362

決定不全性（underdetermination），132, 184, 381, 383, 404, 444

決定論（determinism），84, 283, 316, 440（⇒経済決定論）

ケネディー，J.（Kennedy, J.），12-13, 458-459, 472

ケラー，E.（Keller, E.），6, 68, 322, 472

限界原理（marginal principle），94

限界効用（marginal utility），94, 96, 98-99, 101, 115-117, 259, 415（⇒効用）

限界代替性（marginal substitutability），115-117

研究事実（research fact），398

原型的エージェント（prototypical agent），189, 287, 295, 300-301, 303, 317, 460（⇒エージェント）

言語（language），xv, xx, 17, 24, 27-28, 30, 54-58, 62-65, 72, 121, 129, 163, 183, 243, 280-281, 287, 298, 308, 335-338, 348-350, 352-353, 355, 357, 371, 377-378, 411, 425,

439, 461, 464-465, 468-469, 474-475, 477（⇒公的言語，思考言語，自然言語，私的言語，数学的言語）

顕示選好理論（revealed preference theory（RPT）），x, 118, 124-125, 127-136, 139-140, 143, 145-152, 154-170, 174-178, 182, 184-187, 196, 198-201, 205, 207, 209, 211-214, 219, 228, 235, 238, 240, 245, 248, 250, 261, 264, 266, 289, 291, 314-315, 324, 327, 334, 358, 360-361, 371, 375, 383-384, 387, 403-404, 415, 420-421, 470, 481

検証主義（verificationism），114, 130, 139, 195, 199, 269

現象学（phenomenology），185, 363, 454, 478

現象的（phenomenal），23, 51, 115, 138-139, 161, 267-268（⇒本体的）

原子論（atomism），48, 53, 255, 260-264, 281, 303, 323, 375-377, 395（⇒形而上学的原子論，社会的原子論，物理的原子論）

言説（discourse），16, 29, 103, 122, 283

権力（power），4, 8, 29, 414

行為（action），96, 228, 462, 467, 471, 475（⇒エージェンシー，合理的な行為）

行為理論（action theory），283, 285, 288

交差分類（cross-classification），79, 427

厚生（well-being/welfare），151, 153, 464, 470, 471, 479

構成的経験主義（constructive empiricism），195（⇒経験主義）

構造主義（structuralism），22, 282

行動（behavior），127, 131, 132（⇒エージェンシー，家族計画行動）

行動科学（behavioral sciences），xi-xii, 6, 12, 22, 54, 56-57, 82-83, 119, 158, 165, 196, 221, 226-228, 243-244, 258, 281, 288-289, 299, 302, 323, 349, 351, 372, 380, 387, 393, 424, 438, 443, 448, 450, 456-457, 459, 477（⇒進化行動科学）

行動経済学（behavioral economics），ix, xv, 33, 108, 144, 167, 199, 209, 218, 223, 226, 228-229, 459（⇒実験経済学）

行動ゲーム理論（behavioral game theory），419, 465（⇒ゲーム理論）

行動コントロールの場所（locus of behavioral control），295

行動主義（behaviorism），32, 45, 48, 51, 97, 106, 109, 112, 114, 116, 118, 122-123, 131-132, 139, 147, 159-161, 163, 184, 224, 238, 247-248, 251-252, 267-268, 271-273, 279, 289, 312, 425, 428（⇒新行動主義，操作的

行動主義，方法論的行動主義，論理行動主義）

行動パターン（behavioral pattern），12, 74, 166, 188, 254, 333-335, 373, 379, 422, 425, 451, 459

公的言語（public language），298, 336-338, 350, 353, 355, 377（⇒言語）

幸福（happiness），140, 153, 163, 188, 361

興奮（excitement），293, 333, 366

効用（utility），88, 129, 134, 135, 151, 369, 464, 465, 470, 471, 473, 476, 477, 479（⇒アルファ効用理論，期待効用理論，限界効用，主観的効用，チーム効用，フォン・ノイマン-モルゲンシュテルン効用）

効用最大化者（utility maximizer），110, 134, 236, 428

効用分析（utility analysis），129, 131, 143, 145, 147, 149, 151, 153, 155, 157, 159, 161, 163, 165, 167, 169, 171, 173, 175, 177, 179, 181, 183, 185, 187, 189, 191, 193, 195, 197, 210, 473（⇒一般化された期待効用分析）

功利主義（utilitarianism），90, 100-103, 152-153, 167, 283, 289（⇒反功利主義）

合理性（rationality），xx, 10, 34, 102, 109-111, 117, 151-152, 158-159, 166, 183-184, 204-205, 212-213, 217, 224, 226, 228, 231-235, 237-239, 242, 244-246, 249, 286-289, 317, 360, 371-372, 414-416, 419-421, 431, 449, 454, 456, 464, 466, 468, 469, 470, 471, 472, 477, 479（⇒選択，意思決定，選好，完全合理性，経済的合理性，適応的合理性，不合理性）

合理的行為（rational action），228, 230

合理的選択理論（rational choice theory），13, 108-109, 449, 460

「合理的な愚か者」（"rational fools"），176-179, 479

合理的ニューロン（rational neuron），389

コース，ロナルド（Coase, Ronald），147, 437

コーディネーション（coordination），xx, 321, 331-332, 340, 344, 346, 350, 353-354, 357, 362-363, 377, 409, 417, 477（⇒協調ゲーム）

コード化（encode），xiv, 5, 20, 24, 27, 45, 48, 73, 80, 161, 244, 298, 336, 338, 354, 385-386, 389, 392, 398-399

コールドウェル，B.（Caldwell, B.），104, 107, 260, 465

ゴールドバーグ，M.（Goldberg, M.），xiii-xiv, xvii

コールマン，A.（Colman, A.），232-233, 369, 466

適合性仮説（compatibility hypothesis），211（⇒合致仮説）

ゴキブリ（cockroaches），278, 297

心（mind），226, 270, 297, 305, 311, 464-465, 468-469, 471-475, 477-481（⇒脳，意識，心身二元論，心的状態，心的精神，心的表象，単純な心）

心の目（mind's eye），270

誤作動（malfunction），311

個人（individual），264, 467（⇒個人性，セルフ，主観的経験）

個人主義（individualism），xi, 32-33, 54, 133, 158, 222, 249-253, 255, 257-261, 263-269, 271, 273, 275, 277, 279, 281-283, 285, 287, 289, 291, 293, 295, 297, 299, 300-301, 303, 305, 307, 309, 311, 351-352, 359-360, 366, 393, 411, 414, 416, 449-450, 465, 472（⇒規範的個人主義，経済的個人主義，方法論的個人主義，ミクロ経済学的個人主義，社会の原子論）

個人性（personhood），44, 60, 157, 251-252, 254, 265, 279-280, 288, 291, 298, 301, 304, 315, 371

個人的ルール（personal rules），xv, 401-402, 412

個人未満のエージェント（subpersonal agent），221, 308, 380, 388, 397, 399, 401-403, 405, 407-408, 413, 418（⇒エージェンシー，エージェント）

コスミデス，L.（Cosmides, L.），393, 450, 480

子育て（child rearing），179-180（⇒家族計画行動）

古典的ゲーム理論（classical game theory），234, 237, 247, 318, 347, 359, 387, 428, 434, 439（⇒ゲーム理論）

古典派経済学（classical political economy），13, 22, 30, 43, 46, 88-90, 93-94, 114, 131, 142, 169, 177, 189, 196, 246, 273, 323-324, 347, 352, 359, 362, 407, 447, 449, 451, 453-454, 456

コックス，J.（Cox, J.），xiii, xvii, 210, 466

ゴッドフリー-スミス，P.（Godfrey-Smith, P.），294, 422, 424, 469

子供の発達（child development），333

コネクショニズム（connectionism），73, 459

コミットメント（commitment），59, 101-102, 104, 113, 117, 122, 125, 139, 152-153, 155-

156, 166, 209, 245, 251, 253, 264, 344, 350, 352, 394
コリアー，ジョン（Collier, John），xix, 262, 373, 466, 477
孤立化（isolate），23, 87, 97, 142, 169, 175-176, 191-192, 201, 205-207, 209, 217, 232, 255, 258, 267, 281, 299, 370, 382-383, 394, 405, 413, 440, 447
コンウェイ-モリス，S.（Conway Morris, S.），310, 381, 433, 466
混合モデル（mixture model），viii
コンスタンティニデス，G.（Constantinides, G.），225, 466
昆虫（insects），vii, 50, 113, 284, 296-302, 341, 362, 389, 442, 460
コンピューター（computer），13, 15, 42-43, 48, 128, 275, 286-287, 291, 365, 384-386, 413, 458, 471, 474
混乱状態（promiscuity），74

さ

サーストン，L. L.（Thurstone, L. L.），198, 480
サーボシステム性（servosystematicity），292-294
サルモン，ウェスリー（Salmon, Wesley），36, 78, 472, 478
サール，ジョン（Searle, John），21, 49, 51, 286, 478
最大化（maximization），xx, 13, 32-33, 88, 90, 94-96, 108-110, 113, 117, 120-121, 128-129, 132, 134-135, 139, 143-144, 152-153, 156, 163, 166-168, 170, 174-185, 188, 192, 198, 202, 205, 207, 212-215, 217-218, 229, 232, 236, 238-239, 242, 246-247, 249, 258, 264, 289-290, 292, 296, 314-315, 323, 327-328, 352, 358, 360-361, 366, 368-370, 372, 379, 382-385, 387, 389, 391-393, 397-399, 404-405, 416-419, 427-428, 431, 436, 442-444, 447, 449-450, 455, 459-460（⇒効用最大化者，制約された最大化）
最適化（optimization），vii, 7, 13, 30-31, 50, 128-129, 135, 140, 143, 202-203, 205-206, 243, 317-319, 325, 389, 415, 424, 434, 436, 450, 456, 460
最適者生存の原理（principle of the survival of the fittest），170
サイボーグ（cyborg），8, 48, 51, 455
サイモン，ハーバート A.（Simon, Herbert A.），11, 72, 183, 202, 458, 467, 474, 479

サグデン，R.（Sugden, R.），211-212, 214, 232-233, 242, 245-246, 248-249, 253, 304, 316, 369, 416-422, 428, 431, 434, 440, 466, 473, 480
査察ゲーム（inspection games），384, 401（⇒ゲーム）
サッチャー，マーガレット（Thatcher, Margaret），257
サッツ，D.（Satz, D.），231, 478
サットン，J.（Sutton, J.），440, 480
サフラ，Z.（Safra, Z.），210, 471
サミュエルソン，ポール（Samuelson, Paul），46, 100, 103-104, 118-125, 127-134, 139-141, 143-145, 165, 175, 185-186, 194-196, 198-199, 222, 230-231, 245, 248, 251, 258, 264, 268, 270, 279, 289, 291, 298, 314, 373, 382, 416, 418, 439, 441-442, 448, 454, 457, 478, 481
猿（monkeys），320, 384-386, 389-393, 407, 465
サルトル，ジャン-ポール（Sartre, Jean-Paul），331-332, 478
三角小間（spandrel），434
三角測量（triangulation），57-58, 161, 278, 304, 425（⇒志向性）
産業組織論（industrial organization theory），439-440
サンタフェ研究所（Santa Fe Institute），14
ジェヴォンズ，ウィリアム・スタンリー（Jevons, William Stanley），34, 89, 93-95, 103, 116-117, 119, 149, 164-165, 167, 182, 258, 352, 359, 454, 471
ジェーンズ，ジュリアン（Jaynes, Julian），86, 411, 471
シェリング，トマス（Schelling, Thomas），222, 321, 375-376, 478
シェリントン，チャールズ（Sherrington, Charles），380
時間（time），26, 467, 476
時間配分（time allocation），133
シグナルを送る指し手（signaling moves），347（⇒情動的シグナリング）
シグムント，カール（Sigmund, Karl），232, 235, 479
思考言語（language of thought），62, 468（⇒言語）
志向姿勢（intentional stance），xiv, 40-41, 43-45, 47, 49, 51-53, 55, 57-59, 61, 63-65, 67, 69, 71-75, 77, 79, 81, 155, 160-165, 170, 190-191, 196, 214-215, 252, 274, 278,

281, 297, 301, 303-305, 309, 311-312, 317, 331, 336-337, 339, 341, 348, 354, 356-358, 365-366, 373, 393-396, 417, 419-421, 423-430, 434, 438, 441, 443, 449, 455, 467

志向姿勢の外在主義（intentional-stance externalism）（⇒外在主義）

志向姿勢の機能主義（intentional-stance functionalism），40-41, 43, 45, 47, 49, 51-53, 55, 57-59, 61, 63, 65, 67, 69, 71-75, 77, 79, 81, 160-161, 163, 165, 170, 196, 214-215, 252, 274, 281, 303-305, 309, 312, 317, 395, 417, 420-421, 424, 426, 428, 438, 441, 449, 455（⇒機能主義）

志向性（intentionality），14-15, 40, 42-44, 47-53, 57, 63, 70, 170, 223, 279-280, 294, 310, 372, 390, 393-396, 442（⇒消去主義，機能主義，内在主義，論理行動主義，三角測量）

自己語り（self-narrative），345-346, 354, 378, 407, 409, 414

自己組織化（self-organization），131

自己の喪失（loss of self），331

市場集計（market aggregation），225-226, 462

市場タイプ（market types），436

市場ミクロ構造理論（market microstructure theory），438-439, 475

指数関数的割引（exponential discounting），216, 218, 407, 409, 412

シズガル，P.（Shizgal, P.），398, 464, 479

システム（system），xv-xvii, 2, 9, 12-14, 24-25, 27, 29, 31-32, 36, 46, 50, 58, 72-73, 83-84, 91, 100, 112, 129-130, 134-135, 140, 168, 172, 174-176, 181, 201, 205, 241, 262, 275-277, 285, 289, 292-296, 302, 304, 307-311, 314, 317-318, 325, 327, 331, 336-338, 350, 353, 356, 361, 365, 373, 378, 381, 384, 389, 393-396, 405, 415, 419, 421, 427, 436-437, 440-443, 456, 459, 460, 463, 466, 469-470, 479-480（⇒下位システム，サーボシステム性，神経システム）

自然化された道徳心理学（naturalized moral psychology），286, 303

自然種（natural kind），54-55, 475

自然主義（naturalism），34, 41-42, 96, 137, 228, 243, 253, 447, 454

自然選択（natural selection），vii, 49-50, 71-72, 146, 171-173, 204, 214, 241, 307, 309, 319, 328, 332, 342, 351, 357, 361, 363, 377-378, 383, 391, 410, 420, 422-423, 426-427,

432, 434-441

自然言語（natural language），27, 338, 378（⇒言語）

自然的進化（natural evolution），50

自然な統計的能力（natural statistical competence），204

実験経済学（experimental economics），xvii, 39, 156, 198-199, 201, 203, 205, 207, 209, 211, 213, 215, 217, 219, 221, 223, 225, 227, 229, 231, 233, 235, 237, 239, 241, 243, 245, 247, 249, 298, 360, 382-383, 405, 465, 470-471, 477, 480

実験主義（experimentalism），148, 164, 234, 370

実在的パターン（real patterns），40-41, 43, 45, 47, 49, 51, 53, 55, 57, 59, 61, 63, 65, 67, 69, 71-73, 75-77, 79-81, 140, 320, 329, 425, 427, 432, 434, 443, 467, 477

実在論（realism），25, 64-66, 68, 99, 122, 130, 137, 170, 191-196, 267-268, 280, 282, 434, 465, 473, 477-478（⇒科学的実在論，常識的実在論）

「実証経済学の方法論」（フリードマン）（"Methodology of Positive Economics"（Friedman）），190

実証主義（positivism），13, 17-18, 27-28, 96-97, 100, 102-107, 109, 113-114, 116, 118, 122, 124, 132, 137-142, 145, 173, 175, 185, 194-196, 201, 266-268, 299, 313, 317, 465, 469, 478（⇒カント的基礎，ロビンズ，サミュエルソン）

質的応答均衡（quantal response equilibrium），x（⇒ゲーム理論）

私的言語（private language），28, 336（⇒言語）

シミュレーション（simulations），11, 13, 187, 458-459, 468

シャープレイ-シュービック（Shapley-Shubik），17, 461

社会科学（social science），xi-xii, xviii, 17, 21-22, 24, 29, 56, 129, 142, 148, 261, 263, 281, 299-300, 411, 449-451, 461, 477

社会学（sociology），xi-xii, 1-4, 6, 24, 29, 83, 85, 104, 141, 163, 170, 178, 198, 282, 368, 378, 406, 409, 411-413, 445, 450, 454（⇒物語的社会学）

社会関係ネットワーク（social relations network），71（⇒複雑な社会性，間主観性）

社会性（sociality），320-321, 325, 352, 357, 361-363, 377, 391, 414, 438（⇒複雑な社

会性）

社会的原子論（social atomism），260, 263, 281（⇒個人主義）

社会的知性（social intelligence），319-320

社会的動物（social animal），319, 321, 332, 341, 343, 350-351, 363, 372-373, 393, 409, 411, 419, 447（⇒動物）

社会的複雑性（social complexity），327（⇒複雑な社会性）

社会的文脈（social context），159, 280

ジャッド，ケネス（Judd, Kenneth），9, 203, 456-457

シャノン，C.（Shannon, C.），76, 479

周転円（epicycle），208

自由参入（free entry），121

自由浮動的（free-floating），434

囚人のジレンマ（Prisoner's dilemma），151-152, 154-156, 236, 343, 346, 351-352, 356-357, 360, 362-363, 400-401, 406

収斂（convergence），xii, 71, 108, 235-236, 381, 426, 433-434, 458

主観主義（subjectivism），28, 89-91, 95, 101, 133, 163-165, 195（⇒形而上学的主観主義）

主観的経験（subjective experience），20（⇒脳，志向性，内在主義，内観，心，セルフ）

主観的効用（subjective utility），xiv-xvi, 95（⇒効用）

受信場所（receiving depot），277

主体（subject），xiv, 20, 42, 57-58, 71, 110, 147, 160, 182, 277-278, 293, 336, 428

需要関数（demand function），101, 130, 132, 134, 467, 473, 479

シュリック，モーリッツ（Schlick, Moritz），107, 196, 478

循環性（cyclicity）（⇒選好の循環）

純粋競争（pure competition），121（⇒競争）

シュンペーター，ジョゼフ（Schumpeter, Joseph），260

消去主義（eliminativism），22, 52-53, 56-60, 62-68, 70-75, 81, 131-133, 161-162, 164, 195-196, 198-199, 201, 203, 205, 207, 209, 211, 213, 215, 217, 219, 221, 223-235, 237, 239, 241, 243-252, 254, 256, 258, 270-271, 274, 279-281, 303-304, 312, 314-317, 319, 341, 352, 371-372, 394, 416, 419-420, 425, 427-428, 431-433, 441, 446, 449, 455

消去主義的物質主義（eliminative material-ism），52, 226, 465

条件付きゲーム（conditional game），x, xviii

常識（common sense），19-20, 115, 152, 167, 192-196, 199, 251, 268-269, 410, 481（⇒民間的理論）

常識的実在論（commonsense realism），193-196

冗長性（redundancy），169-170, 306-307, 309（⇒情報）

情動（emotion），229, 350-361, 363-364, 366, 371, 467-468, 470, 477

情動的シグナリング（emotional signaling），350-354, 356, 363（⇒シグナルを送る指し手）

衝突する諸目標（conflicting goals），297

情報（information），xii-xiii, 203, 463, 466, 477, 479（⇒選択，意思決定，測定可能性，冗長性，センス・データ）

情報集合（information set），239, 241, 429（⇒ゲーム理論）

情報処理装置（information processor），46, 306, 345, 437, 456

情報処理ダイナミクス（informational pro-cessing dynamics），443

消費（consumption），1, 26, 33, 83, 85, 93-94, 97-102, 110, 117-118, 120, 123-124, 128-129, 131-132, 135, 143-144, 147-148, 165, 177, 181, 185, 189, 193, 217-219, 225, 231, 254-255, 283, 290, 400, 437, 471（⇒単一狂的消費）

商品（commodity），94, 95, 97-99, 101-102, 110, 115, 128-129, 289-291, 407

「食卓の果物バスケット」の例（"fruit basket at dinner table" example），127, 132-133, 135-136

序数主義（ordinalism），103, 114-117, 135

進化（evolution），xi, 7, 13-14, 16, 19, 22-24, 26-27, 29-34, 39-40, 50, 52, 58-59, 63, 68, 88, 137, 139, 142-143, 146, 164, 171-173, 179-181, 194-195, 198-199, 201-205, 207-209, 211, 213, 215, 217, 219, 221, 223, 225, 227, 229-235, 237, 239, 241-250, 273, 276, 292, 306, 308, 311, 315, 319-323, 325, 327, 332, 335, 337, 341, 347, 349, 351-354, 357, 362-363, 371-372, 377-379, 381, 383-384, 389, 392-393, 399, 405, 407, 409-411, 413-416, 418-419, 421-424, 426-434, 437-440, 443-445, 448-451, 454-458, 460, 464-466, 468, 472, 474-475, 479, 481（⇒自然選択，自然的進化）

500

進化ゲーム理論（evolutionary game theory）, x, 14, 52, 59, 198-199, 201, 203, 205, 207, 209, 211, 213, 215, 217, 219, 221, 223, 225, 227, 229-235, 237, 239, 241, 243-247, 249-250, 292, 315, 319, 332, 341, 347-348, 372, 419-420, 428-432, 434, 445, 458, 481（⇒レプリケーター・ダイナミクス，進化的安定戦略集合，ゲーム理論）

進化行動科学（evolutionary behavioral science）, 22, 450（⇒進化心理学，行動科学）

進化心理学（evolutionary psychology）, 22, 194, 213, 323, 353, 393, 411, 427, 445, 450-451（⇒心理学）

進化的安定戦略集合（evolutionary stable strategy set）, 347-348（⇒進化ゲーム理論）

進化認知科学（evolutionary cognitive science）, 13, 23, 29-31, 39, 448-449, 454, 456（⇒認知科学）

神経科学（neuroscience）, xv, 45, 48, 58, 73, 76, 209, 226, 259, 273, 277, 296, 390, 459

神経経済学（neuroeconomics）, xiii-xviii, 377, 379-380, 388, 393, 396-399, 418-419, 426, 433, 439, 443, 459, 469

神経システム（nervous system）, 297, 327, 361, 469

人工生命研究（artificial life research）, 438

人工知能（artificial intelligence）, 11, 13, 73, 203, 458, 467-468

新行動主義（neobehaviorism）, 428（⇒行動主義）

新古典主義（neoclassicism）, 9, 11, 13-14, 18, 22, 30, 32-34, 43, 46, 82-83, 85, 87-93, 95-99, 101-103, 105, 107, 109, 111, 113-115, 117, 119-121, 123, 125, 127-129, 131, 133, 135, 137, 139, 141-142, 144-151, 157, 165, 168-169, 174, 176-178, 181-184, 186, 189-190, 193-194, 196, 206-207, 215, 217-219, 222-225, 227, 235, 246, 248-256, 273, 278-279, 291, 293, 296, 304, 313-315, 322-324, 347, 352, 358-360, 362, 366, 370, 377, 388, 399, 407, 413-414, 417, 440, 446-449, 451, 453-454, 456（⇒成熟した新古典主義，人間中心主義的新古典主義）

心身二元論（mind-body dualism）, 45, 259（⇒心）

新制度主義（new institutionalism）, 121, 257（⇒制度主義経済学）

心的状態（mental states）, 45, 47（⇒心）

心的精神（mental spirit）, 45

心的表象（mental representation）, 160（⇒心）

信念（beliefs）, xiv-xv, 28, 42-43, 45-46, 55, 59, 63-64, 66, 68, 71-73, 75, 81, 110, 122, 132, 135-137, 144, 157, 176, 182, 192, 194, 204, 226, 228, 230-234, 238, 240-244, 248, 257, 274, 281-282, 287-288, 301, 331, 389, 420, 425-428, 434, 447, 449, 470（⇒命題態度）

信念の均衡（equilibrium in beliefs）, 238, 240-241（⇒ゲーム理論）

進歩（progress）, 3, 11, 32, 63, 67-68, 97, 102, 108, 118, 144-145, 153, 165, 172, 212, 227, 261, 389, 397, 459

真理（truth）, 5, 16, 65, 86, 193, 200, 287

心理（psychologies）, vii, 256

心理学（psychology）, ix-xiii, xvii, 3, 7, 15, 22, 24, 33, 41, 43, 45-46, 58-61, 67-68, 70, 74, 81, 83, 85-87, 89-95, 97, 99-102, 105-111, 114-118, 120, 122-125, 130-131, 135-136, 139-141, 146, 148, 150, 153-154, 156-157, 159-164, 170, 178-180, 184-185, 189, 194, 200-202, 207, 209, 213, 216, 227, 230, 234, 246-248, 253-254, 256, 259, 264-268, 270, 273, 279-280, 282, 286, 303, 305, 313-314, 323, 331, 341, 350, 353-354, 369, 371, 380, 382-383, 389, 393, 411, 427, 445, 449-454, 463, 465, 467, 472-474, 476, 480（⇒実験経済学，自然化された道徳心理学，進化心理学，民間心理学）

心理学的凹性（psychological concavity）, 115-117, 185, 266

推移性（transitivity）（⇒選好の推移性）

数学（mathematics）, 3-4, 6, 8, 17, 27-28, 100, 119-120, 124-125, 128, 130, 134-135, 146, 156, 168-170, 180, 185, 187, 199-200, 218, 223, 229, 241, 243, 247, 290-291, 314, 325, 360-373, 375, 385, 403, 429-430, 434, 451, 460-461

数学的言語（mathematical language）, 27（⇒言語）

スカーフ, H.（Scarf, H.）, 10, 458, 478

スカームス, B.（Skyrms, B.）, 246, 321-322, 344, 348, 429, 467, 479

スカイフック（skyhook）, 424

スターマー, C.（Starmer, C.）, 211-212, 473, 480

スターリング，ウィン（Stirling, Wynn）, x, xiv, xviii

スタイン，E.（Stein, E.），183, 204

スティグマジー的（stigmergic），308

スティッチ，ステファン（Stich, Stephen），288, 480

スパーレット，デイヴィッド（Spurrett, David），xviii, xix, 17, 23, 35, 53, 57, 70, 75, 79, 191, 261, 374, 427, 461, 477, 480

スピノザ，バルク（Spinoza, Baruch），230

スミス，アダム（Smith, Adam），34, 89, 95, 120, 149-150, 229, 315-316, 447, 474, 477, 480

スミス，ヴァーノン（Smith, Vernon），200, 201, 225

スミス，メイナード（Smith, Maynard），347, 474

スロビック，P.（Slovic, P.），209-212, 471, 473, 479-480

セイ，ジャン-バティスト（Say, Jean-Baptiste），89, 190

生化学（biochemistry），263, 328

政策（policy），xii, 1, 92, 149-151, 164, 214, 254, 256, 261, 275, 347, 367, 374-375, 385, 415, 440-441, 452（⇒マクロ経済学）

生産（production），11, 32, 83, 85, 93, 110, 119-123, 129, 208, 227, 257, 263, 318, 333, 335, 374, 420, 432, 435, 453, 465

誠実さ（sincerity），xx, 358-359, 363, 365-366, 369

成熟した新古典主義（mature neoclassicism），176, 182, 184, 186, 223, 291（⇒新古典主義）

精緻化問題（refinement program），237, 249, 325, 327, 431, 434

精緻化（refinement），43, 63, 71, 108-109, 127, 135, 208, 237-238, 240-243, 245, 249, 252, 263, 300, 318, 325-327, 333, 342-343, 349, 352, 380, 391-392, 422, 428, 431, 434, 444, 457

制度主義経済学（institutionalist economics），104-105, 121, 148, 164, 257

セイファース，R.（Seyfarth, R.），323, 465, 479

生物学（biology），10-13, 19, 24, 48-50, 68, 70-71, 86-87, 113, 130-131, 141, 146, 172, 179-180, 184, 187-189, 191, 195, 202, 213, 219, 233, 245-247, 256, 260, 264, 273, 286, 296-298, 302-303, 310, 314, 318, 323-327, 342-343, 345, 349, 352-353, 357, 372, 377-378, 380, 382-383, 392, 406-407, 409-410, 412, 414-416, 418, 421-424, 427, 429-432, 435-436, 439, 445, 448, 451-452, 458-460, 466, 469, 471, 476

生物分類学（biological taxonomy），23-24

制約された最大化（constrained maximization），13, 360, 460（⇒最大化）

セイラー，リチャード（Thaler, Richard），39, 167-168, 201, 209, 211-212, 216-218, 225, 457, 463, 480

世界主義（cosmopolitanism），32, 38

世代重複モデル化（overlapping generations modeling），x

説明的適応主義（explanatory adaptationism），416, 423-424, 426-427, 430, 434-435（⇒適応主義）

ゼノンのパラドックス（Zeno's paradoxes），220

ゼルテンの馬のゲーム（Selten's horse game），242-243（⇒ゲーム）

セルフ（self），14-17, 21, 34, 40-41, 51-52, 59, 107, 133, 141, 186, 190-191, 219-220, 223, 253, 265-266, 269, 271, 273, 277, 279, 287, 295, 298, 301, 304, 312-313, 315, 317, 319-321, 323-329, 331-337, 339-343, 345-347, 349, 351, 353, 355, 357, 359, 361-363, 365-367, 369-375, 377-381, 383, 385, 387, 389-391, 393, 395-397, 399, 401, 403, 405-409, 411, 413, 415, 417-419, 421, 423, 425, 427, 429, 431, 433, 435, 437, 439, 441, 446, 455, 461（⇒エージェンシー，個人性，主観的経験，幹部機能，エージェントの共同体）

セルフ性（selfhood），41, 58, 269, 271, 273, 335-336, 341-342, 366, 372-373, 375, 377, 378-381, 383, 385, 387, 389, 391-395, 397, 399, 401, 403, 405, 407, 409, 411, 413, 415, 417, 419, 421, 423, 425, 427, 429, 431, 433, 435, 437, 439, 441

セルフのないエージェント（selfless agent），41（⇒エージェンシー，エージェント）

セルフを持つエージェント（agents-with-selves），41（⇒エージェンシー，エージェント）

セン，アマルティア（Sen, Amartya），145, 148, 150-154, 156-165, 177, 179, 224, 256, 259, 266, 283, 287, 304, 315, 352, 359, 366, 399, 414, 445, 478-479

選好（preferences），x, xiii-xiv, xvi, 30-31, 34, 43, 59, 93-94, 97, 99, 101, 104-106, 108-118, 124-132, 134-136, 140, 143, 145, 147, 149, 151-157, 159-167, 169, 171, 173,

175, 177, 179, 181, 183-185, 187, 189-191, 193, 195, 197, 200, 209-213, 215-219, 221-222, 225, 229, 232, 248, 252-254, 257, 259, 263, 266, 268, 272, 288-292, 296, 298, 309, 313, 327, 334, 341, 360-363, 365, 373, 379, 382-385, 399, 401, 404-405, 408-410, 413-414, 417, 421, 428, 437, 456, 464, 466, 468, 470-473, 478, 480-481（⇒選択，意思決定，顕示選好理論，リスク選好）

選好逆転（preference reversal），xvi, 113, 209-212, 215, 217, 225, 296, 298, 327, 334, 341, 373, 405, 410, 466, 470-472, 480

選好の完備性（completeness of preferences），125

選好の循環（cycling of preferences），117, 125, 214, 274, 290, 336

選好の推移性（transitivity of preferences），111-112, 125-126, 134, 151, 210, 473, 478

選好の非循環性（acyclicity of preferences），117, 125, 214, 290

選好の非対称性（asymmetry of preferences），xiii, 125, 126, 134, 158

選好の否定的推移性（negative transitivity of preferences），125, 126, 151

選好の非反射性（irreflexivity of preferences），125

前進的単純化（progressive simplification），67

センス・データ（sense data），17, 195, 268（⇒情報）

選択（choice），xvii, 124-126, 130, 158, 460（⇒意思決定，期待効用理論，選好，合理的選択理論）

選択関数（choice function），126, 135, 152, 158, 160, 247-248

選択ダイナミクス（choice dynamics），158

全的個人（whole person），206, 389, 400, 405, 413

全的人間（whole human），206, 300

全的人々（whole people），183, 187, 189, 219, 260, 297-298, 303-304, 373-374, 393, 414, 425, 441

センの RPT 批判（Sen's criticism of RPT），147, 151, 156（⇒顕示選好理論）

戦略的推論（strategic reasoning），236

双曲関数的割引（hyperbolic discounting），216, 218, 396-397, 407, 409-410, 412

操作化（operationalization），66, 123, 127, 174, 177, 319, 336

操作主義（operationalism），118

操作的行動主義（operational behaviorism），46（⇒行動主義）

増殖物（vestigial growth），119, 121

創造説（creationism），171-172

創発（emergence），12, 68, 70, 244, 261, 324, 459

創発主義（emergentism），70, 261

測定可能性（measurability），136（⇒情報）

ソーバー，E.（Sober, E.），362, 378, 421, 465, 469, 475, 479

存在（existence），80-81, 477

存在論的多元論（ontological pluralism），74

た

ダーウィン，チャールズ（Darwin, Charles），15, 60, 170-174, 230, 361-362, 468

怠業（shirking），384-386

対面式コミュニケーション（face-to-face communication），357

代理変数（proxies），179

ダウディング，K.（Dowding, K.），159

タガート，P.（Thagard, P.），174, 480

多重実現可能性（multiple realizability），48, 463

縦繋ぎ（cascade），67-68, 297, 380

束ね合わせ（bundling），xv-xvi, 345, 401-402, 406

魂（soul），233, 281, 364-366

単一狂的消費（monomaniac consumption），117（⇒消費）

短期的利益（short-term interest），221, 400-401, 405（⇒利益）

単純な心（simple mind），297-298, 311, 341-342, 473（⇒心）

チーム効用（team utility），369-370（⇒効用）

チェニー，D.（Cheney, D.），323, 465, 479

逐次的均衡（sequential equilibrium），x, 238, 240, 244（⇒ゲーム理論）

知性（intelligence），3-4, 85-86, 88, 97, 107, 142, 258, 276, 318-322, 333, 339, 405, 411, 465（⇒社会的知性，マキャベリ的知性）

知的デザイン（intelligent design），424

チャーチランド，ポール（Churchland, Paul），48, 58-59, 66, 131, 226-227, 233, 420, 465-466

チュー，S.（Chew, S.），210, 465

中央処理装置（central processing unit），295-296, 438

中毒（addiction），179, 185, 216, 400-401, 406-407, 469, 479

中年の危機（midlife crisis），346

チューリング・マシン（Turing machine），48

チューリング・マシンの機能主義（Turing-machine functionalism），48（⇒機能主義）

長期的利益（long-term interest），221, 400, 402, 405, 407-408（⇒利益）

超経験主義（hyperempiricism），33, 418, 432（⇒経験主義）

彫塑化（sculpting），333, 339

直截的エージェント（straightforward agent），327, 333, 342-343, 373, 388, 393, 405, 412, 461（⇒エージェント）

直観（intuition），12, 20, 60, 100, 114, 124, 146-147, 151-153, 179, 188, 227, 232, 235-236, 265, 276, 279, 282, 284, 288-289, 293, 296, 302-303, 349, 367, 431-433, 448

直観ポンプ（intuition pump），60, 188

チョムスキー，ノーム（Chomsky, Noam），17, 56, 183, 353, 465

通常科学（normal science），208（⇒科学）

デイヴィス，ジェファーソン（Davis, Jefferson），416

デイヴィス，ジョン（Davis, John），x, xvii, 132, 138, 141, 144, 148, 157, 161, 162, 164, 184-187, 189-190, 192, 196, 221-222, 224, 227, 263-265, 269-270, 278, 281, 289, 303-304, 312, 314, 372, 376

帝国主義（imperialism），30-32, 234, 447-449, 452

テイラー，C.（Taylor, C.），212, 473

テイラー，チャールズ（Taylor, Charles），265, 295, 480

ディラン，ボブ（Dylan, Bob），339

デヴィッドソン，D.（Davidson, D.），214, 293-295, 467

デカルト，ルネ（Descartes, René），259, 263, 270-271, 284, 308, 328, 332, 365, 380, 393, 452

デカルト劇場（Cartesian theater），270-271, 308, 328, 366

デカルト的物質主義（Cartesian materialism），393

適応主義（adaptationism），320, 380-381, 415-416, 421-424, 426-428, 430, 434-439, 441（⇒自然選択，経験的適応主義，経済的適応主義，説明的適応主義，方法論的適

応主義）

適応的合理性（adaptive rationality），360, 371（⇒合理性）

適応度（fitness），50, 171, 246-247, 361, 381, 383, 410, 419, 427, 429, 431, 449-450

適応度生成関数（fitness-generating function），431

適合性（compatibility），119, 211-212

デザイン姿勢（design stance），381, 443

哲学（philosophy），1-6, 11-15, 18, 21-23, 25-26, 28, 30, 32-47, 49-67, 69, 71, 73-75, 77-79, 81-83, 85, 88-91, 96, 100, 102-104, 107-108, 110-111, 114-120, 122-123, 127, 130-133, 135-139, 142-147, 149-151, 153, 155, 157, 159-161, 163-173, 175-179, 181-185, 187-201, 203-205, 208-209, 215, 217, 222, 225-228, 230-233, 235, 238, 244-246, 248-249, 251-254, 256-261, 263-270, 272-274, 279-289, 291-294, 296, 299-300, 309, 311, 313, 315-317, 323, 331-333, 335-336, 345, 349-350, 366-368, 370, 373-376, 379, 382-383, 391-393, 395, 414, 416, 420-421, 423-425, 427, 432, 441, 444-445, 447-448, 453-454, 463-468, 470, 472, 474-476, 478-480

哲学的必然性（philosophical necessity），107

デネット，ダニエル（Dennett, Daniel），xix, xx, 13-16, 18, 22, 40-42, 44, 46, 49, 51-53, 58, 60, 62-64, 70-71, 73, 75, 80, 82, 133, 180, 190-192, 196, 217, 223, 229, 259, 267, 269-274, 279, 286, 294, 297-299, 303-305, 311, 317, 322, 326, 328, 330, 332-333, 338, 340-342, 366, 375-376, 378, 380-381, 383, 388-390, 393, 402, 411, 420-425, 427-428, 430, 434, 436, 440-441, 448-449, 452-453, 460-461, 464, 466-469, 477, 479

デネット的パッケージ（Dennettian package），41

デネットの危険な考え（Dennett's dangerous idea），xvii, 17-18, 22, 53, 223, 460-461

デュプレ，ジョン（Dupré, John），5, 22-23, 29-32, 40, 71, 74-75, 82, 88, 141, 147, 180, 190, 194, 196, 280, 322, 372, 421, 449, 451-452

伝承知識（lore），83, 114

統一化（unification），xii, 75, 77-78, 81, 431

統一科学（unified science），1, 3, 5, 7, 9, 11, 13, 15, 17-19, 21, 23, 25, 27, 29, 31, 33, 35,

37, 39, 64, 462

統一性（unity），30, 64, 68, 70-71, 82, 139, 222, 262, 265-266, 295, 367-368, 372, 448, 472-473, 475-477（⇒統一科学）

トゥービー，J.（Tooby, J.），393, 450, 480

動学的確率論的一般均衡（dynamic stochastic general equilibrium），xii（⇒一般均衡）

透過性（porousness），377

道具主義（instrumentalism），74-75, 170, 190-194, 196, 199, 312, 369, 393

統計（statistics），xv, xviii, 27, 29, 69, 130, 202, 204-205, 300, 456, 478（⇒自然な統計的能力）

同型性（isomorphism），48-49, 226, 248, 396, 405, 459

統合失調症（schizophrenia），187, 339

同語反復（tautology），95, 153, 162-163, 165-175, 178, 182, 188, 360, 362

同語反復反対論（tautology objection），95, 153, 163, 165, 167, 170-174, 178, 360

統語論（syntactics），48, 53-54, 57, 431

道徳感情（moral sentiments），229

道徳性（morality），150, 155, 293, 345

動物（animals），（⇒社会的動物，非社会的動物）

動物行動学（ethology），41, 83, 113, 139, 170, 180, 296, 324, 342, 383, 388, 393, 433, 468, 474

ドゥムシェル，P.（Dumouchel, P.），xix, 342, 351, 353, 358, 364, 366, 468, 477

「道路にいる象」の例（"elephant in the road" example），50, 60-62, 71

ドーキンス，R.（Dawkins, R.），323, 467

特異点（singularity），77

独裁政治（autocracy），46, 308

ドブリュー，ジェラール（Debreu, Gerard），134, 145, 467

トベルスキー，A.（Tversky, A.），207, 210-211, 471, 479-480

トレードオフ（trade-off），38, 97, 140, 202, 306-307, 340, 414, 460

ドレツケ，F.（Dretske, F.），286, 425, 468

トレミー的科学（Ptolemaic science），ix, 208-210, 212, 218, 221, 327, 334（⇒個人）

な

内観（introspection），20, 61, 71, 94, 106-109, 111-116, 123, 126, 133, 136, 138-139, 149, 154, 166, 181, 185, 198, 248, 250-252, 259,

265-274, 279, 289, 308-310, 313-314, 331, 358, 373, 416, 425, 454, 473（⇒能力内観主義）

内在主義（internalism），47-48, 51-58, 60-63, 71-72, 80, 157, 160-161, 247-248, 281, 294, 305, 311, 353, 417, 425, 427, 449, 455（⇒形而上学的内在主義）

内的表象（internal representation），305, 308, 311-312

内部観察（gazing inward），265

内部的裁定操作（internal arbitrage operation），111

内面の経済学（economics of the internal），379

ナッシュ，ジョン（Nash, John），5-6, 347

ナッシュ均衡（Nash equilibrium），x, xiii, xvii-xx, 6, 7, 9, 235, 344, 347, 359（⇒ゲーム理論）

馴れ合い（logrolling），221, 223, 341, 400-402, 480

二元論（dualism），45, 47, 259-260, 380, 405, 411, 449, 465, 472（⇒心身二元論）

ニュー・ケインジアン（new Keynesian），xii（⇒ケインズ，マクロ経済学）

ニューロン（neuron），xiv-xv, 382, 386-389, 391, 393-394, 416, 425, 447, 464, 471, 474, 479

ニューロンの発火（neural firing），385-386, 389-390

楡の木（elm tree），54

人間主義（humanism），18, 22, 30, 52-53, 82, 141-142, 147-148, 164, 176, 196, 223-224, 226-228, 251-252, 256, 258, 270-271, 279-282, 288, 293, 295-296, 301, 303-304, 315-317, 328, 370, 372, 376, 428

人間中心主義（anthropocentrism），21-22, 25, 81, 182-184, 186, 190, 193-194, 196, 206, 215, 217-219, 225, 227, 233, 249-252, 291, 294, 296, 313, 373, 413-414（⇒反人間中心主義）

人間中心主義的新古典主義（anthropocentric neoclassicism），182-184, 206, 250-252, 414（⇒新古典主義）

人間のセルフ（human self），30, 34, 284, 326, 342-343（⇒セルフ）

認知科学（cognitive science），vii, ix, xiii, xix, xviii, 8-11, 13-15, 23, 27, 29-39, 43-44, 48, 53-54, 57-58, 62, 64, 80-82, 109, 118, 147, 154, 164, 186, 189-190, 201, 203, 205-207, 209, 222-227, 249-250, 252, 259,

索引　505

266, 269, 272-273, 276, 285, 292, 294, 298, 303, 309, 316, 325, 335, 352, 359, 367, 376, 389, 393, 396, 417, 419, 439, 443-444, 448-450, 452-454, 456-460, 462, 466-467, 481 (⇒進化認知科学)

ヌスバウム, マーサ (Nussbaum, Martha), 283, 475

ネーゲル, トマス (Nagel, Thomas), 21, 26, 474

熱力学 (thermodynamics), 69, 231

脳 (brain), xiii-xiv, xviii, 11, 20-21, 34, 45-46, 48-49, 53-54, 61-64, 71, 73, 136, 221, 226, 259, 270, 273, 275-278, 281, 293, 305-309, 311, 318, 327, 338-339, 358, 366, 379-380, 382, 384, 386-388, 390-393, 397-399, 405-406, 408, 411, 413, 415-416, 419, 425-428, 452, 458-459, 463-469, 472, 474, 477-479, 481 (⇒心)

農業 (agriculture), 24, 407, 410

能力内観主義 (faculty introspectionism), 267-268

ノンパラメトリック (nonparametric), 318, 325, 345, 386 (⇒パラメトリック)

は

パーヴロフ, イヴァーン (Pavlov, Ivan), 380

バース, B. (Baars, B.), 272, 388, 395, 435, 463

パースペクティヴ不在性 (perspectiveless-ness), 26

バーンズ, G. (Berns, G.), 379, 387-388, 398, 413, 464, 474

ハイエク, F. (Hayek, F.), 260, 275, 465, 470

ハイルブローナー, R. (Heilbroner, R.), 368, 470

ハインリッヒ, J. (Heinrich, J.), 370, 470

ハウスマン, ダニエル (Hausman, Daniel), xix, 83, 117, 125, 134, 161, 238, 240, 253, 470

ハウタッカー, ヘンドリック (Houthakker, Hendrik), 126, 128-130, 471

バカラック, マイケル (Bacharach, Michael), xi, xvii

パターン (patterns) (⇒行動パターン, 実在的パターン, 論議パターン)

ハッキング, イアン (Hacking, Ian), 25, 172, 470

発見法 (heuristics), 202, 204-207, 211, 213,

334, 383-384, 387, 405, 418, 443, 469 (⇒判断発見法)

バッターマン, R. (Batterman, R.), 261, 463

ハッチソン, テレンス (Hutchison, Terence), 104

ハッチンス, E. (Hutchins, E.), 308, 471, 477

パットナム, ヒラリー (Putnam, Hilary), 48, 54, 67-69, 138, 467, 475

パラダイム・シフト (paradigm shift), 2, 33, 209, 246, 253

パラメトリック (parametric), 140, 318, 325, 385-386, 409-410 (⇒ノンパラメトリック)

ハリソン, グレン (Harrison, Glenn), viii, xvi

パレート, ヴィルフレド (Pareto, Vilfredo), 89, 99, 101, 123, 359, 457, 475

半アリストテレス主義 (semi-Aristotelian-ism), 93, 164-167, 176, 183, 251, 359, 428, 445 (⇒アリストテレス)

反功利主義 (antiutilitarianism), 102-103, 289 (⇒功利主義)

バンジージャンプ (bungee jumping), 421, 439

繁殖力 (fertility), 179 (⇒家族計画行動)

判断 (judgment) (⇒選択, 意思決定)

判断発見法 (judgment heuristics), 207

反人間中心主義 (antianthropocentrism), 22 (⇒人間中心主義)

半倍数性 (haplodiploid), 318, 321, 363

ハンプトン, J. (Hampton, J.), 343, 351, 363, 470

ピーコック, C. (Peacocke, C.), 293, 475

非協力ゲーム理論 (noncooperative game theory), xi, 292, 344-345 (⇒ゲーム理論)

被験者 (subject), xiv, 198, 200, 206, 210-212, 217, 267, 324, 334, 382, 385, 387, 391, 424-425

ピコ経済学 (picoeconomics), xiii-xv, 225, 393, 396, 399, 433, 459

非社会的動物 (asocial animal), 341, 343, 373, 393, 419, 447 (⇒動物)

非循環性 (acyclicity) (⇒選好の非循環性)

ビショップ, ジョン (Bishop, John), 284-285, 293-295, 464

非対称性 (asymmetry) (⇒選好の非対称性)

ヒックス, ジョン (Hicks, John), 101, 119, 123-124, 136, 248

否定的推移性 (negative transitivity) (⇒

選好の否定的推移性)

非反射性（irreflexivity）（⇒選好の非反射性）

ヒューム，デイヴィッド（Hume, David），36, 89, 91-92, 97, 107, 113, 139, 476

評価（valuation），ix, xii, xiv-xvi, 15, 18, 22, 30-32, 58, 74-75, 85, 90, 94, 114-116, 119-120, 126, 140, 147, 152, 159, 167, 190, 203-204, 208, 216, 225, 239, 246, 260, 286, 291, 324, 356, 362, 371, 379, 386-387, 397, 402, 407, 413, 426, 428, 434-436, 440, 453-454, 458, 474

費用基盤のロボット（cost-based robot），439, 474（⇒ロボット）

表現（representation），vii, 47, 311

ピンカー，スティーヴン（Pinker, Steven），31, 353, 450, 475

ビンモア，ケン（Binmore, Ken），5, 14-16, 18, 59, 82, 134, 154-155, 170, 172-173, 177, 229, 242, 260-261, 270, 332, 344-345, 347, 351, 359, 362, 371, 417, 420, 425, 440, 453-455, 464

フィアジョン，J.（Ferejohn, J.），231, 478

フィッシャー，アーヴィング（Fisher, Irving），89, 98, 99, 468

フォドー，J.（Fodor, J.），50, 54-56, 60, 61, 63, 71, 171, 337, 389, 427, 468-469

フォン・ノイマン，ジョン（von Neumann, John），6, 8-9, 17, 135-136, 200, 272, 297, 318, 337, 417, 461

フォン・ノイマン-モルゲンシュテルン効用（von Neumann-Morgenstern utility），135-136, 165, 175, 200, 210, 235, 247, 442

フォン・ミーゼス，ルートヴィヒ（von Mises, Ludwig），260, 313

不完全知識の経済学（imperfect knowledge economics），xiii, xvii

ブキャナン，R.（Buchanan, R.），148, 465

複雑な社会性（complex sociality），325（⇒社会的複雑性）

腹側線条体（ventral striatum），xiv

不合理性（irrationality），151, 159（⇒合理性）

付随（supervenience），38, 51, 53, 56, 67, 73, 82, 85, 101, 105, 112, 115, 262, 289, 327, 342, 427, 466, 472, 477

不整合性（inconsistency），209, 215, 219, 225, 296, 298, 327-328, 333, 373, 480（⇒選好，意思決定）

付帯現象（epiphenomena），191

不統一（disunity），70, 74, 77, 81, 316, 448

物理的原子論（physical atomism），262（⇒個人主義）

プトレマイオス的科学（Ptolemaic science）（⇒トレミー的科学）

部分ゲーム完全均衡（subgame perfect equilibrium），x, 239（⇒ゲーム理論）

普遍性（universalities），105, 261

ブライター，H.（Breiter, H.），387, 391-392, 464

フライドマン，R.（Frydman, R.），xiii-xiv, xvii

ブラウン，J.（Brown, J.），431, 465

ブラック-ショールズ・モデル（Black-Scholes model），387, 413, 426

ブラックボックス（blackbox），31, 108, 245, 298, 392, 393

ブラッドリー，F. H.（Bradley, F. H.），395

プラトン（Plato），xix, 28, 287-288, 328

フランク，R.（Frank, R.），xix-xx, 108, 340, 350-353, 356-362, 364-366, 413, 469

フリードマン，マイケル（Friedman, Michael），36, 104, 113, 469, 474

フリードマン，ミルトン（Friedman, Milton），74, 174, 190-194, 198, 200, 230, 286, 303, 312, 368, 469, 473, 481

フリードマン的混合（Friedman mixture），192

プリンシパル-エージェント（principal-agent），358-359, 364

ブルゲ，タイラー（Burge, Tyler），55, 465

フレーゲ，ゴットロープ（Frege, Friedrich Ludwig Gottlob），454

フレーム問題（frame problem），275, 277, 309, 337, 450

ブローグ，M.（Blaug, M.），123-124, 260, 464

プロスペクト理論（prospect theory），vii-x, xiv, xvii, 207, 209, 315, 387, 391-392（⇒累積的プロスペクト理論）

プロット，C.（Plott, C.），209, 470

雰囲気（mood），100, 203, 207

文化（culture），x-xi, 27-28, 62-63, 71, 129-130, 146, 150-151, 181, 188, 191, 195, 202, 218, 241, 263, 322, 326, 328, 336, 339-340, 352-357, 363, 367, 377-378, 392, 407-408, 411, 416, 418, 421-422, 426-427, 429-431, 448, 460, 480-481（⇒間主観性）

分離した科学（sperate science），83, 137

分離した学問分野（separate discipline），

索　引　507

36

分離性 (separateness), 85, 96, 106-111, 124, 127, 137, 140-141, 157, 198, 200, 230, 250, 253, 257-258, 279

ヘアンスタイン, R. (Herrnstein, R.), 217-218, 470, 472

並列処理装置 (parallel processor), 48, 275, 307, 437

ベッカー, ゲイリー (Becker, Gary), 133, 147, 176, 178-183, 185-187, 189, 194, 215, 253, 315, 334, 383, 445, 463, 479-480

ベッカー-デグート-マルシャック (Becker-DeGoot-Marshack), 210

ペティット, フィリップ (Pettit, Phillip), 55, 231, 425, 475

ベンサム, ジェレミー (Bentham, Jeremy), 88-95, 153, 248, 454, 463, 477

ベンジオン, U. (Benzion, U.), 217, 463

ホイッグ的歴史学方法論 (whiggish historiography), 3-4, 18, 82, 261, 453

報酬 (reward), xv-xvii, 209-210, 216-217, 281, 324-325, 333-334, 338, 340, 346, 370, 382, 384-385, 387, 397-398, 400, 403, 409, 413, 426, 469, 471-472, 478

方法論 (methodology), viii, ix, xi, xii, xiii, xiv, xv, xix, 1, 5, 7, 11, 32-33, 41, 44, 54, 56-57, 74, 100-101, 103-104, 107, 111, 114, 117-118, 127, 143, 145, 174, 178, 190-193, 195, 203, 222, 225, 249, 253, 258-260, 263-264, 266, 268-270, 273, 281-282, 301, 313, 327, 379-380, 384, 390, 394-395, 422-424, 434-435, 443, 445-446, 450, 454, 464-465, 467, 473, 480

方法論的行動主義 (methodological behaviorism), 268

方法論的個人主義 (methodological individualism), xi, 54, 222, 249, 258-260, 263, 266, 281-282, 301

方法論的適応主義 (methodological adaptationism), 423, 434-435

方法論的唯我論 (methodological solipsism), 54, 56, 266, 468

ボウルズ, S. (Bowles, S.), 33, 253, 257, 457, 464, 470

ボーモル, ウィリアム (Baumol, William), 136, 463

ボールドウィン効果 (Baldwin effect), 378

補完財 (complementary goods), 115, 117

ポストモダンの歴史学方法論 (postmodern historiography), 3-6, 18, 82, 120 (⇒歴

史学方法論)

ポスト・ワルラシアン (post-Walrasian), 34 (⇒ワルラス)

ホッブズ, トマス (Hobbes, Thomas), 219-220, 343, 470

ボトルネック (bottlenecks), 275-276, 296, 301, 309, 320, 414, 450

ポパー, カール (Popper, Karl), 116-117, 260

ホムンクルス (homunculus), 297, 300, 389-391, 404

ホリス, M. (Hollis, M.), 369, 471

ボルヘス的 (Borgesian), 187, 470

本質 (essence), 23, 377

本質主義 (essentialism), 23, 300

ポンス, V. (Ponce, V.), 69, 475

本体的 (noumenal), 138, 267 (⇒現象的)

ま

マー, デイヴィッド (Marr, David), 56, 67, 69, 381, 388, 390, 473-474

マーシャル, アルフレッド (Marshall, Alfred), 103, 105, 149, 313, 439-440, 448, 474, 480

マーシャルの復讐 (Marshall's revenge), 439

マキーナ, M. (Machina, M.), 210, 473

マキャベリ的知性 (Machiavellian intelligence), 318, 322, 465, 481 (⇒知性)

マクギアー, V. (McGeer, V.), 333, 474

マクファーランド, デイヴィッド (McFarland, David), 298, 439, 474, 479

マクラムロック, R. (McClamrock, R.), 56, 474, 477

マクリモン, K. (MacCrimmon, K.), 211, 465

マクロ経済学 (macroeconomics), vii, xi-xiv, xvii, 18, 39, 67-68, 221, 263-264, 315, 325, 341-342, 369, 372, 374-376, 379, 393, 406, 415, 438, 440-441, 446, 461, 471

魔女 (witch), 59, 65-66, 226

マラス, A. (Marras, A.), 56, 67, 474

マルクス, カール (Marx, Karl), 120, 256-257, 301, 315, 446-447, 468

マルサス, トマス・ロバート (Malthus, Thomas Robert), 89

満足化 (satisficing/satisfying), 139, 140, 346, 356, 378

満足感 (glow), 361, 408

マンドラー, M. (Mandler, M.), 93, 95, 97, 99, 115-116, 125, 134, 266, 335, 473

ミーム (meme), 13, 430, 455

508

ミームのスープ（meme soup），455

ミクル，スコット（Meikle, Scott），87-88，96, 474

ミクロ経済学（microeconomics），xi-xiii, xv, 4, 7, 14, 18, 43, 68, 83, 85, 87-89, 91, 93, 95, 97, 99, 101, 103, 105, 107, 109, 111, 113, 115-117, 119, 121, 123, 125, 127, 129, 131, 133, 135-137, 139, 141, 157, 175, 225, 231, 253-254, 260, 263-264, 268-269, 296, 312, 325, 341-342, 351-352, 358-360, 366, 372, 374-376, 379, 383, 388, 393, 399, 406, 415-416, 438-439, 441-445, 461, 464, 477

ミクロ経済学的個人主義（microeconomic individualism），260, 268, 351, 359-360, 366（⇒経済的個人主義）

ミクロ的基礎づけ（microfoundations），xii, 375

ミクロ的事実（microfacts），64

ミクロ物理学（microphysics），65, 80

見知らぬ人々（strangers），330, 343

ミリカン，ルース（Millikan, Ruth），423, 474

ミル，ジョン・スチュアート（Mill, John Stuart），83, 89-90, 454

ミルバーグ，W.（Milberg, W.），368, 470

ミロウスキー，フィリップ（Mirowski, Philip），xix, 5-18, 22-23, 31, 46, 48-49, 51-53, 58-59, 78, 81, 87-88, 90-93, 97-100, 120-121, 128-129, 133, 141, 144-145, 148, 164, 169, 190, 196, 203, 222-223, 227, 252, 270, 274, 312, 317, 322, 367, 416, 421, 436, 438-439, 447, 453-458, 461-462, 464, 474

民間心理学（folk psychology），43, 45, 58, 60-61, 89, 110, 114-115, 160, 189, 280, 282, 371

民間的理論（folk theories），22, 25, 27, 29-30, 34, 37, 44, 57-59, 86, 110, 120-121, 133, 144, 153, 163, 186, 204, 207, 225-227, 267, 269, 271, 274, 276, 278-282, 301, 308, 354-355, 363-366, 392

民主主義（democracy），45-46, 91, 221, 308, 414-416

無差別曲線（indifference curves），98-99, 101-102, 106, 123-124

明示的な把握（explicit conception），27, 29, 408

命題態度（propositional attitudes），42, 45, 47, 52, 57-58, 61, 63-64, 66, 68, 71, 157, 161, 166, 190, 196, 228-231, 233, 235, 245, 301, 399, 465

命題内容（propositional content），46, 60, 79,

245

メイナード・スミス，ジョン（Maynard Smith, John），347, 474

メキ，U.（Mäki, U.），191-193, 195, 465, 467, 471, 473-475, 477

メタファー（metaphor），5, 87, 323, 397, 403, 476

メレオロジー（mereology），40-41, 57, 60, 64-69, 78-79, 81, 262, 374, 376, 394（⇒還元主義）

メレオロジー的還元主義（mereological reductionism），65, 69-70, 374（⇒還元主義）

メレオロジー的宙づり（mereological dangler），64-65

目的因（telos），3-5, 12

目標の衝突（goal conflicts），297, 405

モジュール（module），xiv-xv, 205, 305, 337, 353, 380-381, 383, 387, 389, 391, 397, 399, 405, 416, 427, 449-450, 468-469

モジュール化（modularization），205, 337

物語（narrative），2-6, 8, 16, 18, 46, 104, 107, 187, 218-219, 235, 255, 271, 295, 298, 301, 313, 330-332, 335-336, 338-339, 341, 343, 354, 365, 371, 373, 376, 393, 399, 408

物語的社会学（narrative sociology），104（⇒社会学）

模範的エージェント（paradigmatic agent），284（⇒エージェント）

モルゲンシュテルン，オスカー（Morgenstern, Oskar），135-136, 417（⇒フォン・ノイマン-モルゲンシュテルン効用）

問題解決（problem solving），173-175, 182, 186, 427, 433-434

モンタギュー，P. R.（Montague, P. R.），379, 387, 398, 413, 474, 478

や

ヤーリ，M.（Yaari, M.），210, 481

ヤギル，J.（Yagil, J.），210, 481

ヤング，H. P.（Young, H. P.），243, 418, 439-440, 458, 481

友情（friendship），354

ら

ライアンズ，W.（Lyons, W.），267-268, 473

ライヘンバッハ，ハンス（Reichenbach, Hans），36, 78, 142, 476

ライル，ギルバート（Ryle, Gilbert），45-46, 114, 268, 305, 452, 477

ラスキン，ジョン（Ruskin, John），452

ラトストロム，エリザベト（Rutström, Elisabet），viii

ラパポート，A.（Rapaport, A.），217, 463

ランダム籤引き（random lottery selection），210

リーガン（Regan），413, 469

利益（interests），101, 111, 152, 179, 208, 220-221, 300, 321-322, 351-352, 384, 396-409, 412-415, 418-419, 429-430, 437, 454（⇒短期的利益，長期的利益）

リカード，デイヴィッド（Ricardo, David），89, 95, 120, 149

利己心（self-interest），352, 475

リスク選好（risk preference），xiii, xvi

リスク回避（risk aversion），xiii, xvi-xvii, 215-217, 387

離接（disjunction），74-75, 270, 274

リッツマン，R.（Ritzman, R.），297, 476

リバース・エンジニアリング（reverse engineering），388, 435, 467

リヒテンシュタイン，S.（Lichtenstein, S.），209, 473

理論（theory），1, 168-169, 200（⇒民間的理論）

倫理的研究（ethical inquiry），34

ルイ 14 世（Louis XIV），408

ルイス，D.（Lewis, D.），321, 473

ルイス，アラン（Lewis, Alain），10-11, 203, 457

累積的プロスペクト理論（cumulative prospect theory），viii, ix（⇒プロスペクト理論）

ルース，D.（Luce, D.），130, 423, 473

ルームズ，G.（Loomes, G.），212, 473

レイ，トマス（Ray, Thomas），433, 438

レウォンティン，R.（Lewontin, R.），433, 470

レーヴェンシュタイン，G.（Loewenstein, G.），xvii, 217, 473

レーガン，ロナルド（Reagan, Ronald），408

歴史学方法論（historiography）（⇒ホイッグ的歴史学方法論，ポストモダンの歴史学方法論）

歴史主義（historicism），104

レディマン，J.（Ladyman, J.），xii, xvii, 22, 472, 477

レプリケーター・ダイナミクス（replicator dynamics），246（⇒進化ゲーム理論）

ロイド，D.（Lloyd, D.），5, 292, 297, 311, 458, 473

ロー，モーテン（Lau, Morten），viii, xvi-xvii

ローゼンバーグ，アレックス（Rosenberg, Alex），xix, 43, 57, 117, 168-169, 199, 231-233, 253, 368, 416, 420, 476

ローソン，T.（Lawson, T.），141, 368, 472

ローマ（Rome），212

ロス，A.（Roth, A.），144, 198, 200-201, 315, 465, 471, 477, 480

路上の激怒（road rage），357

ロック，ジョン（Locke, John），130, 259, 263, 266, 385-386, 454

ロビンズ，ライオネル（Robbins, Lionel），92, 100-101, 103-119, 122, 136, 139-141, 149-150, 166, 175, 195, 198, 215, 250-251, 255, 258, 266-267, 270, 272, 279, 313, 377, 416, 442, 448, 452, 476

ロビンズ-サミュエルソン的論議パターン（Robbins-Samuelson argument pattern），118, 442-444

ロビンソン・クルーソー・モデル（Robinson Crusoe model），254-258, 261, 340, 342, 345, 361, 365, 368-370, 399, 428, 442, 455

ロボット（robots），61, 72, 310, 337, 439, 464, 469, 474, 475（⇒費用基盤のロボット）

論議パターン（argument patterns），118, 174, 377, 382, 416, 422, 441-445, 447, 449, 451, 453, 455, 457, 459, 461

論理経験主義（logical empiricism），65-67

論理行動主義（logical behaviorism），45, 48, 51

論理実証主義（logical positivism），13, 17-18, 27, 102, 113, 299, 469

わ

ワルラス，レオン（Walras, Leon），17, 34, 89, 258, 481（⇒ポスト・ワルラシアン）

A-Z

AI（artificial intelligence）⇒人工知能

BDM（Becker-DeGoot-Marshack）⇒ベッカー-デグート-マルシャック

CPT（cumulative prospect theory）⇒累積的プロスペクト理論

DDI（Dennett's Dangerous Idea）⇒デネットの危険な考え

EGT（evolutionary game theory）⇒進化ゲーム理論

ESS（evolutionary stable strategy set）⇒
進化的安定戦略集合

fMRI（functional magnetic resonance imaging）⇒機能的磁気共鳴映像法

EUT（expected utility theory）⇒期待効用理論

LIP（lateral intraparietal area）⇒外側頭頂間野

MD（Machine Dreams）（ミロウスキー著），5-6, 464, 474

MDM（multiple-drafts model of consciousness）⇒意識の多元的草稿モデル

NE（Nash equilibrium）⇒ナッシュ均衡

PD（prisoner's dilemma）⇒囚人のジレンマ

RDEU（rank dependent expected utility）⇒階数依存的期待効用

RLS（random lottery selection）⇒ランダム籤引き

RPT（revealed preference theory）⇒顕示選好理論

RSAP（Robbins-Samuelson argument pattern）⇒ロビンズ-サミュエルソン的論議パターン

VNM効用（VNM utility）⇒フォン・ノイマン‐モルゲンシュテルン効用

著者・訳者紹介

著者

ドン・ロス（Don Ross）

ユニバーシティ・カレッジ・コーク社会学哲学部教授，ケープタウン大学経済学部教授。経済哲学，経済学方法論，実験経済学，認知科学，ゲーム理論，科学哲学などを専門とする。著書に *Philosophy of Economics*（Palgrave Macmillan, 2014），*Midbrain Mutiny: The Behavioral Economics and Neuroeconomics of Disordered Gambling*（MIT Press, 2008），*Every Thing Must Go: Metaphysics Naturalized*（Oxford University Press, 2007），*What People Want: The Concept of Utility from Bentham to Game Theory*（University of Cape Town Press, 1999）など。

監訳者

長尾史郎（ながお　しろう）

一橋大学経済学部卒業，同大学院経済学研究科修了。
訳書：マイケル・ポラニー『個人的知識』その他。
明治大学経営学部名誉教授。

訳者

三上真寛（みかみ　まさひろ）

明治大学経営学部卒業，
北海道大学大学院経済学研究科博士後期課程修了。
明治大学経営学部専任講師。

経済理論と認知科学——ミクロ的説明

2018年3月30日　第一版第一刷発行

著　者　ドン・ロス
監訳者　長尾　史郎
訳　者　三上　真寛

発行者　田中　千津子

発行所　株式
　　　　会社 学 文 社

〒153-0064　東京都目黒区下目黒3-6-1
電話　03（3715）1501（代）
FAX　03（3715）2012
http://www.gakubunsha.com

©Shiro NAGAO & Masahiro MIKAMI 2018
乱丁・落丁の場合は本社でお取替えします。
定価は売上カード，カバーに表示。

印刷　新灯印刷
Printed in Japan

ISBN 978-4-7620-2794-9